여말선초 고승 나옹과 무학

여말선초 고승 나옹과 무학

민족사 학술총서 81

여말선초 고승 나옹과 무학

황인규 지음

민족사

서문

　필자가 무학(無學自超, 1327~1405) 대사에 관해 연구하기 시작한 것은 1996년 무렵 그의 생애를 교양서로 출판해 줄 것을 의뢰받고부터다. 자료 조사에 들어갔는데 참으로 황당하지 않을 수 없었다.

　무학에 대한 저술이 한 편도 남아 있지 않고 관련 기록이 거의 남아 있지 않았다. 그나마 무학과 관련해서 잘못 알려지거나 야사와 설화류 이야기가 대부분이었다. 한양 천도나 이성계와 관련된 사실이 널리 알려져 있는데 정작 고승으로서의 면모는 제대로 드러난 적이 없는 것 같았다. 학술적으로 여말 선초 시기의 억불숭유 분위기가 가속화되어 유불 교체가 이루어졌다는 시각이 통설인 듯하다.

　여말 선초를 중심으로 한국 불교사를 연구하면서 미처 손길이 닿지 않았거나 짧은 식견으로 인해 잘못 본 시각을 정리 조정하면서 연구하기 시작하였다. 고려 말 새로운 개혁 세력이 등장하여 새 국가의 건설을 이룩하고자 하였다. 통설과는 달리 신진 사류(新進 士類)인 성리학자들뿐만 아니라 무학과 그의 스승 나옹 혜근(懶翁 惠勤, 1320~1376)과 문도(손)를 비롯한 불교계 고승도 참여하여 불교계뿐만 아니라 사회 문화의 개혁을 시도하였다.

마치 선각 국사(先覺國師) 도선(道詵, 827~898)이 신라말 어수선한 세상에 고려 태조 왕건에게 이념적 기반을 제시했듯이, 무학은 고려말 어지러운 사회에 신흥 무장인 송헌 거사(松軒居士) 이성계(李成桂, 1335~1408)에게 새로운 왕조의 창업을 제시하였다. 무학은 조선 건국 직후 왕사로 책봉되어 한양 전도(奠都) 등 국가적 사업에 동참하였다. 이러한 점만이 지나치게 부각되어 풍수 도참술을 부리는 한낱 술승(術僧)이나 권력에 아부했던 권승(權僧) 등으로 잘못 알려져 있기도 하다.

비문에 적시한 것처럼 무학은 선각(禪覺) 나옹의 적통(嫡統)이요, 태조 이성계의 왕사(王師)였다. 무학은 민중을 갓난아이[赤子]처럼 사랑하라는 영아행의 가르침을 주었다. 팔만 가지 보살행 가운데 으뜸이라고 할 영아행(嬰兒行)의 천성을 펼쳤던 것이다. 무학은 토굴이나 허름한 초암(草菴)에서 세상에 이름을 감추고 솔을 먹으며 칡베옷이나 쇠코잠방이를 입고 남새밭에서 채소를 일구며 구도의 길을 가고자 하였기 때문에 사람들에게 흑두타(黑頭陀)라고 불리었다. 무학은 평상시에는 어린이와 같이 순진무구하였으나 안목을 갖춘 이를 만나면 화살과 칼날이 부딪치듯 불꽃을 튀기는 혜안(慧眼)을 드러냈다.

그런 무학의 스승인 지공 선현(指空 禪賢, Dhayna-bhadra Sunyadina, ?~1363)은 석가모니의 삼촌인 곡반(斛飯, Dronodana)의 108대 후손으로 고려 후기 2년 7개월 동안 방문하여 불교계와 사회에 큰 반향을 불러왔다. 지공은 고려 출신 여인이 마련해 준 북경[燕京] 법원사(法源寺)에서 머물렀는데, 그들이 그곳에서 조우(遭遇) 회합하여 나옹과 무학의 삼화상(三和尙)의 연(緣)이 시작되었다. 그 후 지공은 고려 방문시 양주 회암사(檜巖寺)를 날란다사(那爛陁寺, Nalanda寺)와 같다고 지목한 바 있으며, 그 후 그들의 부도와 비(碑) 등이 회암사에 세워지게 되는 등 삼화상의 연이 결실을 맺었다.

　나옹은 태고 보우(太古 普愚, 1301~1382)와 백운 경한(白雲 景閑, 1299~1374)과 더불어 여말삼사(麗末三師)로 존경받았고 조선시대 이후 불교계의 영향은 보우보다 더 컸다. 고려 말 불교계는 보우와 나옹 그리고 그들의 문도들에 의하여 주도되었다. 특히 화엄종승 신돈(辛旽, ?~1371)이 불교계와 정계의 전횡에서 물러난 이후 나옹과 문도들은 지공의 유훈을 받들어 불교를 흥성시키고자 양주 회암사를 중창하고자 하였으나 실패로 그쳤다. 그 후 나옹의 문도들, 무학을 비롯한 개혁적 불교계 고승들은 한양과 근기 지방을 중심으로 새로운 세계를 갈구하였다. 불교계 4대 주요 종파인 조계종(曹溪宗)과 천태종(天台宗), 화엄종(華嚴宗), 유가종(瑜伽宗)이 동참하였고 그 가운데 천태종의 신조(神照)와 조계종의 무학 등이 앞장섰다가 조선 건국 초 천태종과 조계종에서 불교계를 대표하는 국사와 왕사가 배출되는 등 조선 초 불교계는 4대 종파가 주도하기에 이른다. 그중 지공과 나옹, 무학의 여말선초 삼화상의 위상이 드높아 한국 불교계 최고의 삼화상이 되었다. 특히 각종 사찰 의식에서 지공과 나옹, 무학의 삼화상이 더욱더 존숭 추념되고 있다.

　나옹과 무학, 그들의 문도들은 새로운 선풍으로 새로운 시대를 여는 데 참여했을 뿐만 아니라 불교계를 혁신하고자 하였다. 무학의 문도인 함허 기화(涵虛 己和, 1376~1433)의 유불일치론(儒佛一致論) 등이 불교계의 움직임으로 이어졌다. 조선 중기 이후 청허 휴정(淸虛 休靜, 1520~1604)과 문도에 의하여 불교계 법맥은 태고 보우와 그의 문도로 비정되는 등 굴절되었지만, 조선 전기 불교계는 보우보다는 나옹과 무학, 그들의 문도들에 의해서 주도되어 성리학의 본격적인 확산은 조선 중기 이후로 미루어지게 되었다.

필자는 무학과 관련해 교양 서적과 학술 서적을 내놓은 바 있다. 그것이 바로『마지막 왕사 무학 대사』,『무학 대사 연구-여말선초 불교계의 혁신과 대응』이다. 그 이후 나옹과 관련 연구를 하면서 고려 조선의 불교 고승과 사찰에 대해 천착해 왔다. 즉, 여말선초 불교사 연구 외연을 확장해 고려 조선 불교를 개척해 왔다. 2016년부터 4차례에 걸쳐 무학 관련 학술대회를 개최 주관하며(조계종 호압사 학술대회, 호압사 주지 우봉 스님) 그동안 무학 연구에 실증과 시각을 다듬어 보았다. 무학의 스승인 나옹에 관한 연구도 게을리하지 않았다. 나옹은 한양의 근기 지방인 양주 회암사와 양평 용문산, 오대산 등으로 외연을 확장해 갔다. 원전 사료라는 측면에서도 영인본 교감 작업을 통해 국립중앙도서관 판본『나옹화상어록』을 통해 새로운 사실을 추가하였다.

이렇듯 필자는 여말 선초를 중심으로 고려와 조선의 주요 고승과 사찰을 중심으로 중세 불교 연구에 매진해왔는데, 다음의 학술 연구서가 그 결실이다.『고려 후기 조선 초 불교사 연구』(혜안, 2003),『고려 말 조선 전기 불교계와 고승 연구』(혜안, 2005) 그리고『고려시대 불교계와 불교문화』(국학자료원, 2011),『조선시대 불교계 고승과 비구니』(혜안, 2011)이다. 한국의 중요 고승들에 관해 간략한 묘사를 해 보기도 하였다(『한국의 고승 다시 보기』(1)). 그리고 최근에 그간의 새로운 연구 성과를 정리하면서『한국의 불교와 사찰』(혜안, 2025),『한국 중세불교와 역사교육』(혜안, 2025) 등을 간행하였다.

금번 삼화상인 나옹 혜근과 마지막 왕사 무학 자초 관련 논문을 엮어서『여말선초 고승 나옹과 무학』이라는 학술 저서를 출간하고자 한다. 한국 불교계의 삼화상 가운데 여말 선초 시기 가장 중요한 고승이 바로 '나옹과 그의 상수 제자 무학'이었다는 사실을 애써 강조하고자 한 것이다. 일부 그 기간의 논문도 있지만 대부분 새로운 원고이다. 무학의 생애와 불교 수호나 문도 관련 논문은 무학이 단지 권승이나 술승이 아닌, 참된 고승[眞僧]임을 밝힌 것이다. 특히 왕사 책봉과 한양 전도(奠都) 부분은 최근의 연구 성과를 반영하고 있지만, 그의 위상을 가늠할 수 있는 핵심 사항을 이루고 있기 때문에 거의 그대로 다시 게재하였음을 유의해 주기를 바라마지 않는다. 본래 이 책을 편찬하고자 한 것은 최근의 연구 성과를 투영하고 무학의 진면목을 밝히려 했기 때문이다. 여러 논문을 단순히 배열한 것이 아니라 고승 무학과 관련한, 그 논지를 부각시켜 그 의미를 찾으려고 나름대로 꽤 애를 쓰고 공을 들인 것이 사실이다. 혹 이러한 행태는 축적된 업(業, karma)이 보(報, vipāka) 되고 있고 세인의 비판이나 비난, 조롱이 되는 듯하여 머리의 피가 마르고 온몸의 땀에 주체를 못하는 듯하다. 글에 대한 두려움과 생에 관한 어리석음, 한 선비의 고뇌 등등 자신을 위축시키고 있는 것도 애오라지 숨길 수 없는 사실이다. 진정 학문이란 무엇인가, 값있는 삶은 어떻게 살아야 하는가.

"후세의 군자는 진실로 저술에 능하지 못하다. 비록 능하다 하더라도 무엇을 저술할 것인가. 말할 만한 것은 옛사람이 다 말하였고 그 말하지 않은 것은 감히 말하지 못하는 법이니 저술을 일삼을 수 없는 것이다. 일찍이 선유(先儒)의 술작(述作)을 보건대, 세교(世敎)를 부축할 경우에 글을 썼고 뭇사람의 미혹(迷惑)을 분별할 때 썼으며, 성인의 뜻을 발휘하거나 사관(史觀)의 궐문(闕文)을 보충할 경우에 글을 써서 이 몇 가지 경우가 아니면 쓰지 않았다."라고 하였다(한장석, 「분고지(焚稿識)」『미산집』 권10, 잡저). 그러면서 "예전 학문을 함에 방법을 알지 못하여 망녕되이 기술함이 있었는데, 얼마 후 안으로 돌아보고 더욱 부족함을 느껴 두려운 마음이 들었다. 이에 기술한 것들을 가져다가 불길에 던지고, 필묵을 주머니에 담아서 다시 쓰지 않을 것을 보인(「분고지(焚稿識)」)” 미산(眉山) 한장석(韓章錫, 1832~1894)의 심사를 가슴 깊이 헤아리고 남음이 있다. 그런 그도 그의 바램과는 달리 『미산집』이라는 문집이 현재 전해지고 있어서 인력으로는 어찌할 수 없는 일이 있을 수 있는가 보다.

여하튼 필자는 20년간 재직한 동국대 연구실에 무학의 진영 가운데 두타상을 걸어 놓고 고심하였다. 무학의 비문에서 당대 문인 목은 이색(牧隱 李穡, 1328~1396)이 “학문이 도저(到底)하지 못함을 상심하여, 일상생활 속에서 찾아서 반성하였다. 문장은 폐부(肺腑)에서 나오는 것이니, 거짓은 자신을 속인 것일 뿐이네.”라고 하면서 “난 종일토록 어리석은 듯했다.”(李穡, 「學之未至也 求諸日用中吟成二首 以致其力焉」, 『목은시고』 권 6, 시). 진실로 무학을 중심으로 여말선초 불교계 고승의 혁신과 대응을 살피기 위해서이다. 다시금 말하지만, 무학은 권승(權僧)이나 술승(術僧)이 아니라 불교를 수호한 참된 고승[眞僧]이었음을 강조하고자 하였다. 무학의 비문을 지은 춘정 변계량이 평한 바와 같이 무학은 “선각(나옹)의 적통, 태조의 스승[禪覺之嫡 祖聖之師]”이다. 여말삼사인 나옹의 대표적 계승자이면서 조선을 건국한 태조 이성계의 왕사였던 것이다. 본서는 다음과 같이 구성되었다.

1부 나옹과 불교계 문도 편에서는, 제1장 나옹의 탄생과 생애, 2장 나옹의 불교계 활동과 위상, 3장 나옹 문도의 불교계 활동, 4장 나옹의 대표적 불교계 문도를 다루었다. 2부 마지막 왕사 무학 대사에서는, 1장 무학의 생애와 불교 수호, 2장 무학의 건국 참여와 왕사 책봉, 3장 무학과 한양 천도, 4장 무학의 불교계 문도로 구성하였다.

1부 나옹과 불교계 문도 편 ‘1장 나옹의 탄생과 생애’에서는, 나옹의 성씨는 아씨(牙氏)로서 고려 말 이전에 영덕에 정착한 귀화성인 듯하다. 장륙사(莊陸寺)의 불복장(佛腹藏) 명문에 보이는 승려 가운데 각홍(覺洪)과 각청(覺淸), 각환(覺還, 覺環), 신암(信庵, 信嵓) 등이 나옹의 제자였다. 나옹의 문도들이 나옹을 추념하기 위해 조성한 위장사(葦長寺)의 건칠(乾漆) 불상을 나옹이 창건한 장륙사에 봉안하였다.

1부 1장의 '2. 나옹의 귀국 후 행적과 추념'에서는, 그동안 거의 활용되지 않은『나옹화상어록』국립중앙도서관 판본을 활용하였다. 다른 판본에 없는 유일한 내용이거나 보다 구체적으로 묘사되어 있어서 그 사료적 가치는 매우 중요하다.

나옹은 홍건적 침입 시 해주 신광사를 수호하고 개경 광명사에서 공부선을 주관하였다. 나옹의 입적 후 신륵사에서의 다비와 회암사에서의 추념 사실이 구체적으로 묘사되어 있다. 회암사의 나옹 추념에서도 앞서 신륵사 다비(茶毘)에 참여하였던 무학과 도심(道深), 도비(道悲), 무급 각신(無及 覺信) 외에도 나옹의 문도로 추정되는 감암사(甘嵓寺)의 승려 자명(自明), 충주 청룡사(靑龍寺)의 승려 현순(玄珣), 시자(侍子) 각도(覺道) 등이 나옹의 추념 불사에 참여하였다. 특히 승려 현순은 청룡사에서, 나옹의 시자 각도는 금강산 정양암(正陽庵)에서 나옹의 사리를 봉안하였다.

1부 '2장 나옹의 불교계 활동과 위상'에서는, 나옹의 순교(殉敎)를 추념하는 행사가 전국의 명산 대찰에서 이루어졌다. 나옹의 문도들은 금강산, 치악산, 소백산, 사불산, 용문산, 구룡산, 묘향산, 천보산 등 나옹의 유력지와 교화처에서 사리를 봉안하고 아침저녁으로 화상에 향화를 올리면서 추념하였다. 그 가운데 신륵사와 회암사가 가장 중요하다. 나옹의 친구인 목은 이색(牧隱 李穡, 1328~1396)은 "회암사는 붓다가 설법을 펼친 기원정사(祇園精舍, Jetavana-vihāra)와 같고 신륵사는 붓다의 입적처인 사라쌍수(沙羅雙樹)와 같다."라고 하였다. 나옹과 관련된 유물 유적은 전각, 불상, 탑, 부도, 비, 성보 문화재와 수도처 등 전국에 걸쳐 전해지고 있다.

이러한 나옹의 위상은 조선 왕조의 건국 후에도 지속되어 조선 전기 불교계는 나옹의 문도들이 주도하였다. 나옹의 스승 지공과 제자 무학이 오늘날까지도 불교계에서 가장 영험이 큰 증명 법사(證明 法師)로 존경을 받고 있다. 앞서 언급한 바와 같이 나옹이야말로 한국 불교사에서 최고의 순교승이다. 나옹은 태고 보우, 백운 경한과 더불어 여말삼사이자 스승 지공, 제자 무학과 더불어 여말선초의 삼화상이다. 불교계 최고의 삼화상으로 우리 불교와 문화의 수호자였다.

1부 '3장 나옹 문도의 불교계 활동'에서는 나옹의 입적 후 문도들이 나옹의 추념 불사를 기념하여 오대산 주요 사찰이 중흥하였으며, 세조 대 나옹의 법맥을 잇고 있는 삼화상에게 계승 발전되었다. 고려 말 나옹이 북대(北臺, 오대산 상두암, 미륵암)에 주석한 이후 나옹의 문도들에 의해서 오대산의 주요 산사가 왕실과 국가의 후원으로 중창되어 신라 이래의 오대산 불교가 재현되었다.

또한 여말삼사 나옹 문도의 양평 용문산 불교 중흥에 대하여 처음으로 학술적인 천착을 하였다. 여말삼사 가운데 한 분인 태고 보우가 사나사(舍那寺)를 중심으로 불교를 흥성시킨 후 나옹의 문도들이 회암사와 신륵사, 묘향산의 안심사(安心寺)와 더불어 양평 용문산 용문사(龍門寺) 일대에서 흥성시켰다. 나옹의 입적 후 나옹의 문도들에 의하여 여말선초에 양평 용문산 불교를 중흥시켰다.

1부 '4장 나옹의 대표적 불교계 문도'에서는 나옹과 그의 상수 제자라고 할 무학과의 행적 가운데 지금까지 거의 관심을 끌지 못했던 조우 사실에 주목하였다. 그러한 사실은 나옹의 행장과 비문에는 찾아지지 않으나 무학의 비문에 적잖이 실려 있다. 나옹의 행적에 새롭게 추가할 사항이며, 무학이 나옹의 계승자라는 사실을 알려 주고 있다.

나옹과 그의 문도 무학은 수선사의 16국사에 추존되지 않았으나 나 옹은 생전에 왕사로 책봉되어 송광사(松廣寺)에 주석하였다. 나옹의 상 수 제자 고봉 법장(高峰 法藏)은 제16국사로 추존되었다. 수선사(修禪社) 16국사는 오늘의 송광사의 위상을 단적으로 보여 주고 있지만, 나옹과 상수 제자인 무학은 조선 후기에 이르러 수선사 16국사와 더불어 송광 사 18주지로 추념되었다.

무학의 도반인 고봉에 관련한 연구는 본 논문이 처음이 아닌가 한 다. 고봉이 수선사 제16국사로 추념된 시기는, 임진란을 전후하여 송광 사의 사세가 부상되면서부터인 듯하다. 무학은 조선 후기 불교계에서 도 스승 지공, 나옹과 더불어 삼화상으로 존경받았으며, 수선사 16국사 와 더불어 스승 나옹과 함께 송광사 18주지로 추념되었다. 송광사는 합 천 해인사(海印寺)와 양산 통도사(通度寺)와 더불어 한국불교를 대표하 는 삼보 종찰(三寶 宗刹)로서의 위상을 지니게 되었다.

2부 마지막 왕사 무학 편 '1장 무학의 생애와 불교 수호'에서는, 무학 은 조선 왕조의 창업과 관련되어 권승으로서 알려져 있으며, 풍수 도참 (風水 圖讖) 사상과 관련되어 술승으로 널리 알려져 있다. 무학은 조선 창업자인 태조 이성계의 왕사였다. 그뿐만 아니라 불교계에 있어서 삼 화상으로 추앙받고 있다. 무학의 생애는 정사류의 기록에서는 찾기 힘 들고, 야사나 설화에 많이 보이고 있기 때문에 생애에 대하여 굴절되거 나 알려지지 않은 사실이 많다. 무학은 고려 말 지공과 나옹의 사상을 계승한 고승으로서 주도하여 불교계를 정비하고자 하였다.

2부 '2장 무학의 건국 참여와 왕사 책봉'에서는, 무학은 조선 건국에 있어서 최초의 혁명 모의자이며, 조선 건국 직후 조선의 최초이자 마지막 왕사로 책봉되어 한양 천도(遷都) 등 국가 왕실의 기틀을 세우게 하였다. 조선 초 불교계의 중흥을 위해 도선의 국가 비보사상(裨補思想)을 계승하여 한성을 중심으로 하는 불교 사찰을 지정하였다.

무학은 태조 왕건에게 왕조 창업을 제시했던 선각 국사 도선(道詵)과 비견되며, 조선 건국 초에 왕사로 책봉되었다. 무학은 스승 나옹과 함께 근기 지방인 양주 회암사를 중심으로 홍법 운동을 전개하면서 한양을 중시하였으나, 이는 나옹의 죽음으로 중단되었다. 무학은 지공과 나옹의 추념 불사를 하면서 안변 석왕사(釋王寺)에서 이성계에게 왕조 창업을 종용하였다. 삼봉 정도전이 이성계에게 조선 건국의 혁명을 종용하였던 사실과 비견된다.

1382년 9월부터 이듬해 2월까지 한양으로 천도하자 신륵사(神勒寺) 대장각(大藏閣) 건립을 계기로 불교계를 주도하였던 4대 종파의 영수급 고승들이 회합하여 모종의 대응을 하였다. 그 후 조계종의 무학을 비롯한 불교계 4대 종파의 고승들은 각자 한양의 근기 지방에서 불법을 펼쳤다. 무학은 고려 말 여러 차례에 걸친 왕사 책봉 제의도 거절하면서 불교계의 혁신을 위한 제 준비를 하였다. 무학은 한양을 중심으로 불교계의 새로운 판을 설계하고자 왕조 창업에 뜻을 같이 하면서 조선 건국 사업에 동참하였으며, 건국 직후 고려 후기 이래 불교계를 주도하였던 조계종과 천태종에서 무학이 왕사, 공암 조구(空庵 祖丘)가 국사로 각기 책봉되었다. 무학과 조구는 조선시대 최초이자 마지막 왕사와 국사였으며, 우리나라의 마지막 왕사이자 국사였다.

무학은 왕사로 재임하면서 한양 천도와 같은 정치적인 문제에 한 달 남짓 참여한 것 외에는 수행 및 교화에 전념하여 왕사(王師) 본연의 자세에 충실했다. 한양 천도에 참여한 외에 국도 건설 및 함흥차사(咸興差使)로 상징되는 왕실 화합을 이끌면서 불교계를 주도하였다.

2부 '3장 무학과 한양 천도'에서는, 한양은 스승 지공, 나옹과 함께 이루고자 하였던 삼산 양수의 땅 회암사와 관련이 있는 삼소(三蘇)로서 태고 보우도 천도해야 한다고 주장하였으나 실현되지 못하였다. 본래 한양은 국초 일래 남경(南京)으로 외연이 확대되고, 남경이 부상하더니 대각 국사(大覺國師) 의천(義天, 1055~1101)도 관심을 나타냈다. 고려 중엽 이래 불교계에는 아사달(阿斯達) 신앙이 부상하여 남경이 더욱 부각되고 있었다.

고려 말에 보우와 신돈 등에 의해 국도 천도가 논의되었다. 특히 보우의 한양 천도 주장은 조선 건국 직후 무학에 이르러 결실을 보게 되었다. 북악산과 인왕산(仁王山)을 둘러싼 한양의 주산(主山) 논쟁이 있었으나 사실로 가리어졌다. 한양의 내사산(內四山) 가운데 인왕산은 서산(西山, 우백호) 또는 기봉(歧峯)으로 불리었지만, 한양 천도 직후에 인왕사가 창건되면서 그 이름으로 불렸다. 인왕(仁王)이라는 말은 불교의 금강역사(金剛力士)라는 뜻이다. 한양이 국도로 선정된 후 왕사 무학이 주산으로 정할 것을 제안하였으나 백악산이 주산이 되므로 한양의 주산은 되지 못하고 우백호에 머물고 말았다. 그 후 무학을 계승하였다고 생각되는 광해군 대의 고승 성지(性智)도 인왕산을 왕기(王氣)가 있는 땅이라 하여 중요시하였다.

2부 '4장 무학의 불교계 문도'에서는, 조계종의 사굴산문 나옹 혜근과 가지산문의 태고 보우의 문도들이 여말선초 선종계와 나아가 불교계를 주도하였다. 두 산문의 고승들은 고려 말 동방 제일 도량이라고 일컫는 송광사(松廣寺)의 주지직에 상계(相繼)하여 재임하였다.

무학은 왕사로서 불교계를 대표하였으므로 문도가 적지 않았을 것이다. 기록에서 찾아지는 무학의 문도는 함허 기화(涵虛 己和), 퇴은 장휴(退隱 莊休), 월강 보경(月江 寶鏡), 급암 도사(及庵 道師), 조월 해징(照月 海澄), 옥봉 혜진(玉峯 惠眞), 홍준(洪俊) 등이다. 즉, 무학의 비문에 조림(祖琳), 실록에 신총(信聰), 신당(信幢), 신우(信祐), 입선(入選) 그리고 무학의 문도로 추정되는 혜징(惠澄), 철호 조선(鐵虎 祖禪), 조생(祖生), 문집류에 청풍헌(淸風軒) 적봉 신원(寂峯 信圓), 죽계헌(竹溪軒) 신회(信廻)과 사지류에 영암 일옥(玲巖 日玉) 등이다.

무학의 문도는 숭유억불 운동에 맞서 『현정론(顯正論)』 등을 지은 함허 기화만이 널리 알려져 있을 뿐이며, 문도들 가운데 퇴은 장휴, 입선, 신우, 신당 등에 대해서는 전혀 알 수 없다. 알려진 것과는 달리 무학의 대표적인 계승자는 기화(己和)가 대사형이라 존경했던 심지 허융(心地虛融) 진산(珍山, ?~1427)이다.

그 후 무학의 문도와 문손에 대한 기록을 찾았다. 바로 고창 선운사(禪雲寺) 관련 기문이다. 향후 조선 전기 불교계를 나옹 문도, 무학과 그 문도 문손들이 주도하였다는 사실의 단초를 열었다는 점에서 매우 중요하다, 이에 의하면 무학의 흥법(興法)은 문도들인 진산과 함허 기화, 조생, 조선 등에게 계승되었으며, 무학의 활동 지역으로 알려진 충남 서산(瑞山) 일대에 무학의 문도 영암 일옥 등도 함께하였다. 무학의 문도 일옥은 충남 보령 금강암(金剛庵)을 창건하였으며, 인근 당진 아미산(峨眉山) 문수암(文殊庵)에 머물고 있는 무학에게 출가 및 주석하였는데 신산(信山)도 문수암에서 무학에게 출가하였다. 선운사의 기문류에 의하면 행호 극유(幸浩 克乳)는 무학의 문도로, 행호의 제자 종심이 세조의 아들 덕원군(德源郡)과 선운사의 중창 불사를 하였다. 무학의 문도와 증손·고손으로 이어지는 사실을 처음으로 알 수 있었다. 즉, 지공 선현→나옹 혜근→①무학 자초(無學 自超)→②영암 일옥(玲巖 日玉)·신산(信山)→·③행호 극유(幸浩 克乳)→④종심(終諗)으로 계승되었다. 조선 전기 숭유억불 시기에 있어서 서산 일대와 고창 선운사 등을 중심으로 불교 흥법을 폈다.

필자는 동국대 역사교육과 교수로 재직하였다. 동국대는 지금부터 120년 전 근대 불교 교육을 통해 우리의 사회와 문화를 반듯하게 정립하기 위해 개교했다. 본교의 건학 이념은 불교를 통해 국가와 사회 및 문화의 공동체를 아우르는 정신을 함양하는 데 있다. 바로 불교에서 연원하는 홍익인간(弘益人間) 정신이다. 모든 인간과 그 위에 펼쳐진 세상의 생물과 무생물을 널리 이롭게 한다는 것이다. 대한민국 정부 수립 이후 건국 이념으로 채택되었고 우리나라의 교육 이념이기도 하다.

이러한 화두를 지니고 우리의 공동체의 역사와 문화를 정립시키기 위해 다양하게 조명하고 있다. 불교를 중심으로 유·불·선의 동양의 역사와 문화가 어떻게 전개되었는지 중요 과제로 삼아 연구 교육 봉사하였다. 그러한 시각에서 연구한 최근의 저서가 『역사와 선을 접목한 사학자 황희돈』(동국대 출판문화원, 2023)이다. 그리고 『한국 중세불교와 역사교육』도 불교사관에 입각하여 한국 불교사를 정리하고자 하는, 필자의 염원이 담긴 시도였다. 모든 역사는 현대사라는 말이 있듯이 역사는 현재의 다문화적 사회를 해결하기 위한 필요충분조건이기도 하다. 한국사의 내재적·주체적 전개를 통해 현재 우리의 좌표와 미래의 향방을 정립할 수 있어야 한다.

우리의 역사는 중국의 유교 문화의 영향만 받은 게 아니다. 불교는 물론이고 도교적 심성이 아직 내면에 자리하고 있다. 그뿐만 아니라 동북아 유목 문화나 이슬람, 인도, 서역 등의 문화 요소가 종합되어 전개된 것이 우리 문화다. 결코 한 많은 시련의 나라가 아니며 개방적이고 다양하고 진취적이고 역동적인 나라였다. 이러한 역사 문화 의식을 지니고 불교 및 사찰을 중심으로 한국의 주체적인 문화 역량을 재발견하여 다가오는 동북아 시대에 앞서 나아가는 공동체를 만들어야 한다.

다시 한번 맹세한다. 무학은 질박한 성품으로 문채를 꾸미기 싫어하여 함부로 글을 쓰지 않았는데, 불초한 필자가 엉성한 글솜씨로 재주를 피운 것 같아 송구스러운 마음을 금할 수 없다. 하지만 필자가 바라마지 않는 한국 중세불교와 역사교육 연구가 정립될 때까지 오로지 겸허한 자세로 정진할 것을 다짐하는 바이다.

이 책이 나오기까지 모든 이에게 감사를 드린다. 특히 도서출판 민족사 윤창화 대표님 및 사기순 주간 등 관계자에게 고마움을 표하는 바이다. 무한 생명을 실현하자는 해원 황의돈 선생처럼 늘 나무아미타불을 염송한다.

2026. 4.

황인규 두손 모음

2부 마지막 왕사 무학

1장 무학의 생애와 불교 수호 … 262

1부
나옹과 불교계 문도

1장

나옹의 탄생과 생애

1. 나옹의 탄생과 장륙사

1) 들어가는 말

나옹은 조계종의 중흥조인 태고 보우와 현존 최고의 금속활자 인쇄본인 『직지』의 편저자인 백운 경한과 더불어 여말 삼화상이자 붓다의 삼촌의 108대 후손인 지공 선현의 대표적 제자이다. 한국의 마지막 왕사인 무학 자초의 스승으로 여말선초 삼화상으로 조선시대 이후 지금까지 최고의 증명법사이기도 하다.[1]

나옹의 이러한 위상 때문에 적잖은 관련 연구가 이루어졌지만[2] 나옹

---

1   황인규, 「조선시대 삼화상(지공·나옹·무학)의 선사상」, 『정토학연구』 27, 2017, 117~147쪽.

2   나옹에 관한 주요 연구성과를 소개하면 다음과 같다. 석전, 「양주 천보산 유기」, 『조선불교총보』 13, 1918 ; 공덕산 후학, 「나옹왕사의 보살계첩을 보고」, 『불교』 5, 불교사, 1924 ; 누카리야 가이텐(忽滑谷快天), 「혜근의 간화선」, 『조선선교사』 동경, 1978 ; 허흥식, 「나옹의 사상과 계승자」 상·하, 『한국학보』 58·59, 일지사, 1990 ; 이

의 출생이나 영덕 장륙사의 창건 등에 관해서는 제대로 천착된 바 없다.[3] 나옹은 영덕에서 출생하였는데 목은 이색도 이 지역에서 태어나 이 두 인물이 고려 말 유불의 종가를 이루었으니, 영덕이야말로 고려 말 한반도 사상계의 거성을 배출한 지역이다. 나옹은 "왕사의 신분으로 승려들의 영수가 되어 더할 나위 없는 존경과 영광을 누렸다."[4]고 한다.

본고는 이러한 나옹의 가계와 출생, 나옹이 창건하였다는 영덕 장륙사의 역사를 검토하고자 한다. 즉, 나옹의 영덕 탄생과 성장과 나옹 문도의 장륙사의 건칠 불상 조성을 살펴본 다음 장륙사 역사의 전개를 통해 나옹의 관련 사실을 천착하고자 하며, 나아가 영덕 불교에서 차지하는 위상을 밝혀 보고자 한다.

2) 나옹의 영덕 탄생과 성장

나옹의 생애와 활동을 알 수 있는 가장 중요한 기록은 나옹의 어록에 있는 행장과 비문 및 어록일 것이다. 행장에 의하면 다음과 같이 기록되어 있다.

철헌, 『나옹 혜근의 연구』, 동국대 박사학위논문, 1997 ; 김창숙, 『나옹의 선사상 연구』, 박사학위논문, 동국대학교, 1997 ; 『고려 말 나옹의 선사상연구』, 민족사, 1999 ; 강호선, 「고려 말 나옹 혜근 연구」, 서울대 박사학위논문, 2011 ; 자현, 『한국 선불교의 원류 지공과 나옹 연구』, 불광출판사, 2017 ; 황인규, 「나옹 문도의 양평 용문산 불교 중흥」, 『불교학보』 87, 2019 ; 황인규, 「나옹과 오대산 북대」, 『불교학연구』 62, 2020.

3 　본고는 웰니스 문화콘텐츠 개발 학술세미나 "나옹왕사 탄신성지와 웰니스 개발 학술세미나"(영덕 나옹왕사 역사기념관, 2021.12.17. 13:00~17:00)에서 발제 원고를 정제한 것이다.

4 　이색, 「巨濟縣 牛頭山 見菴禪寺 重修之記」, 『목은문고』 권5, 기, "故其爲王師 領袖 萬衲 尊榮無對 獨順師至 與之交禮."

스님의 이름은 혜근이요, 호는 나옹이며, 옛 이름은 원혜이다. 거처하는 방은 강월헌이라 하며, 속성은 아씨인데 영해부 사람이다. 아버지의 이름은 서구인데 선관서령에 이르렀고, 어머니는 정씨다.(행장)[5]

위의 행장에 의하면, 나옹의 속성은 아씨(牙氏)이며 아버지는 아서구 또는 아세구[6]다. 현재 우리나라 성씨로서 아씨는 확인되지 않고 중국과 대만 등 지역에 아씨가 존재하고 있다. 중국의 아씨의 유래는 세 가지로 전해지고 있다. 즉, 강태공의 이름인 강상의 자인 강자아에서 기원하였다는 설과 주나라의 목왕 때 군아라는 사람의 이름에서 기원하였다는 설, 제나라 공족인 공자아에서 비롯되었다는 설이 있다.[7] 아마도 한국에 귀화한 중국인들처럼 나옹의 조상도 고대 이후 중국에서 우리 땅에 귀화한 듯하다.[8]

나옹의 아버지는 선관서령[9]에 있었다. 그 관직은 제사와 연회의 음식을 조달하는 사무를 관장하였던 대관서이며 그는 충선왕과 공민왕대 선관서였다.[10] 『고려사』를 비롯한 제 문헌에 나옹의 아버지인 아서구가

---

5 覺宏, 「普濟尊者 諡禪覺懶翁和尙 行狀」, 『나옹화상어록』, "師諱慧勤號懶翁 舊名元慧 所居室曰江月軒 俗姓牙氏 寧海府人也 考諱瑞具 官至膳官署令 母鄭氏." ; 『禪覺語錄』(국립중앙도서관 판본), "師諱慧勤號懶翁 古諱元慧 所居室曰江月軒 俗姓牙氏 寧海府人也 考諱(瑞具) 官至膳官署令 母鄭氏靈山郡人也."

6 이색, 「安心寺 指空懶翁舍利石鐘碑」, 『한국금석전문』 중세 하, 1224, "吾師名 惠勤 號懶翁 父膳官署丞 牙世具."

7 https://m.2jiapu.com/xingshi/663.htm.

8 우리나라 대한민국 건국 이전부터 존재했던 역사적 성씨(姓氏)는 250여 개에 이른다. 새역사 역사편찬회, 『한국인의 성씨와 족보』, 온북스, 2004. 그 가운데 중국계, 몽골계, 여진계, 위구르계, 아랍계, 베트남계, 일본계 등 130여 성에 달하고 있지만 牙氏는 찾아지지 않는다.

9 李穡, 「安心寺 指空懶翁舍利石鐘碑」, 『한국금석전문』 중세 하, 1224쪽, "吾師名 惠勤 號懶翁 父膳官署丞 牙世具."

10 『고려사』 권77, 百官志 膳官署.

선관서의 장인 선관서령에 있었다는 사실은 찾아지지 않는다.

나옹의 어머니는 영산 정씨[11]이며, 그의 가계 역시 알려진 바 없다. 그의 부모 외에 조상이나 가계에 대해서 알려진 바 없지만 그의 동생 비구니 묘연(妙緣)[12]이 있었다고 하는데 더 이상의 사실은 알 수 없다.

나옹의 호는 강월헌, 시호는 선각이며 존칭은 보제 존자이다.(나이 57세, 법랍 38세) 행장에 나옹의 출생에 대하여 다음과 같은 내용이 찾아진다.

> 정씨가 꿈에 금빛 새매가 날아와 그 머리를 쪼다가 떨어뜨린 알이 품안에 드는 것을 보고 아기를 가져 연우 경신년(1320) 1월 15일에 스님을 낳았다.[13]

비문에는 태몽에 갑자기 오색 빛이 찬란한 알을 떨어뜨렸다는 내용이 추가되었다[14]고 하였다. 『나옹화상어록』 국립중앙도서관 판본에는 다음과 같은 사실이 추가된 내용이 찾아진다.

> 어머니 정씨가 꿈에 금색 새 매가(스님의 이름은 수로) 날아와 그의 머리를 쪼다가 5색이 찬란한 알을 떨어뜨려 가슴으로 들어오는 태몽을 꾸고

---

11 李穡,「普濟尊者 諡禪覺 塔銘 并序」,『조선금석총람』상, "臣謹案 師諱惠勤 號懶翁 初名元惠 享年五十七 法臘三十八 寧海府人也 俗姓牙氏 考諱瑞具膳官令 母鄭氏 靈山郡人也."

12 「答妹氏書」,『나옹화상어록』;「爲妹尼妙緣落髮」,『나옹화상 게송』;『한국불교전서』6.

13 覺宏,「普濟尊者 諡禪覺懶翁和尙 行狀」,『나옹화상어록』, "鄭夢見金色隼 飛來啄其頭 墜卵入懷中 因而有娠 以延祐庚申正月十五日生."

14 李穡,「普濟尊者 諡禪覺塔銘 并序」,『목은문고』권14, 비명 :『동문선』권119 :『조선금석총람』상, "鄭夢見金色隼 飛來啄其頭 忽墜卵 五彩爛然入懷中 因而有娠 以延祐庚申正月十五日生."

이름을 수로라고 하였다. 연우 경신년(1320) 1월 15일 자시에 스님을 낳았다.(행장, 국립 중앙도서관 판본)[15]

나옹이 1월 15일 자시에 태어났다는 사실을 구체적으로 적시하면서 협주에 이름이 수로라고 하였는데, 뒤의 협주(夾註)에는 꿈에 새매가 (머리를 쪼았으므로) 아이때 이름을 수로라고 하였다고 한다.[16] 법호인 나옹도 이런 연유로 생긴 듯하다.

군지류에 의하면 나옹은 현재 경북 영덕군 창수면 가산리 불암골 까치소에서 출생하였다고 한다.[17] 까치소[鵲淵]는 창수면 가산리에서 인량리로 가는 산비탈 중간 지점에 있다.[18] 나옹의 성장기에 관한 기록은 다음과 같다.

스님은 날 때부터 골상이 보통 아이와 달랐고, 자라서는 근기와 정신이 영명하고 고매하여 출가하기를 청하였으나 부모가 허락하지 않았다. 20세에 이웃 동무가 죽는 것을 보고 여러 어른들에게 죽으면 어디로 가느냐고 물었으나 모두들 모른다 하였다. 매우 슬픈 심정으로 공덕산 묘적암의 요연 스님에게 가서 머리를 깎았다.(행장)[19]

15　『禪覺 語錄』(국립 중앙도서관 판본), "鄭夢見金色隼[師名叟老]飛來啄其頭 忽墜卵入懷中因而有娠 以延祐庚申正月十五日子時而誕."

16　『禪覺 語錄』(국립 중앙도서관 판본), "[名叟老]… [以夢隼而生故兒名爲叟老]." 참고로 "嫂, 叟也, 叟老者稱也, 叟縮也."

17　영덕군(2002), 8편. 민속문화, 제1장 설화, 제1절 전설 5) 까치소[鵲淵]와 懶翁和尙 (http://gunji.yd.go.kr)；『영덕군지』(2002) 제5장 종교, 제2절 군내 종교, 2) 고려시대의 불교, (4) 懶翁和尙. http://gunji.yd.go.kr.

18　영덕군(2002), 8편. 민속문화, 제1장 설화, 제1절 전설. (7)懶翁의 잉태. http://gunji.yd.go.kr. 「까치소[鵲淵]와 나옹화상」의 설화.

19　覺宏,「普濟尊者 諡禪覺懶翁和尙 行狀」,『나옹화상어록』, "骨相異 常兒旣長 機神英邁 卽求出家 父母不許 年至二十 見隣友亡 問諸父老曰 死何之 皆曰所不知也 中

스님은 날 때부터 골상이 준수하고 시원하며, 근기와 정신이 영명하고 고매하여 매번 출가를 빌었으나 부모가 허락하지 않았다. 일찍이 어머니가 돌아가시자 항상 무슨 생각을 가지고 있는 것 같았다. 지원 기묘(1339년, 충숙왕 복위 8년)에 이웃 동무가 죽는 것을 보고 여러 어른[父老]들에게 죽으면 어디로 가느냐고 물었으나 모두들 모른다 하였다. 매우 슬픈 심정으로 공덕산의 요연 스님에게 가서 머리를 깎았다.(행장, 국립 중앙도서관 판본)[20]

대개 승려들의 탄생 시 골상이 보통과 다르다는 기록은 종종 있기도 하다.[21] 행장과 조금 다르게 국립중앙도서관본의 어록에는 나옹은 매번 출가를 청하였으나 부모가 허락하지 않았으나 마침 어머니가 돌아가자 항상 무슨 생각을 가지고 있는 것 같았다. 지원 기묘년(1339, 충숙왕 복위 8)에 이웃 친구가 죽은 것을 보고 죽음에 대한 의문을 갖게 되었다는 것이다.

나옹은 20세 되던 해 상주 공덕산 묘적암으로 출가하였다고 하였지만, 1327년 7세에 지공으로부터 금강산에서 무상 계첩을 받았다[22]고 하여 어린 시절에 가출하였던 듯도 하다. 어록에 의하면, 나옹이 누이동생에게 답한 글에서 "나는 어려서 집을 나와 햇수도 달수도 기억하지 않고 친한 이도 먼 이도 생각하지 않으며, 오늘까지 도(道)만을 생각해

心痛悼 遂投功德山妙寂菴了然禪師所祝髮."
20 『禪覺 語錄』(국립중앙도서관 판본), "及生骨相峻爽旣長 機神英邁[以夢隼而生故兒名爲 隼老] 每乞出家 父母不許 早喪母常若有思念者至元己卯 年至二十 見隣友亡問諸父 老曰 死何之 皆曰所不知也 中心痛悼 潛投功德山了然禪師所祝髮."
21 李奎報,「靜覺國師 碑銘」,『동국이상국집』권35, 비명, "及生 骨相峻爽機神英邁… 常若有思念者."
22 功德山人,「나옹왕사의 보살계첩을 보고」,『불교』5, 불교사, 1924.

왔다."[23]라고 한 데서 짐작이 가지만 자세한 것은 알 수 없다.

설화류에서도 나옹은 출가하면서 지팡이를 거꾸로 꽂아 놓고 "이 지팡이가 살아 있으면 살아 있는 줄 알고 죽으면 내가 죽은 줄 알아라."라고 하는 유언을 남길 정도로 출가 의지가 결연했다고 전해진다.[24] 후대의 기록에서도 "태어나면서부터 신이(神異)함이 있었고, 커서는 큰 뜻이 있었다. 세속을 싫어하여 출가하였고, 선의 가르침을 문득 깨달았다."[25]고 전하고 있다. 현재로서는 나옹의 행장이나 비문에 기록된 것처럼 상주 공덕산 묘적암에 출가하였다고 보아야 할 것이다.

3) 나옹 문도의 건칠 불상 조성

나옹이 장륙사를 창건하였다는 사실은 행장이나 비문에 보이지 않는다. 나옹의 사전적인 서술에도 장륙사의 창건은 누락되어 있는 경우가 보통이다. 나옹이 1355년(공민왕 4)에 영덕 장륙사를 창건하였다고 하지만 나옹의 행적으로 보아 그 시기가 맞지 않다. 행장에 의하면, 나옹은 1347년(충목왕 3)에 원으로 가서 1358년(공민왕 7)에 귀국하였기 때문에 귀국 전이나 귀국 후로 보아야 할 듯하다. 나옹의 장륙사 창건 시기도 불확실하지만, 행장이나 비문 등 여러 기록에서 나옹이 고향 영덕에 다시 왔다는 사실은 찾을 수 없다. 따라서 나옹이 실제 장륙사를 창건하였는지도 의구심이 들고 있다.

현재 장륙사에 고려 말이나 조선 초에 조성된 것으로 여겨지는 건칠

---

23 「答妹氏書」, 『나옹화상어록』, "自小出來 不記年月 不念親疏 以道爲念 己到今日."
24 영덕군(2002), 8편. 민속문화, 제1장 설화, 제1절 전설. (6) 盤松과 懶翁和尙.
25 『五臺山事蹟』(丙·丁本), 「我朝 本山事蹟」.

보살 좌상이 봉안되어 있으나 인근에 있었던 위장사(葦長寺)에 조성된 것으로 알려져 있어서 나옹이 장륙사(莊陸寺)를 창건한 사실을 뒷받침하고 있지 않다. 여기서 장륙사 관련 기문을 열거하면 다음과 같다.

○ 장륙사 관련 기문

(1) 고려
  • 「영덕 장륙사 건칠 보살 좌상 기문」(문화재청, 『한국사찰문화재 자료집』[26])
(2) 조선 전기
  • 「불복장 동 발원문」(1395년, 『한국사찰문화재 자료집』)
(3) 조선 후기
  • 「대웅전 편액」(1705년, 『한국사찰문화재 자료집』)
  • 「영산회상도 화기」(1764년, 『한국사찰문화재 자료집』)
  • 「지장시왕도 화기」(1764년, 『한국사찰문화재 자료집』)
  • 「홍련암중수기」(1876년, 이주원, 『면운재문집』)
  • 「장륙사 차이경백(次李敬伯, 元直)」[이시명(1580-1674), 『석계집』 권1, 시 칠언절구]
  • 「장륙사 호운(呼韻)」[이휘일(1619-1672), 『존재집』 권1, 시 칠언절구]
  • 「복용백씨장륙사운(復用伯氏藏六寺韻)」[이현일(1627-1704), 『갈암집』 권1, 시]
  • 「장륙사 차증 담상인(次贈 淡上人)」[권만두(1674-1753), 『지족당문집』 권1, 시]
  • 「장륙사 동제로 수창(同諸老 酬唱)」[권만두(1674-1753), 『지족당문집』 권1, 시]
  • 「장륙사 화족제만식영설(和族弟萬式詠雪)」[권만두(1674-1753), 『지족당문집』 권1, 시]
  • 『범우고』 사찰 영해, "장륙사 재부서(在府西) 30리."
  • 『가람고』 "장륙사 재가을산면 부서(在加乙山面 府西) 23리."

---

26 장륙사의 기문은 『한국사찰문화재 자료집』 경북2, 2008, 280~281쪽에 실려 있다.

(4) 근대

- 「장륙사 개금불사 사적기」(1911)[27]
- 「장륙사 중수기 현판」(1921, 『한국사찰문화재 자료집』)
- 「장륙사 홍원루 중수기 현판」(1937년, 이현규, 『한국사찰문화재 자료집』)
- 「장륙사 산령각 중수시 시주결 현판」(1940년, 『한국사찰문화재 자료집』)
- 「장륙사 산령각기 현판」(1940년 추정, 『한국사찰문화재 자료집』)
- 「장륙사 공덕주 현판」(1941, 『한국사찰문화재 자료집』)
- 「장륙사 중수 운시판(韻詩板)」(근대, 『한국사찰문화재 자료집』)
- 「운서산 장륙사 편액」(조선 말–근대, 『한국사찰문화재 자료집』)
- 「산령각 편액(근대, 『한국사찰문화재 자료집』)
- 「홍련암 편액」(근대, 『한국사찰문화재 자료집』)
- 「홍원루 편액」(근대, 『한국사찰문화재 자료집』)
- 「탐진당 편액」(조선 말–근대, 『한국사찰문화재 자료집』)

(5) 현대

- 「전기 불사 동참 방명록」(1981)[28]
- 「장륙사 요사 신축시 찬조자 방명록」(1988)
- 「장륙사 계단불사방명록기」(1988)[29]

위의 인용 기문류에서 보듯이 대부분 조선 후기 18세기 이후의 것들이다. 그 가운데 나옹이 장륙사를 창건하였다고 명시한 기록은 일제 강점기인 1937년에 이현규가 지은 「장륙사 홍원루 중수기」에서 "장륙사(莊陸寺)는 본래 단구현의 옛 사찰이다. 세상에 전하기를 선각 나옹이 창건

---

27 사찰문화연구원에서 간행한 『전통사찰』 장육사편 470쪽에 기록되어 있으나 그 출처 여부에 대하여 영덕군이나 장륙사에 문의하였으나 그 소재 여부를 알 수 없었다.
28 위와 같음.
29 위와 같음.

하였다."[30]라고 한데서 처음 찾아진다. 따라서 나옹이 정말로 장륙사를 창건했는지 의문이 든다. 그러면 나옹이 장륙사를 창건하였다는 사실은 어떻게 이해하여야 할까?

장륙사 대웅전은 나옹이 창건한 것이라고 전하고 있지만, 이를 뒷받침해 줄 만한 사료는 없다. 앞서 언급한 바와 같이 현재 장륙사 건칠불상(乾漆佛像)은 인근의 사찰이었던 위장사에 봉안되었던 것을 이전한 것이라고 한다. 위장사가 언제 창건되었는지 알 수 없지만 1530년에 편찬된 『신증 동국여지승람』의 불우조에 "위장사는 용두산 우물가에 있다."[31]라고 하여 그 존재가 확인된다. 영조대 편찬된 『여지도서』[32]와 1799년(정조 23)에 편찬된 『범우고』[33]에 이미 폐사된 것으로 기록되어 있다. 그러므로 위장사는 18세기 무렵에 폐사되었던 듯하며, 폐사 이후 불상이 장륙사로 옮겨 봉안된 것이라고 볼 수 있다.

『영덕군지』에 의하면, 위장사는 일명 우장사(雨長寺)라고 하였다고 한다. 우장사는 실록에 의하면 1407년 영덕의 천태종계 자복사로 지정되었는데,[34] 위장사의 발음이 유사하여 우장사로 기록되었을 개연성이 매우 높지만 확실하게 단정 지을 수 없다.[35]

장륙사의 건칠 관음보살 좌상의 불상 안에서 발견된 원문과 개금묵서명에 의하면, 1395년(태조 4)에 영해부의 관리들과 마을 사람들의 시

30　李鉉圭,「莊陸寺 興遠樓 重修記」,"莊陸本丹邱古刹也 世傳麗季 樗覺 懶翁所建."
31　『신증동국여지승람』권24, 경상도 영해도호부 불우, "葦長寺 在龍頭山井水之傍."
32　『興地圖書』下, 경상도 영해 사찰, "葦長寺在龍頭山井水之傍今廢."
33　『범우고』영덕, "葦長寺 在龍頭山 寺偏一葦鑿井其地水甚淸澈邪人照之則變爲泥色 井水之傍 今廢."
34　『태종실록』권14, 7년 12월 2일(신사), "寧海 雨長寺."
35　북한에서는 지금도 '위'를 '우'로 통용하고 있다. 장륙사 기문은 『한국사찰 문화재 자료집』경북2, 2008, 280~281쪽에 실려 있다.

주로 만들었고, 1407년(태종 7)에 다시 금칠하였음이 밝혀졌다.

관음전의 주존(主尊)으로 봉안된 건칠 관음보살 좌상은 불상 약식으로 보았을 때 조선 초기(또는 고려 말)에 조성된 것으로 보이며, 복장물의 기록에 의하면, 1395년 무렵에 조성되어 "영락 5년 정해(1407) 6월 11일 □장사 선당 관음 개금"이라고 하여 1407년 개금된 것으로 확인된다.[36]

이 기록에 의하면, 이 불상은 장륙사에서 조성 및 개금된 것이 아니라 '□장사 선당'에 봉안된 것이었다. □장사의 판독은 인근의 위장사나 저장사(苧長寺)로 보는 듯하다. 즉, 이 불상은 창수면 신기리의 용두산 정상의 우물 옆에 있었던 위장사에 봉안된 것으로 위장사가 폐사된 후 장륙사에 봉안되었다고 보는 것이 일반적인 견해인 듯하다.

이와는 달리 미술사가인 문명대는 다음과 같은 설을 제시하고 있어서 주목받고 있다. 즉, □장사를 저장사로 보고 서장사라 하며 장륙사의 원 이름일 수 있다는 것이다.[37] 만약 저장사가 장륙사의 창건 시 이름일 수 있지만 이를 뒷받침해 줄 만한 기록은 찾아지지 않는다.

장륙사 건칠 관음보살 좌상은 약간 고개를 숙인 채 결가부좌(結跏趺坐)를 하고 있는데 금속제 보관(寶冠)을 쓰고 있고 양손은 손목에 못으로 고정하였는데 수인 설법인을 짓고 왼손에 작은 정병을 들고 있다. 이 불상은 처음 조성 시에는 미륵보살이었으나 개금되어, 영락 5년(1407)에는 관음보살로 인식되었음을 알 수 있다.[38] 이와 관련하여 다음의 기

36　장륙사 보살 좌상 복장 발원문, "永樂五年丁亥(1407) 六月十一日 □長寺 禪堂 觀音 改金."; 정영호, 「장륙사 보살 좌상과 그 복장 발원문」, 『고고 미술』128, 한국 미술 사 학회, 1975, 2~4쪽 ; 문명대, 「세종조 전후의 조선 전기 조각 양식의 변천」, 『세 종 시대의 미술』, 세종대왕기념사업회, 1986, 111쪽.

37　문명대, 「조선 전반기 불상 조각의 도상 해석학적 연구」, 『강좌미술사』 36, 2011, 116쪽.

38　손태호, 「조선 전기 불상연구—목조·건칠불을 중심으로」, 동국대 박사학위논문,

록을 살펴보기로 한다.

> 내가 헤아려보건대, 나의 힘은 부족하기만 한데 이 일에 도움을 줄 수 있는 사람은 오직 나옹의 문도들뿐이라고 여겨지기에 즉시 글을 급히 보내어 이 사실을 고하였다. 이에 법호를 무급(無及)과 수봉(琇峯)이라고 하는 두 승려가 문도를 거느리고 그 일을 독려하여 경신년(1380, 우왕 6) 2월부터 기금을 모으기 시작하였다. 그리하여 각참(覺昌)은 순흥(順興)에서, 각잠(覺岑)은 안동에서, 각홍(覺洪)은 영해에서, 도혜(道惠)는 청주에서, 각련(覺連)은 충주에서, 각운(覺雲)은 평양에서, 범웅(梵雄)은 봉주에서, 지보(志寶)는 아주에서 활동하는 가운데, 닥나무를 원료로 하여 종이를 만들고 흑연을 녹여 먹으로 만들었다.[39]

위에 인용한 기문은 나옹이 입적한 지 4년 후인 1380년(우왕 6)에 여주 신륵사 대장각의 건립 기문이다. 여기에는 영덕 출신 목은 이색(李穡)과 교유하였던 나옹의 문도들이 대거 참여하여 이루어졌는데, 그 가운데 주목되는 것은 나옹의 문도 각홍(覺洪)이 영해에서 종이를 만들었다는 사실이다. 각홍이 종이를 만드는 등 시주를 한 곳은 나옹의 문도들이 창건한 위장사 불상일 개연성이 높다고 생각된다. 연구에 의하면, 건칠 불상에 사용되는 직물은 삼베(대마)이며 종이는 닥나무 인피 섬유였기 때문이다.[40] 물론 나옹의 문도 각홍이 위장사의 건칠불상을 조성

2019, 128~129쪽.

39 李崇仁, 「驪興郡 神勒寺 大藏閣記」, 『도은집』 권4, 문 : 『동문선』 권76, 기, "有號無及 琇峯二浮屠者 率其徒縱臾 始自庚申二月 募緣覺昌於順興 覺岑於安東 覺洪於寧海 道惠於淸州 覺連於忠州 覺雲於平壤 梵雄於鳳州 志寶於牙州 化楮爲紙 釋幻造墨."

40 정은우, 「나말여초 건칠불상의 제작기법과 시원 연구」, 『미술사연구』 34·35, 2018, 26쪽; 유지아, 김지은, 정용재. 「청량사 건칠불상의 재질 특성 연구」, 『미술사연구』 32, 2017, 88쪽.

하는 데 직접 참여하였다는 사실을 말해 주는 것은 아니다. 이 내용과 관련하여 건칠(乾漆) 관음보살 좌상의 불상 안에서 발견되었다.[41] 1395년(태조 4)에 태조와 계비 현비 등 왕실의 안녕과 백관의 복수 무강(福壽無疆)과 국가의 평온을 위해 발원하였다. 신청(信淸)과 석련(釋連), 각청(覺淸), 영해부사 이(李), 동영해부사 심(沈), 염장관 장(張) 등의 전직 관료와 그 부인들, 달혜(達惠)와 지송(志松), 향근(向根), 육명(六明), 각환(覺还), 지관(智觀), 신안(信安), 석기(釋奇), 혜봉(惠逢) 등의 승려들이 불상 개금식을 하였다.[42] 여기서 보이는 각청(覺淸)은 1383년 영덕 출신 목은 이색의 조상을 위한 대장경 간행을 위한 불사에 동참하기 위하여 영해에서 닥나무를 구하였던 나옹의 제자였다고 생각된다. 이러한 사실은 각청의 청으로 그의 도반 지선이 이색에 청하여 지은 다음의 기문에 의하여 알 수 있다.

그가 입적하자 제자 승지(勝智)가 장차 사리를 받들고 이 산에 들어가려 하였는데, 역시 보제의 제자인 각청(覺淸)이 옛터를 찾아 집을 짓는데 세 기둥으로써 끝났다.[43]

---

41 「영덕 불복장동발원문(佛腹藏同發願文)」, 문화재청·불교문화재연구소, 2008, 280쪽, "惟願第子生生世世生修善家早遇明師童眞出家 淫心永斷睡眠輕徵於此法門信心堅固戒行淸淨 進道無魔不過七日早早發明廣度衆生親見彌勒 自他一時同成佛道者 主上殿下萬萬歲 顯妃殿下壽齊年 世子殿下壽千秋 諸王家室各保天年兩府百官福壽無疆干戈永息 四海波安 各父母難苦趣生淨土立願 洪武二十八年九月初吉."

42 정영호, 「장륙사 보살 좌상과 그 복장 발원문」, 『고고 미술』 128, 한국미술사학회, 1975, 2~4쪽 ; 문명대, 「세종조 전후의 조선 전기 조각 양식의 변천」, 『세종시대의 미술』, 세종대왕기념사업회, 1986, 111쪽.

43 李穡, 「香山 潤筆菴記」, 『동문선』 권72, 기, "其示寂也 弟子勝智者 將奉舍利以入此山 而覺淸者 亦師之弟子也 得舊址而屋之 三楹而止 功訖矣."

이색이 지은 「향산 윤필암기」에 "보제의 제자인 각청(覺淸)이 옛터를 찾아 집을 짓는데 세 기둥으로써 끝났다."[44]라고 한다. 이색이 지은 「안심사 지공나옹비」에도 앞서 언급한 나옹의 문도 지선(志先)과 각청 등이 용문산과 묘향산 등에서 추념 불사를 한 사실도 찾아진다.[45] 이러한 사실로 미루어 보아 각청과 불상을 조성한 신청과 석련 등도 나옹의 제자인 듯하며, 영덕의 장륙사 불상 조성에 참여한 각환(覺還)은 「안심사 지공나옹비」 음기에 석비를 세운 나옹의 제자 각환(覺環)인 듯하다.[46] 이에 의하면 1407년(태종 7) 6월 11일에 □장사에서 선당(禪堂)의 관음 보살상에 개금을 하였다. 시주는 백진으로, 승려 향근(向根)에게 금을 시주하여 올렸다고 한다. 승려 향근을 비롯하여 간선(幹善) 비구 신암(信庵), 달혜(達惠), 지송(志松), 육명(六明), 지관(智觀), 신안(信安), 신여(信如) 등의 승려와 백승, 백린, 윤륜, 박승 등 승속 70여 명이 참여하였다.[47] 그 가운데 개금 불사를 주도하였던 신암(信庵), 승학(勝学) 등 가운데 신암은 다음과 같이 『나옹화상어록』에 등장하는 인물이 아닐까 싶다.[48]

---

44 앞과 같음.

45 李穡, 「安心寺 指空懶翁碑」, 『한국금석전문』 중세 하, "潤筆菴 凡七所 皆爲先生作 爲吾師也 志林於金剛山 勝明於雉岳山 覺明於小白山 覺寬於四佛山 志先於龍門山 勝哲於九龍山 覺淸於此山 妙覺舊基是已 吾師法服所鎭凡九所."

46 이색, 「安心寺 指空懶翁碑」, 『한국금석전문』 중세 하, 1229, "立石無失 覺持 覺南 覺悟 以仲 覺環."

47 「영덕 장륙사 건칠보살좌상기문」, 문화재청·불교문화재연구소, 2008, 280쪽, "永樂五年丁亥(1407) 六月十一日 □長寺 禪堂 觀音改金 施主 白瑱上金 僧向根 古士只 金元 信通 幹善 比丘 信庵 勝学 功德主 六閑居士 海栓 俗号 前判事白瑠 同室密陽郡夫人朴 白恒 長廷 加也赤女 淸龍女 瑟奇女 於火伊女…頓金 処用 金生女 白昇 尹倫 金敏若 朴承秀 南信 朴連 崔□□ 重德 凍融 夫介 則只 莎之 几竜 朱雲 □ 白鱗 達惠 玉泉 希峯."

48 『나옹화상어록』信菴, "的的無疑親踏着 六窓孤月再分明 從玆不妄東西走 小屋終年徹底淸."

1384년 평북 영변 안심사 사리석종의 건립에 참여한 신암(信嵓)[49]과 같은 동일 인물이라고 생각된다. 1463년(세조 9)부터 2년 동안 전라도 관찰사를 지냈던 일제 성임(1421~1484)이 지은 정읍 영은사 「정혜루기(定慧樓記)」에 의하면 "본조에 와서 신암(信庵)이 능히 그 자취를 이었고 그 업적을 드날렸다. 그의 문도 해인(海印)과 함께 수십 년 동안 이 절에 사셨다."[50]고 한다. 여기서 신암이 바로 나옹의 제자였으며 대흥사에서도 머물렀던 듯하다.[51] 이와 같이 나옹비의 문도들이 나옹의 조성에도 참여하였던 것이다.

그리고 나옹의 어록의 서문을 지은 담암 백문보의 가문도 조선 초 장륙사의 건칠 불상 개금불사에 참여하였다. 즉, 백문질(백문보의 동생)의 2남 백진, 육한 거사 해전, 전 판사였던 백진과 부인 밀양 박씨가 그의 아들 백승과 백문질의 5남 백항 등과 불상을 개금하는 데 참여하였다.[52] 백진은 나옹의 문도들과 함께 1383년 목사로서 신륵사 대장각의 건립 불사에 참여하였다. 백진은 1387년 경상도 상주 사불산 미륵암

---

49 李穡, 「安心寺 指空懶翁 碑」음기, 『한국금석전문』 중세 하, "首座 自照一珠 戒行 達空 澄源 信嵓 覺鋒."

50 『신증 동국여지승람』 권34, 전라도 정읍현 불우 靈隱寺, "靈隱寺 在內藏山."; 成任, 「定慧樓記」, "井邑之內藏 亦其一也 山距州治僅二十里 磅礡雄峙 勢愈阻而境愈密 眞苾蒭棲禪學道之膴地也 其中巨刹曰靈隱 麗季智嚴始居焉 至本朝 信庵能繼其蹤 白其業 與其徒海印師同住凡數十年 見寺之頹廢."; 成任(1421~1484), 「定慧樓記」, 홍순석 편역, 『성임의 시와 삶: 안재시집』 잡저, 한국문화사. 1992, 114~116쪽.

51 해남 대흥사에 信菴의 浮屠도 동일 인물이 아닐까 추정된다. 『신증 동국여지승람』 권37, 전라도 해남현 불우, "大芚寺 在頭輪山 寺前有信菴 思隱 性柔三僧浮屠."

52 『영덕군지』(2002)에 의하면, 白璡(생몰년 미상)은 고려 말 공민왕과 우왕 대의 문신 홍건적의 난 때 총병관의 參佐로 사재소감 박강과 적을 크게 쳐부수는 데 공을 세웠다고 한다. 현재 창수면의 장륙사에 보존되어 있는 건칠좌불상을 1395년에 조성 위정사에 안치하였다고 한다. 白昇(생몰년 미상)은 본관이 대흥으로 부친은 백진이며 자헌대부 대호군에 이르렀다고 한다.

마애 여래 좌상을 조성하였다.[53] 이러한 사실로 보아 백진은 나옹을 추종하였던 신도였으므로, 나옹의 제자 각청(覺淸) 등과 불상을 조성하는 데 참여하였던 것으로 생각된다. 앞서 「신륵사 대장각기」 음기에 나옹의 문도로 영해에서 종이를 시주하였던 각홍(覺洪)과 더불어 '□장사' 불상을 조성하고 개금불사를 하였다고 생각된다.

이와 같이 불복장 명문이 들어 있었던 불상은 본래 나옹의 문도들이 나옹을 추념하고자 나옹의 고향인 영덕에 창건한 위장사의 불상일 개연성이 많다. 앞서 언급처럼 일제 강점기인 1937년에 이현규가 지은 「장륙사 흥원루 중수기」에서 "장륙사는 본래 단구현의 옛 사찰이다. 세상에 전하기를 선각 나옹이 창건하였다."[54]라고 하였다. 또한 나옹은 장륙사의 암자인 홍련암에서 치열하게 정진했다고 전해지고 있는 것이나, "나옹이 입적한 후 이 절에는 나옹을 흠모하여 수도차 찾아오는 참선 승려들이 잇달아 수도 사찰로 이름이 났으며 그 때문에 절에서는 큰 곤경을 겪지 않을 수가 없었다."[55]라고 전하고 있는 것도 나옹이 장륙사를 창건하였다는 사실을 방증하고 있다.

나옹의 입적 후 나옹의 문도들이 나옹을 추념하기 위하여 위장사에 건칠 불상을 조성 봉안하였고 위장사가 폐사되자 나옹의 창건 사찰인 장륙사에 봉안한 것이라고 생각된다.

---

53 權近, 「四佛山 彌勒庵 重創記」, 『陽村集』 卷11, 記類 : 『신증 동국여지승람』 권28, 경상도 상주목.

54 李鉉圭, 「莊陸寺 興遠樓 重修記」, "莊陸本丹邱古刹也 世傳麗季 樺覺 懶翁所建."

55 이고운·박설산, 『명산고찰 따라(속-2)』, 운주사, 1994, 75쪽. 참고로 『영덕군 향토사』에 의하면 나옹이 영덕 지역에 남긴 흔적은 대진 3리 '중 절터'에서도 전승되고 있다. 현담, 『영덕 폐사지 불적답사와 불교 현황』, 영덕불교 사암연합회, 2014, 76쪽.

4) 영덕 장륙사의 역사와 불교

전하는 바에 따르면 장륙사는 창건 이래 다섯 차례 중수되었다고 하며 태종 때 개금불사 직후인 세종대 화재로 대웅전이 소실되고 다시 중건되었다고 한다.[56]

1705년(숙종 31) 3월에 대웅전 편액을 윤미량의 시주로 남후위가 판각하였다고 한다.[57] 『영덕군지』에 의하면 임란 시 울진에서 영해로 넘어오는 왜적들에 의하여 폐사되었다고 한다.[58]

퇴경당 권상로는 『한국사찰전서』 장륙사에서 『범우고』, 『가람고』, 『대령지』 모두를 살펴보니 장륙사(藏陸寺)[59]라고 하였지만 장륙사(藏六寺)라고 칭해지기도 하였다. 장륙이라는 말은 『잡아함경』의 다음과 같은 고사에서 유래한다. 즉, 거북이 있었는데 야간이라는 짐승에게 잡히었다. 머리와 꼬리 그리고 네 발을 껍질 속에 감추고 내놓지 않으니, 야간이 성을 내다가 가 버렸다. 부처님이 여러 비구들에게 말씀하시기를 "너희들은 마땅히 거북이 머리와 꼬리 그리고 네 발을 감추듯이 스스로 육근을 감추고 있으면 마귀가 함부로 할 수 없다."[60]라고 한 데서 기인하는 것이다.

---

56 현담, 『영덕 폐사지 불적답사와 불교 현황』, 영덕불교 사암연합회, 2014, 76쪽.
57 대웅전 편액 銘文 "崇禎後再乙酉 季春額 願刻南厚胃 板施尹彌良."
58 『영덕군지』 장륙사, 2002.
59 『한국사찰전서』 莊陸寺, "按梵宇攷 伽藍考 大嶺志 皆作藏陸寺."
60 『雜阿含經』 第43卷(T c10-c14) "時 有野干飢行覓食 遙見龜蟲 疾來捉取 龜蟲見來 即便藏六 野干守伺 冀出頭足 欲取食之 久守 龜蟲永不出頭 亦不出足 野干飢乏 瞋恚而去 諸比丘 汝等今日亦復如是 知魔波旬常伺汝便 冀汝眼著於色 耳聞聲 鼻嗅香 舌嘗味 身覺觸 意念法 欲令出生染著六境 是故 比丘 汝等今日常當執持眼律儀住 執持眼根律儀住 惡魔波旬不得其便 隨出隨緣 耳鼻舌身意亦復如是 於其六根若出 若緣 不得其便 猶如龜蟲 野干不得其便."

조선 후기 임란 후 활동한 문인 석계 이시명(1580~1674)과 그의 아들 형제 이휘일(1619~1672)과 이현일(1627~1704), 택옹 박신지(1629~1705)가 남긴 장륙사 관련 시가 전하고 있는데 장륙사(藏六寺)라고 불리기도 한 듯하다.[61] 그 가운데 영해부 인량리에서 태어난 이현일은 형 이휘일이 1640년(인조 18)부터 영해 인량리에 거주하면서 망운당(望雲堂)을 짓고 장륙사에 가서 시를 차운하여 읊기도 하였다.[62] 그리고 창수면 안량리에서 태어난 박신지도 장륙사에 대하여 "우연히 선굴에 들르니 거연히 세속 인연 벗어난 듯하다."[63]라는 시를 남겼다. 조선 후기 문인으로 영해 인량리에서 태어나고 『영해읍지』를 편찬하였던 지족 권만두(權萬斗, 1674~1753)가 장륙사의 담 상인(淡上人)[64]과 족제 권만식 등과 교유한 시가 남아 있다.[65]

그 가운데 1736년(영조 12)에 지어진 경내 「대좌 묵서(臺座 墨書)에 의하면, 1736년 6월에 장륙사 대웅전 불상을 개금하고 좌대를 조성하였다. 위의 권만식이 교유한 담 상인인 해담(海談)[66]이 증명하고 지전승 지환(智還)과 낭헌(朗軒), 화원승(畫員僧) 정달(正幸)과 해섭(海涉), 홍해(洪海)

---

61 李時明(1580~1674), 「藏六寺 次李敬伯(元直)」, 『石溪集』 卷1, 詩 七言絕句 ; 李徽逸 (1619~1672), 「藏六寺 呼韻」, 『存齋集』 卷1, 詩 七言絕句.

62 李玄逸(1627~1704), 「復用伯氏 藏六寺韻」, 『葛庵集』 卷1, 詩.

63 朴身之, 「藏六寺」, 『영덕군지』 하, 299, "偶爾投禪窟 居然脫世緣 潤聲氷低小 山色雨 餘鮮 已解無生說 何求不死仙 點燈上方宿 塵夢未曾牽."

64 權萬斗(1674~1753), 「莊陸寺 次贈淡上人」, 『知足堂文集』 卷1, 詩. 知足堂 權萬斗가 1727년에 지은 살림집이 창수면 인량리 마을 뒷편의 산자락에 남향으로 자리잡고 있다.

65 權萬斗, 「莊陸寺 和族弟萬式詠雪」, 『知足堂文集』 卷1, 詩 ; 權萬斗, 「莊陸寺同諸老酬唱」, 『知足堂文集』 卷1, 詩.

66 1694년에 寬泫과 淸侃 楚性과 함께 『諸般文』의 板子大施主를 한 海淡과 동일 인물 이라고 생각된다. 그리고 경상도 고성 무량산 法泉寺에서 明照와 함께 불사를 한 海淡과 동일인물일 것이다.

등이 불사에 참여하였다. 아울러 장륙사 암자로 영희암(橫希菴)과 은정암(思淨菴), 운화암(雲和菴) 등이 있었음을 알 수 있다.[67]

그로부터 30여 년 후인 1764년(영조 40)에 「영산 회상도」와 「지장 시왕도」를 조성하였다. 화기에 따르면 대공덕주 성한(性閑)과 증명 승인(勝仁)의 주도로 과훈(科訓)과 재옥(再玉), 전수(典秀) 등의 화승들이 참여하여 조성하였다. 지사(持寺) 극순(克順)이 참여하였는데,[68] 1767년(영조 43) 8월에 작성된 「봉정사 승려 호구 단자」[69]에 의하면, 극순은 봉정사 승려였다. 영조대 무렵 간행된 『여지도서』와 『범우고』, 그리고 신경준(1712~1781), 『가람고』 등에 장륙사의 위치 정보를 남기고 있다.[70] 아마도 18세기 장륙사의 인근에 나옹의 추념 사찰로 지어진 위장사가 폐사되자 건칠 불상을 나옹이 창건한 장륙사에 봉안한 것이라고 추정되고 있다.

---

67 「대좌 묵서(臺座 墨書), "乾隆三年 戊午六月日 寧海雲栖山莊陸寺 大雄殿佛相改金與坐臺造成緣化記 證明 海淡比持殿 智遵比丘 朗軒比丘 畫貟 幸比丘 海涉比丘 洪海比丘 供養主 尊比丘 覺曇比丘 別座 通政慮信 本寺 嘉善就雄 通政崇眼 老德惟擇 瑞能 智盒 法明 三補最湖 持司覺岑 處尙 菴子 橫希菴 思淨菴 雲和菴 慶尙左道寧海府 栖山莊陸寺."

68 「靈山會上圖 畫記」, "乾隆二十九年甲申日 慶尙左道 寧海府 西嶺 雲棲山 莊陸寺 奉安于畫 成靈山會 設道大功德主比丘 性閑保体 證明比丘 勝仁保体 金魚山人 比丘 科訓保体 再玉保体 典秀保体 …持寺 克順 保体."; 「지장시왕도 畫記」, "乾隆二十九年甲申四月日寧海 莊陸寺奉安于新畫成冥府會…綱首僧 妙和 三補 宗運 直舍 克順 保体 三月上絃爲始告功于四月望 同生."

69 「鳳停寺 僧侶戶口單子」는 1767년 8월에 작성한 봉정사 승려들의 호구조사 자료이다. "丁亥八月日"의 날짜와 함께 관리의 手決이 쓰여 있으며, 이에 대한 행정 처분 내용을 朱書로 적어두었다. 특히 '鳳停寺住 10戶' 등 각기 인물에 대해 戶를 달리 기록하여, 正根(37세), 笠軒(93세), 取元(65세), 克順(37세) 등 개별 승려를 각기 호주로 처분하고 있다. 경기도 일산 원각사에서 소장하고 있다.

70 『輿地圖書』寺刹, "藏陸寺 在府西加乙面山.";『梵宇攷』寧海, "藏陸寺 在府西三十里.";신경준(1712~1781), 『伽藍考』"藏陸寺 在 加乙山面 府西二十三里."

그 후 영해의 인량리에서 태어나 같은 고을 오촌에서 세상을 떠났던 면운 이주원(李周遠, 1714~1796)[71]이 1876년(고종 13)에 지은 「홍련암 중수기」가 그의 저서 『면운재 문집』에 전하고 있다.[72] 이에 따르면 홍련암은 승려 해담이 주석하였는데 1869년에 해담의 제자 수행이 중수하였다. 그리고 영해 원구리에 살았던 남유기는 장륙사에서 독서하기도 하였다.[73]

근대기에 이르러 경내 영당에 있는 편액이 홍련암으로 되어 있으며, 1880년(고종 17)이라는 연기가 있으므로 한 때 홍련암으로 불린 듯하다. 안에는 근대에 조성한 석조 나옹조사상을 비롯해 최근에 조성한 지공·나옹·무학 삼화상의 영정이 봉안되어 있다.[74]

일제 강점기 장륙사 주지는 김응상(?~1915.1.7), 최벽산(1915.7.23~1917.4.10), 박만기[1917.4.10~1923.4.30(겸무)], 조두연(1923.4.30~1941.4.7), 금촌 보성(金村寶聲, 1941.11.2~?)[75]이었다.

---

71 창수면 오촌리 239번지에 위치하고 있는 眠雲齋 古宅이 자리하고 있다.

72 이주원, 「홍련암중수기」, 『眠雲齋文集』 卷3, "海炎上人者 居之 炎卽緇流中有道者尨眉破衲 枯癯如瘦鶴竪拂警珠時說及諸佛祖往事遺書頗奇爽可聽未幾淡死其徒傳守之屋老棟撓將壓矣無以居歲已卯有淡之弟子秀行者慨然興否思所以新之鳩材募工間架規模大略." 홍련암 선실의 좌우 요사는 주지 海山이 중건한 것이라고 한다. 이고운·박설산, 『명산고찰 따라』, 1994, 75쪽.

73 李震相(1818~1886), 「三畏堂南公行狀」, 『寒洲集』 卷38, 行狀, "公諱有著字尙五 自號曰三畏堂 姓南氏…讀書于藏六寺."

74 사찰문화연구원, 『전통사찰총서』 14, 장륙사 469쪽. 1900년 李鉉圭가 家産을 기울여 재건한 뒤 權聖基 주지가 신도들과 합력하여 평해의 폐찰 광암사에서 재목과 유목을 옮겨 金堂과 山靈閣을 중건하였으며 또 진입로에 다리 여섯을 놓았다고 한다. 이고운·박설산, 『명산고찰 따라(속-2)』, 운주사, 1994, 76쪽 ; 현담, 『영덕 폐사지 불적답사와 불교 현황』, 영덕불교사암연합회, 2014, 257쪽.

75 대한불교조계종 총무원 총무부, 『일제시대 불교정책과 현황』 상, 서울: 대한불교총무원, 2001, 292, 329, 467, 518, 560, 614, 667, 728, 763쪽.

1911년에 장륙사 불사 개금이 되었으며 1921년에 장륙사가 중수되었다. 경내 「장륙사 중수기」에 의하면 운서산의 유일 도량으로 장륙사의 창건 연대가 법의 바다처럼 허풍스러워 자세히 살필 수 없다고 하였다. 절이 매우 큰데 불상으로 장엄하게 모셨고 나옹의 진영을 걸어놓았다. 도감(都監) 최상욱, 남효식, 배학수, 감역(監役) 최기락, 황정오, 신석장, 윤상도, 유사(有司) 권상범, 신흠원, 이호언 등이 참여하여 중수하였다.[76] 「장륙사 홍원루 중수기」에 의하면, 1937년에 장륙사의 누각인 홍원루가 중수되었다.[77] 흥원루에는 흥원루 중수기를 비롯한 중수 현판 9매가 전하는데 이를 통해 근대의 연혁을 살펴볼 수가 있다. 1940년에 산령각이 중수되었다.[78]

현대인 2002년 무렵 장륙사의 주지 효상의 헌신적 노력으로 중흥 불사를 하여 전통 사찰의 사격을 되찾았다고 한다.[79] 그리하여 장륙사 대

---

76 「莊陸寺 重修記」, "州之西雲棲山 中有一道場 日莊陸其刱始年代 法海多幻 莫可詳也 梵宮極壯 嚴中設丈六身 揭懶翁禪師眞 州之人求福田因果者 捨施設稧爲供醮之資 日舊燈也 新燈也 七星也 屢經龍漢 寺老而 壞闍黎輩貧無力任其頹 十方圯眞像 三乘貝葉雨 苔浣遊人否 而猿鶴愁於是 滲設 稧諸人畫財募 工始役于辛酉之春費一月而 功告訖盖千年古刹 一朝改觀是役也."

77 李鉉圭, 「莊陸寺興遠樓重修記」(현판) 1937, "莊陸本丹邱古刹也 世傳麗季 檀覺 懶翁 所建."

78 莊陸寺山靈閣記 懸板 1940, "閣記 日雲栖山莊陸寺 北牓某□□之在某山也 山有靈爲 有佛古刱寺此必先山 而後佛宇箸 爲主而佛爲也…使山人李鐘源筆 子曰佛祖萬法 虛何乎實□扵□□□□嘗 懶翁禪師住錫于神□□光也 紅賊 僧乱□讀避愈 師曰邑保賊 能爲邑多分黑應神人□□□□作禮□告曰 散賊必滅願众□□ 固師志的視厓土神 應□□□□□見也 賊實神之現異爲此乎 其冝普毗視喜諸天必虛示其因而佛施其也 吾□□□知爾經那實力渡衆生扵苦□□□□航功之流爲恒河沙也 邑□□□固物物物者 扵可者無物…散人朴禹洛記 都監 李鐘源 住持趙斗衍 有司 趙正基 廉世元 李鉉凡 朴泳發."

79 이 글은 김택근 〈법보신문〉 고문이 2014년 12월 17일자에 기고한 '37. 영덕 운서산 장륙사'의 글 가운데 회고담이다. http://www.beopbo.com/.

웅전 자체가 문화재(경북 유형문화재 제138호)로 지정되었다. 그 안에 「영산회상도」(경북 유형문화재 제373호)와 「지장보살도」(경북 유형문화재 제374호) 등이 봉안되어 있다. 나옹 왕사 탄신 700주년을 기념하여 2008년 나옹의 현창 사업을 펼치기 위하여 기념사업회를 발족하여 나옹 왕사의 기념관이 완공되었다.[80] 특히 조계종 총무원장 지관 스님이 나옹사적비인 「애민호국 중흥불교 나옹당 혜근 선각 왕사 비명」을 지어 세우는 등 나옹의 위대함을 그린 바 있다. 대웅전의 뒤쪽에 자리한 홍련암에 지공과 나옹, 무학의 삼화상이 봉안되어 나옹을 중심으로 하는 삼화상 도량의 사격을 지니면서 영덕 불교를 대표하고 있다.

5) 나가는 말

이상으로 나옹의 장륙사 창건과 영덕의 역사라는 논제로 살펴보았다. 그동안 나옹의 생애와 활동, 입적 후 나옹의 추념 등은 적잖이 연구된 바 있으나 나옹의 탄생에 대하여 본격적으로 천착된 논고는 찾아지지 않는다. 관심의 부족에 기인하는 바 크지만, 관련 기록의 미흡함 때문일 것이다. 나옹의 생애나 활동을 알 수 있는 기록은 『나옹화상어록』과 거기에 실린 행장과 비문 등이 거의 전부이며, 나옹의 탄생지인 영덕에 관련 설화류로만 전해지고 있는 실정이다.

나옹의 성씨는 아씨라고 알려져 있으나 우리나라에 아씨의 성이 있었던 것은 나옹의 부자(녀)가 전부이며 중국에 존재하고 있어서 고려 말 이전에 영덕에 정착한 귀화성인 듯하다. 나옹의 부모도 선관서령직

---

80 http://www.tongbulgyo.com/news/.

에 올랐던 아서구 혹은 아세구와 영산 정씨로 알려져 있으며 나옹의 가족으로 누이동생이라고 알려진 비구니 묘연(妙緣)이 있었다는 사실만 알 수 있을 뿐이다.

『나옹화상어록』에는 출가 이후의 내용이 대부분이며, 여러 종의 판본 가운데 국립중앙도서관 판본에서는 태어난 시(時)와 나옹의 어머니 태몽으로 수로라고 했다는 등 약간의 추가된 내용만 있을 뿐이다. 행장이나 비문도 출생과 성장기는 간단한 내용만 기록되어 있어서 나옹의 출생과 성장에 관한 간단한 사실만 알 수 있다. 행장이나 비문에 의하면 20세 무렵까지 영덕에 살다가 출가한 것으로 널리 알려져 있지만, 7세에 금강산에서 나옹의 스승이 되는 인도의 지공에게 보살 계첩을 받았으므로 어려서 영덕을 떠났거나 다시 고향에 돌아와 20세 무렵에 출가하였다고 보아야 할 것이다.

나옹이 창건하였다고 전해지고 있으며 영덕 지역의 불교를 대표한다고 할 수 있는 장륙사의 경우도 관련 기록들이 있으나 나옹 관련 내용은 근대에 이르러 나타나기 때문에 실제로 나옹이 장륙사를 창건하였는지 의구심이 들 정도이다. 전하는 바에 의하면, 장륙사의 창건 시기는 1355년이라고 하지만, 행장에 의하면 나옹은 1347년부터 1358년까지 원에 유력할 때이므로 귀국 전이나 귀국 후에 창건하였다고 보는 게 타당할 것이다.

장륙사 관련 기문이 20편 이상이 되지만 나옹 관련 사실이 등장하는 것은 「장륙사 중수기」(1921년 작)와 「장륙사 흥원루 중수기」(1937년 작)의 두 기록에서 비로소 찾아지며 중수기에 나옹이 창건하였다고 나오기 때문에 나옹이 실제로 장륙사를 창건하였는지 의문이다. 장륙사 관련 기문 가운데 장륙사에 봉안된 건칠 관음 보살 좌상의 불복장 명문이 있기는 하지만 대개 인근 영덕의 위장사에 소장되었던 것을 이전 봉안된 것이라고 보고 있다. 위장사는 폐사되어 위장사 관련 기록도 단편적인 것 외에는 없어서 언제 장륙사에 이전되었는지 그 시기나 사유도 정확히 알 수 없다. 나옹이 장륙사를 창건하고 조성한 것으로 알려진 건칠 불상은 영덕 불교를 대표한다고 할 수 있는 성보이다. 우리나라 고려 후기나 조선 초에 처음으로 조성된 불상일뿐만 아니라 건칠 불상으로 매우 가치가 있는 것으로 평가되고 있다.

본고에서는 이 건칠 불상 명문을 분석하고자 최대의 관심을 가지고 주목해 보았다. 불복장 명문 가운데 가장 중요한 기록에 의하면, 1395년 무렵에 조성되어 1407년 개금된 부분이다. 이 불상을 처음으로 조사한 미술 사학자 정영호 교수는 저장사로 보았지만, 인근 위장사로 보는 경우가 대부분이다. 『영덕군지』에 의하면, 위장사를 일명 우장사로 간주하였지만, 실증적인 것은 아니다. 우장사는 『태종실록』에 천태종의 자복사로 기록되어 그럴 가능성도 높다. 한글 창제 이전의 시기인 태종대에 위장사의 '위'는 '우'로도 발음될 수 있기 때문이지만, 개연성에 그친다고 하겠다.

그 후 미술사가인 문명대 교수가 이와 달리 "저장사 선당의 관음으로 모셨다."라는 것으로 보아 선당의 주존으로 생각된다. 저장사는 서장사라고도 하는데 장륙사의 원 이름이 저장사일 가능성이 높지만, 부근의 사찰일 수도 있다고 하고, 그 근거에 대해서는 밝히지 않아 신빙성이 떨어진다.

필자는 불상 불복장 명문에 보이는 승려 가운데 각홍(覺洪)과 각청(覺淸), 각환(覺還, 覺環), 신암(信庵, 信崘) 등은 나옹의 제자라고 비정하였다. 나옹의 추념 사업에 동참하는 기문이나 비문에 등장하고 있기 때문이다. 특히 각청은 도은 이숭인이 지은 「여흥군 신륵사 대장각기」에 영해에서 시주하였는데 닥나무를 원료로 종이를 만드는 데 참여하였다고 한다. 연구에 의하면, 건칠 불상에 사용되는 직물은 삼베(대마)이며 종이는 닥나무 인피 섬유였다는 사실로 미루어 위장사의 건칠 불상을 조성하는 데도 관여하였을 것으로 추정되고 있기 때문이다.

무엇보다 앞서 나옹의 문도들이 위장사 건칠 불상을 조성하였을 개연성이 매우 높다. 18세기에 나옹의 문도들이 나옹을 추념하기 위해 조성한 위장사의 건칠 불상을 나옹이 창건한 장륙사에 봉안하여 오늘에 이르고 있다고 추정된다.

장륙사(莊陸寺)는 조선 후기에 유자들에 의해 장륙사(藏六寺)라고도 불리며 조선 후기 해담(海談)과 제자 수행(秀行), 극순(克順) 등의 승려들이 활동하며 영덕의 불교를 대표하고 있었다고 하겠다.

사실 영덕에 불교가 언제 전해졌는지 명확히 알 수 없으나, 장륙사 건칠 불상과 더불어 유일하게 보물로 지정된 3층 석탑이 있는 유금사는 자장이 창건하였다고 전해지고 있다. 관련 기록이 뒷받침되지 않아 실증적인 보충이 이루어져야 하지만, 영덕의 다른 사찰이 뚜렷한 기록을 남기고 있지 않고 조선 후기에 대부분 폐사된 실정이다. 따라서 나옹의 문도가 나옹을 추념하기 위하여 창건했을 것으로 추정되는 장륙사가 고려 말 이후 현재까지 영덕 불교를 대표한다고 할 수 있지 않을까 한다. 나아가 삼화상 도량인 양주 회암사, 입적처인 여주 신륵사와 더불어 탄생지에 창건된 장륙사는 나옹에게 있어서 가장 중요 사찰일 뿐만 아니라 고려 말 불교계의 중요 도량이라는 위상을 바로 알아야 할 것이다.

2. 나옹의 귀국 후 행적과 추념

1) 들어가는 말

나옹 혜근은 서천 108대 지공을 참예하여 법을 얻고 평산 처림에게서 다시 인가를 받았으니, 달마 제28대손 급암(종신)의 법자이다.[81] 『나옹화상어록』은 세 차례 간행되었다. 즉, 초간본[82]은 1363년(공민왕 12)에 제자 각련이 나옹의 상당 법어·착어(着語)·수문(垂文)·서장(書狀) 등을 집록(輯錄)하고, 환암 혼수가 교정하여 간행하였으며, 권두에 백문보의 서가 실려 있다.[83] 또 나옹의 입적 후 다시 손질하여 1379년(우왕 5)에 재간본이 간행되었고, 제3간본은 1534년(중종 29) 서대사에서 개판한 것으

---

81 『禪覺王師 普濟尊者 나옹화상 행장과 나옹화상어록 附 行狀』(국립중앙도서관 소장의 覺雷 集錄, 국립중앙도서관 청구기호 0236-14), "西天一百八代祖指空禪師得法 又於平山處林禪師處 復受印可達磨第二十八代孫及菴之法子也."

82 이 책의 초간본은 일본의 고마자와대학[駒澤大學]에, 재간본은 호암미술관과 서울대 규장각 한국학연구원 도서관에 소장되어 있다. 1363년 나옹의 생존 시 간행된 『나옹화상어록』이 일본 고마자와대학 도서관에 있다는 정보는 사실이 아닌 것으로 확인되었다. 즉, 『한국불교 찬술문헌 목록』동국대 불교문화연구소, 1976, 153쪽, "古刊本 : 고려 공민왕 12년(1363) 鮎貝房之進 所藏, 駒澤大 『古書綜合目錄』116쪽, 現代版 : 京城帝大 影印本 1930년(鮎貝藏本) 한국학중앙연구원 간행 『한국민족문화대백과대사전』, 「나옹화상어록」항목을 위시하여 그렇게 알려져 있었다. 다시 말해서 그동안 "洪武10年識記本 高麗朝 恭愍王 12年(1363) 서울대 규장각 한국학연구원 도서관 소장 覺璉 集錄" 가운데 현재 남아 있는 것은 和夫 白文寶 '序'만이 남아 있다. 황인규, 「나옹 혜근의 불교계 행적과 유물·유적」, 『대각사상』 11, 대각사상연구원, 2009, 19쪽.

83 覺璉이 찬술한 「나옹화상어록」과 覺雷가 찬술한 「懶翁和尙 歌頌」이 가장 중요한 자료이다. 나옹의 어록은 和夫 白文寶 '序'에 의하면 1363년(공민왕 12)에, 李穡의 '普濟尊者語錄 序'에 의하면 1379년(우왕 5) 8월에 각기 간행되었다. 白文寶, 「懶翁語錄 序」, 『淡庵逸集』卷2, 序.

로 현재 일본에 유출되어 국내에는 전하지 않는다.[84]

또한 간년 미상의 목판본이 있는데, 이 판본은 나옹의 행장이 부록으로 실려 있으며, 국립중앙도서관에 소장되어 있다. 이 판본에는 다음과 같은 어록의 내용이 소개되어 있다.[85] 예컨대 신륵사에서 다비한 후 세운 탑명에는 "스님은 항상 스스로 말하기를, '산승은 문자를 모른다.'라고 하였다. 그러나 "그 가송과 법어는 혹 경전의 뜻이 아니더라도 모두 아주 묘하다."라고 기록되어 있다. 그 가송 법어는 실로 상담이니 처음에 유의하지 않는 듯하다가 다시 약사는 말하지 않으니 칭술(稱述)한 바 거칠게 기록한다. 이제 그것을 두 권으로 나누어 이 세상에 간행하게 되었으니, 스님의 덕행은 진실로 위대하다. 그 지견(知見)이 있는 자는 불후함을 보여 주어 후세인으로 하여금 사(師)에게서 배우게 한다."[86]

---

84 한국학중앙연구원, 『한국민족문화대백과사전』, 나옹화상어록 : 洪武10年識記本 高麗朝 恭愍王12年(1363) 서울대 규장각 한국학연구원 所藏 覺璉集錄, 至正 23年 高麗朝 禑王5年(1379) 木版本, 現代版本 京城帝大 影印本 昭和5年(1930) 성균관대학교 소장(서울대 규장각 한국학연구원 소장본과 相同), 月精寺版 鉛印本 昭和15年(1940) 『懶翁集』 법어와 가송 합 一冊, 月精寺版(1940)이다.

85 본서는 나옹의 행장과 어록 및 歌頌 등을 그의 제자 覺雷가 편집하여 목판으로 간행한 불서이다. 본서의 표제는 '禪覺語錄'이고 序題는 '普濟尊者 語錄'이며, 권수제는 '나옹화상어록'이다. 禪覺王師 普濟尊者 나옹화상 행장과 『나옹화상어록』 권상의 2종의 책자가 합본되어 있다. 본서의 본문 가운데 71~72, 11~112, 113~126의 12장은 필사 되어 있다. 본서의 권두에 '石顚'이라는 藏書印이 있는 점으로 본서는 石田鼎鎬 朴漢永(1870~1948)의 장서였음을 알 수 있다. http://www.nl.go.kr/nl/. 국립중앙도서관 판본은 저본으로 사용되는 서울대본과 비교했을 때 결락된 부분도 있으나 추가된 사실도 적지 않다. 예컨대 나옹의 아명이나 공부선이 유일하게 실시된 것, 신륵사 다비 및 추념 사실 등이 유일하게 기록되어 있다는 점에서 그 사료적 가치가 매우 중요하다. 이러한 측면에서 본고는 가장 많은 내용이 추가된 나옹의 귀국 후 세 부분을 중심으로 검토하고자 하였다.

86 『나옹화상어록』(國立圖書館 所藏의 覺雷 集錄), "師常自言曰 山僧不解文字 而其謌頌 法 語實爲常談 初不經意 今分爲二秩 刊行于世 先師行德 固已偉然 非復弱辭 所能 稱述 粗記其知見者 垂示不朽使後世人師學之."

라고 하였다.

근현대에 이르러 이능화가 『조선불교통사』 중편에 어록의 일부를 수록하였고, 1940년에 이종욱이 월정사에서 활자본 『나옹집』을, 1984년에 동국대 불교문화 연구원에서 1976년 『한국불교전서』 제6책을 간행하였다.[87]

본고에서는 이렇듯 나옹의 판본은 여러 종이 있음에도 나옹에 관련 연구는 대부분 월정사 판본이나, 특히 『한국불교전서』 판본을 바탕으로 이루어지고 있다.[88] 관심의 미흡도 있지만 판본의 유통 및 편의성이 불편하기 때문인 듯하다.[89] 대부분 판본의 내용이 대략 비슷하지만, 국립중앙도서관 소장본 가운데 행장 부분은 그동안 잘 활용되지 않았다.[90]

---

87 동국대학교 출판부(洪武10년 간본을 저본으로 함)에도 교감한 내용이 수록되었으며, 1995년에 국역본이 출간되었다. 『국역 한글대장경』 154(한국고승 4) ; 한글대장경 『懶翁和尙集』 外. 東國譯經院. 그 외에 다음과 국역본 들이 간행되었다. 『한국고승집』 불교학연구회편 7 : 고려시대 3. 경인문화사, 1974 ; 『白雲和尙 語錄. 太古集. 懶翁集』, 同和出版公社 1985 ; 『白雲和尙 文集: 景閑 著, 懶翁和尙 文集: 懶翁 著, 普愚和尙 文集: 普愚 著』, 한국역대문집 총서 25, 경인문화사, 1993 ; 『나옹스님어록』(한국불교명저 1) 역자 무비, 민족사, 1996 : 백련선서 간행회 『懶翁錄』 번역, 禪林古鏡叢書:22, 장경각, 2002 등이다. 황인규, 「고승전과 고승문집의 집성–한국고승집의 집성 및 간행을 위한 시고」, 『불교학연구』 32, 불교학연구회, 2012 참조.

88 현재 『나옹화상어록』의 판본은 다음과 같다. 洪武十年識記本(서울大學校 所藏 覺璉 集 錄), 刊年未詳異本(國立圖書館 所藏 覺雷 集錄), 昭和五年 京城帝國大學影印本(成均館 大學校 所藏 本文與底本相同), 東國大學校 所藏(板形似底本), 昭和十五年 月精寺 發行(鉛印本), 李能和撰 『조선불교통사』 중편, 『한국불교전서』 등이 있다. 『한국불교전서』 6에는 교감이 되어 있으나 종종 오류도 있다.

89 국립중앙도서관 판본이 활용된 연구는 거의 없다. 다만 허흥식 선생이 나옹을 다루면서 연대 미상의 각뢰의 집록본이 있다고 각주에서 밝히면서 본문에 신륵사 다비에 참여한 승려 信志를 간략히 언급했을 뿐이다. 허흥식, 「제2장 나옹 혜근」, 『고려로 옮긴 인도의 등불』, 일조각, 1997, 160쪽 및 각주.

90 국립중앙도서관 판본에는 다른 판본에 없는 부분도 있다. 예컨대 "空云…得來" 부분은 15자가, "蒙堂…師卽" 부분은 45字가 없다.

즉, 나옹은 1320년 1월 15일 자시에 태어났다[91]거나 아명(兒名)은 수로였다[92]고 한다. 또한 나옹은 날 때부터 골상이 준상(峻爽)하였다.[93]고 하며, 어머니 정씨가 일찍 돌아감에 생각하는 것이 많았다.[94] 나옹은 회암사에서 4년 동안 세상사를 끊고 자리에 눕지 않는 수행을 하였다[95]고 한다. 특히 "스님은 언제나 홀로 산림에 묻혀 살려는 뜻을 품고 그림자조차도 속세에 들여놓지 않고자 하였지만 귀의하는 사부대중이 저잣거리처럼 시끌벅적하였다. 무격의 무리나 전타라[殺者] 등과 같은 부류들도 일단 가르침을 듣기만 하면 지난 잘못을 뉘우치며 모두 선업을 닦았다."[96]라고 하였다.

국립중앙도서관 판본에서 가장 많이 추가된 내용은 크게 세 부분이다. 즉, 나옹은 홍건적 침입 시 해주 신광사를 수호하고 개경 광명사에서 공부선을 주맹하였으며, 나옹의 입적 후 신륵사에서의 다비와 회암사에서의 추념한 사실이 다른 판본보다 좀더 구체적으로 묘사되어 있다. 본고에서는 국립중앙도서관 판본의 이 세 부분을 교감 번역 소개하면서『한국불교전서』판본의 행장과 비문 등을 비교 검토하고자 한다.[97]

---

91 『나옹화상어록』(국립중앙도서관 판본), "子時而誕."
92 『나옹화상어록』(국립중앙도서관 판본), 細註 "以夢隼而生故 兒名爲曳老."
93 『나옹화상어록』(국립중앙도서관 판본), "生骨相峻爽."
94 『나옹화상어록』(국립중앙도서관 판본), "早喪母常 若有思念者."
95 『나옹화상어록』(국립중앙도서관 판본), "至正十四年甲申 到于檜嵓寺宴處 一屛絶人事 晝夜長坐 脇不至席時."
96 『나옹화상어록』(국립중앙도서관 판본), "師常念獨處山林 影不入世 而所至之處 四衆歸依如歸市焉 至如巫覡之徒 旃陁羅等 一聞教誨 悲悔前非 咸修善業."
97 나옹에 관한 주요 연구 성과 가운데 박사학위논문과 저서를 소개하면 다음과 같다. 이철헌, 「나옹 혜근의 연구」, 동국대 박사학위논문, 1997 ; 김창숙, 「나옹의 선사상 연구」, 동국대 박사학위논문, 1997 :『고려 말 나옹의 선사상연구』, 민족사, 1999 : 강호선, 「고려 말 나옹 연구」, 서울대 박사학위논문, 2011 ; 염중섭, 「나옹의 선사상 연구 : 지공의 영향과 공부선을 중심으로」, 고려대 박사학위논문, 2014 ; 자

2) 신광사 주석과 광명사 공부선

(1) 신광사 주지 재임과 홍건적

나옹과 문도 무학 자초와 축원 지천은 원의 대도 법원사에 머물고 있던 지공 선현을 참예하였다. 고려 불교계에 유행하고 있었던 오후인가의 전통에 따라 평산 처림을 비롯한 선풍을 수용하기 위해서였다. 나옹과 무학은 귀국 시 지공으로부터 수기를 받아 왔지만 매골승 출신의 화엄종 승 신돈이 6년간 국정은 물론 불교계를 전횡하여 보우가 속리산에 금고되는 상황이었기 때문에 나옹도 오대산과 신광사 등 지방에 머물렀다.[98]

즉, 나옹은 먼저 귀국한 문도 무학과 함께 천성산 원효암[99] 등을 유력하다가 1361년 10월 20일에 신광사로 가서 1363년 7월 구월산 금강암으로 이주할 때까지 신광사 주지로 2년여 동안 재임하다가 1365년 3월에 궁중에 글을 올려 물러난 후 용문산과 원적산 등 여러 산에 유력하였다. 신광사는 황해도 시절 해주시 북숭산에 있는 사찰이다. 원의 마지막 황제인 순제가 잠저 시 서해 대청도에 유배되었을 때 꿈에 부처님을 현신한 후 황제가 되어 신광사를 8년여 동안 중창하여 1,000여 명 이상의 승려들이 머물렀다.[100]

현, 『한국 선불교의 원류 지공과 나옹 연구』, 불광출판사, 2017. 이러한 논저류 가운데 국립중앙도서관 판본을 활용한 연구는 없다.

98 황인규, 「편조신돈의 불교계 행적과 활동」, 『만해학보』 6, 만해학회, 2003 ; 황인규, 『고려 말 조선 전기 불교계와 고승 연구』 혜안, 2005 참조.

99 변계량, 「묘엄존자탑명」, 『동문선』 권121, 비명 ; 황인규, 「나옹 혜근과 그 대표적 계승자 무학 자초」, 『역사와 교육』 5, 역사와 교육학회, 1997 ; 황인규, 『고려 후기 조선 초 불교사 연구』, 혜안, 2003, 422~423쪽.

100 「신광사 사적비」, 『조선사찰사료』 하 ; 한국불교종단협의회, 『북한사찰연구』, 사찰문

담암 백문보가 1363년 7월에 작성한 「나옹화상어록 서」에 의하면 "본 국으로 돌아와서는 산수 속에 자취를 감추었는데, (공민)왕이 스님의 이 름을 듣고 사자를 보내 와 주십사 하여 만나보고는 공경하여 신광사에 머무시게 하였다."[101]라고 한다.

나옹이 신광사 주석 시 홍건적의 침입에 대하여 『한국불교전서』 판 본의 내용은 다음과 같이 자세하다.

> (1361년) 11월에 홍건적이 경도에 쳐들어와 국가가 파천하였으나, 오직 스 님만은 제자들을 거느리고 보통 때와 같이 설법하고 있었다. 하루는 수 십 기(騎)의 도적들이 사찰에 들어왔는데, 스님은 엄연히 그들을 상대하 였다. 도적의 우두머리는 심향 한 조각을 올리고 물러갔다. 그 뒤로도 대중은 두려워하여 스님에게 피란하기를 권하였다. 그러나 스님은 말리 면서, "명이 있으면 살 것인데 도적이 너희들 일에 무슨 관계가 있겠는 가."라고 하였다.[102]

이와 같이 홍건적이 경도인 개경에 칩입하였다고 하였으나 「선각왕사 비」에는 "11월에 이르러 홍건적이 침입하여 경기 지방을 유린하였으므 로 거국적으로 국민들이 남쪽으로 피란을 떠났다. 스님들도 공포에 휩 싸여 스님께 피란을 떠나시라 간청하였다."라고 하여 좀 다르다.

홍건적의 침입은 2차에 걸쳐 자행되었다. 홍건적은 1361년 10월에 10 여 만 명의 무리를 이끌고 압록강을 건너 절령[자비령]을 거쳐 국도 개경

화연구원, 1993, 신광사 편 참조

101 백문보, 「나옹화상어록서」, 『나옹화상어록』: 『한국불교전서』 6.

102 『한국불교전서』 6, "十一月紅賊突入京都 國家播遷 唯師自領徒衆 如常演法 一日賊 輩數十騎到寺 師儼然對之 賊首以沉香一片獻之 禮拜而退 自後大衆疑懼 勸師避亂 師止之日 唯命是保 賊輩何關汝事."

을 함락하고 온갖 만행을 자행하였다. 나옹이 신광사에 머물기 시작한 때는 1361년 11월 무렵으로 제2차 침입 시이다. 국립중앙도서관 판본에서는 다음과 같이 기술하였다.

> 11월에 홍건적이 성에 쳐들어와 성중에 거주하는 사람들이 어찌할 겨를이 없이 매우 급히 다투어 달아났다. 이런 연유로 적군이 사방으로 거리낌 없이 성을 공격하고 읍을 파괴했다. 승속의 남녀가 달아나서 숨지 않음이 없었는데 오직 스님이 무리를 이끌어 편안하게 앉아 움직이지 않았다.[103]

위의 인용문에서 보듯이 홍건적의 침입이 있자, 신광사 근처의 성의 주민들이 급히 달아났으며 홍건적이 성과 읍을 파괴하였다. 승도들은 나옹에게 피란을 권하였으나 나옹은 굴하지 않고 신광사를 지키며 안정을 시켰다는 사실을 좀 더 구체적으로 묘사하였다.

다음 밑줄 친 사실도 다른 판본이나 「선각왕사비」에 없는 내용이다.

> 그날 밤 꿈에 어떤 신인 왼쪽 얼굴에 점이 있는 자가 의관을 갖추고 절하며, "대중이 흩어지면 도적은 반드시 이 사찰을 없앨 것입니다. 스님은 부디 뜻을 굳게 가지십시오." 하고 곧 물러갔다.
> 스승이 곧 지사를 불러 묻기를 "이 절은 존자를 제사하는 것이냐?" 대하여 말하고, 스님은 산의 왕사를 내려와 그 초상을 보고자 향하니 본 것이었다. 스님이 대중을 시켜서 경을 읽어 제사하고는 끝내 떠나지 않았다. 적기가 갔다가 돌아와서 비록 절박[頻]하나 사찰 인물의 한 터럭도

---

103 『나옹화상어록』(국립중앙도서관 판본), "十一月紅賊入城 城中居人 蒼黃犇走 由是賊 軍橫 行四邊 攻城破邑 僧俗男女 无不逃遁唯師領 衆安坐不動."

손해를 보지 않았다. 다음 해 정월에 국가가 적을 소탕하고 산업을 안정시키고 사직을 지극히 하였다.[104]

위의 인용문 가운데 서울대본의 경우, "도적은 여러 번 왔다 갔으나 재물이나 양식, 또는 사람들을 노략질하지 않았다."[105]라는 내용은 실리지 않았다.

이와 같이 나옹은 홍건적의 침입에도 해주 신광사(神光寺)를 수호하며 수행에 전념하였던 것이다. 『나옹화상어록』에 의하면 「신광사 주지가 되어」라는 게송을 남겼고 그 뒤에 실린 「결제에 상당하여」, 「해제에 상당하여」도 신광사에서 내린 것으로 짐작된다. 「결제에 상당하여」에서 "어떤 것이 북숭봉(北崇峰) 앞의 경계입니까?"나 "오랑캐 난리 30년에도 소금과 간장이 모자랐던 적이 없습니다."라 하여 북숭봉은 해주 북숭산을 의미하며 "오랑캐 난리 30년에도 소금과 간장이 모자랐던 적이 없습니다."[106]라고 하였기 때문이다. 「해제에 상당하여」도 결제 후 해제 시 내린 것으로 4월 15일에 결제에 들어가 7월 15일에 해제하였던 사실을 알 수 있다.

『백운화상어록』에 의하면, 신광사에는 백운 경한이 총장로·축탄장로 등 여러 고승들과 함께 있었다.[107] 백운은 신광사 경내 나옹대에서 금강

---

104 『나옹화상어록』(국립중앙도서관 판본), "是夕夢 一神人 左臉有標點者 具衣冠而設禮 日衆散則賊必滅寺 願固師志 言訖而退 師即召知事 問日 此寺祀尊者乎 對日有之師 下山王祀 視其像 乃向之所見者也 使衆諷經祀之終不移 動賊騎往返 雖頻而寺之人 物 无損一毛 翌年 正月國家埽賊產 安社稷至."

105 각굉, 「나옹화상 행장」, 『나옹화상어록』: 『한국불교전서』 6.

106 「結制上堂」, 『나옹화상어록』: 『한국불교전서』 6, "如何是北崇峰前境…胡亂三十年 不曾少鹽醬."

107 「與神光長老口號」, 「答神光聰長老扇子書」, 「答神光長老求楞嚴經書」, 「上神光長老竺 坦書」, 「因筆不覺葛藤如許示神光和尙」. 이상은 『백운화상어록』: 『한국불교전서』 6.

산으로 떠난 나옹을 추념하는 글을 남기고 있다.[108] 하지만 백운은 나옹에게 게송을 보냈던 것이나 신광사 주지에 취임한 지 1년여 만에 사임하였다.[109] 뿐만 아니라 나옹의 문도 각우, 각변, 각연, 굉각 등이 『나옹화상어록』 초간본을 간행하였으며, 환암 혼수가 교정을 보았다. 1363년 백문보가 어록의 서를 지었는데 어록의 초간본은 신광사에서 편찬되었다.[110]

무학은 귀국하여 신광사에 머물고 있던 나옹을 두 번째 찾아가[111] 나옹에게 사사하였다.[112] 나옹은 무학에게 "옷깃을 나누매 특별히 상량할 것이 있으니, 누가 속의 뜻이 다시 현묘함을 알리오. 너희들이 모두 불가하다고 하더라도, 내 말은 겁공을 꿰뚫고 통하리라."[113]라는 게송을 주었는데 『나옹화상어록』에는 없는 것이다. 나옹과 무학은 신광사에서 얼마간 있다가 함께 금강산으로 향하였다.[114] 무학의 비문에 의하면, 무학이 신광사에서 나옹과 함께하자, 무학을 시기하는 자가 있었기 때문이었다.[115]

---

108 「寄懶翁和尙入金剛山」, 『백운화상어록』 권하, "奉別尊顔又一年 喜聞山裏且安禪 三家村漢踈慵甚 飢即加飡困即眠."

109 「乙巳八月日神光辭狀」, 『백운화상어록』 권하 ; 『한국불교전서』 6.

110 이색의 서문에 의하면 "옛 본을 교정하여 출판하려고 내게 서문을 청한다."고 하였고, 白文寶의 서문은 1363년에 씌어졌다. 李穡, 「普濟尊者語錄後序」, 『牧隱文藁』 卷9, 序 ; 『동문선』 권87, 序.

111 위와 같음.

112 변계량, 「묘엄존자탑명」, 『동문선』 권121, 비명.

113 卞季良, 「묘엄존자탑명」, 『조선금석총람』 하, "分襟別有商量處, 誰識其中意更玄, 변계량, 「묘엄존자탑명」, 『동문선』 권121, 비명, "任爾諸人皆不可, 我言透過劫空前."

114 成石璘, 「戲題僧詩 卷二首」, 『獨谷集』 卷下.

115 그 외에도 나옹은 「무학」, 「계월헌」이라는 게송을 무학에게 주었다. 변계량, 「묘엄존자탑명」, 『동문선』 권121, 비명.

(2) 광명사 공부선 실시와 환암

　나옹의 행장에 의하면, 1367년 보암 장로가 지공의 마지막 부탁을 받고 가사 한 벌과 친히 쓴 글 한 장을 들고 그의 입적 소식을 전하자[116] 나옹은 이를 널리 알렸다.[117] 1370년 1월 지공의 유골이 도착하자 공민왕은 왕륜사에 가서 몸소 지공의 유골을 궁궐로 봉안[118]하는 등 지공에 대한 추념 열기가 대단하였다. 1370년 3월 지공의 영골은 장흥사에 잠시 머물렀으며,[119] 왕은 근신 김원부를 개성에 맞이하게 하고 회암사에서 영골에 예배하였다.[120]

　회암사에 머물던 공민왕은 나옹에게 진수성찬을 베풀고 친히 보시를 하였다. 이에 내시 안익상을 보내 돕도록 하여 내승마를 회암사에 보내고 나옹이 사찰에 도착하자 글을 지어 말을 돌려보냈다.[121] 나옹은 무학과 함께 지공이 날란다사 터와 같다고 한 회암사에서 지공에 대한 추념을 주관하였으며,[122] 이를 계기로 하여 지공의 대표적 계승자로서의 위상이 더욱 부각되었다. 이렇듯 나옹은 불교계에 부상하면서 회암사에 주석하였다가 개성 광명사(廣明寺)에서 공부선을 주관 실시하였다.[123]

---

116 「結制上堂」, 『나옹화상어록』 : 『한국불교전서』 6.

117 각굉, 「나옹화상 행장」, 『나옹화상어록』 : 『한국불교전서』 6.

118 『고려사』 권42, 공민왕세가, 19년 1월 갑인, "行王輪寺 觀佛齒 及胡僧指空頭骨 親自頂骨戴 遂迎入禁中."

119 『나옹화상어록』(국립중앙도서관 판본), "到長興寺小留." ; 「長興寺願堂主請六道普說」.

120 『나옹화상어록』(국립중앙도서관 판본), "入京師師到檜嵓."

121 『나옹화상어록(국립중앙도서관 판본)』, "十八日 上遣知申事廉興邦 安下金經寺翌日又遣代言金鎭 迎入內庭 勞慰賜按馬 遣內侍安益祥 送至檜巖師旣到寺已 還送按馬."

122 나옹이 지공의 입적일과 생일에 설법을 하였던 내용은 그의 어록에 전하고 있다. 「指空和尙誕生之晨」과 「指空和尙起骨」 『나옹화상어록』 : 『한국불교전서』 6.

123 각굉, 「나옹화상 행장」; 『나옹화상어록』 : 『한국불교전서』 6 ; 이색, 「彰聖社 眞覺國師

　나옹이 주맹한 공부선에는 전국의 모든 종파의 승려들이 참여하였다. 『한국불교전서』 판본에는 다음과 같이 기술되어 있다.

> 9월에는 공부선을 마련하고 양종 오교의 제방 승려를 크게 모아 그들의 공부를 시험했는데, 그때 스님에게 주맹이 되기를 청하였다. 16일에 선석을 열었다. 임금님은 여러 군과 양부의 문무 백관을 거느리고 친히 나와 보셨다. 그리고 선사, 강사 등 여러 큰스님네와 강호의 승려들이 모두 모였다. 그때 설산 국사[124]도 그 모임에 왔다. 스님은 국사와 인사하고 처음으로 방장실에 들어가 좌복을 들고 "화상!" 하였다. 국사가 무어라 하려는데 스님은 좌복으로 그 까까머리를 때리고는 이내 나와버렸다.[125]

　『한국불교전서』본에서는 위의 문장 앞에 나옹이 스승 지공의 영골을 참예하고 성안에 들어가 광명사에서 안거를 지낸 후 내재에서 설법을 한 후 회암사에 머물렀다는 사실만 있을 뿐 광명사에 머물렀다는 사실은 없다. 하지만 「선각왕사비」에는 9월 16일부터 광명사에서 공부선(功夫選)을 개최한 사실을 명시하였다. 그런데 국립중앙도서관 판본에는 광명사에서 실시된 공부선에 참여하였으며, 특히 나옹과 천희 사이의 조우 장면이 구체적으로 묘사되어 있다.

　大覺圓照塔碑銘」, 『한국금석전문』 중세 하 ; 이지관, 『교감역주 역대고승비문』 고려4, 가산불교문화연구원, 1997. 공부선과 관련 선사상에 대해서는 자현의 앞의 책 참조.

124　설산국사는 고려 말인 1367년에 마지막 화엄종 국사로 책봉된 진각 국사 천희 (1307~1382)다.

125　각굉, 「나옹화상 행장」, 『나옹화상어록』 : 『한국불교전서』 6, "九月設工夫選大會兩宗五敎諸山衲子　選其所自得請師主盟　十六日　開選席　上率諸君兩府文武百僚　親幸臨觀　禪講諸德江湖衲子　悉皆集會　時雪山國師　亦赴是會　師與國尊相見　初入方丈提起座具云　和尙國尊擬議　師以座具打垛頭."

9월에는 광명사 대회를 마련하고 양종 오교의 제산 납자들을 대거 회합시켜 각자가 증득한 경계로 선발하고자 공부시의 장을 설정하였다. 후삼국을 통합한 이후 이번 한 차례가 유일했다. 그때 스님을 서울로 맞이하여 주맹(主盟)이 되기를 청하였다.

16일에 선석(選席)을 열었다. 임금님은 여러 군과 양부의 문무백관을 거느리고 친히 나와 보셨다. 그리고 선종과 교종의 덕망 있는 여러 인사들과 강호의 납자들이 모두 모였다. 설산 국사도 이 대회에 왔기에 나옹은 국존(國尊)을 상견한 다음 처음으로 방장문에 들어가 선 자세로 잠깐 말 없이 있었고 국존도 묵묵히 기다렸다. 나옹이 좌구를 들어 올리며 "화상이시여!" 하고 말을 꺼냈다. 이에 국존이 머뭇거렸고 나옹은 좌구로 정수리를 세 번 치고는 곧바로 나와서 사나당에 들어가 법좌를 마련하였다. 그 뒤 그 법좌 옆에 올라가 스님은 염향을 마친 후 자리에 앉아 말하였다.[126]

공부선의 실시는 불교계의 주요 세력인 조계종 가지산문의 백운 경한과 천태종의 신조, 화엄종의 설산 국사 천희(1307~1382) 등이 참여하는 불교계의 거국적인 통합 차원의 회합이었다.[127] 공부선을 마련하고 나옹을 개경에서 맞이하여 주맹하게 하였는데 후삼국 통합 이후 유일하게 한 번 시행한 것이다.[128] 국립중앙도서관 판본에만 있는 사실이며

---

126 『나옹화상어록』(국립중앙도서관 판본), "九月國家於廣明寺大會 兩宗五敎諸山衲子 選其所自得設功夫試(自統合之後 唯因此一度) 迎師入京爲主盟 十六日 開選席 上率諸君 兩府文武百僚 親幸臨觀 禪講諸德江湖衲子 悉皆集會 時雪山國師 亦赴是會 師與國尊相見 初入方丈門立地良久國尊默然師 提起座具國尊又默然師云 和尙國尊擬議 師以座具打埃頭三下 便出舍那堂中 排設法座 上坐其座側 師拈香罷 陞座發言."

127 황인규, 「무학 자초의 홍법 활동과 회암사」, 『삼대화상 연구논문집』 2, 불경서당 훈문회, 1999 : 황인규, 앞의 책, 혜안, 2003 : 황인규, 『고려시대 불교계와 불교문화』, 국학자료원, 2011, 250~251쪽.

128 『나옹화상어록』(국립중앙도서관 판본), "請師設功夫試[自統合之後唯因此一度] 迎師入京 爲主盟."

고려시대에 오직 한 번 실시하였음을 알 수 있다. 그리고 나옹과 천희의 조우 장면이 다소 다르게 기록되어 있다.

나옹은 공부선을 개최하면서 설법할 때 질의를 하였다. 「선각왕사비」에는 다음과 같이 기술되어 있다.

> 스님이 염향을 마친 다음 법상에 올라앉아 말씀하기를 "고금의 과구를 타파하고, 범성의 종유[자취]를 모두 쓸어버렸다. 납자의 명근[選席]을 베어버리고, 중생의 의망을 함께 떨쳐 버렸다. 조종하는 힘은 스승의 손아귀에 있고, 변통하는 수행은 중생의 근기에 있다. 삼세의 부처님과 역대의 조사가 교화 방법은 동일한 것이니, 이 고시장에 모인 모든 스님들은 바라건대 사실대로 질문에 대답하시오."라 하였다.[129]

나옹이 공부선을 실시한 날 행한 법어가 그의 어록에 실려 있는데 앞부분은 내용이 거의 같고 다음 부분이 다르다.

> "산승도 다만 그런 법으로 우리 주상 전하께서 만세 만세 만만세토록 색신(色信)과 법신이 무궁하시고 수명과 혜명이 끝이 없기를 봉축하는 것이다. 바라건대 여러분도 모두 진실로 답안을 쓰고 부디 함부로 소식을 통하지 말라."
> 학인들이 문에 이르자 스님께서 다시 말씀하셨다. "행은 지극한데 말이 지극하지 못하면 그것은 좋은 행이 될 수 없고, 말은 지극한데 행이 지극하지 못하면 그것은 좋은 말이 될 수 없다. 그러나 말도 지극하고 행도 지극하다 하더라도 그것은 다 문밖의 일이다. 문에 들어가는 한마디

---

129 이색, 「양주 회암사 선각왕사비」, 『조선금석총람』 상 ; 『동문선』 권119, "師拈香畢 升法坐 乃言曰 破却古今之窠臼 掃盡凡聖之蹤由 割斷衲子命根 抖擻衆生疑罔 操縱在握 變通在機 三世諸佛 歷代祖師 其揆一也 在會諸德 請以實答."

는 무엇인가?" 학인들은 모두 말없이 물러갔다.[130]

나옹이 전국에서 응시한 승려에게 질의하였다. 『한국불교전서』 판본
에는 다음과 같이 적고 있다.

> 사나당 안에 법좌를 만들고 향을 사른 뒤에, 스님은 법좌에 올라 질문
> 을 내렸다. 법회에 있던 대중은 차례로 들어가 대답하였으나 모두 모른
> 다고 하였다. 어떤 이는 이치로는 통하나 일에 걸리기도 하고 어떤 이는
> 너무 경솔하여 실언하기도 하며, 한마디 한 뒤 곧 물러가기도 하였다. 임
> 금은 매우 불쾌해 보였다.[131]

「선각왕사비」에도 이러한 내용이 유사하게 기술되어 있다.[132] 나옹의
공부선 질의에 대하여 아무도 답을 못하였는데 공부선 개최 마무리 단
계에서 환암이 유일하게 응답을 하였다. 「선각왕사비」에 "환암 혼수 선
사가 최후에 와서 3구와 3관에 대하여 낱낱이 문답하였다."[133]라고 간략
히 기술하였으나 나옹의 행장에는 비교적 자세하게 그 상황을 기록으

---

130 「庚戌九月十六日國試工夫選場垂語」, "山僧 只將如是之法 奉祝我主上殿下萬歲萬歲
萬萬歲 色身與法身無窮 壽命與慧命無盡 伏請諸人 各須實答 切莫妄通消息. 學者到
門 師又云 行到說不到 未是能行 說到行不到第四四張 未*是能說 直饒說到行到 揔
是門外事 入門一 句作麽生 學者皆無語而退.";『나옹화상어록』;『한국불교전서』6.
131 각굉, 「나옹화상 행장」,『나옹화상어록』;『한국불교전서』6. "便出舍那堂中 排設法
座 師拈香罷 陞座垂問 在會大眾 以次入對 皆曰未會 或理通而礙於事 或狂甚而失
於言 一句便退 上若有不豫色然."
132 이색, 「양주 회암사 선각왕사비」,『조선금석총람』상 ;『동문선』권119, "在會諸德 請
以實答 於是 以次入對 曲躬流汗 皆曰 未會 或理通而礙於事 或狂甚而失於言 一
句便退 上若有弗豫色然."
133 이색, 「양주 회암사 선각왕사비」,『조선금석총람』상 ;『동문선』권119, "幻庵脩禪師
後至 歷問三句三關."

로 남겼다.

> 끝으로 환암 혼수 스님이 오니 스님은 3구와 3관을 차례로 물었다. 그보다 먼저 스님이 금경사에 있었을 때 임금은 좌가 대사 혜심을 시켜 스님에게 물었다. "어떤 법문으로 공부한 사람을 시험해 뽑습니까?"
> 스님이 대답하였다. "먼저 입문 등 3구를 묻고, 다음에 공부 10절을 물으며, 나중에 3관을 물으면 공부가 깊은지 얕은지를 시험해 볼 수 있습니다. 그러나 대중이 다 모르기 때문에 10절과 3관은 묻지 않습니다."
> 법회를 마치고 임금이 천태종의 선사인 신조를 시켜 공부 10절을 물으시니 스님이 손수 써서 올렸다.[134]

위에 인용한 기록은 국립중앙도서관 판본과 그 내용이 같으나 세주에 "수문시(垂問時)의 언구(言句) 3구 10절 3관은 어록에 실려 있다."[135]라고 하였다. 「입문 3구」[136]와 「3전어」,[137] 「공부 10절목」은 『나옹화상어록』에 실려 있다. 그리고 3구와 3전어 석3구(釋三句與三轉語釋三句)[138]와 3전어(三轉語)[139]는 『백운화상어록』 상에 실려 있다.

---

134 각굉, 「나옹화상 행장」, 『나옹화상어록』, :『한국불교전서』 6. "幻菴脩禪師後至 師歷問三句三關 師之前在金經寺也 上使左街大師慧深 問師曰 以何言句 試取功夫 師答云 先問入門等三句 次問功夫十節 後問三關 可驗功行淺深 衆皆未會 故不及十節三關 會罷 上使天台禪師神照 請問功夫十節 師手書進."

135 각굉, 「나옹화상 행장」, 『나옹화상어록』(국립중앙도서관 판본).

136 각굉, 『나옹화상어록』, 「入門三句」, "入門句分明道 當門句作麼生 門裏句作麼生."

137 『나옹화상어록』, 「三轉語」, "山何嶽邊止 水何到成渠 飯何白米造."

138 『백운화상어록』 상, 「懶翁和尙 三句與三轉語釋三句」, "入門句 向時不落左不落右 正面而入當門句 奉時機智相應深入重玄 門裏句 共功時當證主中主 長年不出戶."

139 『백운화상어록』 상, 「三轉語」 "山何岳邊止 無上法王最高勝 如羣峰勢岳邊止 水何到成渠 圓覺淨性隨類應 知濕流海到成渠."

공부선에서 유일하게 답을 한 환암(幻庵)의 문답은 환암의 비문에 다음과 같이 매우 자세하게 기록을 남겼다.

> 나옹이 "무엇이 당문구냐?"라고 물으니, 선사께서 즉시 섬돌에 올라가 "좌측이나 우측으로 치우치지 않고 중앙 한복판에 서는 것입니다."라고 대답하였다. 또 입문구를 물으니, "들어오니 도리어 들어오지 않았을 때와 같다."라고 대답하고, 또 문내구를 물으니 "안과 밖이 본래 공(空)인데 중(中)이 어떻게 성립되겠습니까."라고 대답했다. 나옹이 또 3관으로 묻기를 "산은 어찌하여 멧부리에서 그치는가?" 하니, "높으면 곧 낮아지고 낮아지면 곧 그치게 됩니다."라고 대답하고, "물은 어찌하여 개울을 이루는가?" 하니, "바다가 숨어 흐르는 곳마다 개울이 됩니다."라고 대답하고, "밥은 어찌하여 백미로 짓는가?" 하니, "만약 모래를 찐다면 어떻게 좋은 음식이 되겠습니까."라고 대답하였다.
> 나옹이 곧 고개를 끄덕이자, 상이 유사를 명하여 문답한 구절을 입격문(入格文)으로 만들어 쓰게 하고 종문에 머물게 하였다.[140]

환암은 오대산 신성암에서 고운암의 나옹과 교유한 이래 두 번째 조우였다. 환암은 공부선에서 유일하게 응답함으로써 나옹과 함께 불교계에 주목을 받았다. 환암은 나옹 혜근과 태고 보우의 입적 후 가지산 문계 태고 보우의 상수 제자 목암 찬영과 더불어 고려 말에 국사와 왕사에 각기 책봉되었으며, 광명사와 보제사 등 국도 개경의 주요 사찰의

---

140 권근, 「普覺國師 碑銘 幷序」, 『陽村集』 卷37, 碑銘類 : 『조선금석총람』 하, "翁下一語 諸衲無一能對者 上不懌 將罷 師後至 具威儀立堂門階下 翁問如何是當門句 師卽上 階畱曰 不落左右 中中而立 問入門句 師入門曰 入已還同未入時 問門內句 曰 內外 本空 中云何立 翁又以三關問曰 山何嶽邊止 畱曰 逢高卽下 遇下卽止 問水何到成渠 曰 大海潛流 到處成渠 問飯何白米做 曰 如蒸沙石 豈成嘉餐 翁乃頷之 上勑攸司制 入格文 留宗門."

주지로 재임하는 등 선종계, 나아가 불교계를 주도하였다.[141]

그런데 무학은 나옹과 지공의 탑명을 회암사에서 새기고 돌아와 광명사에 나옹의 진영을 걸면서 "지공의 천검과 평산의 할을 받고, 어전에서 승려들을 공부선에서 시험했네. 최후에 신령한 빛 사리를 남기시니, 삼한의 조실로서 만년토록 전해지리."[142]라는 게송을 지어 나옹의 공부선 실시를 강조하면서 다음 장에서 보듯이 지공과 나옹의 추념 불사를 하여 지공과 나옹의 위상을 드높였다.

3) 신륵사 다비와 회암사 추념

(1) 나옹의 입적과 신륵사 다비

국립중앙도서관 판본 나옹의 행장에 의하면, 1373년 2월 청주 목백 박임종이 청하자, 나옹은 여러 사찰을 일으키게 하였다.[143] 그해 9월에 회암사에서 소재 도량을 주관하였다. 나옹은 1374년부터 2년간 대규모의 중흥 불사를 벌여 1376년(우왕 2) 봄에 이르러 공사를 마치고 4월 15일에 나옹은 회암사 낙성식 때 무학을 급히 불러서 수좌를 맡겼다. 나옹은 무학에게 절반밖에 진행하지 못한 중창 불사의 주지를 맡겨서 이

---

141 황인규, 「환암 혼수의 생애와 불교사적 위치」, 『경주사학』 18, 1999 : 황인규, 앞의 책, 혜안, 2003 : 황인규, 「충주의 고승 환암 혼수와 목암 찬영」, 『충주의 인물(Ⅴ) 충주의 큰스님−법경 대사, 홍법 국사, 대지 국사』, 예성문화연구회, 충주시, 2006 : 황인규, 앞의 책, 2011, 296~305쪽.

142 변계량, 「묘엄존자탑명」, 『동문선』 권121, 비명 : 『춘정집』 속집 권1 : 『동문선』 권121, "指空千劒平山喝, 選擇工夫對御前, 最後神光留舍利, 三韓祖室萬年傳."

143 『나옹화상어록』(국립중앙도서관 판본), "癸丑正月 遊於瑞雲吉祥等山淸州牧伯 朴林宗請留于復興寺 八月復下松廣寺 九月上又遣李士渭 請邀檜嵒一冬建消災道場開."

를 완성케 하려고 한 것이다. 이때 개최된 회암사 낙성 기념 문수회는 성황리에 이루어졌다.[144] 낙성 시 성안의 존비 귀천한 사람에게 선림 강연이 있자, 일체의 승중이 폭주하였다.[145] 이에 갑자기 대간에서 사대부 대중의 생업에 폐해를 줄 것 같아 이를 중단시키고 나옹은 영남을 행해 가게 하였다. 도중에 여흥군의 동쪽 신륵사에 머물러 입적하였다.[146] 그 무렵에 나옹의 위상이 절정에 다다랐으나 나옹이 주살되었다.[147] 이렇듯 나옹과 무학은 지공의 추념 불사에 이어 지공의 유훈을 받들어 회암사를 중창하고, 그곳을 중심으로 흥법하고자 하였으나 그 뜻을 이루지 못하였다.[148] 나옹은 신륵사(神勒寺)에서 다비하게 되는데 사리가 여러 차례 분신되는 등 추념은 최고조에 달하였다.[149] 『한국불교전서』 판본에는 "군민들이 멀리 오색구름이 산꼭대기를 덮는 것을 보았고, 또 스님이 타시던 흰 말은 3일 전부터 풀을 먹지 않은 채 머리를 떨구고 슬피 울었다."라고 하면서 "사리가 부지기수로 나왔고, 사부대중이 남은 재와 흙을 헤치고 얻은 것도 이루 셀 수 없었다. 그때 그 고을 사람들

---

144 각굉, 「나옹화상 행장」, 『나옹화상어록』 : 『한국불교전서』 6.

145 『나옹화상어록』(국립중앙도서관 판본), "至丙辰春 脩營已畢 四月十五日 大設落成會 上遣耆年大臣柳之璘 爲行香使 城中居人 尊卑貴賤 禪林講肆 一切僧衆 雲臻輻湊 莫知其數 會臺評 以謂檜嵓密邇京邑 士女往還 晝夜絡釋 或至廢業 於是有旨移住 瑩原寺."

146 『나옹화상어록』(국립중앙도서관 판본), "公旣馳聞 行向嶺南 師寓郡東 神勒寺."

147 『세종실록』 권85, 21년 4월 18일(을미) ; 黃景源, 「朝山大夫 司諫院正言 致仕 丁先生 墓碣銘 并序」, 『不愚軒集』 卷首 ; 황인규, 「조선 전기 불교계의 고승 탄압과 순교승」, 『불교사 연구』 4·5, 중앙승가대 불교사학연구소, 2004 : 황인규, 앞의 책, 2005 참조.

148 황인규, 「무학 자초의 흥법 활동과 회암사」, 『삼대화상 연구논문집』 2, 1999 : 황인규, 앞의 책, 1999 ; 황인규, 앞의 책, 2003 참조.

149 나옹의 사리가 분신을 하였다는 것은 다음의 기록에서도 찾아진다. 이익, 「나옹」, 『성호사설』 권27, 經史門, "普濟旣死 凡得舍利一百五十五粒 禱之分爲五百五十八 四衆得之灰中 以自秘者莫知其數."

은 모두 산 위에서 환히 빛나는 신비한 광채를 보았다."[150]라고 하였는
데, 「선각왕사비」에는 좀 더 구체적으로 다음과 같이 묘사하고 있다.

> 이날 진시에 조용히 입적하였다. 군민들이 바라보니 오색구름이 산정에
> 덮여 있었다. 화장이 끝나고 타다 남은 유골을 씻으려는 순간, 구름 한
> 점 없는 청천에서 사방 수백 보 이내에만 비가 내렸다. 사리가 155과가
> 나왔다. 기도하니 558과로 분신하였다. 뿐만 아니라 대중들이 재 속에서
> 도 얻어 개인이 스스로 비장한 것도 부지기수였으며, 3일간 신광이 비추
> 었다. 석 달여 전 스님이 꿈에 화장장 소대 밑에 서려 있는 용을 보았는
> 데, 그 모양이 마치 말과도 같았다. 상주를 태운 배가 회암사로 돌아가
> 는데, 비가 내리지 않았는데도 갑자기 물이 불어났으니, 이 모두가 여용
> 의 도움이라 했다.[151]

「선각왕사비」에 의하면 나옹의 유골은 신륵사에서 문도인 각신이 천
년 후에까지 모든 불자들에게 신심을 일으키게 하고자 진영당을 짓고
영정을 봉안하였으며 석종탑을 만들어 사리를 석장하였다. 이렇듯 각
신이 석종 불사를 주선하고 각주는 비석에 사용할 돌을 구하였으며 목
은 이색에게 청하여 비문을 짓게 하였다.[152]

이와는 달리 국립중앙도서관 판본의 나옹 행장에서는 다음과 같이
추가된 사실을 전하고 있다.

---

150 『나옹화상어록』: 『한국불교전서』6.
151 이색, 「회암사 선각왕사비」, 『조선금석총람』하, "是日辰時 寂然而逝 郡人望見 五
   朶雲 盖山頂 旣火之 洗骨 無雲而雨者 方數百步 得舍利一百五十五粒 禱之 分爲
   五百五十八 四衆 得之灰中 以自秘者 莫知其數 神光炤耀三日 乃已 釋達如 夢見龍
   盤燒臺下 其狀如馬 及以喪舟 還檜嵒 無雨而水漲 皆驪龍之助云."
152 위와 같음.

스님이 돌아가실 때, 그 고을 사람들은 멀리 오색구름이 산꼭대기를 덮는 것을 보았고, 또 스님이 타시던 흰 말은 3일 전부터 풀을 먹지 않은 채 머리를 들고 슬피 울었다. 화장을 마쳤으나 머리뼈 다섯 조각과 이 40개는 모두 타지 않았으므로 향수로 씻었다.

이때 하늘에는 구름도 없이 비가 내렸다. 사방 각지 300여 보 지나지 않은 곳곳에 타지 않고 남은 점골이 부지기수로 나왔고, 어지럽게 흩어진 155립을 불전에 들이어 향을 사르고 예를 올려 공경하자마자 문득 분신하여 다비한 곳에 558립이 되었다.

(다비한 자리에서) 사부대중이 남은 재와 흙을 헤치고 얻은 것도 이루 셀 수 없었다. 여러 부스러기 재와 영골은 풀무더기에 싸서 강물 속에 던졌다. 승려 신지가 부끄러워하며 홀로 사리를 갖지 않았다. 배를 타고 풀무더기에서 꺼내어 한 조각의 부서진 영골을 얻었는데 영골 역시 2립으로 나뉘었다.

다비하던 그때 그 고을 사람들은 모두 산 위에서 환히 빛나는 신비한 광채가 3일 동안 이어지는 광경을 보았다. 그 절의 스님 달여는 꿈에 신룡(神龍)이 다비하는 자리에 서려 있다가 강으로 들어가는 것을 보았는데, 그 모습은 말과 같았다.

문도들이 영골 사리를 모시고 회암사로 돌아가려 할 때 배로 가고자 하였는데 오래 가물어 물이 얕지 않을까 걱정하였다. 다시 밀물이 들어와 오랫동안 묶여 있던 배들이 한꺼번에 물을 따라 전처럼 여강에 물이 말라 신룡의 도움임을 알 수 있었다. 문도 무학이 게송으로 읊어 "돌아가신 스승의 영골을 수습하는 바로 그 순간(先師靈骨纔收了), 사리가 분신하여 물 위에 흐르네(舍利分身水上流), 어젯밤 여강의 용이 물결을 더하네(昨夜驪龍漲新渌), 조사의 선풍이 거듭 일고 밝은 달 아래 배가 떠나가네(祖風重起月明舟)."라고 하였다. …

이달 24일 신륵사에 도착하여 꿈 이야기를 들려 주었지만, 누구도 믿지 않았다. 유곡 장주(藏主)만이 도심과 함께하여 곧바로 분대에 올라가 토석을 파 뒤지며 찾았지만 얻을 수 없어 장주는 그만두었다. 도비가 슬피 울면서 말하기를 "화상은 평생 망령된 말을 하지 않으셨는데 오늘 사리를 얻지 못했으니 어떻게 진실한 말을 하시는 분이라 하겠는가!"라고 하며 다시 흙을 판 끝에 홀연히 청색 사리 1립을 얻었는데 녹두알 정도의 크기로 희고 밝은 작은 돌같이 점석에 붙어 있었다. 조실로 맞아들여 향을 사르고 공경하는 마음으로 예를 올리자마자 은색 1립으로 분신하였는데 마자(삼씨)만한 크기였다. 도심 스님이 은색 1립은 이 절에 두었고 청색은 가지고 금강산에 들어가 유점사에 봉안하였다. 문인 무급 각신은 선사의 본원력을 떨어뜨리지 않고 맺은 인연을 이루고자 하였다. 때문에 정골 사리 한 조각을 옮겨 신륵사에 안치하고 동문 형제와 힘을 합쳐 석종으로 덮어 우러르며 예를 올리도록 하였다.[153]

위의 인용문에 의하면, 달여 외에 각굉 유곡,[154] 무급 각신[155] 등이 참

---

153 『나옹화상어록』(국립중앙도서관 판본), "當示寂時 郡人望見 五彩雲盖山頂 又師所騎 白馬 預前三日不喫草擧首悲鳴 茶毗已訖 頭骨五片 牙齒四十箇節骨等 皆不燒 以香 水洗之時 天無雲而雨 四方各不過三百 許步粘骨 舍利莫知其數 零落者 一百五十五 粒 迎入佛殿 燒香礼敬俄頃 分爲五百五十八粒 茶毗之處 四衆撥灰土而得之者 不可 勝數也 雜灰砕骨 編草裹之投於江中 有僧信志 愧獨不得舍利 乘漉出編草 得一片 砕骨 骨中亦有二粒 茶毗 時郡人 皆見山上神光照耀寺三日乃已 僧達如 夢見神龍盤 繞焚臺 還入于江 其狀如馬 門人陪靈骨舍利 將還檜嵓欲舟行 患其旱久水淺 忽無雨 而水漲 猶若潮廻與久滯衆船一時順流而下驪江已上 依前水淺 則神龍之助可知也 門人無學頌曰先師靈骨纔 收了 舍利分身水上流 昨夜驪龍漲新渌 祖風 重起月明舟 … 是月二十四日 到神勒寺說 所夢 衆皆不信 獨幽谷蔵主與道 直上焚臺撥土石 求之 不得 蔵主止之 道悲泣曰 和尙平生不說妄語 今日若不得舍利 云何得爲眞實語者 更 堀土 忽得靑色舍利一粒 如菉豆大 粘於白瑩小石 迎入祖室 焚香禮敬 即分銀色一粒 如麻子大道以銀色 置于玆寺 靑色持入金剛山 安于榆岾寺 門人无及覺信 不墜先師 本願 欲廣結勝 因將頂骨者 一片 安于神勒寺 與同門兄弟幷力 造石鐘以覆之普令瞻 礼者 擧而視之師初祭."
154 이색, 「送宏幽谷」, 『목은시고』 권29, 시 : 이색, 「巨濟縣牛頭山見菴禪寺重修之記」, 『목은문고』 권5, 기, "重修巨濟牛頭山見菴 以宏幽谷所錄功役始末 走神勒珠上人求 予記 案其狀."
155 이색, 「驪江縣 神勒寺 普濟舍利石鐘記」, 『목은문고』 권2, 기 : 『동문선』 권73, 기 : 『한국금석전문』 중세 하, "普濟之示寂于驪興神勒寺也…覺信者實幹石鐘 而曰覺珠

여하였는데 각굉이 장주였다는 사실을 알 수 있다. 국립중앙도서관 판본에 처음으로 등장하는 승려들이 실려 있다. 즉, 신지와 도심, 도비이며, 그들은 나옹의 문도로 추정된다. 특히 도비는 나옹의 사리를 금강산 유점사에 봉안하였으며, 나옹의 상수 제자 무학은 나옹을 추념하면서 게송을 읊었다. 즉, "돌아가신 스승의 영골을 수습하는 바로 그 순간, 사리가 분신하여 물 위에 흐르네, 어젯밤 여강의 용이 물결을 더하네, 조사의 선풍이 거듭 일고 밝은 달 아래 배가 더 나가네."[156]라는 게송을 읊어 추념하였는데 무학(無學)의 게송(偈頌)으로 알려지지 않은 유일한 것이다. 당대인 문인 이색은 "신륵사는 부처님이 입적한 사라쌍수와 같다."라고 하였다.[157]

(2) 삼화상 도량 회암사 추념

신륵사 다비와 함께 양주 회암사에서 추념 불사가 이루어졌다. 회암사는 지공과 나옹, 무학이 원의 대도 법원사에서 삼화상의 연이 맺어진 후 50년 만에 그 결실이 맺어진 최고의 삼화상 도량이었다.[158] 「선각왕사비」에는 다음과 같이 적고 있다.

8월 15일에 부도를 회암사 북쪽 언덕에 세우고, 정골 사리는 신륵사에

者求燕石將載其事."

156 『나옹화상어록』(국립도서관 판본), "先師靈骨纔收了 舍利分身水上流 昨夜驪龍漲新
淥 祖風重起月明舟."

157 李穡, 「驪興神勒寺禪覺眞堂詩幷序」, 『동문선』 卷78, 序, "吾師 於五濁惡世現 相應
機 譬則佛出也 是以 檜巖也猶祇樹焉 神勒也猶雙林焉."

158 황인규, 앞의 논문, 1999 : 황인규, 앞의 책, 혜안, 2003 참조.

조장하였으니, 열반한 곳임을 기념하기 위해서이다. 이와 같이 사리를 밑에 모시고 그 위에 석종으로 덮었으니, 감히 누구도 손을 대지 못하게 함이다. 스님이 입적한 사실을 조정에 보고하니 시호를 선각이라 추증하고, 신 색에게는 비문을 짓고 신 중화로 하여금 단사로 비문과 전액을 쓰게 하였다.[159]

나옹의 유골은 회암사에 도착하여 침당에 모셔졌다가 같은 해 8월 15일에 그 절의 북쪽 언덕에 부도를 세워 안치되었는데, 회암사에서 탑비를 세우고 각지는 각오와 함께 3년간 수탑하였다.[160] 이러한 것과는 달리 국립중앙도서관 판본에서는 다음과 같이 추가된 사실을 전하고 있다.

29일에 회암사에 도착하여 침당에 모셨다. 어떤 선객이 예배하면서 탄식하며 말했다. "지난날 감암사(甘嵓寺)에 묵었는데 절의 승려 자명(自明)이 사리 2립을 얻어 판사 김계생(金繼生)에게 보여주면서 도인이라면 언젠가는 다시 얻을 수 있을 것이오."라고 하자 판사가 "속자는 얻기 어려우니 1립을 주시오."라고 함에 자명이 머뭇거리는 사이에 김공은 홀연히 사리가 4립으로 분신하는 것을 보았고, 각각 2립을 가짐으로써 그 뜻을 이룬 것이다. 또한 청룡사 승려 현순(玄珣)은 부서진 치아 사리를 얻어서 본사로 돌아가 분향 기도하였는데 7립을 얻었다. 조정에서는 한양 판관 강순(姜淳)으로 하여금 그 공역을 감독케 하였다.
8월 15일에 그 절 북쪽 언덕에 부도를 세워 영골 사리 부도 위에 안치하

159 李穡, 「양주 회암사 선각왕사비」, 『조선금석총람』 상 ; 『동문선』 권119, "八月 十五日 樹浮圖於寺」之北崖 頂骨舍利 厝于神勒寺 示其所終也 覆以石鐘 戒其無敢訛也 事 聞于朝 諡曰禪覺 命臣穡爲文 臣仲和 書丹篆額."
160 이색, 「영변 안심사 지공나옹 사리석종비」, 『조선금석총람』 상, '驪興神勒寺 入寂 丙 辰五月 十五日也 樹塔檜巖 持與覺悟守塔三年.'

였다. 가끔 신령한 광명이 환히 비추기도 하였는데, 이러한 일이 조정에 알려지면서 시호를 선각이라 하였다. 이해 겨울 시자 각도가 금강산 정양암(正陽菴)에 탑을 세웠다.

12월 11일 밤 꿈에 선사가 방장에 앉아 도심(道深)에게 말했다. "사리는 얻었느냐. 도에 이르기를 얻었느냐?" "얻었습니다." "어디 있느냐?" 답에 이르기를 "경을 싸는 보자기 안에 두었습니다." 사가 꾸짖으며 말했다. "나의 바라는 바는 여러 사람에게 널리 보이는 것에 있거늘 그대는 깊이 감추어 두고 내보이지 않고 있으니 (도대체) 이것이 어떤 심보인가, 나의 분신은 대 아래에 이채로운 빛으로 남아 있고 눈동자도 견고하니 그대들은 속히 가서 이 산에 안치하여 아직 보지 못한 이들이 보도록 하라." 이와 같은 꿈을 세 차례 꾸고는 도심(道深)은 매우 기이하다고 여겼다.[161]

위의 인용문에서 보듯이 나옹의 회암사 추념 시 행적 가운데 그간 알려지지 않은 회암사의 추념처에 참여한 승려들은 다음과 같다. 즉, 나옹의 문도인 감암사(甘嵓寺)의 자명(自明), 충주 청룡사(青龍寺)의 승려 현순(玄珣), 시자 각도(覺道),[162] 도심(道深), 도비(道悲)와 불자 판사 김계생 등이다. 특히 청룡사의 승려 현순은 청룡사에 사리를 봉안하고 나옹의 시자 각도(覺道)는 금강산 정양암에,[163] 그리고 나옹의 문도 무급

---

161 『나옹화상어록』(국립중앙도서관 판본), "二十九日到檜嵓 安于寢堂後有禪客 禮拜歎曰 去日宿甘嵓寺 寺僧自明 得舍利二粒 示金判事桂生云 道人 當有再得之日 俗子難得 乞與一粒 明擬議之間 金公忽 見分爲四粒 各獲二粒 以遂其志 又忠州青龍寺 僧玄 珣 得碎齒歸本寺 焚香禱之 即得七粒朝廷 使漢陽判官姜淳 監督工役於 八月十五日 樹浮圖於寺之北崖安于靈骨舍利浮圖上 往往有神 光照耀事聞于朝 諡曰禪覺 是年 冬 侍者覺道入金剛山正陽菴挂塔 十二月十一日夜夢先師坐方丈喚云 舍利將得來否 道云將得來師云何在 答云在持經袱子內 師咄云 我之所願 廣示諸人 汝等爭取深藏 不出 是何心哉 我焚身臺下有異色 眼睛堅固子汝速去 將來置于此山 令未見者 見如 是者三 道深異之."
162 李穡, 「安心寺 指空懶翁舍利石鐘碑」 음기, 『조선금석총람』 상.
163 「金剛山 正陽寺 三韓 懶翁銘 浮屠」, 『한국금석전문』 중세 하.

각신(無及 覺信)은 정골 사리를 여주 신륵사(神勒寺)에 봉안하였다.[164] 또한 환암의 주석처인 충주 청룡사 승려 현순(玄珣)이 추념 불사에 참여하였다. 당대인 문인 이색은 "회암사는 부처님이 처음으로 법륜을 편 기수급고독원과 같다."라고 하였다.[165]

이러한 나옹의 추념 불사는 신륵사와 회암사뿐만 아니라 전국적으로 널리 이루어졌다. 전국의 사찰에 불상과 영정이 봉안된 곳이 적지 않았다.[166]

4) 나가는 말

이상으로 『나옹화상어록』의 판본 가운데 그리 활용되지 않은 국립중앙도서관 판본의 행장과 비문의 내용 가운데 나옹의 귀국 후 주요 행적과 다비 및 추념에 대하여 재검토하였다. 『나옹화상어록』의 판본은 여러 종이 있지만, 대개의 경우 그 내용이 거의 유사하다. 그런데 국립중앙도서관 판본의 행장 가운데 세 부분의 내용이 다른 판본보다 다소 구체적으로 추가되어 실려 있어서 주목된다. 어록의 편찬 및 편집자의 의견이 산입되어 그리 실린 듯하며, 다른 판본에 없는 유일한 내용이거나 보다 구체적으로 묘사되어 있어서 그 사료적 가치는 매우 중요하다. 즉, 그 내용은 홍건적의 침입 시 신광사 수호 사실, 공부선의 실시 부분과 신륵사에서 나옹의 다비와 회암사의 추념 시 장면이다.

---

164 이색, 「驪江縣 神勒寺 普濟 舍利 石鐘記」, 『牧隱文藁』 卷2, 記, "曰覺信者實幹石鐘."
165 李穡, 「驪興 神勒寺 禪覺 眞堂詩 幷序」, 『동문선』 卷78, 序, "吾師 於五濁惡世現 相應機 譬則佛出也 是以 檜巖也猶祇樹焉 神勒也猶雙林焉."
166 위와 같음.

홍건적의 침략 시 신광사 근처의 성의 주민들이 달아나고 성과 읍이 파괴되자, 승도들은 피란을 권하였으나 나옹은 굴하지 않고 신광사를 수호하였다. 나옹이 주맹한 공부선은 후삼국 통합 이후 그때까지 처음으로 실시되었으며, 공부선 증명을 맡은 공민왕 대 국사였던 설산 천희의 모습이 보다 상세하게 묘사되어 있다.

특히 신륵사 다비와 회암사 추념 시 사실 가운데 다른 판본에서는 찾아지지 않는 내용이 실려 있다. 즉, 신륵사 다비에서는 승려 달여 외에 각굉 유곡, 무급 각신 등이 참여하였는데, 각굉이 장주였으며 무급은 나옹의 정골사리를 여주 신륵사에 봉안하였다는 사실을 알 수 있다. 그리고 현재까지 잘 알려지지 않은 승려들도 나옹의 다비에 참여하였던 사실도 새롭게 알 수 있다. 즉, 그들은 승려 신지와 도심, 도비인데, 나옹의 문도로 추정된다. 특히 도비는 금강산 유점사에 나옹의 사리를 봉안하였으며, 나옹의 상수 제자 무학은 나옹을 추념하면서 게송을 읊었던 사실이 기록되어 있다.

회암사의 나옹 추념에서도 앞서 신륵사 다비에 참여하였던 무학과 도비, 도심, 무급 외에도 나옹의 문도로 추정되는 감암사의 승려 자명, 충주 청룡사의 승려 현순, 시자 각도 그리고 불자 판사 김계생 등이 나옹의 추념 불사에 참여하였다. 특히 청룡사의 승려 현순은 청룡사에, 그리고 나옹의 시자 각도는 금강산 정양암에 나옹의 사리를 봉안하였다.

이러한 사실은 국립중앙도서관 판본에서만 유일하게 찾아지며, 나옹의 행적에 반드시 포함되어야 할 것이다. 향후 고려 말 불교사 연구에 일조가 되기를 바라마지 않는다.

2장

나옹의 불교계 활동과 위상

1. 나옹의 불교계 활동

1) 들어가는 말

나옹 혜근(1320.1~1376.5)은 태고 보우(1301~1382)와 백운 경한(1299~1375)과 더불어 여말삼사로 불린다. 나옹은 무학을 비롯한 문도들이 조선 전기 불교계를 주도하였을 뿐만 아니라 조선시대 이래 현재까지 그의 스승 지공 선현과 그의 제자 무학과 더불어 불교계 최고의 증명 법사로 존경받고 있다.[1]

본고는 고려 말 숭유억불기 나옹의 불교계 활동과 그의 입적 후 고

---

[1] 본고를 작성 중에 나옹의 위상과 관련된 논문이 발표된 바 있다. 남동신, 「여말선초기 나옹 현창 운동」, 『한국사연구』 139, 2007. 그 논지에 수긍이 가는 부분도 없지 않지만 나옹에 대한 종합적인 연구 결과로서 내놓은 논고가 아니고 전체 불교사 흐름에 맞지 않는 부분이 있다고 생각하기 때문에 본고에서는 수용하지 않는다. 또한 최근에 나옹에 대한 기존의 평가에 대한 논고가 발표된 바 있다. 신규탁, 「나옹에 대한 기존의 평가와 재고찰」, 『한국사상과 문화』 43, 한국사상문화학회, 2008.

려 말 이후 조선시대에 있어서 그의 위상이 어떠했는가를 되새겨 보고자 한다. 그동안 나옹에 대한 연구는 불교학과 불교문학, 불교사 등 제 분야에서 매우 진척되었으나,[2] 그와 관련된 제 기록에 대한 충분한 검토가 이루어지지 않은 점에 아쉬움이 있었다. 필자는 한국 불교계, 혹은 문화의 정체성을 회복하기 위해서는 숭유억불 운동이 본격화되는 여말선초의 시기에서 그 해답을 찾아야 한다고 보고 있다. 이를 위하여 나옹의 적통이자 조선 왕조의 창업자인 태조 이성계의 왕사이며, 한국 역사상 마지막 왕사인 무학을 중심으로 여말선초를 집중적으로 연구하면서 기본적인 자료를 종합 검토하고 있다.[3]

필자가 생각하기로는, 연구하면서 가장 중요하고 어려운 문제는 불교에 대한 제 기록을 기본적으로 검토하는 일이다. 예컨대 무학에 관해 연구하면서 나옹과 관련된 부분을 주목하게 되고, 따라서 나옹의 행장

---

2 懶翁에 대한 연구는 다음과 같은 중요 논저들이 있다. 石顚沙門, 「楊州天寶山遊記」, 『朝鮮佛敎叢報』 13, 1918 ; 功德山 後學, 「懶翁 王師의 菩薩戒牒을 보고」, 『佛敎』 5, 1924 ; 서경보, 「나옹 왕사의 眞蹟」 상·하, 『新佛敎』 44·45, 1943 ; 서경수, 「나옹―고려 선종의 마지막 고승」, 『고려·조선의 고승 11인』, 신구문고 40, 신구문화사, 1976 ; 忽滑谷快天, 「慧勤의 看話禪」, 『朝鮮禪敎史』, 1978 ; 박호남, 「회암사 화상 나옹의 無生法 고찰」, 『기전 문화연구』 16, 인천교육대학 기전문화연구소, 1987 ; 한기두, 「나옹의 선사상」, 『한국선사상사』, 일지사, 1991 ; 종범, 「나옹 선풍과 조선불교」, 『가산 이지관화갑기념 한국불교문화사상사』 상, 1992 ; 신규탁, 「나옹화상의 선사상」, 『삼대화상 연구논문집』, 불경서당 훈문회편, 불천, 1996 ; 허흥식, 「나옹의 사상과 계승자」 상·하, 『한국학보』 58·59, 일지사, 1990 ; 김영욱, 「한국 간화선의 개화―태고와 나옹을 중심으로」, 『한국사상과 문화』 34, 한국사상문화학회, 2006 ; 이철헌, 『나옹의 연구』, 박사학위논문, 동국대학교, 1997 ; 김창숙, 『나옹의 선사상 연구』, 박사학위논문, 동국대학교, 1997 ; 『고려 말 나옹의 선사상연구』, 민족사, 1999.

3 황인규, 『무학대사 연구―여말선초 불교계의 혁신과 대응』, 혜안, 1999 ; 황인규, 『마지막 왕사 무학 대사』, 밀알, 2000 ; 황인규, 『고려 후기 조선 초 불교사 연구』, 혜안, 2003 ; 황인규, 『고려 말 조선 전기 불교계와 고승 연구』, 혜안, 2005 ; 황인규, 『다시 보는 한국의 고승』, 2005.

에 빠진 제 기록을 찾을 수 있었고,[4] 이에 새로운 사실과 의미를 추가할 수 있었다.

이 책에서도 그동안의 연구 성과를 바탕으로 나옹에 관한 제 기록을 종합하여 기본적인 행적, 활동과 그와 관련된 유물과 유적 등 제 사실을 최대한 반영하고자 노력하였다.[5]

2) 생애 및 활동

나옹의 생애 및 불교계 활동을 재검토하기 위하여 그에 관련된 제

---

4 예컨대 무학의 제 기록을 종합하여 행적을 중심으로 살펴본 결과 나옹의 대표적인 계승자가 무학이었고 인도승 지공과 더불어 삼화상에 대한 사실을 확인시켜 주었다. 황인규, 「나옹과 그 대표적인 계승자 무학 자초」, 『역사와 교육』 5, 1997 ; 황인규, 『고려 후기 조선 초 불교사 연구』, 혜안, 2003 ; 김영욱 가산불교연구원책임 연구원의 문제 제기로 필자가 확인한 결과, 1363년 나옹의 생존 시 간행된 『나옹화상어록』이 일본 고마자와(駒澤大)대학 도서관에 있다는 정보는 사실이 아닌 것으로 확인되었다. 『한국불교 찬술문헌목록』 동국대 불교문화연구소, 153쪽. "古刊本 : 고려 공민왕 12년(1363) 鮎貝房之進 所藏, 駒澤大『古書綜合目錄』116쪽. 現代版 : 京城帝大 影印本 1930(鮎貝藏本), 한국학중앙연구원 간행 『한국민족문화대백과사전』, 「나옹화상어록」 항목을 위시하여 그렇게 알려져 있었다. 다시 말해서 그동안 "洪武10年 識記本 高麗朝 恭愍王 12年(1363) 서울대학교소장 覺璉 集錄" 가운데 현재 남아 있는 것은 和夫 白文寶 '序'만 남아 있을 뿐이다. 바로잡아야 할 사실이다.
5 문집에 나타나고 있는 불교에 대한 제 기록의 검토는 필수적이다. Internet Web상에 제공되고 있는 자료의 검색시스템은 매우 고무적이다. 최근에 문집에서 불교 관련 시문을 발췌한 방대한 자료집이 간행된 것도 연구에 큰 일익을 담당하고 있다. 정민 편, 『韓國歷代山水遊記聚編』 1-10, 민창문화사, 1996 ; 한보광·임종욱 편, 『한국문집 소재 불교 관련 詩文 資料集』 1-5, 이회, 2007. 세부적인 연구를 위해서는 좀 더 전체적이고 포용적인 자료집이 만들어져야 할 것이다. 문집류뿐만 아니라 금석문, 사지류, 지리지 및 읍지류, 야사 및 설화, 해외문헌집 등등의 자료집이 편찬되고 이에 대한 교감 및 역주 작업이 이루어져야 한다. 그것도 개인이 아니라 단체에서 체계적으로 장기간의 협동체제로 작업이 되어야 할 것이다. 이를 바탕으로 사찰 사전과 승려 사전, 山誌 등등은 신속히 작업해야 한다.

문헌을 망라하여 재구성하고자 한다. 나옹의 생애 및 불교계 활동은 대체로 출생 및 출가, 원나라 유력, 귀국 후 활동, 공부선 시행과 회암사 중창 등 4기로 나누어 볼 수 있다.[6]

(1) 출생 및 출가

나옹은 부(父)가 선관서령이라는 궁궐의 내직에 있었으므로 개경에서 태어났다고 볼 수 있다. 군지류에 의하면, 그는 영덕군 창수면 가산리 불암골에서 출생하였다고 전하고 있다. 구체적으로 창수면 가산리 까치소에서 출생하였다고 하며,[7] 나옹의 고향인 영덕에는 어머니 정씨가 빨래하다가 우연히 참외를 먹고 태기가 있어 나옹을 낳았다고도 전한

6　'Ⅱ.생애 및 활동' 부분은 그동안 필자가 그의 상수제자 무학을 다루면서 서술한 내용과 섞여 있다. 황인규, 「나옹과 그 대표적인 계승자 무학」, 『역사와 교육』 5, 1997. 예컨대 회암사 주석 이후 원의 유력 및 귀국 후 활동, 특히 공부선 실시와 회암사 중창, 추념 사업 부분은 이미 무학이 스승 나옹과 함께 행보를 대체로 같이했기 때문에 중복적인 성격이 적지 않다. 나옹을 주체로 하는 입장에서, 전체적인 그림을 조망하는 것도 필요할 것 같다고 생각된다. 필자의 여말 선초 연구 성과는 나옹을 주인공으로 종합 해석한다는 의미도 있을 것이다. 이러한 점 독자의 양해를 바라마지 않는다.

7　창수면 佳山里에서 仁良里로 가는 산비탈 중간 지점에 沼가 있다. 懶翁和尙의 어머니인 鄭氏 부인은 남편인 牙氏가 稅吏의 횡포에 견디다 못해 도망을 쳐버리고 만삭이 된 몸으로 남편 대신 東軒으로 끌려가던 도중 이 소 위에서 아기를 낳았으며, 세리들은 갓난아기를 그냥 둔 채 동헌으로 끌고 갔다. 府使의 厚德으로 풀려나온 부인이 급히 이곳에 당도했을 때 수십 마리의 까치들이 날개를 펴서 갓난아기를 보호하고 있었다. 그날이 음력 정월 보름이었다고 하며 이 아기가 자라서 고려 불교를 조선에 전한 나옹화상이라 한다. 이 뒤부터 소 이름을 작연 또는 까치소라고 부르게 되었다 한다. 영덕군, 『영덕군지』 하, 영덕군지편찬위원회, 2002. 8편. 민속문화, 제1장 설화, 제1절 전설. 5) 까치소(鵲淵)와 懶翁和尙)(http://gunji.yd.go.kr)」; 『영덕군지』 제5장 종교, 제2절 군내 종교, 2) 고려시대의 불교, (4) 懶翁和尙. http://gunji.yd.go.kr.

다.[8] 이색[9]과 함께 그곳에서 태어날 때 마을의 나무들이 모두 말랐다고 하며,[10] 그의 출생지를 '영해의 괴실(槐㞏)'이라고 전하고 있다.

이러한 것은 나옹의 제자 무학에게서 볼 수 있는 바와 같이 흔히 있는 영웅담 혹은 전설에 불과하며,[11] 무학이 서산에서 출생하여 합천에서 성장한 것처럼[12] 나옹도 개성에서 태어나 영덕에서 성장한 듯하다.

그의 부모 외에 조상이나 가계에 대해서 알려진 바 없지만, 그의 누이가 출가하여 비구니가 되었던 사실이 확인된다.[13] 그는 날 때부터 골상이 보통 아이와 달랐고 출가 승려로서 용모가 웅위하고 눈이 밝아서 근엄하였다고 한다.[14] 그가 성장한 곳에서 그리 멀지 않은 곳에서 태어난 이색과 백린 등과 계를 맺는 등 평생 동안 교유하였고,[15] 영덕뿐만 아니라 한국 문화계를 대표하는 인물들이 되었다. 즉 이색이 성리학계의 거두가 되었고 나옹은 불교계의 거목이 되었다.[16]

---

8 아씨 부인 정씨가 11월 어느 날 빨래하러 냇가에 나와 빨래를 하던 중 우연히 참외 한 개가 물에 떠내려오는 것을 보고 이상히 여겨 주워 먹었다. 그날부터 태기가 있어 나옹을 낳았다 한다. 「『영덕군지』 하, 8편, 민속문화, 제1장 설화, 제1절 전설, (7) 懶翁의 잉태, http://gunji.yd.go.kr」

9 府의 관아로부터 3리 되는 곳에 옛날 호지촌이라는 마을이 있었으니 고려조의 진사 金澤이 살던 곳이다. 가정 이곡이 그의 사위가 되어 계속하여 이곳에 살았으니 목은이 여기에서 났다고 한다.

10 허흥식, 『고려로 옮긴 인도의 등불—지공 선현』, 일조각, 1997, 141쪽.

11 황인규, 앞의 책, 1999 참조.

12 위와 같음.

13 「妹氏에게 답함」, 『나옹화상어록』 ; 「동생 묘연 비구니가 머리를 깎다」, 『나옹화상게송』 ; 『한국불교전서』 6.

14 성현, 『용재총화』 권6.

15 이색, 「幻菴記」, 『牧隱文藁』 卷4, 記 ; 『동문선』 권74, 記, "稍長 縫掖十八人 結契爲好 今天台圓公 曹溪修公與焉 相得之深 相期之厚 復何言哉." ; 이색, 「白氏傳」, 『牧隱文藁』 卷20, 傳 ; 『동문선』 권100, 傳.

16 최근에 이 두 인물에 대한 연구가 고향인 영덕을 중심으로 이루진 바 있다. 영덕군· 동국대학교 사찰조경연구소, 나옹 선사 학술발표대회 : 나옹 선사의 생애와

그는 자라서 근기가 매우 뛰어나 출가하려고 했으나 부모의 제지로 뜻을 이루지 못했다. 그가 출가하려는 뜻을 지녔던 것은 어린 나이인 8세에 훗날 그의 스승이 되는 인도 승려 지공이 고려를 방문했을 때 금강산을 유력하고[17] 보살계를 받은 것에서 알 수 있다.[18]

그러던 터에 친구의 죽음이 계기가 되어 20세에 출가하였다. 그는 출가하면서 지팡이를 거꾸로 꽂아 놓고 "이 지팡이가 살아 있으면 살아 있는 줄 알고 죽으면 내가 죽은 줄 알아라." 하는 유언을 남길 정도로 출가 의지가 결연했다고 전한다.[19] 그가 남긴 어록에도 "어려서 집을 나와 햇수도 달수도 기억하지 않고 친한 이도, 먼 이도 생각하지 않으며, 오늘까지 도만을 생각해 왔다."라고 한 데서 방증되고 있다.[20]

그가 출가한 곳은 상주 공덕산 묘적암이다. 공덕산은 본래 원효와 의상 두 스님이 있던 곳으로 의상이 남겨 놓은 삿갓이 지금까지 보존되어

사상」, 2001. 이를 바탕으로 문화관 설립 시도 및 기초연구는 매우 고무적인 일이라 하겠다. 홍광표, 「나옹 선사 기념관 지구설계」, 『한국조경학회지』, 30-4, 한국조경학회, 2003. 본 논문도 영덕군에서 주최한 학술 세미나 발표문 가운데 하나이며, 이를 수정 보강한 것이다. 영덕군, 영덕이 낳은 고승 나옹 왕사 재조명 학술 세미나, 영덕 예주문화예술회관, 2008.1.25.

17 鄭斗卿, 「神勒寺」, 『東溟集』 卷10, 七言古詩, "懶翁少住金剛山."

18 나옹이 스승인 지공으로부터 받은 보살계첩(가로 약 7cm, 세로 약 10cm 크기의 감색 장지)이 유점사에 소장되었었다고 한다. 功德山 後學, 「懶翁王師의 菩薩戒牒을 보고」, 『佛敎』 5, 1924.

19 창수면 新基里에 오래된 盤松이 한 그루 있었는데, 나옹 화상이 출가할 때 지팡이를 바위 위에 거꾸로 꽂아 놓고 "이 지팡이가 살아 있으면 내가 살아 있는 줄 알고 죽으면 내가 죽은 줄 알아라" 하는 유언을 남겼다 한다. 거금 7백여 년 동안 전설의 巨木으로 전해지고 있는 이 반송은 1965년경에 枯死했으며 1970년경에 이곳 주민들이 사당을 짓고 선사의 초상화를 모셔 두었다. 지금 신기리를 반송정이라 부르기도 한다. 『영덕군지』 하, 8편. 민속문화, 제1장 설화, 제1절 전설. (6) 盤松과 懶翁和尙.

20 「妹氏에게 답함」, 『나옹화상 가송』: 『한국불교전서』 6.

있다.[21] 진정 국사 천책이 주맹으로 주석하였으며, 수선사 고승 탁연이 송의 연경사에서 가져온『법화 수품찬(法華 隨品讚)』등의 경전을 봉안하며 중창하는 등 한국 고·중세 불교의 요람이었다.[22]

그의 출가 스승 요연에 대해서는 알려진 바가 없으나 회암사로 이주케 한 고승이었던 것 같다. 그는 묘적암 안정 바위에서 수도하면서 마애불을 조성하고 후에 도를 깨닫고 다시 돌아와 회목 네 그루를 심었다고 전하고 있다. 나옹의 문도라고 생각되는 각윤(覺贇)은 "우리 절 묘적암은 더욱 비감하면서 아름답고 방장의 향등이 보제의 진영을 두루 미친다."[23]라고 하면서 나옹의 뜻을 기린 바 있다. 그의 친구인 이색이 그의 출가지인 묘적암이 승려 생활의 출가지로서 본 바탕이 되는 곳이라고 했던 사실이 지켜져 온 것이다.

나옹은 1344년 회암사로 자리를 옮겼다. 앞서 언급한 바대로 스승 요연의 권유에 따른 것으로 생각되지만, 회암사는 그의 스승 지공이 이미 날란다사의 터와 같다고 하여 불교 부흥의 메카라는 사실을 알았기 때문이었을 것이다. 회암사는 일본의 고승 석옹이 머무를 정도로 유서 깊은 도량이다. 거기서 나옹은 석옹의 게송에 유일하게 응대를 할 만큼

---

21 이규보,「通師의 古笛에 題하다 并序」,『동국이상국전집』권8, 古律詩.
22 李穡,「潤筆菴記」,『목은문고』권3 ;『동문선』권74, 記 ; 李益培,「佛臺寺 慈眞圓悟 國師碑」,『조선금석총람』상 ; 卓然은 상주 東白蓮社를 창건할 때 天頙의 부탁으로 글씨를 썼고 도량당 등 건물의 액자를 걸었던 적이 있다. 천책이 龍藏寺 주지 탁연에게 보낸 글이 있는데『晉本 화엄경』사경대회를 개최한 사실을 적고 있다. 천책,「游四佛山記」,『호산록』권4 ; 천책,「奇韻龍藏寺主 卓然公 并序」,『호산록』권3 ; 許興植,「Ⅱ. 譯註 湖山錄 卷3 50」,『眞靜國師와 湖山錄』민족사, 1995, 214쪽 ; 황인규,「목우자 지눌과 고려 후기 조선 초 불교계 고승」,『보조사상』19, 2003.
23 이숭인,「送贇上人還山」,『陶隱詩集』卷2, 詩, "功德山僧號覺贇…吾菴妙寂尤清絕 方丈香燈普濟眞."

수행력이 높았다.[24]

회암사는 나옹과 함께 고려 말 불교계를 주도하는 보우가 13세 때인 1319년(충숙왕 6) 광지 선사에게 출가하여 머리를 깎은 곳이기도 하다. 이처럼 회암사는 일본의 승려와 가지산문계 고승이 출가할 정도로 큰 도량이었다고 볼 수 있다.

나옹은 회암사에서 4년 동안 수행하다가 도를 깨친 뒤에 중국으로 갔다. 지공이나 평산 처림 등 중국의 고승들에게 '오후인가'를 받기 위한 것이었다. 그는 출가 전 지공에게 보살계를 받았고 지공이 지정한 도량에서 수행하였는데 그를 직접 만나 사사하기 위해서 중국으로 갔던 것이다. 그가 원으로 가자마자 제일 먼저 지공을 참배하고 원의 유력 기간 중 가장 오랫동안 머물렀던 사실에서 잘 알 수 있다.[25]

사상적으로는 오후 인가를 중시하는 몽산 선풍의 영향이기도 하였다. 몽산 덕이의 제자인 철산 소경이 고려를 방문한 적이 있었는데 철산의 제자 무극 도(無極 導) 선사도 고려에 와서 몽산 선풍을 선양하고 있을 때였다.[26] 보우도 무극의 영향을 받아 중국으로 향하였다고 밝히

---

24 각굉, 「나옹화상 행장」, 『나옹화상어록』 : 『한국불교전서』 6.

25 지공이 나옹의 근기를 알아보고 10년 동안 檜巖板首로 있게 하고 게송에서도 다시 언급한 것에서 알 수 있다. 각굉, 「나옹화상 행장」, 『나옹화상어록』 : 『한국불교전서』 6.

26 『補續 高僧傳』 卷12, 「鐵山瓊禪師傳」. '無極導公 師剃度弟子.'; 『補續 高僧傳』 卷13, 「無極 導師傳」. 몽산의 제자 철산 소경이 고려를 방문했다는 것은 알려져 있지만, 소경의 도반 無聞 思聰과 도반인 虛谷 希陵도 함께하였고 고려 말에 철산 소경의 제자 無極 導가 고려에 유력했다는 사실은 필자가 처음으로 밝힌 사실이 아닌가 한다. 황인규, 「고려 후기 사굴산문 수선사 고승과 중국 불교계—제 기록 검토와 그 실상을 중심으로」, 『불교학보』 47. 2007. 이와 같이 몽산 선풍의 悟後 印可 전통이 계속되고 있었다.

면서 그러한 무극에게 게송을 주기도 하였다.[27]

(2) 원에서의 유력

나옹은 1348년 11월에 원으로 출발하여 이듬해 3월 13일 연도 법원사에 들어가 지공에게 도를 인가받고 2년여 동안 머물렀으며, 그 후 3년여 간 평산 처림 등 강남의 임제종 고승들과 교류하였다. 1353년 3월에 다시 법원사로 돌아와 한 달간 머무르다가 연대의 산천을 2년여 동안 유력하였다. 원의 황제 명에 따라 북경 광제선사(廣濟禪寺) 주지로 2년여 머물다가[28] 지공과 하직하고 1358년 3월 23일 귀국하였다.[29]

나옹의 원에서의 행적 가운데 추가하거나 수정해야 할 사항은 다음과 같다. 즉 추가할 내용은 비문에 의하면, 무학은 1353년 가을에 원에 들어가 지공에게 도를 인가받고 법원사에서 있다가 다음해 정월에 나옹과 조우하여 도를 인가받았다는 것이다.[30]

나옹의 행적 가운데 번역상 바로잡아야 할 사실은 다음과 같다. 즉 1349년 8월 정자선사(淨慈禪寺) 몽당(蒙堂)[31] 노화상을 알현했다는 것은

---

27 維昌, 「태고화상 행장」, 『태고화상어록』; 「寄無極和尙 江南人」, 『태고화상어록』 하 ; 『한국불교전서』 6. "西來一曲沒人知 雖有伯牙無子期 獨坐寥寥向深夜 透簾殘月徹禪衣."; 허흥식, 「제2장 나옹 혜근」, 『고려로 옮긴 인도의 등불−지공 선현』, 일조각, 1997, 170−171쪽.

28 『나옹화상어록』에 의하면 나옹은 1355년 廣濟寺 주지로 보임하여 같은 해 10월 15일 開堂法會를 개설하였다. 「廣濟禪寺 開堂」, 『나옹화상어록』; 『한국불교전서』 6.

29 각굉, 「나옹화상 행장」, 『나옹화상어록』; 『한국불교전서』 6.

30 변계량, 「묘엄존자탑명」, 『동문선』 권121, 비명.

31 (日)僧 超永 編輯 京都古華嚴寺住持 (日)僧 超揆 較閱, 『五燈全書』 卷120, 京都聖感禪寺住持 進呈淨慈元菴會藏主, "臨安人 參晦機于淨慈 居蒙堂 因修涅槃堂."

정자선사 몽당에 거주하고 있는 노화상을 알현했다는 의미이다. 또한 1351년 이후 육왕사(育王寺)로 돌아와서 석가상을 참배하고 오광(悟光) 장로와 만나서 그를 칭찬하고 설창(雪窓)을 만났다고 하여 오광과 설창을 두 인물로 보는 경우가 대부분이다. 하지만 설창 오광은 동일 인물이므로[32] 설창 오광을 본 후 명주에 가서 무상 범(無相 範)[33]과 조우하였다고 보아야 한다.

1352년 4월 2일 무주 복용산의 천암 원장과 작별하고 송강의 요당 화상과 박암 화상과 조우하였다고 번역하고 있으나 박암(泊菴)은 암자이므로, 송강의 요당 화상과 박암의 화상과 조우하였다고 바로잡아야 할 것이다.

따라서 나옹이 원나라 유력 시에 조우한 고승은 인도 승려 지공과 임제종 승려인 휴휴암의 장로, 정자선사(淨慈禪寺) 몽당(蒙堂)의 노숙, 평산 처림(平山 處林), 천암 원장(千巖 元長), 설창 오광, 명주의 무상 범, 고목영(枯木榮), 송강의 요당 유일(了堂 惟一)과 박암의 화상 등이다. 그 가운데 설창 오광(雪窓 悟光)은 동서 덕해(東嶼 德海)의 문도이고, 명주의 무상 범은 송원 숭악(松源 崇岳)의 문도이다.[34] 송강의 요당 유일은 무상 범의 도반인 멸옹 문례(滅翁 文禮)의 문도인 축원 묘도(竺元 妙道)의 제자

---

32 『五燈全書 目錄』 卷10, 明州育王雪窓悟光禪師 ; 歸安杏溪蘧菴比丘大聞 幻輪 彙編 蘧庵居士 嚴爾珪 校梓, 『釋鑑稽古略 續集』(二)「雪窓悟光」 ; 徑山興聖萬壽禪寺 前住持比丘 吳郡文琇集, 『增集續 傳燈錄』 卷6,「四明育王雪窓悟光禪師」.

33 『增集續 傳燈錄』 卷3, 徑山興聖萬壽禪寺 前住持比丘 吳郡文琇集,「四明雪竇無相範禪師」.

34 『五燈全書 目錄』 卷10, 明州育王雪窓悟光禪師 ; 歸安杏溪蘧菴比丘大聞 幻輪 彙編 蘧庵居士 嚴爾珪 校梓, 『釋鑑稽古略續集』(二)「雪窓悟光」 ; 徑山興聖萬壽禪寺 前住持比丘吳郡文琇集, 『增集續 傳燈錄』 卷第六,「四明育王雪窓悟光禪師」.

이다.[35] 나옹의 스승이 평산 처림이고, 처림의 스승이 급암 종신(及庵 宗信)이다. 종신의 도반인 고봉 원묘(高峰 原妙)의 제자가 중봉 명본(中峰 明本)이고 명본의 제자가 바로 천암 원장이다. 그들은 모두 양기파(楊岐派) 호구 소륭(虎丘 紹隆)계의 임제종 고승이고, 고목 영은 무방 안(無方 安)의 제자로 양기파 대혜 종고(大慧 宗杲)계이다.[36]

나옹이 휴휴암[37]이나 정자사의 몽당을 찾은 것은 몽산 덕이(蒙山 德異)의 선풍을 추종한 것이다. 몽산도 대혜 종고와 호구 소륭의 스승인 원오 극근(圓悟 克勤)과 도반인 개복 도령(開福 道寧)계이며, 역시 임제종 양기파이다. 나옹이 원 유력 시에 접한 선승은 인도 승려 지공과 임제종 양기파 고승들이었다.

나옹의 행장이나 비문에는 게재되어 있지 않지만, 그의 문도인 무학과 지천의 비문에 의하면, 다음과 같은 사실을 추가할 수 있다. 나옹과 무학이 지공이 주석하였던 법원사(法源寺)에서, 1354년 무렵 무학이 서산 영암사에서 나옹과 조우했다. 무학이 귀국 직전 나옹과 작별 인사를 하면서 수서(手書)와 게송을 받았다는 것이다. 특히 법원사에서 나옹이 지공과 무학과 함께 처음으로 삼화상의 연을 맺었다는 사실은 매우 주목된다.[38]

---

35 『續傳燈錄』卷24, 「明州光孝了堂思徹禪師」.

36 超永 編輯 京都古華嚴寺住持 (臣)僧超揆較閱 進呈, 「無方安禪師法嗣 枯木榮禪師」.

37 나옹은 휴휴암에서 여름 안거를 하였다. 이러한 사실은 오대산 월정사판 『나옹 어록』에는 보이지 않고 이능화의 『조선불교통사』의 「休休庵 주인의 坐禪文」으로 알 수 있다. 『나옹록』, 선림고경총서 22, 장경각, 불기 2335년, 166~167쪽.

38 나옹의 원의 유력과 귀국 후 유력 및 활동은 그의 상수제자 무학이 함께하였다. 이러한 사실은 다음의 논고에서 제시된 바 있다. 본고에서는 무학이 아닌, 나옹을 주체로 그러한 사실을 설명하였다. 황인규, 「나옹 혜근과 그 대표적인 계승자 무학」, 『역사와 교육』 5, 1997 ; 황인규, 『무학 대사 연구−여말선초 불교계의 혁신과 대응』, 혜안, 1999.

나옹은 1348년(충목왕 4)부터 1358년(공민왕 7)까지 10여 년간 원나라에 체류했다.[39] 그는 당대의 선승들과 조우했으나, 그에게 가장 중요 인물은 지공과 평산이다. 이러한 인식은 당대 문인들도 지적하고 있는데,[40] 그는 평산 처림의 선풍을 수용하였으나 인도 승려 지공의 대표적 계승자였다. 나옹의 문도인 무학과 축원 지천(1324~1395)도 나옹의 행적을 좇아 지공과 임제종 고승들을 참배하였다.[41]

(3) 귀국 후 활동

나옹은 귀국하여 1360년 가을에 오대산 상두암에 머물렀다고 한다.[42] 무학의 비문에 의하면, 나옹이 귀국 후 천성산 원효암(元曉庵)에서 머물렀던 사실을 알 수 있다.[43] 나옹은 1358년 3월 23일 지공이 준 삼산 양수기(三山兩水記)를 가지고 귀국하여 요양, 평양, 동해 등을 유력하다가 경남 천성산 원효암에 머물러 있었다. 나옹이 언제부터 원효암

---

39 이색, 「檜巖寺 禪覺王師碑」, 『조선금석총람』 상 : 이지관, 『교감 역주 역대고승비문』 고려편 4, 1997.

40 이색, 「普濟尊者 語錄 後序」, 『牧隱文藁』 卷9, 서 ; 백문보, 「懶翁語錄 序」, 『淡庵逸集』 卷2, 序 ; 권근, 「送雲雪岳上人序」, 『陽村集』 卷15, 序類 ; 『동문선』 권90, 序 ; 권근, 「贈玗野雲上人後序」, 『陽村集』 卷15, 序類 ; 『동문선』 권90, 序.

41 변계량, 「묘엄존자탑명」, 『동문선』 권121, 비명 ; 권근, 「추증정지 국사비명 병서」, 『양촌집』 권38 ; 『조선금석총람』 하. 나옹의 대표적 계승자인 무학은 1353년 가을에 원에 들어가 지공에게 도를 인가받고 이듬해 정월에 법원사에 이르러 나옹에게 다시 도를 인가받고 그 후 무령과 오대산을 유력하고 서산 영암사에서 나옹을 조우하여 사사받고 2년여 머물렀다. 무학은 1356년 여름에 나옹과 하직하고 나옹보다 2년 먼저 귀국하였다. 황인규, 앞의 책, 1999.

42 각굉, 「나옹화상 행장」, 『나옹화상어록』 : 『한국불교전서』 6.

43 변계량, 「묘엄존자탑명」, 『동문선』 권121, 비명.

에 머물렀는지 정확한 것은 알 수 없으나 1358년 귀국 이후 1360년 가을 오대산 상두암(象頭庵)으로 가기 전으로 추정된다.

주목되는 사실은 나옹이 귀국 후에도 중국 임제종 고승 고담과 교유했다는 것이다.

> 경자년 가을에 오대산에 들어가 상두암(象頭庵)에 있었다. 때에 절강승(浙江僧) 고담(古潭)이 용문산을 내왕하면서 서신을 통했는데 사는 게송으로 그에게 답하였다. "임제의 한 종지가 땅에 떨어지려 할 때에 공중에서 고담 첨지가 특히 뛰어나왔나니 삼척의 취모검을 높이 쳐들고 정령들 모두 베어 자취 없었네."
> 고담은 백지 한 장으로 답하였는데 겉봉에는 군자천리동풍(君子千里同風)이라고 여섯 자를 섰다. 스승은 받아 보고 웃으면서 던져버렸다. 시자가 주워 뜯어보았더니 바로 빈 종이였다. 스승은 붓과 먹 두가지로 답하였다.[44]

고담은 중국 임제종 고승 적조 현명(寂照 玄明)으로 고려를 방문하고 있었다.[45] 나옹이 1360년 오대산 상두암에 머물고 있었을 때 고담이 용문산에 와서 머물면서 서신을 보냈다. 나옹은 이에 송을 보내어 "임제종풍은 땅에 떨어지고 있고 고담(古潭) 옹(翁)만 공중에 홀로 남아 있구나. 삼척이나 되는 큰 붓을 휘둘러 정령을 베어서 영원히 사라지게 하

---

44 이색, 「각굉」, 『나옹화상어록』: 『한국불교전서』 6, "至庚子秋 入臺山象頭菴居焉 時浙僧古潭 來住龍門山 通信書 師以頌答曰 臨濟一宗當落地 空中突出古潭翁 把將三尺吹毛劍 斬盡精靈永沒蹤 潭以白紙一丈答之 外封書君子千里 同風六字 師受之 笑而擲之 侍者開坼 乃空紙也 師以筆墨二物答之."

45 황인규, 「나옹 혜근과 그 대표적인 계승자 무학」, 『역사와 교육』 5, 1997 : 황인규, 『무학 대사 연구─여말선초 불교계의 혁신과 대응』, 혜안, 1999.

려는가."라고 답서했다. 고담은 나옹의 답신에 대해서 백지를 봉투에 넣고 겉봉에 "그대도 천리에 부는 같은 바람."이라고 써 보냈다. 그는 펴보지도 않고 고담의 뜻을 알아차리고 필묵을 보냈다고 한다.[46]

공민왕 초년(공민왕 8년 이전)에 월담 심(月潭 心) 선사가 중국을 유력하고자 하였을 때[47] 나옹은 강남을 떠나는 심 선사에게 게송을 주었다.[48]

주상 전하께서 '직지당 월담'이라는 다섯 자를 대자로 써서 회암 심 선사에게 내리셨는데, 마치 천 년 묵은 곧은 줄기를 베어다 집을 짓고, 만금 짜리 좋은 구슬을 쪼아 그릇을 만든 듯하여, 적삼 소매를 검게 물들이며 수염이 희도록 배운 사람들과는 같은 수준으로 논할 수 없으니, 어찌 하늘이 낸 솜씨로 자연히 이루어진 것이 아니겠는가? 심공은 북으로 연조 지방을 유람하고 남으로 호상에 이르러 존숙을 두루 방문하였는데, 천암 무명 장로에게 인가를 받았고, 한림 구양 승지가 게문(偈文)을 지어 찬미했었다.[49]

---

46 그 후 보우가 1367년 迷原縣 隱聖寺에 왔다가 「太古菴歌」를 읽고 이를 보물처럼 여기고 小雪菴으로 보우를 뵙고 스승의 예우를 드렸다. 보우는 그를 쓸 만한 그릇이라 여기고 金襴袈裟와 禪捧을 주고 그를 보냈다. 維昌, 「태고화상 행장」, 『태고화상어록』; 「寄無極和尙 江南人」, 『태고화상어록』 하 : 『한국불교전서』 6, "西來一曲 沒人知 雖有伯牙無子期 獨坐寥寥向深夜 透簾殘月徹禪衣."; 허흥식, 「제2장 나옹 혜근」, 『고려로 옮긴 인도의 등불-지공 선현』, 일조각, 1997, 170-171쪽.

47 李齊賢, 「檜巖 心禪師의 道號인 堂名 뒤에 쓰다.」, 『益齋亂藁』 卷5, 서 :『동문선』 권102, 발.

48 覺宏, 「參方을 떠나는 心禪者를 보내면서」, 『나옹화상어록』 :『한국불교전서』 6.

49 이제현, 「檜巖 心禪師의 道號인 堂名 뒤에 쓰다」, 『益齋亂稿』 卷5, 序 :『동문선』 권102, 跋, "主上殿下大書直指堂月潭五字 以賜檜巖心禪師 如千年直幹 斫以架屋 萬金美璧 琢之成器 與夫烏衫袖白須髮而學之者 不可同年而語 豈非天縱多能 得之自然歟 心公北游燕趙 南抵湖湘 歷參尊宿 爲千巖無明長老所印 翰林歐陽承旨作偈 以美之." 익재가 그에게 지은 詩도 다음과 같이 전하고 있다. 이제현, 「月潭長老 二畫」, 『益齋亂稿』 卷4, 詩.

심 선사는 나옹의 고제로서 그의 권유로 천암 무명(원장) 장로에게 인가를 받고 귀국하였다. 귀국 후 회암사에서 나옹이 그에게 준 게송이 남아 있는데[50] 심 선사뿐만 아니라 나옹의 문도들은 그를 추종하여 중국을 유력하는 제자들이 적지 않았다. 그만큼 오후 인가의 몽산 선풍을 중시하였다.[51]

중국을 유력한 고승들 가운데 나옹과 그의 제자 무학은 그들의 스승인 지공으로부터 수기를 받아 가지고 귀국하였음이 주목된다.[52] 그 수기는 지공이 인도에서 수학한 바 있었던 날란다사[阿蘭陀寺]를 상기하면서 그것을 모범 삼아 회암사를 중창하도록 부탁한 것이며,[53] 회암사를 중심으로 불교를 흥성시키라는 것이었다. 지공이 입적 시 보암 장로를 통해 수서를 나옹에게 다시 전하면서 재확인하기도 하였다.

때문에 나옹은 입적 시까지 무학과 중요한 일이 있을 때마다 함께하였다. 예컨대 1361년 해주 신광사, 1366년 3월 금강산 정양암과 선주암, 묘향산 금강굴 등에 머물면서[54] 무학과 함께 유력하였다.[55] 보우와 그를

---

50 「참방하러 떠나는 心禪者를 보내면서」, 「心禪者가 게송을 청하다」, 『나옹화상어록』. 태고 보우와 익재가 남긴 게송과 시가 전한다.「月潭」, 『태고화상 어록』 하 : 『한국불교전서』 6 : 이제현, 「月潭長老의 두 그림」, 『익재난고』 권4, 시.

51 황인규, 「고려 후기 선종 산문과 원나라 선풍」, 『중앙사론』 23, 한국중앙사학회, 2006 : 황인규, 「고려 후기 사굴산문 수선사 고승과 중국불교계-제 기록 검토와 그 실상을 중심으로」, 『불교학보』 47, 2007.

52 각굉, 「나옹화상 행장」, 『나옹화상어록』 : 『한국불교전서』 6.

53 김수온, 「檜巖寺 重創記」, 『拭疣集』 권2 : 최성봉, 「회암사의 연혁과 그 사지 조사」, 『불교학보』 9, 1972, 4쪽.

54 이색, 「금강산 윤필암기」, 『목은문고』 권2, 기 : 『동문선』 권73, 기.

55 成錫璘, 「戲題僧詩卷 2首」, 『獨谷集』 卷下. 무학이 金剛山에 머물렀다는 것은 無學庵이라는 금강산 사찰 이름에서도 확인된다.(성해응, 『동국명산기』) 나옹의 행장에 의하면, 나옹이 머물렀던 사실이 확인되므로 무학과 나옹은 1366년 3월 이후 1367년 가을 淸平寺 주지를 하기 전에 금강산에 함께 있었다고 추정된다.

이은 신돈이 불교계를 장악한 상황 때문이기도 하였다.[56]

그 무렵인 1367년 보암(寶菴) 장로가 지공의 마지막 부탁을 받고 가사한 벌과 친히 쓴 글 한 장을 들고 그의 치명(治命)과 입적 소식을 전하였고[57] 나옹은 이를 널리 알렸다.[58] 1370년 1월 지공의 유골이 도착하자 공민왕은 왕륜사(王輪寺)에 가서 몸소 지공의 유골을 궁궐로 봉안하는 등 지공에 대한 추념 열기가 대단하였다.[59] 나옹은 지공의 추념 불사를 주관하였고, 이를 계기로 하여 지공의 대표적인 계승자로서 그의 위상이 더욱 부각되었다.[60]

(4) 공부선 시행과 회암사 중창

나옹이 불교계에 부상하게 되면서 회암사에 주석하였다가 개성 광명사에서 공부선을 주관 실시하였다.[61] 공부선의 실시는 가지산문의 백운 경한과 천태종의 신조, 화엄종의 천희가 참여하는 불교계의 거국적인

---

56 황인규, 「편조 신돈의 불교계 행적과 활동」, 『만해학보』 6, 2003 ; 황인규, 『고려 후기 조선 초 불교사 연구』, 혜안, 2003.
57 「결제에 상당하여」, 『나옹화상어록』 : 『한국불교전서』 6.
58 각굉, 「나옹화상 행장」, 『나옹화상어록』 : 『한국불교전서』 6.
59 『고려사』 권42, 공민왕세가, 19년 1월 갑인, "行王輪寺 觀佛齒 及胡僧指空頭骨 親自 頂骨戴 遂迎入禁中."
60 나옹이 지공의 입적일과 생일에 설법을 하였던 내용은 그의 어록에 전하고 있다. 「지공 화상 생일에」, 「지공화상 돌아가신 날에」, 『나옹화상어록』 : 『한국불교전서』 6.
61 각굉, 「나옹화상 행장」; 『나옹화상어록』 : 『한국불교전서』 6 ; 이색, 「彰聖社 眞覺國 師 大覺圓照 塔碑銘」, 『한국금석전문』 중세 하 ; 이지관 역주, 『교감 역주 역대고승 비문』 고려 4, 가산불교 문화연구원, 1997. 나옹이 공부선을 실시한 날 행한 법어가 그의 어록에 실려 있다. 「경술 9월 16일 나라에서 시행한 工夫選場에서 법어를 내리다」, 『나옹화상어록』 : 『한국불교전서』 6.

통합의 노력의 결과였다.[62] 그 후 나옹은 1371년 8월 26일 왕사로 책봉되어[63] 송광사에 머물렀다. 송광사는 동방 제일 도량으로서 가지산문과 사굴산문의 고승들이 상계하면서 주지를 하였으며, 그를 이어 환암 혼수와 무학이 주지를 하였다.[64]

나옹은 그의 하산소인 순천 송광사보다 양주 회암사(檜巖寺)로 가기를 원하였다. 회암사는 나옹 자신이 불도에 들어간 곳이며 지공의 유골을 안치하고 지공이 내린 삼산 양수기를 생각하고 절을 중창하였기 때문이었다.[65] 나옹은 1374년부터 2년간 대규모의 중흥 불사를 벌여 1376년(우왕 2) 봄에 이르러 공사를 마치고 4월 15일 회암사 낙성식 때 나옹이 무학을 급히 불러서 수좌를 맡기려 하였다. 절반 정도밖에 진행하지 못한 중창 불사의 주지를 맡겨서 이를 완성케 하려고 한 것이다. 이때 개최된 회암사 낙성기념 문수회는 성황리에 이루어졌다.

> 공사를 마치고 병진년(1376) 4월에 낙성식을 크게 열었다. 임금은 구관(具官) 유지린(柳之璘)을 보내 행향사(行香使)로 삼았으며 서울과 지방에서 사부대중이 구름과 바퀴살처럼 부지기수로 모여들었다. 마침 대평(臺評)이

---

62 이에 대해서는 다음의 논고를 참조했다. 황인규, 「무학의 흥법 활동과 회암사」, 『삼대화상 연구논문집』 2, 불경서당 훈문회, 1999 ; 황인규, 『고려 후기 조선 초 불교사 연구』, 혜안, 2003.

63 나옹이 왕사로 책봉되는 설법을 한 내용이 그의 어록에 전하고 있다. 「왕사로 封崇되는 날 설법하다.-신해년 8월 26일」, 『나옹화상어록』 : 『한국불교전서』 6.

64 이에 대해서는 다음의 논고를 참조했다. 황인규, 「목우자 지눌과 고려 후기·조선 초 불교계 고승」, 『보조사상』 19, 2003 ; 황인규, 『고려 후기 조선 초 불교사 연구』, 혜안, 2003.

65 이때의 중창 과정이나 참여한 인물들에 대해서 자세한 것은 알 수 없으나 金守溫의 「檜巖寺 重創記」에 의하면 그 일단의 면모를 읽을 수 있다. 金守溫, 「檜巖寺 重創記」, 『式疣集』 卷2, 기.

생각하기를, 회암사는 서울과 아주 가까우므로 사부대중의 왕래가 밤낮으로 끊이지 않으니, 혹 생업에 폐해를 주지 않을까 하였다.

그리하여 임금의 명으로 스님을 영원사로 옮기라 하고 출발을 재촉하였다. 스님은 마침 병이 있어 가마를 타고 절 문을 나왔는데 남쪽에 있는 못가에 이르렀다가 스스로 가마꾼을 시켜 다시 열반문으로 나왔다. 대중은 모두 의심하여 목 놓아 울부짖었다. 스님이 대중을 돌아보고 "부디 힘쓰고 힘쓰시오. 나 때문에 중단하지 마시오. 내 걸음은 여흥에서 그칠 것이오." 하였다.[66]

이렇듯 회암사의 중창 불사 절반 정도가 진행된 공정이었으며, 이를 기념하는 낙성식은 대단한 성황을 누렸다. 갑자기 대간에서 사부대중의 생업에 폐해를 줄 것 같아 이를 중단시키고 나옹을 추방하였다. 나옹은 추방되면서도 그의 문도들에게 남은 중흥 불사를 계속하라고 당부하였다. 그 무렵에 나옹의 위상은 절정에 다다랐으나 신진사류들의 세력에 의하여 나옹은 주살되었다.

전조의 쇠퇴한 말기에도 나옹을 목 베어 죽여서 요예한 무리를 씻어 없앴거늘 하물며 성세에서겠습니까? 엎드려 원하건대, 전하께서는 간사한 무리를 물리치기에 의심하지 마시고 악한 것을 없애고 근본에 힘쓰시기 바랍니다. 유사(有司)에 명령을 내려 승려 행호의 머리를 끊어서 요사하고 망령된 근본을 영구히 없애면 국가에 다행한 일일 것입니다.[67]

---

66 각굉, 「나옹화상 행장」, 『나옹화상어록』 : 『한국불교전서』 6, "上遣具官柳之璘 爲行香使 京外四衆 雲臻輻湊 莫知其數 會臺評 以謂檜嵓 密邇京邑 四衆往還 晝夜絡繹 或至癈業 於是有旨移住瑩原寺 逼迫上道 師適疾作 輿出三門 至南池邊 自導輿者 還從涅槃門出 大衆咸疑 失聲號哭 師顧謂衆曰第一一張 努力努力 母以予故中輟也 吾行當止驪興耳."

67 『세종실록』 권85, 21년 4월 18일(을미), "當前朝衰季 尙能誅懶翁 以洗妖穢 況於聖世乎

위의 기록은 불우헌 정극인 등 성균관 유생 6백 80명이 상소하였던 내용인데,[68] 고려 말 생불이라 불렸던 나옹 혜근과 같은 위상을 지녔던 천태종 고승 행호(行乎)를 목을 베어 죽이라는 것이다. 여기에서 나옹도 이미 목을 베어 죽임을 당하였다는 사실을 알 수 있다.

> 고려 말엽에 기강이 흐트러졌어도 오히려 나옹을 귀양 보냈다가 주륙하여 여러 사람들이 분하게 여기던 것을 쾌하게 하였는데, 더구나 당당한 성조에서 한 사람의 요망한 중을 용서하여 그로 하여금 왕의 품격을 떨어뜨리게 하시겠습니까?[69]

위의 글은 1494년(성종 25) 세조 대의 삼화상 학조(學祖)의 불사에 대한 비판 기사 중에 나옹의 주륙(誅戮) 사실을 언급하고 있다. 세종 대 천태종 고승 행호의 주륙에 이어 1476년(성종 7) 친정정치와 더불어 시작된 사림 정치의 본격화로 많은 고승들이 주륙을 당하고 있었는데, 고려 말기 나옹이 그 선례가 되었다는 사실을 지적하고 있는 것이다. 고려 말 나옹 이후 조선 초 행호, 조선 중기 허응 보우, 조선 후기 환성 지안 등 고승들의 흥법 정신이 계승되게 된다.[70]

이처럼 나옹이 죽음을 두려워하지 않고 순교를 당하였던 것은 지공

伏願殿下 去邪勿疑 除惡務本 下令攸司 斷行乎一僧頭 永絶邪妄之根 則國家幸甚."

68 黃景源,「朝山大夫 司諫院正言 致仕丁先生墓碣銘 并序」,『不愚軒集』卷首.

69 『성종실록』 권290, 25년(1494) 5월 5일(임진), "高麗之季 紀綱蕩然 猶能竄誅懶翁 以快衆憤 況堂堂聖朝 貸一妖儒 使爲聖化之蝥螟乎."

70 이에 대해서는 다음의 논고를 참조하기 바람. 황인규,「조선 전기 불교계의 고승 탄압과 순교승」,『불교사 연구』4·5합, 중앙승가대 불교사학연구소, 2004 : 황인규,『고려 후기 조선 초 불교사 연구』, 혜안, 2003 : 황인규,「조선 전기 천태 고승 행호와 불교계」,『한국불교학』35, 2003 : 황인규,『고려 말 조선 전기 불교계와 고승 연구』, 혜안, 2005.

선현의 유훈을 받들어 회암사를 중창하고[71] 그곳을 중심으로 흥법하고
자 하였기 때문이다. 개경의 대표적인 선찰인 연복사가 공민왕 대부터
중창되고 있었고,[72] 공민왕과 그의 비 노국대장 공주의 능침 사찰인 광
암사를 중창 중이었다.[73] 두 사찰의 중흥 불사를 계기로 하여 신진사류
들의 억불 운동이 본격적으로 전개되고 있었다. 게다가 회암사의 중창
불사가 진행되어 제1차 낙성식을 개최하자 서울과 지방에서 사부대중
이 부지기수로 몰려들자, 이를 염려한 신진사류들이 나옹을 추방하여
주살하였던 것이다.[74] 다시 말해서 나옹과 무학이 지공의 추념 불사에
이어 지공의 유훈을 받들어 회암사를 중창하고 그곳을 중심으로 흥법
하고자 하였으나 신진사류들의 억불 운동으로 그 뜻을 이루지 못하게
된 것이다.[75]

3) 유물 및 유적

(1) 추념 기념 사업

나옹과 스승 지공의 추념 불사는 나옹이 입적한 후에도 한동안 계속

---

71 李穡, 「天寶山 檜巖寺修造記」, 『목은문고』 권2, 기 : 『동문선』 권73, 기.

72 이에 대해서는 다음의 논고를 참조하기 바람. 황인규, 「여말선초 演福寺 塔의 중창
과 낙성」, 『역사와 교육』 7·8, 1999 ; 앞의 책, 2003.

73 李穡, 「廣通 普濟禪寺碑」, 『한국금석전문』 중세 하.

74 『세종실록』 권85, 21년 4월 18일(을미); 金淑子, 『江湖實記』 卷1 ; 서종범, 「나옹 선풍
과 조선불교」, 『가산 이지관 화갑기념논총 한국불교문화사상사』 상, 1992, 1147쪽.

75 회암사 중창과 공부선 시행에 대해서는 다음의 논고에서 좀 더 상세하게 다루고 있
다. 황인규, 「무학 자초의 흥법 활동과 회암사」, 『삼대화상 연구논문집』 2, 1999 ; 황
인규, 『무학 대사 연구—여말선초 불교계의 혁신과 대응』, 혜안, 1999 ; 황인규, 『고려
후기 조선 초 불교사 연구』, 혜안, 2003.

되었다. 전국의 많은 사찰에 나옹의 초상과 영정이 봉안되었으며,[76] 사리는 온 나라 안에 퍼지고 화상(畵像)을 그려 공양하는 자가 헤아릴 수가 없이 많았다고 한다. 어떤 사람들은 사리를 사리함에 봉안하기도 하였으며, 어떤 사람들은 목에 걸거나 머리에 이고 다니기도 하고 잠잘 때도 항상 팔 곁에 모시고 잠을 자기도 하였다고 한다.[77] 특히 주목되는 것은 나옹과 지공의 부도 및 비가 회암사와 신륵사에 세워졌다는 것이다.

화장을 마치고 정골을 씻을 때는 구름도 없이 비가 사방 수백 보에 내렸다. 사리 150개를 얻어서 거기에 기도하고 나누니 558개가 되었다. 사부대중이 재 속에서 그것을 찾아 감춘 것만도 그 수를 알 수가 없었다. 신령한 광채가 비치기를 3일 만에 그쳤다. … 8월 15일에 회암사 북쪽 언덕에 부도를 세우고 정골사리(頂骨舍利)는 신륵사에 두어 스님께서 입적한 곳임을 나타냈으며 석종으로 덮은 것은 감히 와전되는 일이 없도록 경계한 것이다.[78]

위의 글에서 보듯이 그가 불교의 메카로 삼으려 했던 회암사에서도 부도와 비가 세워졌다.[79] 입적처인 신륵사에서는 석종탑이 세워져 사리가 안치되고[80] 진영당이 지어져 영정이 봉안되었다.[81] 문인 이색은 "회암

---

76 이색, 「驪江縣 神勒寺 普濟舍利石鐘記」, 『목은문고』 권2, 기 : 『동문선』 권73, 기 : 『한국금석전문』 중세 하.

77 李穡, 「潤筆庵記」, 『牧隱文藁』 卷3, 기 : 『동문선』 권74, 기.

78 각굉, 「나옹화상 행장」, 『나옹화상어록』 : 『한국불교전서』 6, "旣火之 洗骨 無雲而雨者 方數百步 得舍利一百五十五粒 禱之 分爲五百五十八 四衆得之灰中 以自祕者莫知其數 神光照耀第一五張 三日乃已…八月十五日 樹浮圖於寺之北崖 頂骨舍利 厝于神勒寺 示其所終也 覆以石鐘 戒其無敢訛也."

79 각굉, 「나옹화상 행장」, 『나옹화상어록』 : 『한국불교전서』 6.

80 각굉, 위의 책 ; 정약용, 「登神勒寺 東臺」, 『다산시문집』 권3, 詩.

81 李穡, 「驪江縣神勒寺普濟舍利石鐘記」, 『목은문고』 권2, 기 : 『동문선』 권73, 기 :

사는 기원정사와 같고 신륵사는 사라쌍수와 같다."라고 하였다.[82] 회암사와 신륵사뿐만 아니라 나옹의 문도들이 전국의 사찰에 나옹의 비와 부도를 세우고 유품을 봉안했다.

여흥 신륵사에 이르러 곧 입적하시니, 병진년 5월 15일이었다. 그리하여 회암사에 탑비를 세우고 각지는 각오 등과 함께 3년간 수탑하였으나, 그러고도 아직 아쉬움이 그치지 않아서 몇 달 더 머물다가 떠났다.
그 후 각지가 나옹 스님을 서경에서 만났던 것을 생각하니, 서경 이북 지방은 우리 스님께서 널리 교화하던 곳이었다. 그러나 스님이 입적한 후 참예할 곳이 없으니, 이 어찌 슬픈 일이 아니겠는가! 그러므로 나 각지는 스님의 사리로써 그들의 심목(心目)에 비추어 그 지방의 사람들로 하여금 사리를 섬기기를 마치 우리 스님을 섬기는 것처럼 하고자 한다. … 묘향산 중에는 이미 300여 개의 사원이 있으나, 반드시 안심사를 입탑 장소로 정한 것은 숭산 소림굴의 달마 고사에 연유한 것이니, 우리들의 경책을 삼고자 함이다. … 윤필암을 포함하여 무릇 7개소에 모두 선생께서 우리 스님을 위하여 비문을 지어 주었다. 지림은 금강산에, 승명은 치악산에, 각명은 소백산에, 각관은 사불산에, 지선은 용문산에, 승철은 구룡산에, 각청은 이 묘향산에, 묘각은 천보산 회암사에, 각신은 봉미산 신륵사에 각각 우리 스님의 법복·법기·불자·주장·좌구 등을 나누어 안치하였는데 모두 9개소이다.… 보현사에는 사리가 헤아릴 수 없이 많았는데 각 명산에 분치하고, 사부 대중이 항상 모시고 공양하는

『한국금석전문』 중세 하 ; 신륵사에 나옹상이 모셔진 기록을 찾을 수 있다. 權好文, 「訪驪州報恩寺懶翁像」, 『松巖集』卷2, 詩, "寒沙帶月千年白 落葉含愁幾日紅 弔古一吟江上寺 細聞僧話立西風."; 權好文, 「訪驪州報恩寺懶翁像」, 『松巖別集』卷2, 詩, "古寺塵踪訪懶翁 想於吾道愧顔紅 苔碑不改當年事 衣鉢還驚末俗風."
82 李穡, 위의 책, "吾師 於五濁惡世現 相應機 譬則佛出也 是以 檜巖也猶祇樹焉 神勒也猶雙林焉."

자도 많았으니, 어찌 이를 낱낱이 들어 열거할 수 있겠는가![83]

위의 글에서 보듯이 나옹의 문도들은 금강산, 치악산, 소백산, 사불산, 용문산, 구룡산, 묘향산, 천보산, 신륵사 등 나옹의 유력지와 교화처에서 사리를 봉안하여 추념하였다.[84] 이들은 아침저녁으로 나옹의 화상(畫像)에 향화를 올리면서 추념하였다고 한다.[85]

이러한 나옹과 스승 지공에 대한 추념 불사는 1383년 묘향산 안심사에서 절정을 이룬 것 같다. 기문에 의하면 석종을 만들어 지공의 사리 아홉 개와 나옹의 두골(頭骨) 한 조각과 사리 다섯 개를 안심사에 모셔 두었다고 한다.[86] 그러한 안심사(安心寺)가 마치 '숭산 소림굴의 달마 고사'에 비유되면서 나옹에 대한 흥법의 뜻을 계승 전개하려고 하였다.[87]

이러한 나옹 문도들의 추념 행사 가운데 가장 주목되는 것은 그의

---

83 李穡, 「安心寺 指空懶翁舍利石鐘記」, 『한국금석전문』 중세 하 ; 이지관, 『교감 역주 역대고승비문』 고려편 4, 가산문고, 1997. "至驪興神勒寺 入寂 丙辰五月 十五日也 樹塔檜巖 持與覺悟守塔三年 情猶未已 又留數月而後去 吾思吾與吾師 相遇於西京 西京以北 吾師所化多矣 而師歿之後 無所瞻禮 豈不悲哉 吾將以舍利 耀其心目 使一方之人 事舍利如事吾師焉…山中寺院 三百餘所 而必於安心寺者 少林故事 吾輩警策也…獨潤筆菴 凡七所 皆爲先生作爲吾師也 志林於金剛山 勝明於雉岳山 覺明於小白山 覺寬於四佛山 志先於龍門山 勝哲於九龍山 覺清於此山 妙覺舊基 是已吾師法服所鎭 凡九所…普賢寺舍利無筭 散在名山 四衆 奉持供養者多矣 何暇枚擧 持之志 亦非他也."

84 위와 같음.

85 李穡, 「金剛山 潤筆庵記」, 『牧隱文藁』 卷2, 기. 그들뿐만 아니라 神勒寺 大藏閣을 건립할 때 이색이 여력이 없자 나옹의 문도들의 도움을 받아 건립하였다.

86 이색, 「香山 安心寺 舍利石鍾記」, 『牧隱文藁』 卷3, 記 ; 『동문선』 권74, 記.

87 비문에 의하면, 묘향산 普賢寺에는 舍利가 헤아릴 수 없이 많았는데 각 名山에 分置하고, 사부대중이 항상 모시고 공양하는 자도 많았다고 한다. 李穡, 「安心寺 指空 懶翁舍利石鐘記」, 『한국금석전문』 중세 하. 묘향산 보현사에 나옹의 비가 건립되었던 사실을 다음의 기록으로 알 수 있다. 兌律, 「香山誌」, 『月波集』 ; 『한국불교전서』 9. "其南西山懶翁二碑立焉."

대표적인 제자이면서 함께 스승 지공의 뜻을 받들어 회암사를 흥법의 메카로 삼으려 했던 무학의 추념 사업이다. 무학은 1377년 이후 나옹과 스승 지공의 추념 불사에 참여하였을 뿐만 아니라 조선 건국 후 왕사로서 지공과 나옹의 추념 불사를 하면서 불교계를 재편하고자 하였기 때문이다.[88]

즉, 무학은 1393년 태조에게 조파를 주청하여[89] 지공으로부터 나옹을 거쳐 자신에 이르는 계보를 수록하여『불조종파지도』를 간행하였다. 그 후 광명사에서 나옹의 괘진 불사를 하고[90] 스승인 나옹과 지공의 괘진과 탑명, 조파 등 사업을 태조에게 주청하여 허락받고 회암사로 돌아와 1394년 3월 3일 지공과 나옹의 부도에 탑명을 새겼다. 1397년 회암사 북쪽에 자신의 부도가 세워지게 하고[91] 무학이 입적하자 유골이 부도에 안치됨으로써,[92] 지공·나옹·무학의 삼화상의 부도가 회암사에 세워지게 되면서 회암사가 삼화상의 가장 대표적인 도량이 되었다.[93]

---

88 이색,「신륵사 보제선사사리석종기」,『한국금석전문』중세 하. 음기 1211쪽 ; 이색, 「서천 제납박타존자비명」음기 ; 권상로,『퇴경당전서』권6, 1990, 381~390쪽. 지공의 비문은 허흥식,「지공의 원비문과 비음기」,『이기영 박사 고희논총 −불교와 역사』, 1991, 457~458쪽에도 실려 있다. 이숭인,「신륵사 대장각기」,『한국금석전문』중세 하. 음기, 1217쪽 ; 이색,「안심사 지공나옹사리석종비」,『한국금석전문』중세 하, 음기, 1226쪽.

89 허흥식,「7-4.법통의 변천과 새로운 시론」,『한국 중세 불교사상사 연구』, 1994. 397~398쪽. ; 황인규, 앞의 책, 1999.

90 당대 문인 변계량은 무학은 禪覺의 적통이요, 태조의 스승이라고 하였다. 변계량, 「묘엄존자탑명」,『동문선』권121, 비명.

91 『태조실록』권12, 6년 7월 22일(신미).

92 『태종실록』권10, 5년 9월 20일(임자).

93 나옹의 추념 사업에 대해서 좀 더 상세한 내용은 다음의 논고를 참조하기 바람. 황인규,「무학 자초의 흥법 활동과 회암사」,『삼대화상 연구논문집』2, 1999 ; 황인규, 『무학 대사 연구−여말선초 불교계의 혁신과 대응』, 혜안, 1999 ; 황인규,『고려 후기 조선 초 불교사 연구』, 혜안, 2003.

(2) 창건·중창 및 주석 사찰

나옹은 고려 말 삼화상으로서, 지공과 무학과 더불어 증명 법사로서의 위상에 걸맞게 관련된 사찰은 적지 않다. 나옹의 행적 상 중요한 사찰은 출가 사찰인 묘적암, 득도 사찰이자 삼화상 도량인 회암사, 원에서의 삼화상의 인연처인 법원사, 공부선 실시 도량인 광명사일 것이다. 그 외 오대산 상두암, 해주 신광사, 구월산 금강암, 금강산 정양암, 춘천 청평사 등이다.

출가 사찰인 묘적암은 승려 생활의 출발지로서 바탕이 된 곳이며, 그가 수도하던 안장 바위와 부도와 진영이 봉안된 곳이다. 회암사는 그가 득도하고 훗날 스승 지공의 유지를 받들어 중창한 곳이며, 제자 무학에 의해 나옹과 지공의 부도와 무학 자신의 부도와 비가 세워진 대표적인 삼화상 도량이다.[94]

법원사는 연도의 대부대감 찰한 첩목아의 실인 김씨가 지공을 위해 마련해 준 사찰이며,[95] 나옹이 원에 유력할 때 그를 따르는 문도 무학과 지천이 참배한, 삼화상의 인연이 시작된 도량이다. 광명사는 태조 왕건이 자기의 집을 희사해서 지은 개경의 사찰이며, 3년에 한 번씩 개최된 담선법회의 도량이었다.[96] 무신 집권기 보제사(연복사), 서보통사와 더불어 3대 선우였으며, 나옹이 불교계의 전면에 나서면서 전국의 승려를 대상으로 공부선을 실시한 도량이다. 조선 건국 후 제자 무학이 나

---

94 무학의 부도와 비는 그의 입적 후 봉안되고 비가 세워졌다.
95 李穡, 「西天 提納薄陀尊者 指空浮屠銘 并序」, 『조선금석총람』 하.
96 이규보, 「西普通寺에서 행하는 담선방」, 『동국이상국전집』 권25, 牓文 ; 李穡, 「普濟尊者 謚禪覺塔銘 并序」, 『동문선』 권119, 碑銘.

옹의 괘진 불사를 크게 개설한 곳이기도 하다.[97]

오대산 상두암은 나옹이 1360년 무렵 머물면서 환암 혼수와 교유했던 곳이며,[98] 용문산에 주석하고 있던 중국 임제종 고승 고담과 교유했던 도량이다. 해주 신광사는 황해도 해주시 북숭산에 있는 절이며, 원나라 마지막 황제인 순제가 태자 시절 서해 대청도에 유배되었을 때 꿈에 부처님을 현신하고 후에 이 절을 중창하였다.[99] 나옹은 1361년 무렵부터 1365년까지 이 절에 머물면서 나옹대를 짓고 수도하였으며[100] 백운 경한과 교유했고[101] 무학이 귀국한 후 나옹을 찾아가 두 번째 만난 사찰이다.[102]

구월산 금강암은 1363년 나옹이 해주 신광사를 사퇴하려고 잠시 주석한 사찰이다. 금강산 정양암은 나옹이 1366년 무렵 주석했으며, 그의 부도와 사리가 봉안된 사찰이다. 춘천 청평사는 고려 중기 청평 거사 이자현이 선종의 부흥을 일으켰던 곳으로, 나옹이 금강산 정양암(정양사)에서 나와 주석한 바 있다.

그러한 사찰 외에도 "사(師)의 석장이 신광·원적·노골·청평·오대로

97　변계량, 「묘엄존자탑명」, 『동문선』 권121, 비명.
98　권근, 「청룡사 보각국사정혜원융탑비」, 『조선금석총람』 하. 상두암에는 나옹의 진영이 조선 중기까지 봉안되어 있었다. 즉 "서북쪽으로 수십 걸음을 오르니 상두암이 있는데 더욱 바람을 감추고 있었고 탁 트이게 뚫려 있었다. 삼인봉으로 案山을 하였고 진실로 도인이 수도하는 곳이었으며 또한 빈 벽에는 나옹의 얼굴 그림이 걸려 있다."라고 하였다. 丁時翰, 김성찬 역, 「1687년 10월 초10일」, 『우담집』 권11, 국학자료원, 1999, 278쪽.
99　『고려사』 권35, 충숙왕세가 4년 8월.
100　나옹이 신광사 주지가 되어 경내 普光明殿에서 설법한 내용이 그의 어록에 전하고 있다. 「신광사 주지가 되어」, 『나옹화상어록』; 『한국불교 전서』 6.
101　『백운화상어록』 ; 『한국불교 전서』 6.
102　위의 책 ; 변계량, 「묘엄존자탑명」, 『동문선』 권121, 비명.

옮겨 송광에 머무르고 송광으로부터 회암, 회암에서 서운·길상 등 여러 산을 거친 뒤 다시 회암에 머물러 있었다."라고[103] 하여 전국적으로 유력했음을 알 수 있다. 나옹은 이러한 곳 외에 지리산[104]과 묘향산과 서경(평양) 이북[105] 등도 유력했는데, 전국에서 그와 관련된 사찰들을 상당수 찾을 수 있다.

스승 지공이나 제자 무학을 비롯한 문도들과 함께 유력 내지 수도를 한 도량들이 있다. 지공과 함께 유력한 사찰은 서울 천축사, 안양 삼막사, 양주 회암사, 장단 화장사, 의성 대곡사 등이다.[106] 또한 나옹이 그의 제자 무학과 함께 유력한 도량은 구월산 금강암, 양산 천성산 원효암, 해주 신광사, 순천 송광사, 양주 회암사, 북경 서산 영암사 등이다. 그 가운데 중국 북경, 서산 영암사, 양산 천성산 원효암은 나옹의 행장이나 비문에 나타나지 않고 무학의 비문에서 찾아지고 있다.

나옹의 행장이나 비문에 실리지 않은 나옹의 창건(중창) 및 주석 도량들에 대해 살펴보면 다음과 같다.[107] 이러한 도량들 가운데 사료적 가

---

103 이색, 「負暄堂記」, 『목은문고』 권6, 기 ; 『동문선』 권75, 기, "師之卓錫神光 移于圓寂于露骨于淸平于五臺 而住松廣 自松廣而檜巖 由檜巖而瑞雲吉祥諸山 然後復住檜巖也."

104 金得臣, 「懶翁 錫杖歌」, 『柏谷詩集』 册4, 七言古詩, "當時懶翁携遠行 南北東西不離手 五臺金剛與智異 勝致最冠震朝地 每向諸山飛錫去."

105 비문에 의하면 묘향산과 서경 이북 지방은 나옹이 널리 敎化하던 곳이라고 하였다. 李穡, 「安心寺 指空懶翁舍利石鐘記」, 『한국금석전문』 중세 하.

106 지공이 고려를 유력한 시기는 나옹의 활동 이전이기 때문에 안양 삼막사처럼 사찰을 창건했다기보다 지공이 지점한 도량을 나옹이 계승하여 유력한 것이라고 보아야 할 것이다.

107 나옹과 관련된 사찰 가운데 창건과 중창, 주석 사실이 사료적 가치가 취약한 경우가 상당수 있기 때문에 본고에서 서술하는 바와 같이 비정하는 것은 불안하기 짝이 없다. 본고의 副題에서 밝힌 바와 같이 나옹과 관련된 행적을 복원하려는 시도에 불과하다. 이 점 독자의 양해를 구하고자 한다. 차후에 사료적 가치에 따른 정치한 작업을 기약하고 한다.

치가 적거나 시기상 맞지 않은 경우가 있으므로 유의해야 한다. 예컨대 서울 학림사, 예산 수덕사, 고성 건봉사 등의 사찰은 사료적 근거가 취약하여 현재로서는 사실로 받아들이기 어렵다. 그리고 괴산 석천암, 영덕 장륙사, 명천 개심사, 부산 용궁사 등의 사찰은 나옹 출가 전이거나 원에서의 유력기, 입적 후의 사실들이기 때문에 시기의 오류이거나 좀 더 확실한 기록이 요청된다. 또한 이천 영월암 등 설화류에 나타나고 있는 도량도 이와 같은 맥락에서 이해되지만 그만큼 나옹의 위상이 높았다는 것을 반증하는 것이기도 하다.[108]

대개 나옹이 창건(중창) 또는 주석한 도량은 대부분 귀국 후 활동기에 이루어졌다. 나옹의 비문이나 행장 외에 그와 관련된 제 기록을 포함하여 유력 사찰이나 창건 또는 중창 사찰을 살펴보면 다음과 같다.

나옹은 1339년 상주 공덕산 묘적암에 출가한 후 1344년 양주 회암사로 가서 득도하였다. 그 무렵 나옹은 출가한 공덕산 일대 윤필암에도 주석한 적이 있다. 입적 후 문도들에 의해 추념 사업이 추진된 바 있으며, 상주 갑장사와 용흥사를 창건하거나 중창하였다고 한다.

그 후 1358년 원에서 귀국한 후 1360년 오대산 상두암에 주석하기 전까지 2년간 전국을 유력하였다.[109] 그 기간 동안 나옹은 양산 천성산 원효암, 의성 대곡사, 성주 선석사, 사천 다솔사, 대구 남지장사 등지를 유력했다.

---

108 이와 같은 점은 비단 나옹의 경우뿐만 아니라 불교계 유명 고승들의 경우도 마찬가지이다. 때문에 불교 기문의 정리가 매우 시급하다.
109 『나옹화상어록』에 의하면, 나옹은 養道菴, 安心寺, 普德窟, 동해 寶陀窟 등에 머물렀던 사실을 알 수 있다.

원효암은 전국의 원효가 창건한 곳 가운데 으뜸가는 사찰로서 나옹이 귀국 직후 머물렀던 사찰이며, 제자 무학이 1359년(공민왕 8) 여름 귀국 후에 그를 찾아가 불자(拂子)[110]를 받았던 사찰이다. 아마도 이 무렵 나옹은 청송 수정사를 창건하고 곤양 영악사와 사천 다솔사를 중창했던 것으로 생각된다. 그리고 예천 원적암과 선산 원각사 등에 머물고 대구 남지장사 마애불상을 조성하였다.

또한 나옹은 오대산 고운암에 머물고 있는 환암 혼수와 교유하면서[111] 고성 건봉사를 중수하고 치악산 상원사, 평강 원적암, 삭녕 관음사[112]에서 주석했으리라 생각된다. 나옹은 1361년 겨울부터 다음 해인 1361년 10월 무렵 신광사 주지로 가기 전까지 개성 금경사에 머물렀다.[113] 그 무렵 개성 천마산 적멸암과 장단 화장사에도 주석하지 않았는가 한다.

그 후 나옹은 왕태후의 명을 받고 해주 신광사 주지로 가는 길에 황주 성불사와 묘향산 보현사 및 금강굴 등지에 주석하였던 것 같다. 1365년 신광사 주지를 사퇴하고자 글을 올리고 1366년 양평 용문산과 이천 원적산 등지를 유력하였다. 나옹은 오대산 상두암에 머물면서 용문산에 주석하고 있는 중국의 임제종 고승 고담과 서신을 교유한 적이

---

110 拂子는 삼이나 짐승의 털을 묶어서 자루 끝에 매어 달아 벌레를 쫓는 데 쓰는 생활용구이다. 불교에서 수행자가 마음의 티끌·번뇌를 떨어내는 데 사용되는 상징적인 의미를 지닌 불구(佛具)의 하나이다. 불주(拂麈)라고도 한다. https://encykorea.aks.ac.kr

111 나옹이 혼수와 교유한 사실이 다음의 기록에서 찾아진다. 「환암 장로의 산거에 부침 4수」, 「환암이 五位註頌을 베껴 가지고 와서 보라고 하기에 그 앞에 題함」, 『나옹화상 게송』:『한국불교전서』6 ; 권근, 「유명 조선국 보각국사비명(普覺國師碑銘) 병서(幷序)」, 『양촌집』권37, 비명류 :『조선금석총람』하.

112 許穆, 「觀音寺記」, 『記言別集』卷9, 기.

113 각굉, 「나옹화상 행장」, 『나옹화상어록』:『한국불교전서』6.

있었는데, 그 무렵 용문산에 왔던 것 같고, 이천 원적산 등지를 유력하였다. 또한 아마도 그즈음 서울 일대의 사찰인 학림사와 화계사, 이천 상선암, 여주 신륵사, 안양 삼막사 등지를 유력했던 것 같다.

나옹은 1366년 금강산 일대에서 머물렀는데, 그 무렵 금강산 여러 곳을 두루 돌아다닌 듯하다. 금강산 금강굴과 선주암 등지에 주석하였고, 특히 금강산 묘길상(妙吉祥)과 삼불암(三佛巖)은 그가 직접 제작한 것이라고 한다.[114] 나옹은 금강산 정양암에서 나와 춘천 청평사에 머물다가 1369년 오대산 영감암(靈鑑庵)[115]과 홍천 일대에서 유력하였다.[116] 마침 지공의 유품과 사리가 고려에 도착하면서 지공의 대표적인 제자인 그의 위상이 높아지게 되었다. 한편 그는 개성의 광명사에서 공부선을 주관하면서 불교계의 전면에 부상하였다. 즉 1372년 9월 26일 지공의 영골 사리를 회암사에 봉안하고 1373년 8월 송광사로 이주하기 전에 안성 서운산, 진천 길상산 등지를 유력하였다. 나옹은 안성의 청룡사·은적암·은신암·청련암·내원암과 제천 백련사, 괴산의 창룡사와 각연사, 단양의 청련암과 원통암, 음성 가섭사, 청주 보살사[117] 등에서 주석하였던 것 같다. 그 무렵 완주 일대를 두루 다닌 듯한데 완주의 위봉사[118]·봉서사, 화순 규봉암, 진안 금당사, 군산 상주사, 장성 나옹암 등지에도 주석하였다.

---

114 李象秀(1820~1882), 김동주 편역, 「東行山水記」, 『금강산유람기』, 전통문화연구회, 1999, 376쪽.

115 金守溫, 「靈鑑庵 重創記」, 『式疣集』 卷2, 記類.

116 權近, 「達空首座 問答法語序」, 『양촌집』 권17, 序類.

117 鄭樞, 『圓齋集』 卷中.

118 「극락전 중수기」에 의하면 1359년(고려 공민왕 8) 나옹이 중창 시 28개의 전각과 10여 개의 암자가 함께 건립되었다고 한다. 「위봉사 극락전중수기」 ; 布蓮, 「추줄산 威鳳寺 事蹟詞幷序」, 1868년 작.

나옹이 창건 또는 중창하였다는 사찰들은 그의 위상으로 보건대 적지 않았을 것이나 기록에 찾아지는 것은 그리 많지 않고 앞서 언급한 바와 같이 그 가운데 일부는 그 근거가 다소 희박한 경우도 있다. 그러한 사정을 유의하면서 나옹의 창건 또는 중창한 사찰들에 대해 열거해 보기로 한다. 연대를 알 수 있는 사찰은 다음과 같다. 즉 영덕 장륙사 창건(1355년), 고성 건봉사 중수(1358년), 완주 위봉사 창건(1369년), 성주 선석사 이건(1361년),[119] 군산 상주사 중수(1362년), 안성 청룡사 은적암 창건(1364년),[120] 의성 대곡사 중창(1368년),[121] 상주 갑장사 창건(1373년),[122] 군산 은적사 중수(1373년), 완주 대원사 중창(1374년), 부산 용궁사 창건(1376년?),[123] 명천 개심사 중창(1377년?),[124] 괴산 석천암 중창(1300년?)[125] 등이다.

---

119 1361년(고려 공민왕 10) 나옹이 현 절터로 전각을 옮기려 터를 닦는데 큰 바위가 나왔다고 하여 선석사라고 이름을 고쳤다고 한다. 이 바위는 대웅전 앞뜰에 묻혀 있는데 머리 부분만 땅 위에 보이고 있다. 사찰문화연구원, 『전통사찰총서』 17, 2001, 147쪽.

120 「청룡사 사적기」에 의하면 1364년(공민왕 13) 나옹이 청룡사를 중수할 때 은신암·청련암·내원암과 함께 창건했다고 한다. 은신암과 청련암은 폐사되고 내원암도 6·25 전쟁 때 화재로 터만 남아 있다. 사찰문화연구원, 『전통사찰총서』 3, 1993, 301쪽.

121 대곡사는 1368년(공민왕 17) 지공과 나옹이 창건하였다고 하나 시기상 맞지 않는다.

122 「갑장사 복원문」에 의하면 상주 四長寺의 한 사찰인 갑장사는 1373년(공민왕 22) 나옹이 창건하였다고 한다. 이 절의 청동관음보살 좌상에서 1689년(숙종 15)에 작성된 복장 발원문인 「淵岳山 甲長庵過去鑄像重修發願文」이 발견된 바 있다.

123 용궁사 입구에는 한국에서 단 하나뿐인 교통 안전 기원탑이 있다. 1376년 나옹이 입적하던 무렵에 창건하였다고 전해지고 있다. 한국관광공사http://korean.visitkorea.or.kr.

124 개심사는 826년 발해의 고승 大圓이 창건한 사찰인데 나옹의 입적 후에 중창된 사찰이다. 한국불교종단협의회, 『북한사찰연구』, 사찰문화연구원, 1992, 188쪽.

125 석천암은 1300년 나옹이 출생하기 전인 1300년 중창된 것이므로 시기상 오류이거나 신빙성이 적다.

연대 미상의 사찰들을 열거하면 다음과 같다. 서울 학림사 중창,[126] 여주 흥왕사(상왕사) 공덕원 창건,[127] 가평 현등사 창건,[128] 예산 수덕사 중수,[129] 음성 가섭사 창건,[130] 괴산 창룡사 중창,[131] 제천 백련사 중수,[132] 청송 수정사 창건,[133] 상주 용흥사 중창,[134] 지리산 영악사 중창,[135] 고령 반룡사 중창,[136] 사천 다솔사 중수,[137] 완주 봉서사 중창,[138] 완주 학림사 중창,[139] 단양 원통암 중창[140] 등이다.

---

126 노원구, 『노원구지』, 1994. 1881년(고종 18)에 작성된 「학림암 중수기」가 학림암의 최고 자료이다. 많은 세월이 지나면서 절의 창건 사실을 적은 문서들이 모두 유실되어 창건주나 모든 사적을 알지 못한다고 하였으므로 나옹의 중창 사실을 신뢰하기 쉽지 않은 실정이다. 사찰문화연구원, 『전통사찰총서』 4, 1994, 130쪽.

127 蒼石 산인, 「霜旺寺 法堂重建上樑文」, 1905년 作 ; 丹霞 居士, 「蘇達山 霜旺寺佛像 改金記」 :『한국사찰전서』.

128 「懸燈寺 晚翠堂 成造記」, 『奉先本末寺誌』, "盖聞此寺相於詵翁 創於普照 繼於懶涵 諸師…崇禎紀元後三丁亥維夏四日."

129 『한국사찰전서』, 동국대학교 출판부, 1979 ; 충청남도, 『文化遺蹟總覽－寺刹篇－』, 1990 ; 불교 성보문화연구소, 『德崇山 修德寺』, 1998.

130 『한국사찰전서』 상, 동국대학교 출판부, 1979 ; 『寺誌』, 충청북도, 1982 ; 사찰문화연구원, 『전통사찰총서』 10, 1998.

131 「蒼龍寺 觀音像緣起文」, 1730년 작 ; 「충청북도 충주군 남변면 錦鳳山 蒼龍寺重建後佛準 竝記」, 1913년作 ; 「蒼龍寺 聖佛奉安記」 1939년작.

132 나옹은 1358년 여주의 神勒寺를 창건하고 이어서 백련사를 중수했다고 한다. 惟政, 「치악산 백련사 중창기문」, 『조선사찰사료』 1588년작 ; 『寺誌－백련사』, 충청북도, 1982.

133 이러한 사실은 다음의 정보(전통사찰 관광정보(http://www.koreatemple.net) 수정사)에만 찾아지고 있어서 실증적인 측면에서는 좀더 보강이 필요하다.

134 「용흥사 중수상량문」 1805년(순조 5) 작 ; 문화재관리국, 『문화유적 총람』, 1977.

135 蔡彭胤, 「昆陽 智異山 靈嶽寺重建碑」, 『希庵集』 卷24, 碑銘.

136 『신증 동국여지승람』 권29, 고령현, 불우 ; 문화재관리국, 『문화유적 총람』, 1977.

137 多率寺는 1326년(충숙왕 13) 懶翁이 중수하였고 조선 초기 영일·효익 등이 중수하였다고 한다. 응윤, 「多率寺 八相殿重建記」, 『鏡巖集』 卷下.

138 문화재관리국, 『문화유적 총람』, 1976 ; 『한국사찰전서』, 동국대학교 출판부, 1979.

139 『한국사찰전서』, 동국대학교 출판부, 1979 ; 사찰문화연구원, 『전통사찰총서』 8, 1997, 332쪽.

140 『寺誌』, 충청북도, 1982 ; 단양군, 『내 고장 전통 가꾸기』, 丹陽郡, 1982. 나옹이 단양 청련암을 창건하였다고 하나 확실한 문헌 기록을 찾기 힘들다.

　나옹이 주석하였지만 잘 알려지지 않았거나 그 주석 시기를 잘 알
수 없는 사찰을 소개하면 다음과 같다. 즉 안양 삼막사,[141] 부여 오덕
사,[142] 청주 보살사,[143] 원주 치악산 상원사,[144] 화순 규봉암,[145] 진안 금
당사,[146] 무등산 염불사,[147] 천성산 원효암,[148] 상주 윤필암,[149] 개성 금경
사,[150] 장단 화장사,[151] 삭녕 관음사,[152] 평강 만운산 원적암,[153] 개성 천마
산 두타굴 옆 소암(小菴),[154] 개성 천마산 적멸암,[155] 묘향산 보현사 금강
굴,[156] 평양 광법사,[157] 황주 성불사, 금강산 금강굴,[158] 금강산 선주암[159]

---

141 「三聖山 三幕寺事蹟」, 『증보 교정 조선사찰사료』 상. 조선 후기에 지어진 『梵宇考』에
　　의하면 삼막사에는 "여말에 지공·나옹·무학이 산에서 노닐었으며 절을 창건하였
　　으며, 이 세 고승의 石像이 있다."는 기록이 있다.
142 懶翁이 8房과 9庵을 중건하고 普德樓를 신축하였으며, 길이 30척, 너비 10척의 석
　　가모니불탱화 1축을 그려 봉안하였다고 한다. 『梵宇攷』 ; 『伽藍考』 ; 『林川邑誌』.
143 『한국사찰전서』, 동국대학교 출판부, 1979.
144 위와 같음.
145 위와 같음 : 화순군, 『내 고장 전통 가꾸기』, 1981 : 사찰문화연구원, 『전통사찰총서』
　　7, 1996, 363쪽.
146 나옹은 진안 금당사에 머물며 수도 정진하여 도를 얻었다고 하는데 그곳이 바로 고
　　금당 터 동굴이다. 이를 나옹암 또는 나옹굴이라고 부른다. 문화재관리국, 『문화유
　　적총람』, 1977 : 사찰문화연구원, 『전통사찰총서』 8, 1997, 413~414쪽.
147 朴祥, 「念佛寺 重創記」, 『訥齋續集』 卷4, 記.
148 변계량, 「묘엄존자탑명」, 『동문선』 권121, 비명.
149 雪巖 秋鵬, 「潤筆菴有感 菴乃江月軒所遊也」, 『雪巖雜著』 卷1 : 『한국불교전서』 9.
150 각굉, 「나옹화상 행장」, 『나옹화상어록』 : 『한국불교전서』 6.
151 『傳燈寺 本末寺誌』 : 『한국사찰전서』, 동국대학교 출판부, 1979.
152 許穆, 「觀音寺記」, 『記言別集』 卷9, 기.
153 趙昱, 「金剛錄」, 『龍門集』 卷2.
154 林芸, 「遊天磨錄」, 『瞻慕堂文集』 卷2, 錄.
155 趙文命, 「寂滅庵(懶翁住錫處)」, 『鶴巖集』 冊1, 詩.
156 曺好益, 「遊妙香山錄」, 『芝山文集』 卷5, 雜著. "至金剛窟 寬日 此懶翁所居也."
157 나옹의 문도 覺持는 1358년 나옹이 서경 廣法寺에 있을 때부터였다고 한다. 李穡,
　　「安心寺 指空懶翁舍利石鐘記」, 『한국금석전문』 중세 하 ; 李時恒, 「廣法寺 事蹟 碑
　　銘」, 『조선금석총람』 하. 1116~1118쪽. 최근의 조사에 따르면 광법사는 나옹 존자가
　　원에 왕래할 때 머무른 곳이라고 한다. 원의 황제가 하사한 金字 華嚴經 1갑과 상

등이다.[160]

이상에서 살펴본 바와 같이 나옹이 유력한 곳은 전국에 걸쳐 있으나 현재 기록으로 확인되는 것은 그리 많은 편이 아니다. 나옹이 창건하거나 중창한 사찰은 30여 소에 이르나 구체적인 사실을 알 수 있는 것은 몇 곳에 지나지 않는다. 그가 주석한 사찰도 행장이나 비문 외에도 다수 있었음이 확인되지만, 그러한 사실을 입증해 줄 만한 좀 더 확실한 기록은 더 찾아져야 할 것이다.[161]

(3) 성보 문화유산

나옹과 관련된 유물 유적은 그의 위상에 비추어 보았을 때 적지 않았으리라 생각되지만 남아 있는 것은 거의 없다. 나옹과 관련된 유물과

아 목제 등의 經籤 18개와 金剛杵 1개가 이 절에 전해 내려온다고 한다. 학담 스님, 정병삼, 유근자, 「북한 사찰 기초조사-조계종 민족공동체 추진본부 남북교류사업 북한 사찰 등 달기 운동 관련-」, 조계종 민족공동체 추진본부 자료실 http://www. unikorea.or.kr). ; 한국불교종단협의회, 『북한사찰연구』, 사찰문화연구원, 1992, 65쪽.

158 成海應, 「山水記」, 『研經齋集』 卷51.

159 이색, 「金剛山 潤筆菴記」, 『牧隱文藁』 卷2, 記 ; 『동문선』 권73, "금강산 善住菴은 집만 있고 사람이 없던 지가 근 40년이더니 보제가 한여름에 여기서 지내면서 돌을 모아 臺를 만들고 거기서 여러 봉우리를 내려다보니 사람들이 이것을 나옹대라고 일컬었다."

160 본고에서 제시한 창건 중창 사찰 및 주석 사찰들은 나옹과 관련해 모두 망라한 것도 아니다. 그것을 뒷받침해 주는 자료적 근거가 문제가 있는 경우도 없지 않다. 종합적이고 체계적인 정리 및 연구가 요청되고 있다. 나옹과 이들 사찰에 대한 의미를 부여하여야 할 것이지만 열거하여 소개하는 것으로 마무리하였다. 그만큼 관련 사실을 추적하는 데 비중을 두었을 뿐이다. 정치한 천착은 다음의 기회로 미루기로 한다.

161 본고에서는 사료적 가치가 적은 기록에 나타나는 나옹 관련 사찰도 포함시켰다. 앞서 언급했지만, 나옹에 관련된 제 기록을 총정리하고자 하는 시도와 앞으로 이에 대한 발굴 등 보강을 전제로 하였다.

유적을 전각, 불상, 탑, 부도, 비, 성보문화재와 수도처 등으로 나누어 소개하면 다음과 같다.

나옹은 황주 성불사를 중창하면서 산내 암자에 15기의 석탑을 안치하였다고 한다.[162] 17세기에 중건한 완주 위봉사 보광명전,[163] 부여 오덕사 보덕루[164] 등이 있다.

나옹과 관련한 불상은 많았으리라 생각되지만, 그가 직접 조성했다는 것은 다음과 같다.[165] 삼불암,[166] 금강산 묘길상 마애불상,[167] 금강산 사자암

---

162 1727년(영조 3)에 건립된 「成佛寺 事蹟碑」에 의하면, "나옹은 殿宇에 채색을 하였으며 숟가락을 전하고 나무를 심었는데 그 유적이 완연하여 가히 움켜쥘 만하다. 승려의 寮舍 20여 채를 창설하였고 선관을 쓴 자가 1,000명이나 된다. 경내 암자에 석탑을 새로이 조성하였고 경외도 마찬가지였다."라고 하였다. 한국불교종단협의회, 『북한 사찰 연구』, 사찰문화연구원, 1992, 65쪽 ; 이능화, 『조선불교통사』, 신문관, 1918 ; 한국불교종단협의회, 『북한 사찰 연구』, 사찰문화연구원, 1992, 206쪽. 1727년(영조 3)에 세워진 「보존 유적 제1127호」 성불사 기적비에 의하면 나옹 화상 이 세운 전각은 우람하고 찬란하여 옛일을 똑똑히 더듬어 볼 수 있다. 그러나 절간은 무너지고 남은 것은 이제 한둘에 지나지 않으니 만물의 성쇠가 애당초 그 운수인 것이라고 하고 있다. 최창조, 「결함이 있는 땅에 대한 사랑−정방산성을 지나 성불사로」, 『북한문화유적답사기』, 중앙 M&B, 1998, 205쪽.

163 無竟 子秀, 「嶍崒山 威鳳寺事蹟詞幷序」, 『無竟集』 권3, 문 ; 『범우고』 위봉사 ; 布蓮, 「위봉사 극락전 중수기」, 1868년(고종 5) 작. 보광명전은 고려 말 나옹에 의해 창건되었다고 한다. 지금의 건물은 17세기 후기에 중건된 것으로 추정된다.(보물 제608호)

164 羅日澤, 「五德寺 實記」 : 달마넷 한국의 사찰−오덕사.(darmanet.net/temple)

165 『화계사 약지』에 의하면 서울 화계사 명부전에 봉안된 지장 시왕상은 나옹이 손수 조각한 것이라고 전해져 왔다. 최근에 발원문이 발견되어 1642년(인조 27)에 조성된 것임이 밝혀졌다. 지장보살 복장 발원문에 의하면 지장 시왕상은 1649년(인조 27) 황해도 견불산 강서사에서 조성되어 廣照寺에 봉안되었다. 선산 원각사 목조 관음 보살상도 나옹이 조성한 것으로 알려졌으나, 조선 후기 양식적 특징을 지니고 있어 신뢰하기 힘들다. 사찰문화연구원, 『전통사찰총서』 4, 1994, 182~183쪽.

166 李宜顯, 「遊金剛山記」, 『陶谷集』 卷25, 記 ; 柳正源, 「遊金剛山錄」, 『三山集』 卷5, 雜著 ; 尹鑴, 「楓岳錄」 『白湖全書』 권34, 雜著 ; 李裕元, 「百川洞, 鳴淵, 白華庵, 三佛巖」, 『林下筆記』, 권37, 蓬萊秘書. 백화암 터에서 가까운 곳에 門을 세우듯 양쪽으로 바위가 서 있고, 오른쪽 삼각형의 바위에 아미타·석가·미륵불을 새긴 삼불암이 있다. 박영숙·김유경, 「학자이며 선교사, 제임스 게일의 1917년 금강산」, 『서양

바위 사이의 장육상[168] 등은 금강산의 명물로 지금까지도 전해지고 있다. 구례 천은사 나옹 원불(願佛),[169] 전라북도 장성군 불태산 나옹 대사 석불,[170]

인이 본 금강산』, 문화일보사, 1998. 부처바위에는 장안사 나옹과 표훈사 金同 거사의 다툼에 얽힌 울소[鳴淵] 전설이 전해 내려 온다. 한편 북한에서는 다른 의견을 내놓고 있다. 즉 "삼불암 조각상과 묘길상은 고려 말 중이었던 라옹이 1366년 불지암에 살면서 새긴 것이라고 전해오나 이것은 후세에 이곳 중들이 자기네 스승이고 이름이 있던 중이었던 만큼 그를 내세우고 찬양하기 위하여 갖다 붙인 이야기에 지나지 않는다." 사회과학원 력사연구소, 『금강산의 력사와 문화』, 과학, 백과사전출판사, 1984, 146쪽. 기문에 의하면, "남쪽에는 돌을 세워서 매우 위대하게 불상을 새긴 것이 셋이나 있는데 나옹 대사가 새긴 것이고 등에 새긴 62불상은 김동이 나옹 대사와 재주를 겨룬 것이다." 釋法宗(1670~1733), 「遊金剛錄」, 『金剛山遊覽記』, 전통문화연구회, 1999, 335쪽. 이와 비슷한 내용이 다음의 기문에서도 찾아진다. 즉 "삼불암의 경우는 金同 사가 부처를 만들고 처자를 거느리고 산속에서 살면서 나옹과 더불어 경쟁적으로 설법을 하였다. 나옹은 이미 妙吉祥을 佛地庵에 새겼는데 금동 거사가 철장으로 그것을 거꾸러뜨리려 하였으나 되지 않았다. 그래서 백화의 아래에 60불상을 새기고 그 곁에 자기 부부상을 만들었는데 나옹이 그 면에다가 3불상을 만들어서 압제하였다."라고 한다. 李象秀(1820~1882), 김동주 편역, 「東行山水記」, 『금강산유람기』, 전통문화연구회, 1999, 376쪽.

167 鄭曄, 「金剛錄」, 『守夢集』 卷3, 雜著. 묘길상에서 멀지 않은 약사봉 아래 큰 바위에 불상이 조각되어 있는데 나옹이 조각한 것이라고 한다. 그곳에서 몇 리 떨어진 곳이 나옹이 머물렀던 佛智菴이다. 즉 "약사봉 아래 큰 바위에는 불상이 새겨져 있는데 그 모습이 매우 장대하였다. 이는 나옹의 작품이다."라고 하고 있다. 남효온 외, 김용곤 외 역, 「鄭曄「1563~1625」의 金剛錄」, 『조선시대 선비들의 금강산 답사기』, 혜안, 1998, 232쪽.

168 尹鑴, 「楓岳錄」, 『白湖全書』 卷34, 雜著.

169 절의 뒤편 노고단 중턱에 있었던 上禪庵에 머물며 수행하였다고 한다. 나옹이 지니고 있던 願佛과 佛龕이 지금까지 절에 전한다. 문화재관리국, 『문화유적 총람』. ; 사찰문화연구원, 『전통사찰총서』 11, 1996. 나옹과의 관련설이 있는 이 불감은 천은사 뒤 노고단 중턱의 상선암에 있던 것이라 전한다. 불감 뒷면에 있는 造成記를 보면 "造像信勝造藏金致造手 朴於山施主朴氏兩主綠化信音重寶信禪海王."이라고 적혀 있다. 즉 불상은 신승, 불감은 김치·박어산 등이 만들었고, 박씨 부부가 시주하였으며, 신음 등 네 승려가 참여한 것으로 되어 있다. 하지만 조성 연대가 없어서 조성 편년에 어려운 점이 있다. 한국학중앙연구원, 『한국민족문화 대백과사전』, 1991.

170 나옹 대사 石像으로도 불려지는 이 磨崖佛은 불대산 주봉의 북편 7~8부 능선상에 있는 나옹암 뒤편 암벽에 있다. 1371년에 공민왕의 왕사가 된 나옹(1320~1376)의

대구 남지장사의 보광전 비로자나불 등이 전하고 있다.[171]

나옹이 수도하던 곳으로 누대와 바위암자 등이 있는데 누대는, 그 가운데 그의 입적처인 신륵사의 강월헌이 가장 유명하다. 전탑 가까이에는 강월헌이라는 누각이 있는데, 그의 거실헌의 이름이었던 강월헌은 나옹이 입적한 후 화장 터의 석탑 가까이에 다시 세워진 것이다.[172] 1972년 대홍수로 떠내려가고 이후 탑보다 조금 아래쪽인 지금의 위치에 철근 콘크리트로 다시 세웠다. 그리고 오대산 상원사 나옹대(懶翁臺),[173] 금강산 구룡연 동구 나옹 원대,[174] 금강산 송라암 나옹대,[175] 금강산 선주암 나옹대[176] 등이 있다.[177]

수행한 바위는 금강산 마하연 도솔암 남쪽 일석(一石),[178] 진안 마이산

제자들이 스승을 추념하기 위하여 조성한 것이라고 한다. 장성군·조선대학교 박물관, 「懶翁大師 石佛」, 『장성군의 문화유적』, 1995, 190쪽.

171 1694년(숙종 20) 승려 勝敏이 신륵사에 가서 지공·나옹·무학 등 삼화상의 영정을 모사하여 남지장사에 봉안하고 나옹이 공민왕으로부터 받은 발우와 지공이 받은 향완 등을 가져와 함께 봉안하고 승려 豊洽이 화주가 되어 삼존상을 도금하였다. 전통사찰 관광정보 「http://www.koreatemple.net/」.; 李萬敷, 「南長寺 事蹟記」, 『息山集』 卷17, 記.

172 나옹이 입적한 후 화장터의 석탑 가까이에 세워진 것이다. 1972년 대홍수로 떠내려 갔다. 그 후 탑보다 조금 아래쪽인 지금의 위치에 철근 콘크리트로 다시 세웠다. 사찰문화연구원, 『전통사찰총서』 3, 1993, 257쪽.

173 金時習, 『梅月堂集』 卷4. 상원사에서 10여 리쯤 눈길을 밟아 올라가면 바로 왼편에 북대 미륵암(1300m)이 나온다. 그 부근에 나옹대가 있는데 나옹이 좌선을 하던 곳이다.: 북대는 나옹이 머물렀던 상두암이고 그 근처에 나옹대가 있었다. 사찰문화연구원, 『전통사찰총서』 8, 1997, 413-414쪽.

174 沈鋿, 「楓嶽錄」, 『樗村遺稿』 卷41, 雜著, 日記.

175 釋法宗(1670-1733), 「遊金剛錄」, 『金剛山 遊覽記』: 전통문화연구회, 1999, 336쪽.

176 李穡, 『金剛山 潤筆庵記』, 『동문선』 卷73, 기.

177 『나옹화상어록』에 의하면 眞歇臺가 더 찾아지고 있으나 자세한 것은 알 수 없다.

178 申翊聖, 「遊金剛 內外山諸記」, 『樂全堂集』 卷7, 記, "峯傍有一石 儼若坐僧曰石疊無竭 麗僧懶翁嘗住此菴常參拜."

고금당 나옹암,[179] 상원군 가수굴 일석돌(一石突)[180] 등이 있다. 그리고 나옹이 조성한 연못인 대흥동 대흥사 서쪽 나옹담[181]이 있다.

나옹의 유물은 법복·법기·불자(拂子)·주장자·좌구 등이 그 대표적인 것인데 1383년 안심사 지공과 나옹의 석종비를 봉안할 때 나옹의 친구이자 문인 이색이 다음과 같은 기록을 남겼다.

> 지림은 금강산에, 승명은 치악산에, 각명은 소백산에, 각관은 사불산에, 지선은 용문산에, 승철은 구룡산에, 각청은 이 묘향산에, 묘각은 천보산 회암사에, 각신은 봉미산 신륵사에 각각 우리 스님의 법복·법기·불자·주장자·좌구 등을 나누어 안치하였는데 모두 9개소이다.
>
> 연도(燕都)에서 개당(開堂)할 때 순제로부터 하사받은 가사 1령과 마노불자 1병은 금강산 정양사에 봉안하였고, 현릉이 하사한 가사 1령과 직철(直綴) 1령 및 발우 1좌 등은 회암사에 봉안하였다.
>
> 가사·바리때와 불자 각 1개는 신륵사에 봉안하였고, 가사와 불자 각 1개는 오대산에 봉안하였다. 가사 1령은 견암에 봉안하였고, 가사와 주장자 각 1개는 위봉사에 봉안하였다. 가사 1령은 광법사에 봉안하였으며, 가사와 직철 및 주장자와 좌구 각 1개는 이 묘향산에 각각 봉안하였다. 보현사에는 사리가 헤아릴 수 없이 많았는데 각 명산에 분치(分置)하고, 4부 대중이 항상 모시고 공양하는 자도 많았으니, 어찌 이를 낱낱이 들어 열거할 수 있겠는가![182]

---

179 나옹암은 금당사로부터 500여 미터 떨어진 수직 절벽 위에 위치한 토굴로 나옹이 득도한 곳이다. 최근에 이 토굴 위에 나옹암을 복원하였다. 문화재관리국, 『문화유적 총람』, 1977 ; 사찰문화연구원, 『전통사찰총서』 8, 1997, 413~414쪽.

180 南孝溫, 「遊佳殊窟記」, 『秋江集』 卷4, 記.

181 林昌澤, 「天磨山 玩月樓記」, 『松嶽集』 卷2, 記.

182 李穡, 「安心寺 指空懶翁舍利石鐘記」, 『한국금석전문』 중세 하, "志林於金剛山 勝明於雉岳山 覺明於小白山 覺寬於四佛山 志先於龍門山 勝哲於九龍山 覺淸於此山 妙覺舊基 是已吾師法服所鎭 凡九所 燕都開堂 帝賜袈裟一 瑪瑙拂一 在金剛山正陽寺

이러한 사실을 유의하면서 나옹과 관련된 유물 유적을 소개하면 다음과 같다. 나옹이 수행하면서 쓴 지팡이와 그가 심은 나무는 다른 유물에 비해 많은 편이다. 지팡이는 여주 신륵사 나옹 지팡이,[183] 춘천 청평사 문수원 철주장(鐵柱杖),[184] 영덕 반송 쉼터 지팡이 등이 있다. 그리고 묘향산 보현사에 나옹의 육환장(六環杖)[185] 등이 있었다고 한다.

나옹이 심은 나무는 소나무나 회나무가 가장 많은데 이를 소개하면 다음과 같다. 남한지역에는 안성 칠장사 소나무, 춘천 청평사 연못 적송 45그루,[186] 계룡산 설봉 오송대(五松臺) 나무,[187] 철원 보개산 금화봉 아래 오얏나무(梨),[188] 상주 묘적암 회목 4그루, 예천 봉덕산 원적암 정원 노괴(老槐) 1그루[189] 등이 있다.

북한 지역에는 개성 천마산 적멸암 장과 소나무,[190] 삭녕군 관음사 나

玄陵賜袈裟一 直綴一 鉢一 在檜巖寺 袈裟 鉢拂 並一 在神勒寺 袈裟 拂 並一 在臺山 袈裟一 在見菴 袈裟 杖 並一 在威鳳寺 袈裟一 在廣法寺 袈裟 直綴 杖坐具 並一 在此山 普賢寺舍利無筭 散在名山 四衆 奉持供養者多矣 何暇枚擧."

183 신륵사 경내에는 이성계가 심었다는 향나무가 있고, 절의 입구에는 나옹 선사의 지팡이가 자랐다는 은행나무가 있다.

184 李裕元,「壽春古蹟」,『林下筆記』卷33.

185 이색,「香山 安心寺舍利石鍾記」,『牧隱文藁』卷3, 記 ;『동문선』권74, 記, "又藏普濟袈裟一直綴一六環杖一于普賢寺."

186 金尙憲,「淸平錄」,『淸陰集』卷10 ;「遊淸平山記」,『久堂集』卷15, 記.

187 姜再恒,「鷄龍山記」,『立齋遺稿』卷13, 記.

188 鞭洋 彦機,「寶盖山 大乘庵記」,『鞭洋堂集』卷2 ;『한국불교전서』8.

189 雪巖 秋鵬,「鳳德山 圓寂庵 重修記」,『雪巖雜著』卷3 ;『한국불교전서』9.

190 趙纘韓,「遊天磨, 聖居, 兩山記」,『玄州集』卷5, 上 ; 金昌協,「遊松京記」,『農巖集』卷23, 記 ; 李喜朝, "八月廿八日 與樂甫 發松都之行 夕宿坡山 翌日早朝 渡臨津 夕到松京 時從叔父將往天磨 聖居諸山 朴兄斗望 以厚陵齋郎 亦約隨往 先已來到矣 九月初一日 陪叔父向山 歷見麗朝陵墓 行三十里 到山外洞口 下馬登輿 入洞行數里 至泰安倉 時楓葉向衰 而猶未太晚 左右蒼壁 紅影相映 水流其下 間以白石層布 殆非人境也 少憩倉舍 仍上山 或輿或步 由城門 艱至峯頂 卽所謂萬景峰也 峰極高 西南數百里 皆在眼底 而大海接天 浩無涯畔 眞壯觀也 少坐 踰嶺北下 歷寂照菴 菴有懶

옹 회나무,[191] 황주 정방산성 소나무 10그루,[192] 평양 보현사 조계문 서쪽 소나무,[193] 이천 용암 송촌 장송(長松) 8그루[194] 등이 있다.

　나옹의 부도와 탑의 조성은 그의 문도들에 의하여 전국적으로 이루어졌으나[195] 가장 중요한 것은 입적처인 신륵사의 보제존자 석종형 부도(보물 제228호)와 석종비(보물 제229호), 최고의 삼화상 도량인 양주 회암사의 선각 왕사 부도 및 석등, 비(보물 제387호)일 것이다. 안심사의 지공 나옹 사리 석종비,[196] 금강산 정양사의 나옹 석종 및 부도,[197] 금강산

<hr>

翁所築墻垣 而作梵字形 亦異迹也 下大興寺 見諸佛堂 夕與晦甫 朴兄 出坐溪邊 有築城時許積以下題名刻石 酒數杯 還入別堂宿 初二日 早飯訖 出洞歷馬潭 龜潭 太宗臺等處 水石之勝 不減金剛 非三角之比也 午憩觀音窟 仍入北門 到朴淵下 瀑勢甚壯 潭深又不可測 余使僧輩 持索來 從瀑上而垂之 其高僅三十丈矣 還坐瀑上 留連半日 然後東上雲興寺 寺別無可觀 由寺而北上 俯臨瀑布 則尤奇絶也 寺有文谷相公詩板 謹次其韻.";『芝村集』卷1, 詩.

191 許穆, 「觀音寺記」, 『記言別集』卷9.

192 李宜顯, 「正方山城 在黃州」, 『陶谷集』卷1. 이 나무들은 지공·나옹·무학 삼화상이 심었다고 한다.

193 李海朝, 「普賢寺」, 『鳴巖集』卷3. 보현사 천왕문의 남쪽이 解脫門이며, 해탈문의 남쪽에 관우와 같이 장검을 휘두르는 執金剛神을 봉안한 曹溪門이 있다. 조계문의 서쪽에 臺가 있고 소나무 한 그루가 있는데, 이는 고려 말에 나옹 화상이 심은 것이라 한다. 학담 스님, 정병삼, 유근자, 「북한 사찰 기초 조사 ─조계종 민족공동체 추진본부 남북교류사업 북한 사찰 등 달기 운동 관련─」, 조계종 민족공동체 추진본부 자료실 http://www.unikorea.or.kr)

194 李宜顯, 「伊川 諸勝處 遊覽記」, 『陶谷集』卷1. 이 나무들은 나옹과 무학이 심었다고 한다.

195 이색, 「신륵사 보제선사사리석종기」, 『한국금석전문』 중세 하, 음기, 1211쪽.

196 이색, 「안심사 지공나옹사리석종기」, 『한국금석전문』 중세 하, 음기, 1226쪽.

197 成俔, 「正陽寺」, 『虛白堂集』 권3, 시 ; 申翊聖, 「遊金剛小記」, 『樂全堂集』 卷7, 記 ; 尹鑴(1617~1680), 「楓岳錄」 『白湖全書』 권34, 雜著. 윤휴는 1672년(현종 13) 8월 5일 금강산 정양사에 들렀을 때 나옹의 유물들에 대해서 다음과 같이 서술한 바 있다. "중을 시켜 懶翁의 眼珠·葛布·珈黎·鐵鉢·瑪瑙·塵尾 등을 내오라고 하여 보았더니, 안주 하나는 색이 파랗고 작은 팥알 만한데 불가에서 말하는 舍利라는 것이다. 그것을 유리그릇에 담고 금으로 봉합한 다음 비단으로 겹겹이 싸놓았는데 그곳 중들이 아주 보물로 지킨다는 것이다. 내가 듣기에는 나옹은 제자가 많아 대중을 현

보문암 앞 나옹 자조탑(自照塔),[198] 원주 영전사 보제존자 사리탑,[199] 상주 묘적암 나옹 부도,[200] 완주 위봉사 3층 석탑,[201] 예산 가야사 나옹 금탑[202] 등이 있다.

나옹과 관련된 성보 문화재는 의발과 의대(衣帶), 시저(匙箸) 등이 있는데 오대산 나옹 의발과 구포(裘包),[203] 금강산 나옹 옷,[204] 금강산 정양사 헐성루 나옹 의대(衣帶),[205] 묘향산 보현사 나옹 가사(袈裟),[206] 광법사

<hr>

혹시킨다고 하여 국법으로 베임을 당한 자여서 그 슬기가 별것이 아니었는데, 지금 중들은 그가 成佛하였다고 하면서 저렇게 존경하고 있으니, 무슨 까닭일까 싶어 그들에게 물어보았더니, 그 중들 역시 그 사건의 전말에 관해서는 모른다."라고 하는 것이었다.

198 南孝溫, 「遊佳殊窟記」, 『秋江集』 卷5, 記.

199 「令傳寺址 普濟尊者舍利塔」, 『한국금석전문』 중세 하.

200 나옹의 출가 사찰인 묘적암은 나옹이 도를 깨닫고 다시 이 절에 돌아와서 회목 4그루를 심었다고 한다. 1803년(순조 3년)에 조성된 나옹의 진영이 봉안되어 있으며, 절 입구 산기슭에는 나옹의 浮屠가 서 있고 그 부도에는 다음과 같은 글이 새겨져 있다. "화상의 鉢盂가 부도 속에 간직돼 있으며 밑면에는 두 개의 구멍이 있어 닿으면 소리가 난다." 그 외에도 묘적암에는 나옹의 행적을 기록한 목각판(1862년 조성) 등이 있다고 한다. 『한국사찰전서』, 동국대학교 출판부, 1979.

201 「위봉사 극락전 중수기」, 布蓮, 「추줄산 威鳳寺事蹟詞幷序」, 1868년 작.

202 충남 예산군 덕산면 상가리, 남연군 묘 맞은편에 있는 보덕사는 흥선대원군이 현 남연군묘 자리에 가야사라는 절이 있었고 이 절의 중심이자 금탑이 있던 자리가 二代天子地라 하여 이대에 걸쳐 왕이 나오는 명당 자리라는 풍수설에 현혹되어 마곡사의 두 승려를 시켜 가야사를 불사르게 했다. 사찰문화연구원, 『전통사찰총서』 13, 1999, 271쪽. 이하응은 나옹이 건립한 가야사 금탑을 허물고 부친의 묘를 경기도 연천 땅 남송정에서 이장했다고 한다. 한국문화유산답사회 편, 「남연군묘」, 『충남』 답사 여행의 길잡이 4, 돌베개, 1995.

203 金時習, 『梅月堂集』 卷4. 기문에 의하면, 표훈사에는 "나옹의 가사 3領이 있고 나옹의 葛布袈裟가 있고 나옹의 銅回羅가 있고 나옹의 靑舍利가 있다."라고 한다. 李象秀(1820~1882), 김동주 편역, 「동행산수기」, 『금강산 유람기』, 전통문화연구회, 1999, 359쪽.

204 蔡彭胤, 「楓岳錄 表訓寺」, 『希菴集』 卷17, 詩.

205 鄭曄, 「金剛錄」, 『守夢集』 卷3, 雜著.

206 이색, 「香山 安心寺舍利石鍾記」, 『牧隱文藁』 卷3, 記 ; 『동문선』 권74, 記에 의하면, "또 보제의 가사 한 벌과 直掇(승려가 입는 도포) 열여섯 벌과 環杖 한 개를 보현사

의 금강저(金剛杵) 1개,[207] 해주 신광사 숟가락(匙),[208] 장단 화장사 시저(匙箸)[209] 등이 있다.

나옹은 운산도[210] 나옹 산수목석(山水木石) 8폭,[211] 금강산 묘길상에서 단적으로 알 수 있듯이 그림에도 능했던 것 같다.[212] 그리고 금강산에 표훈사 반석 광장 금강대에 "금강산 천하 제일 금강산."이라는 글씨가 유명하다. 또한 그의 문학성이 뛰어난 것은『나옹화상어록』과『게송』으로 알 수 있다.[213] 이색은 나옹의 게송 3수에 대해 글을 쓰면서 나옹의 문장은 손 가는 대로 맡겨 미리 초하는 일이 없다고 하였으며,[214] 그

에 간직하였습니다."라고 한다.

207 李時恒,「廣法寺 事蹟碑銘」『조선금석총람』하, 1116~1118쪽 ; 秋鵬,「平壤府 大聖山 廣法寺重修記」,『雪巖雜著』권3 :『한국불교전서』, 9-328 상중.

208 洪良浩,「神光寺」,『耳溪集』卷4, 詩, 海西錄. 1677년(숙종 3)에 불이 나서 당우와 불상과 승방이 모두 타버리고 단지 여급(呂岌)이 약사불 1구와 나한탱 그리고 나옹존자의 가사와 시저만 불길에서 구해내었다고 한다. 학담 스님, 정병삼, 유근자,「북한사찰 기초 조사-조계종 민족공동체 추진본부 남북교류사업 북한 사찰 등 달기 운동 관련-」, 조계종 민족공동체 추진본부 자료실 http://www.unikorea.or.kr)

209『전등사 본말사지』, 아세아문화사, 1934, 1978, 172쪽. 화장사에는 나옹이 스승 지공으로부터 받아서 가져온 패엽경이 있었다고 한다. 그와 관련된 기록은 다음과 같다. 즉 "우리나라 京畿道 長湍府 寶鳳山의 華藏寺에 패엽경이 있는데, 고려의 승려 나옹 선사가 서역의 승려 指空 大師에게 가서 師事하고 돌아올 때 가져온 경이다. 이 경의 길이는 布尺으로 반 자쯤 되고 너비는 4寸쯤 되는데, 그 빛깔은 희고 무늬와 결은 마치 자작나무 껍질과 같으며 두께도 그와 같다. 한 잎에 6~7行씩 梵字가 쓰여졌고 細字가 쓰여진 것까지 합하면 모두 천여 잎이나 되는데, 위아래 두 군데에 구멍을 뚫고 실로 꿰맸으며, 겉에는 양쪽으로 나뭇조각을 대어 꼭 끼워 놓았다." 이규경,「釋典總說」,『오주연문장전산고』경사편 3, 석전류 1, 釋敎·梵書·佛經에 대한 辨證說 附 釋氏雜事.

210 元天錫,『耘谷行錄』卷1, 詩.

211 吳光運,「家藏書畵記」,『藥山漫稿』卷16, 記.

212 南有容,「妙吉詳 觀懶翁畵 如來 石眞」,『雷淵集』卷7, 詩.

213 나옹은 西養歌도 지었다고 한다.普濟 心如(1828-1875),「普濟講伯傳」,『山志錄』부록『한국불교전서』12책, 278쪽, "懶翁作西養歌."

214 이색,「나옹 스님 게송 3수 뒤에 붙임」,『나옹록』선림고경총서 22, 장경각, 1992.

의 시 2수가『동문선』에 실려 전하고 있다.[215]

(4) 의식집과 진영

나옹은 생불로 여겨졌을 정도로 불교계의 거목이었고 입적 후인 조
선 초에도 그 위상이 계속되었음은 다음의 기록으로 알 수 있다.[216]

> 전 서운관 승(書雲觀丞) 김협을 보내어 대내전(大內殿) 다다량덕웅(多多良
> 德雄)에게 보빙(報聘)하게 하고, 대장경 1부(部), 나옹 화상(畫像)·중종(中
> 鍾) 1건(件), 홍묵전모(紅墨氈帽)·호표피(虎豹皮)·암수 염소[雌雄羔] 2쌍(雙),
> 발합(鵓鴿) 5대(對), 안자(鞍子) 1면(面), 화(靴)·혜(鞋)·송자(松子)·화석(花
> 席)·주포(紬布)·면포(綿布)를 주었다.[217]

일본 대내전의 사자 주정 등이 예궐하여 하직하니 임금이 정전에 나

---

215 『동문선』 권17, 七言律詩, 「警世」는『나옹화상 게송』「경세 5수」 가운데 1수 후반과 2
　　수와 3수이고『동문선』 권21, 七言絶句, 「警世」는『나옹화상 게송』「경세 5수」 가운
　　데 4수와 5수이다. 참고로 나옹이 무학에게 준 게송은『나옹화상 게송』에「무학」,
　　『계월헌』,「송무학」 3편이 실려 있다. 그 가운데「송무학」은 무학의 비문에 1356년 여
　　름, 무학이 귀국하기 위해 나옹에게 작별인사를 하였을 때 懶翁이 편지 한 통을 써
　　주고 전송하면서, "날마다 움직이는 전체적인 기틀과 세상살이는 다르다. 그러므로
　　착함과 악함, 성스러움과 간사함을 생각하지 말고, 인정이나 의리도 따르지 마라.
　　말하고 기를 뱉는 것을 마치 화살의 끝이 마주 버티고 있는 것같이 하고, 구절과
　　뜻이 기틀에 맞는 것은 물이 물로 돌아가는 것같이 하라. 한 입으로 손님과 주인의
　　구절을 삼켜버리고, 몸으로 부처와 祖師를 꿰뚫어 흡수시켜라. 갑자기 떠난다 하
　　니, 偈頌으로 전송하겠다."라고 하면서 내린 偈頌이다. 변계량, 「묘엄존자탑명」,『동
　　문선』 권121, 비명.
216 『태조실록』 권2, 1년 9월 21일(기해) ;『태종실록』 권10, 5년 11월 21일(계축).
217 『태종실록』 권16, 8년 8월 1일(병자), "遣前書雲觀丞金浹 報聘于大內多多良德雄 賜
　　以大藏經一部 懶翁畫像 中鍾一事 紅墨氈帽 虎豹皮 雌雄羔二雙 鵓鴿五對 鞍子一
　　面 靴鞋 松子 花席 紬布 綿布."

아가 불러보고 위로하였다.『대장경』1부, 보리수 엽서 1엽, 나발 종경 각 1개와 조사의 초상과 나옹의 화상(畫像)을 특별히 하사하였으니 덕웅의 청구에 따른 것이었다.[218]

중 상강을 의금부에 가두다. 상강(尙强)의 당제 중 적휴(適休)가 그 무리 신내 등 9인과 같이 평안도 묘향산에 살았는데 뗏목을 타고 압록강을 건너 도망하여 요동으로 들어가 도사에게 글을 올리기를…빈도는 돈 한 푼도 없고 다만 법보인 정광여래의 사리 두 개와 본국의 왕사 나옹 화상(懶翁 和尙)의 사리 한 개를 모셔와 이를 바치나이다.[219]

위의 기록들에 의하면, 조정에서 왜의 요구로 대장경 등 여러 물품을 하사하였다는 내용이다. 그 가운데에 나옹의 화상이 포함되어 있다는 것이다. 세종 대에 승려 상강(尙强)이 중국으로 밀입국하여 법보를 바쳤는데 그가 바친 법보에는 나옹의 사리가 포함되어 있었다.

이렇듯 나옹의 화상과 사리가 일본이나 중국에서 주목할 정도로 위상이 높았다. 조선 후기에도 마찬가지다.[220] 『제반문』 조사공양문조에 의하면, 나옹과 무학이 봉양 대상이 되었음을 알 수 있고[221] 17세기 말

---

218 『태종실록』 권17, 9년 윤4월 26일(무진), "日本 大內殿使者周鼎等 詣闕辭 上御正殿 召見而勞之 且別賜大藏經一部 普提樹葉經 一葉 螺鉢鍾磬各一事 祖師眞 懶翁和尙 影子 從德雄之求也."

219 『세종실록』 권12, 3년 5월 19일(경진), "囚僧尙强于義禁府 强堂弟僧適休與其徒信乃 等九人住平安道 香山 乘桴渡鴨綠江 逃入遼東 上書于都司曰…貧道片無錢物 惟陪 法寶定光如來舍利子二枚 本國王師懶翁和尙舍利子一枚進獻."

220 이에 대해서 좀 더 자세한 사실은 다음의 논저를 바람. 황인규, 앞의 책, 1999.

221 『諸般文』祖師供養文條.『한국 불교의례 자료총서』 2, 보경문화사, 1993, 2~527쪽. 지공·나옹·무학의 삼화상이 중요 고승으로 인식된 예는 다음의 詩에서도 찾아진다. 趙秀三,「六祖師像」,『秋齋集』卷2, 詩.

엽부터 18세기 초엽에 지어진 『선문 조사 예참문』을 비롯한 불교 의식집에서도 나옹은 스승 지공과 그의 문도 무학과 함께 삼화상으로 숭앙되었다.[222] 이러한 것은 18세기 초반에 지어진 『범음집』을 비롯한 불교 의식집에서도 마찬가지다. 1824년 본의 『조상경』에도 나옹이 지공·무학과 함께 증명 법사로서 숭앙되었으며,[223] 오늘날 불교 의식에서도 사용되고 있는 『석문의범』에서도 삼화상으로서 그 위상이 돋보인다.[224]

이상에서 살펴본 바와 같이 나옹은 스승 지공과 문도 무학으로 이어지는 삼화상으로서 의식집에서 숭앙을 받았다. 뿐만 아니라 나옹은 각 사찰에서 진영으로 봉안되어 존경을 받았다. 그러한 사실을 살펴보면 다음과 같다. 나옹의 진당(眞堂)은 명산과 복지(福地)에는 어디에나 있다고 했으므로,[225] 각 사찰에 많이 봉안되었을 것이다.

고려 말 나옹의 입적 직후 거제 우두산 견암,[226] 청주 용자산 송천사,[227] 영감암에도 나옹의 진영이 봉안되었다.[228] 조선 후기 1694년(숙종 20) 승려 승민이 신륵사에서 지공·나옹·무학 등 삼화상의 영정을 모사

---

222 1610년과 1670년에 지어진 『禪門祖師 禮懺文』과 1694년에 지어진 『禪門祖師 禮懺文 藏話』에서도 신라의 9산 선문의 조사와 知訥을 기록한 후에 여말 선초의 고승으로 지공·나옹·무학을 숭앙하고 있다. 불교 의식집의 간략한 소개는 서종범, 「나옹 선풍과 조선불교」, 『가산 이지관 화갑기념논총 한국불교 문화사상사』 상(1992)을 참조하기 바람.

223 華嶽 知濯, 「證明位目」, 『造像經』: 『한국 불교의례 자료총서』 3, 보경문화사, 1993, 3~365쪽, "證明法師普濟尊者懶翁大和尙 證明法師提納薄陀尊者指空大和尙 證明法師妙嚴尊者無學大和尙."

224 安震湖, 『釋門儀範』, 大禮 懺儀文, 「三和尙 巨木」, 1935.; 安震湖, 『釋門儀範』 下, 「袈裟通門佛」, 1935.

225 李穡, 「淸州 龍子山 松川寺 懶翁眞堂記」, 『동문선』 권76, 기.

226 李穡, 「巨濟縣 牛頭山 見菴禪寺重修記」, 『동문선』 권75, 기.

227 李穡, 「淸州 龍子山 松川寺 懶翁眞堂記」, 『동문선』 권76, 기.

228 『涵虛堂得通和尙 語錄』: 『한국불교전서』 7, "供養五臺諸聖 詣靈鑑菴 薦羞懶翁眞影信宿其菴."

하여 남지장사에 봉안하였고,[229] 1803년(순조 3) 묘적암에 나옹의 진영이 조성되어 봉안되었다. 그 무렵인 순조 30년까지 승주 송광사에 나옹과 지공·무학의 삼화상의 탱화가 봉안되어 있었다고 한다.[230]

그 외에 성천 법흥산 법흥사,[231] 장단 화장사,[232] 석왕사,[233] 금강산 백화암 수충각,[234] 남양주 불암사 칠성각[235]과 양산 통도사 삼성각,[236] 승주 선암사 팔상전(국사전) 등 사찰에도 삼화상 진영이 봉안되어 있다.

무엇보다도 나옹의 진영은 나옹의 입적처와 중창 사찰인 신륵사와 회암사가 중요하다. 문인 이색이 지은 「보제존자 진당시병서」에 의하면

---

229 전통사찰 관광정보(http://www.koreatemple.net/) ; 李萬敷, 「南長寺 事蹟記」, 『息山集』 卷17, 記.

230 鏡巖 慣拭, 「松廣寺 事蹟」, 『曹溪山 松廣寺 事蹟』, "高麗恭愍王 以懶翁封爲王師 而謂松廣寺 爲東方第一道場 仍命居之 故來住行解堂 爲國上祝 移住檜巖之時 以衣鉢付于無學 故妥安指空懶翁無學三和尙影幀 至今奉香 逮至中年道光庚寅."

231 조선 후기 지리지류인 『서경총람』의 내용 가운데 성천 법흥산 법흥사에 봉안되었던 여말선초의 삼화상인 지공·나옹·무학의 영정에 모두 체발은 하였으되 수염은 그대로였다."라는 기록이 찾아진다. 실명씨, 「遊東明都記」, 『西京摠覽』: 한국 향토사연구회 전국협의회, 『향토사연구』 12, 2000. 133쪽 ; 심경호, 『김시습 평전』, 돌베개, 2003 ; 황인규, 「청한 설잠의 승려로서의 불교계 활동과 교유 인물」, 『한국불교학』 40, 한국불교학회, 2005 ; 황인규, 『고려 말 조선 전기 불교계와 고승 연구』, 혜안, 2005.

232 조선총독부, 『조선사찰사료』 상. 85쪽.

233 梵海, 「無學王師傳」, 『東師列傳』, 正文社, 1991, 63쪽, "庚寅作塔銘 建指空懶翁無學三尊者院宇釋王寺 額曰釋王祠."

234 梵海, 『東師列傳』 卷2, 泗溟尊者編, 「白華庵 影閣 新建記」 ; 『楡岾寺本末寺誌』 479쪽, "金剛山白華菴建酬忠閣 指空懶翁無學三和尙左西山右四溟五幀." ; 李象秀(1820~1882), 김동주 편역, 「東行山水記」, 『금강산 유람기』, 전통문화연구회, 1999. 357쪽. 19세기 어느 선비의 기행문에도 백화암에 나옹과 무학의 영정이 봉안된 사실을 기록으로 남기고 있다. 지은이 미상, 조용호 옮김, 『19세기 선비의 의주·금강산 기행—金剛日記 附 西遊錄』, 삼우반, 2005, 118쪽, "암자에는 청허당과 四溟堂과 無懶의 畵像을 안치하고 있는데 사명당의 골격은 영특하고 늠름하여 존경심을 불러 일으켰다."

235 사찰문화연구원, 『전통사찰—인천·경기도 사찰 II』, 1995.

236 가람문화연구소, 『한국 불화기집』, 1995, 234쪽 참조.

나옹의 입적 직후 신륵사에는 선각진당을 짓고 나옹의 진영이 봉안되었다고 한다.[237] 그리고 양주 회암사 진영은 그를 포함한 삼화상 진영이 영성전에 봉안되어 있었다고 한다.[238] 조선 후기인 순조 때 1821년(순조 21) 삼화상의 부도와 비가 수난을 당해 1828년 조정에서 다시 부도와 비를 만들어 세우고 이를 지키는 암자를 지을 때[239] 다시 삼화상 진영이 봉안되었다.

그리고 조선시대 한성의 랜드마크라고 할 남산 국사당에 나옹과 무학의 진영이 봉안되어 춘추로 제사를 지낸 바 있다.[240] 석왕사에서도 삼화상의 초상을 봉안하고 국가에서 춘추로 제사를 지내도록 하였다.[241] 이처럼 삼화상의 진영이 각 사찰 등지에 봉안된 것은 조사 신앙에서 비롯된 것이지만 삼화상(지공·나옹·무학)의 드높은 위상 때문이었다.[242]

---

237 李穡,「神勒寺 大藏閣記」,『조선금석총람』상 ;「四郡山水跨」,『石泉遺稿』卷1 ; 경기도,『기내사원지』, 1988. 현재 祖師堂에 봉안하였다가 최근에는 극락보전에 봉안되어 있다(보물 제180호).
238 경기도,『기내사원지』, 1988.
239 『순조실록』권24, 21년 7월 23일(신미).
240 『漢京識畧』, 木覓神祀條, 細註;"南山頂有國祠堂 則木覓神祀 祀中 有畫像 俗稱僧無學像 每於春秋木覓神祠時 祠中畫像 則移于池閣." 國祠堂은 일제가 일본의 神宮을 남산에 지으면서 현재 서울시 서대문구 현저동 仁王山 부근 선바위 아래로 옮겨졌다. 현재 중요민속자료 제28호로 지정된 국사당 안에는 我太祖 3점과 懶翁과 더불어 무학의 진영이 포함되어 있다. 황인규, 앞의 책, 1999.
241 『정조실록』권32, 15년 5월 6일(경진).
242 나옹 관련 의식집과 진영 이하 부분은 필자가 이미 무학과 관련해 서술한 내용(황인규, 앞의 책, 1999) 가운데 나옹과 관련된 부분을 정리하였다. 내용이 대동소이하다. 대부분 나옹이 그의 제자 무학과 관련해 나온다. 따라서 주체가 무학에서 나옹으로 바뀌었을 뿐 중복적인 성격이 강하다. 이 부분을 생략할까 생각도 하였지만 나옹의 흔적과 관련해 별로 다루어지지 않은 듯하고 일부 내용을 추가하고 나옹의 전체적인 이해를 위해 덧붙였다. 독자의 오해가 없기를 바라마지 않는다.

4) 나가는 말

　이상으로 나옹의 불교계 행적과 유물·유적에 대하여 살펴보았다. 나옹은 목은 이색과 같은 고향인 영덕에서 태어나 고려 말뿐만 아니라 한국 문화사에 있어서 거목이 되었다. 이 두 인물은 당대는 물론이고 현재까지 정신문화의 주류인 불교계와 성리학계를 대표하는 위상을 지니고 있다.

　그는 8세에 인도승 지공으로부터 보살계를 받았고 후에 그의 대표적 계승자가 되었다. 1344년 양주 회암사에 머무르다가 1348년 원나라에 가서 10년간 머물면서 스승 지공과 제자 무학과 삼화상의 연을 맺었다. 그런데 원에서 고승들과 만남에서 바로 잡아야 할 사실들이 있다. 정자선사(淨慈禪寺)의 몽당을 만난 것이 아니라 정자선사의 몽당에 거주하는 노스님을 만난 것이라고 보아야 한다. 설창과 오광 두 인물을 만난 게 아니라 임제종 고승 동서 덕해의 문도인 설창 오광을 만난 것이다.

　나옹의 행장이나 비문에는 없지만 그의 문도인 무학이나 지천의 비문에 의하면, 나옹과 관련 사실을 추가할 수 있다. 나옹이 그의 문도 무학과 지천을 법원사에서 만났고, 특히 무학은 서산 영암사에서 조우하였고, 귀국 직전 작별하면서 글을 주었다는 사실이 기록되어 있다.

　나옹은 1360년 귀국 후에도 중국 임제종 고승 고담(적조 현명)과 교류했다. 공민왕 대 초반 월담 심 선사를 중국의 고승 천암 원장에게 보내는 등 그의 문도들이 유학을 가게 하였다. 그리고 무학의 비문에 의하면, 나옹이 귀국 후 천성산 원효암에서 머물렀던 사실 등을 추가할 수 있다.

　알려진 바와 같이 나옹은 스승 지공의 유골이 고려의 수도 개성에 도착하면서 주목을 받았다. 그리하여 전국 불교계가 참여한 가운데 시험을 주관하고 얼마 후 왕사로 책봉되어 최대 사찰인 송광사의 주지로 있으면서 그 세력을 업고 회암사를 중창하였다.

회암사는 그의 스승 지공이 인도의 날란다사와 같다고 하여 중창을 당부한 것을 실행에 옮기고자 하였으나 1차 공사가 끝난 기념식에서 전국의 사람들이 너무 많이 모여들자, 이를 염려한 정부와 유생들에 의해 밀양 영원사로 추방하였다. 나옹은 가는 도중 배가 아파서 신륵사에 머물다가 입적하였다고 하였으나 사실은 주살된 것이다. 나옹의 순교는 조선 초 천태종 고승 행호와 조선 중기 선종 고승 허응 보우, 조선 후기 화엄 선종 고승 환성 지안으로 계승된다.

나옹의 순교를 추념하는 행사는 전국의 명산대찰에서 이루어졌는데, 나옹의 문도들은 금강산, 치악산, 소백산, 사불산, 용문산, 구룡산, 묘향산, 천보산 등 나옹의 유력지와 교화처에서 그의 사리를 봉안하고 아침저녁으로 그의 화상에 향화를 올리면서 추념하였다고 한다.

그 가운데 신륵사와 회암사가 가장 중요하다. 그의 친구인 이색이 회암사는 붓다가 법을 펼친 기원정사와 같고 신륵사는 붓다의 입적처인 사라쌍수와 같다고 한 것은 시사하는 바가 크다. 그의 순교 7년째 되는 1383년에 묘향산 안심사에서 그의 스승 지공과 나옹에 대한 대대적인 추념 행사가 열리는 등 절정에 달하였다. 특히 그의 상수제자인 무학이 회암사에 지공과 나옹, 자신의 부도와 비를 세움으로써 원나라 법원사에서 맺어진 삼화상의 인연의 결실을 맺게 된다. 회암사는 나옹과 그의 스승 지공과 제자 무학 삼화상의 대표적인 도량이며, 나옹의 유물과 유적은 전국의 명산대찰에 남아 있게 된다.

나옹과 관련된 유물 유적은 전각·불상·탑·부도·비 등 성보문화재와 수도처 등이 전국에 걸쳐 전해지고 있다. 나옹은 고려 말 삼화상으로서, 그리고 지공과 무학과 더불어 증명 법사로서 그의 위상에 걸맞게 관련된 사찰들이 적지 않다. 나옹의 행적상 가장 중요한 사찰은 그의 출가 사찰인 묘적암, 득도 사찰이자 삼화상 도량인 회암사, 원에서의 삼화상의 인연처인 법원사, 공부선 실시 도량인 광명사일 것이다. 그 외 오대산 상두암, 해주 신광사, 구월산 금강암, 금강산 정양암, 춘천 청평사 등의 사찰도 유명하다.

이러한 사찰 외에도 한 기문에 의하면, "스님의 석장이 신광·원적·노골·청평·오대로 옮겨 송광에 머무르고, 송광으로부터 회암, 회암에서 서운·길상 등 여러 산을 거친 뒤 다시 회암에 머물러 있었다."라고 하여 나옹이 전국적으로 유력하면서 수행 및 포교했음을 알 수 있다. 이러한 곳 외에 지리산, 묘향산, 서경(평양) 이북 등도 유력했는데, 전국에서 그와 관련된 사찰들을 상당수 찾을 수 있다.

기록에 의하면 나옹이 창건하거나 중창한 사찰은 30여 소에 지나지 않으며, 그것도 자료적 근거가 희박한 경우도 있어서 앞으로 정치한 연구가 뒤따라야 할 것이다. 나옹은 금강산 삼불암과 묘길상 등 불상들을 조성하기도 하였고 나옹대 등 그가 수도하던 바위와 누대가 있었다. 그가 수행 도구인 나옹의 유물은 법복·법기·불자·주장·좌구 등이 대표적인 유물로 남아 있고, 나옹이 수행하면서 쓴 지팡이와 그가 심은 나무는 다른 유물에 비해 많은 편이다.

나옹의 부도와 탑의 조성은 그의 문도들에 의하여 전국적으로 이루어졌고 전국의 각 사찰에 그의 진영이 봉안되어 예불의 대상이 되었다. 이는 나옹의 위상이 보우보다 매우 컸고, 실제로 나옹은 지공과 더불어 생불이나 석가의 화신으로 추앙될 정도였다.

이러한 나옹의 위상은 조선 왕조의 건국 후에도 지속되어 조선 전기 불교계는 나옹의 문도들이 주도하게 되었다. 불교계에서는 나옹의 스승 지공과 제자 무학이 가장 영험이 큰 증명법사로서 존경받았고, 현재까지 계승되고 있다.

결국 나옹 혜근이야말로 한국 불교계의 최고의 순교승이라고 하겠으며, 태고 보우, 백운 경한과 더불어 여말삼사이자 스승 지공 선현, 제자 무학 자초와 더불어 여말선초의 삼화상이다. 나아가 나옹은 불교계 최고의 고승인 삼화상으로서 우리 불교와 문화의 수호자였다.

2. 여말선초 삼화상의 위상과 추념

1) 들어가는 말

한국 불교가 전래된 이후 수많은 고승이 불교의 가르침에 따라 불법의 진리를 펼쳐 불교 정신을 토대로 한 생활 문화를 정착시켰다. 그 가운데 두각을 나타낸 고승 세 분을 삼화상이라고 한다. 고대 이래 근현대까지 삼화상이라고 존경해 마지않는 고승들은 많다. 삼화상은 불교계에 매우 큰 업적을 남긴 세 명의 스님을 부르는 말이며, 한국 불교사 속에서 삼화상은 적지 않다.[243]

한국 불교계의 삼화상은 고대의 원효(617~686)와 의상(625~702), 윤필거사 등이 있고, 고려시대 국가에서 원효를 화쟁 국사, 의상을 원교 국

---

[243] 삼화상에 관한 사항은 다음을 참고하기 바람. 가산불교문화연구원, 『가산불교사림』 13, 2011, '삼대화상.'

사라 칭하며 2대 성인이라 하였고,[244] 여기에 선각 국사 도선을 덧붙여 삼화상이라 할 수 있고, 국가 추념 삼화상이라고 할 만하다.[245] 또한 조계종의 종조 도의 국사(783~821)와 중천조인 보조 국사 지눌(1158~1210), 중흥조인 태고 보우(1301~1382)도 삼화상으로 간주할 수 있다. 조선시대에 순교하였던 초기의 천태종 고승 행호와 중기의 허응 보우(1515~1565), 후기의 화엄강백 환성 지안(1664~1729)은 순교 삼화상,[246] 근대 비구니 3대 강백이라 불리는 금룡(1892~1965)과 혜옥(1901~1969), 수옥(1902~1966)은 근현대 비구니 삼화상이라고 하겠다.[247]

한국 불교사에 있어서 가장 돋보이는 삼화상은 여말선초기에 활동하였던 지공·나옹·무학이라고 생각한다. 그들은 한국 불교 역사상 최대의 억불 탄압 운동이 가속화되던 시기에 불교 중흥을 위해 노력을 아끼지 않은 고승들이기 때문이다.[248]

그동안 여말선초 지공과 나옹, 무학의 삼화상에 대한 연구는 대부분 개별적으로 천착되었을 뿐 삼화상이라는 차원에서 접근된 논고는 거의

---

244 『고려사』 권11, 숙종세가 6년 8월 4일(계사), "詔曰 元曉義相 東方聖人也 無碑記諡號 厥德不暴 朕甚悼之 其贈元曉大聖和靜國師 義相大聖圓敎國師 有司卽所住處 立石 紀德 以垂無窮."

245 황인규, 「선각 국사 도선의 종풍 계승 및 전개」, 『한국선학』 20, 2008 ; 황인규, 『고려시대 불교계와 불교문화』, 국학자료원, 2011 ; 황인규, 「서산 대사의 승군 활동과 조선 후기 추념 사업」, 『불교사상과 문화』 1, 중앙승가대학교 불교학연구원, 2009 ; 황인규, 앞의 책, 혜안, 2011.

246 황인규, 「조선 전기 천태고승 행호와 불교계」, 『한국불교학』 35, 2003 ; 황인규, 앞의 책, 2005 ; 황인규, 「한국불교사의 순교승」, 『불교평론』 34, 재단법인 만해사상실천선양회, 2008년 봄호 2008. 3 ; 황인규, 앞의 책, 2011.

247 황인규, 「근현대 비구니와 불교정화운동」, 『불교정화운동의 재조명』(불교사 연구총서 2), 대한불교조계종 불학연구소, 조계종출판사, 2008.

248 필자는 무학을 중심으로 여말선초 불교, 나아가서 고려 후기 조선 전기 불교사를 조명해 왔으며, 조선시대 불교계의 고승과 사찰 등을 주제로 선정하여 천착하고 있다.

찾아지지 않는다.[249] 이에 본고는 그간의 필자의 연구성과를 바탕으로 제 문집류에 나타난 관련 제 기록을 검토하여 지공·나옹·무학의 삼화상의 조선시대의 위상과 추념에 대하여 살펴보고자 한다.[250]

2) 조선 초기 무학과 삼화상 계보

조선 건국 직후 조계종 고승 무학은 태조의 탄신일인 10월 11일 왕사로 책봉되었다.[251] 그만큼 태조와 특별한 관계에서 나온 것이다. 고려 태조가 도선의 도움으로 나라를 개국한 것같이 조선 태조도 무학의 도움을 받아 창업하였다고 평가되고 있다.[252] 태조 왕건이 해동 무외사를 두고 도선의 문도 여철(如哲)의 국가 비보사상이나 천태종 능긍(能兢)이 회삼귀일(會三歸一)로 나라를 다스리고자 한 정신을 계승한 것이라고 생각된다.[253]

무학은 불교계의 5교 양종의 모든 승려들이 참여한 가운데 왕사 취임 시 불교계 전체의 화합을 주창하면서 태고 보우가 왕사로 책봉될 때 그랬던 것처럼, 불교의 자비가 유교의 인과 같다고 유불 일치를 강

---

249 그동안 지공·나옹·무학에 관한 대표적인 연구를 소개하면 다음과 같다. 허흥식, 『지공, 동방의 등불』 일조각, 1997 ; 殷玉明, 『指空 : 最後一位來華的印度高僧』, 四川 巴蜀書社, 2007 ; 염중섭(자현), 『한국 선불교의 원류 지공과 나옹에 대한 연구』, 불광출판사, 2016 ; 김효탄, 『고려 말 나옹의 선사상 연구』, 민족사, 1999 ; 황인규, 『무학 대사 연구―여말선초 불교계의 혁신과 대응』, 혜안, 1999 ; 황인규, 『마지막 왕사 무학 대사』, 밀알출판사, 2000.

250 본고는 불지사·한국정토학회 제20차 학술대회 '僧寶信仰의 再照明'(佛紀 2560. 4. 25 중앙승가대 자비관 4층 대강당)에서 발표한 원고를 정제한 것이다.

251 변계량, 「묘엄존자탑명」, 『동문선』 권121, 비명.

252 淸虛 休靜, 「雪峯山 釋王寺記」, 『한글대장경』 151(청허당집 삼가귀감) : 『조선사찰사료』 하, 함경도.

253 황인규, 「선각 국사 도선의 종풍 계승 및 전개」, 『한국선학』 20, 2008 ; 황인규, 「여말선초 천태종승의 동향」, 『천태학연구』 11, 대한불교천태종 총무원 원각불교사상연구원, 2008.

조하였다. 불교의 영아행(嬰兒行)을 말하면서 『서경』의 백성을 갓난아이 (赤子)처럼 보호하라는 것도 유불 일치의 표현이었다. 그러면서 백성을 갓난아기처럼 보호하듯(嬰兒行) 정치를 베풀라고 하였다. 문인 춘정 변 계량은 "착하신 임금은 용이 하늘에 날고 왕사께서는 부처가 나오셨 네."254라고 찬사를 아끼지 않았다.

조구는 천태종계를 대표해서 1394년 9월 국사로 책봉되었고 이듬해 인 1395년 11월에 입적하였으나, 무학은 태조의 양위 후에도 상왕·태상 왕 태조의 왕사로 재임했었다.

무학은 조선 건국 직후인 1392년 10월에 왕사로 책봉된 후 한 달 남 짓 동안 개경에 머물렀으며 태조 재위 시에는 대부분 회암사에서 머물 렀다. 무학은 개경에 머물면서 스승인 지공과 나옹의 괘진·탑명·조파 를 태조에게 주청하여 허락받고, 1393년 9월 9일 광명사에서 나옹의 괘 진 불사를 하였다. 그 후 회암사에 머물면서 스승인 지공과 나옹의 부 도에 탑명을 새겼다.255 뿐만 아니라 그 해 6월 25일 조파를 확정하고『불 조종파지도』를 중간하였다. 이러한 사실은 채영(采永)이 지은『해동 불 조원류』 발문에도 다음과 같이 기술되어 있다.

나옹의 법통을 이은 무학이 (조사의 계보가 없음을) 심히 부끄럽게 여기고 전등(傳燈)의 순서를 족자(簇子)에 실어서 전했던 사실이 국초에 있었다. 이때문에 불교에서 비롯된 심인은 지공과 나옹을 거쳤으며 후에 우리 (계보에 속한) 월저 대사는 족도로 중간하면서 본조에 대해서 태고에서 기 원하여 완허 송운에 이르렀다고 적고 있다.256

---

254 변계량, 「묘엄존자탑명」, 『동문선』 권121, 비명.
255 황인규, 「무학자초의 홍법활동과 회암사」, 『삼대화상 연구논문집』 2, 1999.
256 獅巖 采永, 『海東 佛祖原流』, 『한국불교전서』 10, "肆昔懶翁法嗣無學祖師 深用悶

이와 같이 무학은 조사의 계보가 없음을 매우 부끄럽게 여겨 지공과 나옹을 잇는 한국 불교의 법맥을 세웠던 것이다. 『불조종파지도』는 현재 전하지 않고 있으나 조선 후기 월저 도안이 증보하여 간행된 것이 전하고 있다. 본래 무학이 지은 『불조종파지도』에는 평산 처림까지의 계보를 싣고 나옹을 그 아래에 붙여 실음으로써 나옹이 법맥을 이은 것으로 정리하였다.

조선 중기에 확립된 법맥에 의하면, 태고 보우의 문도가 조선 전기 불교계의 주류를 이룬 듯 알려져 있지만, 나옹 혜근의 문도(손), 특히 무학의 문도들에 의해 주도되었다. 조선 초에 고려 말 불교계를 대표하는 태고 보우보다는 나옹의 위상이 더 높았다.[257] 즉, 태종 대 왜의 요구로 대장경 등 여러 물품을 하사하였을 때 그 물품 가운데 나옹의 화상이 포함되어 있었다거나[258] 세종 대 승려 상강이 중국으로 밀입국하여 바친 법보에 나옹의 사리가 포함되어 있었다는 것이 그 단적인 사례다.[259] 역사상 초유의 억불 시책을 단행하였던 태종도 "우리나라에 지공, 나옹 이후에는 내가 보고 아는 바로는 한 사람의 승려도 도에 정

然 刊出傳鉢之源流次第付諸簇子 以傳之 而事在國初 故肇於佛祖 止於指空懶翁 其後我月渚大師 重刊簇圖 始及本朝 而起於太古 至於玩虛松雲."

257 『태조실록』 권2, 1년 9월 21일(기해), "大司憲南在等上言曰…恭愍王歲開文殊會 以普虛懶翁爲師 普虛懶翁俱有舍利 無救於亡."；『태종실록』 권10, 5년 11월 21일(계축), "議政府上書 請革寺社田口時…恭愍王事佛尤勤 初以普虛爲師 後師懶翁 作雲庵寺 常養百僧 修演福寺歲設文殊會 普虛懶翁 俱有舍利號 稱得道 無救恭愍之禍 恭讓之事佛 亦非不動 卒以亡國 禪補祝釐之說 固非可信 然行之已久."

258 『태종실록』 권16, 8년 8월 1일(병자), "遣前書雲觀丞金浹 報聘于大內多多良德雄 賜以大藏經一部 懶翁畫像中鐘一事."

259 『세종실록』 권12, 3년 5월 19일(경진), "囚僧尙强于義禁府 强堂弟僧適休 與其徒信乃等九人 住平安道香山乘桴渡鴨綠江 逃入遼東 上書于都司 曰 …貧道片無錢物 惟陪法寶定光如來舍利子二枚 本國王師懶翁和尙舍利子一枚進獻."

통한 바가 없었다.ˮ²⁶⁰라고 하였다. 나옹의 스승 지공에 대하여 "불도가 비록 영험이 있다고 하더라도 지공이 없는데, 어찌 그 효험이 있겠느냐."²⁶¹라고 하였으며, "지공과 같은 승려면 어찌 존경하여 섬기지 않을 수 있겠는가."²⁶²라고 하였다.

무학은 광명사(廣明寺)에서 나옹의 괘진 불사(掛眞佛事)를 하였으며, 무학의 비문에 나옹을 지공과 평산의 계승자로서 찬하고 있다. 무학이 그러한 나옹의 적통을 이었다고 무학의 비문 찬술자는 다음과 같이 밝혔다. 즉, "사(師)의 도 우뚝히 높으심이요, 보통 생각할 바가 아니다. 선각의 적통이요, 태조의 스승이었다."²⁶³ 이렇듯 무학은 지공·나옹으로 이어지는 삼화상의 계보를 확정하였을 뿐만 아니라 이를 통하여 불교계를 정비하고자 하였다. 지공과 나옹의 법통을 잇는 계보를 공식화한 것이다.

무학은 태조 양위 후 이성계의 청으로 회암사에 다시 9개월 정도 머물렀다. 그 기간 동안 이성계가 회암사를 중창하였는데,²⁶⁴ 무학의 뜻에 따른 것이다. 무학은 1394년 3월 3일 회암사에서 지공과 나옹의 부도에 탑명을 새겼다. 지공과 나옹의 부도는 고려 말에 세워졌던 것인데, 그때 무학이 왕에게 주청하여 탑명을 새겼다. 삼화상(三和尙)의 부도와 비

---

260 『태종실록』 권30, 15년 7월 8일(계묘), "我國自指空懶翁之後 予所見智者無一僧精於其道者."
261 『태종실록』 권22, 11년 7월 15일(갑술), "舍利殿祈雨行香使玉川君劉敞 詣闕將受香 上日 宗廟社稷山川北郊畫龍土龍蜥蜴等祈雨 載諸禮文 宜擧行 若佛寺祈雨 古無其禮 況予前此祈雨於佛 略無其應 佛道雖驗 世無僧如指空者 安有其應 遂停之."
262 『태종실록』 권27, 14년 6월 20일(신유), "視事于便殿 上日…若指空則可不尊事耶 群臣皆日然."
263 변계량, 「묘엄존자탑명」, 『동문선』 권121, 비명.
264 『태종실록』 권3, 2년 6월 9일(신유).

가 회암사 북봉에 세워짐으로써 회암사는 지공·나옹·무학 삼화상의 요람의 틀을 갖추게 되었다. 그러한 삼화상의 위상이 확립된 것은 원의 대도에서 삼화상의 연이 시작된 지 50년 만이며, 이들을 계보로 한 불교계 세력의 재편이 이루어진 것이다.

이와 같이 조선 초에 지공·나옹·무학이 삼화상으로 불리며 추념된 이래 조선 전기도 마찬가지였다. 예컨대 "회암사는 동국의 대가람이다. 삼화상이 서로 이어 개산하였다."[265]라거나 "회암사는 우리나라의 큰 사찰로 삼화상 부도가 있는 곳이다."[266]라고 하였던 것이다.

조선 초의 문집류에서도 마찬가지다. 조선 초 문인 성임(1421~1484)도 삼화상의 삼사탑(三師塔)에 대하여 언급하였으며,[267] 문인 성현(1439~1504)이 지은 『용재총화』에서도 나옹으로 이어지는 법통을 서술하였다.[268] 승려 숭묵이 찬술한 듯한 『조원통록 촬요』에는 나옹이 부처의 화신으로까지 기록되었다.[269] 『동문선』에 태고 보우의 비문은 실리지 않고 지공·나옹·무학의 비문이 실려 있는 것[270]도 이러한 맥락의 반영이라고 생각된다.

---

265 金守溫(1410~1481), 「檜庵寺 重創記」, 『拭疣集』 卷2, 記類, "檜庵 東國大伽籃也 三和尙相繼開山."
266 金守溫, 「如來 現相記」, 『拭疣集』 卷2, 記類, "檜菴 我國之大刹 而三和尙浮圖之所在."
267 『신증 동국여지승람』 권11, 양주목 불우 회암사.
268 『용재총화』 권6.
269 고익진, 「조원통록 촬요의 출현과 사료 가치」, 『불교학보』 21, 1984 ; 허흥식, 『한국 중세 불교사연구』, 일조각, 1994, 369쪽.
270 이색, 「西天 提納薄陁尊者 浮圖銘」, 『동문선』 권119, 碑銘 ; 이색, 「普濟尊者 諡禪覺塔銘」, 『동문선』 권119, 碑銘 ; 변계량, 「묘엄존자탑명」, 『동문선』 권121, 비명.

3) 조선 후기 무학의 위상과 삼화상

조선 초기 이래 지공과 나옹의 문도, 특히 나옹의 상수제자인 무학
의 문도가 향후 조계종단을 이끌어갔다. 무학의 제자인 진산과 함허
기화 등으로 이어지면서 조선 초 불교계를 주도하였던 것이다.[271] 기화
의 문도로 학미가 있었는데, 학미의 제자가 바로 세조 대의 묘각 왕사
수미(생몰년 미상)[272]와 혜각 신미(생몰년 미상) 등이다. 신미(1405?~1482?)의
두 제자 학열(?~1484)과 등곡 학조(1431~1591)는 세조 대의 삼화상[273]라
불리면서 조선 중기 불교계를 주도하였다.[274]

이렇듯 조선 초 불교계는 무학과 그의 문도들이 주도하였으며, 나옹의
문도이자 무학의 도반인 고봉도 송광사의 중흥 및 정립에 앞장을 섰다.[275]

조선 후기에 이르러서도 나옹과 무학이 수선사 16국사와 더불어 송
광사 제17주지와 제18주지에 각기 추념되었다.[276] 비록 나옹과 무학이 국

---

271 황인규, 「무학자초의 문도와 그 대표적 계승자」, 『삼대화상 연구논문집』 3, 2001 ; 황
　　인규, 앞의 책, 2003.
272 栢庵 性聰(1631~1700), 「王師 妙覺和尙 碑銘」, 『조선사찰사료』 상.
273 『성종실록』 권161, 14년 12월 29일(무자), "臣曰 學祖在世祖朝與信眉學悅稱三和尙
　　世祖甚尊敬之."
274 이호영, 「승 신미에 대하여」, 『사학지』 10, 단국대, 1976 ; 황인규, 「세조 대의 삼화상
　　고−신미와 두 제자 학열과 학조」, 『한국불교학』 26, 2004 ; 황인규, 앞의 책, 2005.
275 황인규, 「수선사 16국사의 위상과 추념 : 송광사의 승보종찰 설정과 관련하여 試攷
　　함」, 『보조사상』 34, 2010 ; 황인규, 「한국 불교계의 삼보사찰의 성립과 지정」, 『보조
　　사상』 41, 2014 ; 황인규, 「송광사 16국사 고봉 법장과 18주지 무학 자초」, 『보조사
　　상』 43, 2015.
276 趙宗著(1631~1690), 「昇平 曹溪山 松廣寺 嗣院 事蹟碑」, 『조선금석총람』하, 일한인
　　쇄소, 1919 ; 大圓鏡, 「昇平 曹溪山 松廣寺 嗣院 事蹟碑」, 『해동불보』 3, 해동불보
　　사, 1941 ; 鏡巖 應允(1743-1804), 「松廣山 松廣寺記」, 『鏡巖集』 : 『한국불교전서』 10,
　　99~101쪽, "十六祖師影殿額曰慈蔭堂 以普照爲主壁 而眞覺淸眞眞明慈眞圓鑑慈靜
　　慈覺湛堂慧鑑慈照慧覺覺圓淨慧覺眞高峰十五祖師配享昭穆 竝懶翁無學 爲十八住

사의 범주에 들지는 못했지만, 환암 혼수 등 태고 보우의 문도와는 달리 18주지에 포함되었던 것이다. 이는 나옹과 무학의 위상이 그만큼 컸기 때문이다. 금강산과 묘향산 등의 산중 불교를 이끌었던 사찰 가운데 송광사와 대적할 만한 사찰이 없었다고 한다. 근대기 송광사에 머물렀던 용악 혜견(1830~1908)이나 금명 보정(1861~1930)도 송광사가 18국사의 도량이라는 사실을 강조하였다.[277]

송광사뿐만 아니라 안변 석왕사(釋王寺)도 왕실과 관련된 사찰로서 무학의 위상과 비례하여 부상되었다. 석왕사는 1424년(세종 6) 선교 양종 36사 체제 시 선종에 소속되어 토지 250결에 120명의 승려가 머무는 사찰이었다. 1470년(성종 1)에 운곡 천건이 명부전을 중창한 이래 조선 말까지 중창이 거듭되었다. 특히 임란 이후 제2의 건국 운동이라고 할 '국가 재조'가 활발히 진행될 때 태조 이성계와 더불어 무학의 위상이 다시 드높아졌으며, 무학의 스승 나옹의 위상 또한 제고되었다.[278]

청허 휴정이 지은 「석왕사기」에 의하면 "설봉산 토굴에서 수행하고 있던 무학이 해몽을 해달라고 찾아온 이성계에게 왕이 될 것이라 꿈을 풀었다."라는 사실을 강조하기도 하였다.[279] 함월 해원(1691~1770)은 그의

持至如臨鏡堂凌虛閣水石亭 特風流之最 不與此錄云爾."
277 龍岳 慧堅(1830~1908), 「登說法殿 十八國師道場」『龍岳堂 私藁集』:『한국불교전서』 11, 119쪽, "紫陌塵緣終不得 淩淩佛像古如今 眞如門入世情薄 吉樂臺登道味深 楓葉赤誇飄石壁 菊葩香吐透高林 故鄉千里未歸客 三日菴中又浪唫." : 錦溟 寶鼎 (1861~1930),『質疑錄』:『한국불교전서』 12, 373쪽, "然則金石史筆 不泯於磨崖 窆兆 金身 常住於層塚 且復眞覺以下 十五國師 相次繼席 奉勅辭院 奉勅住院 小無差忒 如是莫重之寶坊 如何私自遊方 隨意退席 況示滅之地 寂然無聞 猶如尋常凡僧之化 去也哉."
278 無竟 子秀(1664~1737), 「回門山 萬日寺 事蹟詞引」,『無竟集』 권2, 문, "麗季懶翁 竝出 助緣 漢初無學蓋二聖."
279 淸虛 休靜(1520~1604), 「雪峰山 釋王寺記」,『한글대장경』 151(청허당집 삼가귀감) ;『조

문집『천경집』에서 "땅은 신령스러운 구역을 숨겼고 산은 훌륭한 땅을
간직하였다. 강헌 성조(태조)는 용이 일어날 터에 잠저하였고 무학 국사
는 호랑이가 엎드린 땅에 안선하였다."[280]라고 하였다.[281]

숙종과 영조도 태조의 친필이라고 전해오던 각문(刻文)에 글을 덧붙
여 그러한 사실을 강조하였다. 특히 정조는 직접 비문을 지어 비를 세웠
으며,[282] 석왕사에서 무학을 봉향하도록 시호를 내리고 사액하도록 하였
다.[283] 무학이 1384년(우왕 10) 무렵 이성계를 만나 왕이 될 조짐이 있는 꿈
을 풀이해 주었다는 사실은『정조실록』에도 다시 특기되었다.[284] 이와 같이
조선 후기 왕실에서 "석왕사는 왕업이 일어난 곳."[285]이라고 강조하였으며
석왕사 토굴에 그의 초상을 봉안하여 춘추로 그곳에서 제사를 지냈다.[286]

선사찰사료』하, 함경도 ; 翠微 守初(1590- 1668), 「安邊 雪峰山 釋王寺 重修序」, 『翠
微大師詩集』 雜著, "釋王寺者 太祖願堂 無學禪社."

280 涵月 海源(1691-1770), 「釋王寺 大雄殿 上樑文」, 『天鏡集』 권하, 문, "地祕靈區 山藏
勝跡 康獻聖祖 潛邸龍興之基 無學國師 安禪虎伏之地."

281 涵月海源, 「釋王寺 五百羅漢 錦袈裟 改造記」, 『天鏡集』 권중, 문 ;『한국불교전서』9.

282 『영조실록』 권91, 34년(1758) 4월 17일(임신) ;『정조실록』 권31, 14년(1790) 8월 21일(기
사) ;『정조실록』 권32, 15년(1791) 4월 17일(신유).

283 雙荷子, 「敎諭書(釋王寺 寄本)」, 『朝鮮佛敎月報』 通卷 17號 2-6, 1913. 6. 25.

284 『정조실록』 권32, 15년(1791) 4월 17일(신유), "書御製碑于安邊釋王寺 咸鏡監司李文源
印進碑文 命地方官韓光綮 差使員趙槃加資 寺在安邊雪峰山 太祖夢興王之徵 就神
僧無學於土窟中釋其義 及卽位 建寺土窟之址 名曰釋王 有太祖手植松梨 又有肅宗
英宗兩朝御製碑 至是 上命竪碑其傍 以御製御筆 勒諸石."

285 『정조실록』 권32, 15년(1791) 5월 6일(경진).

286 『정조실록』 권31, 15년(1791) 4월 24일(임진), "禮曹判書徐浩修復命…浩修又啓 釋王寺
土窟舊址 有無學師小像 僧徒齊言 休靜惟政 以壬辰戰功 皆立祠賜額 無學 卽開國
元勳 而未有專享 願歸達天廳 移摸小像 仍奉於土窟 春秋以祀云 請依願許副 從之
仍命賜額之擧 依密陽表忠海南大芚寺例 大師之號 亦用兩寺之例 祀額曰釋王 師號
曰釋王 師號曰開宗立敎 普照法眼廣濟功德翊命興運大法師 宣額及致祭 自畿內定
差員 次次傳詣 令地方官擧行 造修又啓言 淮陽府義嶺德溟兩廟 卽新羅景德王時所
建 自高麗至我朝 皆降香祝 春秋以祀 而守直無人 一任荒無 請各置二人 從之 仍降
香祝于地方官致侑."

무학은 도선 국사와 비견되거나[287] 개국 원훈으로서 인식되었던 것이다.[288]

불교계에서도 고승 연담 유일(1720~1799)이 이러한 사실을 칭송하는 글을 남기는 등[289] 분위기는 더욱 고조되었다. 후술하는 바와 같이 불교계의 의식집에서 17세기 이후 무학은 스승 지공과 나옹과 함께 삼화상으로 부각되었다.[290] 화엄과 선학에 정통하였던 우담 홍기(1822~1881)는 "지금 송광사 16국사는 고려에서 나왔다. 우리 조선에 이르러 무학은 실로 태조 왕사이다."[291]라고 하여 송광사 16국사와 조선의 무학이 조선의 건국자 태조의 왕사였다고 무학의 위상을 제시하였다.

조선 후기에 지공·나옹·무학을 삼화상으로 존숭하였는데 3화상,[292]

---

287 『영조실록』 권35, 9년(1733) 8월 6일(갑술).

288 『정조실록』 권34, 16년(1792) 윤4월 24일(임진) ; 「傳令釋王寺 僧統」 壬子 5월 9일 씀 『編史』3 국사편찬위원회 1970. 6. 30 ; 『승정원 일기』 정조 16년 윤4월 24일(임진), "(徐)浩修日 臣於歸路 爲奉審御製御筆碑閣 歷入釋王寺 則土窟舊址 有無學大師小像 僧徒等齊請日 休靜惟政則以壬辰戰功 皆立祠賜額 無學卽開國元勳 而尙未有專享 實爲闕典 願歸達天聽 移摸小像 仍奉於土窟 春秋以祀云旣有休靜惟政已例 無學大師之宜得專享 誠如僧徒等所言 嘉善帖二十張 折衝帖二十張 成給地方官 措備祭器祭田 畫員及工匠 亦自內閣起送 擇日移摸粧軸後 仍安於土窟 許令春秋專享 恐合事宜 故敢此仰達矣." ; 『일성록』 정조 16년 윤 4월 24일.

289 蓮潭 有一(1720~1799), 「謹題御製 釋王寺碑 文後」, 『蓮潭大師 林下錄』 권3, ; 『한국불교전서』, 10.

290 雪梅·道性編, 『禪門祖師 禮懺作法』, 『한국불교의례 자료총서』 2, 보경문화사, 1993, 2~452쪽. 불교 의식집에 나타난 삼화상과 관련 서술은 기왕의 필자의 논저를 정리 서술하였음을 밝혀 둔다. 황인규, 앞의 책, 1999. 17세기 중엽 무렵부터 淸虛休靜과 그의 문도가 普愚와 그의 문도를 曹溪宗의 宗祖와 宗脈으로 삼은 것과 극명한 대조를 이루고 있다.

291 優曇 洪基(1822~1881), 「答某書」, 『優曇 林下錄』 ; 『한국불교전서』 10, 1135쪽, "今松廣寺十六國師 出於高麗也 至於我朝 則無學實爲太祖王師也."

292 『輿地圖書』 卷上, 京畿道 楊州牧 古跡, "金剛山白華菴 建酬忠閣 指空懶翁無學三和尙."

3로(三老),[293] 3선사,[294] 3대사(大師),[295] 3대 성사,[296] 3조사,[297] 3존자,[298] 3대석(三大釋)[299] 등으로 불렸다.

무학의 『불조종파지도』를 중간했던 월저 도안(1638~1715)은 의상암에서 삼화상[300]을, 법흥산 법흥사에서 혜심의 『선문염송』을 간행하면서 삼화상의 위상을 부각시켰다.[301] 도안은 무학의 『조파도』를 증보하면서 "평산 처림→나옹 혜근→묘엄 무학으로 계승되었다."라고 하였다. 사암

---

293 李宜顯(1669~1745), 「正方山城 在黃州」, 『陶谷集』 卷1, 詩, "眞禪有指空懶翁與無學 惟茲三老師 修道曾手植."

294 李宜顯(1669~1745), 「遊金剛山記」, 『陶谷集』 卷25, 記, "過三佛巖 前刻無學懶翁指空 三禪眞像 後刻五十三佛像."; 宋秉璿 (1836-1905), 「自靑川至驪州記」, 『淵齋先生文集』 卷20, 雜著 東遊記, "玩指空 懶翁 無學三禪師像."; 『순조실록』 권24, 21년(1821) 7월 23일(신미), "蓋指空 懶翁 無學三禪師浮圖及事蹟碑."

295 金春澤(1670~1717), 「懶翁殿題 三大師畫像」, 『淵齋集』 卷6, 蘆山錄 詩, "長髥深目指空師 懶翁無學俱英姿."; 金春澤(1670-1717), 「三大師畫像 合贊」, 『北軒居士集』 卷20, 蘆山錄 文贊, "有僧以神勒寺指空, 懶翁無學 三大師影本改粧."; 崔昌大(1669-1720), 「寺有無學像」, 『昆侖集』 卷3, 詩 釋王寺; 『日省錄』 1799년 8월 22일, "菩薩寺僧信還原情以爲菩薩寺卽神僧利雄無學大師之所創建也奉母隱居于此寺而三佛奉焉無學懶翁智空三大師遺像."

296 括虛 取如(1720~1789), 「兜率山 三聖庵 重修記」, 『括虛集』 권2, 문, "我海東元曉義湘 懶翁 三大聖師."

297 申綽(1760~1828), 「四郡 山水疏」, 『石泉遺稿』 卷1, 疏, "今東臺白塔是也 有古碑碑字 碎剝 不可復識 南有江月軒 卽懶翁所居室 正殿有觀世音像 偏殿有三祖師眞容 弟一指空 次懶翁次無學 驪州古多佛刹."; 申昉(1686-1736), 「驪遊記」, 『屯菴集』 卷5, 平山 申昉明遠著 記, "尋懶翁影殿 有懶翁無學 指空三眞畫."

298 梵海 覺岸(1820~1896), 「無學王師傳」, 『東師列傳』 1, "建指空懶翁無學三尊者."

299 『輿地圖書』 卷上, 京畿道 衿川 山川, "俗傳無學 懶翁 智空三大釋."; 『日省錄』 1821년 6월 1일, "菩薩寺僧信還原情以爲菩薩寺卽神僧利雄無學大師之所創建也奉母隱居于此寺而三佛奉焉無學懶翁 智空三大師遺像," "檜巖寺墟北麓上有指空懶翁無學三浮屠前各有碑."

300 月渚 道安(1638~1715), 「次義湘庵韻二」, 『月渚集』 上, "元曉迹猶古義湘名與長金天日懸鼓危坐嗅馨香麗季三和尙光明日月長義湘今不見庭際百花香."

301 月渚 道安(1638~1715), 「法興寺 拈頌集 開刊文」, 『月渚集』 下, "那爛陀之鍾鼓幾祀三和尙蹴踏之法地 道物尙存."

채영도 1764년(영조 40) 해동의 조파를 재정립하면서 조계산 16국사를
수록하고 지공과 나옹, 무학의 비문을 실었다.[302]

월저 도안의 문도였던 허정 법종(虛靜 法宗, 1670~1733)도 삼화상을 다
음과 같이 언급하고 있다.

> 그 서쪽에 척반대가 있었는데, 삼화상께서 거처하던 곳이다. 척반이라
> 고 하는 것은 삼화상께서 지혜로운 눈으로 멀리까지 볼 수 있었기 때문
> 에 붙여진 이름이다. 장안사 옛터를 지나 진불암에 올랐다. 그곳은 삼화
> 상께서 기거하시던 곳 중 가장 이름난 곳이다. 누재라고 부르게 된 것은
> 삼화상이 겨울이면 진불암에 들어가 기거하다가, 여름이면 조계의 두
> 암자에서 나오곤 하였다.[303]

법종은 묘향산의 척반대가 삼화상이 거처하던 곳이며 금강산 진불암
도 역시 삼화상이 기거하던 곳이라고 하였다. 해붕 전령(?~1826)은 삼화
상의 찬을 지어 추념하기도 하였다.[304]

역산 선영(1792~1880)은 석왕사에 봉안된 삼화상에 대하여,[305] 그리고

---

302 獅巖 采永, 『西域中華 海東佛祖源流』.

303 虛靜 法宗(1670~1733), 「續香山錄」, 『虛靜集』 卷下, "又其西有擲盤臺 三和尙近居處…
又過長安寺古址 上眞佛庵 三和尙所居第一名區…曰淚岾者 三和尙冬則入居於眞佛
夏乃出處於曹溪."

304 海鵬 展翎(?~1826), 「敬贊懶翁和尙」, 『海鵬集』 "傳聖道老不北面 有盛德者無臣禮也
聖札飛毫 動雲龍之氣像 天文掛塔 駐日月之光輝者.";海鵬 展翎(?-1826), 「敬贊無
學和尙」, 『海鵬集』 "德之厚爲父衆生 道之尊爲師王者也假王綸之所 托譽重金輝 侔
帝網之相含光融玉刹者."

305 櫟山 善影(1792~1880), 「釋王寺 壽君堂 重建 上樑文」, 『櫟山集』 卷下, "淸祠獅座三
和尙堂堂威儀.";櫟山 善影(1792-1880), 「釋王寺永世不忘事實」, 『櫟山集』 卷下, "崇
禎紀元後四戊戌夏 自朝家劃錢三千四百 付諸咸營 侍智寮龍飛樓兩碑閣三師院 改
瓦丹靑."

대흥사의 고승 범해 각안(1820~1896)도 『동사열전』에서 금강산 백화암 수충각(酬忠閣)에 모셔진 삼화상에 대하여 특기하였다.[306] 조선 말 송광 사를 중흥시킨 금명 보정(1861~1930)은 송광사에 주석했던 삼화상을 16 국사와 더불어 강조하였다.[307]

이와 같이 불교계 고승들의 삼화상의 추념은 17세기 전반 이후 나타 나고 있다. 16세기 중엽 이후 청허 휴정의 문도들이 태고 보우를 법통 으로 강조한 사실과 대비가 되고 있다. 앞서 언급했듯이 임란 후 제2의 건국 운동인 국가 재조 운동이 전개되었을 때 성조 이성계가 부각되면 서 그를 도와 조선 건국을 도왔던 개국 원훈 무학도 부상되면서 스승 인 나옹과 지공의 위상이 제고된 것이다.[308]

---

306 梵海 覺岸(1820~1896), 「泗溟尊者傳」, 『東師列傳』 2, "金剛山白華菴建酬忠閣 指空懶 翁無學三和尙左西山右泗溟五幀."

307 錦溟 寶鼎(1861~1930), 「曹溪山 國師殿 重刱 上樑銘 幷序(己未四月十日)」, 『茶松文稿』 卷2, "稽乎重興麗神宗三年 普照國老 廣闢大伽藍眞覺上足 大闡禪宗 修禪社之規度 較若畫一 高峯末孫 宏刱寺宇 法界圖之體形 亦無二三 何但十六尊之繼席重修 抑亦 三和尙之承命住錫."

308 『승정원일기』 정조 16년 윤4월 26일(갑오), "敎開宗立敎普照法眼廣濟功德翊命熙運 東方第一大法師無學大師書." 그 외의 관련 기록을 소개하면 다음과 같다. 李宜顯 (1669~1745), 「正方山城」, 『陶谷集』 卷1, "승려가 이 소나무 오래 되었다 말하니 얼마 나 많은 세월 지났는지 알겠네. 참다운 선사로는 지공과 나옹과 무학이 있었는데 이 세 명의 늙은 선사가 도를 닦으며 손수 나무 심었다네 제법 영이함이 깃들었는 지 벌레와 개미들 감히 침범하지 못한다지."; 金龜柱(1740~1786), 「東遊記」, 『可庵 遺稿』 卷17, 記, "竗吉像 卽無學懶翁指公三和尙之願佛也."; 洪敬謨(1774~1851), 「山 川 二」, 『冠巖全書』 冊20, 記 海嶽記 2, "獅子峯在摩訶之東火龍潭之北 有石於絶壁 上 狀類蹲獅 故以獅命名 僧言昔有三和尙與金童居士 決擇其道之眞僞."; 洪敬謨 (1774~1851), 「佛宇記」, 『冠巖全書』 冊21, 記 海嶽記 4, "獅子峯在摩訶之東火龍潭之北 有石於絶壁上 狀類蹲獅 故以獅命名 僧言昔有三和尙與金童居士 決擇其道之眞僞 "; 洪敬謨(1774~1851), 「鶴城志」, 『冠巖全書』 冊24, 志, "釋王祠 建於土窟舊址 享指 空懶翁無學三禪師"; 申綽(1760~1828), 「四郡山水䟽」, 『石泉遺稿』 卷1, 䟽, "南有江月 軒 卽懶翁所居室 正殿有觀世音像 偏殿有三祖師眞容 弟一指空 次懶翁次無學 驪州 古多佛利."; 宋秉璿(1836~1905), 「自靑川至驪州記」, 『淵齋先生文集』 卷20, 雜著 東遊

다음은 삼화상의 개별적 추념에 대하여 살펴보기로 한다.

제 문헌에 기록된 조선시대 지공에 대한 추념과 관련한 기록은 그리 많이 남아 있지 않다. 설잠 김시습(1435~1493)이 금강산 일대를 유력하면서 지공의 화상과 의발이 남아 신앙되고 있었음을 시문으로 남기고 있으며,[309] 1475년(성종 6) 전라남도 광양 백운산 백운암에서는 지공이 원의 연도 법원사에서 판각한 『지공 직지』가 목판본으로 다시 판각되었다.[310] 조선 후기에도 문인 신익성이 지공화상축(指空畵像軸)과 지공 친필이 남아 있음을 전하고 있다.[311]

불교계에서는 1475년(성종 6) 전라도 백운산 백운암에서 『지공 직지』가 중각되었으며, 송월 응상의 비문에 의하면 금강산에 지공 친필이 남아 있다고 한다. 삼화상으로 기억된 사례는 황해도 황주 성불산의 수식,[312] 신륵사의 삼화상 등이 있다.[313]

記, "癸酉 早起 玩指空 懶翁 無學三禪師像 登東臺 阹臨江上 頗多勝槩 中有六層塔 是懶翁所築 而塔石皆礨 故寺又以此名焉 前立懶翁浮圖塔 後有一碑 陶隱文也."

309 金時習(1435~1493), 「禮指空像有感」, 『梅月堂詩集』 卷10, 詩 遊關東錄 ; 金時習(1435~1493), 「指空衣鉢」, 『梅月堂詩集』 卷10, 詩 遊關東錄.

310 『指空直指』는 현재 범어사에 소장되어 梵魚寺 指空直指라고 불리고 있으며, 1999년 11월 19일 부산광역시 유형 문화재 제34호로 지정되었다. 한국향토문화전자대전 http://terms.naver.com/entry. 안동 천전 의성 김씨 문중에서 소장했던 지공·나옹·무학의 告由文이 실려 있다(「指空大師位告由文」, 「懶翁大師位告由文」, 「無學大師位告由文」) ; 『고문서집성 11-장서각편-』, 한국학중앙연구원, 1992. : G002+AKS+KSM. 『지공직지』와 더불어 삼화상의 고유문은 최근에 알려진 것이다. 이에 대한 좀 더 상세한 정보가 필요하다.

311 申翊聖(1588~1644), 「書指空畵像軸」, 『樂全堂集』 卷8, 書後.

312 李宜顯(1669~1745), 「正方山城(在黃州)」, 『陶谷集』 卷1, 詩, "眞禪有指空 懶翁與無學 惟茲三老師 修道曾手植."

313 金春澤(1670~1717), 「懶翁殿 題三大師畵像」, 『北軒居士集』 卷6, 蘆山錄 詩. ; 金春澤(1670~1717), 「三大師畵像合贊」, 『北軒居士集』 卷20, 蘆山錄 文 贊, "有僧以神勒寺指空, 懶翁, 無學三大師影本改粧."

제 문집에 의하면 나옹과 관련된 유적 유물은 적지 않다. 유적으로
는 나옹대, 부도(석종), 탑 등과 구들, 장, 나무 등이 남아 있었으며, 유
물로는 사리, 영정, 의발, 가사, 장포(걸망), 환장 등이 있다.[314] 이들이 소
속된 곳은 오대산, 금강산, 묘향산, 신륵사 등 나옹의 행적지와 관련이
있으며, 유림들이 관광 유력하며 목도한 것을 기록으로 남긴 것이다.

일부 유림들은 이러한 나옹의 유물 유적에 대해서 비판적인 입장에
있기도 하였지만 추념하는 모습도 전하고 있다. 즉, 조선 초기의 문인
성현(1439~1504)은 "나옹이 떠난 이후로 석종만 남아 있는데 푸른 빛깔
의 사리는 영원히 닳지 않으리, 한량없는 세인들은 높은 공덕을 사모해
머리 조아려 절하며 대웅을 찬송하는구나."[315]라고 하였다.

특히 금강산 정양사에 있는 석종은 세상 사람들의 추념 대상이 되었
음을 알 수 있다. 뿐만 아니라 승가에서도 마찬가지였다고 한다.

일찍이 풍악의 정양사에서 나옹의 사리를 보았는데, 승가에서는 아주 귀
중한 보물로 여기면서 마치 큰 구슬을 보관하듯이 받들고 있었다. 이것
은 성의이다.[316]

---

314 李景奭(1595~1671), 「登正陽寺 歇性樓 望一萬二千峯」, 『白軒集』 卷10, 詩稿 楓嶽錄,
"佛殿前庭 有五層浮屠 佛殿後壁 掛懶翁影子 又有懶翁舍利一顆 錦袈裟一 葛布袈
裟一 水精柄拂子等物 百襲藏之.": 趙寅永(1782~1850), 「淸平山記」, 『雲石遺稿』 卷10,
記, "佛寶日養神庵者 在芙蓉峰側 今俱廢 鶴燈 卵鏡 鐵杖 鐵杖 懶翁物也."

315 成俔(1439~1504), 「正陽寺」, 『虛白堂詩集』 卷3, 男世昌編集 詩, "正陽寺在雲山中 地爽
可蕩煩心胸 浮雲捲盡空復空 仰見突兀千萬峯 陰霾累日常濛濛 一朝解駁眞奇逢 居
僧相笑開房櫳 勝地一許容塵蹤 懶翁去後留石鍾 碧色設利難磨礱 無限世人趨下風
拜手稽首讚大雄."

316 鄭經世(1563~1633), 「記夢」, 『愚伏集』 卷14, 雜著, "又念曾於楓嶽正陽 見懶翁舍利 僧
家百襲珍藏 如捧拱璧 此聖衣也."

위에 인용한 글은 광해군 대 활동한 문인 정경세(1563~1633)의 기문에 나오는 글인데 승가에서 나옹의 사리뿐만 아니라 승려 의발과 옥주미(玉塵尾)도 보관하며 자부했다.[317] 문인 금득신(1604~1684)은「나옹 석장가」를 부르며 나옹을 존경하기도 하였는데,[318] 나옹은 청허 휴정과 편양 언기 등과 더불어 6조사로 봉안되거나[319] 청허 휴정과 그의 제자 사명 유정과 더불어 삼조사로 존숭을 받고 있었으며,[320] 심지어는 생불로 인식되기도 하였다.[321]

무학은 고려 왕조를 창업하는 데 매우 큰 역할을 한 도선과 같이 조선 왕조를 창업하는 인물로 비견되었다.[322] 불교계에서도 청휴 휴정과

---

317 洪汝河(1620~1674),「遊楓嶽記 丁酉九月」,『木齋集』卷6, 記, 歸臥南樓 釋子出示懶翁子 衣鉢玉塵尾.

318 金得臣(1604~1684),「懶翁錫杖歌」,『柏谷先祖詩集』冊4 七言古詩, "錫杖之長六尺強 其體堅確其性剛 我初見之光如漆 我更叩之聲鏗鏘 流傳不失以至後 于今二百餘年久 當時懶翁携遠行 南北東西不離手 五臺金剛與智異 勝致最冠震朝地 每向諸山飛錫 去 放逸誠如脫銜驥 或登絕頂必爾持 或踏層厓必爾隨 卓處或看白雲出 曳時或破蒼 苔滋 蟬蛻肉身欵示寂 蓮界惟餘此一錫 法身西入天竺國 牧老東歸目所擊 此說已塗 衆人耳 異事應傳萬萬祀 得無鬼物爲守護 赤藤桃竹難爲比 錫杖兮錫杖兮豈伊爾獨 世人謔蛇皮履兮且留神勒庵."

319 趙秀三(1762~1849),「六祖師像」,『秋齋集』卷2, 詩, "天竺王子號指空 左提無學右懶 翁 大耳垂珠髥奮戟 雪眉長覆雙綠瞳 無量知慧清高氣 畫時咄嗟驅鬼工 後鮮前麗 兩國師 角立千仞爭華嵩 朝入黃驪江畔塔 夕在毗盧峯上宮 面如車輪目如電 裁山割 海贊天功 百神供職走震懾 指揮鐵棒生長風 西山雍容儒者像 韶顔九十一兒童 冥心 坐觀未來相 千里萬里阿堵中 鞭羊尊者善講說 頑石點頭開人聰 豹首虬髥光燁然 百 年復見生溟公 魑魅屏跡手揮麈 鯨鰐戢鱗腰縣弓 蠻將好戴千金頭 當面叱索苴藱同 緇衣不掩凌煙相 時來嵼岄懷英雄."

320 李時恒(1672~1736),「用廬山高韻 作香山高」,『和隱集』卷2, 詩, "懶翁清虛四溟三祖師 傳心印."

321 申緯(1769~1847),「懶翁 鐵拄杖」,『警修堂全藁』冊6, 貃錄四 己卯四月 至六月, "不打 紅頭走 百斤鐵虛使 懶翁固生佛 哀哉佛弟子 懶翁名惠勤 恭愍朝國師."

322 李德壽(1673~1744),「佛岩寺 事蹟記 亡兒代作」,『西堂私載』卷4, 記, "麗初道詵國師 重建而增其制 國初無學大師 又補葺而新之.";三峰 知濯,「上奇峰書」,『三峰集』문 2, 121쪽, "鬼藏神祕而向使玉龍子無學聖智等."

편양 언기 등과 더불어 무학이 삼화상으로 추념되거나[323] 송광사 18주지 [324] 혹은 신라의 묵호자, 고구려의 순도, 백제의 마라난타, 고려의 도선과 같은 위상을 지닌 고승[325]으로 추념되었다.

4) 조선 후기 의식집·진영과 삼화상

삼화상의 추념은 조선 후기에 유행한 불교 의식집에서 두드러진다. 특히 17세기 말엽부터 18세기 초엽에 쓰여진『선문조사 예참문(禪門祖師 禮懺文)』을 비롯한 불교 의식집에는 여러 고승들이 조사 신앙으로 받들어졌는데, 그 가운데 지공·나옹·무학 삼화상이 돋보인다. 그러한 대표적인 사례를 살펴보면 다음과 같다. 예컨대 1610년에 지어진『제반문(諸般文)』조사 공양문[326], 1869년에 지어진『일용 작법집』에는 나옹과 무학이 경배되었지만,[327] 그 외의 불교 의식집에는 지공과 나옹, 무학 삼화상이 추념되었다. 즉, 1670년에 지어진『선문조사 예참문』과 1694년에 지어

---

323 趙秀三(1762~1849),「六祖師像」,『秋齋集』卷2, 詩.

324 鏡巖 慣拭(1743~1804),「曹溪山 松廣寺記」,『鏡巖集』권하, 기.

325 白谷 處能(1617~1689),「간폐 석교소(諫廢釋教疏)」『大覺 登階 白谷集』:『한국불교 전서』8, "以我東言之 新羅之於墨胡 高麗之於順道 百濟之於難陀 松嶽之於道詵 漢陽之於無學是於也."

326 『諸般文』, 祖師供養文 觀誦,『한국불교의례 자료총서』2, 보경문화사, 1993, 2~527쪽, "如來大聖入般涅槃 自壬申歲至今己得 二千四百六十九 (今之庚辰) 是日己過 命亦隨減 如小水魚 斯有河樂 大衆各自 勤修精進 如救頭然 但念無常 愼莫放逸 伏願 主上殿下 萬歲壽萬歲次願 緣化比丘 災萌雪散 福慶雲興 普天匝地 正直神祇 擁護 道場 永無魔事 龍天喜悅 兩順風調 干戈息靜 國泰民安 佛日增輝 法輪常轉 然後願 無邊法界有識含靈 仗此勝因 俱成正覺念 五月 五日 恭愍王師普濟尊者懶翁大和尙 九月十一日採造王師妙嚴尊者無學大和尙."

327 『日用作法集(日用集)』諸聖誕日條(1869年本), "諸聖誕日(此日供養 存亡俱益) 釋迦文佛 四月八日 阿彌陀佛 十月十七日 文殊菩薩 四月初五日 地藏菩薩 七月十三日 懶翁祖師 五月五日 無學祖師九月十一日."

진 『선문조사 예참문 장화』에서도 신라의 9산 선문의 조사, 보조 국사 지눌과 더불어 삼화상으로 다음과 같이 추념되었다.

> 志心歸命禮 西天百八代祖師 提納縛多尊者 願降道場 受此供養(指空陀中
> 看般若 忽然三處頓忘形 當時若負衡天志 何必南見普明 故我一心歸命頂禮)
> 志心歸命禮 龍神護喪 昊天瀾江 恭愍王師 普濟尊者 願降道場 受此供養
> (摩竭千劍平山喝 選擇工夫對御前 最後神光見舍利 三韓祖室萬年傳 故我一心歸命頂
> 禮)
> 志心歸命禮 朝鮮國太祖王師 妙嚴尊者 無學大和尙 願降道場 受此供養
> (分衿別有商量處 誰語其中意更玄 住稱諸人皆不可 我言透過劫空前 故我一心歸命頂
> 禮).[328]

1709년 간본의 『범음집(梵音集)』(전라도 곡성현 도림사 개판)에서도 "西天百八代祖師提納縛多尊者 恭愍王師普濟尊者 朝鮮國太祖王師妙嚴尊者無學大和尙."[329]으로서, 1724년 간본의 『자기산문보문』에도 "西天百八代祖提納縛陀尊者指空大和尙 禪覺王師普濟尊者懶翁大和尙 太祖王師妙嚴尊者無學大和尙."[330] 1730년(영조 6) 간본의 『珊補梵音集』에서도 "提納縛多尊者 普濟尊者 無學大和尙."[331]이라고 표기되어 추념되었다.

특히 승려 지탁이 1824년 금강산 유점사에서 개판한 『조상경(造像經)』

---

328 雪梅·道性 編, 『禪門祖師 禮懺作法』, 『한국불교의례 자료총서』 2, 보경문화사, 1993, 2~452~453쪽.
329 智還, 『天地冥陽 水陸齋儀梵音刪 補集』 卷下, 「禪門祖師 禮懺」(1709년본), : 『한국불교의례 자료총서』 3, 보경문화사, 1993, 3~53쪽.
330 西河編, 『仔夔珊文補文』(1724年刊本) 卷9, 「鄕唐諸祖師 淸儀文」, 『한국불교의례자료총서』 2 보경문화사, 1993, 283쪽.
331 『珊補 梵音集』(1730年本), 『珊補梵音集』, 『한국불교의례 자료총서』 3, 보경문화사, 1993, : 『刪補梵音集』 신설제산단.

에서는 "證明法師普濟尊者懶翁大和尙 證明法師提納薄陀尊者指空大和尙 證明法師妙嚴尊者無學大和尙."이라고 하여 증명법사로서 존숭되었다.[332] 의식을 치르기 위해 오방단과 송주단 등을 꾸리고 지공과 나옹, 무학 삼화상단에서 불사를 증명하고 지켜 줄 증명법사로 모시고 있는 것이다.[333]

근대의 안진호가 불교 의식을 집대성하여 편찬한 『석문의범(釋門儀範)』에서도 신라의 고승과 지눌을 열거한 뒤에 "西天國 百八代祖師 提納縛陀尊者 指空大和尙, 高麗國 恭愍王師 普濟尊者 懶翁大和尙, 朝鮮國 太祖王師 妙嚴尊者 無學大和尙."이라고 하였다.[334] 그러면서 삼화상은 삼혜(三慧)가 갖추어지고 이리(二利)가 원만하게 이루어져 시방세계의 불사하는 데 항상 증명을 맡게 된다. 지공·나옹·무학 삼조사는 증명하여 불사를 성취하게 하여 중생을 제도하게 해달라는 기원을 하고 있다.[335] 이상에서 살펴본 바와 같이 무학은 지공과 나옹과 더불어 삼화상

---

332 華嶽 知濯(1750~1839), 「證明位目」, 『造像經』: 『한국불교의례 자료총서』 3, 보경문화사, 1993, 3~365쪽.

333 허흥식, 「불복장의 배경과 조상경」, 『서지학보』 10, 1993.

334 安震湖(1880~1965), 『釋門儀範』, 大禮懺儀文條, 「三和尙 巨木」, 1935; 安震湖, 『釋門儀範』 下, 「袈裟通門佛」, 1935.

335 安震湖, 『釋門儀範』 下, 「袈裟通門佛」, 1935, "南無西天國 百八代祖師 提納縛陀尊者 指空大和尙 南無高麗國 恭愍王師 普濟尊者 懶翁大和尙 南無朝鮮國 太祖王師 妙嚴尊者 無學大和尙 普召請眞言 … 由致 仰惟爲作證明 三大法師者 三慧具足 二利圓成 歷代心印宗下 己得密傳旨 十方佛事門中 常作證明之位 有求皆遂 無願不從 是以 … 是寺 淸淨道場 以 今月今日 虔設淨饌供養 證明功德 三大尊者 暫辭於三關連臺 略降於一間蘭若 曲照微成 仰表一心 先陳三請 南無一心奉請 智證無相 總該萬類於一眞 悲心有情 咸脫三界於九品 往來無碍 任運騰騰 空花道場 隨順應感 西天國 百八代祖師 提納縛陀尊者 指空大和尙 高麗國 恭愍王師 普濟尊者 懶翁大和尙 朝鮮國 太祖王師 妙嚴尊者 無學大和尙 唯願慈悲 降臨道場 受此供養 指空和尙西天號 懶翁無學東國名 惟願三祖作證明 成就佛事度衆生 獻座眞言 … 如常勤供依中壇例."

으로서 존숭을 받았다.

『유점사 본말사지』에 의하면, 유점사에는 지공·나옹·무학이 사용하였던 시저(수저)가 있었다고 하며, 『전등사 본말사지』에 의하면 장단 화장사에도 역시 삼화상의 시저가 있었다고 한다.[336] 이러한 삼화상의 유물보다 진영이 전국의 사찰에 조성되어 봉안되었다.[337]

이색이 지은 「여흥 신륵사 선각진당시병서」에 의하면 나옹 화상의 입적 직후 선각진당을 짓고 나옹의 진영을 모셨다.[338] 조선 후기에 지공·나옹·무학의 삼화상 진영이 개장되기도 하였다.[339]

특히 양주 회암사에는 삼화상의 부도와 비가 모셔져 있다. 1372년 나옹이 스승인 지공의 유골을 탑에 모셨고 지공의 뜻을 받들어 인도의 날란다사와 같이 중창될 때 조사전도 지었다. 1821년(순조 21) 삼화상의 부도와 비가 수난을 당해 1828년 조정에서 다시 부도와 비를 만들어 세우고[340] 이를 지키는 암자를 지을 때 삼화상 진영이 모셔졌을 것이다. 현재 20세기에 이르러 제작된 삼화상이 영성전에 봉안되어 있다.

---

336 『전등사본말사지』, 아세아문화사, 172쪽.
337 이하 내용은 필자의 다음 논저에서 상세하게 서술하였다. 황인규, 앞의 책, 1999·2000.
338 이색, 「麗興 神勒寺 禪覺眞堂詩并序」, 『동문선』 권87, 序.
339 申綽(1760~1828), 「四郡山水疏」, 『石泉遺稿』 卷1, 疏, "南有江月軒 卽懶翁所居室 正殿有觀世音像 偏殿有三祖師眞容 弟一指空 次懶翁次無學."; 金春澤(1670~1717), 「懶翁殿 題三大師畵像」 『北軒居士集』 卷6 蘆山錄 詩, "長髥深目指空師。懶翁無學俱英姿"; 金春澤, 「三大師畵像 合贊」, 『北軒居士集』 卷20, 蘆山錄 文 贊, "有僧以神勒寺指空, 懶翁, 無學三大師影本改粧." 신륵사 삼화상 진영은 祖師堂(보물 제 180호)에 모셨으나 최근에는 극락보전에 이전 봉안되어 있다.
340 강원도 철원군 보개산 심원사의 그 부속 암자인 南庵 南庵의 기슭 골짜기에는 무학의 토굴 터와 둥글게 생긴 자그마한 대사의 비가 일제 강점기까지 있었다고 한다. 즉, 『유점사 본말사지』에 "남암의 오른쪽 산골짜기에 무학의 토굴 터와 短碣이 현존하고 있다."는 것이다. 『楡岾寺 本末寺誌』 深源寺編 : 황인규, 앞의 책, 1999·2000. 이러한 무학의 墓碣을 찾는 추념 사업이 전개되기를 바라마지 않는다.

사찰의 기문류인 「송광사 사적」에는 "나옹이 회암사로 갈 즈음에 의발을 무학에게 전해 주었으므로 고로 지공·나옹·무학 삼화상의 탱화가 지금(순조 30년)까지 봉안되어 있었다."[341]고 한다. 『조선사찰사료』 상에는 삼화상탱이 있었다고 한다.[342]

『임하필기』에 의하면 "백화암과 부도는 삼불암에서 수백 보쯤 떨어진 지점에 있는데, 청허 대사 휴정이 오랫동안 머무르던 곳이다. 근년에 중건하였는데, 지공과 나옹·무학의 영정이 있고, 청허 대사 및 사명 대사 유정의 영정이 곁들여져 있다."[343]라고 했다. 『동사열전』 사명 존자에 "금강산 백화암에 수충각을 세우매 지공·나옹·무학 세 화상과 왼편으로 서산, 오른편으로 사명 등 다섯 분 영정이 모셔졌다."[344] 『동사열전』에 의하면, "1410년 탑명을 짓고 지공·나옹·무학 세 존자의 사당을 석

---

341 鏡巖 慣拭(1743~1804), 「松廣寺 事蹟」, 『曹溪山 松廣寺 事蹟』, "高麗恭愍王 以懶翁封爲王師 而謂松廣寺 爲東方第一道場 仍命居之 故來住行解堂 爲國上祝 移住檜巖之時 以衣鉢付于無學 故安安指空懶翁無學三和尙影幀 至今奉香 逮至中年道光庚寅."

342 조선총독부, 『조선사찰사료』 상, 85쪽. 송광사에는 무학을 포함한 18주지의 진영이 봉안되어 있다.(경암 관식, 「曹溪山 松廣寺記」, 『경암집』) 나옹의 유물 유적에 관한 것은 다음의 논고에 자세하게 서술하였다. 황인규, 「나옹 혜근의 불교계 행적과 유물·유적-제 기록 및 자료의 검토 試攷-」, 앞의 논문 참조.

343 李裕元, 「百川洞 鳴淵 白華庵 三佛巖」, 『林下筆記』 권37, 蓬萊秘書 ; 趙秀三, 「六祖師像」, 『秋齋集』 卷2, 詩, "天竺王子號指空左提無學右懶翁."

344 梵海 覺岸(1820~1896), 『東師列傳』 卷2, 泗溟尊者編. 「白華庵 影閣 新建記」, ; 『楡岾寺 本末寺誌』, 479쪽, "金剛山白華菴建酬忠閣 指空懶翁無學三和尙左西山右四溟五幀."; 李象秀(1820~1882), 김동주 편역, 「東行山水記」, 『금강산유람기』, 전통문화연구회, 1999, 357쪽. 19세기 어느 선비의 기행문에도 백화암에 나옹과 무학의 영정이 봉안된 사실을 기록으로 남기고 있다. 지은이 미상, 조용호 옮김, 『19세기 선비의 의주·금강산 기행-金剛日記 附 西遊錄』, 삼우반, 2005. 118쪽, "암자에는 청허당과 四溟堂과 無懶의 畵像을 안치하고 있는데 사명당의 골격은 영특하고 늠름하여 존경심을 불러 일으켰다."

왕사에 세웠다. 그리고 편액을 내려 석왕사(釋王祠)라 했다.”고 한다.『정조실록』에 의하면, 정조 때부터 이 토굴에 모신 삼화상의 초상에 춘추로 제사를 지냈다고 한다. 문집에 의하면, 김제 금산사에도 무학의 화상(畫像)이 있었다고 한다.[345]

양산 통도사 삼성각에는 가장 많은 80여 점이 영각에 봉안되어 있는데 삼화상 진영은 1807년에 제작되어 삼성각에 칠성탱화와 독성탱화와 함께 모셔져 있다.[346] 승주 선암사에는 석가모니의 생애를 그린 팔상탱화를 비롯하여 삼화상, 도선, 청허 등 우리나라 고승과 33조사의 진영이 모셔져 있는데, 삼화상 진영은 1824년(순조 24)에 지어진 국사전에 봉안되어 있다. 그리고 남양주 불암사 칠성각에도 삼화상의 진영이 봉안되어 있다.[347]

문집류에 의하면, 조선 후기인 1694년(숙종 20) 승려 승민이 신륵사에서 지공·나옹·무학 등 삼화상의 영정을 모사하여 남지장사에 봉안하였다.[348] 조선 후기 지리지류인『서경총람(西京總覽)』에는 “성천 법홍산 법홍사에 봉안되었던 여말선초의 삼화상인 지공·나옹·무학의 영정에 모두 체발은 하였으되 수염은 그대로였다.”[349]고 한다. 경북 의성 대곡사에는 1782년에 조성된 삼화상 진영이 모셔져 있으며 전남 순천 선암사에

---

345 金載瓚(1746~1827), 「金山寺(金溝)」,『海石遺稿』卷2, 詩, “無學畫像.”
346 가람문화연구소,『한국불화기집』, 1995, 234쪽 ; 송천스님 외,『한국의 불화 화기집』, 성보문화재연구소, 2011, 1263쪽.
347 사찰문화연구원,『전통사찰—인천·경기도 사찰 II』, 1995.
348 李萬敷(1664~1732), 「南長寺 事蹟記」,『息山集』卷17, 記 : 전통사찰 관광정보「http://www.koreatemple.net/」
349 실명씨, 「遊東明都記」,『西京摠覽』: 한국향토사연구회 전국협의회,『향토사연구』12, 2000. 133쪽 ; 심경호,『김시습평전』, 돌베개, 2003 ; 황인규, 「청한 설잠의 승려로서의 불교계 활동과 교유인물」,『한국불교학』40, 2005 ; 황인규, 앞의 책, 2005.

는 1904년에 조성된 삼화상 진영이 모셔져 있다.[350]

이와 같이 삼화상의 진영이 여러 사찰 등지에 봉안된 것은 조사 신앙에서 비롯된 것이지만, 나옹과 무학을 포함한 삼화상의 드높은 위상 때문이었다.

삼화상이 각각 별도로 봉안된 사실에 대해서 살펴보기로 한다.

지공 진영이 별도로 봉안된 것은 없는 듯하며, 삼화상의 진영으로서 봉안되었다. 나옹은 여러 사찰에서 진영으로 봉안되어 존경을 받았다. 나옹의 진당은 명산과 복지(福地)에는 어디에나 있다고 했으므로,[351] 각 사찰에 많이 봉안되었을 것이다. 고려 말 나옹의 입적 직후 거제 우두산 견암,[352] 청주 용자산 송천사,[353] 영감암에 나옹의 진영이 봉안되었다.[354] 1803년(순조 3) 묘적암에 나옹의 진영이 조성되어 봉안되었다.

무학의 진영은 조선 후기 문집류에 특기되어 있다. 즉, 삼연 김창흡(1653~1722)의 문집에 의하면, 석왕사 용비루에 진영이 있었다고 한다.[355] 특히 『한경지략(漢京識略)』이나 『조선고금인물지』에 의하면, 남산 꼭대기에 있는 국사당(목멱신사)에 신승 무학 화상이 봉안되어 국가에서 춘추로 제사 지냈다.[356]고 한다. 이와 같이 조선시대 한성의 상징이라고 할

---

350 송천 스님 외, 『한국의 불화화기집』, 성보문화재연구소, 2011, 1259, 1307쪽.

351 牧隱 李穡(1328~1396), 「淸州 龍子山 松川寺 懶翁眞堂記」, 『동문선』 권76, 기.

352 牧隱 李穡, 「巨濟縣 牛頭山 見菴禪寺重修記」, 『동문선』 권75, 기.

353 牧隱 李穡, 「淸州 龍子山 松川寺 懶翁眞堂記」, 『동문선』 권76, 기.

354 涵虛 己和(1376~1433), 『涵虛堂 得通和尙 語錄』: 『한국불교전서』 7, "供養五臺諸聖 詣靈鑑菴 薦羞懶翁眞影信宿其菴."

355 金昌翕(1653~1722), 「北關日記 丙申」, 『三淵集拾遺』 卷28, 日記 , "又行二十餘里至釋王洞口 寺僧持輿以待 歷斷俗登岸 二門上龍飛樓 壯敞愜所聞 周觀御室及無學影子"; 崔昌大(1669~1720), 「釋王寺 寺有無學像」, 『昆侖集』 卷3, 詩.

356 柳本藝(1777~1842), 『漢京識畧』, 木覓神祀條, 細註, "南山頂有國祠堂 則木覓神祀 祀中 有畵像 俗稱僧無學像 每於春秋木覓神祠時 祠中畵像 則移于池閣." 國祠堂은 일

남산 국사당에 나옹과 무학의 진영이 봉안되어 춘추로 제사를 지냈던 것을 보더라도 나옹과 무학의 위상이 대단했음을 알 수 있다.[357]

현재 전국 사찰에 모셔져 있는 무학의 진영은 신륵사, 불암사, 선암사, 통도사, 회암사, 회룡사, 용추사, 은해사 백흥암, 간월암과 국립 박물관에 총 10건에 이르고 있다.[358] 그 가운데 회룡사의 경우 무학이 태조 이성계와 기도를 했던 곳으로 무학굴(無學窟)과 석굴암의 터가 있는 곳이며 무학의 진영이 모셔졌다.[359] 그 밖에 영천 은해사 백흥암에 무학의 진영이 '개국왕사 보조법안 무학 진(開國王師 普照法眼 無學眞)'이라고 봉안되어 있으며,[360] 함양 용추사,[361] 국립박물관[362] 등에도 진영이 봉안 또는 소장되어 있다.

제가 일본의 神宮을 남산에 지으면서 현재 서울시 서대문구 현저동 仁王山 부근 선바위 아래로 옮겨졌다. 「無學」, 『朝鮮古今 人物誌』 조선출판사, 1920. 조선 후기의 실학자 李圭景의 『五洲衍文長箋散稿』에도 '本朝僧無學'이 바로 이 무학의 진영을 가리키는 것이다. 황인규, 앞의 책, 1999.

357 李圭景, 「華東淫祀辨證說」, 『五洲衍文長箋散稿』 天地篇, 天地雜類 鬼神說, "京城 木覓山蠶頭峯之國師堂淫祠 (以木覓山神享祀時 典祀廳私稱國師堂 掛高麗恭愍王 本朝僧 無學 高麗僧懶翁 西域僧指空像及他諸神像 又有盲者像 小女兒像 女兒則以爲痘神云 神前設 脂粉之屬甚褻 祈禱頗盛 國不禁焉)."

358 무학의 진영 가운데 가장 앞선 시기에 조성된 것은 1807년 통도사에서 조성된 것이며, 그 외의 진영은 조선 후기 이후 현대에 조성된 것이다.

359 友松, 「回龍寺 重創記」, 『奉恩 本末寺誌』, "爰有慧峰大師最性 發慨然志 與慶海堂 圓三 共謨 募緣召匠 自春徂秋 董役己畢 佛宇僧療 奐然革其舊觀 同時招彩師 造上 壇 地藏 神衆 現王 及無學國師幀 吁其盛哉."『봉은본말지』에 "朝鮮 太祖獻康大王 國師本末 創建主無學大和尙眞影"이라고 기록되어 있으나 현재 남아 있지 않다.

360 文化財管理局, 『全國寺刹 所藏 高僧肖像畵 報告書』, 1990.

361 村慧 「龍湫寺篇額」, 『조선사찰사료』 상 ; 송천 스님 외, 『한국의 불화 화기집』, 성보 문화재연구소, 2011, 1259쪽.

362 국립중앙박물관, 『한국의 초상화 국립박물관 소장 조선시대 초상화 특별전 도록』, 1979. 도록에 진영의 題名이 '朝鮮太祖王師無學和尙眞影'이라 되어 있으며, 조선 후기인 19세기 이후 진영을 模寫해서 그린 것이다.

5) 나가는 말

이상으로 여말선초 삼화상인 지공과 나옹, 무학의 조선시대 위상과 추념에 대하여 살펴보았는데 이를 요약 정리하면 다음과 같다.

지공과 나옹, 무학 삼화상은 여말선초 숭유억불기 불교의 중흥을 위해 애쓴 고승으로 고대 이후 최고의 삼화상이라고 하겠다. 지공과 나옹은 여말선초 당대부터 부처의 화신 혹은 생불로 불렸으며, 무학은 이성계의 왕사요, 나옹의 적통이었다. 그들의 문도가 조선 전기 불교계를 주도하였으며 조선 후기 산중 불교 시대에도 대표적인 고승으로 추앙되었다.

나옹과 무학은 삼보 도량인 송광사의 16국사와 더불어 18주지에 올랐다.뿐만 아니라 불교 의식에 있어서 최고의 증명 법사로 신앙되었으며, 삼화상의 진영도 최고의 삼화상 도량인 회암사를 비롯하여 전국에 봉안되어 추념되었다. 지공은 서천 108대조 제납박다존자, 나옹은 공민왕사 보제 존자, 무학은 태조 왕사 묘엄 존자로 숭앙되었던 것이다.

불교계의 삼화상의 추념뿐만 아니라 국가적으로 삼화상의 위상이 제고되었다. 즉, 임란 후 국가 재조 운동이 전개될 때 성조 이성계의 위상이 제고되면서 무학의 위상도 더불어 부상하였으며, 무학의 스승 지공과 나옹도 삼화상으로 함께 존숭을 받았다. 정조 대 삼화상 교서가 내려지거나 석왕사에 삼화상의 초상을 봉안하고 매년 춘추로 제사 지내도록 한 사실 등이 그것이다. 이렇듯 지공·나옹·무학은 조선시대, 더 나아가 불교계 최고의 삼화상으로 추념되었다.

3장

나옹 문도의 불교계 활동

1. 나옹 문도의 오대산 중흥 불사

1) 들어가는 말

오대산은 그 자락이 웅장하고 깊으며 높고 큰 것이 풍악과 더불어 서로 갑을이 되는 산으로,[1] 특히 문수보살의 주처로 알려진 오대산은 법기보살의 주처인 금강산과 자웅을 이루었다. 자장은 636년(선덕여왕 3) 당의 오대산(청량산)에서 문수보살을 친견하고 귀국 후 중국의 오대산과 흡사한 명주 오대산 다섯 곳을 동대 만월산, 서대 장령산, 남대 기린산, 북대 상왕산, 중대 풍로산이라고 칭하였다.

각 대에 암자를 두어 동대 관음암, 서대 수정암, 남대 지장암, 북대 미륵암, 그리고 중대 사자암이라고 하였다. 705년(성덕왕 4) 신라의 왕자

---

1   김수온, 「上院寺 重創記」, 『拭疣集』 卷2, 記類, "其雄深高大 與楓岳相甲乙."

인 보천과 효명 형제가 오대산에서 상원사의 전신인 진여원을 짓고, 문수보살을 공양한 이후 오대의 기틀이 이루어졌다. 관음암은 관세음보살, 수정암은 대세지보살, 지장암은 지장보살, 미륵암은 오백나한, 사자암은 문수보살을 모신다. 그 후 오대산은 문수보살을 중심으로 네 보살과 오백나한을 모신 오대 신앙으로, 7·8세기에 이르러 오류성중의 오만 보살 신앙으로 발전되었으며, 이는 경덕왕 대에 살았던 신효 거사에 의해 계승되었다.

고려 말 대문장가인 이색은 "오대산은 천하의 명산이요, 상원사는 큰 사찰."[2]이라고 하거나 조선 초 문인들도 "천년의 승지라 보배로운 곳(寶地千年勝)"[3] 또는 "문수가 머무른 곳임은 온 천하가 다 안다(文殊住處天下知)."라고 했다.[4] 우리 동방의 부처를 배우는 무리들 역시 대부분 서로 이끌고서 그 오대산으로 가는 것이 중국의 승려들이 오대산으로 가는 것과 차이가 없다고 했다.[5]

조선 초에도 "세상에서는 오대산이라고 부른다. 봉우리의 가운데 것은 지로, 동쪽은 만월, 남쪽은 기린, 서쪽은 장령이라 하며, 북쪽은 상왕이라 한다. 드디어 5류 성중(五類聖衆)이 항상 머문다는 말이 있어서 불가에서 성대히 칭송한다."라고 하였다.[6] 특히 "우통은 오대산 상원사 곁에 있는데, 바로 한강의 상류로서 우리나라 제일 천이라 한다."[7]고 하

---

2   李穡, 「五臺 上院寺 僧堂記」, 『목은문고』 권6, 記 ; 『동문선』 권75, 記.
3   李荇(1478~1534), 「月精寺」, 『容齋集』 권2, 五言律.
4   서거정, 「五臺山으로 돌아가는 根上人을 보내다」, 『四佳詩集』 卷46, 詩類.
5   李承召(1422~1484), 「次韻敬敏首座 還臺山」, 『三灘集』 卷9, 詩.
6   權近, 「五臺山 西臺 水精菴重創記」, 『양촌집』 권14, 기류 ; 『동문선』 권80, 기.
7   許筠(1569~1618), 「소회를 쓰면서 邵資政에게 답한 운을 쓰다」, 『성소부부고』(1611년 작) 권2, 시부 2 和思穎詩 ; 허균, 「天龍奏樂引으로 雲上人의 軸에 쓰다」, 『惺所覆瓿藁』 권2, 부록 蛟山臆記詩.

여 조선 건국후 한강의 발원이 되는 우통수가 있는 월정사[8]와 상원사를 비롯하여 오대산사가 주목되었을 것이다.[9]

이에 본고는 나옹과 문도들이 등장하여 여말선초에 이르기까지 오대산사의 활동을, 그리고 나옹의 선풍을 이은 세조에 의해 삼화상이라고 불렸던 신미와 두 제자 학열과 학조 등이 등장하여 조선 초 오대산 신앙이 중흥하였던 사실에 천착하고자 하였다. 이는 조선 초 숭유 억불 시책이 강화되는 가운데 지방의 산중 불교가 흥성하였던 대표적인 사례 가운데 하나라고 생각된다.[10]

---

8 월정사에 대한 주요 논저를 소개하면 다음과 같다. 고유섭, 「사적순례기-월정사」, 『고유섭 전집』 2, 통문관, 1993 ; 한국불교연구원, 『월정사: [附] 상원사』, 일지사, 1977 ;『전통사찰총서 1, 강원도의 전통사찰』, 사찰문화연구원, 2008 ; 한상길, 『한국의 명찰 5 월정사』, 대한불교진흥원, 2009;『한국의 사찰문화재 : 강원도 전국사찰문화재 일제조사』, 문화재청·문화유산발굴조사단, 2002 ; 염중섭, 「월정사 사명에 관한 동양학적인 검토」, 『신라문화』 36, 2010. 대부분 교양 논저에 머무르고 있다. 월정사에서 편찬한 연구서를 소개하면 다음과 같다. 『월정사 성보박물관 도록』, 월정사 성보박물관, 2002;『월정사 8각 9층 석탑의 재조명』, 월정사 성보박물관, 2000 ;『강원도 불교문화재의 종합적 검토』, 월정사 성보박물관, 2001;『오대산 적멸보궁의 종합적 검토』, 월정사 성보박물관, 2002 ;『유물로 보는 오대산 문수신앙』, 월정사 성보박물관, 2004.

9 洪萬宗이 지은 『小華詩評』에서 따와 조선 말 李南珪가 다음과 같이 시를 소개하고 있다. 즉 "우리 太祖 임금께서 白岳山에 올라가서 지은 시에 이르기를, 우뚝히 높은 봉우리가 북두성에 닿았구나. 한양의 아름다운 경관을 하늘이 열었다네. 대륙을 깔고 앉은 봉우리가 삼각을 받쳤는데, 오대산을 나온 강물이 바다로 흘러들어라." ; 李南珪(1855~1907), 「삼가 列聖御製詩 뒤에 쓰다」, 『修堂集』 卷7, 跋.

10 이 논문은 2010년 월정사 성보박물관 개관 12주년 기념 학술세미나(2010. 10. 13, 월정사 대법륜전)에서 발표한 발제지를 수정 정제한 것이다. 「조선시대 오대산사와 고승-관련 기록의 취합과 검토를 중심으로」.

2) 고려 후기 오대산의 고승과 사적

(1) 고려 후기 사적 편찬과 대장경 봉안

신라시대에 이어 고려 초에도 왕건의 후원으로 오대산 미타방에서
수정사 결사가 행해졌다.[11] 김순식이 명주 일대를 중심으로 세력을 이루
었고, 아버지가 개경 궁궐의 내원당 승려 허월(許越)이었으므로,[12] 강릉
지역 일대의 불교계와 연계되었을 것이다. 고려 건국 후 개경을 중심으
로 비보사찰이 지정 운용되었으나 오대산 사찰 가운데 월정사(月精寺)
와 사자암(獅子庵)이 지정되었을 뿐이다.[13]

『삼국유사』에 의하면, 범일의 문인 신의 두타가 10세기 초반 월정사
를 중창하였다고 한다.[14] 특히 범일의 문도 낭원 개청(854~930)과 낭공
행적(832~916) 등을 중심으로 전개되었는데, 개청은 신라 말 승려로 통
효 범일의 법을 굴산사에서 범일의 제자가 되어 오대산에 몇 년간 머물
면서 지방세력의 지원으로[15] 보현사를 개창하고 국사로 대우받았으며,

---

11 이능화, 『조선불교통사』 하, 138쪽.

12 『고려사절요』 권1, 태조 5년(922) 7월 ; 『고려사』 권92, 왕순식 열전.

13 「原州 雉岳山 龜龍寺 事蹟」, 『조선사찰사료』 하 ; 楓溪 明詧(1640~1708), 「五臺山(在
    江陵西三十二韻)」, 『楓溪集』 권중 : 『한국불교전서』 9, 71쪽, "月精寺 俗塵不到幽且僻
    三千禪補."

14 『삼국유사』 권3, 탑상4 臺山 月精寺 五類聖衆.

15 崔彦撝, 「溟州 普賢山 地藏禪院 故國師 朗圓大師悟眞之塔의 비명」, 『조선금석총람』
    상, "대사는 그 길로 不遠千里하고 오대산에 이르러 通曉 대사를 친견하였다. 대사
    가 말씀하되 "어찌 그리 늦었는가. 오랫동안 너를 기다렸다." 하면서 뜰 앞으로 다
    가옴을 보고 곧 入室을 허락하였다. 法을 구하는 마음이 깊고 돈독하여 스님을 극
    진히 모시면서 한결같이 곁에서 정진하였으니, 階霣의 계절이 여러 번 지나갔다. 그
    리하여 心印을 전해 받고 항상 髻珠를 보호하여 산에서 나오지 아니하였으며 오직
    雲水에서 栖遲하였다."

명주 지방 세력의 후원을 받았다.[16] 그 후 무신 집권기 초 희양산문 원진 국사 승형(1171~1221)은 조계산에서 보조 국사 지눌에 법요를 묻고 오대산 진여원 문수보살에게 기도하여 감명을 받았으며, 유연 장로가 월정사를 중창하였다.

원 간섭기에 이르면서 오대산에 대한 신앙 및 불사가 집록되면서 오대산 불교가 부각되기 시작한다. 지눌의 법을 원사했던 가지산문 고승 일연은 1281년(충렬왕 7)경 『삼국유사』를 편찬하면서 산중에 전하는 이야기를 바탕으로 『삼국유사』 권3, 탑상 4에 「대산 오만진신」과 「오대산 보질도태자전기」, 「대산 월정사 오류성중」, 「오대산 문수사석탑기」 등을 기록으로 남겼다. 「오대산 문수사석탑기」는 1156년(의종 10) 일연의 제자로 알려진 백운자가 지은 것으로, 일연과 제자도 오대산에 대한 관심이 컸던 듯하다.

문인 민지는 일연의 비인 「보각국존 비명」(1295)과 「금강산 유점사 사적기」(1297), 「풍악산 장안사 사적기발」(1305), 「고려국 대장이안기」(1306) 등의 기록을 남기면서 1307년(충렬왕 33) 「오대산 월정사 사적기」를 찬술하였다. 사적기는 「오대산사적」, 「봉안 사리개건사암 제일조사전기」, 「오대산 성적병 신라 정신태자 효명태자 전기(五臺山 聖跡并新羅淨神太子孝明太子傳記)」, 「신효거사 친견 오류성사적」 등으로 이루어져 있다. 「오대산 사적」 외에는 『삼국유사』에 같은 내용으로 다소 축소 서술되어 있으며,

---

16 김두진, 「신라하대 崛山門의 형성과 그 사상」, 『성곡논총』 17, 1986 ; 황인규, 「선각 국사 도선의 종풍 계승 및 전개」, 『한국선학』 20, 2008 : 황인규, 『고려시대 불교계와 불교문화』, 국학자료원, 2011. 사굴산문은 진관 석초를 중심으로 개경 구산사와 보제사와 남경 승가굴에서 활동하면서 고려 중기 선종을 부흥하는 대감 국사 탄연에 이르지만 상대적으로 오대산사의 불교는 침체된 듯하다. 황인규, 「고려 전기 사굴산 문계 고승과 선종계」, 『한국선학』 17, 2007.

「신효거사 친견오류성사적」만이 좀 자세한 편이다.[17] 이렇듯 13세기를 전후하여 오대산 신앙에 대한 정리가 이루어지면서 오대산 불교가 부각되었을 것이다.[18]

그 무렵 이승휴(1224~1300)도 삼척 두타산에 머물면서 1297년 겨울 오대산에 주석하였던 노승(나이 74세) 불호사 혜 화상(慧和尙)과 교유하였다.[19] 그만큼 오대산 불교가 주목받았던 사례 가운데 하나가 아닐까 한다. 그런데 『고려사』에 유일한 오대산 관련 기록으로 알려진, "(1309년) 이달에 원나라 태후가 오대산에 갔었는데 왕이 수행(扈從)하였다."[20]라는 기사[21]는 실학자 이덕무가 지적했듯이 중국 오대산 관련 기록이다.[22]

---

17 이창국, 「원 간섭기 민지의 현실인식-불교기록을 중심으로」, 『민족문화논총』 24, 영남대 민족문화연구소, 2001, 117쪽 ; 염중섭, 「『오대산사적기』「제1조사전기의 수정 인식 고찰」, 『국학연구』 18, 한국국학연구원, 2011.

18 鏡巖 慣拭(1743~1804), 「五臺山 西臺 重建記」, 『鏡巖集』 권하, 기 : 『한국불교전서』 10, 103쪽, "華嚴經菩薩住處品 五臺山眞文殊住處 余嘗入願謁 肉眼無所見 就讀臺山事蹟記 始羅太和年中 神聖孝明二太子 巡禮五臺 見菩薩眞身." 일제 강점기 불교 잡지인 『불교진흥월보』 1~8, 1915에서도 「오대산 월정사 사적」을 게재하였다. 월정사에서 편찬한 『오대산-월정사·상원사』 책자(간기미상)에서 오대산 사적(번역문)을 소개하고 있다.

19 이승휴, 「寄佛護 慧和尙書」, 『動安居士集』 雜著 一部, "去冬 有衲子自五臺山寄示法戲頌并序引合一部." 고려 말 중국 오대산에 유력한 승려도 찾아진다. 이색, 「豫章의 德上人이 五臺山에 유람하면서 얻은 詩卷에 제하다.」, 『목은시고』 권3, 詩.

20 『고려사』 권33, 충선왕세가 1년 3월, "是月 元太后幸五臺山王扈從.";『고려사절요』 권23, 忠宣王 1년(1309) 3월.

21 김풍기, 「오대산 인식의 역사적 변천과 의미」, 『강원문화 연구』 22, 52쪽.

22 이덕무, 「忠宣王 遊五臺山」, 『靑莊館全書』 卷55, 盎葉記 2, "亭林集 顧炎武撰 五臺山記 引元史武宗至大二年二月癸亥 皇太后幸五臺山 三月乙丑 令高麗王 隨太后之五臺山 案藩王遊五臺山 稀貴之事也 即高麗忠宣王元年己酉.";『해동역사』 권15, 世紀 15 高麗 4, "(武宗 至大) 2년 충선왕 원년 2월 계해에 태후가 五臺山의 佛寺에 행행하였다. 3월 기축에 遼陽行省右丞 洪重喜가 고려 국왕 왕장이 국법을 준행하지 않고 포악한 짓을 한다는 등의 일에 대해 하소연하였다. 중서성의 신하가 홍중희와 고려 왕을 대질시키기를 청하니, 중서성에 칙령을 내려 대질시키지 말게 하였으며, 고려 왕으로 하여금 태후를 따라서 오대산으로 가게 하였다."

고려시대 다각 다층 석탑 가운데 하나인 8각 9층 석탑(국보 제48호)이 월정사에 건립되었다. 특히 「오대산 월정사 세존 사리비」와 「월정사 시장 경비(月精寺 施藏經碑)」가 세워졌다. 세존비는 현재 남아 있지 않고 민지 (閔漬)가 찬술한 「오대산 월정사 세존사리비」를 찬술하였다는 사실만을 알 수 있으며,[23] 장경비도 비문이 일부 전하고 있을 뿐이다.[24] 이 비는 1339년(충숙왕 복위 8) 월정사에 대장경을 시주하고 이를 기념하기 위해 세웠던 듯하다.[25] 1339년 월정사에 『대장경』을 봉안하는 데 왕비가 백금

---

23 민지는 「五臺山 月精寺 世尊 舍利碑」를 찬술했다고 한다. 寶鼎, 「閔漬 法喜 撰 五臺 山月精寺 世尊 舍利碑」, 『著譯叢譜』 권3, 諸祖師碑銘撰述部 3: 『한국불교전서』 12, 110쪽.

24 『한국금석전문』 중세 하, 1984, "中宮賜潔白金且輟 有命焉銘曰(결락) 身毒之書 有經 允也利門 乃心(결락) 五峯嶽心 殊(결락) [음기] 所生并三名供其使令田七十(결락) 信安 公李公安壽以聞(결락) 白金二鋌 又入廩祿歲(결락) 會衆五千指 己卯之會(결락) 相國 金夫人洎信安李." 조선 후기 장경사비의 존재에 대해서는 다음과 같은 기록이 찾 아진다. 申光漢(1484~1555), 「月精寺 書普願上人詩卷 用佔畢齋韻」, 『湖陰雜稿』 卷3, 關東日錄, "寺有古碑 益齋所撰 仲思 卽益齋字."; 尹宣擧(1610~1669), 「巴東紀行 甲 辰」, 『魯西遺稿』(續) 卷3, 雜著, "月精 觀李益齋所記碑."; 풍계 명찰(1640~1708), 「五 臺山 在江陵西三十二韻」, 『楓溪集』: 『한국불교전서』 9, 72쪽, "藏經碑碣橫西隅 珠 璣錯落昭龜趺." 참고로 월정사 적멸 보궁(강원유형문화재 28)은 불사리를 안치한 정 확한 장소를 알 수 없다. 다만 전각 뒤쪽의 작은 언덕에 부처의 정골사리[佛 頭骨一 片]를 모셨다는 기록이 있는 世尊 眞身 塔墓가 있다.

25 조선 후기에 李俣가 편찬한 『大東金石書』에 탁본의 단편만이 수록되어 있다. 『대동 금석서』에는 李濟賢(1287~1367)이 비문을 짓고 宗古 스님이 글씨를 썼다고 명기하고 있지만 현재 볼 수 있는 탁본 일부만으로는 이러한 내용이 확인되지 않는다. 이제 현의 문집인 『益齋亂藁』에서도 찾아지지 않는다. 음기에는 信安君 李安壽가 거론되 고 있지만 그의 자세한 행적도 확인되지 않는다. 다만 崔瀣(1287~1340)가 지은 「永州 利旨銀所 陞爲縣碑」, 『졸고천백』 권2의 내용 중에 원의 궁궐에서 환관으로 근무한 李邦修라는 인물이 고려에서 信安君으로 봉해진 사실이 기록되어 있다. 그가 이안 수와 동일인물일 가능성이 있다고 보고 있으나 비문에 "後至元 원년(1335, 충숙왕 복 위 4)에 上護軍 安子由 등이 京師에 조회를 갔다가 돌아와 天后 皇后의 명으로 駙 馬이신 先王에게 復命하였다."라는 내용이 있다. 駙馬인 先王은 충숙왕을 가리킨 다. 충숙왕은 원의 營王의 딸인 濮國長公主, 魏王의 딸인 曹國長公主와 혼인하였 으므로 부마라 한 것이다. 장경비가 세워진 1339년에는 두 공주는 이미 모두 죽었

을 하사하였고, 신안군 이안수도 백금 두 덩어리를 시주하였으며, 재상의 부인 김씨 등도 여기에 동참하였다는 것이다. 당시 월정사에 대장경을 시주한 중궁인 비는 남양부원군 홍규(?~1316)의 5녀이자 충혜왕과 공민왕의 어머니인 덕비(명덕태후, 1298~1380)일 것이다.[26] 대장경을 봉안한 드문 사례 가운데 하나이다. 대장경의 봉안법회[己卯之會]에 5천 명의 대중이 모였다[會衆五千指]는 사실에서 월정사를 비롯한 오대산 불교의 사세가 컸음을 짐작할 수 있다.

(2) 고려 말 나옹과 문도들의 불사

고려 말 태고 보우와 더불어 고려 후기 이래 조선 불교를 주도하게 되는 사굴산문 나옹 혜근이 오대산에 주석하였다. 그리고 나옹의 문도들이 여말선초 오대산에 주석하거나 중창하면서 오대산 신앙은 중흥하기 시작하였다. 나옹은 1360년 상두암과 영감암 등에 주석하면서 역시 오대산에 머물고 있던 환암 혼수와 교유했다. 그리고 고려 말 문도 석영 로암이 1376년 상원사(중대 진여원)를, 나암 유공과 목암 영공이 서대 수정암(염불암)을, 각운 설악이 중대 사자암을, 지선이 동대 관음암을, 비구니 혜명 등이 1490년(성종 1) 영감암을 중창하였다. 특히 1399년 11월 상왕 이성계가 중대 사자암을 원찰로 삼아 중창이 되자 친히 왕림하였고, 태종은 상원사를 수륙재 도량으로 개설하였다. 고려 말 나

____

으며, 李那壽(李邦修는 오자)가 1340년 원에서 귀국하였다. 그러한 비정은 오류다.
26 「변한국 대부인 최씨묘지명」, 『고려묘지명집성』 ; 『고려사』 권110, 金倫 열전. 그리고 추정하건대 대장경을 시주했던 재상 김부인은 竹軒 김륜의 처이자 두 아들 3남 德泉大師 宗炟이며, 4남 億政大禪師 達岑의 어머니 변한국 대부인 최씨일 가능성이 많다.

옹이 북대(상두암, 미륵암)에 주석한 이후 상원사(중대 진여원)를 중심으로
서대(수정암, 염불암), 중대(사자암), 동대(관음암)와 남대(영감암) 등 오대산
의 주요 산사가 중창되어 신라 이래의 오대산 불교가 재현되었다고 할
만하다. 이러한 사실을 좀 더 구체적으로 살펴보기로 한다.

① 나옹과 환암의 북대 상두암(미륵암, 1360년)

나옹은 1358년 3월 23일 원나라 법원사에서 지공과 하직하고 용양으
로 돌아와 평양과 동해 등 여러 곳을 유력하다가 1360년부터 이듬해까
지 오대산 상두암(象頭庵)에 머물렀다.[27] 1369년 9월부터 그 해 말일까지
청평사 주지를 사퇴하고 오대산 영감암[28]과 북대 상두암 및 나옹대에
머물렀다.[29] 상두암에는 나옹의 진영이 조선 중기까지 봉안되어 있었다.

---

[27] 각굉, 「나옹화상 행장」, 『나옹화상어록』; 李穡, 「普濟尊者 諡禪覺 塔銘 幷序」, 『동
문선』 권119, 碑銘, "경자년에는 臺山에 들어가 있었다."

[28] 각굉, 「나옹화상 행장」, 『나옹화상어록』, "己酉(1369년, 공민왕 19) 九月 以疾辭退 又
入臺山 住靈感菴."; 김수온, 「靈鑑菴 重創記」, 『拭疣集』 卷2, 記類, "其南臺之南
有號靈鑑菴 昔普濟尊者 嗣法平山處林禪師 暨其東還 遂入臺山 寓于是菴."

[29] 나옹은 다음과 같은 가송을 남기고 있다. 나옹, 「題五臺山 中臺」, 『나옹화상 가송』
: 『한국불교전서』 6, 101쪽, "策杖優遊上妙峰 聖賢遺跡本非空 天然異境無間隔 萬
壑松風日日通."; 김시습, 「五臺山 六首」, 『梅月堂詩集』 卷4, 詩 山岳, "北臺四月積
殘雪 靑蔬白芷戴土出 懶翁臺畔有高雲 岑崟幽邃杳難測 右北臺." 참고로 그 외의
나옹대를 소개하면 다음과 같다. 해주 신광사(경한, 「乙巳六月入神光 次懶翁臺詩韻」,
『백운화상어록』: 『한국불교전서』 6, 125쪽), 금강산 善住庵(이색, 「金剛山 潤筆菴記」, 『牧
隱文藁』 卷2, 記; 李春英(1563~1606), 「江行八絶」, 『體素集』 上, 七言絶句; 백곡 처능,
「宿觀音齋 走筆」, 『大覺登階集』 권1, 칠언고시 : 『한국불교전서』 8, 25쪽, "超然坐我
懶翁臺 下視塵寰幾."; 法宗(1670~1733), 「續香山錄」, 『虛靜集』 錄 2: 『한국불교전서』
9, 176쪽. 상원사에서 10여 리쯤 눈길을 밟아 올라가면 바로 왼편에 북대 미륵암(1,
300m)이 나온다. 그 부근에 나옹대가 있는데 나옹이 좌선을 하던 곳이다. 북대는
나옹이 머물렀던 상두암이며, 그 근처에 나옹대가 있었다. 사찰문화연구원, 『전통
사찰총서』 8, 1997, 413~414쪽.

서북쪽으로 수십 걸음 오르니 상두암이다. 더욱 바람이 없고 탁 트이게
뚫렸으며 삼인봉을 안산으로 한다. 참으로 도인이 수도하는 곳이다. 또
한 비어 있는데 벽에 나옹의 화상(畵像)이 걸려 있다.[30]

즉, 상두암에는 더욱 바람을 감추고 있었고 탁 트이게 뚫려 있었다.
삼인봉으로 안산을 하여 진실로 도인이 수도하는 곳이었으며, 빈 벽에
는 나옹의 진영이 걸려 있었다는 것이다.[31] 특히 상두암에서는 나옹이
용문산에 주석하고 있던 중국 임제종 고승 고담 적조 현명과 교유했으
며,[32] 1360년 무렵 머물면서 환암 혼수와 교유했다. 즉, 나옹은 오대산
고운암[33]에 머물면서 신성암에 머물고 있던 환암 혼수와 교유했다.[34] 환
암은 회암사 주지에 임명되었으나, 금오산으로 갔다가 오대산에 들어가
나옹에게 사사를 하면서[35] 제자로 인정받았다. 그 후 나옹이 주맹한 공

---

30 丁時翰(1625~1707), 「山中日記」 하, 『愚潭集』 권11, "西北上數十步有象頭菴尤藏風通
暢以三印峰爲案眞道人修道之所而亦空壁掛懶翁翁畫相."

31 丁時翰, 김성찬 역, 「1687년 10월 초10일」, 『우담집』 권11, 국학자료원, 1999, 278쪽.'

32 金時習, 『梅月堂集』 卷4 ; 각굉, 「나옹화상 행장」, 『나옹화상어록』; 『한국불교전서』
6, 22쪽, "至庚子秋 入臺山象頭菴居焉 時浙僧古潭 來住龍門山 通信書 師以頌答日
臨濟一宗當落地 空中突出古潭翁 把將三尺吹毛劍 斬盡精靈永沒蹤 潭以白紙一丈答
之 外封書君子千里同風六字 師受之 笑而擲之 侍者開紙(원문에는 '坼'이다)乃空紙也 師
以筆墨二物答之 辛丑冬."; 황인규, 「고려 후기 사굴산문 수선사 고승과 중국불교계—제 기록
검토와 그 실상을 중심으로」, 『불교학보』 47, 2007.

33 고운암은 조선 중기의 문신인 宋光淵(1638~1695)의 『泛虛亭集』, 「五臺山記」에 따르
면, 지금의 북대인 象頭庵(지금의 미륵암)과 상왕봉 사이에 있었던 암자였다고 하나
현재 남아 있지 않다.

34 각굉, 「나옹화상 행장」, 『나옹화상어록』, "玄陵이 선사의 행적이 바른 것을 높이 여
겨 檜巖寺에 머물기를 청하였으나 가지 않고, 곧 金鰲山으로 들어갔다가 다시 五
臺山에 들어가 神聖菴에 거처하였다. 이때 懶翁 惠勤和尚 또한 孤雲菴에 있었기
때문에 자주 접견하여 道의 요지를 질의하였는데, 나옹은 뒤에 金襴袈裟과 象牙
拂, 山形杖을 선사에게 주어 표신을 삼았다."

35 나옹이 환암에게 사사한 사실은 다음의 『나옹화상 가송』에 찾아지고 있다. 「寄幻菴
長老山居四首」; 「送幻菴長老謁師翁」, "餘疑要決謁師翁 倒握烏藤活似龍 徹底掀飜

부선에 참석하여 유일하게 답을 제시하여 크게 주목받게 되며, 왕사로 책봉 받게 된다.[36] 특히 나옹은 "왕사가 되니 좌선을 하는 자가 크게 늘었다."[37]라는 기록에서 알 수 있듯이 나옹이 머물렀던 오대산사의 사세도 크게 진작되었던 듯하다.

② 석영 로암의 상원사(중대 진여원) 중창(1377년, 1381년)

상원사의 중창은 1376년(우왕 2)부터 시작되어 이듬해 가을에 낙성을 보았다.

> 석영 로암(釋英 露菴)은 나옹의 제자이다. 오대산을 유람하다가 상원에 들어와 승당이 터만 있고 집이 없음을 보고 곧 탄식하며 말하기를, "오대산은 천하의 명산이요, 상원은 또한 큰 사찰이다. 승당은 성불한 곳이요, 시방의 운수도인이 모이는 곳인데 사찰이 없을 수 있는가." 하고, 이에 사방으로 쫓아다니며 여러 사람으로 하여금 좋은 인연을 맺기를 구걸하니, 판서 최백청의 부인 안산군부인 김씨가 듣고 기뻐하여 최와 더불어 모의하고 돈을 내어 희사하였는데, 부인이 스스로 희사한 바가 컸다 한다. 병진년(1376, 우왕 2) 가을에 시작하여 정사년(1377) 겨울에 공역을 마쳤다.[38]

明白後 大千沙界起淸風.";「幻菴 傳寫五位 註頌來看 因以題前」, "曹洞宗風事若何 崑崙白鷺兩交加 君臣偏正能廻互 不坐那邊是作家.": 권근, 「청룡사 보각국사정혜원융탑비」, 『조선금석총람』 하.

36 황인규, 「환암 혼수의 생애와 불교사적 위치」, 『경주사학』 18, 1999 ; 황인규, 『고려후기·조선 초 불교사 연구』, 혜안, 2003 ; 황인규, 「충주의 고승 환암 혼수와 목암찬영」, 『충주의 인물(Ⅴ) 충주의 큰스님—법경 대사 홍법 국사 대지 국사』, 예성문화연구회, 충주시, 2006.

37 김수온, 「영감암 중창기」, 『식우집』 권2, 기류, '恭愍王封爲王師具法像就菴以迎.'

38 이색, 「五臺 上院寺僧堂記」, 『牧隱文藁』 卷6, 기 ;『동문선』 권75, 기, '釋英露菴 懶翁弟子也 游五臺入上院 見僧堂有基而無屋 乃嘆曰 臺山 天下之名山 而上院又大利

위의 기문에 의하면, 나옹의 제자 석영 로암이 상원사의 승당이 터만 있고 전각이 없음을 한탄하고 판사 최백청[39]의 부인 안산군 부인의 후원으로 1376년(우왕 2) 가을부터 불사를 하여 이듬해 겨울에 낙성하였다. 상원사의 승당 중창 후 같은 해 겨울 승려 33명을 맞이하여 10년 좌선을 시작하였다고 한다. 마치 수정사 결사의 재현인 듯한 오대산 결사의 모습이다. 5년째인 1381년 11월 24일에 성승 앞으로부터 촛불이 나오는 이적이 있자 김씨가 사찰 운용기금인 상주보를 운용하였다.[40]

나옹이 입적한 직후 나옹의 추념 사업이 전국적으로 이루어질 때였다. 나옹의 문도들이 회암사와 신륵사뿐만 아니라 전국의 사찰에 나옹의 비와 부도를 세우고 유품을 봉안했다.[41] 나옹의 추념 사업은 오대산에서도 있었다.[42] 즉, 1383년 안심사 지공과 나옹의 석종비를 봉안할 때 나옹의 가사와 불자 각 1개를 오대산에 봉안하였던 것이다. 참고로 고려 말 나잔자 나암 유공의 제자 휴상 인도 불사를 하여 오대산에 봉안하고자 하였으며,[43] 마지막 화엄종 국사 천희도 오대산에서 몽산 덕이

也 僧堂 成佛之所 十方雲水之所會也 而可無乎 於是 馳走募緣 崔判書伯淸之室安山郡夫人金氏聞之喜 與崔謀出錢以施 而夫人所自施大多 始於丙辰秋 功訖於丁巳冬.'

39 최옥의 장남 최백청은 충숙왕 때 문하시랑을 역임했고, 차남 최중청은 판관을 지냈다. 삼남 최우청은 조위총의 난을 진압했으며, 1182년 한림학사 승지를 거쳐 좌복야에 이르렀다. 최중청의 5세손 최원유는 고려 말 유림의 영수로서 보문각 직제학에 이르렀으며, 정몽주가 순절하자 음독 자결했다.

40 이색, 「五臺 上院寺僧堂記」, 『동문선』 권75, 記.

41 李穡, 「安心寺 指空懶翁舍利石鐘記」, 『한국금석전문』 중세 하.

42 위와 같음.

43 이색, 「休上人에게 준 글」, 『목은문고』 권8, 序, "또 그의 말을 들어 보건대, 부처의 형상이나 부처의 언어 모두가 佛道에 들어가는 데, 중요한 자료가 되기 때문에, 제자인 道于와 達元으로 하여금 紙墨의 시주를 받아서, 註解가 붙어 있는 『華嚴經』과 『法華經』을 각각 1부씩 찍어 내도록 하였고, 說法을 통해서 얻은 布施를 가지고 서방 정토의 아미타불과 八大菩薩을 그려 長明燈 아래에 安置하였으며, 남은 淨財는 불경을 찍는 비용에 보태 쓰도록 했다고 한다. 상인이 다시 말하기를, '法寶가

에 대한 꿈을 꾸고 중국을 유력했다고 한다.[44] 고려 말 오대산 신앙의 중흥의 일면을 엿볼 수 있다.

3) 조선 초기 나옹 문도들의 중흥 불사

오대산 사찰 가운데 상원사는 조선 건국 초 태조와 태종, 세조의 주목을 받아 왕실 국가 사찰이 되었다. 태조는 금강산 표훈사 등의 사찰과 더불어 상원사에서 천변과 지괴를 물리치기 위한 법석을 베풀었으며, 아들 태종도 역시 상원사에서 수륙재를 베풀었다.[45] 아예 매년 정월 15일 관음굴과 진관사, 거제 견암사와 더불어 매년 2월 15일 고려 왕족을 위한 수륙재를 행하도록 하였다.[46]

1424년(세종 6) 선교 양종의 본산이었던 전라도 전주 경복사의 원속전 1백 40결을 상원사에 이속하고 60결을 추가하였고, 항거승(恒居僧)은 1백 명으로 하였으므로[47] 상원사는 조선 전기 1백여 명의 승려가 머무는 큰 도량이었다. 상원사는 1425년(세종 7) 화재를 입기도 하였는데[48] 1457

일단 이루어지기는 하였지만, 내 나이가 벌써 60에 가까운 만큼 혹시라도 받들어 간수하는 데에 소홀하게 된다면 앞으로 다른 걱정거리가 없으리라고 보장할 수가 없다. 그래서 장차 五臺山에 안치하고서 후세 사람들로 하여금 지키게 할까 하니, 선생이 이 일에 대해서 한마디 말씀을 해 주셨으면 한다.'라고 하였다.

44　이색, 「水原 彰聖寺址 眞覺國師塔碑」, 『조선금석총람』 상, "禪旨를 참구하면서 小伯山에 있을 때, 또한 꿈에 蒙山이 그에게 衣法을 전해주는 것을 보았다. 금강산과 五臺山에서도 같은 꿈을 꾸었으니, 이것이 바로 南遊를 결심한 동기가 되었다."

45　『태조실록』 권14, 7년(1398) 8월 17일(경신) ; 『태종실록』 권2, 1년(1401) 10월 2일(정사).

46　『태종실록』 권27, 14년(1414) 2월 6일(경술) ; 『세종실록』 권30, 7년(1425) 12월 19일(갑신).

47　『세종실록』 권24, 6년(1424) 4월 28일(계유).

48　『세종실록』 권30, 7년(1425) 12월 19일(갑신).

년(세조 3)경 의은이 머물러 있었다.[49] 조선 초 오대산사 가운데 서대 수 정암, 중대 사자암, 진여원(상원사), 남대 영감암 등이 중창되어 오대산 사의 중흥의 시작라고 할 만하다. 특히 상원사의 왕실 원찰의 지정은 조선 초 이래 왕실과 국가의 공인 및 후원으로 이루어진 오대산사를 중 심으로 하는 산중 불교의 전개였다.

(1) 조선 초 나옹 문도들의 불사

① 나암 유공과 목암 영공의 서대 수정암(염불암) 중창(1393년)
나암 유공과 목암 영공이 1392년 화재를 입은 서대 수정암을 중창하 였다.

> 임신년(1392) 가을에 불에 탔는데, 이때 조계종 운승 나암 유공(懶庵游公)
> 과 목암 영공(牧庵永公)이 모두 명리를 버리고 이 산에 들어왔다가, 암자
> 의 서까래가 잿더미로 변한 것을 보고서 측은하게 여겨 비탄하며 다시
> 세우려고 화소를 가지고 곧 산을 나서 널리 권선하므로, 시중 철성 이공
> 림 및 그의 부인 홍씨와 중추(中樞) 고흥 유공운(高興柳公雲) 및 그의 부
> 인 이씨와 여러 단가들이 이를 듣고서 모두 기뻐하며 각기 돈과 곡식을
> 시주하였다. 계유년(1393) 봄에 바야흐로 공사를 시작하여 … 마치게 되
> 었는데, 불당은 5량으로 다섯 칸이고 욕실이 두 칸이다. … 나암과 유공
> (柳公)이 함께 새로 미타와 8대 보살을 그려서 불당 중앙에 걸었고, 고동
> (古銅) 향로 및 정병(물병)과 기구들을 모두 갖추었으며, 경찬회를 이미 세
> 번이나 하였다.[50]

---

49 『세조실록』 권6, 3년(1457) 2월 12일(병오).
50 권근, 「五臺山 西臺水精庵重創記」, 『양촌집』 권14, 기류 : 『동문선』 권80, 記, "壬申

서대 수정암은 1392년 화재로 불탄 것을 나암 유공과 목암 영공이 시중 철성 이공림 및 그의 부인 홍씨와 중추 고흥 유씨 및 그의 부인 이씨 등의 후원에 힘입어 그 이듬해인 1393년 봄에 공사를 시작하여 5량의 불당과 2칸의 욕실의 중창을 마쳤다. 승려 나암 유공과 고흥 유씨가 미타상과 8대 보살상을 불당 중앙에 걸었고, 고동 향로 및 정병(물병)과 기구 등을 갖추고 세 번이나 경찬회를 열었다고 한다.

서대 수정암의 중창 후원을 했던 철성 부원군 이림은 고성 이씨로 우왕의 제1비 근비의 아버지이며, 근비의 어머니 홍씨는 변한국 부인이다.[51] 고흥 유씨는 고흥부원군의 손자이자 태조의 후궁 정경궁주의 아버지 태조의 원종공신 유준(1321~1406)이라고 생각된다.[52] 이와 같이 왕실 집안에서 수정암을 중창하였던 것이며, 오류성중 신앙의 소산이었다.[53]

나암은 1392·3년 오대산 서대를 중창하고 금강산에 머물렀으며,[54] 1404년 무렵 양가 도승록 대사가 되었다고 한다. 목암도 나암과 더불어 조계종의 고승으로 목암이라는 암자에 주석하며, 1392·3년 나암과 오

之秋 欝攸爲災 于時曹溪韻釋懶庵游公 牧庵永公 皆捨名韁 入于兹山 目其榱題化爲煨燼 惻然悲嘆 欲重營之 乃持化疏 出山普勸 故侍中鐵城李公琳 與其室洪氏 中樞高興柳公雲 與其室李氏及諸檀家 聞而皆喜 各施錢穀 癸酉之春 方始董工 更就泉傍林木之下 相其面勢 尤爲奇勝 乃斲其木 乃剗其土 遺礎具存 宛然舊址也 觀者相慶 咸與言曰 殆天使欝攸 焚其陋而啓其勝歟 二公再生以發其舊歟 抑道眼旣具 自與古人默契歟 是必居一於此矣 迺樂趍事 以訖營構 其堂五架三楹 浴室二楹 其規制不甚異 從省便也 懶庵又與柳公 新繪彌陀八大菩薩 以垂堂中 古銅香爐淨瓶什器皆備 設慶讚會 已至于三."

51 『고려사절요』 권31, 우왕 5년 4월. 근비의 소생이 창왕이다.

52 『태종실록』 권11, 6년(1406) 3월 24일(갑인) 졸기.

53 권근, 「五臺山 西臺水精庵重創記」, 『양촌집』 권14, 記類 : 『동문선』 권80, 記.

54 권근, 「題兩街懶菴之金剛山詩卷」, 『春亭集』 卷3, 詩 : 『신증 동국여지승람』 권47, 江原道 淮陽都護府 산천.

대산 서대를 중창하였다.[55]

② 태조의 원찰 중대 사자암 중창 후원과 각운 설악(1401년)

서대 사자암은 국가 비보사찰인데 세운 지 오래 되어 폐사되어 있었는데 나옹의 문도 운 설악이 1399년 중창하였다.

건문 3년(1400) 봄 정월 신미일에 계운 신무 태상왕 전하(태조)께서 내신 판내시 부사 이득분을 시켜 참찬 문하부사 신 권근을 명소하여 전지하기를, "내가 일찍이 듣건대, 강릉부의 오대산은 빼어난 경치가 옛적부터 드러났다기에, 원찰을 설치하여 승과를 삼으려 한 지 오래였다. 지난해 여름에 노승 운 설악이 이 산에서 와서 고하기를 "산의 중대에 사자암이라는 암자가 있었는데 국가를 보비하던 사찰입니다. 대 양지쪽에 자리 잡고 있어 이 대를 오르내리는 사람들이 모두 거쳐 가는 곳입니다. 세운 지 오래 되어 없어졌으나 빈터는 아직도 남아 있으므로 보는 사람들이 한탄하고 상심하니, 만약 이 암자를 다시 세운다면 많은 사람들의 마음에 기뻐하고 경축이 반드시 다른 곳보다 배나 더할 것입니다."라고 하였다. 내가 듣고 기뻐하여 공장을 보내어 새로 세우되, 위에 3채를 세운 것은 부처를 안치하고 승방으로 쓰기 위한 것이요, 아래 2칸을 세운 것은 문간과 세각으로 쓰기 위한 것인데, 비록 규모가 작기는 하나 형세에 합당하게 되었으니, 알맞게 하고자 하여 사치하거나 크게 하지 않은 것이다. 공사가 이미 끝나매 겨울 11월에 친림하여 보고 낙성을 하였으니, 대개 먼저 간 사람들의 명복을 빌고 복리를 후세에 미루어 물아가 다 같이

---

[55] 이색, 「牧菴의 詩卷에 題하다. 이름은 覺謙이다.」, 『목은시고』 권13, 詩 ; 권근, 「牧菴記」, 『양촌집』 권11, 記類 ; 정도전, 「題僧牧庵卷中乙丑春」, 『삼봉집』 권2, 七言絕句. 참고로 후대인 영조의 둘째 딸 和順翁主의 부마이자 추사 김정희의 증조부인 金漢藎(1720~1758)의 祝釐願堂이 되며, 1800년 승려 瑞仁이 중수하였다. 鏡巖 慣拭 (1743~1804), 「五臺山 西臺重建記」, 『鏡巖集』 권하, 기 : 『한국불교전서』 10, 103쪽.

받고 유명이 함께 힘입으려 한 것이니, 경은 글을 지어 영구히 보이도록
하라." 하였다.[56]

위의 기문에서 보듯이, 나옹의 시자였던 각운 설악이 사자암 터의 폐
사지를 알아 상왕 이성계에게 고하여 중창하게 하였다. 나옹의 추념 사
업의 일환이었다고 생각된다. 이성계는 공장을 보내어 1399년 11월 불
상을 봉안하고 전각, 승방 문간과 세각(2칸) 3채의 건물을 지었다. 오대
산사를 원찰로 삼았던 이성계는 절이 중창되자 왕림하는 등 깊은 관심
을 보였다.

③ 지원(志元)의 동대 관음암 중창(1402년 이전)

나옹의 추념 사업에 동참했던 문도 지선도 1402년 이전에 동대 관음
암을 중창하였다.

일찍이 강릉 오대산의 동대에 관음암을 중창하여 일을 끝내고, … 그동
안에 사(師)가 또 불상을 만들고 경문을 인출한 것이 자못 많아, 내가 또
한 일찍이 그 인출한 경문 여러 부 발문[跋]을 지었었다.[57]

---

56 권근, 「五臺山 獅子庵重創記」, 『양촌집』 권13, 기류, "建文三年春正月辛未 啓運神
武太上王殿下令內臣判內侍府事李得芬 命召參贊門下府事臣權近傳旨若日 子嘗聞
江陵府之五臺山 奇秀之稱 自古而著 思置願刹 以植勝果久矣 去年夏 有老衲雲雪岳
自是山來告日 山之中臺有庵日獅子 國裨補也 據臺之陽 上下是臺者所共由歷創久而
廢遺基尙存觀者嘆傷苟是之重營衆心欣慶 必倍於他所矣 子聞而悅 遣工新構 上起
三楹 所以安佛寓僧也 下置二間 所以爲門與洗閣也 規模雖小 形勢則宜 欲其稱而不
侈大也 功旣告訖 冬十有一月 親臨觀之 以落其成 盖爲追福先逝 推利後世 物我均
霑 幽明共賴云爾 卿宜爲文 以示永久."
57 권근, 「五臺山 觀音庵重創記」, 『양촌집』 권14, 기류, "嘗於江陵府五臺山之東臺 重
創觀音庵 訖功…其間師又造佛印經頗多 子亦嘗跋其所印經數部矣."

지원(志元)은 관음암을 중창하고 불상을 제작하여 봉안하고 경문 여러 부를 인출하였다. 1449년(충숙왕 복위 8) 월정사 대장경 인출 이후 다시 인경된 것이다. 지원은 사미승부터 여러 곳의 절을 중창하였으며, 이에 대한 기문을 목은 이색이 지었고, 이색이 죽자, 권근에게 부탁하여 이 기문을 1402년에 지었다는 것이다. 지선은 신륵사에서 대장각 불사 및 인경 사업 등 스승 나옹의 추념 사업을 전개했으며,[58] 아마도 앞서 언급했듯이 1383년 나옹의 문도와 함께 불사를 하였다고 생각된다.

이렇듯 나옹의 문도들이 서대 수정암, 중대 사자암, 동대 관음암을 중창한 것은 나옹의 추념 사업의 일환이었으며, 왕실과 국가의 후원으로 추진되었다. 후술하는 바와 같이, 이러한 호불 군주 세조에 의해 진여원인 상원사가 삼화상 신미(信眉)와 두 제자 학열(學悅)과 학조(學祖) 등에 의해 부각되면서 오대산사가 왕실 원당으로 더욱 부상하게 된다. 오대산사가 국통 자장에 의해서 석가 진신사리가 봉안되고 신라 두 왕자에 의해 이루어진 오대산 신앙의 전통을 계승한 것이다.

(2) 세조의 삼화상과 왕실의 상원사 중창 불사

세조 10년 12월부터 12년 무렵까지 세조는 존경하던 삼화상 혜각존자(慧覺尊者) 신미(信眉)와 두 제자 학열과 학조 등과 상원사를 중창하였다. 김수온의 「상원사 중수기문」에 비교적 자세히 실려 있다. 세조가 피부병에 걸려 낫지 않자 정희왕후가 신미 등에게 자문을 구하자, 오대산

---

58 이색, 「驪江縣 神勒寺 普濟舍利石鐘記」, 『목은문고』 권2, 기 : 『동문선』 권73, 기 : 『한국금석전문』 중세 하.

을 추천, 이를 신미의 제자 학열이 주관케 하였다.[59] 이를 위해 많은 후
원을 하였는데 실록에 다음과 같이 기록되어 있다.

승려 신미가 강원도 오대산 상원사를 구축하니, 승정원에 명하여, 경상
도 관찰사에 치서하여 정철 1만 5천 근, 중미 5백 석을 주고, 또 제용
감에 명하여 면포 2백 필, 정포 2백 필을 주게 하고, 내수소는 면포 3백
필, 정포 3백 필을 주게 하였다.[60]

기문에 의하면, 세조의 병이 치료되자 세조가 공덕소를 지어 반포하
였는데,[61] 이 소가 바로 세조 어첩일 것이다.[62] 1464년(세조 10) 세조가 쌀
과 무명, 베, 철 등을 보내면서 그 취지의 글을 보냈다. 이에 왕의 하사
품을 받고 신미 등이 한문본과 번역본 2책자를 작성하였다.[63]

---

59 김수온, 「上元寺 重創記」, 『拭疣集』 卷2, 記類.

60 『세조실록』 권35, 11년(1465) 2월 20일(정유), '僧信眉構江原道 五臺山 上元寺 命承政
    院 馳書慶尙道觀察使 給正鐵一萬五十斤 中米五百石 又命濟用監 給緜布二百匹 正
    布二百匹 內需所給綿布三百匹 正布三百匹.'

61 金益熙(1610~1656), 「題五臺山 月精寺」, 『滄洲遺稿』 卷5, 七言律詩, "光廟製功德疏
    稱佛弟子 末書姓諱着署 王世子亦然 王妃以下着圖書 王子駙馬諸公卿以下 皆着名
    作爲巨軸 尙留寺中."

62 四佛山人, 「오대산에 留鎭한 어첩에 대하여」, 『불교』 59, 1929 ; 최남선, 「影印五臺山
    御牒紋」, 『불교』 59, 1929 ; 최범훈, 「오대산 상원사 어첩중창권선문에 대하여」, 『국
    어국문학』 25, 1985 ; 김무봉, 「상원사 '어첩' 및 '중창권선문'의 국어사적 고찰」, 『동
    악어문논집』 31, 1996 ; 장용남, 「오대산 상원사 중창권선문의 서예적 소고」, 『서예
    연구』 10, 2007 ; 김무봉 역주, 『(역주)상원사 중창 권선문·영험약초·오대진언』, 세종
    대왕기념사업회, 2010.

63 알려진 바와 같이, 세조어첩의 한문본은 신미·학열·학조 등의 수결, 세조가 쓴 글
    에는 세조와 왕세자의 수결과 印記, 孝寧大君 등 宗室과 신료들의 이름과 수결이
    있다. 다른 한 책은 권선문을 한문으로 쓴 다음에 다시 한글로 번역한 것을 붙였
    다. 뒤에 "佛弟子 承天體道烈文英武 朝鮮國王 李瑈"라고 쓰고 수결을 한 뒤에 '體
    天之寶'라고 새긴 옥새를 찍었다. 다음 줄에 '慈聖王妃 尹氏'라고 쓴 아래 '慈聖王
    妃之寶'라고 새긴 왕비인을 찍었다. 다음에 왕세자, 세자빈 한씨와 관료들의 인기를

그리고 세조와 비 정희왕후, 효령대군, 안평대군[64] 등 종친과 조정의 재상들이 재물을 희사하고 덕종의 비인 대비가 조 500석을 보시하였다.[65] 상원사의 중창은 1465년(세조 11) 3월부터 1466년까지 이루어졌는데 불전 동서에 상실이 있으며, 남랑(5칸), 동상실에 누각(5칸), 종경 및 도구를 갖추고 그 동쪽에 나한전을, 서상실 서쪽에 청련당을, 승당(선당)의 주방, 창고, 욕실 등 총 56 동량이 소요되었다. 그밖에 헛간과 구유, 일용 즙기를 갖추고 수전 수백 마지기를 확보했다.

인수대비(소혜왕후)는 불상을 조성하기 위해 조미(租米) 150석을 시주하고 선왕인 세종과 비 소헌왕후의 추념을 위한 조미 50석을 더 시주하였다. 세조는 쌀 500석과 포백 1천 필을 하사하고 세조와 비 정희왕후 등 왕실과 대신, 혜각 존자 신미와 두 제자 학열과 학조 등 고승(운석) 52인이 참가한 가운데 낙성회가 열렸으며,[66] 특별 과거시험도 열렸

찍었다. 表裝은 붉은 색깔로 唐草文이 들어 있는 비단으로 쌌다. 한글로 번역된 것은 가장 오래된 필사본으로도 유명하다. 『월정사 성보박물관 도록』, 월정사 성보박물관, 2002.

64 朗善君 안평대군의 유품과 관련 기록은 다음의 기록에서 찾아진다. 허목, 「朗善君書帖 跋」, 『記言別集』 卷10, 跋, "匪懈堂書 學子昻 變化入神 五臺山月精寺 初見 大字."

65 『세조실록』 권38, 12년(1466) 윤3월 17일(무자).

66 김수온, 「上元寺 重創記」, 『拭疣集』 卷2, 記類 ; 『세조실록』 권38, 12년(1466) 윤3월 17일(무자), "上院寺에 거둥하니, 王世子가 孝寧大君 李補·永膺大君 李琰·勿巨尹 李徹·蛇山君 李灝·領議政 申叔舟·上黨君 韓明澮·具致寬·仁山君 洪允成, 中樞府 同知事 金守溫·金國光, 이조 판서 韓繼禧·호조 판서 盧思愼 등과 더불어 隨駕하였다." ; 金益熙(1610~1656), 「題五臺山 月精寺」, 『滄洲先生遺稿』 卷5, 七言律詩, "上元寺 亦新羅古刹 中廢 光廟朝改建 初光廟不豫 貞熹王后遣人問慧覺尊者 信眉大禪師 學祖 學悅等 謀所以薦福滅厄 信眉等對曰 五臺山文殊所住 夙著靈異 上元寺 前代名刹 今雖廢 可新之 以爲祝釐之所 貞熹王后聞於光廟而 許之 命學祖掌其事 前後給米一千石 布二千疋 正鐵一萬斤 自王妃 世子 世子嬪 諸後宮 王子 公主 宗室功臣 卿相大夫士莫不助費 凡一年而成 輪奐精麗 甲於諸刹 光廟親幸落之 仍聚關東之 士 設場於寺之洞口 取陳澕等若干人 光廟製功德疏 稱佛弟子 末書姓諱着署 王世子

다.[67] 상원사의 중창과 그에 이은 상서로움은 그곳을 방문했던 일본 승려에 의해 일본에까지 알려졌다.[68]

세조는 상원사의 오대천에서 문수보살을 친견하고 병이 치료되자 동자의 모습을 그리고, 목각상을 조각하였는데, 이 목각상이 바로 상원사의 법당에 봉안된 목조 문수동자 좌상(국보 제221호)이다.[69] 이 동자상 안에서 발견된 복장유물(보물 제793호)에 의하면, 세조의 외동딸 의숙공주(懿淑公主)도 남편 하성위 정현조(1440~1504, 영의정 정인지의 아들)와 함께 1466년(세조 12) 오대산 문수사에서 문수보살상 등 8구의 불보살상과 16구의 나한상, 천제석상을 조성하여 봉안하였다.[70]

특히 세종의 딸 정의공주와 세조의 외동딸 의숙공주의 불교 신행 활

亦然 王妃以下着圖書 王子駙馬諸公卿以下 皆着名 作爲巨軸 尙留寺中."

67　『연려실기술』 권5, 世祖朝 故事本末 世祖, "(세조) 12년 병술 강릉 오대산에 거둥하여 御林臺에 행차를 멈추고 무사를 시험하여 급제를 주었다. 『송와잡기』."; 『연려실기술 별집』 권9, 官職典故 과거 Ⅱ 과거제도, "(세조) 12년 병술 봄 임금이 오대산에 행차하여 시험을 보게 하여 18명을 뽑았다."

68　일본의 사신과 동행하였던 승려 守藺이 洛山寺·五臺山·上院寺·月精寺·西水精寺·彌智山·龍門寺 등을 유력했는데 상원사의 상서에 대해 감명을 받았다고 한다. 『세조실록』 권38, 12년(1466) 윤3월 28일(기해).

69　『세조실록』 권31, 9년(1463) 9월 27일(계미), "前此 上院寺僧上言 僧就觀音現身之地 已創佛殿 無主佛 願代納慶尙道貢物 造佛以安之 禮曹啓 不可有殿而無佛 請令戶曹 磨勘代納事 至是 上謂肇曰 子洞觀三界 當做無量功德 安肯創寺造佛 屑屑於小者乎 且上院寺非國家所創 乃孝寧願刹也 禮曹之啓甚非 子欲罰元亨 何如 對曰 允當 又 問叔舟致寬等 皆如肇對 卽命元亨飮罰酒 賜宴卓一于議政府 一于司僕寺." 위의 기사를 효령대군의 원찰 오대산 상원사로 보는 견해가 있다. 박상국, 「상원사 문수동자상 복장발원문과 복장전적에 대해서」, 『한국불교학』9, 1984, 87쪽. 1461년 세조가 용문산 상원사에서 관음보살을 현상한 기록이다.

70　조성 발원문 : 홍윤식, 「문수동자상 및 기타 목조불상 조사내용」, 『상원사 목조문수동자좌상 조사보고서』, 문화재관리국, 1984.8. 7쪽;홍윤식, 「조선 초기 상원사 문수동자상에 대하여」, 『고고미술』 164;박상국, 「상원사 문수동자상 복장발원문과 복장전적에 대해서」, 『한국불교학』9, 1984, 81~85쪽.

동은 세종의 아들 광평대군 부인의 비구니 출가와 광평대군의 동생인 영응대군과 더불어 세종 말년과 세조의 호불 신행과 더불어 세조 대를 전후한 시기의 불교 신행이 전개하는 데 중요한 역할을 담당했다.[71]

그 무렵 남대 남쪽의 영감암(靈鑑庵)도 중수되었다. 이에 대해서도 김수온의 기문에 그 내용이 기록되어 있다. 이에 의하면 1467년(세조 13) 봄 세조는 상원사 낙성식에 참여하였다가 영감암을 처음으로 알았다고 한다. 세조의 궁녀였던 상의(尙衣) 조씨(曹氏)가 영감암을 원당화하고 김보배(金寶背)와 조석을금(趙石乙金) 등의 도움을 받았다. 영감암의 중창은 1469년(세조 13) 3월부터 1469년 가을까지 비구니 혜명(惠明)과 신환·신운 등이 주관하였다. 불전에 지장보살을 봉안하고 서쪽 조실에 나옹의 진영을 봉안하고 동쪽에 주방을 조성하고 헛간과 욕실, 일용 집기, 솥, 시루 등을 마련하였는데, 상의 조씨가 후원하였다. 그리고 성종 대 1470년(성종 1) 봄 상의 조씨가 베·조 등을 후원하여 수륙재가 봉행되었으며, 1474년(성종 5) 봄 상당 15인과 외호 30인이 참여한 가운데 지장보살의 영락(纓珞) 불개(佛蓋)를 조성하고 문을 건립하고 10석의 땅을 마련하였다고 한다.[72]

---

71 황인규, 「조선 전기 왕실녀의 가계와 비구니 출가―왕자군의 부인과 공주를 중심으로 한 제 기록의 검토」, 『한국불교학』 57, 2010 ; 황인규, 「조선 전기 후궁의 비구니 출가와 불교신행」, 『불교학보』 57, 2011.

72 김수온(1410~1481), 「靈鑑菴 重創記」, 『拭疣集』 卷2, 記類, "世祖大王東巡 親幸上元寺因訊寺僧 頗知靈菴 尙衣曹氏心竊以謂幼入宮掖 遊於日邊 雨露之恩 卵翼之私 圖報無由 願得山水靈異之處 以爲願堂 以祝上壽萬年 且爲先亡父母 超生淨界 兼及身無災障 永被聖恩 而獲聞菴之殊勝 此正其地 卽捨親身衣服幷穀若干布若干 於是 優姿姨金氏寶背 趙氏石乙今 隨喜助緣 比丘尼惠明 信還 比丘信云等 奔走殫力 越丁亥三月春 始功 至己丑秋 告訖 前後退三間 中爲佛殿 栖地藏一軀 西爲祖室 垂懶翁影 東爲正廚 又立四間於其東 二間爲柴廠 二間爲湢浴之處 日用什器與夫釜鼎之屬 亦皆尙衣所施也 庚寅春 尙衣又出布粟 首設水陸 仍安居初度慶讚 甲午春 又上堂

이와 같이 학열은 1467년(세조 13) 세조의 명으로 낙산사의 중수를 도맡았고 상원사를 중창했다(1465~1466). 신미의 제자 학열은 영동의 낙산사와 오대산 상원사를 중창하였고, 학조는 유점사를 중창하면서 영동 지방의 불교계를 진작시켰다. 1414년(태종 14) 이래 고려 왕씨의 추복을 위해 관음굴·진관사·견암사와 더불어 수륙재를 거행하였던 사찰이었다.[73] 1425년(세종 7) 화재를 당하자[74] 1465년(세조 11) 신미가 그 터를 잡고 그의 제자 학열에게 명하여 중창하게 하였다.[75] 이 중창 불사에는 학열의 도반인 학조도 동참하였는데[76] 학조는 1468년(세조 14) 상원사와 그리 멀지 않은 곳에 위치한 낙산사를 중창하였다.[77] 학열이 세조의 밀지를 받고 예종을 위하여 기획되었으며, 관가의 도움으로 민간의 힘이 동원되었다.[78]

신미와 두 제자(학열·학조) 삼화상은 태종·세종 대 불교 탄압으로 사원전의 대폭적인 축소를 당한 시기에 있어서 사원 경제를 살리도록 노력을 아끼지 않았다.[79] 예종은 상원사를 세조의 원찰로 삼고 제언의

十五員 外護三十人 皆具一色衣纏 造纓珞佛蓋 獻地藏 設二度慶讚 凡建立門事無不周 則又納水田十石落種之地 以爲菴中常住之資 欲供三寶 祝聖壽於無窮也."

73 『태종실록』 권14, 2년 6월 경술 ; 『세종실록』 권30, 7년 12월 19일(갑신).

74 『세종실록』 권30, 7년 12월 19일(갑신).

75 金守溫, 「上院寺 重創記」, 『拭疣集』 卷2, 기 ; 「五臺山 上院寺重創勸善文」 ; 『조선불교통사』 상, 422쪽 ; 『세조실록』 권35, 11년 2월 20일(정유) ; 『성종실록』 권13, 2년 11월 22일(경신).

76 「五臺山 上院寺重創勸善文」, 『조선불교통사』 상, 422쪽.

77 韓繼禧, 「洛山寺記」, 『乾鳳寺 及乾鳳寺末寺事蹟』 ; 『한국사찰전서』 ; 김수온, 「洛山寺 新鑄鐘銘并序」, 『조선금석총람』 하.

78 『예종실록』 권2, 즉위년 11월 10일(병인).

79 영동지방의 사원경제의 확대에 대해서는 다음의 논문을 참조 바람. 김갑주, 「조선 초기 상원낙산사의 제언개간에 대하여」, 『동국사학』 11, 1969 ; 이규대, 「조선 초기 불교의 사회적 실태-영동지방 사원을 중심으로」, 『국사관논총』 87, 1994 ; 『임영문화』 21, 강릉문화원, 1998.

잡역과 염분세(鹽盆稅)를 면제받게 하였고 이는 성종 대에까지 이어졌다.[80] 즉 학열은 억불시책으로 위축된 사원경제를 확장시키기 위하여 상원사에 거주하면서 그의 제자 홍지 등을 인근의 사찰인 염양사(艶陽寺)와 낙산사 등에 머물게 하면서 제언(堤堰)을 민전(民田)으로 만들어 농장화하거나 식화사업을 전개하였고[81] 학열이 입적한 후에도 홍지 등 그의 문도들에 의하여 계속되었다.[82] 예종 대 상원사를 세조의 원찰로 삼았으며 안동부(安東府) 남문루(南門樓)에 걸려 있던 종을 상원사로 옮겼다.

> 임금이 보고서 명하여 (보안현 찰방) 금종을 부르고, 또 환관을 낙산사에 보내어 학열에게 물으니, 학열이 글로써 아뢰기를, "신이 내려올 때 낙산사 감역승 양수·의심·숭덕 등이 신과 더불어 함께 포마를 타고 상원사에 이르러 수륙재를 베풀었고, 뒤에 낙산사에 이르러 신이 숭덕 등으로 하여금 안동 관의 종을 운반하게 하였는데, 숭덕 등이 원주 신림역을 떠나 제천을 경유하여 바로 안동에 도달하였습니다."[83]

낙산사 감역승(監役僧) 숭덕이 강원도 보안현 찰방 금종 등에게 안동 관부의 종을 운반하게 하였는데, 이것이 바로 신라 성덕왕 대 조성된 상원사 종이다.

---

80 『예종실록』 권3, 1년 2월 14일(기해) ; 『성종실록』 권4, 1년 4월 6일(갑인).
81 『성종실록』 권104, 10년 5월 6일(기유) ; 『예종실록』 권4, 1년 3월 3일(정해).
82 『성종실록』 권203, 18년 5월 22일(신유) ; 『성종실록』 권210, 18년 12월 3일(무진) ; 『성종실록』 권104, 10년 5월 6일(신유).
83 『예종실록』 권4, 1년(1469) 윤2월 25일(경진), "上覽之 命召鍾 又遣宦官于洛山寺 問學悅 悅爲書以啓日 臣之下來也 洛山監役僧良遂 義心 崇德等 與臣俱騎鋪馬 至上院寺 設 水陸齋 後到洛山寺 臣令崇德等 輸安東官鍾 崇德等發原州 神林驛 由堤川直達安東,"

상원사 입안 문서(立案文書)에 의하면, 앞서 언급한 바와 같이 상원사 도사승 홍지가 1469년(예종 1) 상원사의 산산 제언(蒜山堤堰)을 주고 잡역 승과 염분세를 감면받았다고 한다.[84] 1447년(성종 8) 예종의 원찰인 낙산 사와 세조의 원찰인 상원사의 분속과 지계 승인에 의해 대를 이어 지키 도록 하였다. 이를 담당한 승려는 육청(六淸) 등이었다.[85] 1481년(성종 12) 8월 24일 내수사에서 입안문서를 상원사에 발급하였다.[86] 육청은 학열 의 제자로 월산대군 부인 박씨의 외호를 받았으며 경상도 일대에서 활 동하였다.[87]

4) 나가는 말

신라 하대에 오대산에서 행하여진 오대산 수정결사가 고려 초 무렵까 지 계속되었으며, 신라 하대 9산선문 가운데 사굴산문이 비록 강릉에 서 개창되었으나 오대산사의 불교에 어떠한 영향을 끼쳤는가 하는 측면 을 중요시할 필요가 있다. 사굴산문은 개창조 범일(梵日)과 문도 개청(開

---

84 「上元寺 成化 5年 江陵大都護府 立案」, 중앙박물관 소장 : 박성종 · 박도식, 「15세 기 입안문서 분석」, 『고문서연구』 21, 2002.

85 위와 같음.

86 「上元寺 成化 17年 江陵大都護府 立案」, 중앙박물관 소장.

87 김수온, 「贈六淸上人之臺山, 兼寄臺山悅和尙」, 『拭疣集』 卷4, 詩類, "臺山山下住鸞 輿 聖祖巡遊十載餘 乞骨如今曾上表 碧蘿明月待歸歟 我道汝師曾上幨 汝言吾子罵 僧伽 臺山豈肯乖崖下 捧呵何人辨佛魔 眼耳幷身號六門 六門相對又云塵 若於一念 能淸淨 元是如來般若勳." ; 『성종실록』 권169, 15년(1484) 8월 2일(병진) ; 『성종실록』 권169, 15년(1484) 8월 4일(무오) ; 『성종실록』 권221, 19년(1488) 10월 20일(경술) ; 『성종 실록』 권229, 20년(1489) 6월 29일(병진) ; 『연산군일기』 권15, 2년(1496) 6월 29일(갑진) ; 『연산군일기』 권16, 2년(1496) 7월 1일(병오) ; 『연산군일기』 권16, 2년(1496) 7월 2일 (정미) ; 『연산군일기』 권16, 2년(1496) 7월 3일(무신).

淸)과 행적(行寂)에 의해서 전개되었는데, 특히 개청은 오대산 굴산사에서 제자가 되었으며, 명주 지방 세력의 지원을 받았다. 김주원의 아버지가 개경 내원당의 허월이었으므로, 명주 지방뿐만 아니라 왕실과의 제휴도 엿보인다.

그 후 희양산문의 유일한 국사가 된 원진 국사 승향도 사굴산문계 지눌에게 법요를 듣고 오대산 진여원에 와서 문수보살에게 기도 정진하였다.

오대산 신앙이 흥성하기 시작하는 것은 원 간섭기 국사 일연이 『삼국유사』를 편찬하면서 문도 백운자(白雲子)와 함께, 그리고 문인 민지(閔漬)가 오대산 사적을 기록으로 집록(集錄)하였다는 것이다. 두 책자는 그 내용이 비슷하지만, 오대산의 신앙을 집대성하고, 이를 계기로 오대산사의 신앙이 전국에 유포되어 조선시대를 거쳐 현재까지 전해지고 있다는 데 그 의의가 있다.

월정사 8각 9층탑의 건립도 이와 같은 오대산의 신앙의 중흥을 상징하는 것이며, 「월정사시장경비(月精寺施藏經碑)」와 「세존사리비」의 건립 또한 그렇다. 특히 「월정사시장경비」는 대장경을 인출한 드문 사례 가운데 하나로, 공민왕의 어머니 덕비를 비롯한 왕실의 후원으로 이루어진 봉안법회는 5천여 명의 대중이 참여하여 행하여진 전국적 법회였다. 그만큼 오대산의 신앙이 흥성했음을 단적으로 알려주고 있는 사례다.

오대산 신앙의 중흥은, 나옹이 오대산 영감암과 상두암 등 오대산사에 머물면서 환암 혼수와 중국의 고승 몽산 덕이의 손제자 고담 적조 현명과 교유하면서 더욱 부각되었다. 나옹의 입적 후 문도들이 나옹의 추념 사업을 기념하여 오대산 주요 사찰의 중창 불사를 통해 오대산사가 중흥하며, 이는 세조 대 나옹의 법맥을 잇고 있는 신미와 학열, 학조에게 계승 발전한 것이다. 즉, 고려 말 문도 석영 로암이 1376년 상원사(중대 진여원)를, 나암 유공과 목암 영공이 서대 수정암(염불암)을, 각운 설악이 중대 사자암을, 지원이 동대 관음암을, 비구니 혜명 등이 1490년(성종 1) 영감암을 중창하였다. 특히 1399년 11월 상왕 이성계가 중대 사자암을 원찰로 삼아 중창이 되자 친히 왕림하였고, 태종은 상원사를 수륙재 도량으로 개설하였다. 이렇듯 고려 말 나옹이 북대(상두암, 미륵암)에 주석한 이후 나옹의 문도들에 의해서 오대산의 주요 산사가 왕실과 국가의 후원으로 중창되어 신라 이래의 오대산 불교가 재현되었다고 한다.

위와 같이 호불군주 세조에 의해 진여원인 상원사가 삼화상 신미와 두 제자 학열과 학조 등에 의해 부각되면서 오대산 주요 사찰이 왕실 원당으로 더욱 부상하게 된다. 특히 상원사의 왕실 원찰 지정 운용과 선초 이래 왕실과 국가의 공인 및 후원으로 이루어진 오대산을 중심으로 하는 산중 불교의 불교가 전개되었다.

세조와 비 정희왕후, 효령대군, 안평대군 등 종친과 조정의 재상들이 재물을 희사하고 신미와 두 제자 학열과 학조 등 고승(운석) 52인이 참가한 가운데 낙성회가 열렸으며, 특별 과거시험도 열렸다. 상원사의 중창과 그에 이은 상서로움은 그곳을 방문했던 일본 승려에 의해 일본에까지 알려졌다.

세조는 상원사 인근 오대천에서 문수보살을 친견하고 병이 치료되자 동자의 모습을 그리고, 목각상을 조각하였는데, 이 목각상이 바로 상원사의 법당에 봉안된 목조문수동자좌상(국보 제221호)이다. 이 동자상 안에서 발견된 복장유물(보물 제793호)에 의하면, 세조의 외동딸 의숙공주도 남편 하성위 정현조(1440~1504, 영의정 정인지의 아들)와 함께 1466

년(세조 12) 오대산 문수사에서 문수보살상 등 8구의 불보살상과 16구의 나한상, 천제석상을 조성하여 봉안하였다. 특히 세종의 딸 정의공주와 세조의 외동딸 의숙공주의 불교 신행 활동은 세종의 아들 광평대군 부인의 비구니 출가와 광평대군의 동생인 영응대군과 더불어 세종 말년과 세조의 호불 신행과 더불어 세조 대를 전후한 시기의 불교 신행이 전개하는 데 중요한 역할을 담당했다. 세조의 궁녀 상의 조씨는 영감암을 원당화하였다. 영감암의 중창은 1469년(세조 13) 3월부터 1469년 가을까지 비구니 혜명과 신환·신운 등이 주관하였다.

이렇듯 국통 자장에 의해서 석가 진신사리가 오대산에 봉안되고 신라 두 왕자에 의해 이루어진 오대산 신앙의 전통을 계승하여 문수보살 신앙이 부각된 것이다.

신미와 두 제자 삼화상은 태종·세종 대 불교 탄압으로 사원전의 대폭적인 축소를 당한 시기에 있어서 오대산의 사원경제를 살리려는 노력을 아끼지 않았다. 예종은 상원사를 세조의 원찰로 삼고 제언(堤堰)의 잡역과 염분세를 면제받게 하였고 이는 성종 대까지 이어졌다. 주목되는 것은 예종 대 상원사를 세조의 원찰로 삼았으며, 안동부 남문루에 걸려 있던 종을 상원사로 옮겼다는 점이다. 낙산사 감역승 숭덕이 강원도 보안현 찰방 금종 등에게 안동 관부의 종을 운반하게 하였는데, 이것이 바로 신라 성덕왕 대 조성된 상원사 종이다.

2. 나옹 문도의 용문산 불교 중흥

1) 들어가는 말

여말선초 불교계에 대한 이해는 고려 말 불교계가 대체로 침체 일로를 걷다가 왕조 교체와 더불어 유불 교체가 마치 당연하게 이루어진 듯이 보는 경우가 적지 않다. 필자는 이러한 시각에 문제를 제기, 여말선초 불교계 일각에서는 나름대로 자정의 노력이 있었으며, 나아가 불교계의 4대 종파를 중심으로 혁신 운동도 전개되었다는 견해를 피력한 바 있다.[88] 조선의 건국조차 불교계의 힘을 도외시하고는 쉽게 이루어질 수 없는 것이었을 뿐만 아니라 조선 중기 성리학적 예제가 정착되기 전까지 불교문화의 영향이 적지 않았다. 이러한 시각에서 고려 말 불교계를 주도하였던 태고 보우와 나옹의 문도(孫)들이 조선 전기 불교계를 주도하였으며, 특히 나옹의 문도들을 중심으로 고려 말 불교 중흥을 전개하였다.[89] 즉, 나옹 혜근[90]의

---

[88] 황인규, 『무학대사 연구—여말선초 불교계의 자정과 혁신』, 혜안, 1998 ; 황인규, 「여말선초 선종계의 동향」, 『백련불교논집』 9, 백련불교문화재단, 1999.

[89] 이러한 시각에서 다음과 같은 연구 성과로 집약되어 있다. 황인규, 『고려 후기 조선 초 불교사 연구』, 혜안, 2003 ; 황인규, 『고려 말 조선 전기 불교계와 고승 연구』, 혜안, 2005 ; 황인규, 『고려시대 불교계와 불교문화』, 국학자료원, 2011 ; 황인규, 『조선시대 불교계 고승과 비구니』, 혜안, 2011.

[90] 나옹에 관한 연구는 적잖이 이루어졌다. 石顚沙門, 「楊州天寶山遊記」, 『朝鮮佛教叢報』 13, 1918 ; 功德山 後學, 「懶翁王師의 菩薩戒牒을 보고」, 『佛教』 5, 불교사, 1924 ; 서경보, 「나옹왕사의 眞蹟」 상·하, 『新佛教』 44·45, 불교사, 1943 ; 서경수, 「나옹—고려 선종의 마지막 고승」, 『고려·조선의 고승 11인』, 신구문고 40, 신구문화사, 1976 ; 忽滑谷快天, 「慧勤의 看話禪」, 『朝鮮禪教史』, 동경, 1978 ; 한기두, 「혜근

문도[91]들은 나옹의 입적 직후부터 근기 지방을 중심으로 전국에서 나옹의 추념 사업을 전개하였다.[92] 양주 회암사와 여주 신륵사, 묘향산 안심사뿐만 아니라 양평 용문산 사찰에서도 나옹의 추념 사업이 전개되었으며, 나아가 우왕 대에도 사찰의 중창 불사를 통해 불교를 중흥하고자 하였다. 나옹의 문도가 고려 말 오대산 불교를 중흥시킨 사실과 비견되고 있다.[93]

본고는 나옹 입적 후 나옹의 문도들이 양평 용문산에서의 추념 불사를 전개한 후 각조의 죽장암 중창(1377), 지안과 지수의 윤필암 중창(1378), 지천의 용문사 대장경 봉안(1378) 등에 관하여 살펴보고자 한다.[94]

의 선사상」,『한국선사상사』, 일지사, 1991 ; 종범, 「나옹선풍과 조선불교」,『가산 이지관화갑기념 한국불교문화사상사』 상, 가산불교문화연구원, 1992 ; 신규탁, 「나옹화상의 선사상」,『삼대화상 연구논문집』, 불경서당 훈문회편, 불천, 1996 ; 허흥식, 「나옹의 사상과 계승자」 상·하,『한국학보』 58·59, 일지사, 1990 ; 김영욱, 「한국 간화선의 개화-태고와 나옹을 중심으로-」,『한국사상과 문화』 34, 한국사상문화학회, 2006 ; 신규탁, 「나옹에 대한 기존의 평가와 재고찰」,『한국사상과 문화』 43, 한국사상문화학회, 2008 ; 이철헌, 「나옹 혜근의 연구」, 동국대 박사학위논문, 1997 ; 김창숙, 「나옹의 선사상 연구」, 박사학위논문, 동국대학교, 1997 :『고려 말 나옹의 선사상 연구』, 민족사, 1999 : 강호선, 「고려 말 나옹 연구」, 서울대 박사학위논문, 2011 ; 자현,『한국 선불교의 원류 지공과 나옹 연구』, 불광출판사, 2017. 그에 비하여 무학을 제외한 나옹의 문도에 관한 연구는 거의 없다.

91 나옹의 문도에 대해서는 다음의 논저에서 잘 정리한 바 있다. 허흥식, 「Ⅲ 나옹의 문도」,『고려로 옮긴 인도의 등불 지공 선현』, 일조각, 1997.

92 황인규, 「나옹 혜근의 불교계 행적과 유물 유적」,『대각사상』 11, 대각사상연구원, 2008 참조.

93 황인규, 「여말선초 나옹 문도의 오대산 중흥불사」,『불교연구』 36, 불교연구원, 2012 참조.

94 용문산 불교에 관련한 논문류를 소개하면 다음과 같다. 정영호, 「양평 옥천면의 불적-사나사와 옥천리 유적을 중심하여」,『백산학보』 8, 백산학회, 1970 ; 정영호, 「楊平 婆娑山 磨崖如來 立像」,『고고미술』 8-5, 고고미술사학회, 1967 ; 주수완, 「양평 출토 금동불상 입상 연구」,『한국고대사탐구』 6, 한국고대사 탐구학회, 2010 ; 문명대, 「龍門寺 一浮屠의 舍利裝置」,『고고미술』 8-8, 고고미술사학회, 1967 ; 김규순, 「양평 용문사의 사찰명과 공간의 역사성」,『문화사학』 48, 한국문화사학회, 2017 ;

2) 나옹 문도와 용문산 불교

(1) 고려 말 고승과 용문산 불교

고려 말 불교계는 가지산문계의 태고 보우와 백운 경한, 사굴산문계의 나옹 혜근과 그들의 문도들에 의해 주도되었다. 태고 보우는 조계종의 중흥조로 받들어져 조선 중기 이래 법맥상 적전으로 받들어지며, 백운 경한은 현존하는 세계 최고의 금속 활자인『직지』를 편술한 고승이다. 사굴산문계의 나옹 혜근은 가지산문계의 태고 보우, 백운 경한과 더불어 고려 말 불교계를 주도한 여말삼사로 존경받았다. 나옹은 그의 스승 지공 선현과 제자 무학 자초와 함께 여말선초 삼화상으로, 조선시대 이후 현재까지 불교계의 최고 증명법사로 추앙받고 있다.[95]

보우는 양평 용문산 일대에서 태어나 사나사를 중창하고 그가 창건한 소설암을 중심으로 고려 초 이후 양평 용문산 불교를 진작시켰으며,[96] 나옹은 양평 용문산에 잠시 머물렀던 듯하며 무학 자초 등을 비롯한 그의 문도들이 여말선초 불교를 중흥시켰다.

태고 보우가 용문산 불교를 진작시킨 사실부터 살펴보기로 한다. 보

황수영, 「전 용문산 상원사동종 존의」,『조명기 박사 불교사학논총』, 간행위원회, 1965 ; 김화영, 「용문산 상원사의 유물 유적」,『고고미술』7–12, 고고미술사학회, 1969 ; 남천우, 「신라 초기에 형성된 소위 조선 종 형식의 발생과정과 조계사 동종이 차지하는 위치」,『역사학보』53·54, 역사학회, 1972 ; 홍광표·황민하, 「관음현상기를 통해서 본 조선 초기 상원사 연구」,『한국 범종학회지』31–3호, 한국범종학회, 2013 등이 있다.

95　황인규, 「조선시대(지공·나옹·무학)의 선사상」,『정토학연구』27, 정토학회, 2017 참조.
96　權近, 「미원현(迷源縣) 소설산암(小雪山菴) 원증국사사리탑명(圓證國師舍利塔銘) 병서(并序)」,『陽村集』卷37, 碑銘類.

우는 용문산 일대인 대원리에서 태어나 상원암에서 관음 서원을 세웠고,[97] 고려 후기에 용문산 불교의 중흥이 시작되었던 1367년 사나사를 중창하였다.[98] 이러한 사실에 관련한 실증적 사료는 없지만 그의 입적 후 사나사에 그의 비와 부도가 세워진 사실을 통해 뒷받침된다고 할 수 있지 않을까 한다.[99]

보우는 원에서 귀국 후 왕사로 책봉되어 개경 광명사에서 불교계 개혁을 위한 승정 기구인 원융부를 설치하였다. 이를 통해 불교개혁을 시도하고자 하였으나 신돈의 국정과 승정 장악으로 무위에 그치고 속리산에 금고(禁錮)까지 되었다.[100] 신돈의 죽음 후 그의 터전인 용문산 소설암에 머물면서 사나사를 중창하였다. 법맥상 보우의 문도로 알려진 환암 혼수도 양평 용문산에 머물렀던 듯하다.

원주 백운암에 얼마쯤 있다가 다시 용문산·청평산·치악산 등 여러 산을 유력하면서 수행에 전념하고 다시는 주지를 맡지 않으리라고 맹세하였다. 계해(1383) 2월….[101]

---

97 維昌, 「태고화상 행장」, 『태고화상 어록』, "天曆三年庚午春 入龍門山上院庵 禮觀音 發十二大願 竭誠瀝肺 泣涕潛然." 대원리는 현재 경기도 양평군 옥천면 옥천리이다.

98 『한국사찰전서』 舍那寺 ; 「서울 및 근교 사찰지(원제: 봉은본말사지)」, 불교진흥원, 『다보』 불기 2539년 여름호, 49쪽.

99 정도전, 「舍那寺 圓證國師石鐘碑」, 『조선금석총람』 상. 이에 대해서는 황인규, 「태고 보우의 양평 용문산 불교와 불교개혁」, 『한국불교학』 90, 한국불교학회, 2019 참조.

100 황인규, 「편조 신돈의 불교계 행적과 활동」, 『만해학보』 6, 만해학회, 2003; 황인규, 『고려 말 조선 전기 불교계와 고승 연구』, 혜안, 2005 참조.

101 권근, 「有明朝鮮國普覺國師碑銘 并序」, 『양촌집』 권37, 비명류 :『조선금석총람』 하, "戊午自雉嶽還宴晦 請師光巖… 抵于原州白雲菴 自後歷徙龍門清平雉嶽諸山 誓不 復作住持 癸亥二月."

혼수는 1381년 무렵 이후 1383년 이전 용문산에 유력(遊歷)한 듯하다.

나옹이 양평 용문사에 머물렀을 개연성은 다음과 같은 기록으로 짐작된다.

> 을사년(1365) 궁궐에서 있다가 퇴산(退山)을 간청하여 비로소 윤허를 받아 용문산·원적산 등 여러 산을 순력하였다. 병오년(1366)에 금강산에 들어갔다.[102]

나옹은 원에서 귀국 후 왕사로 책봉되기 전까지 개경에 머물기보다 대부분 지방을 유력하였다. 1365년 개경의 궁궐에 잠시 머물다가 1366년 금강산에 들어가기 전 용문산과 원적산 등 여러 명산 사찰을 유력하였다.[103] 용문산은 나옹의 유력 행적을 보건대 예천 용문산이라기보다 양평 용문산으로 비정된다. 기록에 의하면, "양평 용문사 동구에 나옹대(懶翁臺)가 있었다."[104]라고 한다. 나옹대는 나옹이 주지로 있었던 해주 신광사,[105] 오대산 상원사 나옹대,[106] 무학과 함께 유력했던 금강산

---

102 이색, 「普濟尊者諡禪覺塔銘 幷序」, 『목은문고』 권14, 비명 : 『동문선』 권119, 비명 : 양주 회암사 선각왕사비」, 『조선금석총람』 상. "乙巳三月 詣闕乞退 始得夙願 游龍門 元寂諸山 丙午 入金剛山."

103 覺宏, 「나옹 행장」, 『나옹화상어록』.

104 이철교 편, 『봉은 본말사지』, 33쪽. 제1장 용문산 용문사 제9절 명승고적 "나옹대: 절 동구 500m쯤에 있음." 이 기록은 매우 시기가 떨어진 후대에 작성된 것이기 때문에 신뢰하기 쉽지 않지만, 본고에서 서술하는 바와 같이 나옹의 행적을 보건대 믿을 만하다고 하겠다.

105 각굉, 「신광사 주지가 되어」, 『나옹화상어록』 : 『한국불교전서』 6.

106 金時習, 『梅月堂集』 卷4. 상원사에서 10여 리쯤 눈길을 밟아 올라가면 바로 왼편에 북대 미륵암(1300m)이 나온다. 그 부근에 나옹대가 있는데 나옹이 좌선을 하던 곳이다. ; 북대는 나옹이 머물렀던 상두암이고 그 근처에 나옹대가 있었다. 사찰문화연구원, 『전통사찰총서』 8, 사찰문화연구원, 1997, 413~414쪽.

구룡연 동구 나옹원대,[107] 금강산 송라암 나옹대,[108] 금강산 선주암 나옹대[109] 등이 있었는데,[110] 양평 용문산에도 나옹대가 있었다는 것이다.

다음의 사료에 보이는 바와 같이 나옹의 의발이 봉안되어 있다는 사실로도 미루어 알 수 있다.

> 을사년(1605, 선조 38) 봄, 내가 경기 관찰사로서 영릉을 참배하고 돌아오던 길에 여강을 건너 벽사를 유람하고 지평을 경유하여 용문사에 투숙한 다음 내외령을 넘어 사나암 등의 절에 올라갔으며 다시 양근을 거쳐 대탄에 배를 띄우고 강물의 흐름을 따라 내려왔다. … 석탑[禪龕]에서 전조의 고적을 찾고 선감에서 나옹의 의발을 구경했다.[111]

오대산에는 나옹의 의발과 구포(裘包),[112] 승주 송광사[113]와 여주 신륵사[114] 등에는 나옹의 의발이 봉안되어 있었는데 양평 용문사에도 봉안되었다는 사실이 확인되고 있다. 이러한 사실로 미루어 보아 나옹은 양

---

107 沈錥, 「楓嶽錄」, 『樗村先生遺稿』 卷41, 雜著, 日記.

108 釋法宗(1670~1733), 「遊金剛錄」, 『金剛山遊覽記』, 전통문화연구회, 1999, 336쪽.

109 李穡, 『金剛山 潤筆庵記」, 『동문선』 卷73, 記.

110 『나옹화상어록』에 의하면 眞歇臺가 더 찾아지고 있다.

111 李廷求, 「斜川 莊八景圖詩序」, 『月沙集』 卷40, 序, "在乙巳春 余按畿節 當其拜英陵還也 跨驪江遊甓寺 遂自砥平 投宿龍門寺 踰內外嶺 陟舍那諸庵 歷楊根泛大灘 順流而下…禪龕閱懶翁衣鉢而已."

112 金時習, 『梅月堂集』 卷4, 기문에 의하면 표훈사에는 "나옹의 가사 3領이 있고 나옹의 葛布袈裟가 있고 나옹의 銅叵羅가 있고 나옹의 靑舍利가 있다."라고 한다. 李象秀(1820~1882), 김동주 편역, 「동행산수기」, 『금강산 유람기』, 전통문화연구회, 1999, 359쪽.

113 鏡巖 慣拭, 「松廣寺 事蹟」, 『曹溪山 松廣寺事蹟』, "高麗恭愍王 以懶翁封爲王師 而謂松廣寺 爲東方第一道場 仍命居之 故來住行解堂 爲國上祝 移住檜巖之時 以衣鉢付于無學 故妥安指空懶翁無學三和尙影幀 至今奉香 逮至中年道光."

114 權好文, 「訪驪州報恩寺 懶翁像」, 『松巖先生別集』 卷2, 詩, "古寺塵踪訪懶翁 想於吾道愧顔紅 苔碑不改當年事 衣鉢還驚末俗風."

평 용문산에 한때 머물렀다고 하겠는데 나옹의 상수제자인 무학도 양
평 용문사에 머물렀었다.

> (용문)산에 이르러 혜명 국사 법장에게 법을 물으니, 법의 교시를 마치고
> 곧 말하기를, "바른 길을 얻은 자가 너 아니고 누구겠느냐." 하고, 드디어
> 부도암에 살게 하였다. 하루는 암자 안에서 화재가 일어났는데 사(師)가
> 홀로 나무 허수아비처럼 고요히 앉아 있으니, 여러 사람들이 기이하게
> 여기었다.[115]

위의 비문에 의하면 무학은 18세인 1344년에 혜명 국사 법장에게 지
도를 받았다고 한다. 무학은 수선사 제13세 사주 혜감 국사 만항의 제
자인 소지 선사에게 출가하여 구족계를 받고 출가하였으며,[116] 소지 선
사의 지도로 용문산 혜명 국사 법장에게 부촉을 받았던 듯하다.

무학은 용문산[117] 혜명 국사 법장의 안내로 부도암에서 정진하였다.
부도암도 용문사 사암인 듯하며, 이것이 사실로 간주될 수 있다면 원
간섭기 말의 시기에 용문사 부도암이 있었음을 알 수 있다.

혜명 국사에 대해서는 알려진 바가 별로 없으나 양촌 권근이 지은 기
문에 의하면, 무학과 달공 수좌가 용문산 법장에게 사사받았다고 한다.

---

115 변계량, 「묘엄존자탑명」, 『동문선』 권121, 비명, "依慧鑑國師上足弟小止禪師薙髮具
　　戒 至龍門山 咨法于慧明國師 法藏 國師 示法已 乃曰得正路者 非汝而誰 遂令居浮
　　圖菴 一日菴中失火 師獨靜坐如木偶人 衆異之."
116 변계량, 「묘엄존자탑명」, 『동문선』 권121, 비명, "依慧鑑國師上足弟小止禪師薙髮具戒."
117 타카하시 토오루[高橋亨]는 무학이 주석하였던 용문산이 예천 용문사라고 하였으
　　나 高橋亨, 『李朝佛敎』, 寶文館, 1929, 72쪽. 그 근거는 밝히고 있지 않다. 무학의 행
　　적을 보게 되면 진천 예천 묘향산 등의 순으로 용문산이 예천 용문사일 수도 있지
　　만, 여기서는 양평 용문사로 간주하고자 한다.

산문 노덕에 달공이라는 이가 있는데, 호가 본적이다. 처음에 지공을 섬겼고, 뒤에는 여러 곳에 참방하였는데, 도가 높고 행신이 고결하며, 지조가 더욱 굳었다. … 그가 뜻을 가다듬고 고행하며, 자신의 행적을 감추려고 힘씀이 거개 이러하였는데, 10여 년을 적공하자 어렴풋이 얻음이 있으므로, 용문 장공에게 찾아가 질정하였고, 또 10년을 적공하고서 비로소 홍천으로 나옹을 찾아가 일전어를 하니, 나옹이 좋다고 하였다. 또 10년을 적공하여 조예가 더욱 깊어졌는데, 전후에 문답한 무릇 몇 편의 말이 인가를 받아 법정이 되었다. 마침 나옹이 시적한 후, 대중 가운데에서 법사가 되었으며, 무학 초공과 아울러 일컬어졌다. 대개 초공은 묘리를 통달했고, 사(師)는 독실하게 실천하는 사람이다.[118]

나옹의 상수 제자 무학과 달공이 사사받았던 용문 장공이 바로 혜명 국사 법장이라고 생각된다. 혜명 국사에 대해서는 당대의 기록인 『고려사』나 문집, 금석문 등에 기록되어 있지 않은 것으로 보아 대부분의 수선사나 백련사의 국사처럼 용문사에서 추증된 국사로 생각된다. 만약 이러한 것이 사실이라면 고려 원 간섭기 후반에 용문사에 국사가 존재했던 사실을 알 수 있다.

달공은 무학이 그랬던 것처럼 묘향산 안심사에서 나옹 추념 사업에 참여하기도 하였다.[119] 달공은 도반인 무학의 조선 건국 후에도 양평 용문산과의 인연은 지속되었다. 즉, 무학은 조선 건국 후 왕사로 책봉된 후 태종의 억불 시책이 강화되어 가던 시기에 양주 회암사 감주로, 그

---

118 權近, 「達空首座 問答法語序」, 『陽村集』 卷17, 序類, "山門之老有日達空 號本寂 初事指空 後參諸方 道高行峻 操止益堅 每獨捿窮山中 人跡所罕至 潛光匿影 不使外物亂其志…其礪志苦行 務欲閟其跡類如此 積十餘載 怳若有得 就質於龍門藏公 又積十載 始謁懶翁於洪川 擧一轉話 翁乃可之 又積十載 所造益深 前後問答凡若干語 得蒙印可 爲法正 適及翁示寂 嗣爲衆衲所歸 與無學超公並稱 盖超妙達而師篤踐者也."
119 이색, 「妙香山 安心寺石鐘之碑」, 『조선금석총람』 상.

의 제자인 철호 조선이 주지로 재임하게 되지만[120] 무학은 회암사에서 양평 용문사로 이주하여 잠시 머물기도 하였다.[121] 훗날 성종 대 정희왕후가 회암사 주지 처안으로 하여금 용문사를 중창케 하였던 사실과 비교가 된다. 즉, 용문사를 회암사처럼 중창하여 사세를 진작시켜 용문사가 동국 제일 도량이 되게 하였다. 그러한 가운데 다음의 사료에서 보듯이 무학의 용문사와의 인연은 지속되었다.

> 사(師)가 지은 인공금은 문정공이 그 첫머리에 서문을 썼으며, 인간하여 이룩한 대장경을 용문사에 봉안하였는데, 문정공이 그 말미에 발문을 썼다.[122]

위와 같이 무학을 비롯한 나옹 문도의 양평 용문사 불사는 이전의 시기인 고려 말에도 앞서 추진되었다. 즉, 나옹의 문도는 전국에 걸쳐 나옹의 추념 사업을 전개하였는데 용문산의 추념 사업은 지선이 담당하였다.[123] 이렇듯 나옹의 입적 직후인 우왕 대 용문산의 불사는 나옹의 문도에 의하여 이루어졌다.

(2) 나옹 추념 불사와 용문산 불교

나옹의 입적 후 무학을 비롯한 나옹의 문도들은 근기 지방을 중심으

---

120 『태종실록』 권4, 2년(1402) 7월 13일(갑오).
121 황인규, 『무학대사 연구―여말선초 불교계의 혁신과 대응』, 혜안, 1999 참조.
122 변계량, 「묘엄존자탑명」, 『동문선』 권121, 비명, 「師所著曰印空唵 文靖公序其端 印成 大藏 安于龍門 文靖公跋其尾.」
123 이색, 「普濟尊者 眞堂詩幷序」, 『조선금석총람』 상. ; 이색, 「妙香山 安心寺石鐘之碑」, 『조선금석총람』 상.

로 전국의 지방에서 나옹의 추념 사업을 전개하였다.[124] 그 대표적인 불사가 회암사와 신륵사, 묘향산 안심사 등의 사찰에서 이루어졌으며, 그리고 용문산 추념 사업 등도 적극적으로 추진했다.

나옹과 그의 스승 지공에 대한 추념 불사는 전국의 각지의 명산대찰에서 이루어졌다. 나옹의 초상과 영정이 봉안되었으며,[125] 특히 회암사에서 다비 시 "사리 150개를 얻어서 기도하고 나누니 558개가 되었다."[126]고 한다. 이러한 나옹의 사리가 전국에 퍼지고 나옹의 화상을 그려 봉안하는 자가 수없이 많았다고 한다. 심지어는 나옹의 사리를 사리함에 봉안하고 목에 걸거나 머리에 이고 다녔으며 잠잘 때 곁에 두기도 하였다고 한다.[127] 나옹이 불교계의 본산으로 삼으려 했던 회암사에는 나옹의 부도와 비가 세워졌다.[128] 입적처인 신륵사에는 석종탑이 세워져 사리가 봉안되었고,[129] 진영당이 지어져 영정이 봉안되었다.[130] 이와 같이 회암사와 신륵사뿐만 아니라 나옹의 문도들이 전국의 사찰에 나옹의 비와 부도를 세우고 그의 유품을 봉안하면서 추념하였다.

---

124 나옹의 추념 불사에 대해서는 다음의 글에서 좀 더 자세히 언급되고 있다. 황인규, 「나옹 혜근의 불교계 행적과 유물 유적」, 『대각사상』 11, 대각사상연구원, 2008 ; 남동신, 「여말선초기 나옹 현창운동」, 『한국사연구』 139, 한국사연구회, 2007.

125 이색, 「驪江縣 神勒寺 普濟舍利石鐘記」, 『목은문고』 권2, 기 : 『동문선』 권73, 기 : 『한국금석전문』 중세 하.

126 李穡, 「회암사 선각왕사비」, 『조선금석총람』 하.

127 李穡, 「潤筆庵記」, 『牧隱文藁』 卷3, 기.

128 각굉, 「나옹화상 행장」, 『나옹화상어록』 : 『한국불교전서』 6.

129 각굉, 위의 책 ; 정약용, 「登神勒寺 東臺」, 『다산시문집』 권3, 詩.

130 이색, 「驪江縣 神勒寺 普濟舍利石鐘記」, 『목은문고』 권2, 기 : 『동문선』 권73, 기 : 『한국금석전문』 중세 하. 신륵사에 나옹상이 모셔진 기록을 찾을 수 있다. 權好文, 「訪驪州報恩寺 懶翁像」 『松巖集』 卷2, 詩, "寒沙帶月千年白 落葉含愁幾日紅 弔古一吟江上寺 細聞僧話立西風." ; 權好文, 「訪驪州報恩寺 懶翁像」, 『松巖別集』 卷2, 詩, "古寺塵踪訪懶翁 想於吾道愧顔紅 苔碑不改當年事 衣鉢還驚末俗風."

여흥(驪興) 신륵사(神勒寺)에 이르러 곧 입적(入寂)하시니, 병진년(丙辰年) 5월 15일이었다. 그리하여 회암사에 탑비(塔碑)를 세우고 각지는 각오(覺悟) 등과 함께 3년간 수탑(守塔)하였으나, 그리고도 아직 아쉬움이 그치지 않아서 몇 달 더 머물다가 떠났다. … 각지는 스님의 사리(舍利)로써 그들의 심목(心目)에 비추어 그 지방의 사람들로 하여금 사리를 섬기기를 마치 우리 스님을 섬기는 것처럼 하고자 한다. … 묘향산(妙香山) 중에는 이미 300여 개의 사원(寺院)이 있으나, 반드시 안심사(安心寺)를 입탑(立塔) 장소로 정한 것은 숭산(崇山) 소림굴(少林窟)의 달마(達磨) 고사(故事)에 연유한 것이니, 우리들의 경책(警策)을 삼고자 함이다. … 윤필암(潤筆菴) 포함하여 무릇 7개소(個所)에 모두 선생께서 우리 스님을 위하여 비문을 지어 주었다. 지림(志林)은 금강산(金剛山)에, 승명(勝明)은 치악산(雉岳山)에, 각명(覺明)은 소백산(小白山)에, 각관(覺寬)은 사불산(四佛山)에, 지선(志先)은 용문산(龍門山)에, 승철(勝哲)은 구룡산(九龍山)에, 각청(覺淸)은 이 묘향산(妙香山)에, 묘각(妙覺)은 천보산(天寶山) 회암사(檜巖寺)에, 각신(覺信)은 봉미산(鳳尾山) 신륵사(神勒寺)에 각각 우리 스님의 법복(法服)·법기(法器)·불자(拂子)·주장(柱杖)·좌구(坐具) 등을 나누어 안치하였는데 모두 9개소(個所)이다. … 연도(燕都)에서 개당(開堂)할 때 순제(順帝)로부터 하사받은 가사(袈裟) 1령(領)과 마노불자(瑪瑙拂子) 1병(柄)은 금강산(金剛山) 정양사(正陽寺)에 봉안하였고, 현릉(玄陵)이 하사한 가사(袈裟) 1령(領)과 직철(直綴) 1령(領) 및 발우(鉢盂) 1좌(座) 등은 회암사(檜巖寺)에 봉안하였다. 가사(袈裟)·바리때와 불자(拂子) 각 1개는 신륵사(神勒寺)에 봉안하였고, 가사(袈裟)와 불자(拂子) 각 1개는 오대산(五臺山)에 봉안하였다. 가사(袈裟) 1령(領)은 견암(見菴)에 봉안하였고, 가사(袈裟)와 주장자(柱杖子) 각 1개는 위봉사(威鳳寺)에 봉안하였다. 가사(袈裟) 1령(領)은 광법사(廣法寺)에 봉안하였으며, 가사(袈裟)와 직철(直綴) 및 주장자(柱杖子)와 좌구(坐具) 각 1개는 이 묘향산(妙香山)에 각각 봉안하였다. 보현사(普賢寺)에는 사리(舍利)가 헤아릴 수 없이 많았는데 각 명산(名山)에 분치(分置)하고, 4부대중이 항상 모시고 공양(供養)하는 자도 많았으니, 어찌 이를 낱낱이 들어 열거할 수 있겠는가!![131]

위의 글에서 보듯이 나옹의 문도들은 금강산, 치악산, 소백산, 사불산, 구룡산, 묘향산, 천보산, 신륵사와 용문산 등 나옹과 관련이 있는 교화 포교 사찰에서 추념 사업을 전개하였다.

금강산 윤필암에서는 지림(志林)을 비롯하여 찬여(粲如)와 지옥(志玉), 신원(信元), 각봉(覺峰) 등 나옹의 문도들이 "나옹에게 공경하는 마음을 표하기 위하여 그 화상을 모시어 조석으로 향화(香火)를 올리고 나옹에게 공경하는 마음을 표하기 위하여 그 화상을 모시어 조석으로 향화를 올리고, 또 15명이 반승하였다."[132]고 한다. 그리고 각관은 나옹의 입적 후 나옹의 출가 초기 머물렀던 공덕산에서 "그의 사리가 온 나라 안에 두루 퍼져 있음은 물론 진영을 걸어 놓고 공양하고 있는 곳이 이루 헤아릴 수 없이 많다."[133]고 하면서 추념하였다.

이러한 나옹과 그의 스승 지공에 대한 추념 불사는 1383년 묘향산 안심사에서도 이루어졌다. 이미 신륵사에서 나옹을 추념하였던 각지와

---

131 이색, 「寧邊 安心寺 指空 懶翁 舍利石鐘碑文」, 『한국금석전문』 중세 하, "至驪興神勒寺 入寂 丙辰五月 十五日也 樹塔檜巖 持與」覺悟守塔三年 情猶未已 又留數月而後去…山中寺院 三百餘所 而必於安心寺者 少林故事 吾輩警策也… 獨潤筆菴 凡七所 皆爲先生作爲吾師也 志林於金剛山」勝明於雉岳山 覺明於小白山 覺寬於四佛山 志先於龍門山 勝哲於九龍山 覺淸於此山 妙覺舊基 是已吾師法服所鎭 凡九所 燕都開堂」帝賜袈裟一 瑪瑙拂一 在金剛山正陽寺」玄陵賜袈裟一 直綴一 鉢一 在檜巖寺 袈裟 鉢拂 並一 在神勒寺 袈裟 拂 並一 在臺山 袈裟一 在見菴 袈裟 杖 並一 在威鳳寺 袈裟一 在廣法寺 袈」裟 直綴 杖坐具 並一 在此山 普賢寺舍利無第 散在名山 四衆 奉持供養者多矣 何暇枚擧."
132 이색, 「金剛山 潤筆菴記」, 『목은문고』 권2, 기 : 『동문선』 권73, 기, "志林粲如志玉 信元覺鋒 謀所以致敬懶翁 則垂其象 朝夕香火 飯僧十五人 作佛事 坐禪求悟道 人人皆欲爲懶翁 而奔走餘隙 則思惟話頭不置 可謂有志者矣."
133 이색, 「潤筆庵記」, 『목은문고』 권3, 기 : 『동문선』 권74, 기.

각오[134]를 중심으로 묘향산 안심사에서도 추념 불사를 하였다. 묘향산 보현사에는 사리가 헤아릴 수 없이 많았는데 각 명산에 분치하고, 사부대중이 항상 모시고 공양하는 자도 많았다고 한다.[135] 기문에 의하면 석종을 만들어 지공의 사리 아홉 개와 나옹의 두골 한 조각과 사리 다섯 개를 안심사에 모셔 두었다고 한다.[136]

이렇듯 나옹 문도의 추념 사업은 양평 용문사에서도 전개되었다. 앞서 언급했듯이 "나옹의 의발이 용문사에 봉안"[137]되었고, 특히 나옹의 문도 지선이 양평 용문산에서 적극적으로 나옹의 추념 사업을 했다. 그런 후 우왕 대에 나옹 문도의 죽장암 중창(1377), 윤필암 중창(1378), 용문사의 대장경 봉안(1378) 등 불사가 전개되었다.

3) 나옹 문도의 용문산 불교 중흥

용문산의 명찰들에 대하여 대체로 잘 묘사한 글귀를 소개하면 다음과 같다.

미지산은 서울에서 동쪽으로 150리 지점에 있다. 미지산 정상에 가섭암이 있고, 가섭암 북쪽에 미원암과 소설암이 있다. 그 북쪽은 옛 맥 땅으

---

134 이색, 「驪江縣 神勒寺 普濟舍利石鐘記」, 『목은문고』 권2, 기 : 『동문선』 권73, 기 : 『한국금석전문』 중세 하.

135 이색, 「香山 安心寺舍利石鍾記」, 『牧隱文藁』 卷3, 記 : 『동문선』 권74. 기.

136 위와 같음.

137 李廷龜, 「斜川莊 八景圖 詩序(龍岫晴嵐 雲峯皓月 舍寺尋眞 砧橋勸耕 門巖洞天 乾支松柏 郡城曉角 蹄灘暮帆)〈斜川莊八景圖詩〉서」, 『월사집』 권40, 序下. "砥平을 경유하여 龍門寺에 투숙한 다음 內外嶺을 넘어 舍那庵 등의 절에 올라갔다. … 石塔에서 前朝의 고적을 찾고 禪龕에서 懶翁의 衣鉢을 구경했을 뿐이다."

로 지금의 수춘과 화산 지역인데, 산수가 가장 깊다. 가섭암 아래에는 묘덕암과 윤필암이 있고, 윤필암 아래에는 죽장암이 있다. 죽장암 남쪽에는 상원사가 있는데, 옛날에 혜장대왕[세조]이 이 절에 거둥하여 역리 도장을 베풀고 이 일을 그림으로 그리게 하고 태학사 최항에게 이를 기록하게 하였다. 상원사 아래에 묘적암이 있는데, 묘적암 아래에는 고려 때의 보제탑비가 있다. 용문사는 미지산에서 가장 큰 가람이다. 혜장대왕 때 용문사에서 범종을 대대적으로 주조하였는데 불사가 매우 엄숙하였으며, 왕이 108불 염주를 하사하여 삼보로 소장하고 있다.[138]

위의 기문에서 보듯이 용문산의 유명 사찰로는 미지산 정상에 가섭암과 그 북쪽에 미원암과 소설암이 있었다. 가섭암 아래에는 묘덕암과 윤필암이 있고, 윤필암 아래에는 죽장암이 있다. 죽장암 남쪽에는 상원사가 있으며, 상원사 아래에 묘적암이 있는데, 묘적암 아래에는 고려 때의 보제탑비가 소재한 보리사가 있었다. 용문산에서 가장 큰 사찰인 용문사가 자리하고 있다고 잘 설명하고 있다. 용문산에는 잘 알려지지 않은 사찰이 다음과 같이 존재하고 있었음을 알 수 있다.

기묘년 가을에 사천사에서 놀고 절벽 위의 수월암을 경유하여 마침내 백운봉에 올랐으니, 여기가 바로 용문산 남쪽의 절정인 것이다. 또 때로 벽계의 동점에서 노닐곤 했는데 여기도 용문산의 서쪽 기슭이다. 금년 가을에 재차 용문산에서 노닐었다. … 설암사와 상원사의 그윽한 경치나 윤필사와 죽장암의 험준한 경치에 대해서는 마치 재물을 아끼는 자

---

138 眉叟 許穆, 「彌智山記」, 『記言』 卷28, 下篇 山川 下 ; 李萬敷, 「彌智」, 『息山別集』 卷
4, 地行附錄 "彌智山 一名龍門 濱陽曰龍門 砥堤曰彌智 彌智上曰伽葉 伽葉北迷源
小雪接壽春花山 伽葉下妙德潤筆 潤筆下竹杖 竹杖南上元 上元下妙寂 有高麗菩提
塔碑 山中龍門寺最大 惠莊大王 嘗幸上元 鑄佛鐘于龍門 賜佛珠藏三寶."

가 재물을 절약하여 쓰듯이 우선 내년을 기다리기로 하노라.[139]

용문산의 남쪽의 정상인 백운봉 아래에 사천사(斜川寺)가 있었으며 절벽 위에 수월암이 있었다는 것이다. 벽계의 상류이자 용문산의 북쪽인 입협(立峽)에 쌍계암이 있었는데,[140] 쌍계암이 용문산 쌍계암[141]이라고 하나 『범우고』에서 보이듯이 쌍계암은 용문산의 지류인 통방산에 있었던 사암이다.[142]

수월암은 백운봉 아래에 있었다[143]고 성해응이 기록한 바 있으며, 『읍지』와 문집에 의하면, 승려 정휴가 창건한 사찰이었다.[144] 조선 말 초의

---

139 丁若鏞,「楊根道中作(庚辰 秋)」,『與猶堂全書』第1集 詩文集 第7卷 詩集, "己卯秋 遊 斜川寺 由絶壁上水月菴 遂登白雲峯 卽龍門之南絶頂也 又以時遊襞谿銅店 亦龍門 之西麓也 今年秋 再遊龍門 … 若夫雪菴上院之幽 潤筆竹杖之峻 尙待來年 如愛財 者節用云."

140 李恒老,「立峽同遊」,『華西集』卷2, 詩, "立峽深在龍門之北 襞溪之上流也 每擬一遊 而未果也 庚戌初夏 以朱書箚疑之役 會雙溪菴 隱巖居士南駿逸致遠主約會遊 韓山 李遇益仲謙 全州李徽淵聖會 宜寧南駿翼心元 南極來海老 南龍來舜九 南駿健致疆 南駿世而顯 南駿達致三 南駿述致文 牛溪李顯述公述 全州李鼎彩士明 潘南朴聖壽 希卿 朴慶壽善卿 朴近陽景遠 光山金在龍穉中 金永老穉錫 固城李寅昊義哉 密陽 朴鼎輔汝三 安東金禹鉉德三 高興柳孟敎穉程 林川趙政鎬汝弼趙福鎬 韓山李衡老 景尹 昌寧成近仁 荳源吳學仁 慶州崔奇男先後至 觀蝙蝠窟 過喚仙臺至龍雩 盡日酣 飮而罷 兒子埈墣 壎從新安李恒老而述記."

141 「年譜」,『勉菴集』附錄 卷1, "四月 從槐園公 攜簏于龍門山雙溪庵 參朱子箚疑輯補 之役 槐園公承李先生命 輯補朱子大全箚疑 常多在山寺 只與同志若干人 俱先生參 焉 陪李先生 遊立峽 峽在龍門之北 卽蘗溪上流也 是日名士從遊者 殆三十餘人 觀 蝙蝠窟 過喚仙臺 至龍雩 盡日遊詠而歸."

142 『한국사찰전서』雙溪庵, "在京畿道 楊根(今爲楊平郡)通方山) : 『梵宇攷』.

143 成海應,「記畿路山水」,『研經齋全集』卷51, 山水記 下, "白雲最高絶 臨江若削 水月 僧舍在絶頂之下."

144 滄溪 林泳(1649~1696),「白雲峯 登遊記」,『滄溪集』卷16, 記, ""始到水月僧庵 庵在絶 頂之下 諸峯之上 聞山僧靜休新創云."

선사가 수월암에 묵었던 사실도 찾아진다.[145] 정약용은 "용문사는 산 안에 있고 사천사는 산 밖에 있다."[146] 하여 사천사는 용문산 밖에 있던 사찰로 사나사를 의미하는 듯하다.[147]

양평 용문산의 이러한 사찰 가운데 고려시대의 대표적인 사찰은 보리사, 사나사, 상원사, 죽장암, 윤필암, 소설암 등일 것이다. 앞서 언급한 바와 같이 상원사와 사나사, 소설암은 태고 보우와 관련이 있는 사찰이며, 그 나머지는 나옹의 문도와 깊은 관련이 있다. 후술하는 바와 같이 고려 말에 중창되는 죽장암, 윤필암, 용문사는 우왕 대 나옹의 문도에 의해 중창 또는 불사가 이루어졌다. 이에 관련한 사실을 다음에서 살펴보기로 한다.

(1) 각조(覺照)의 죽장암(竹杖庵) 중창(1377)

용문산의 정상에 가섭암이 있었으며, 이색이 지적한 바와 같이 "죽장암이 심장의 위치에 있다면 상원사는 배꼽에 있는 것 같다."[148]고 하여 산 정상의 가섭암 아래 중심부에 죽장암과 남쪽 기슭의 상원사가 축을 이루었던 듯하다. 강한 유로 황경원(1709~1787)이 지은 시에서 "용문은 구름 밖에서 빛나는데 상원사와 죽장사 두 절집이 그 가운데 자

---

145 草衣 意恂, 『艸衣詩藁』 卷1, "上宿水月庵上院寺 潤筆菴 竹杖庵 雪庵 舍那寺."
146 丁若鏞, 「龍門山 趙丈至 追話前年斜川之遊」, 『與猶堂全書』 第一集 詩文集 第七卷 詩集.
147 李好閔(1553~1634), 「覺玄詩卷 并序」, 『五峯集』 卷3, 五言律, "龍門山人覺玄自言是延安李氏之裔 出家居于舍那寺 今移福來庵 舍那 吾五世祖墓在焉…終身護石龕." 조선 중기 문인 이호민과 이경엄 부자가 문인과 회합을 한 곳은 그들의 별장인 사천장인데, 그곳에 그들의 선조의 묘가 있으며, 연안이씨 가문의 墳庵인 사나사가 있었다.
148 李穡, 「砥平縣 彌智山 竹杖菴 重營記」, 『牧隱文藁』 卷2, 記 ; 『동문선』 卷73, 記.

리 잡고 있구나."[149]라고 한 데서 알 수 있듯이 가섭암 아래 묘덕암과 윤필암이 있었고, 윤필암 아래에는 죽장암이 있었다.[150] 죽장암의 창건에 대해서는 다음과 같은 기문이 참조된다.

> 승려 각조가 나의 집을 찾아와서 부탁하기를, "세상에서는 지평의 용문산으로 알고 있습니다만, 본래의 이름은 미지산이라고 합니다. 그런데 그 산속에 예전부터 개현암이라는 암자가 있었는데, 그 암자에 거처하면서 도를 깨친 이가 있었다고 합니다. 지금 그의 이름은 알 수 없습니다만, 그가 군왕으로부터 죽장을 하사받았기 때문에 죽장이라는 편액을 내걸게 되었다고 산에 사는 사람들이 서로 그렇게 전해 오고 있습니다. 이 암자가 산속의 높은 곳을 차지하여 마치 심장 부위에 있다고 한다면, 정작 상원사는 배꼽 정도의 위치에나 있다고 할 것입니다."[151]

용문산의 심장에 위치한 죽장암은 이전에 개현암이었는데 거기에서 도를 이룬 고승이 왕으로부터 죽장을 받았다고 하여 사명이 죽장암이 되었다고 한다.[152] 죽장암은 나옹의 문도 각조가 1377년에 중창하였다. 각조는 나옹의 문도로 신륵사와 향산 안심사에서 나옹의 추념 사업을 한 인물이다.[153]

---

149 黃景源(1709~1787), 「舟中 夕望龍門山」, 『江漢集』 卷1, 詩, "龍門霞外光 上元與竹杖 禪院據中央."
150 許穆, 「彌智山記」, 『記言』 卷28, 下篇 山川 下.
151 李穡, 「砥平縣 彌智山 竹杖菴 重營記」, 『牧隱文藁』 卷2, 記 ; 『동문선』 卷73, 記, "釋覺 照踵門請日 砥平龍門山 世所知也 其名則日彌智 舊有菴日開現 居其菴而悟道者 失其 名 得君王竹杖之賜 因額日竹杖 山中人相傳如此 菴在山中 據高如在心, 而上院在臍."
152 李穡, 「砥平縣 彌智山 竹杖菴重營記」, 『목은문고』 권2, 기 ; 『동문선』 卷73, 記.
153 李穡, 「安心寺 指空懶翁 碑」 ; 「神勒寺 普濟尊者石鐘碑」, 『조선금석총람』 상.

또 말하기를, "내가 이 암자를 중수하려고 처음 뜻을 세웠을 때, 아무런 인연도 없었고 어떤 도움도 받을 수가 없었습니다. 그런데 마침 유대언의 부인인 원씨가 산중에 찾아왔을 때 내가 곧장 그 일을 이야기했더니, 부인이 흔쾌히 승낙하면서 스스로 공덕주가 되어 주었습니다. 그리하여 정사년(1377, 우왕 3) 봄 3월에 공사를 시작해서 가을 7월에 마무리를 하였으며, 다시 9월에 단청을 입혀서 10월에 낙성을 하였습니다. 이 암자가 비록 세 칸밖에 되지 않는다 하더라도, 부처님이 중앙에 거처하시고 승려가 좌우에서 모시고 있으니, 대총림과 다를 것이 뭐가 있겠습니까."[154]

위에 인용한 기문에 의하면 죽장암의 중창은 유대언의 부인 원씨의 후원을 받아 이루어졌다고 한다. 유대언은 황해도 명문가 출신인 유보발이며,[155] 부인인 원씨는 원주의 대성(大姓) 출신으로 문인 목은 이색이 「원씨 만사」라는 기문을 남기고 있다.[156] 이와 같이 나옹의 문도 각조에 의하여 죽장암이 중창되었다. 비록 3칸에 지나지 않는 암자이지만 대총림의 위상을 지니고 있다고 하였듯이 용문산 불교에서 중요 사찰 가운데 하나였다.

---

154 李穡, 「砥平縣 彌智山 竹杖菴重營記」, 『牧隱文藁』 卷2, 記 ; 『동문선』 卷73, 記, "又日照之始有志於此也 無因無助 適柳代言室元氏至山中 照則告之 夫人欣然自爲功德主 用丁巳春三月始工 訖於秋七月 丹雘於九月 落成於十月 雖爲屋三間 而佛居中 僧居左右 與大叢林何異."

155 李穀, 「高麗國正順大夫 密直司右副代言 崇簿令兼監察執義 知版圖司事柳君墓誌銘」, 『稼亭集』 卷11, 墓誌, "君諱甫發…己卯春 陞密直代言 兼監察執義…夫人元氏 故檢校評理諱善之之女."

156 李穡, 「柳代言夫人元氏 挽詞」, 『牧隱詩藁』 卷33, 詩, "北原元大姓 西海柳名家 早寡身心苦 多孫閭閈和 山橫浮曙日 風細散朝霞 回首驪江上 迢迢一路斜."

(2) 지안(志安)·지수(志守)의 윤필암 중창(1378)

윤필암은 나옹의 문도로서 나옹의 추념 사업에도 적극 동참하였던 지안과 지수의 발원으로 창건되었다. 윤필암의 유래는 다음과 같은 기문을 통해 알 수 있다.

> 보제 나옹이 죽자, 비로소 사람들이 그 도를 크게 믿고 좇아서 그를 사모했는데 하물며 그 교도들이랴. 한산자가 임금의 명을 받들어 지은 것이 이 윤필암을 세운 유래이다.[157]

윤필암이라는 이름의 암자는 "보제 왕사의 윤필암은 명산 가는 곳마다 남아 있다."[158]고 하여 전국적으로 있었다. 즉, 묘향산, 금강산, 지평현 미지산 등이 대표적이다.[159] 조선 후기 문인 이유원(1814~1888)도 다음과 같이 적시하고 있다.

> 우리나라에서는 목은 이공이 글을 지어 주고 후한 보수를 받은 다음 용문산 위에 암자를 세워 원당을 삼고 이름을 윤필암이라 하였다. 내가 왕년에 미지산에 갔을 때 윤필암이 아직도 남아 있는 것을 보았다.[160]

---

157 李穡, 「金剛山 潤筆菴記」, 『牧隱文藁』 卷2, 記 ; 『동문선』 卷73, 記, "普濟懶翁旣入寂 人始大信其道 從而思慕焉 況爲其徒者乎 韓山子奉敎撰銘 潤筆菴之所由作也."
158 李穡, 「寄崔安東」, 『牧隱詩稿』 卷14, 詩, "普濟王師潤筆菴 名山到處鎖煙嵐."
159 李崇仁, 「送贇上人還山」, 『陶隱集』 卷2, 詩 ; 李穡, 「香山 潤筆菴記」, 『牧隱文藁』 卷2, 記 ; 『동문선』 卷72, 記.
160 李裕元, 「潤筆」, 『林下筆記』 卷34, 華東玉糝編, "東國牧隱李公 製文得厚資 建一僧菴於龍門山巓 爲願堂 名曰潤筆菴 余往年作彌智之行 見菴子尙存."

개화기 문인 운양 김윤식도 윤필암은 미지산의 정상에 있으며 "예전 고려 말 목은 이 선생이 여기에 집을 짓고 독서에 정진하여 드디어 문장으로 현달하였다. 후대 사람들이 그 자취를 사라지지 않게 하고자 집을 불암으로 바꾸고 윤필이라고 이름을 붙였으니, 실제로 선생께서 윤필한 장소를 이른 것이다."[161]라고 하였다. 이색의 외손 후손인 유중교(1832~1893)도 "용문산의 윤필암은 바로 나의 외선조이신 목은 이색 선생께서 독서하시던 곳이다."라고 하여 방증하고 있다.[162] 이러한 사실로 미루어 보아 윤필암은 목은 이색이 독서를 하였던 사찰이었다. 이 윤필암의 중수는 정안군부인 비구니 묘덕(妙德)의 후원으로 이루어졌다.

> 한산자는 이미 보제 스님의 명을 쓰고 그 제자에게 말하기를, "… 저 정안군의 부인 임씨는 이제 비구니가 되었고 이름을 묘덕이라 하였는데, 묘덕이 재물을 희사하여 미지산에 이 암자가 있게 되었다."[163]

묘덕은 백운 경한이 편술한 『직지』[164]의 발문에 의하면 『직지(直指)』 간행 비용을 시주하는 데 앞장선 문인이다. 묘덕은 1377년 7월에 청주목 흥덕사에 활자본 『직지』를 간행하고 그 이듬해 6월 여주 취암사에서 목판본 『직지』와 어록을 간행하는 데 출판 비용을 시주하였다. 묘덕은 나옹이 지공으로부터 계첩을 받기 1년 전인 1326년 어린 나이에 지공으로

---

161 金允植, 「潤筆庵 遠望記」, 『雲養集』 卷10, 記.
162 柳重教, 「益化懷古 九首」, 『省齋』 卷1, 詩.
163 李穡, 「砥平縣 彌智山 潤筆菴記」, 『목은문고』 권4, 기 : 『동문선』 卷74, 記, "韓山子 旣筆普濟浮圖銘 則告其徒曰…與夫定安君夫人任氏 今爲比丘尼名妙德 德捨財而彌智之有是菴也."
164 경한, 「직지 跋文」, 『직지』 권하.

부터 계첩을 받았으며[165] 지공의 비를 세울 때도 시주를 하였다.[166] 1378년(우왕 4)에 앞서 언급한 나옹의 문도인 지선 등과 함께 양주 윤필암을 짓는 데 재물을 시주하였다.[167] 묘덕은 58세 이전에 출가한 정안군 부인 임씨로 비구니이며,[168] 백운 경한의 시주자이자 문도이며 나옹의 문도였다.[169]

(3) 지천(智泉)의 용문사 대장경 봉안(1378)

용문사(龍門寺)의 역사에 대한 것 중 가장 믿을 만한 기록은 1458년(세조 4)에 쓰여진 작자 미상의 「용문사기」와 조선 전기 문인 하서 임사홍(1445~1506)이 1493년(성종 23)에 지은 「용문사 중수기」[170]이다.[171] 전자의 기문에 따르면, 용문사는 신라시대에 창건되었다고 하며,[172] 그 이후 역사는 고려 말 다음과 같은 사실이다. 즉, 무학의 도반인 지천은 양평 용문사에 대장경을 봉안하는 등 양평 용문산 불교 중흥에 앞장을 섰다.

---

165 『妙德戒牒』: 이세열 편, 『직지』.
166 이색, 「西天 提納薄陁尊者浮圖銘 并序」, 『목은문고』 권14 : 『동문선』 권119 ; 이색, 「신륵사 보제존자사리석종비」 음기, 『조선금석총람』 하.
167 이색, 「砥平縣 彌智山 潤筆菴記」, 『목은문고』 권4, 기 : 『동문선』 권74, 기.
168 이세열, 「직지와 비구니 묘덕에 관한 연구」, 『중원문화논총』 4, 충북대 중원문화연구소, 2000 참조.
169 묘덕에 관한 좀 더 자세한 사실은 다음의 논고를 참조하기 바람. 황인규, 「백운 경한(1298~1374)과 고려 말 선종계」, 『한국선학』 9, 한국선학회, 2004.
170 『한국사찰전서』 용문사.
171 우암 송시열의 『宋子大全』 부록에 언급된 『龍門寺 語錄』, 『송자대전』 부록 권14, 語錄 1, 李喜朝錄은 용문사 일대에 회합한 유자들의 기록에 지나지 않는다. 1893년(고종 30) 용문사를 중창한 鳳城大師의 유품이라는 『祖派及龍門寺蹟』이 있었다고 하나 그 자취를 알 수 없다. 이철교 편, 「서울 및 근교 사찰지(원제: 봉은본말사지)」, 불교진흥원, 『다보』 불기 2539년 여름호.
172 『한국사찰전서』 권하, 869쪽.

이 『대장경』 1부는 모관 모가 시주한 것이다. 맨 처음에는 강화부의 용장사에 안치하였는데, 이는 뜻밖에 일어나는 재앙을 피하고자 하였다. 경인년(1350, 충정왕 2) 이후 왜구가 바닷가의 군읍을 침범하였을 때, 강화는 요충지이었기 때문에 그 피해를 많이 받게 되었다. 그 와중에 구씨(具氏)의 손녀가 죽고 만호인 인당(?~1356)의 부인이 죽기까지 하였다.

이에 재신인 오자순의 부인이 계책을 내면서 말하기를, "우리 조부께서 불법에 귀의하여 『대장경』을 시주하셨는데, 불행하게도 왜구에게 유린당하여 거의 태반이나 잃어버렸다. 그러므로 어찌 이를 보충하여 복원하지 않을 수 있겠는가."라고 하였다. 경천사(敬天寺)에 옮겨 표제를 붙이고 궤 속에 넣어 종전처럼 새 『대장경』으로 채워 넣었다. 또 말하기를, "이 절이 또 바다와 가까운 데다 용장사와도 얼마 떨어져 있지 않으므로, 깊은 산골짜기에 옮겨 소장하는 것이 더 낫겠다."라고 하였다.[173]

위의 기문에서 알 수 있듯이 강화도 용장사에는 구씨 문중이 『대장경』 1질을 보시하여 구씨 문중 관리가 소장하고 있었는데, 1350년 이후 왜구의 노략질로 인해 반 정도의 『대장경』이 소실되었다. 1360년 이후 『대장경』 불사가 이루어졌으며, 용장사 인근의 강화 경천사[174]에 옮겼다.

마침 미지산의 지천 등이 『대장경』을 한양에서 시주받기 위해 다닌다는 말을 듣고, 구씨가 기뻐하면서 따라가 그 연고를 일러주었는데 지천 등

---

173 李穡, 「砥平縣 彌智山 龍門寺大藏殿記」, 『목은문고』 권4, 기 : 『동문선』 卷74, '大藏一部 某官某之所施也 始置于江華府龍藏寺 避不虞也 自庚寅歲 倭人犯濱海郡邑 而江華當要衝 尤被其害 具氏孫女卒 萬戶印璫室卒 宰臣吳子淳室謨曰 吾大父歸依大法而施大藏 不幸爲賊所躪 亡失者幾半 盍補正之 於是 移之敬天寺籤題函藏完舊若新則又曰 玆寺又近水 去龍藏一間爾 莫如深山密谷之爲可保也.'
174 『신증 동국여지승람』 권13, 경기 풍덕군의 불우조에 기재된 부소산 경천사는 본고에서 서술하고 있는 경천사와는 다른 강화 경천사이다. 채상식, 「강화 선원사의 위치에 대한 재검토」, 『한국민족문화』 34, 부산대 한국민족문화연구소, 2009, 24쪽.

이 큰 보배 얻은 듯하였다.[175]

이와 같이 강화부 용장사에 소장되었던『대장경』이 왜구의 침구로 소실되자 강화 경천사에 옮겼다가 나옹의 문도이자 무학의 도반인 축원 지천에 의하여 양평 용문사에 봉안되기에 이른 것이다.

지천은 도반 무학과 원나라 유력(遊歷) 후 용문사에 머물면서 대장전을 짓고『대장경』을 봉안하기 위해 시주자를 물색하다가 개성에서 오자순의 부인 구씨와 조우하여 성사되었다. 강화 용장사에 소장된『대장경』은 재신 오자순의 부인(구예[176]의 딸) 구씨의 조부가 시주한 것이었다. 구씨의 조부, 즉 구예의 아버지는 면성부원군으로 책봉된 고려의 중신이며, 구예의 부인은 아주 신씨의 딸로서 구예가 죽자 남편의 극락왕생을 위해 충남 당진군 송악면 가교리에 있는 신암사를 창건하였으며,[177] 앞서 언급한 바와 같이 오자순의 부인 구씨는『대장경』조판 완성 이후 대장도감이 옮겨진 용장사에『대장경』을 시주하였던 것이다.

용문사 대장전은 3칸 규모로 창건되었는데 이의 후원자는 몇 년 전 죽장암 중창을 후원하였던 북원군 부인 원씨[178] 즉, 황해도 명문가 출신인 유보발의 부인 원씨였다.

---

175 李穡,「砥平縣 彌智山 龍門寺大藏殿記」,『牧隱文藁』卷4, 記 :『동문선』卷74, 記, "適彌智山智泉等化大藏于京中 具氏喜而告其故 泉等樂其得大寶."

176 참고로 具藝는 고려 조정에서 현달한 勳臣으로 沔城府院君에 봉해졌던 인물이다. 澤堂 李植,「綾海君 草塘具公行狀」,『澤堂集』卷9, 行狀, "曰藝 以勳封沔城府院君 采其郡."

177 具鳳齡(1526~1586),「先祖考 沔城府院君夫人 鵝州申氏墓 俱在沔川申菴山 與都事具君忠淵偕祭 因留申菴寺 內外族會者四十餘人 感而有作(申菴寺 乃先祖舊宅之基)」,『栢潭集』권3, 五言律詩.

178 李穡,「砥平縣 彌智山 龍門寺大藏殿記」,『목은문고』권4, 기 :『동문선』권74, 記, "大藏殿凡三間 其施財以助之者 北原君夫人元氏也."

지천의 도반이자 나옹의 문도들은 그 무렵 1379년(우왕 5)부터 1383년까지 나옹의 입적처인 여주 신륵사에서 목은 이색의 조상을 위한 『대장경』을 간행하고 대장전을 짓는 데 참여하였는데[179] 용문사에서도 대장전을 창건하고 『대장경』을 봉안하였던 것이다.[180]

지천은 용문산에 토굴을 짓고 정진하다가[181] 조선 건국 초인 1395년에 천마산 적멸암에서 입적하였는데 태조가 정지 국사라는 시호를 내리고 지천을 30여 년간 사사한 제자 조안(祖眼)이 지천의 추념 사업을 마무리하였다.[182] 『봉은 본말사지』에 의하면 정지 국사 지천의 제자 조안은 1395년(태조 4) 용문사를, 1398년 상원사를 각기 중창하였다고 한다. 무학은 1398년(태조 7) 가을 회암사 감주를 사직하고 용문산에서 1402년 무렵까지 4년여 간 주석하고 있었는데[183] 1398년(태조 7) 12월에 지천의 제자 조안 등이 지천의 부도와 비를 용문사에 세웠다.

4) 나가는 말

이상에서 살펴본 바와 같이 여말삼사 나옹 문도의 양평 용문산 불교 중흥에 대하여 처음으로 학술적인 천착을 하였다. 여말삼사인 태고 보우가 사나사를 중심으로 불교를 흥성시킨 후 나옹의 문도들이 회암사

---

179 이숭인, 「驪興郡 神勒寺大藏閣記」, 『도은집』 권4, 문 : 『동문선』 권76, 기,

180 환암 혼수도 李成桂와 함께 『대장경』을 印成하여 1391년(공양왕 3) 瑞雲寺에 봉안하고 慶會를 베풀었다. 권근, 「忠州 靑龍寺 普覺國師幻庵定慧圓融 塔碑」, 『조선금석총람』 하.

181 권근, 「追贈正智國師碑銘 並序」, 『양촌집』 권38, 비명류 : 『조선금석총람』 하.

182 『봉은 본말사지』 상원사.

183 변계량, 「묘엄존자탑명」, 『동문선』 권121, 비명.

와 신륵사, 묘향산의 안심사와 더불어 양평 용문산 일대에서 흥성시켰다. 이러한 용문산 불사에 대하여 조선 초 왕실도 주목하여 용문사와 상원암을 중심으로 용문산의 불사가 크게 이루어지게 된다.

보우는 용문산 일대인 대원리에서 태어나 상원암에서 주석하면서 관세음보살 서원을 세웠고, 보우의 터전이라고 할 용문산 소설산에 머물면서 1367년 사나사를 중창하였다. 법맥상 보우의 문도로 알려진 환암 혼수도 1381년 무렵부터 1383년까지 용문산을 유력한 듯하다. 나옹은 원에서 귀국한 후 지방을 유력하였는데 1366년 금강산에 들어가기 전의 시기에 용문산에 머물렀다. 나옹대는 무학과 함께 유력한 금강산, 오대산, 나옹의 입적처인 신륵사 등에 있는 것으로 알려져 있었는데 본고에서 살펴본 바와 같이 용문산에도 있었으며, 기문에 의하면, 나옹의 의발이 양평 용문산에도 봉안되었다.

나옹의 상수제자 무학도 양평 용문사에 머물렀다. 무학은 수선사 제13세 사주 혜감 국사 만항의 제자 소지 선사에게 구족계를 받고 출가하였으며, 소지 선사의 교시로 용문산 혜명 국사 법장에게 부촉을 받았던 듯하다. 혜명 국사는 혜감 국사와 동문인 수선사 국사와 같이 국사로 추증된 고승으로 추정된다. 무학은 용문산 혜명 국사 법장의 안내로 부도암에서 정진하였는데 부도암은 용문사 사암인 듯하다. 나옹의 상수제자 무학과 그의 도반인 달공이 사사받았던 용문 장공이 바로 혜명 국사 법장이라고 생각된다. 고려 원 간섭기 후반에 용문사에 국사가 주석하였던 것으로 생각되어 매우 주목되고 있다. 무학의 도반인 달공은 무학이 그랬던 것처럼 묘향산 안심사에서 나옹 추념 사업에 참여하기도 하였다.

무학을 비롯한 나옹의 문도는 전국에 걸쳐 나옹의 추념 사업을 전개하였는데 용문산 추념 사업은 지선이 담당하였다. 이와 같이 나옹의 입적 직후인 우왕 대 용문산 불사는 나옹의 문도에 의하여 이루어졌다. 나옹의 입적 이후 근기지방을 중심으로 전국의 지방에서 나옹의 추념 사업이 전개되었는데 회암사와 신륵사, 묘향산 안심사 등의 사찰에서, 그리고 양평 용문산에서도 추진되었다.

나옹의 문도는 나옹의 추념 사업을 전개하며 양평 용문산 불사를 통해 용문산 불교를 중흥하고자 하였던 것이다. 즉, 우왕 대 나옹 문도의 죽장암 중창(1377), 윤필암 중창(1378), 용문사『대장경』봉안(1378) 등이며, 나옹의 죽마고우였던 목은 이색이 이에 대하여 대부분 기문을 남기고 있다.

각조는 신륵사와 향산 안심사에서 나옹의 추념 사업을 한 나옹의 문도이며, 1377년 용문산 죽장암을 중창하였다. 또한 나옹의 문도로서 나옹의 추념 사업에도 적극 동참하였던 지안과 지수의 발원으로 용문산 윤필암이 중창되었다. 이 윤필암의 중창은 정안군 부인 비구니 묘덕의 후원으로 이루어졌다. 묘덕은 정안군 부인 임씨로 58세 이전에 출가한 비구니이며, 백운 경한의 시주자이자 문도이며 나옹의 문도였다.

무학의 도반으로 원에 함께 유력하였던 지천은 양평 용문사에『대장경』을 봉안하는 등 양평 용문산 불교의 중흥에 앞장섰다. 나옹의 문도이자 무학의 도반인 지천 등이 강화부 용장사에 소장되었던『대장경』을 인근 경천사에 옮겼다가 양평 용문사에 대장전을 짓고 봉안하였다. 이의 후원은 몇 년 전 죽장암 중창을 후원하였던 북원군 부인 원씨 즉, 황해도 명문가 출신인 유보발의 부인 원씨였다.

『봉은 본말사지』에 의하면 지천의 제자 조안은 1395년(태조 4) 용문사를, 1398년 상원사를 각기 중창하였다. 이렇듯 나옹의 입적 후 나옹의

문도들이 그의 유지를 받들어 여말선초에 양평 용문산 불교를 중흥시
켰다. 이는 숭유 억불기 여말삼사인 나옹과 그의 문도들의 불교중흥의
한 사례로서 매우 주목된다.

4장

—

나옹의 대표적 불교계 문도

1. 나옹의 대표적 계승자 무학

1) 들어가는 말

나옹(1320.1~1376.5)은 보우와 더불어 한국 불교계를 대표한다고 할 수 있는 조계종의 종조로서 숭앙받고 있는 고승이다. 또한 나옹은 보우(1301~1382)와 경한(1299~1375)과 더불어 여말삼사로 불릴 뿐만 아니라 지공 선현과 무학 자초와 더불어 삼화상으로 추앙받고 있다. 따라서 일찍이 나옹은 학계나 불교계의 주목을 받아왔다.

이에 반하여 무학은 학계에서조차 조선 건국 초 태조의 왕사로서 조선건국과 관련되어 한낱 권승이나 술승으로만 잘못 인식되어 있는 듯하다. 또한 무학은 조선시대 이후 지금까지 불교 의식에서 증명법사로서 삼화상 가운데 한 승려로서만 인식되고 있을 뿐이며,[1] 고승으로서

---

1 조선 후기 이래 불교 의식집에 지공과 나옹, 자초 즉 삼화상이 예참문에 있어서 오늘날까지 각 사찰의식에서 행하여 지고 있다. 서종범, 「나옹 선풍과 조선불교」, 『가

참다운 평가를 받지 못하고 있다.

무학은 고려 말 불교계를 주도하려 했던 나옹의 대표적인 계승자였으며, 조선시대 최초의 왕사이자 한국 불교사상 마지막 왕사였다는 사실을 인식하여야 한다.[2]

나옹과 무학에 대한 평가는 조계종조 법사 문제라는 측면보다는 무학의 생존 시 활동을 더욱 중요하게 이해하여야 위상을 보다 정당하게 자리매김할 수 있을 것이다.

본고는 나옹과 대표적인 문도인 무학의 행적 가운데 지금까지 거의 관심을 끌지 못했던 조우 사실을 주목하였다. 그러한 사실은 나옹의 행장이나 비문에는 찾아지지 않으나 무학의 비문에 적잖이 찾아지고 있다. 나옹의 행적에 새롭게 추가할 사항이다.

본고는 무학의 비문에 나타난 행적 가운데 나옹과 무학과의 조우 사실을 검토하고 그 의미를 검토함으로써 무학이 나옹의 대표적인 계승자였다는 사실을 살펴보고자 하였다.

2) 나옹 혜근과 대표적 계승자

나옹의 생애에 대해서는 그간 적지 않은 논고에서 다루어졌으나 그

산 지관 스님 화갑기념논총 한국불교문화사상사』 상 참조. 불교 의식집이란『禪門祖師禮懺文』(갑사본),『梵音集』하, 선문조사예참,『仔夔刪補文』권9, 향당제조사청의문과 배례문,『諸般文』조사공양문,『日用作法集』제성탄일,『釋門儀範』상, 대례참례문과 가사통문불조 등이다.

2 1629년 栢庵 性聰이 찬한「妙覺王師碑」에 의하면 세조 때 守眉(생몰연대 미상)가 妙覺王師로 나타나고 있어서(조선총독부『조선사찰사료』상, 344~345쪽) 守眉가 한국 불교사상 마지막 왕사로 불리었으나 국가제도상의 것은 아니었다.

의 문도와의 관련 행적 등에 대해서는 거의 다루어지지 않았다.[3]

　나옹의 문도는 셀 수 없을 만큼 많았고[4] 나옹의 입적 시 불교를 믿는 자가 나라 안에 반이나 되었다고 한다.[5] 나옹의 문도들에 관해서는 나옹의 행장이나 비문, 문집류 등에서 찾아진다. 나옹의 비문인 「신륵사 사리석종기」[6] ·「신륵사 대장각기」,[7] 「안심사 지공 나옹 사리석종비」[8] ·「보제존자탑지」[9] 등에서 나옹의 문도의 이름을 엿볼 수 있다. 이에 관현하여 허흥식 교수가 잘 정리하고 있다.[10] 문도들의 행적을 살펴보면 대부분 나옹의 추념 불사와 관련된 사실이며,[11] 나옹의 생애와 관련된 행적은 거의 없다. 문집류에 의하면, 나옹의 문도는 다음과 같이 찾아진다. 즉, 무학과 함께 원에 동행했던 정지 국사 지천,[12] 나옹을 뵙고 오랫

3　나옹의 대표적인 계승자로서 환암과 무학을 부분적으로 다룬 논고는 다음과 같은 것들이 있다. 허흥식, 「나옹의 사상과 계승자」(상·하), 『한국학보』 58·59, 일지사, 1990 ; 이철헌, 「나옹 혜근의 법맥」, 『한국불교학』 19, 1994. 그러나 위의 논고는 나옹과 무학의 생존 시 활동이라는 측면에서 본격적으로 연구된 것은 아니다.

4　나옹의 문도가 수백 명에 이르렀다고 구체적으로 나오는 경우도 있다. 권근, 「贈玗野雲上人後序」, 『양촌집』 권15, 서류 : 『동문선』 권90, 서.

5　이색, 「향산 윤필암기」, 『목은문고』 권2, 기.

6　이색, 「신륵사 보제존자사리석종비」, 『한국금석전문』 중세 하, 음기, 1208~1214쪽.

7　이숭인, 「신륵사 대장각기」, 『한국금석전문』 중세 하, 음기, 1214~1222쪽.

8　이색, 「안심사 지공나옹사리석종비」, 『한국금석전문』 중세 하, 음기, 1223~1229쪽.

9　찬자 미상, 「보제존자탑지」, 「誌石」, 『한국금석전문』 중세 하, 음기, 1242~1245쪽.

10　허흥식, 앞의 논문, 1990, 80~84쪽.

11　나옹의 문도에 대해서는 그의 비의 음기에서 찾아볼 수 있다. 그러나 1377년 건립된 「회암사 선각왕사비」에는 본래부터 음기가 실려 있지 않았다. 그 이후에 건립된 나옹의 비문에는 음기에 문도가 실려 있다. 예컨대 1379년에 건립된 「신륵사 보제선사 석종기」와 1383년에 건립된 「신륵사 대장각기」, 1384년에 건립된 「안심사 지공나옹비」의 음기에는 나옹의 문도로 추정되는 인물이 실려 있다. 그러나 위의 음기에는 나옹의 문도뿐만 아니라 종파를 초월해 불교계의 주요 인물이 실려 있으므로, 나옹의 문도를 아는 데는 주의를 요한다.

12　권근, 「追贈正智國師碑銘 竝序」, 『양촌집』 권38, 비명류 : 『조선금석총람』 하.

동안 공부하였다는 철수좌 징천,[13] 나옹의 유력지를 따라다닌 설악 부
훤,[14] 나옹이 매우 사랑했다는 중영 각웅,[15] 나옹 곁에서 모시기를 가장
오래 했다는 우 야운,[16] 나옹이 『대장경』을 인쇄하고 읽을 때 함께 한
설우 유상인,[17] 오대산 상원사 승당을 지은 석영 로암,[18] 나옹을 사모하
여 출가한 보암 진상인,[19] 나옹의 호인 강월을 거꾸로 쓴 월강 보경,[20]
무학과 더불어 나옹의 고제로 일컬어졌던 본적 달공,[21] 나옹에게 시를
구했다는 옥계 의상인,[22] 「나옹화상어록」 서문을 이달충에게 청한 유곡
각굉,[23] 나옹의 고제로 나오고 있는 무급[24]과 상천,[25] 『죽간집』을 지은
나옹의 제자 죽간 굉연[26] 등이 있었다.

또한 나옹의 문도 가운데 나옹의 입적 후 추념 불사와 관련되어 문
집류에 다음과 같은 승려들도 있었다. 나옹의 행장을 지은 유곡 각

---

13 이색, 「澄泉軒記」, 『목은문고』 권3, 기.
14 이색, 「負暄堂記」, 『목은문고』 권6, 기 ; 권근, 「雲雪嶽上人을 전송하는 序」, 『양촌집』
    권15, 서류 : 『동문선』 권90, 서.
15 이색, 「仲英說」, 『목은문고』 권10, 설.
16 권근, 「玗野雲 上人에게 주는 後序」, 『양촌집』 권15, 서류 : 『동문선』 권90, 서. 玗野
    雲은 나옹의 시자로 이름은 玗, 諱는 覺牛, 호는 夢岩老人 또는 野雲이다. 동국대
    불교문화연구소, 『한국불교찬술문헌 총록』, 동국대 출판부, 1976, 157쪽.
17 이색, 「雪牛說」, 『목은문고』 권10, 설.
18 이색, 「五臺山 上院寺 僧堂記」, 『목은문고』 권6, 기 : 『동문선』 권75, 기.
19 권근, 「寶巖記」, 『양촌집』 권11, 기류.
20 권근, 「月江記」, 『양촌집』 권14, 기류.
21 권근, 「達空首座問答 法語書」, 『양촌집』 권17, 서.
22 권근, 「玉溪 詩의 序」, 『양촌집』 卷20, 서.
23 李達衷, 「懶翁和尙語錄跋」, 『동문선』 권102, 발 ; 元天錫, 「送雲遊子覺宏遊江浙 幷
    書」, 『운곡행록』 권2, 시.
24 金九容, 「寄崔卜河 咸承慶兩同年 雜言」, 『척약재각음집』 권상, 시.
25 韓脩, 「送霜泉長老」, 『柳巷詩集』, 詩.
26 성현, 『용재총화』 권8 ; 동국대 불교문화연구소, 『한국불교찬술문헌 총록』, 동국대
    출판부, 1976, 159~160쪽.

굉,[27] 「보제존자 삼종가」에 의미를 부연한 고봉 법장,[28] 『나옹화상어록』을 간행한 각우·각연, 각변,[29] 향산 윤필암에 나옹의 사리를 모셨다는 승지와 각청,[30] 나옹의 화상을 금강산 윤필암에 모시고 조석으로 향화한 지림, 찬여, 지옥, 신원, 각봉,[31] 나옹의 출가사지인 공덕산 윤필암을 지은 각관,[32] 지공의 사리 9개와 나옹의 두골 한 조각 및 사리 5개를 향산 안심사에 모셨다는 각지와 각오,[33] 회암사에 나옹의 추념 불사를 한 회암사 주지 절간 익륜과 각전,[34] 청주 용자산 송천사에 나옹의 초상을 걸고 모셨다는 각련[35] 등이 있었다.

선종계뿐만 아니라 타 종파의 승려도 나옹의 제자인 경우도 있었다. 화엄종의 고승 적암 경원,[36] 신인종에서 출가했으나 나옹을 좇은 식암,[37] 환암의 제자로 나옹과 두어 해 머물렀다는 평원 분상인[38] 등이 바로 그들이다.

이와 같이 나옹의 문도는 종파를 떠나 매우 많았다. 고려 말 이래 조선 전기 16세기 무렵까지 한국불교는 태고 보우의 문도에 의하여 법맥을 이어간 것이 아니라 나옹과 문도들이 불교계를 주도하였다. 조선 초

---

27 각굉, 「나옹화상 행장」, 『나옹화상어록』;『한국불교전서』 6.
28 각굉, 「보제존자 삼종가」, 『나옹화상어록』;『한국불교전서』 6;동국대 불교문화연구소, 『한국불교찬술문헌 총록』, 동국대출판부, 1976, 153쪽.
29 이색, 「보제존자어록 서」, 『나옹화상어록』.
30 이색, 「香山 潤筆菴記」, 『목은문고』 권2, 기.
31 이색, 「金剛山 潤筆菴記」, 『牧隱文藁』 권2, 기.
32 이색, 「潤筆菴記」, 『목은문고』 권2, 기.
33 이색, 「香山 安心寺舍利石鍾記」, 『목은문고』 권3, 기.
34 이색, 「天寶山 檜巖寺 修造記」, 『목은문고』 권2, 기.
35 이색, 「靑州 龍子山 松泉寺 懶翁眞堂記」, 『목은문고』 권6, 기.
36 이색, 「寂菴記」, 『목은문고』 권6, 기.
37 이숭인, 「送息菴遊方序」, 『도은집』 권4.
38 이색, 「平源說」, 『목은문고』 권10, 설.

기에 지어진 시문집인『동문선』이나『용재총화』, 조선 후기의『동국승니록』이나『월저집』등에 그러한 사실을 알 수 있다.

나옹을 추종하였던 승려들은 종파를 떠나 매우 많았던 것 같으나 정작 문도는 선종계 사굴산파의 승려들일 것이다. 대체로 세 부류로 나뉠 수 있다. 나옹의 시자를 비롯하여 가까이 모셨거나 원에 유학하였던 부류, 국내에서만 머물렀던 승려이다. 그 가운데 가장 비중 있는 문도는 고제로 나오고 있는 무급[39]과 상천,[40] 무학과 함께 원에 동행했던 정지 국사 지천,[41] 무학과 더불어 나옹의 고제로 일컬어졌던 본적 달공[42] 등이라고 할 것이다.

나옹의 고제로 나오고 있는 무급[43]과 상천[44] 등은 더 이상 자세하게 알 수 없지만 지천과 본적에 대해서는 다음과 같은 사실이 찾아진다. 축원 지천(1324~1395)은 무학의 도반으로 그와 함께 원에 가서 지공과 나옹에게 인가를 받고 귀국하였으며, 조선 초 정지 국사로 추증받았다.[45] 달공 본적은 다음 글에서 찾아진다.

> 호가 본적(本寂)이며 처음에 지공을 섬겼다. … 10여 년을 적공(積功)하자 어렴풋이 얻는 것이 있었으므로 용문 장공(龍門藏公)에게 찾아가 질의하였고 다시 10년간 공을 쌓고 홍천으로 나옹을 찾아가 일전어를 하였는데, 나옹이 좋다고 하였다. 또 10년간 공을 쌓고서 조예가 더욱 깊어졌

---

39 金九容,「寄崔卜河 咸承慶兩同年 雜言」,『척약재각음집』권상, 시.
40 한수,「送霜泉長老」,『柳巷詩集』, 시.
41 권근,「追贈正智國師碑銘 竝序」,『양촌집』권38, 비명류 :『조선금석총람』하.
42 권근,「達空首座問答 法語書」,『양촌집』권17, 서.
43 김구용,「寄崔卜河 咸承慶兩同年 雜言」,『척약재각음집』권상.
44 한수,「送霜泉長老」,『柳巷詩集』, 시.
45 권근,「追贈正智國師碑銘 竝序」,『양촌집』권38, 비명류 :『조선금석총람』하.

으므로, 전후 문답한 몇 편의 말을 인가받아 법정(法正)이 되었다.

마침 나옹이 입적하였을 때 대중 가운데서 법사가 되었으며 무학 초공(超公)과 아울러 일컬어졌다. 초공(무학)은 묘리에 통달하였고 대사(達空)는 독실하게 실천하는 사람이다.[46]

위의 글은 나옹의 제자라고 알려진 달공 수좌와 나눈 문답시 가운데 일부이다. 이에 의하면 달공은 호가 본적으로, 지공을 섬겼고 그 후 용문 장공[47]을 찾아가 질의하였고 나옹을 찾아가 인가를 받았다. 입적 후에 무학의 더불어 나옹의 대표적인 법사가 되었다고 한다. 달공의 행적이 무학과 행적과 매우 비슷하였다. 달공은 독실하게 실천하는 자이고 무학은 묘리에 통달하였던 나옹의 대표적인 문도였다.

이는 본고에서 살펴볼 나옹과 무학의 조우 사실에서 명확해진다. 무학은 원에서 나옹과 처음 조우한 이래 입적 시까지 수차례에 걸쳐 지속적으로 추종하였다. 입적 후에도 추념 불사를 하였을 뿐만 아니라 『조파도』를 완성하였다.[48]

그런데 나옹의 대표적 계승자를 무학이 아닌 환암으로 보는 견해가 있다. 정황진이 나옹 중흥조설을 주장하면서 환암이 나옹의 문도였다는 견해를 발표하면서 비롯되었다.[49] 이러한 시각을 수용한 허흥식 교수가

---

46 권근, 「達空首座 問答法語序」, 『양촌집』 권17 , "號本寂 初事指空….又積十載 所造益深 前後問答凡若干語 得蒙印可 爲法正 適及翁示寂 嗣爲衆衲所歸 與無學超公並稱 盖超妙達而師篤踐者也."

47 龍門 藏公은 무학의 비문에 무학이 18세가 되던 1344년(충혜왕 복위 5) 慧鑑 國師의 수제자인 小止 禪師에게 출가한 뒤 용문산을 찾아 교시를 받았다는 慧明 法藏 國師와 동일 인물이라고 추정된다.

48 이런 사실에 비하여 환암이 나옹과 조우했던 것은 오대산과 광명사 공부선 개최 시 두 건 정도에 지나지 않으며 그외에 나옹의 어록을 교정했다는 사실뿐이다.

49 澗海 鄭晃震, 「조선불교의 嗣法 계통」, 『신불교』 5, 1937.7.

다시 주장하였다. 즉, 환암이 나옹의 대표적인 계승자라는 것은 신륵사와 안심사에 각각 현존하는 「나옹석종비」 음기에서 명확해지며, 또한 나옹의 행장이나 어록, 신륵사의 비문 그리고 환암의 비문에서 재확인되고 성현의 『용재총화』에도 명시되어 있다. 또한 태고의 비문에 환암이 문도로 실린 이래 환암을 태고의 계승자로 왜곡되었다고 생각된다."[50]

뿐만 아니라 "무학이 왕사로 책봉되면서 이후에 자신과 나옹을 포함하여 환암을 나옹의 대표적인 계승자에서 배제하였음을 추측하기에 어렵지 않다."라고 하면서 "고려 말 나옹의 추방과 독살에 대한 공동 대처 무학에 의하여 환암이 제외되었다."고 하였다.[51]

허 교수는 나아가 무학은 다음과 같은 이유로 나옹의 대표적인 계승자가 아니라고 주장하였다.

> 나옹의 비문에는 자초가 자신의 계승자라는 어떤 표현도 찾을 수 없었고 … 사리석종기에 실린 그의 위치는 다른 문도에 비하여 아주 초라하다. 나옹의 어록에 다른 문도에 비하여 자초에 대한 언급은 아주 미미하다.…. 실제로 그가 나옹의 측근에서 오랜 기간 감화를 받가나 머물렀던 시기가 없다. 나옹이 그에게 주었던 수서(手書)나 시 그리고 불자와 의발조차 어느 시기까지 존재했다는 아무런 증거도 찾을 수 없다. … 자초를 나옹의 대표적 계승자로 보기 어려운 점은 1374년 나옹이 입적한 후부터 1392년 조선 건국까지 20년 가까운 시기에 그의 행적과 관련되어 찾아질 수 있다. 그의 비문에는 나옹을 추도하기 위한 활동이 없고 그가 세상을 숨으려 한 동기는 나옹을 추념하기 위한 때문이라고 명시되지 않

---

50 허흥식, 「제7장 중세 조계종의 기원과 법통」, 『한국 중세불교사 연구』, 일조각, 1994, 389쪽.
51 허흥식, 위의 책, 394~395쪽.

고 있다.[52]

이렇듯 나옹의 대표적 계승자는 무학이 아니라 환암이라고 하였으나, 이에 선뜻 동의하기 어렵다.

> a. 1360년 무렵. 나옹이 오대산 고운암에 머물 때, 오대산 상두암에 머물던 환암이 나옹에게 찾아가 자주 질의함.
> 후에 나옹이 환암에게 금란가사와 상아불 상형장을 줌(「보각국사비명」).[53]
> 1370년 7월. 나옹이 공부선을 주관했을 때 환암이 나옹의 물음에 유일하게 답함(「나옹화상 행장」).[54]
> b. 나옹이 환암 장로의 산거(山居)에 부침이라는 시를 지음(「나옹화상 행장」).
> '스승을 뵈러 가는 환암장로를 보내면서'라는 게송을 지음(「나옹화상 행장」).
> 환암이 오위주송(五位註頌)을 베껴 가지고 와서 보라고 하기에 그 앞에 제(題)함(「나옹화상 행장」).
> c. 문도 국사 지웅 존자 환암(「태고사 원증국사탑비」).[55]
> 추천하여 그 상수배(上首輩)로 된 자는 환암 화상이다(「원증국사 행장기」).[56]
> 『나옹화상어록』을 교정 봄(『나옹화상어록』).

위의 글이 환암과 나옹이 관련되어 찾아지는 기록 전부이다. 이에 의하면, 환암은 1360년대 오대산 상두암에 머물면서 같은 산 고운암에 머물고 있는 나옹을 자주 찾아가 질의하였다. 그 후 그에게서 신표를 의

---

52 허흥식, 「나옹의 사상과 계승자」(상·하), 『한국학보』 58·59, 일지사, 1990, 73~74쪽.
53 권근, 「청룡사 보각국사비명」, 『양촌집』 권37, 비명류 : 『조선금석총람』 하.
54 각굉, 「나옹화상 행장」, 『나옹화상어록』『한국불교전서』 6.
55 이색, 「태고 원증국사탑비명」, 『조선금석총람』 하.
56 유창, 「원증국사 행장」, 『태고화상어록』 : 『한국불교전서』 6, 700쪽.

미하는 금란가사와 상아불 상형장을 받았으며,[57] 그가 주관한 공부선에 참여하여 유일하게 답하였다.[58]

그러나 환암은 분명히 태고의 비문 음기에 태고의 문도로서 실려 있으며,[59] "추천하여 그 상수배(上首輩)로 된 자는 환암 화상이다."라는 글이 있다.[60] 나옹이 장로라고 칭하였고,[61] 그들은 나이가 동갑이었다.[62]는 사실 등에서 사제관계로 보기 힘들다.[63]

필자는 다음의 행적에서 보듯이 무학이 나옹의 대표적 계승자였다고 생각한다.

a. 1354년. 무학, 법원사에서 나옹을 만남(「묘엄존자탑명」, 「정지 국사 비명」).[64]

1354~1356년 여름. 무학, 서산 영암사에서 나옹을 만나 두어 해 머무름(「묘엄존자탑명」).

1354년 여름. 무학, 귀국 시 나옹을 만남, 송별 시 나옹이 수서와 게송을 줌(「묘엄존자탑명」).

b. 1359년(공민왕 8) 여름. 무학, 천성산 원효암에 머물고 있던 나옹을 찾아갔을 때 나옹이 불자를 줌(「묘엄존자탑명」).

1361년(공민왕 10) 이후. 무학, 신광사에 머물고 있는 나옹을 찾아가 나옹으로부터 시를 받음(「묘엄존자탑명」).

1373년 봄. 무학, 송광사에서 왕사 나옹과 조우. 나옹이 무학에게 의발

---

57 권근, 「청룡사 보각국사비명」, 『양촌집』 권37, 비명류 : 『조선금석총람』 하.

58 각굉, 「나옹화상 행장」, 『나옹화상어록』, 『한국불교전서』 6.

59 이색, 「태고보우 원증국사 탑비명」, 『조선금석총람』 하.

60 유창, 「원증국사 행장」, 『한국불교전서』 6, 700쪽.

61 각굉, 「나옹화상 행장」, 『나옹화상어록』, 『한국불교전서』 6.

62 나옹은 1320년(충선왕 7) 1월 15일에 태어났고 환암은 그로부터 두 달 뒤인 3월 13일에 태어났다.

63 이에 대해서는 조계종의 법사 문제라는 측면에서 비교적 일찍부터 논의되어 왔었다.

64 권근, 「追贈正智國師碑銘 竝序」, 『양촌집』 권38, 비명류 : 『조선금석총람』 하, 727쪽.

을 주고, 무학은 나옹에게 게로 답함(「묘엄존자탑명」).

1373년~375년. 무학, 나옹에 이어 송광사 주지를 함(「송광사 사적」).[65]

1376년(우왕 2) 나옹이 무학을 회암사로 불러 수좌로 삼으려 함(「묘엄존자탑명」).

1376년(우왕 2) 5. 나옹 입적 후 무학이 자취를 감춤(「묘엄존자탑명」).

c. 1378년(우왕 4) 무학, 「서천 제납박타존자비」 건립 참여(『퇴경당 전서』).[66]

1379년(우왕 5) 무학, 「신륵사 보제선사석종비」 건립 참여(「신륵 보제선사 석종비」).[67]

1383년(우왕 9) 무학, 「신륵사 대장각」 건립 참여(「신륵사 대장각기」).[68]

1384년(우왕 10) 무학, 「안심사 사리석종비」 건립 참여(「안심사 사리석종비」).[69]

d. 1392년(태조 1) 10. 29 무학, 왕사로 책봉된 후 왕이 나옹이 머물던 회암사로 가라고 함(「묘엄존자탑명」).

1393년(태조 2) 4. 무학, 조파를 확정하여 주청함(「묘엄존자탑명」).

1393년(태조 2) 9. 9 무학, 광명사에서 나옹의 괘진불사를 함(「묘엄존자탑명」).

1393년(태조 2) 9. 무학, 지공과 나옹의 탑명을 새김(「묘엄존자탑명」).

1394년(태조 3) 6. 25. 무학, 「불조종파지도」 편간하여 난타사(難陀寺)에 판을 남김(『불조종파지도』).[70]

1394년(태조 3) 무학, 회암사에서 나옹의 탑명을 조각(『불조종파지도』).

위의 사실은 나옹의 행장이나 비문에는 실리지 않았으나 무학의 비

---

65 경암 관식, 「송광사 사적」, 『조계산송광사 사적』.

66 이색, 「서천 제납박타존자비명」 음기 ; 권상로, 『퇴경당전서』 권6, 1990, 381~390쪽. 지공의 비문은 허흥식, 「지공의 원비문과 비음기」, 『이기영박사 고희논총 불교와 역사』, 1991, 457~458쪽에도 실려 있다.

67 이색, 「신륵사 보제존자 사리석종비」, 『한국금석전문』 중세 하, 음기, 1208~1214쪽.

68 이숭인, 「신륵사 대장각기」, 『한국금석전문』 중세 하, 음기, 1214~1222쪽.

69 이색, 「안심사 지공나옹사리석종비」, 『한국금석전문』 중세 하, 음기, 1223~1229쪽.

70 채영, 『해동불조 원류』 ; 『한국불교전서』 10.

문에 찾아지고 있다.[71] 이렇듯 나옹의 문도 가운데 가장 많은 조우가 있었던 승려는 무학이었다.[72]

3) 나옹 혜근과의 조우

(1) 원에서의 조우

나옹과 무학과의 조우 사실을 좀 더 살펴보기로 한다. 그들의 조우는 원에서 비로소 시작되었다.[73] 그들은 원 체류 시 처음 만난 이후 귀국 후 입적 시까지 지속적으로 만났던 사실이 확인된다. 원 체류기, 귀국 직후 활동기, 송광사 주지 시기, 회암사 중창기, 입적 후의 시기로 나누어 살펴보기로 한다.

그들은 원의 대도 법원사와 서산 영암사, 광제선사에서 세 차례 조우하였다. 나옹의 행장에 의하면, 나옹은 무학보다 6년 전인 1347년 11월

---

71 변계량, 「묘엄존자탑명」, 『동문선』 권121, 비명. 이러한 사실은 나옹의 행적에 당연히 추가해서 새롭게 조명되어야 할 것이다.

72 나옹과 백운경한 등과의 교류 사실도 다음과 같이 첨가할 수 있다.
1365. 3 나옹, 백운을 청평사 주지로 천거(『백운화상어록』).
1366. 3 나옹, 금강산 정양암에 갔을 때 백운이 나옹을 생각하며 게송을 지음(『백운화상어록』).
1370. 7 나옹, 공부선 주관함, 여기서 백운 경한과 천희와 함께 주관, 환암 동참, 신조가 물음(『나옹화상어록』).

73 나옹과 무학이 원에 들어가기 전 국내에서의 교류 사실은 발견되지 않는다. 그들이 원에 유학을 가기 전의 행적을 간략히 살펴 보면 다음과 같다. 나옹은 무학보다 7년 먼저 태어났고 29년 먼저 입적하였다. 나옹은 1320년 20세에 공덕산 묘적암 요연에게 출가하였고 무학은 그보다 4년 후인 1324년 18세에 수선사 혜감 국사 만항의 상족제자인 소지 선사에게 출가하였다. 나옹의 출가사인 공덕산 묘적암 요연은 어느 종파의 승려인지 밝혀지지 않았으나 무학의 출가사인 소지 선사는 수선사 계통이었다.

에 원에서 출발하여 그 이듬해 3월 13일 연도 법원사에 들어가 지공에게 도를 인가받고 2년여 머물렀고 그 후 3년여 간 평산 처림 등 강남의 임제종 고승들과 교류하였다. 나옹은 1353년 3월에 다시 법원사로 돌아와 한 달간 머무르다가 연대(燕岱)의 산천을 2년여 유력하였다. 그 후 원의 황제의 명을 따라 연도 광제선사 주지로 2년여 머물다가 지공과 하직하고 1358년 3월 23일에 귀국하였다.[74]

한편 무학의 비문에 의하면, 무학은 1353년 가을에 원에 들어가 지공에게 도를 인가받았다. 그 이듬해 정월 법천사(法泉寺, 법원사)에 이르러 나옹에게 다시 도를 인가받았다. 그 후 무령 오대산을 유력하고 서산 영암사에서 나옹을 조우하여 사사받고 2년여 머물렀다. 1356년 여름에 나옹과 하직 인사하고 나옹보다 2년 먼저 귀국하였다.[75]

이와 같이 원에서의 나옹의 행적을 보게 되면 무학과의 조우 사실이 나타나지 않고 있으나 무학의 비문에서 그러한 사실들을 알 수 있다. 앞서 살펴본 대로 무학의 비문에 의하면, 무학이 1353년 가을 원에 들어가 지공에게 도를 인가받고 이듬해 정월 법천사[76]에 있다가 다음 해 정월 나옹과 조우하여 도를 인가받았다. 나옹의 행장에 의하면 무학이 나옹을 찾아갔을 때인 1354년 1월 무렵 나옹은 연대(燕岱)의 산천을 유력하였다고 하였으나[77] 무학의 비문에 의하면, 1354년 1월에 법천사(법원사)에서 무학이 나옹과 조우하였다고 하였으므로 그 무렵 나옹은 법

---

74 각굉, 「나옹화상 행장」, 『나옹화상어록』 ; 『한국불교전서』 6.
75 변계량, 「묘엄존자탑명」, 『동문선』 권121, 비명.
76 법천사는 法源寺의 별명인 듯하다. 왜냐하면 나옹의 행장에는 모두 법원사로 나오기 때문이다.
77 각굉, 「나옹화상 행장」, 『나옹화상어록』 ; 『한국불교전서』 6.

원사에 다시 돌아왔음을 알 수 있다.[78] 이것이 바로 무학과 나옹의 처음 조우이다. 그들이 법원사에서 얼마나 머물렀는지 알 수 없으나 무학은 그 때 나옹에게 도를 인가 받았다. 법원사에 지공이 머물고 있었으므로,[79] 법원사에서 지공·나옹·무학의 삼화상이 한 자리에 함께하였던 것이다. 그 후 무학은 무령(霧靈)을 거쳐 오대산을 유력하였으며,[80] 나옹은 다시 연대의 산천을 유력하였다.

그들이 다시 조우하게 되는 것은 서산(西山) 영암사(靈巖寺)에서였다. 서산 영암사는 대도(大都) 곡적산(穀積山)에 있었던 사찰이다.[81] 무학은 나옹에게 도를 사사받고 영암사에서 두어 해 머물렀으나 나옹은 얼마나 머물렀는지 알 수 없다.[82]

그 후 그들의 원에서의 마지막 조우는 무학이 귀국 시 나옹을 찾아감으로써 이루어졌다.[83] 나옹이 연도 광제선사 주지로 머물 때였으므[84] 그들의 조우는 광제선사에서 이루어졌다고 하겠다.

---

[78] 이러한 사실에 의할진댄, 나옹은 법원사에서 모두 네 차례 머물렀음을 알 수 있다. 아마도 나옹이 법원사에 다시 와서 광제선사의 주지 임명에 대하여 지공과 상의하지 않았는가 추정된다.

[79] 지공은 말년에 어려움에 처해 있었을 때 고려 출신인의 도움을 받았다. 大府大監 察罕 티므르(察罕帖木兒)의 부인 김씨가 지공을 따라 출가하여 澄淸里에 집을 사서 佛宮으로 삼았다. 이에 지공이 이 절을 法源寺라 이름하고 머물렀다. 李穡, 「西天 提納薄陀尊者浮屠銘 幷序」, 『목은문고』 권14, 비명 : 『조선금석총람』 하.

[80] 변계량, 「묘엄존자탑명」, 『동문선』 권121, 비명.

[81] 이곡, 「大都 積山 新作羅漢石室記」, 『가정집』 권4, 기 : 『동문선』 권71, 기 ; 이곡, 「大都 穀積山 雲巖寺」, 『가정집』 권4, 기 : 『동문선』 권71, 기.

[82] 나옹이 1355년 가을 원나라 황제의 성지를 받고 대도 광제선사 주지를 하기 전 2년 정도(1354년 이후 2년여 동안) 서산 영암사에 머문 것으로 볼 수도 있으나 확실치 않다.

[83] 변계량, 「묘엄존자탑명」, 『조선금석총람』 하.

[84] 각굉, 「나옹화상 행장」, 『나옹화상어록』 : 『한국불교전서』 6.

이상에서 살펴본 바와 같이 그들은 원에서 모두 세 차례 이상 조우
하였다. 첫 번째와 두 번째는 각기 원에 들어갔을 때와 귀국하였을 때
였는데, 두 번째 만남에서 가장 오래 있었고 내용적으로도 가장 중요
하다. 즉, 나옹은 원의 체류 기간 10년 가운데 3년여 동안 지공이 머물
고 있던 법원사에서 함께하였다. 무학은 원의 체류 기간 3년 가운데 지
공과는 한 차례 얼마간 있었고 나머지 두 차례는 나옹과 함께 있었다.

나옹은 지공과 평산 처림 등 강남의 임제종 고승들을 만났지만 지공
과 평산 처림의 법을 계승하였다. 이에 비하여 무학은 지공과 나옹 외
에 오대산에서 벽봉 화상을 만났다.[85] 무학은 원에서의 대부분을 지공
과 나옹과 함께 있었다. 기록에 의하는 한, 무학은 지공을 한 차례 만
난 셈이며 나옹과는 세 차례 만난 것이다. 이렇듯 그들은 원에 들어가
지공을 찾아 도를 사사받았다는 공통점이 있지만 무학은 나옹과 더 오
랫 동안 함께 머물면서 나옹에게도 도를 사사받았다. 특히 무학이 나
옹을 처음 만난 곳은 지공이 머물고 있는 법원사였다. 지공과 나옹, 무
학의 삼화상이 함께 자리를 하여 삼화상의 인연이 시작되었다.

무학의 비문에는 무학과 나옹의 서산 영암사에서의 만남을 다음과
같이 비교적 자세히 전하고 있다. 언젠가 무학이 선정에 들어갔을 때
밥 먹는 것도 잊었는데, 그때 나옹이 "네가 죽었느냐?"라고 묻자 무학
은 웃으며 대답하지 아니하였다.[86]고 하여 그들의 수행 장면을 찾아볼

---

85 정지 국사 지천의 비문에 의하면 무학은 지천과 원나라에 동행하였는데 여러 명사
　　가운데 특히 오대산에서 碧峯 和尙과 명사 趙中穆을 만났다(권근, 「追贈正智國師碑
　　銘 竝序」, 『양촌집』 권38, 비명류 : 『조선금석총람』 하, 727쪽)고 하였으므로 무학도 그들을
　　만났을 것이다.
86 변계량, 「묘엄존자탑명」, 『동문선』 권121, 비명, "至有當食而不知者 翁見之曰汝却死
　　了耶 師笑而不答."

수 있다. 좀 더 구체적으로 나옹이 조주 선사의 화두를 꺼내 무학과 선문답을 나눈 사실이 다음과 같이 비문에 전하고 있다.

> 옹(나옹)이 하루는 사(무학)과 더불어 섬돌 위에 앉았다가 물었다. 옛날 조주(趙州)가 수좌와 더불어 앉아서 돌다리(石橋)를 보고 묻기를 "이것은 어떤 사람이 만들었느냐" 하니 수좌가 답하기를 "이응(李應)이 만들었습니다." 하였다. 조주가 말하기를 "어느 곳을 향하여 먼저 손을 대었느냐?" 하니 수좌가 대답이 없었다. "이제 누가 너에게 묻는다면 어떻게 적당히 대답하겠느냐?" 사(무학)가 곧 두 손으로 섬돌을 잡아 보이므로, 옹(나옹)이 문득 그치고 갔다.[87]

이와 같이 나옹이 무학에게 임제선을 지도하였던 모습을 생생하게 전하고 있다. 나옹은 임제선에서 흔히 사용하는 화두를 꺼내 무학의 선의 경지를 가늠하였다. 그날 밤에 무학이 나옹의 방에 찾아갔을 때 나옹은 무학에게 "오늘에야 비로소 내가 너에게 속이지 않는 것을 알았다."라고 말하였다.[88] 마치 공자가 그의 제자 자공에게 "너는 내가 너에게 속였다고 생각하느냐? 나는 너를 속이지 않았느니라."라고 말한 것과 흡사하다.

그러면서 나옹은 무학의 선의 경지를 인정하면서 다음 게송에서 이제 한 마음이 되었다고 하였다.

---

87 변계량, 「묘엄존자탑명」, 『동문선』 권121, 비명, "翁見之日汝却死了耶 師笑而不答 翁一日與師坐階上 問日昔趙州與首坐看石橋 問是甚麼人造 首坐答云李膺造 州云向甚處先下手 首坐無對 今有人問你 如何祇對 師卽以兩手握階石示之 翁便休去."
88 변계량, 「묘엄존자탑명」, 『동문선』 권121, 비명.

서로 아는 사람이 천하에 가득하나 마음을 아는 사람이 능히 몇 사람이나 되겠느냐. 너와 나는 일가를 이루었구나.[89]

나옹이 무학과 마음이 통하였다고 하면서 무학의 도를 다음과 같이 극찬해 마지않았으며, 훗날 남의 앞에 나서는 큰 근기를 가진 인물이될 것이라 하였다.

도가 사람에게 있으면 코끼리 이빨이 있는 것 같아서
비록 감추고자 하나 될 수 없는 것이다.
다른 날 네가 어찌 남의 앞에 나서는 인물이 되지 않겠느냐.[90]

나옹은 1356년(공민왕 5) 무학이 고려로 귀국할 무렵 손수 종이에 글(手書)을 써서 무학을 전송하였다.

일상생활을 보니 모든 기틀이 세상과 더불어 다른 데가 있다.
선악과 성사(聖邪)를 생각지 않고 인정과 의리에 순종하지 않는다.
말을 내고 기운을 토할 때에는 화살과 칼날이 서로 버티는 것 같고, 글귀의 뜻이 기틀에 맞음은 물이 물에 돌아가는 것 같다.
한 입으로 손님과 주인의 글귀를 머금기도 하며, 몸이 불조(佛祖)의 관문을 통과하였다.[91]

---

89 변계량, 「묘엄존자탑명」, 『동문선』 권121, 비명, "相識滿天下 知心能幾人 你與我成一家矣."
90 변계량, 「묘엄존자탑명」, 『동문선』 권121, 비명, " 道之在人 如象之牙 雖欲藏之 不可得也 他時你豈不爲人前."
91 변계량, 「묘엄존자탑명」, 『동문선』 권121, 비명, "觀其日用 全機與世有異 不思善惡聖邪 不順人情義理 出言吐氣 如箭鋒相拄 句意合機 似水歸水 一口吞却賓主句 將身透過佛祖關."

위의 글은 무학의 비문인 「묘엄존자탑명」과 문인 이색이 지은『인공음』서문에도 찾아진다.[92]

무학은 산천을 두루 유람하고 스승과 벗을 참방하다가 1356년 여름에 귀국 길에 올랐다. 나옹이 다음과 같은 게송을 주며 송별하였다.

> 이미 주머니 속에 따로 세계가 있음을 믿어서,
> 동쪽 서쪽에서 삼현(三玄) 쓰는 것을 일임하여 둔다.
> 누가 너에게 참방한 뜻을 묻는 이가 있거든,
> 앞문을 타도하고 다시 말하지 말라.[93]

이렇듯 석가의 후신이라고 불리었던 나옹이 무학의 도를 인정하면서 남의 앞에 나서는 인물로서, 불조의 관문을 통하였다고 하였다.[94] 나옹은 무학이 불교의 진리를 통달하여 남 앞에 우뚝 솟았으니, 어디에서든지 불법의 세 가지 중요한 요체로써 불법에 의심하는 자가 있으면 제도하라는 것이다.

이상에서 살펴본 바와 같이 원나라에서 무학은 나옹에게 임제선풍을 사사받았다. 조주 선사의 돌다리 이야기·화살·칼날·빈주(賓主)·불조·삼현 등을 구사함에서 알 수 있다. 나옹은 무학의 도가 높음을 극찬해 마지 않았고 서로 통하였다고 하면서 무학이 귀국할 때 수서(手書)를 전해 주었다.

---

92 이색, 「題溪月軒印空吟」,『동문선』권102, 跋.
93 나옹, 「無學을 보내면서(別無學師)」,『나옹화상 어록』,『한국불교전서』6 : 변계량, 「묘엄존자탑명」,『동문선』권121, 비명 :『대동영선(大東詠選)』, "已信囊中別有天 東西一任用三玄 有人問你參訪意 打倒面門更莫言."
94 변계량, 「묘엄존자탑명」,『동문선』권121, 비명.

(2) 귀국 직후 조우

무학은 1356년 여름에, 나옹은 그보다 2년 뒤인 1358년 3월 23일에 귀국하였다. 나옹의 행장에 의하면, 그는 귀국하여 요양·평양·동해 등 여러 곳을 유력하고 1360년 가을에 오대산 상두암에 머물렀다.[95] 그러나 무학의 비문에 의하면 다음과 같은 사실이 더 찾아진다.

> 대사가 이미 돌아오니 나옹도 또한 지공의 삼산양수기를 갖고 돌아와 천성산 원효암에 머물고 있었다. 기해년(1359년) 여름에 사가 (나옹을) 뵈오니 불자를 (그에게) 주었다.[96]

나옹이 귀국 후 무학이 그를 찾아가 조우했음을 알 수 있다.[97] 무학이 그보다 3년 전에 귀국했고 그로부터 1년 후인 1359년 여름에 조우하였으므로, 그들은 3년 만에 재회한 것이다.[98]

나옹은 1358년 3월 23일 지공이 준 삼산양수기를 가지고 귀국하여 요양·평양·동해 등을 유력하다가 경남 천성산 원효암에[99] 머물러 있었다. 나옹이 언제부터 원효암에 머물렀는지 정확한 것은 알 수 없으나 1358년 귀국 이후 1360년 가을 오대산 상두암에[100] 가기 전의 시기였다

---

95 각굉, 「나옹화상 행장」, 『나옹화상어록』 ;『한국불교전서』 6.

96 변계량, 「묘엄존자탑명」, 『동문선』 권121, 비명, "師旣還 懶翁亦以指空三山兩水授記 還國住天聖山元曉菴 己亥夏 師往見翁 以拂子與之."

97 앞과 같음.

98 무학이 귀국하여 원효암에 갈 때까지 3년간 그의 행적에 대해서 알려진 바 없다.

99 원효암은 경남 양산 千聖山에 있으며, 원효가 창건한, 우리나라에서 원효라는 이름이 붙은 절 가운데 가장 으뜸가는 절로 알려져 있다.

100 각굉, 「나옹화상 행장」, 『나옹화상어록』 ;『한국불교전서』 6.

고 추정된다. 주목되는 것은 무학이 나옹으로부터 수서를 가지고, 나옹은 지공으로부터 수기를 가지고 귀국하였다[101]는 사실이다. 무학이 나옹으로부터 받은 수서는 지공으로부터 받은 수기와 같은 내용의 것이 아닐까 한다.

나옹이 지공으로부터 받은 수기는 지공이 인도에서 수학한 바 있었던 날란다사를 모범삼아 회암사를 중창하여,[102] 불교를 흥성시키라는 것이다. 지공은 입적 시 보암 장로를 통해 수서를 나옹에게 다시 전하였는데, 지공이 나옹에게서 그런 뜻을 재확인한 것이라 생각된다. 나옹이 무학에게 준 수서 역시 같은 내용의 것이라고 하겠다. 그들은 수기와 수서에 대해 의견을 나누었고 나옹은 무학에게 불자(拂子)[103]를 주어 제자로서 신표를 삼았다.

그 후 그들은 귀국 후 신광사에서 두 번째로 조우하였다. 이러한 사실도 나옹의 행장에는 나타나지 않지만 무학의 비문에 다음과 같이 찾아지고 있다.

나옹이 신광사에 있었으므로 무학도 거기에 머물렀는데, 나옹의 대중 가운데 무학을 꺼리는 자가 있었다. 무학이 (이를) 알고 떠나니, 나옹이 무학에게 말하였다.

---

101 위와 같음.
102 김수온, 「檜巖寺 重創記」, 『拭疣集』 권2, 기류 ; 최성봉, 「회암사의 연혁과 그 사지 조사」, 『불교학보』 9, 1972, 4쪽.
103 불자(拂子)란 짐승의 털이나 삼 등을 묶어서 자루(柄)에 맨 것으로 벌레를 쫓을 때 사용하는 것이나 불가에서는 상징적인 수행 도구로 사용되고 있다. 즉 수행자가 마음의 티끌이나 번뇌를 떨어내는 데 사용되는 총채로 선승들이 시를 주고 받을 때에 많이 사용되기도 한다. 나옹이 무학에게 불자를 주었다는 것은 나옹이 무학을 제자로 삼아 신표를 준 것을 의미한다.

"(법통을 전하는 데 있어서) 옷과 바릿대(衣鉢)는 말과 글귀보다 못하다."

시를 지어 무학에게 주며 말하였다.

"한가한 승려들이 남이니 나니

(較計하는) 마음을 일으켜서,

망령되이 옳으니 그르니 하고

말들을 하는데 (이는) 매우 옳지 않다.

산승이 네 귀(四句)의 송(頌)으로써 길이 뒷날의 의심을 끊는다."

그 글귀(詩句)에 (다음과 같이) 적혀 있다.

"옷깃을 나누매 특별히 상량(商量)할 것이 있으니

누가 속의 뜻이 다시 현묘함을 알리오.

너희들이 불가하다고 하더라도

내 말은 겁공을 꿰뚫고 통하리라."[104]

위의 글에서 보는 바와 같이 그들은 귀국 후 원효암에 이어 두 번째 조우하였다. 무학은 1359년 여름 귀국 후 두 번째로 나옹을 찾아갔다. 그 시기는 나옹이 신광사에 영입된 직후였고,[105] 신광사를 떠난 때는 나옹이 주지를 사퇴하고자 구월산 금강암으로 가기 직전이었다고 추정된다.[106]

---

104 변계량, 「묘엄존자탑명」, 『동문선』 권121, 비명, "翁在神光寺 師亦往焉 翁之徒有忌師者 師知而去之 翁謂師曰衣鉢不如言句 以詩遺師云閑僧輩起人我心 妄說是非甚不然也 山僧以此四句之頌 永斷後疑 分衿別有商量處 誰識其中意更玄 任你諸人皆不可 我言透過劫空前."

105 1361년 겨울에(10월 5일) 신광사에 영입되어 나옹이 신광사를 잠시 떠난 것(1363. 7~1363. 10) 외에는 신광사에서 머물러 있었다(1367. 10~1365. 3).

106 무학이 머물렀던 신광사에서의 시기는 1361년 10월부터 1363년 7월 사이가 아니었을까 한다. 景閑은 1364년 나옹을 만난 것 같고(『한글대장경』, 『백운화상어록』(『乙巳六月 神光寺懶翁臺詩韻』) 1365년 6월에서 8월까지 신광사 주지를 하였다(『백운화상어록』 「乙巳六月二十日海州神光寺入院日」;『백운화상어록』, 「乙巳六月神光寺壯書」). 경한은 원에 가서 지공을 만나 그 사상적 영향을 받았던 인물이기 때문에, 그 무렵 나옹과 함께 있었던 무학도 경한과 만났을 가능성도 있다.

신광사에서 그들의 조우 기간은 그리 오래 계속되지 않았던 것 같다. 비록 무학은 나옹의 문도 가운데 꺼려하는 인물이 있어서 신광사를 떠났지만 나옹이 의발을 주고자 했었다. 나옹이 무학을 상수제자로 삼으려 했던 것이다. 나옹은 그때 무학에게 의발을 전해 주지 못했지만 다음과 같이 게송을 주었다.

> 누가 그중의 더욱 현묘한 뜻을 알리오.
> 다른 사람들이 모두 불가하다 하건 말건,
> 나의 말은 공겁(空劫) 이전을 투과했다네.
> 이별 앞에 특별히 상량할 곳이 있으니.[107]

나옹은 "옷과 바릿대(衣鉢)는 말과 글귀보다 못하다."[108]라고 하면서 "너희들이 불가하다고 하더라도 내 말은 겁공을 꿰뚫고 통하리."[109]라고 그 뜻을 확신시켰다. 그 후 무학이 1360년대 초반에 신광사에서 나와서 1371년 송광사에서 나옹으로부터 의발을 받기까지 그들의 조우는 이뤄지지 않았던 것 같다.[110] 문집에 의하면, 그 기간 동안 그들이 금강산을

---

107 각련, 「又(住神光)」, 『나옹화상 가송』; 『대동영선』, "誰識其中意更玄 任爾諸人皆不可 我言透過刧空前 分袂別有商量處." 다른 사람들이 ~이전을 투과했다네 : 1399년에 나옹(懶翁)이 신광사(神光寺)에서 전법(傳法)의 의미로 제자 무학(無學)에게 불자(拂子)를 주자 사람들이 무학을 시기하였다. 이에 나옹이 "전법에 있어 의발(衣鉢)이 언구(言句)만 못하다."라고 하고 "한가한 중들이 피아(彼我)를 구분하는 마음을 일으켜 함부로 시비를 말하니, 매우 옳지 않다. 산승이 네 구절의 게송으로 훗날의 의심을 끊어 주리라."라고 하고 이 게송을 지어 주었다. 卞季良의 「朝鮮國王師妙嚴尊者塔銘并序」 참조.
108 변계량, 「묘엄존자탑명」, 『동문선』 권121, 비명.
109 위와 같음.
110 나옹의 행장에 의하면, 나옹은 1365년 3월 신광사에서 나와 용문산·원적산 등을 유력하였다. 그 이듬해인 1366년 3월 금강산 정양암에 머물렀고 1367년 가을 청평

유력한 사실이 찾아진다.[111] 나옹의 행장에 의하면, 나옹이 1366년 3월 금강산 정양암에 머물렀으므로,[112] 그들은 1366년 3월 이후 1367년 가을 청평사 주지를 하기 전에 금강산에 함께 있었다. 그 후 송광사에서 재회하기까지 5년여 기간 동안 떨어져 있었다.[113]

(3) 송광사에서의 조우

그 후 나옹과 무학은 송광사에서 다시 조우하였는데, 이러한 사실 역시 나옹의 행장에는 나타나지 않지만, 무학의 비문에서 다음과 같이 확인된다.

사 주지를 하였다. 한편 무학의 비문에 의하면, 무학은 신광사를 나와 고달산 탁암에 머물렀던 사실을 알 수 있다.

111 成錫璘, 「戲題僧詩 卷二首」, 『獨谷集』 卷下. 무학이 금강산에 머물렀다는 것은 無學庵이라는 금강산 사찰 이름에서도 확인된다(『동국명산기』).

112 「금강산 윤필암기」에 의하면, 나옹은 金剛山 善住庵에서 한 여름을 보낸 바 있으며 그가 자주 머물렀던 곳을 나옹대라 하였다. (『목은문고』 권2 : 『동문선』 권73. 기). 또한 『추강집』에 의하면 나옹이 금강산을 유력한 곳이 여러 곳이 있었음을 알 수 있다.

113 나옹은 청평사 주지를 하였지만 무학의 경우 1371년까지 5년여의 행적에 대해서는 알려진 바 없다. 무학은 그 후 은둔 수행하였던 것 같다. 그러나 당시 상황을 좀더 살펴보게 되면, 지공의 입적 소식이 전해져서 이의 추념 불사를 하게 되면서 다시 나옹과 무학이 함께하였던 것 같다. 즉 1367년 나옹이 청평사 주지를 맡은 지 얼마 안 된 겨울에 지공의 입적 소식을 전해 들었다. 나옹은 보암 장로로부터 지공의 입적 소식을 전해 듣고 이를 널리 알렸다고 하였으니, 무학도 지공의 입적 소식을 알고 있었을 것이다. 뿐만 아니라 그보다 3년 후인 1370년 1월 지공의 유골이 도착하자 공민왕이 왕륜사에 가서 몸소 지공의 유골을 궁궐로 모셨다고 하기 때문이다. 지공의 유골은 고려에 도착하여 1370년 1월 개경에 이르게 되고 이에 나옹은 1370년 회암사에 도착하여 지공의 유골을 예배하였고 그로부터 2년 뒤인 1372년 9월 26일 회암사에 탑을 세우고 지공의 영골사리를 안치시켰다. 각굉, 「나옹화상 행장」, 『나옹화상어록』 : 『한국불교전서』 6. 나옹과 무학은 다시 만났을 가능성 있을 뿐만 아니라 지공의 추념 불사도 추진하였다.

신해년(1371년) 겨울에 전조의 공민왕이 나옹을 왕사로 봉하고 나옹이 송광사에 머무르면서 의발로써 대사에게 전하였는데, 대사가 게(偈)를 전하여 사례하였다.[114]

이처럼 그들은 송광사에서 조우하였던 것인데, 그 시기는 혜근이 왕사로 책봉되어 송광사에 도착한 직후로 추정된다.

나옹의 행장에 의하면, 나옹은 청평사 주지(1367년 가을~1369년 9월)로, 1370년 회암사 주지로 다시 영입되면서(1370년 8월 17일~1371년 8월 26일) 1370년 9월 16일 공부선을 주관하였다. 나옹은 1371년 8월 26일 왕사로 책봉되어 송광사에 머물도록 왕명을 받고 9월 29일 송광사에 도착하여 주지로 있었다(1371년 8월 26일~1372년 가을).[115] 한편 무학은 그 기간 동안 고달산 탁암[116] 등 여러 곳에서 머물러 있다가 송광사로 갔던 것이다. 그들이 송광사에서 머물렀던 시기는 나옹이 왕사로 책봉되어 송광사 주지(1371.9.7~1373.9)를 하였던 기간이었다고 추정된다.

그들의 송광사에서의 조우는 두 가지 중요한 의미를 지니고 있다. 그 하나는 나옹이 무학에게 의발을 전했다는 사실이요, 다른 하나는 무학이 나옹에 이어 송광사 주지를 하였다는 점이다.

나옹이 무학에게 의발을 전하였음은 『신증 동국여지승람』에도 찾아지고 있으며,[117] 후대의 자료이지만 1885년(고종 22)에 쓰여진 「송광사사

---

114 변계량, 「묘엄존자탑명」, 『동문선』 권121, 비명, "辛亥冬 前朝恭愍王封懶翁爲師 翁住松廣 以衣鉢付師 師以偈謝."
115 각굉, 「나옹화상 행장」, 『나옹화상어록』 ; 『한국불교전서』 6.
116 고달산은 강원도 원주 고달산이라고 보는 경우도 있으나 신광사에서 그리 멀지 않은 황해도 곡산지방 고달산이 아닐까 한다. 탁암도 고달산 정상에 있는 고달암 또는 고달굴을 가리키는 것이다.
117 『신증 동국여지승람』 권40, 순천도호부 불우.

적」에 좀 더 자세하다.

> 고려 공민왕 때 나옹이 왕사가 되어 송광사라 이름하고 동방 제일 도량
> 이 되어 송광사에 머물게 하여 행해당에 왔는데 왕이 축하하였다. (나옹
> 이) 회암사로 갈 즈음에 의발을 무학에 전해주었기 때문에 지공·나옹·
> 무학 삼화상의 탱화가 지금(순조 30년)까지 봉안되어 있다.[118]

이처럼 나옹이 무학에게 의발을 전하였다는 것은 상수제자로 인가한
것을 의미한다. 의발은 삼의(法衣)와 발(鉢, 飯器, 바루)을 말하는 것으로
선종에서는 법(法)을 전하는 표징으로, 가사와 철발을 제자에게 준 것
에서 "의발을 전한다."라고 하므로 나옹이 무학에게 나옹의 법을 전수
한 것이다. 무학 역시 답례로 게를 지어 바쳤는데,[119] 신광사에서 의발
을 전하려 한 지 10여 년 만이었다.

나옹은 무학에게 의발을 전하면서 송광사 주지를 무학에게 맡겼다.
이는 무학이 송광사에서 16국사와 나옹과 무학을 포함하여 18주지라고
한 기록에서 알 수 있다.[120]

무학이 송광사 주지로 있었던 시기는 1373년 봄부터 1375년 가을까
지였다고 추정된다. 즉 1374년(공민왕 23년) 나옹이 무학에게 의발을 전

---

118 경암 관식, 「松廣寺 事蹟」, 『曹溪山 松廣寺 事蹟』, "高麗恭愍王 以懶翁封爲王師 而
謂松廣寺 爲東方第一道場 仍命居之 故來住行解堂 爲國上祝 移住檜巖之時 以衣鉢
付于無學 故妟安指空懶翁無學三和尙影幀 至今奉香 逮至中年道光庚寅."

119 나옹은 이듬해인 1372년 가을 지공이 준 「삼산양수기」를 생각하고 회암사로 옮길
것을 청하였다. 같은 해 9월 26일 나옹이 회암사 북봉에 탑을 세워 지공의 영골을
안치시켰는데, 무학도 동행하여 불사를 같이 했을 것이다.

120 鏡巖 慣拭, 「조계산 송광사적」, 『조계산송광사 사고』.

하고 회암사로 떠난 직후로부터 환암이 1375년 가을에 송광사 주지[121]
에 재임할 때(1373년 봄~1375년 가을)까지 였을 것이다.[122]

이와 같이 무학은 송광사 16국사 가운데 혜감 국사 만항의 상족제자
소지 선사에게 출가하였는데, 나옹에 이어 동방제일 도량인 송광사 주
지를 맡았다. 향후 그들의 스승 지공의 유훈을 받들어 회암사 중창불
사를 하고자 하는 기반을 다지는 계기가 되는 것이다.

(4) 회암사에서의 조우

무학과 나옹이 마지막으로 조우한 것은 회암사에서였다. 이러한 사
실도 역시 나옹의 행장에는 보이지 않지만 무학의 비문에 다음과 같이
찾아지고 있다.

> 병진년(우왕 2, 1376년) 여름에 나옹이 회암사에 옮겨가서 크게 낙성회를
> 개설하게 되었다. 급히 편지를 보내어 무학을 불러다가 수좌를 삼으니,
> 무학이 완강히 사양하였다.
> 나옹이 말하였다. "많이 주관하는 것이 많이 사퇴하는 것만 같지 못한
> 것이지." 하고 임제 덕산에서는 수좌를 삼지 않고 와서 편실(便室)에 있게
> 하였다.[123]

---

121 권근, 「청룡사 보각국사 비명」, 『양촌집』 권37 ; 『조선금석총람』 하.
122 임석진이 지은 『송광사지』에는 나옹과 무학, 환암의 송광사 주지 시기에 대하여 다
     음과 같이 쓰고 있다. 즉, 나옹은 1371년 9월부터 1373년 9월까지, 무학은 1373년 9
     월 부터 1375년경까지, 그리고 환암은 1375년 가을부터 1376년 3월 까지로 되어 있
     다(林錫珍, 『松廣寺誌』, 송광사, 1965). 본고에서 추정한 바와 같이 나옹과 무학 , 환암
     의 송광사 주지 재임 시기는 바로 잡아야 할 것이다.
123 변계량, 「묘엄존자탑명」, 『동문선』 권121, 비명 , "丙辰夏 翁移錫檜巖 大設落成會 馳
     書召師 以充首坐 師力辭 翁曰多管不如多退 臨濟德山不做首坐 來俾居便室."

이렇듯 1376년 여름 회암사 낙성식 때 그들은 다시 조우하였다. 나옹의 행장에 의하면, 나옹은 지공의 유골을 회암사 북봉에 안치함으로써 지공에 대한 추념 불사를 하였다. 나옹이 왕사로 책봉된 지 한 달 만으로 송광사 주지로 있었으나 그때 지공이 예언한 '삼산양수기'를 생각하고 나옹이 회암사에서 불사를 하였던 것이다.[124] '삼산양수기'라는 것은 삼산양수의 땅에 절을 짓고 불법을 홍법시키라는 기록인데, 다음의 글에서 그 내용을 알 수 있다.

옛적 천력 연간에 서천 박가납제 존자가 이 절터를 보고 "서천 날란다사 터와 똑 같다." 하고 또 "가섭불 때 큰 도량이 되었다."라고 하여 이에 먹줄을 잡아 측량하여 그 자리에 정할 때에 오래된 주추와 섬돌을 주웠다. 그리하여 당시에는 임시로 짚을 덮어서 그 대개를 표시했을 뿐이었다. 얼마 뒤에 현릉(공민왕) 왕사 보제존자가 지공에게 삼산양수기라는 글을 받고 드디어 여기에 와서 살았다.[125]

지공은 일찍이 회암사에 와서 그 터를 직접 보고 회암사가 날란다사와 같다고 말한 바 있었는데, 대곡사의 사적기에도 그러한 사실을 전하고 있다.[126]

---

124 각굉, 「나옹화상 행장」, 『나옹화상어록』 ; 『한국불교전서』 6.

125 김수온, 「檜庵寺 重創記」, 『拭疣集』 권2, 기류, "昔天曆間 西天薄伽納提尊者 見此寺之基 以爲酷似西天阿蘭陁寺 且曰 迦葉佛時 已爲大道場 於是 執繩量地 以定其位 時得劫前礎砌 當時暫庇屋宇 以識其叢而已 有玄陵王師普濟尊者 受指空三山兩水之記 遂來居此."

126 대곡사는 경상북도 의성군 다인면 飛鳳山에 있으며 지공이 1368년(공민왕 17)에 창건한 절로 알려져 있다. 권상로, 『한국사찰전서』, 대곡사 ; 최성봉, 「회암사의 연혁과 그 사지 조사」, 『불교학보』 9, 1972, 4쪽.

본국의 가운데에 삼산이수(三山二水) 사이는 회암사를 가리키는 것이다. 삼산은 삼각산으로 그 남쪽이요, 이수는 양화·모진(毛津)의 양수(兩水)이니 그 북쪽에 있다.[127]

삼산은 회암사가 있는 천보산을, 양수는 이 절터의 좌우 양끝을 가리킨다. 이렇듯 나옹이 지공의 추념 불사에 이어 지공의 유훈을 받들어 회암사를 중창하여 그곳을 중심으로 불교 흥법의 터전으로 삼으려 했다.[128] 나옹이 지공의 뜻을 받들은 것이며 귀국 후 15년 만이었다.[129]

무학의 비문에 의하면, 1376년 봄에 나옹이 낙성식 때 무학을 불러서[130] 회암사 불사에 참여하게 하였다. 그들이 회암사에서 함께 있었던 기간은 낙성식일인 4월 15일을 전후한 짧은 기간이었다.[131] 나옹은 수좌

---

127 동계 경일, 「大谷寺創建前後事蹟記」, 『동계집』 권3, 기, "時我國懶翁和尙 入元求道 承指空之玄旨 東還之日 求其演化之地 則指點三山二水之間 盖今之楊州檜岩寺是也 三山以三角之山 在其南二水 卽楊花毛津兩水 在其北也 懶翁後得其地 欲建大伽藍."

128 나옹은 회암사에서 1374년부터 2년간 266칸의 대규모 중흥불사를 벌여 1376년(우왕 2) 봄에 이르러 공사를 마치고 4월 15일에 크게 낙성식을 베풀었다. 이 절은 중국에서도 찾아볼 수 없을 정도로 커서 3000여 명의 승려를 수용하였던, 동방에서 제일 큰 도량이었다고 한다. 이색, 「천보산 회암사 수조기」, 『동문선』 권73. 회암사는 고려 말 전국 사찰의 총본산으로 조선 초에 이르기까지 지방의 송광사와 더불어 가장 중요한 절이 되었다.

129 나옹이 지공의 수기를 가지고 실행에 옮긴 것은 나옹의 입적 직전인 1374년 무렵으로 나옹이 지공의 수기를 받은 지 23년 후의 일이었다. 이렇듯 나옹이 지공의 수기를 실행에 옮기는 데 지연된 사정은 어디에서 찾아야 할까? 그것은 불교계 상황에 기인하는 것이 아닐까 한다. 즉, 1365년부터 1370년 무렵까지 신돈이 국정을 장악하여 화엄종승을 임명하는 등 불교계를 주도하였기 때문이다.

130 변계량, 「묘엄존자탑명」, 『동문선』 권121, 비명.

131 나옹이 무학을 급히 부를 때는 1356년 여름이었다고 하였지만(변계량, 「묘엄존자탑명」, 『동문선』 권121, 비명) 나옹의 행장에는 1376년 4월 15일에 낙성식을 베풀었다(각굉, 「나옹화상 행장」, 『나옹화상어록』; 『한국불교전서』 6)라고 하여 시기가 일치하지 않는다. 나옹의 행장대로 낙성식은 1376년 4월 15일에 이루어졌다는 기록을 따르기로 한다.

를 삼았다. 수좌라는 것은 선방에서 참선하는 승려들을 총괄 지도하는 승려를 말하는데,[132] 비문에 의하면 무학이 이를 사양하였다고 하였지만[133] 후에 수좌가 되었음을 알 수 있다.

이처럼 그들은 원에서 조우한 이래 나옹이 무학의 도를 인가하였고 귀국 시 수서를 주었으며 그 후 신광사에서 조우하였다. 송광사에서 의발을 전하고 회암사에서 수좌를 삼았던 사실에서 양자의 관계는 더욱 돈독해짐을 볼 수 있다.

나옹과 무학이 회암사 수좌로서 중흥 불사에 참여하여 낙성식을 보게 되지만, 나옹이 갑작스럽게 주살됨으로써[134] 조우는 마지막이 되었으며,[135] 불교 중흥 시도도 실패로 그쳤다. 나옹의 입적 후 무학은 명산을 유력하면서 두 가지 중요한 일을 하였다. 그것은 1377년 이후 나옹과 그의 스승 지공의 추념 불사에 참여하였으며, 조선 건국 후 왕사로서 지공과 나옹의 추념 불사를 하였고 『조파도』를 작성하였다. 무학은 조선 건국 초 왕사로 책봉된 후 회암사에서 대부분 머물면서 지공·나옹·무학으로 이어지는 삼화상의 연을 완성하였다. 후에 무학이 입적하

---

132 위에서의 首座는 교종의 僧階 중의 하나로 볼 여지도 있으나, 그럴 경우 나옹이나 무학이 교종승이 되기 때문에 일반적인 승직의 의미로 보아야 할 것이다.

133 무학은 후에(아마도 나옹의 입적 직후) 신륵사에서 한 때 수좌를 하였던 것 같다. 이색, 「신륵사 보제선사사리석종기」, 『한국금석전문』 중세 하, 음기, 1211쪽.

134 나옹이 복잡한 정치상황으로 인하여 주살(誅殺)되었다는 기록은 다음에서 확인된다. 『세종실록』 권85, 21년 4월 18일(을미) ; 『성종실록』 권290, 25년 5월 5일(임인) ; 서종범, 앞의 논문, 1147쪽 참조.

135 나옹의 입적 직후 무학은 전국의 여러 산천을 유력하면서 뜻을 남에게 알리지 않았다고 한다. 무학은 명산사찰을 유력하였는데 그 중에서도 나옹의 입적 직후 고달산 탁암이나 석왕사 토굴에서 대부분 머물렀다고 추정된다. 무학이 석왕사 토굴에서 10여 년간 머물면서 새 시대를 위하여 준비하였고 우왕 1년 즈음에 무학이 이성계의 왕이 될 꿈을 해석한 것이 계기가 되어 새로운 왕조의 창업을 종용하였다.

자 무학의 유골이 부도에 안치됨으로써[136] 삼화상의 유골이 회암사에 안치됨으로써 회암사는 지공·나옹·무학의 대표적인 삼화상의 요람이 되었다.[137]

4) 나가는 말

이상으로서 무학이 나옹의 그 대표적인 문도였다는 사실을 조우 사실을 통해 입증하고자 하였다. 나옹은 여말삼사 혹은 삼화상으로 불려 고려 말 고승으로서 정당하게 평가되고 있지만, 무학은 권승이나 술승 정도로만 알려져 있다. 무학에 대한 관심과 이해의 부족에 기인하는 것으로 무학은 나옹의 대표적인 문도였다. 무학과 나옹의 생존 시 조우 사실은 물론이거니와 입적 후에도 삼화상의 도량에 함께하여 지금까지 이어지고 있다.

그들은 원의 연도 법원사에서 처음 조우한 이래 모두 세 차례 조우하였고 귀국 후 다섯 차례 이상 조우하였다. 그들의 조우는 스승인 지공을 조우하면서 이루어졌다. 나옹과 무학은 원의 대도에 당도하자마자 맨 먼저 지공을 참례하고 도를 인가받았던 공통점이 있다. 그들은 지공이 머물고 있던 연도의 법원사와 서산 영암사, 광제선사에서 조우하였는데, 나옹은 원에 머무는 동안 지공을 스승으로 모신 데 반하여 무학은 나옹을 스승으로 모셨다. 나옹은 지공을 스승으로, 무학은 나

---

136 『태종실록』 권10, 5년 9월 20일(임자).
137 그들의 회암사를 삼화상 도량으로 완성하여 흥법하고자 하였던 사실에 대해서는 졸고를 참조 바람. 황인규, 「무학 자초의 흥법 활동과 회암사」, 『삼대화상 연구논문집』 2, 1999.

옹을 스승으로 모신 상자관계를 형성하여 삼화상으로 계보가 이미 형성되었던 것이다.

귀국한 이후에도 이러한 관계는 지속적으로 이루어졌다. 그들의 조우는 대개 무학이 나옹을 추종하면서 이루어졌으며 나옹이 무학을 부르기도 하였다. 귀국 후 그들은 원효암과 신광사 등에서 조우하였는데, 원효암에서는 나옹이 무학에게 불자를 주어 신표를 더했으며 신광사에서도 의발을 주려 하였으나 문도들이 시기하자 시를 주는 것으로 그쳤다. 그 후 금강산을 한때 함께 유력하기도 하였으며 그 후 송광사와 회암사에서 조우하였다. 송광사에서 나옹은 무학에게 의발을 줌으로써 무학을 상수제자로 삼았을 뿐만 아니라 무학은 나옹에 이어 송광사 주지를 하였다. 회암사에서 나옹은 무학에게 수좌직을 주었고 그들의 스승인 지공의 유훈을 받들어 회암사를 흥법의 터전으로 삼으려 했다.

나옹의 입적 후에도 무학은 지공과 나옹의 추념 불사를 하면서 나옹을 추종하였다. 특히 무학은 조선 건국 직후 왕사로 책봉되면서 나옹이 머물던 회암사에서 머물면서 지공과 나옹의 부도의 탑명을 새기고 광명사에서 나옹의 괘진불사를 하였고 나옹과 무학 자신으로 이어지는 『조파도』를 확정하였다. 무학의 부도가 스승인 지공·나옹의 부도와 나란히 회암사에 세워지고 얼마 후 자신의 유골이 회암사에 안치됨으로써 지공·나옹 무학으로 이어지는 삼화상의 요람이 완성되었던 것이다.

2. 송광사 16국사 고봉과 18주지 무학

1) 들어가는 말

고대에 이어 고려시대에는 국가 불교라고 불릴 만큼 정치·경제·사회·문화 제분야에서 불교가 주도적 위치에 있었다. 고려 후기에 이르러 불교계가 보수화되면서 쇠락의 길을 걷게 되었으며, 성리학이 수용되면서 필연적으로 유불 교체가 이루어진 듯 이해되고 있다. 필자가 제시한 바와 같이 고려 후기에 새로운 사상으로 성리학이 수용되었지만 불교계의 일부 선각자들도 새로운 사상을 받아들여 여말선초에 고려 전기 4대 종파가 다시 부상하였다.[138] 그 가운데 조계종의 사굴산문의 나옹 혜근과 가지산문의 태고 보우의 문도들이 여말선초 선종계와 나아가 불교계를 주도하였다. 이 두 산문의 고승들은 고려 말 동방 제일 도량이라고 일컫는 송광사의 주지직에 상계하여 재임하였다.[139] 나옹과 그의 문도 무학은 수선사의 16국사에 추존되지 않았으나 나옹은 생전에 왕사로 책봉되어 송광사에 주석하였다. 나옹의 상수제자 고봉 법장은 제 16국사로 추존되었다.[140] 수선사 16국사는 오늘의 송광사의 위상을

---

138 황인규, 「여말선초 선승들과 불교계의 동향」, 『백련불교논집』 9, 1999 ; 황인규, 「고려 후기 백련사 결사정신의 계승과 변질」, 『백련불교논집』 10, 2000; 황인규, 「여말선초 화엄종승의 동향」, 『불교학연구』 1, 2000 ; 황인규, 「여말선초 화엄종승의 동향」, 『불교학연구』 1, 2000.
139 황인규, 「목우자 지눌과 고려 후기 조선 초 불교계 고승」, 『보조사상』 19, 2003.
140 송광사 16국사에 대해서는 菅野銀八이 이지관이 비정한 16국사를 정리한 바 있다. 菅野銀八, 「高麗曹溪宗十六國師の繼承に就いて」, 『靑丘學叢』 9, 1932 ; 이지관, 「지눌의 정혜결사와 그 계승」, 『한국선사상연구』, 동국대 불교문화연구소, 1984.

단적으로 보여 주고 있지만 나옹과 상수 제자 무학은 조선 후기에 이르러 수선사 16국사와 더불어 송광사 18주지로 추념되었다.[141]

본고는 나옹의 문도의 상수 제자인 무학과 그 도반인 고봉 법장의 여말선초 불교계 활동과 위상, 그리고 조선시대 제16국사 고봉과 제18주지 무학[142]의 추념 사실에 대하여 살펴보고자 한다.[143]

2) 무학과 고봉의 불교계 활동과 위상

무학 자초(1327~1405)와 고봉 법장(高峰 法藏, 1351~1428)은 나옹의 문도이자 도반이다. 무학은 수선사 16국사에 추념되지 않았으나 조선 후기에 그의 스승 나옹 혜근과 더불어 송광사 18주지로 추념되었다. 고봉 법장은 고려 후기 수선사의 역대 사주인 15고승과 더불어 조선 중기에 제16국사에 추존되었다.

무학과 고봉은 여말삼사인 나옹 혜근(1320~1376)의 상수제자였다. 무학은 1353년(공민왕 2) 무렵에 원의 대도 법원사에서 나옹을 뵙고 사사하

---

141 황인규, 「한국 불교계의 삼보사찰의 성립과 지정」, 『보조사상』 41, 2014.
142 무학 자초에 대한 연구는 다음 논저에 집대성되어 있다. 황인규, 『무학 대사 연구-여말선초 불교계의 혁신과 대응』, 혜안, 1999 ; 황인규, 『마지막 왕사 무학 대사』, 밀알출판사, 2000.
143 본고는 보조사상연구원 9월 월례발표회(법련사, 2558. 9. 20)에 발표한 원고를 수정 정제한 것이다. 필자의 그간 송광사 관련 논고를 소개하면 다음과 같다. 황인규, 「목우자 지눌과 고려 후기 조선 초 불교계 고승」, 『보조사상』 19, 2003 ; 황인규, 「고려 후기 수선사와 사굴산문-고승의 존재양상과 그 동향을 중심으로」, 『보조사상』 28, 보조사상연구원, 2007 ; 황인규, 「고려 후기 사굴산문 수선사 고승과 중국불교계-제 기록 검토와 그 실상을 중심으로」, 『불교학보』 47, 2007 ; 황인규, 「수선사 16국사의 위상과 추념 : 송광사의 승보종찰 설정과 관련하여 試攷함」, 『보조사상』 34, 2010 ; 황인규, 「한국 불교계의 삼보사찰의 성립과 지정」, 『보조사상』 41, 2014. 송광사에 관련된 기본 사서와 연구 성과는 앞의 논고를 참조하기 바란다.

였으며, 고봉은 1370년 이후 나옹이 왕사로 책봉된 후에 출가하였다. 무학은 1353년부터 나옹이 입적하는 1376년 무렵까지 함께하였던 나옹의 대표적 계승자였으며, 고봉은 무학보다 25여 년 뒤에 태어나 제자와 같은 문도였다. 마치 사명 유정(1544~1610)과 편양 언기(1581~1644)가 청허 휴정(1520~1604)의 문도였던 것을 연상시킨다. 무학과 고봉의 위상을 가름하기 위하여 여말선초 주요 활동과 위상을 간략히 짚고 넘어 가기로 한다.

무학(1327~1405)은 1344년(충혜왕 복위 5)에 수선사 사주 혜감 국사의 수제자인 소지 선사에게 출가하였다. 그 후 양평 용문산 혜명 법장 국사[144]를 찾아 가르침을 받았다. 1353년(공민왕 2) 가을에 원에 들어가 대도 연경에서 지공과 나옹을 뵙고 가르침을 받아 삼화상의 연이 시작되었다. 1356년 여름에 귀국하여 나옹을 추종하였으며, 1372년 무렵 나옹의 주도하에 추진된 지공의 추념 불사에 참여하였다. 이를 계기로 스승 나옹과 함께 불교계에 부상되었으며, 나옹은 왕사로 책봉되어 송광사 주지를 지냈으며, 무학도 나옹에 이어 송광사 주지를 지냈다.[145] 나옹이 회암사로 갈 즈음인[146] 1375년에 의발을 전해 받았다. 1376년 여름 회암사 중창불사에 참여하여,[147] 회암사를 중심으로 불교계를 중흥시키려다

---

144 法藏 國師는 松廣寺 제16 國師 가운데 마지막 國師인 高峯 法藏일 가능성이 있으나, 慧明 法藏보다 후대의 인물(1351~1428)이다. 때문에 무학의 스승이 아니며, 수선사 제16 국사 고봉 법장과는 다른 인물이다. 필자는 達空이 찾아갔던 龍門 藏公이 무학의 得度師인 慧明 法藏이라고 추정하고자 한다. 權近, 「達空首座問答法語 序」, 『陽村集』 卷17, 序.

145 鏡巖 慣拭, 「曹溪山 松廣寺事蹟」, 『曹溪山 松廣寺史庫』. 이보다 1년 후인 1375년 가을부터 1376년 3월까지 混修도 松廣寺에 머물면서 주지를 하였다. 權近, 「靑龍寺 普覺國師 定慧圓融塔碑銘」, 『조선금석총람』 하. 따라서 무학은 混修가 주지를 하기 이전의 시기인 1373년 봄부터 1375년 가을까지 松廣寺 住持에 재임하였다.

146 鏡巖 慣拭, 「曹溪山 松廣寺事蹟」, 『曹溪山 松廣寺史庫』.

147 변계량, 「묘엄존자탑명」, 『동문선』 권121, 비명.

가[148] 나옹은 입적하였다.[149] 그 후 무학은 스승 나옹과 지공의 추념 불사를 참여하면서 석왕사 토굴에서[150] 은둔 수행하다가 이성계와 조우하여 혁명을 종용하였다.[151] 무학은 조선 건국 직후인 1392년 10월 9일에[152] 왕사로 책봉되었으며, 하산소 회암사에서 태조 재위 시 대부분 머물면서 1394년 8월에 한양 천도에 참여하였다. 회암사를 지공과 나옹 그리고 자신을 포함하는 삼화상의 터전이 되게 하였으며, 조파를 확정하여 『불조종파지도』를 지었다.[153] 무학은 태조가 정종에게 양위할 때까지 회암사에서 5년여 동안 주석하였으며, 1405년(태종 5) 9월에 금강산 금장암에서 입적하였다.[154]

한편 무학의 법형제인 고봉 법장(1351~1428)은 신주 김씨이며, 지숭이라 불리기도 하였다. 1370년(공민왕 19)경 20세에 출가하여 선선 후 나옹이 송광사에 주석 시 출가하지 않았을까 추정된다. 행장에 의하면, 고봉은 "항상 머리털을 두 치가량 기르고 바리 하나로 여러 지방을 돌아다녔으며 풀피리를 잘 불어 사람들은 고봉의 깊은 뜻을 헤아리지 못하였다. 30년 동안 명산대찰을 찾아 소요하다가 안동의 청량산에 청량암

---

148 각굉, 「나옹화상 행장」, 『나옹화상어록』, 『한국불교전서』 6.

149 『세종실록』 권85, 21년 4월 18일(을미) ; 『성종실록』 권290, 25년 5월 5일(임인) ; 宗梵, 「나옹선풍과 조선불교」, 『한국불교문화사상사』 상, 가산불교문화원, 1992, 1147쪽.

150 淸虛 休靜, 「雪峰山 釋王寺記」, 『한글대장경』 151, 동국역경원.

151 『정조실록』 권32, 정조 15년 4월 17일(신유). 그 무렵 무학은 淸溪寺 주지에 재임하기도 하였다. 「驪州 神勒寺大藏閣記」 陰記 ; 묘향산 安心寺 「指空 懶翁 舍利石鍾記」 陰記.

152 『태조실록』 권2, 2년 10월 9일(정사).

153 황인규, 「무학 자초의 회암사 중영과 삼화상도량」, 『삼대화상 연구논문집』 2, 1999.

154 변계량, 「묘엄존자탑명」, 『동문선』 권121, 비명 ; 황인규, 「무학 자초의 생애와 활동에 대한 검토」, 『한국불교학』 23, 1997 ; 황인규, 「무학 대사 연구―여말선초 불교계의 혁신과 대응」, 혜안, 1999.

을 짓고 선정을 닦았다.”[155]고 한다. 나옹과 무학은 1376년 회암사를 불교계의 중심 센터로 삼고자 중창하다가 입적한 후, 무학이 지공과 나옹의 추념 사업을 하면서 전국을 유력하다가 석왕사를 중심으로 두타행을 하였던 것처럼 고봉도 전국의 사찰을 유력하다가 안동 청량산 청량암에 머물렀던 듯하다. 고봉은 경남 울산 불광산 대원암에 머물면서 나옹의 가사를 모아 의미를 부여하며 「보제존자 삼종가」를 증보하였다.[156] 「보제존자 삼종가」는 목판본 1권 1책으로 「백납가」, 「고루가」, 「완주가」 등 3수로 되어 있는데, 이를 '나옹삼가'라고도 한다. 고봉은 「고루가」를 144구로, 「완주가」를 300구, 「백납가」는 200구로 늘려 편집하였다. 목은 이색(1328~1396)은 삼종가에 대한 글 '서나옹삼가'를 남긴 바 있다.[157]

고봉은 앞서 언급한 바와 같이 법형인 무학이 스승 나옹과 함께 양주 회암사를 불교계의 중심 센터로 중흥하고자 한 것과는 달리 고려 말 동방 제일도량이라 불렸던 순천 송광사를 중창하고자 하였다. 송광사는 사굴산문계 수선사의 도량이었지만 고려 말에 이르러 가지산문의 고승들이 주석하기도 하였다. 즉, 나옹과 무학 이후 가지산문 태고 보우의 문도라도 할 환암 혼수(1375~1376), 남전 부목(1376~1380), 석굉(1380~1384경), 상총(1384~?)이 주지를 역임했다.[158]

이렇듯 고려 말 송광사 역대 주지를 보우의 문도들이 장악하였으며, 그 가운데 몇몇 고승은 조선 초에도 두각을 나타냈다. 즉, 상부(尚孚)는 조계종 양가도승통으로서 1397년(태조 6) 4월에 승려의 음주 등 승려 비

---

155 조명제 외, 『역주 조계산 송광사고-인물부』 혜안, 2007, 223쪽.
156 覺宏, 「普濟尊者 三種歌」, 『나옹화상어록』 ; 『한국불교전서』 6, ; 허흥식, 「제7장 중세 조계종의 기원과 법통」, 『한국 중세 불교사 연구』, 일조각, 1994, 391쪽.
157 李穡(1328~1396), 「書懶翁 三歌」, 『牧隱文藁』 卷13, 跋 ; 『동문선』 卷102, 跋.
158 황인규, 「목우자 지눌과 고려 후기 조선 초 불교계 고승」, 『보조사상』 19, 2003.

행을 미끼로 불교계를 탄압하자 이에 대처를 하였던 바 있다.[159] 특히 1398년(태조 7) 송광사 주지 상총(尙聰)은 보조 국사 지눌의 유제를 강조하면서[160] 지눌의 수제자 진각 국사의 "선도는 국운을 연장시키고, 『지론』은 이웃나라의 병란을 진압한다."라고 하였다.[161]

하지만 무학과 그의 문도들이 조선 전기 불교계를 주도하였다. 조선 초기 이래 지공과 나옹의 문도, 특히 그의 상수제자 무학의 문도가 조계종단을 이끌어갔다. 무학의 제자인 진산과 함허 기화 등으로 이어지면서 조선 초 불교계를 주도하였던 것이다.[162] 학미는 기화의 문도였는데 제자인 세조 대의 묘각 왕사 수미(생몰년 미상)[163]와 혜각 신미(생몰년 미상) 등이 두각을 나타냈다. 신미(1405?~1482?)는 두 제자 학열(?~1484)과 등곡 학조(1431~1591)은 세조대의 삼화상[164]이라 불리었으며 조선 중기 무렵까지 불교계를 주도하였다.[165] 이렇듯 조선 초 불교계는 무학과

---

159 『태조실록』 권13, 7년 4월 11일(정해), "兩街 都僧統尙孚 上請禁僧飮酒 上令憲司痛禁 犯者 長髮充軍."

160 황인규, 「여말선초 선승과 불교계의 동향」, 『백련불교논집』 9, 1999. 다카하시 도루는 고려 말에 보우와 나옹 등이 중국에서 임제종의 선풍을 들여왔기 때문에 일시에 선종승들이 이를 본받았으나 상총의 상소가 받아들여지게 되자 다시 특유의 조계종 작법에 들어가게 되었다고 하였다. 다카하시 도루(高橋亨), 『李朝佛敎』, 보문관, 1929, 52쪽.

161 조계종의 無影 形公도 眞覺 國師의 『禪門拈頌』을 간행하여 불교 쇄신을 꾀한 바 있다. 權近, 「曹溪拈頌 跋」, 『陽村集』 卷22, 跋語類.

162 황인규, 「무학 자초의 문도와 그 대표적 계승자」, 『삼대화상 연구논문집』 3, 2001; 황인규, 『고려 후기 조선 초 불교사 연구』, 혜안, 2003.

163 性聰, 「王師 妙覺和尙碑銘」, 『조선사찰사료』 상.

164 『성종실록』 권161, 14년 12월 29일(무자), "臣曰 學祖在世祖朝與信眉學悅稱三和尙 世祖甚尊敬之."

165 이호영, 「승 신미에 대하여」, 『사학지』 10, 단국대, 1976 ; 황인규, 「세조 대의 삼화상 고-신미와 두 제자 학열과 학조」, 『한국불교학』 26, 2004 ; 황인규, 『고려 말 조선 전기 불교계와 고승 연구』, 혜안, 2005.

그의 문도들이 주도하였으며, 나옹의 문도이며 무학의 도반인 고봉도 송광사의 중흥 및 정립에 앞장을 섰다. 고봉의 법형이자 태조의 왕사인 무학은 용문사로 잠시 퇴거하여 있을 때였지만 송광사의 중창에 같은 인식을 함께하였을 것이다. 고봉은 유력하면서 1395년 무렵 순천 낙안 금전산 금둔사[166]에서 송광사 중창을 하였다. 하지만 "나 혼자의 힘으로는 지을 수 없구나."라고 하였다.[167]

이렇듯 고봉은 1385년 금둔사를 중창하였으며, 산내에 수정암을 짓고 주석하였다고 한다. 금전산은 호남 정맥인 조계산에서 뻗어 나온 지맥에 자리하고 있는데, 그곳에서 머물면서 송광사 중창을 기획한 듯하다.

> 예조에서 이뢰었다. "전라도의 순천 송광사는 일찍이 공정대왕이 중창한 것으로 수륙사요, (개성)유후사의 흥교사는 후릉의 재궁이나, 모두 종에 속하지 아니하여 미편하니, 선종에 속한 전라도 구례 화엄사와 황해도의 은율 정곡사를 혁파하고, 송광사와 흥교사 두 절을 선종에 부속시키십시오." 그대로 따랐다.[168]

위에 인용한 기록에 의하면, 공정 대왕 즉, 정종이 송광사를 중창하여 수륙사로 삼았다는 것이다. 수륙재는 조선 건국 직후인 1395년(태조 4)에 태조가 고려 왕씨의 영혼을 위무하기 위하여 개성 관음굴, 거제 견암사,

---

166 『신증 동국여지승람』 卷40, 樂安 山川, "金錢山 在郡北一里鎭山."; 佛宇, "金芚寺 在金錢山."

167 조명제 외, 『역주 조계산 송광사고—인물부』 혜안, 2007, 224쪽.

168 『세종실록』 권26, 6년 10월 25일(병인), "禮曹啓 全羅道 順天 松廣寺 曾爲恭靖大王 重創 水陸社 留後司興敎寺 厚陵齋宮 皆不屬宗 未便 乞革禪宗全羅道 求禮 華嚴寺 黃海道 殷栗 亭谷寺 以松廣 興敎二寺屬禪宗 從之."

삼척 삼화사를 수륙사로 지정하여 수륙재를 설한 것을 시작으로[169] 사림파의 성리학 예제를 본격화하는 중종 대 무렵까지 적잖이 설행되었다.[170] 태조는 1397년(태조 6) 무학의 제자 철호 조선과 내신 이득분에 명하여 "사찰에 수륙 도량을 세우고 해마다 개설하여 조종의 명복을 추념하고 중생을 이롭게 하라."라고 하였다.[171] 무학의 제자 조선은 1402년(태종 2) 왕사 무학이 회암사 감주로 임명될 때 회암사 주지로 임명되었으므로,[172] 왕사 무학도 수륙재 설행에 관여하였을 것이다.

이러한 정황은 무학이 정종과 왕비 정안왕후 김씨의 능인 후릉의 터를 잡아 주었던 사실에서도 찾아볼 수 있다.[173] 무학은 조선 건국 직후 불교계를 대표하여 국도 선정에 참여하였을 뿐만 아니라 태조의 능인 건원릉과 정종의 능인 후릉의 터 등 왕실의 능침 지정 등과 같은 국가의 기틀이나 왕실의 위엄을 바로 세우는 데 기여하였다. 무학은 자신의 출가 사찰이자 스승 나옹이 주지로 재임하였던 송광사의 사세를 진작시키고자 하였을 것이다.

---

169 『태조실록』 권7, 4년(1395) 2월 24일(무자) ; 권근, 「水陸儀文跋」, 『양촌집』 권22, 跋語類.

170 윤무병, 「國行水陸齋에 對하여」, 『백성욱 박사 송수기념 불교학논문집』 1959, 642쪽. 조선 전기 수륙재에 관한 연구는 다음과 같은 성과가 있다. 김희준, 「조선 초기 수륙재의 설행」, 『호서사학』 30, 2001 ; 심효섭, 「조선 전기 수륙재의 설행과 의례」, 『동국사학』 40, 2004 ; 한상길, 「조선 전기 수륙재 설행의 사회적 의미」, 『한국선학』 23, 2009 ; 강호선, 「조선 태조 4년 국행수륙재 설행과 그 의미」, 『한국문화』 62, 서울대 규장각, 2013 등이 있다. 이러한 논고에서 송광사 수륙재 지정에 관해서는 거의 중요하게 다루지 않고 있다.

171 권근, 「津寬寺 水陸社造成記」, 『양촌집』 권12, 기류 :『동문선』 권78, 기.

172 『태종실록』 권4, 2년(1402) 7월 13일(갑오).

173 『철종실록』 권7, 6년 2월 4일(정유), "所見奉審大臣敎日 聞厚陵兩岡 國初無學所占云 而挽近豈有此地術乎領府事鄭元容日 近來地師 豈可此論乎聞 陵誌所載 而領相見之云矣 領議政金佐近日 臣果見之 而是名師所占之地矣." ; 목을수, 「고려 조선 왕릉지」, 성문당, 1988. ; 한국문원, 『문화유산—왕릉』, 1995.

무학의 도반인 고봉은 1400년(정종 2)부터 1420년 무렵에 걸쳐 대선사 중인(中印)과 협력하여 90여 칸을 증축하는 데 애썼으며, 이것이 이른바 송광사의 제3차 중창이다. 그런데 태종은 불교계, 특히 그 중심에 있었던 송광사를 1408년(태종 7) 88 자복사 설정 시에 제외시켰으며,[174] 1424년(세종 6) 선교 양종 개혁 시에도 선종 18사에 선정하지 않았다. 1년 후인 1409년(세종 7) 5월에 이르러서야 선종 18사에 포함시켰고[175] 경제적 기반인 전지 1백 30결[176]을 지급하였다.[177] 1420년(세종 2) 무렵부터 1427년(세종 9)까지 고봉의 제자인 대선사 중인이 송광사 주지에 재임해 있었는데 그 이전의 시기인 1420년(세종 2)부터 1428년(세종 10)까지 송광사를 중창하였다. 이러한 중창에는 고봉의 제자이자 중인의 도반인 운곡(雲谷)의 후원이 있었던 듯하다. 운곡은 1427년(세종 9)부터 1432년(세종 14) 무렵까지 송광사 주지에 재임하면서 판사종사 도대선사로서 선종계를 주도하였기 때문이다.[178] 이렇듯 송광사 출신이나 관련이 깊은 고승들이 조선 초에도 불교계를 주도하였다. 즉, 고려 말 이존비의 집안인 고성 이씨 가문에서 수선사 제13세 사주 각진 국사 복구를 비롯한 고승을

---

174 『태종실록』 권14, 7년(1407) 12월 2일(신사).
175 『세종실록』 권26, 6년(1424) 10월 25일(병인).
176 『세종실록』 지리지, 전라도 順天都護府. "松廣寺(禪宗에 속하고, 전지가 1백 30結이다)."
177 『세종실록』 권26, 6년 10월 25일(병인).
178 조명제 외, 『역주 조계산 송광사고―인물부』 혜안, 2007, 233쪽, "1431년(세종 13) 송광사 住持 前 判事宗事 都大禪師 雲谷, 侍者 修證寺 住持 大禪師 六眉, 弟子 大禪師 尙濟, 入室 前 金洞寺 住持 海禪, 上實 前 白雲寺 住持 大禪師 覺雄 古堂覺雄", 1448년(세종 30) "前松廣寺住持 大禪 弘義 性悟." 1448년(세종 30)에 간행된 『現行西方經』 跋文에 의하면 前 海印寺住持 大師 允正과 더불어 "前 松廣寺住持 大禪 弘義 性悟"이라는 기록이 찾아진다. 1448년(세종 30) 이전에 송광사 주지 대선사 홍의가 있었으며, 蘇世讓(1486~1562)의 시문집 시제 '送松廣寺住持能印'라고 하여 능인이 송광사 주지에 있었음을 알 수 있다.

배출하였으며, 조선 초에 이르기까지 이어지고 있다. 즉, 세종 대 선종 계를 주도하였을 선종 판사직에 있었던 중호(세종 8년 무렵)와 송은 학몽(세종 27년 무렵)이 바로 그러한 고승이다. 중호(中皓)는 행촌 이암의 외손이었으며 백암사의 고승으로 선종판사를 지냈던 바 있으며,[179] 송은 학몽(松恩 學蒙)은 고려 말 시중 행촌 이암(1279~1364)의 외종손이며, 1445년(세종 27) 무렵 선종판사였다. 학몽의 제자 도암(道庵)은 고성 이씨 가문 출신이면서 함허 기화의 문인이기도 하였다.[180] 기화의 도반인 철호 조선[181]은 세종 30년경 화엄 대사 의총(義聰)과 『현행 서방경』을 간행하였는데, 흥천사 주지 선종판사 소언(少言)과 전 송광사 주지 대선 홍의(弘義) 등이 참여하였다.[182]

고봉의 행장에 의하면, 중인은 고봉의 뜻을 받들어 보조 국사 지눌과 보제 존자 나옹 등 역대의 여러 조사들이 주석한 곳을 흠모하였다고 한다. 그런데 중인은 송광사의 중창 불사가 거의 마무리될 무렵 송광사를 떠나 한양으로 옮겨 머물렀는데 다음과 같은 기록이 전하고 있다.

---

179 고려 말 이존비의 집안인 고성 이씨 가문에서 수선사 13세 법주 각진 국사 복구를 비롯한 고승을 배출하였는데 조선 초에 이르기까지 고승을 배출하였다. 이달충, 「覺儼尊者贈諡覺眞國師碑銘 幷序」, 『제정집』 권3, 묘지명 : 『동문선』 권118, 비명 : 『조선금석총람』 상 ; 김창숙, 「14세기 각진 복구와 정토사에 관한 고찰」, 『한국불교학』 29, 2001.

180 『함허당 어록』. : 『한국불교전서』 6.

181 『태종실록』 권4, 2년(1402) 7월 13일(갑오). 조선은 무학의 문도였으므로 소언도 무학 자초의 문도이거나 친밀한 사이라고 추정된다. 황인규, 『조선 전기 선교양종의 본산과 판사』, 『한국선학』 12, 한국선학회, 2005.

182 1448년(세종 30)에 간행된 『現行 西方經』 跋文에 의하면 "前海印寺 住持 大師 允正"과 더불어 "前 松廣寺 住持 大禪 弘義 性悟"이라는 기록이 찾아진다. 개교 59주년 기념 제4회 韓國大藏會 『李朝前期 佛書展觀 目錄』 동국대 불교문화연구소, 동국대 도서관 1965, 41쪽.

형조에서 아뢰었다. "승려 중인이 같은 승려 해보의 청을 좇아 해간의 관교를 가지고 간자를 고쳐 의자로 만들어서 해의에게 주어, 해의가 이를 받았으니, 중인은 율에 의하여 참형에 처하고, 해보는 장 1백에, 유 3천 리에 처하며, 해의는 장 80에 처한 뒤에 모두 환속하게 하십시오." 중인과 해보는 각각 한 등을 감하게 하고, 해의는 논하지 말도록 명하였다.[183]

중인은 한양에 주석한 2년째인 1430년(세종 12)경에 송광사 중창과 관련되어 징계를 받은 듯하다. 그 후 송광사는 역대 주지를 제대로 알 수 없는 등 침체를 면치 못하였다. 설잠 김시습이 1463년(세조 9) 무렵에 지어진 시구 가운데 "조등 12금하처(祖燈十二今何處),"[184] "12영당"[185]이라는 내용이 찾아진다. 아마도 송광사 12조사의 법등이 제대로 이어지지 않고 있음을 시사하고 있는 듯하다. 또한 "빈 뜰에는 송회만 쓸쓸해라."라는 시구에 나타나는 '송회(松檜)'는 송광사와 회암사를 가리키는 것으로 보인다. 나옹과 무학이 아마도 송광사 주지직에 있다가 지공의 유지를 받들어 송광사에서 회암사로 가서 불교를 크게 일으키고자 했던 사실을 회상한 것이 아닐까 한다.

조선 초 송광사에서 중요한 사실은, 고봉이 1428년 7월에 입적하자 송광사 경내에 그의 부도가 세워졌다는 것이다. 고봉의 유언에 따라 유골을 거두어 침실에 안치하였는데, 이듬해 유골에서 사리가 나왔다고

---

183 『세종실록』 권49, 12년(1430) 7월 22일(경신), '刑曹啓: "僧中印聽僧海寶之請 將海玕官敎 改玕爲璜 以與海璜 海璜受之 中印律該處斬 海寶杖一百 流三千里 海璜八十 竝還俗 命中印 海寶各減一等 海璜勿論.": 『세종실록』 권44, 11년(1429) 6월 16일(신묘).
184 金時習, 「松廣寺」, 『梅月堂詩集』 卷11, 詩 遊湖南錄, "一宿曹溪興味長 遠公遺跡在禪房 祖燈十二今何處依舊空庭松檜涼."
185 김시습, 「十二影堂」, 『梅月堂詩集』 卷11, 詩 遊湖南錄, "叢竹林中古影堂 蕭然風骨盡龍章 琉璃焰息香灰冷 恰似瞠眉欲擧揚."

한다. 그 후, 여러 차례를 두고 사리가 분신한 것을 합해서 78개를 얻어 백동함에 넣어 송광사 북쪽 언덕, 청진암 터에 부도를 세워졌다. 이렇듯 고봉의 부도는 광원암과 보조암 터 사이 세워져 송광사 16국사 가운데 송광사 경내에 세워진 7기의 부도에 포함되어 수선사 고승으로서의 위상이 자리잡히게 되는 계기가 되었다.[186] 제자로는 신찬·혜성·상제·홍인 등이 있으며, 저서로는 『고봉법장가집』 등이 있다. 『저역총서』에 의하면 고봉의 저술로 "삼종가 계송(三種歌 繼頌), 증도가 계송(證道歌 繼頌), 투증잡영(投贈雜咏)의 저술이 있었다."[187]라고 하는데 삼종가 계송은 현재 남아 있는 「나옹삼가」인 듯하며, 그 나머지는 알 수 없는 실정이다. 행장에 의하면 "삼종가의 구절마다 송을 이어서 짓고 잡영 1백여 수로 원고를 만들어 문인에게 맡겼다."[188]라고 했는데 바로 잡영이 아닌가 한다.

이상에서 살펴본 바와 같이 무학은 나옹의 대표적 계승자였으며, 고봉은 나옹의 문도로서 무학의 도움을 받아 송광사를 중창하였다. 고봉의 행장을 지은 선종계를 주도하였던 문도 선종 판사 운곡의 제자 육미는 행장에서 고봉의 위상을 다음과 같이 드러내고 있다. 즉, "해동의 불일이 장차 무너지려 하니 보제 존자께서 다시 빛내셨네, 송광사 조사

---

186 부도는 높직한 2단의 네모꼴 지대석 위에 있다. 탑신에는 별다른 장식이 없고, 정면에 '高峰之塔'이라는 글자가 새겨져 있다.(높이 16cm, 너비 13.5cm) 현재 고봉의 사리합이 전해지고 있다. 한성욱, 「順天 曹溪山 松廣寺 慈靜國師·高峰和尙 舍利器」, 『불교고고학』 5, 위덕대 박물관, 2005, 고봉이 가지고 다녔다는 불감 廚子願佛도 송광사 성보각에 전해지고 있다. 정은우, 「여말선초의 금동불감 연구-순천 송광사 高峰 國師 불감을 중심으로」, 『불교미술사학』 15, 불교미술사학회, 2013.
187 금명 보정, 『著譯叢書』 권2 : 『한국불교전서』 12, 99쪽.
188 六眉, 「고봉 화상 행장」, 『조계산 송광사고』 : 조명제 외, 『역주 조계산 송광사고-인물부』 혜안, 2007, 227쪽.

의 전통이 무너지려 하니 고봉 화상이 범망을 다시 펼치시니 마치 천당의 현묘함으로 후생을 이끄시는 듯했네."[189] 이렇듯 고봉은 나옹의 상수 제자로 송광사를 중창하여 지눌 이후 수선사 16국사의 위상이 정립되었던 것이다.

3) 수선사 사주 고봉과 송광사 주지 무학

무학과 고봉은 여말선초 송광사와 불교계의 중흥을 위해 노력하여 조선 후기에 수선사 제16국사와 송광사 18주지에 추념되었다. 이러한 사실에 대하여 좀 더 살펴보기로 한다.

고봉은 수선사 15국사처럼 국사로 생존 시나 입적 직후에 추념된 바 없다. 다만 고봉은 입적 후 부도가 세워지고 「조계산 송광사 고봉화상비」라고 제액되었을 뿐이다. 환암 혼수와 무학의 도반인 축원지천이 국사로 추존되어 각기 1394년과 1408년에 부도와 비가 세워진 사실과 비교가 된다.[190]

그 후 송광사의 사세는 침체를 거듭했던 듯하다. 앞서 언급한 바와 같이 송광사 역대 주지 가운데 불교계에 두각을 보이지 못한 사실로 단적으로 알 수 있다. 송광사는 임란기를 전후하여 불교계에서 중요사찰 가운데 하나로 부각되기에 이른다.[191] 즉, 임란기 자운 삼혜 등 송광사

---

189 六眉, 「고봉화상」, 『조계산 송광사고』 : 조명제 외, 『역주 조계산 송광사고』 혜안, 234~235쪽.

190 권근, 「有明朝鮮國普覺國師碑銘 并序」, 『양촌집』 권37, 비명류 : 『조선금석총람』 하 ; 權近, 「追贈正智國師碑銘并序」, 『陽村集』 卷38, 비명류 ; 『조선금석총람』 하, 727쪽.

191 이에 대한 자세한 사실은 다음의 논저가 참고된다. 김용태, 「浮休系의 계파 인식과 보조 유풍」, 『보조사상』 25, 2006 : 김용태, 『조선 후기 불교사 연구-임제법통과 교

출신 고승들은 이순신 장군이 지휘하는 전라좌수영 산하 의승 수군 팔도도총섭 승대장으로 활동하여 조정과 불교계의 주목을 받았다.[192] 삼혜(三惠)의 친동생이자 부휴의 제자인 대가 희옥(代價 希玉)은 「십육국사진영기(十六國師眞影記)」를 작성하였으며,[193] 송광사 주지를 역임하거나 주석하게 되는 고승 비능과 급암도 역시 삼혜의 친동생이었다.[194]

임란 직후 조선 중기 불교를 중흥하는 청허 휴정과 쌍벽을 이루었던 부휴 선수와 제자 벽암 각성이 송광사 주지의 청으로 송광사가 중창되기에 이른다.[195] 부휴 선수와 제자 벽암 각성은 1619년(광해군 11) 중국에서 온 부처님 진신사리를 어머니 공빈 김씨의 능침사찰인 봉인사에 봉안하는 불사를 주관하였다.[196] 같은 해 송광사 경내에 고봉의 행장은

학전통』, 신구문화사, 2010.

192 三惠는 豺虎別都將으로 순천을, 고흥에서 산 좌수영(本營)의 義能은 遊擊別都將으로 본영을 수호하였다. 性輝는 右突擊將으로 光陽지역을, 信海는 석주에서, 智元은 팔양재(南原) 등 전장에서 큰 전과를 올렸다. 양은용, 「임진란과 호남의 불교 의승군」, 『한국종교』 19, 원광대 종교문화연구소, 1994 ; 양은용, 「임진왜란 이후 불교 의승군의 동향」, 『인문학연구』 4, 원광대 인문학연구소, 2003.

193 代價 希玉은 「十六國師 眞影記」에서의 16국사는 다음과 같다. ①普照 知訥, ②眞覺 慧諶, ③淸眞 夢如, ④眞明 混元, ⑤圓悟 天英, ⑥圓鑑 冲止, ⑦慈靜 一印, ⑧慈覺 道英, ⑨湛堂, ⑩慧鑑 萬恒, ⑪慈圓, ⑫慧覺 妙軀, ⑬覺眞 復丘, ⑭復庵 淨慧, ⑮弘眞, ⑯高峰 法藏.

194 양은용, 앞의 논문 참조.

195 한국문헌연구소, 『曹溪山 松廣寺史庫』, 1977 ; 임석진, 『(大乘禪宗曹溪山)松廣寺誌』, 1965.

196 『광해군일기』 권138, 11년(1619) 3월 11일(갑오)
   ; 천마산 봉인사지 편찬위원회, 「사리탑중수비」, 『奉印寺』, 남양주: 동 위원회, 2005 ; 황인규, 「광해군과 봉인사」, 『역사와 실학』 38, 역사실학회, 2009. 이는 조선 후기 숙종 대에 이르러 송광사 고승의 정통성을 지적한 사실에서 짐작케 하고 있다. 즉 "근세에 浮休 善修가 있어 이 절에 이어서 주석하였고 碧巖 覺性과 翠微 守初에게 법을 전하였다. 세 선사는 모두 道法을 밝히고 드날렸으며 절의 건물을 늘리고 꾸 몄으니 보조 국사 때에 비해 더욱 성대하였다." 趙宗著(1631~1690), 「昇平 曹溪山 松廣寺 嗣院事蹟碑」, 『조선금석총람』 하 ; 大圓鏡, 「昇平 曹溪山松廣寺 嗣院事蹟碑」,

있었으나 퇴락하여 송광사 주지 응선(應禪)이 다시 썼다고 한다.[197] 그로부터 2년 후인 1621년(광해군 13) 벽암 각성의 동문인 대가 희옥이 「16국사 진영기」를 짓게 된다.[198] 특히 문인 계곡 장유(1587~1638)는 목우파 계열에 속하는 16조사의 초상화가 있었는데, 세월이 오래 흐르면서 퇴색되어 잘 보이지 않았다[199]고 하였다. 아마도 이때 고봉을 수선사 제16국사를 모셔 추념하였던 듯하다.[200] 주목되는 것은, 송광사에 걸린 고봉 화상의 행장은 고봉의 제자 상제(尙濟)가 걸었던 것인데 후에 글자와 현판이 모두 검어서 자세히 살필 정도였다. 이에 묵암 최눌(1717~1790)과 문인 유정이 다시 교정하여 새로 증보하였던 것도[201] 고봉의 수선사 제16국사 추념과 관련한 사실이라고 생각된다.

그 후 송광사에서 주석하였던 무용 수연(1651~1719)은 16국사를 16성(聖)으로 추념하였으며,[202] 1678년(숙종 4)에 세워진 「승평 조계산 송광사

『해동불보』 3, 해동불보사, 1941.

197 六眉, 「고봉화상 행장」 부록, 『송광사지』(1619년 1월 작).

198 한국문헌연구소, 『曹溪山 松廣寺史庫』, 1977 ; 임석진, 『(大乘禪宗 曹溪山) 松廣寺誌』, 1965, "自普照遺世之後 又有其弟子眞覺淸眞高峰等十五祖師 皆遞相就入於此寺 而養眞得道祖述其法以傳道統 皆爲國師而濟世無窮其爲奇貨也 不亦大乎如上十六祖師."

199 張維(1587~1638), 「贈寫眞僧思舜 寺有牧牛派下十六祖師影子 歲久損晦 師爲新之 且欲爲余寫眞云」, 『谿谷集』 卷26, 七言古詩, 四十七首. "十六祖師歸西天 世人不識眞面目 闍梨筆端天眼通 一掃神光滿殿屋 前身定是顧虎頭 宿債曾留瓦棺閣 他時訪我丈室來 須信靑蓮是金粟." 참고로 현재 남아 있는 송광사 16조사 진영은 1780년 작품이다.

200 건축사 연구에 의하면, 국사 진영이 4차 중창 이후 1780년에 重成된 점은 적어도 1780년 이전에 고봉 화상이 국사 반열에 오르게 되었음을 의미한다고 하였다. 남호현·김희철, 「송광사 국사전 칸의 확장에 관한 연구」, 『대한건축학회 논문집 : 계획계』 22-7, 대한건축학회 논문집, 2006, 178쪽.

201 묵암 최눌과 有正, 1774년(영조 50) 작, 『조계산 송광사고』: 조명제 외, 『역주 조계산 송광사고』 혜안, 236~237쪽.

202 無用 秀演(1651~1719), 「曹溪山 松廣寺 含淸閣 丹雘 募緣文」, 『無用堂 遺稿』 卷下 :

사원 사적비」에도 송광사는 동방 제일도량으로 인도의 쌍림과 중국의 여산과 같다고 하면서 16국사와 그외의 명승들이 모두 이 사찰에 머물렀다고 하였다.[203]

화악 지탁(1750~1839)도 그의 저서에서 송광사가 보조 국사 지눌의 도량이라고 하면서 16국사를 역시 언급하였다.[204] 경암 응윤(1743~1804)의 경우처럼 16국사를 보조, 진각, 청진, 진명, 자진, 원감, 자정, 자각, 담당, 혜감, 자조, 혜각, 각원, 정혜, 각진, 고봉이라고 비정한 바 있다.[205] 사암 채영은 1764년에 간행한 그의 저서『서역중화 해동불조원류』의 조계산 16조사에서 고봉을 포함하여 16국사를 추념하였는데 그 무렵 수

『한글대장경』 157쪽, "송광사는 해동의 하나의 명찰로서 온 나라 사람이 귀천이 없이 이것을 한 번 못 보는 것을 일생의 한으로 삼는다. 그것은 오직 16聖의 옛 자취가 아직 보존되어 있다는 것이다."

203 趙宗著(1631~1690), 「昇平 曹溪山 松廣寺 嗣院事 蹟碑」, 『조선금석총람』, "自湖以南 僧蘭之以巨麗稱者 指不勝屈 而曹溪山松廣寺 爲東方第一道場 如葱嶺之雙林 震朝之廬皁 則未有 不居此寺 而爲名僧者十六國師固不說在勝國時至借山名." 여기에서 제시된 16국사는 다음과 같다. ①普照沒後傳 ②眞覺 ③淸眞 ④眞明 ⑤晦堂 ⑦慈精 ⑥圓鑑 ⑨湛堂 ⑩妙明 ⑪慈圓 ⑫慧覺 ⑬覺儼 ⑭淨慧 ⑮弘眞 ⑯高峯 ⑮弘眞.

204 華嶽 知濯(1750~1839), 「贈別華峰宇晟大師之 湖南松廣寺竝小序」, 『三峰集』. 『한국불교전서』 10, 31쪽, "曾聞曹溪山聖僧牧牛子道場 至今寂光凝仁者 所以往也 往已爲我 入定 觀十六國師 燒香頂禮恨別難爲忍 傷心不自持 世間各可晦 天外路徧知逆旅違 千里 涯生問幾時 湖南歸去後 誰能古人思 有問外典來者 余曰外典不識也 其人猶疑 余知不知 乃擧不明之端 以不相謀之意 道尙分岐百任論 春風何擇入千門 人無秉燭 邪堪照 鏡有埋塵易惹痕 老竹猶寒多苦節 幽蘭方發帶和溫 欲知古聖分明意 月在靑 天水在盆 有求內典文字 欲以閨屬文 余曰文章不在文字."

205 鏡巖 應允(1743~1804), 「松廣山 松廣寺記」, 『경암집』. 『한국불교전서』 10, 99~101쪽, "十六祖師 影殿額曰慈蔭堂 以 ①普照爲主壁 而 ②眞覺 ③淸眞 ④眞明 慈眞 ⑥圓鑑 ⑦慈靜 ⑧慈覺 ⑨湛堂 ⑩慧鑑 ⓐ慈照 ⑫慧覺 ⓑ覺圓 ⑭淨慧 ⑬覺眞 ⑯高峰 十五祖師配享昭穆 竝 懶翁 無學 爲十八住持至如臨鏡堂凌虛閣水石亭 特風流之最 不與此錄云爾." 이에 대해서는 다음의 논저를 참조하기 바란다. 菅野銀八, 「高麗 曹溪山 松廣寺 十六國師の繼承にづいて」, 『靑丘學叢』 9, 京城: 靑丘學會, 1932 ; 한국불교연구원, 『송광사』, 일지사, 1975. 78~79쪽.

선사 16국사의 위상이 대체적으로 정립된 듯하다.[206]

그 후 나옹과 그의 상수제자 무학이 수선사 16국사와 더불어 송광사 제17주지와 제18주지에 추념되었다. 이렇게 추념된 것은 앞서 언급한 바와 같이 고려 말 이후 나옹의 문도, 특히 무학의 문도가 조선 전기 불교계를 주도하였기 때문이다. 이와 더불어 무학과 관련이 깊은 안변 석왕사가 왕실과 관련 사찰로 받들어졌던 것도 무학의 위상과 관련이 깊다.

알려진 바와 같이 석왕사는 1424년(세종 6) 선교 양종 36사 체제 시 선종에 소속되어 토지 250결에 120명의 승려가 머무는 사찰이었다. 그 후 1470년(성종 1)에 운곡 천건이 명부전을 중창한 이래 조선 말까지 중창이 거듭되었다. 특히 임란 이후 제2의 건국운동이라고 할 '국가 재조'가 활발히 진행될 때 태조 이성계와 더불어 무학의 위상이 다시 드높아졌으며, 그의 스승 나옹의 위상 또한 제고되었다.[207] 청허 휴정이 지은 「석왕사기」에 의하면 "설봉산 토굴에서 수행하고 있던 무학이 꿈 해몽을 해달라고 찾아온 이성계에게 왕이 될 것이라 꿈을 풀었다."라는 이야기가 바로 그것이다.[208] 함월 해원이 그의 문집 『천경집』에서 "땅은 신령스러운 구역을 숨겼고 산은 훌륭한 땅을 간직하였다. 강헌 성조(태

---

206 사암 채영, 「曹溪山 十六祖師」, 『西域 中華 海東 佛祖源流』(1764年 刊), 191쪽, "佛日普照名知訥 號牧牛子 應化大聖 元順帝國師眞覺 淸眞沖鏡眞明 晦堂慈眞 慈靜圓鑑 慈覺 湛堂妙明慧鑑 妙嚴慈圓 慧覺 覺嚴 復庵淨慧 弘眞 高峰和尙 散聖終." 수선사 16국사 추념 부분은 필자의 기왕의 논고를 참작해서 정리 서술하였음을 밝혀둔다. 황인규, 「수선사 16국사의 위상과 추념 : 송광사의 승보종찰 설정과 관련하여 試攷함」, 『보조사상』 34, 2010; 황인규, 「한국 불교계의 삼보사찰의 성립과 지정」, 『보조사상』 41, 2014.

207 無境 子秀, 「回門山 萬日寺 事蹟詞引」, 『무경집』, "麗季懶翁 竝出助緣 漢初無學蓋二聖."

208 청허 휴정, 「설봉산 석왕사기」, 『한글대장경』 51(청허당집 삼가귀감 : 『조선사찰사료』 하, 함경도 : 翠微 守初(1590~1668), 「安邊 雪峰山 釋王寺重修序」, 『취미대사 시집』, 雜著, "釋王寺者 太祖願堂 無學禪社."

조)는 용이 일어날 터에 잠저하였고 무학 국사는 호랑이가 엎드린 땅에 안선하였다."[209]라고 하였던 것이다.[210]

숙종과 영조는 태조의 친필이라고 전해 오던 각문에 글을 덧붙여 그러한 사실을 강조하였다. 특히 정조는 직접 비문을 지어 비를 세웠으며,[211] 석왕사에서 무학을 봉향하도록 시호를 내리고 사액하도록 하였으며,[212] 무학이 10여 년간 은둔 수행하였다는 석왕사의 토굴에는 무학 초상이 모셔 봉안토록 하였다.[213] 무학이 1384년(우왕 10) 무렵 앞서 언급한 바와 같이 이성계를 만나 왕의 조짐이 있는 꿈을 풀이해 주었다는 내용은 『정조실록』에서도 다시 강조되었다.[214] 이와 같이 조선 후기 왕실에서 "석왕사는 왕업이 일어난 곳."[215]이라고까지 하였으며 석왕사 토굴에 그의 초상(肖像)을 봉안한 것이라든가 춘추로 그 곳에서 제사를 지냈다는 것,[216]

---

209 涵月 海源(1691~1770), 「釋王寺 大雄殿 上樑文」, 『天鏡集』 권하, 문, "地祕靈區 山藏 勝跡 康獻聖祖 潛邸龍興之基 無學國師 安禪虎伏之地."

210 함월 해원, 「釋王寺 五百羅漢錦袈裟改造記」, 『천경집』 권중, 기 ; 『한국불교전서』 9.

211 『영조실록』 권91, 34년(1758) 4월 17일(임신) ; 『정조실록』 권31, 14년(1790) 8월 21일(기사) ; 『정조실록』 권32, 15년(1791) 4월 17일(신유).

212 雙荷子, 「敎諭書(釋王寺寄本)」, 『朝鮮佛敎月報』 通卷 17號 2~6, 1913. 6. 25.

213 『정조실록』에 정조 때에 무학의 초상이 봉안되어 있었는데 다시 진영을 봉안하여 매년 춘추로 제사를 지내자는 기록이 실록에 실려 있다. 『정조실록』 권34, 16년 윤4월 24일(임진).

214 『정조실록』 권32, 15년 4월 17일(신유), "書御製碑于安邊釋王寺 咸鏡監司李文源 印進碑文 命地方官韓光綮 差使員趙棨加資 寺在安邊雪峰山 太祖夢興王之徵 就神僧無學於土窟中釋其義 及卽位 建寺土窟之址 名曰釋王 有太祖手植松梨 又有肅宗英宗兩朝御製碑 至是 上命竪碑其傍 以御製御筆 勒諸石."

215 『정조실록』 권32, 15년 5월 6일(경진).

216 『正祖實錄』 권31, 15년 4월 24일(임진), "禮曹判書徐浩修復命…浩修又啓 釋王寺土窟舊址 有無學師小像 僧徒齊言 休靜惟政 以壬辰戰功 皆立祠賜額 無學 卽開國元勳而未有專享 願歸達天廳 移摸小像 仍奉於土窟 春秋以祀云 請依願許副 從之 仍命賜額之擧 依密陽表忠海南大芚寺例 大師之號 亦用兩寺之例 祀額曰釋王 師號曰釋王 師號曰開宗立敎 普照法眼廣濟功德翊命興運大法師 宣額及致祭 自畿內定差員

256 여말선초 고승 나옹과 무학

그리하여 무학을 도선국사와 비견한 것이나[217] 개국 원훈으로서 인식되었던 것이다.[218] 불교계에서도 고승 연담 유일 등은 이를 칭송하는 글을 남기는 등[219] 그러한 분위기는 더욱 고조되었으며, 불교계의 의식집에서 17세기 이후 무학은 스승 지공과 나옹과 함께 삼화상으로 부각되었다.[220] 화엄과 선학에 정통하였던 우담 홍기(1822~1881)는 "송광사 16국사는 고려에서 배출되었다. 우리 왕조에 이르러 무학은 실로 태조의 왕사다."[221]라고 하여 송광사 16국사와 조선의 무학이 조선의 건국자 태조의 왕사임을 밝힌 사실에서 무학의 위상을 단적으로 알 수 있다.

이렇듯 불교계에서도 무학이 크게 부상함에 따라 스승 나옹도 16국사에 버금가는 고승으로 부상하였으며, 아울러 나옹과 제자 무학도 수

次次傳詣 令地方官擧行 造修又啓言 淮陽府義嶺德溟兩廟 卽新羅景德王時所建 自高麗至我朝 皆降香祝 春秋以祀 而守直無人 一任荒無 請各置二人 從之 仍降香祝于地方官致侑."

217 『영조실록』 권35, 9년 8월 6일(갑술).

218 『정조실록』 권34, 16년 윤4월 24일(임진) ; 「傳令釋王寺僧統」 壬子 5월 9일 씀 『編史』 3 국사편찬위원회 1970. 6. 30 ;『승정원 일기』 정조 16년 윤4월 24일(임진), "(徐)浩修日 臣於歸路 爲奉審御製御筆碑閣 歷入釋王寺 則土窟舊址 有無學大師小像 僧徒等齊請曰 休靜惟政則以壬辰戰功 皆立祠賜額 無學卽開國元勳 而尙未有專享 實爲闕典 願歸達天聽 移摸小像 仍奉於土窟 春秋以祀云旣有休靜惟政已例 無學大師之宜得專享 誠如僧徒等所言 嘉善帖二十張 折衝帖二十張 成給地方官 措備祭器祭田畫員及工匠 亦自內閣起送 擇日移摸粧軸後 仍安於土窟 許令春秋專享 恐合事宜 故敢此仰達矣.":『일성록』 정조 16년 윤 4월 24일.

219 蓮潭 有一, 「謹題御製釋王寺碑文後」, 『蓮潭大師林下錄』 권3, 『한국불교전서』, 10~267하.

220 雪梅·道性 編, 『禪門祖師 禮懺作法』, 『한국불교의례 자료총서』 2, 보경문화사, 1993, 2~452쪽. 불교의식집에 나타난 삼화상과 관련 서술은 기왕의 필자의 논저를 정리 서술하였음을 밝혀둔다. 황인규, 『무학 대사 연구—여말선초 불교계의 혁신과 대응』, 혜안, 1999. 17세기 중엽 무렵부터 淸虛 休靜과 그의 문도가 普愚와 그의 문도를 조계종의 종조와 종맥으로 삼은 것과 극명한 대조를 이루고 있다.

221 優曇 洪基(1822~1881), 「答某書」, 『優曇林下錄』 :『한국불교전서』 10, 1135쪽, "今松廣寺十六國師 出於高麗也 至於我朝 則無學實爲太祖王師也."

선사 16국사와 더불어 송광사 18주지로 추념되었다.[222] 나옹과 무학은 수선사 16국사에 오르지 못했지만 조선 후기에 이르러 송광사 18주지에 포함되어 존숭되었다. 송광사는 통도사와 해인사와 더불어 삼보 종찰로서의 위상을 지니게 되어 오늘에 이르고 있는 것이다.

4) 나가는 말

이상으로 고려 말 나옹 혜근의 문도인 무학 자초와 고봉 법장이 수선사 제16국사와 송광사 제18주지에 추념된 사실에 대하여 살펴보았다. 무학에 대한 연구는 필자를 비롯한 여러 논저로 연구 성과가 축적되었으나 고봉에 관련한 연구는 본 논문이 처음이 아닌가 한다.

무학 자초는 고려 말 스승 지공의 뜻을 받들어 나옹과 함께 양주 회암사를 중창하여 불교계의 중심 센터로 중흥시키려고 한 바 있다. 특히 이성계에게 정도전보다 앞서 혁명을 최초로 종용하여 조선 건국 직후 왕사로 책봉되어 회암사를 중심으로 불교계를 재편하고자 하였다.

고봉은 송광사 주지에 재임하면서 무학과 그의 문도들을 비롯한 불교계의 도움을 받아 조선 초 퇴락한 송광사를 중창하였으며, 그의 부도가 송광사 경내에 봉안되는 등 16국사의 위상이 자리잡게 되는 계기가 된다. 나옹의 상수제자인 무학과 고봉은 스승 나옹이 주석하였던 주요 대찰인 회암사와 송광사를 중창하여 불교계를 중흥하고자 하였다.

---

222 趙宗著(1631~1690), 「昇平 曹溪山 松廣寺嗣院事蹟碑」, 『조선금석총람』 하, 일한인쇄소, 1919 ; 大圓鏡, 「昇平 曹溪山 松廣寺嗣院事蹟碑」, 『해동불보』 3, 해동불보사, 1941.

고봉이 수선사 제16국사로 추념된 시기는, 아마도 임진란을 전후하여 송광사의 사세가 부상되면서부터인 듯하다. 임란 후 국가 재조 운동 시 태조 이성계의 추념 사업이 전개되면서 무학도 부각되었다. 조선 후기 불교계에서도 스승 지공·나옹과 더불어 삼화상으로 존숭되었으며, 수선사 16국사와 더불어 스승 나옹과 함께 송광사 18주지로 추념되었다.

이와 같이 고봉이 조선 중기 이후 수선사 제16국사로, 무학과 그의 스승 나옹이 조선 후기에 송광사 제17 주지와 제18 주지로 추념되었다. 그리하여 송광사는 해인사와 통도사와 더불어 한국 불교를 대표하는 삼보 종찰로서의 위상을 지니게 되었다.

2부
마지막 왕사 무학

1장
무학의 생애와 불교계 수호

1. 무학의 생애와 활동

1) 들어가는 말

무학 자초는 조선왕조의 창업과 관련되어 권승으로서 알려져 있으며 또한 풍수 도참사상과 관련되어 술승으로 널리 알려져 있다. 그에 대한 인식은 세간은 물론이고 학계에서조차 여기에서 크게 벗어나지 못하고 있으며 불교계에서도 불교의식 증명법사로서 숭앙될 뿐이다. 무학은 조선 창업자인 태조 이성계의 왕사였을 뿐만 아니라 불교계 고려 말 조선 초 삼화상으로서 추앙받고 있는 고승이다.

그럼에도 불구하고 무학의 생애에 대한 학술적 접근조차 이루어지 않고 있다. 다만 최근에 허흥식 교수가 나옹과 그의 계승자를 다루면서 부분적으로 무학에 대하여 언급한 것이 처음이며[1] 필자도 무학에

---

[1] 허흥식, 「나옹과 그 계승자」(하), 『한국학보』 59, 1990, 71~74쪽.

대한 몇 편의 논고를 발표한 바 있다.[2] 그 외에 그에 관한 글은 십여 편 이상 되지만 모두 교양지에 실린 정도에 지나지 않는 실정이다.[3] 근본적으로 무학에 대한 관심 및 이해 부족에서 기인하는 것이며, 관련된 자료 부족 때문이다.[4] 본고는 무학이 권승 또는 술승이 아닌 참된 구도자로서의 고승을 그리기 위하여 애썼다. 그에 대한 자료를 가능한 한 수집하려고 노력하였다. 이러한 자료를 종합 분석 재검토하여 행적을 바로 세우고자 한다.

필자가 무학의 행적에서 그의 비문 외에 새로히 추가한 사실은 다음과 같다. 무학의 탄생지가 충남 서산이라는 것, 나옹과 무학이 이성계의 부 이자춘의 묘 터를 점지한 사실, 무학이 나옹과 함께 1361년 전반에 금강산을 유력한 사실, 무학이 1373년 봄에서 1375년 가을까지 송광사의 주지를 한 사실, 나옹의 입적 후 나옹과 지공의 추념 불사를 한 사실, 1376년 이후 10여 년 동안 석왕사 토굴에서 수도하다가 이성계와 왕조 창업을 결의한 사실, 1380년대를 전후하여 청계사 주지를 한 사실, 무학이 왕사로 책봉된 후 회암사에 머물면서 심원사 주지를 한 사

---

2 황인규, 「한양전도와 무학 자초」, 『역사와교육』 4, 1996 ; 황인규, 「나옹 혜근의 대표적 계승자 무학 자초」, 『역사와교육』 5, 1997.

3 이능화, 『조선불교통사』, 신문관, 1918 ; 타카하시 토오루(高橋亨), 「태조의 명승왕사무학」, 『이조불교』, 동경 보문관, 1929, 71~82쪽 ; 누카리야 가이텐(忽滑谷快天), 「무학 자초의 행실」, 「태조의 양위와 무학의 관계」, 『朝鮮禪敎史』, 동경 : 춘추사, 1930, 307~309쪽 ; 우정상, 「무학 이조 건국의 왕사」, 『한국의 인간상』 3, 신구문화사, 1967, 180~189쪽 ; 서울시, 「무학 대사 한양 정도의 공로자」, 『서울의 전통문화』, 98~102쪽 ; 김영두, 「무학 대사의 생애」, 『금강』 2월호, 1986, 33~37쪽 ; 최창조, 「서울 천도 논의의 주역들과 무학 대사」, 『다보』, 1994년 여름호, 26~44쪽.

4 무학에 관한 행적을 알 수 있는 글은 조선 건국과 관련된 것이거나 그와 관련된 風水 圖讖的인 것이 간혹 남아 있다. 그리고 그러한 글조차 단편적인 것이며 그 외 대부분은 야사나 설화의 형태를 띤 것이다.

실, 지공과 나옹의 추념 불사와 『조파도』를 확정한 사실, 무학이 『장승법수』와 『인천안목』, 『주심부』 등의 불서를 간행하고 범서를 구하고 『대장경』을 봉안한 사실, 연복사에서 수차례 불사를 주관한 사실, 태상왕 이성계가 무학에게 귀의한 사실, 역대의 일은 무학의 도참기를 참조하였다는 사실 등이다.[5]

이상의 사실 가운데에는 역사적인 실증적 검토가 요망되는 것도 있으나 무학의 행적에 포함하여 그 의미를 재해석해야 할 것이다.

2) 생애 및 활동

(1) 가계 및 혈통

무학의 가계와 혈통에 대해서는 전혀 알 수 없는 실정이다. 다만 무학의 비문인 「묘엄존자탑명」에 의하면 그는 아버지 증숭정문하시랑 박인일(朴仁一)과 어머니 고성 채씨 사이에서 태어났다[6]는 사실만이 나타나고 있어서[7] 그의 아버지가 증숭정문하시랑이라는 벼슬을 추증받은 것만을 알 수 있을 뿐이다.

조선 중기 이후의 문집이나 지금까지 전하고 있는 설화류에서는 무

5　이상은 다음의 논문을 참조 바람. 황인규, 「무학 자초 연구」, 동국대 박사학위논문, 1998.
6　변계량, 「妙嚴尊者塔銘」, 『春亭集』 續集　권1 ;『동문선』 권121, 비명 ;「조선금석총람」 하, 1 "考諱仁一贈崇政門下侍郎 母固城蔡氏 蔡夢見初日射懷中 遂有娠 以泰定丁卯後九月二十日生."
7　무학의 본관이 밀양 박씨로 보는 경우도 있는 것 같으나 전혀 근거가 없다.

학과 그의 부모에 대하여 달리 기록하고 있는 것을 볼 수 있다.[8] 즉 조선 후기인 1762년(영조 38)에 춘산인 제수라는 이가 쓴 「은신암사적」이라는 기문에 의하면, 우리가 흔히 알고 있는 무학과는 달리 그의 이름은 성시생이며 그의 어머니가 업비(業妃, 노비인 듯)라는 것이다.

위의 기록과 비슷한 시기에 경암 관식(1743~1804)[9]이 지은 『경암집』에도 무학의 출생과 관련하여 여러 설을 소개하고 있다.

> 무학의 사적은 승사(僧史)에도 없고 세속에서 전하는 것도 믿을 수 없다. 마땅히 비문을 사실로 여겨야 한다. 변계량(卞季良)이 무학의 비문을 편찬하였는데, 세속의 본관과 성명을 기록하지 않았기 때문에 그릇되게 전해 내려오는 것이 더욱 많았다.
>
> 산인(山人) 제수(褆修)가 「은신암 사적기(隱身庵事蹟記)」에서 말하기를, "무학의 성은 염(廉)이요, 이름은 시생(始生)이다. 어머니는 노비로 옛 삼기현(三岐縣) 사람이다."라고 하였고, 또 말하기를 "실록은 보지 않았다."라고 하였으니, 길에서 들은 것으로 기록한 것이다. 지열(志悅) 스님이 얻은 「무학비기(無學祕記)」에는 "성은 성(成)이고 이름은 사겸(士謙)이다. 고려 시대 경양위(敬讓尉) 익재(益齋)의 서자이다."라고 하였다.
>
> 내가 또 한 기록을 보니 "무학의 성은 박이요, 보국숭록대부(輔國崇祿大夫) 병조판서(兵曹判書)에 추증된 휘(諱) 치인(致仁)의 아들이다. 삼가현(三嘉縣) 부도사(浮屠寺)에 무학의 탑이 있다. 고을 사람이 전하는 이야기로는 성이 문(文)씨인 집안의 비첩(婢妾)의 아들이라고 한다.[10]

8　「은신암사적」이나 『경암집』 雜著編, 「論無學事蹟說」을 가리킨다.

9　慣拭(1743~1804)에 대해서는 鏡巖 八關, 「관식 행장」, 『경암집』 권하; 『한국불교전서』 권10, 445쪽이 참고된다. 관식은 한 때 송광사에서 머무르면서 「조계산 송광사기」를 썼고 무학을 추념 하는 시를 짓기도 하였다(『경암집』).

10　鏡巖 慣拭, 「論無學事蹟說」, 『경암집』 잡저(雜著); 『한국불교전서』 권10, "無學事蹟 未有僧史 諺傳不可信也 當以碑文爲實而卞公季良撰無學碑 其俗本姓名則不錄 故謬 襲滋多 有山人褆修 修隱身事蹟記曰 無學姓廉名始生 母業婢 三岐古縣人 又曰未見

이러한 내용을 알기 쉽게 도표화하면 다음과 같다.

이름	父	母	신분	전 거	시 대
박○○	贈崇政門下侍郞 朴仁一	固城 蔡氏	-	「묘엄존자탑명」	1410년
박○○	贈輔國崇祿大夫兵曹判書 朴致仁	-	서자	『경암집』	1804년경
成始生	-	業妃	서자	「은신암사적」	1726년
廉始生	-	奴婢	얼자	『경암집』	1804년경
成士謙	敬讓尉 成益齋	-	서자	『경암집』	1804년경
문○○	文氏	家婢妾婢	얼자	『경암집』	1804년경

위의 표에서 보는 바와 같이 무학의 출신과 부모는 모두 다섯 사례가 보이고 있다. 이를 종합해 보면 성씨가 아예 달리 나오고 있고 신분도 얼자 또는 서자로 나오고 있다. 또한 지금까지도 설화로 전해져 내려오는 것도 있으며,[11] 아예 또 다른 무학이 있었다고 전해지기도 한다. 즉 『합천댐 수몰지』에는 조선 후기에 같은 이름을 가진 무학이라는 승려가 고향에서 탄생하여 그와 유사한 생애를 마쳤다고 하며, 그와 구별하여 '후무학(後無學)'이라고 하여 소개하고 있다.[12]

위의 사실은 시기가 떨어진 기록으로 현재로서는 그의 비문인 「묘엄존자탑명」의 기록대로 믿을 수밖에 없다.[13] 왜냐하면 그의 비문은 무학

實錄 但以塗聽爲記 僧志悅所得無學秘記。則姓成。名士謙。麗朝敬讓尉益齋庶子 余又見一錄 無學姓朴 贈輔國崇祿大夫兵曹判書 諱致仁之子 三嘉浮屠寺 有無學塔 縣人諺傳 文姓家婢妾子." 누카리야 가이텐(忽滑谷快天), 『朝鮮禪敎史』, 동경, 춘추사, 1930, 307쪽.

11 한국학중앙연구원, 「전남 장성군 설화」, 『한국구비문학 대계』: 한국학자료통합플랫폼(https://kdp.aks.ac.kr/gubi).

12 경상남도, 『합천댐 수몰지』, 1988.

13 변계량, 「妙嚴尊者塔銘」, 『春亭集』 續集 권1 ; 『동문선』 권121, 비명, "臣季良謹按其弟子祖琳所撰行狀."

이 입적한 지 5년 후인 1410년(태종 10)에 상왕이었던 정종의 청으로 태종이 문인 춘정 변계량(1369~1430)에게 명하여 지어진 당대의 기록이기 때문이다.[14]

가계는 아버지가 받은 벼슬을 통해서 짐작할 수 있을 뿐이다. 아버지가 받은 벼슬은 국초에 받은 무학의 공로 때문에 하사된 것으로 추정된다.[15] 『정조실록』에 '무학은 개국원훈(開國元勳)'[16]이라고 하고 있듯이 일등공신으로 책정되었던 것을 알 수 있다.[17]

따라서 출생 신분은 일단은 양인으로 볼 수 있다. 하지만 신분이 천민일 가능성도 배제할 수 없다. 왜냐하면 어머니인 고성 채씨의 신분이 천민이었다면 천민이 되는 것이기 때문이다.[18] 더욱이 신분이 천민일 가능성이 있는 것은 천예(賤隷) 출신이라고 한 기록이 『태종실록』에도 찾아지고 있다.[19]

무학이 천민인 노비 출신이었다고는 생각되지 않는다. 고려시대에는 직역 확보를 위하여 노비는 승려가 될 수 없다는 규정이 있기 때문에[20]

---

14 『태종실록』 권20, 10년 7월 12일(정축), "命禮曹加諡故王師妙嚴尊者 又命藝文館提學 卞季良製碑銘 妙嚴 卽無學也 上以上王尊信而力請 故有是命."

15 그의 아버지가 벼슬을 받은 시기는 1392년(태조 1) 무학이 왕사로 책봉될 때나 1394년(태조 3) 고향인 삼가현이 승격될 때인 듯하다. 태조가 무학의 공을 인정해서 조선 건국 직후 특별히 그의 아버지에게 벼슬을 하사한 것으로 추정된다.

16 『정조실록』 권34, 16년 윤4월 24일(임진), "浩修又啓言: 釋王寺土窟舊址 有無學師小像 僧徒齊言 休靜 惟政 以壬辰戰功,皆立祠賜額 無學 卽開國元勳."

17 박천식, 「조선 개국공신에 대한 일고찰」, 『전북사학』 1, 1977 ; 박천식, 「개국 원종공신의 검토」, 『사학연구』 38.

18 한국 역사에 있어서 서얼이 구분되고 그 차별이 법제화된 것은 1415년(태종 15) 庶孼禁錮法이 실시되면서부터다. 고려시대에는 그러한 구분이 되지 않았다. 조선시대에 從父法을 적용시킨 것과는 달리 고려시대에는 從母法이 실시되어 어머니가 천인이면 그 아들도 천인이 되는 사회였다. 이태진, 「서얼차대고」, 『역사학보』 27, 1965.

19 『태종실록』 권10, 5년 9월 20일(임자), "竊見自超 係出賤隷 生無可取 死無異跡.."

20 『고려사』 권85, 형법2 노비.

양인 이상이었다고 할 수 있다. 실록에서 천예(賤隷) 출신이라고 한 것은 그만큼 무학을 폄하하여 비판하였기 때문이다.

앞서 살펴본 대로 「은신암사적기」나 『경암집』에 무학의 출신 성분이 서얼로 나오고 있지만, 노비는 승려가 될 수 없었기 때문에 신분은 양인이었으며, 그다지 높지 않은 집안이었다.[21]

(2) 출생 및 성장기

무학의 출생과 성장기에 대해 전하는 기록은 거의 없으나 출생과 이름, 출생지 및 고향에 대해서 알아보기로 한다. 출생에 대해서 살펴보면, 「묘엄존자탑명」에 의하면, 어머니 고성 채씨가 아침 해가 품 속으로 들어오는 것을 보고 임신하여[22] 1327년(충숙왕 14) 9월 20일에 삼기현에서 탄생하였다고 한다.[23] 당호는 계월헌이며,[24] 시호는 묘엄 존자,[25] 탑호

---

21 무학의 출신성분은 비문에 의하거나 『경암집』의 증승록대부 병조판서의 아들인 경우에는 양인이다. 앞의 두 견해를 포함하여 모두 서자 혹은 얼자로 볼 여지도 없지 않다. 얼자인 경우에는 천민이 되지만, 당시 천민은 승려가 될 수 없었기 때문에 양인이나 서인이었던 것 같다.

22 지금까지 전국에 걸쳐 전하고 있는 설화에서는 무학의 어머니인 고성 채씨가 벙어리로 설정되거나 큰 오이 또는 복숭아나 해를 머금었다는 것, 아버지가 등장하지 않고 어머니 혼자 아이를 낳았다는 것, 무학의 부모가 없이 나오는 예도 있다(한국학중앙연구원, 『한국구비문학대계』: 한국학자료통합플랫폼(https://kdp.aks.ac.kr/gubi)). 큰 인물을 그리기 위하여 보통사람과 다른 생애의 출발을 탄생에서부터 이와 같이 드러낸 것이 아닐까 한다. 그만큼 그가 삼화상이라 불리는 등 비중이 컸다.

23 변계량, 「묘엄존자탑명」, 『동문선』 권121, 비명.

24 이색, 「題溪月軒印空吟」, 『목은문고』 권13, 발 : 『동문선』 권102, 발.

25 무학의 諡號인 妙嚴尊者는 1392년 왕사로 책봉될 때 받은 이름이다. 妙嚴이라는 이름은 무학 외에도 다른 승려의 이름에서도 찾아볼 수 있기 때문에 주의를 요한다. 예컨대 1385년(우왕 11)에 건립된 「태고사 원증국사탑비」 음기에 '內院堂 妙嚴尊者 祖異'라고 보이고 있어서 祖異의 이름도 묘엄 존자였음을 알 수 있다. 『한국금석

는 자지 홍융[26]이다. 1393년 10월 11일 왕사 책봉식에는 왕사호는 '왕사 대조계종사 선교도총섭 전불심인변지부무애종 수교홍리 보제도대선사 묘엄존자(王師 大曹溪宗師禪教都摠攝 傳佛心印辯智扶無礙宗 樹教弘利 普濟都 大禪師 妙嚴尊者)'다. 조선 후기 정조가 1792년(정조 16) 윤4월 24일에 내린 시호는 '개종입교 보조법안 광제공덕 익명흥운 대법사(開宗立教 普照法眼 廣濟功德 翊命興運 大法師)'[27]다.

참고로 여러 문집류나 설화 따위에서는 무학의 이름이 박○○(박인일 의 아들 혹은 박치인의 아들) 외에도 염시생, 성사겸, 문○○으로 나타나고 있으며[28] 무학(舞鶴·無學), 무심, 용문 등의 이름도 찾아지고 있다. 그 가운데 무심이나 용문이라는 이름은 설화에서 가공적으로 지어진 이 름인 듯하다. '춤추는 학'이라는 뜻의 무학(舞鶴)과 '더 이상 배울 것이 없다'는 뜻의 무학(無學)이라는 이름이 있다. 잘못 알려진 무학(舞學)이라 는 이름은 학이 날개로 아이를 보호하였거나 아이를 보호하였다가 '무 학'하며 날아갔다고 하여 지어졌다가 출가 후 무학(無學)이란 이름으로

전문』 중세 하, 1233쪽. 또 수선사 제11세 사주인 慈圓 國師의 이름도 묘엄 존자였 다. 「혜감 국사비」, 『조선금석총람』 상, 601쪽.

26 1405년 9월 20일 조박의 어머니(비구니)의 청으로 무학의 법호를 내렸다고 한다.(『태 조실록』 권10, 5년 9월 20일(임자), '平原君 趙璞 請爲自超贈法號建碑 蓋因其母尼之請 也.' 慈知 洪融은 무학이 입적한 지 3년 후인 1408년에 왕이 내린 이름이다. 변계 량, 「묘엄존자탑명」, 『조선금석총람』 하, '臣季良謹拜手稽首而名其塔曰慈智洪融'. 무 학은 우왕 대 무렵 淸溪寺 住持였을 때 '普覺圓明無爲眞靜廣濟大禪師.' 무학이 입 적하자 상왕은 무학에게 시호를 내리고 비명을 짓게 하였다.(『태종실록』 권20, 10년 7 월 12일(정축), '命禮曹加謚故王師妙嚴尊者 又命藝文館提學卞季良製碑銘 妙嚴 卽 無學也 上以上王尊信而力請, 故有是命.' 근대의 송광사 고승 금명 보정(錦溟 寶鼎, 1861~1930)은 『불조록찬송(佛祖錄頌)』(1921년 간행)에서 "초연한 도의 기운은 조계의 달이며, 천년의 향기로운 이름은 한양을 남겼다(超然道氣曹溪月 千載芳名遺漢陽)"라 고 하여 '조계의 달'이라고 칭송한 바 있다.

27 『정조실록』 권34, 16년 윤4월 24일(임진).

28 鏡巖 慣拭, 「論無學事蹟說」, 『경암집』 잡저(雜著) ; 『한국불교전서』 권10,

바꾸었다고 한다.[29] 아마도 학의 고고한 자태가 세속에 물들지 않은 선(仙)을 상징하여 후대에 붙여진 이름이 아닐까 한다.

무학(無學)이라는 이름(법호)은 불교의 수행과정 가운데 가장 높은 단계를 의미한다. 모든 번뇌를 없애고 소승(小乘) 증과(證果)의 극위(極位)인 아라한과를 얻는 경지에 오르면 더 배울 것이 없는 경지를 무학(無學)이라 한다.

다음은 무학의 고향에 대해서 알아보기로 한다. 흔히 고향은 경상남도 합천군이지만 충남 서산군에서 태어났다는 설이 있다. 고향이 합천군이었다는 것은 비문에 명시되어 있고 『태조실록』에서도 확인되고 있다. 특히 『태조실록』에는 태조가 삼기현을 무학의 고향이라 하여 승격시키고 있는 사실[30]로 미루어 볼 때 확실하다.

무학의 고향이라고 알려진 합천군 대병면 구리듬(九里듬)[31]은 그의 부모가 살았던 곳으로 알려져 있으며, 그 일대에는 그와 관련된 유적들이 남아 있다. 즉 구리방 아래쪽 향강 가운데 있는 무학샘(無學샘, 호박샘), 구리방 맞은 편에 있는 무학탄(無學灘),[32] 구리방에 있었다는 무학사(無學寺) 7층 석탑 잔재[33] 등등이 바로 그러한 것이다. 그리고 조선 후기 지리지나 지도에도 대부분 고행이 합천군이라 되어 있다. 예컨대 18

29　한국학중앙연구원, 「강원도 춘성군 북산면 설화」, 『한국구비문학 대계』 ; 한국학자료통합플랫폼(https://kdp.aks.ac.kr/gubi).

30　『태조실록』 권5, 3년 3월 14일(계축).

31　합천군 대병면은 신라시대 이래 1413년(태종 13)까지 三岐縣이었으며, 1914년에 대병면이 되었다. 대병면 악견산 동쪽에 수만 평의 둔덕이 펼쳐져 있다. 그 둔덕을 구리듬(九里듬) 또는 구리방이라 부르고 있다.

32　경상남도, 『합천댐 수몰지』, 1988, 544~545쪽.

33　1967년 동아대학교에서 무학사를 답사하여 절의 석탑 잔재를 확인하였다고 한다. 이종익, 『전기소설 무학 대사』, 보련각, 1982, 194쪽.

세기 중엽에 간행된 「해동지도」 상단에도 삼기현이라고 하였다.[34] 1990
년에 편찬된 『조선환여승람(朝鮮寰輿勝覽)』[35] 서산(군) 명석(名釋) 무학 자
초에는 다음과 같이 서술되어 있다.

> 성은 박, 호는 계월헌이며 삼기인(三歧人)이다. 나이 18세에 머리를 깎고
> 구족계를 받았다. 용문산에 이르러 혜명 법장에게 '너는 바른 길을 얻은
> 자인가, 네가 누구인가' 하는 가르침을 받았다. 진천 길상사와 묘향산 금
> 강굴을 거쳐 연도에 가서 서천 지공을 참배하고 나옹을 참예하였다. 무
> 령과 오대산을 유력한 후 고달산 탁암을 지키었다. 조선 태조가 혁명하
> 여 스님을 불러 왕사로 책봉하였다. 나이는 79세이다. 이 군 간월도에 살
> 았다고 한다.[36]

한편 무학의 탄생지가 합천군이 아니라 충남 서산군이라는 설에 있
다. 『충청도 읍지』 인물조에 "무학 신승이 간월도에 머물렀다."[37]라는 기
록이 찾아진다.[38]

---

34 「海東地圖」 상 삼기현 지도(규장각 자료통서 서울대학교 규장각), '僧無學 所生地.'

35 1910년부터 1937년까지 전국 241개 군 중 129개 군의 인문 지리 현황을 직접 조사, 편찬하여 이병연이 1990년에 간행하였다.

36 『조선환여승람(朝鮮寰輿勝覽)』瑞山, 名釋 無學自超, '姓朴 號溪月軒 三歧人 年十八 薙髮具戒 至龍門山咨法慧明匸曰得正路非汝而誰 住鎭川吉祥寺妙香山金剛窟 往燕 都參西天指空 到法泉寺 參懶翁 遊霧靈歷五臺後入高達山卓菴自守 朝鮮太祖革命 召師 之封爲王師 世壽七十九 生于郡地看月島云.' 「無學祕記」에도 무학이 삼기현 출 신이라고 하였다. 「無學祕記」(서울대 규장각 도서 12372호), '無學 麗末高僧妙嚴尊者 三嘉人 道高洞 曉象堪輿 李朝太祖 最尊信 定都漢陽 實從 無學耶 占碑在楊州檜巖 寺.'

37 『충청도읍지』 서산군 인물(『한국지리총서』 읍지 1. 아세아문화사, 1982, "無學 神僧居生看月島."

38 무학은 서산군 인지면 애정리 쑥샘마을에서(또는 인지면 모월리) 태어났다고 전하고 있다. 쑥샘마을은 애정리에서 으뜸가는 마을이며, 쑥당, 애당이라고도 부른다. 마 을에 쑥당(무학당)이 있으므로 쑥댕이라고 부른다. 충청남도 교육위원회, 『우리 고 장 충남』-고적과 지명편, 1986, 705쪽. 현재 애정리 쑥샘마을 솔밭 곁에는 무학 대

충남 서산군 일대에 전하고 있는 설화에 의하면 서산에서 태어나 그 일대인 간월도에서 득도하였다고 한다. 간월도는 서산군 인지면 남쪽에 붙은 부석면 창리에서 남쪽으로 1시간 거리에 있는 조그마한 섬이다. 어머니가 간월도에 살았었다거나 섬에서 바다의 달을 보고 불도를 깨달았다고 해서 이름 붙여졌다고 한다. 간월도의 사찰인 간월암이나 백련암, 서산군의 부석사도 관련된 사찰이다. 이러한 사실들은 무학이 서산군에서 태어났다고 간주하는 것들이다.

무학의 유년 성장시절에 대해서 정확히 알려진 바 없다. 무학의 출생 이후부터 출가 이전까지의 시절에 대해서 알려진 것은 비문에 "(무학가) 겨우 강보를 면하게 되자 문득 청소하였으며, 글을 배우기 시작하여서는 남이 감히 앞서지 못하였다."[39]라는 것이 전부이다.[40]

(3) 출가 및 구도기

「묘엄존자탑명」에 의하면 무학은 1344년(충혜왕 복위 5) 나이 18세에 혜감 국사의 수제자인 소지 선사에게 머리를 깎고 구족계를 받았다. 그가 출가했던 절이 어디였는지 알 수 없으나 출가 스승인 소지 선사가 혜감 국사[41]

사의 탄생을 기념하여 무학 대사 기념비가 건립되어 있다. 무학이 탄생한 곳은 서산군 인지면 애정리 쑥샘마을(혹은 인지면 모월리)이며, 무학이 주로 성장한 곳(고향)은 합천군 대방면 구리방으로 추정되기도 한다.

39 변계량, 「묘엄존자탑명」, 『동문선』 권121, 비명, "始免襁褓 便行掃除 及就學 人莫敢先."
40 설화류에 의하면, 무학이 성장기에 이미 풍수 도참사상에 정통한 인물로 묘사되고 있지만 전혀 검증되지 않은 사실이다.
41 혜감 국사(1249~1319)는 萬恒으로 1256년부터 1286년까지 수선사 10세로 주석하였다. 혜감 국사는 수행에 명망이 드높아 제자가 7백여 명에 이르렀다고 하나 景瑚와 무학의 비문에 보이는 소지 선사만이 알려져 있을 뿐이다.

의 상족제자라는 점에서 송광사에 출가하였던 것을 알 수 있다.[42]

그 후 용문산[43] 혜명 법장 국사[44]를 찾아 교시를 받고 부도암이란 암자[45]에서 불이 나도 허수아비처럼 선정에 들었고 20세 되던 해인 1346년(충목왕 2)『능엄경』을 보고 홀연히 깨달았다고 한다.[46]

---

[42] 종래에는 아무런 설명도 없이 무학이 송광사에 출가하였다고 하였다. 그가 송광사에 출가하였으리라는 것은 다음과 같은 이유에서이다. 혜감 국사가 송광사에 출가하여 수선사 10세 사주로 주석하였다. 그의 제자였던 소지 선사도 송광사에 머물렀을 것이다. 소지 선사에게 구족계를 받았던 무학도 송광사에 출가했으리라 추정된다.

[43] 용문산은 예천 용문사를 지칭하는 것이라고 추정되지만 어떠한 기록에서도 찾아지지 않고 있다. 출가 후 무학의 행적을 보게 되면 용문산은 예천 용문사를 가리키는 것 같다. 그는 송광사에서 출가한 후 용문산을 거쳐 진천 길상사 묘향산 금강굴을 거쳐 원에 갔던 것이다. 타카하시 토오루는 용문산을 아무런 근거없이 경상도 예천 용문산으로 보고 있다. 타카하시 토오루(高橋亨), 『이조불교』, 동경, 보문관, 1929, 72쪽, 누카리야 가이텐(忽滑谷快天)은 용문산을 양평 용문사로 보고 있다. 용문산이 경기도 양평 용문사일 가능성도 전혀 배제할 수 없다. 양평 용문산의 龍門寺와 上院庵은 무학이 왕사를 그만둔 뒤 머물렀던 절이며, 그가 원으로 유학갈 때 도반이었던 正智國師 智泉이 용문사에 머문 사실로 미루어 보아 그러하다.

[44] 용문사의 혜명 법장 국사는 무학의 비인『묘엄존자탑명』에만 이름이 보일 뿐이며 문맥상이나 당시 상황으로 보아 1인인 혜명 법장 국사인 듯하다. 허흥식, 「나옹 사상과 그 계승자」, 『한국학보』 59, 1990, 각주 85), 『해동 불조원류』에도 혜명 국사 1인으로 보고 있으며(『한국불교전서』 10, 101쪽) 이능화도 혜명 국사 1인으로 보며 법장은 이름이라고 주를 달고 있다. 『조선불교통사』 중편, 「조선 선종 임제적파」. 필자는 『양촌집』에 지공의 문도인 達空이 龍門 藏公에게 찾아가 질정하고 홍천에 머물렀던 나옹과 일전어를 나눈 기록(권근, 「達空首座問答法語 序」, 『양촌집』 권17, 序類)으로 미루어 보아, 용문 장공이 용문사의 법장이라고 보고 있다. 황인규, 「나옹 혜근과 그 대표적 계승자 무학 자초」, 『역사와교육』 5, 1997.

[45] 浮圖菴은 용문사에서 조금 떨어진 암자로 생각되나 『한국사찰전서』나 어떤 기록에도 찾아지지 않고 있다.

[46] 변계량, 「묘엄존자탑명」, 『동문선』 권121, 비명, "至龍門山 咨法于慧明國師 法藏國師 示法已 乃曰得正路者 非汝而誰 遂令居浮圖菴 一日菴中失火 師獨靜坐如木偶人 衆異之."

무학은 23세 되던 1349년(충정왕 1) 가을에 진주(鎭州)[47] 길상사[48]에 머물렀고 25세 되던 1352년(공민왕 1) 여름에 묘향산 금강굴[49]에 가서 정진하던 중 경쇠소리에 의심스러운 바가 시원히 풀려 깨우침을 얻었다.[50] 용문산 부도암에 이은 두 번째 깨달음이었다.

이렇듯 무학이 출가하여 송광사의 소지 선사와 그의 법형제로 추정되는 용문산의 혜명 법장 국사를 스승으로 모셨고 『능엄경』을 익힌 것으로 미루어 보아 출가 산문과 선풍은 수선사의 사굴산문 계통으로서, 임제종 간화선풍을 띠었다고 하겠다.

(4) 원 유학기

① 인도승 지공(指空)과 조우

무학은 26세인 1353년(공민왕 2) 가을에 원에 들어가서 연경에 머물고 있던 인도승 지공을 참예하고 이듬해 나옹을 법천사와 서산 영암사에서 두 번 참예하였다. 이어 무령 오대산 등 산천을 유람하다가 1356년 여름에 귀국하였다.[51]

---

47 鎭州는 오늘날의 충북 진천군이다. 『세종실록 지리지』에 의하면 고려 때 鎭州가 조선 1413년(태종 13)에 鎭川縣으로 바뀌었다.

48 吉祥寺는 충북 진천군 진천읍 상계리 길상산 중턱에 있었던 절이다. 『신증 동국여지승람』 권16, 불우조에 길상사가 胎靈山에 있는 절로 나와 있다. 혹 길상사는 신라 시대에 창건된 백련암의 후신일 것으로 추정된다. 충청북도, 『寺誌』, 1982, 411쪽.

49 金剛窟은 평안북도 북신현면(지금의 향산군 향암리) 묘향산에 있는 절이다. 북한에서 현존하는 60여 개의 사찰 가운데 하나이다. 한국불교종단협의회, 『북한사찰연구』, 1993, 73쪽.

50 변계량, 「묘엄존자탑명」, 『동문선』 권121, 비명, "壬辰夏 住妙香山金剛窟 功益進 或 睡則若有擊鍾磬以警焉者 是時釋然了悟 汲汲有求師取質之意."

51 위와 같음.

무학의 3년여 원의 유력기간 행적 가운데 가장 주목되는 것은 지공과 나옹을 찾아가 도를 인가받았다는 사실이다.[52] 지공은 법원사에 머물고 있었으며 나옹은 법원사에서 나와 연대(燕伐)의 산천을 유력할 때였다. 지공은 대부감찰한 티므르(察汗帖木兒)[53]의 부인 김씨가 징청리에 마련해 준 법원사에서 머무르고 있었다.[54]

무학은 1353년 가을 원에 들어가 법원사에서 지공의 허락을 받고 다음해 1월 법천사(법원사)에서 나옹을 만날 때까지 겨울 동안 법원사에서 보낸 듯하며,[55] 그 기간 동안 지공의 사상을 사사받았다.[56]

지공의 사상은 원의 지배를 받던 남인들이 주로 신봉하던 임제종에 가까왔으나 간화선과는 다른 무심선을 내세우고 계율을 중요시하여 무생계(無生戒)를 강조하였다.[57] 지공은 뚜렷한 계승자를 남기지 않았다. 그의 사상은 중국 사상계의 다양성과 갈등을 일으켰으나 우리나라에서는 고려 말 조선 초까지 계승되었다.[58] 그 뚜렷한 사례를 찾아보기

---

52 무학의 도반으로 원나라에 동행했던 智崇도 함께 지공에게 도를 印可받았다. 권근, 「추증 정지 국사비명 병서」, 『양촌집』 권38, 碑銘類 ; 『조선금석총람』 하, 727쪽.
53 찰한 첩목아는 위구르인으로, 이사제와 더불어 의병을 일으켜 1352년 홍건적을 羅山에서 격파하였던 인물이었다. 『원사』 권141, 찰한첩목아열전 ; 이직분, 『원사신강』 4, 27쪽.
54 이색, 「서천(西天) 제납박타 존자(提納薄陁尊者)의 부도명(浮屠銘) 병서(幷序)」, 『목은문고』 권14, 비명 : 『동문선』 권119, 비명.
55 나옹의 행장에는 무학이 나옹을 찾아갔을 때인 1354년 1월 무렵 나옹은 燕伐의 산천을 유력하였다고 하였다. 비문에 의하면, 1354년 1월에 법천사에서 무학이 나옹과 조우하였다고 하였다. 그 무렵 나옹은 법원사에 다시 돌아왔음을 알 수 있으며, 무학과 나옹이 처음 조우하였던 기록이다. 황인규, 「나옹 혜근과 그 대표적 계승자 무학자초」, 『역사와교육』 5, 1997.
56 무학과 지천은 원에서 머물렀던 기간 동안 태고 보우와 나옹 혜근, 백운 경한 등이 조우했던 임제종계의 대표적인 고승이었던 석공이나 평산을 찾아가지 않았다. 무학은 나옹에게 사사받고 돌아옴으로써 임제종에 무관심을 나타냈다.
57 허흥식, 「지공의 사상 형성과 현존 저술」, 『동방학지』 61, 1989, 51쪽.
58 허흥식, 「지공의 사상과 계승자」, 『겨레문화』, 2, 1988, 28쪽.

힘든 실정이나 원에 유학 온 승려들에게 직접 전해졌다. 그 가운데 나옹[59]과 문도인 무학에게 전해졌다.[60] 이와 같이 무학은 송광사에 출가하였으므로 수선사 선풍의 바탕 위에 지공의 선의 영향을 받았다.

② 나옹 혜근과 조우

무학은 1353년 가을 지금의 북경인 연도 법원사에서 지공을 참예하고 이듬해인 1354년 1월 법원사[61]에 이르러 나옹을 참예하고 무령(霧靈) 오대산을 유력하고 서산 영암사에 이르러 다시 나옹을 뵙고 두어 해 머물면서 사사받았다. 귀국 시 연도 광제선사(廣濟禪寺)에 머물고 있던 나옹을 찾아가 하직하고 귀국하였다.[62] 무학은 원에서 나옹과 세 차례 이상 조우하였는데, 무학은 서산 영암사(靈巖寺)[63]에서 1356년 여름 나옹과 작별하기 2년 정도(1354년 이후 2년여 동안) 머물렀다.

서산 영암사는 대도 곡적산에 있었던 사찰이다. 무학은 원에서 체류하던 3년여 기간 중 1354년 이후 2년 이상 머물렀다. 무학의 비문에 의

---

59 허흥식, 위의 논문, 18쪽.

60 황인규, 「나옹 혜근과 그 대표적 계승자 무학 자초」, 『역사와교육』 5, 1997.

61 법천사는 나옹의 행장에는 모두 법원사로 나오고 있으나 '정지 국사비'에 법천사로 나오고 『조선금석총람』 하에는 법운사라 나오고 있다.

62 나옹의 행적에는 나옹이 무학과 만난 사실이 누락되어 있는데, 나옹의 행적에 추가해야 할 사항이다. 1354년 1월 무렵 나옹은 연경의 여러 곳을 유력할 때였는데, 나옹은 무학을 한 번 보고 깊고 큰 그릇임을 알았다고 한다. 이에 의하면 나옹은 법원사에서 모두 네 차례 머물렀음을 알 수 있다. 나옹이 법원사에 다시 와 광제선사의 주지 임명에 관하여 지공과 상의하지 않았나 생각된다. 황인규, 「나옹 혜근과 그 대표적 계승자 무학 자초」, 『역사와교육』 5, 1997.

63 이곡, 「大都 穀積山 新作羅漢石室記」, 『가정집』 권4, 기:『동문선』 권70, 기 : 이곡, 「경사(京師) 곡적산(穀積山) 영암사(靈巖寺) 석탑의 기문」, 『가정집』 권3, 기 :『동문선』 권70, 기. 앞의 두 기문에 보이듯이 서산 영암사는 大都 북경에 穀積山에 있었던 사찰이다.

하면, 그는 나옹에게 임제선풍을 사사받았다. 나옹은 무학의 도가 높음을 극찬해 마지 않았고 도가 서로 통하였다고 하였으며 귀국 시 수서(手書)를 전해 주었다. 결국 무학은 원의 체류기간 3년 가운데 지공과는 한 차례 얼마간 있었고 나머지 두 차례는 나옹과 함께 있었다. 그는 원에서 3년간 머무르면서 지공과 나옹 외에 오대산에서 승려 벽봉과 조우하였다.

무학은 지공을 찾아 도를 인가받고 사사받았지만 나옹과 더 오랫동안 함께 머물면서 나옹에게 도를 인가받고 사사받았다. 무학이 나옹을 처음 만난 곳은 지공이 머물고 있는 법원사였으므로 지공·나옹·무학의 삼화상이 함께 자리를 하였다. 그러므로 삼화상의 인연이 비롯되었으며, 회암사에 삼화상의 부도와 비가 세워짐으로써 삼화상의 요람이 완성되게 된다.[64]

(5) 귀국후 나옹 입적까지(1356~1376)

1356년에 귀국해서 1392년 조선이 건국되기까지 36년 동안 무학의 행적은 뚜렷하지 않다. 무학의 비문에 의하면,[65] 귀국 후 나옹 입적 때까지 20년 동안 나옹을 네 차례 만났고 고달산에 머물렀다. 1376년 나옹의 입적 후 조선 건국 직전까지 16년간 사이에 왕사의 책봉을 거절하였다.[66]

---

64 황인규, 「나옹 혜근과 그 대표적인 계승자」, 『역사와교육』 5, 1997.
65 변계량, 「묘엄존자탑명」, 『동문선』 권121, 비명.
66 무학의 비문 외에 문집류나 실록 등의 단편적인 기록을 통해 보면 행적이 더 찾아지고 있다.

귀국 후 무학의 행적은 나옹의 입적을 전후로 해서 크게 두 시기로 구분할 수 있을 것이다. 무학이 1360년을 전후해서 두 차례 조우하였다. 무학은 귀국한 지 3년 후인 1359년 여름에 경남 천성산 원효암[67]에 머물고 있던 나옹을 찾았다. 무학은 나옹보다 3년 전에 귀국했고 나옹이 귀국한 지 1년 후인 1359년 여름에 조우하였으니, 3년 만에 재회한 셈이다.

그들이 원효암에서 얼마나 머물렀는지 알 수 없으나 나옹이 1360년 가을에 오대산 상두암에 머물렀던 것이 확인되므로, 1359년 여름부터 1360년 가을 이전까지 1년 남짓 머물렀을 것이다. 그 기간 동안 무엇을 했는지 알 수 없으나 「묘엄존자탑명」에 의하면, 무학은 그때 나옹에게서 불자를 받았다. 무학이 나옹을 찾은 것은 지공으로부터 받은 수기 때문이었다.

그 후 무학은 귀국 후 두 번째 신광사에 있던 나옹을 찾아가[68] 1361년 10월부터 1363년 7월 사이에 머물면서 나옹에게 사사받았다. 나옹의 문도 가운데 무학을 꺼리는 자가 있어서 스스로 떠났다. 무학이 떠난 시기는 구월산 금강암으로(1367.7~1363.10) 가기 직전이었다고 추정된다.

무학이 신광사에서 나와서 1371년 송광사에서 나옹으로부터 의발을 받기까지 행적으로 알려진 것은 고달산 탁암에서 도를 닦았다는 것 뿐이다.[69] 『독곡집』에 의하면, 무학이 나옹과 함께 금강산을 유력하였다.[70]

---

67 원효암은 경남 양산 千聖山에 있는, 원효 성사가 창건한 절이다.

68 변계량, 「묘엄존자탑명」, 『동문선』 권121, 비명.

69 고달산은 강원도 원주 고달산이라고 보는 경우도 있으나 신광사에서 그리 멀지 않은 황해도 곡산 고달산이 아닐까 한다. 탁암도 고달산 정상에 있는 고달암 또는 고달굴을 가리키는 것일 것이다.

70 成錫璘, 「戲題僧詩卷(二首)」, 『독곡집』 권하, "金剛山高多佛庵 禪僧老少皆飽參 名山

무학과 나옹은 1366년 3월 이후 1367년 가을 이전에 금강산에 함께 있었던 것이다.

그 후 1371년까지 5년여 동안 무학의 행적에 대해서는 알려진 바 없다. 1372년 무렵 나옹의 주도하에 지공의 추념 사업에 참여하였다. 지공의 부도는 1372년 9월 26일 세워졌으나 비는 나옹의 입적 2주기인 1378년 5월에 건립되었다. 비의 음기에 무학의 이름이 보이고 있고 그 보다 6년전에 건립된 지공의 부도의 건립에 참여하였던 것이다.[71]

무학은 나옹이 왕사로 책봉되어 송광사에 머물렀던 때부터 환암이 1375년 가을 송광사 주지로 임명될 때까지(1373년 봄부터 1375년 가을까지) 나옹에 이어 송광사 주지에 재임하였다.[72] 무학은 나옹에게서 회암사로 갈 즈음인[73] 1375년에 의발을 전해 받았다.[74] 의발은 삼의(三衣, 法衣)와 발(반기飯器, 바루)을 말하며, 선종에서는 법을 전하는 표징으로 가사와 철발을 제자에게 준 것에서 "의발을 전한다."고 하므로, 무학이 나옹의 법을 이어받은 것이다.

於我亦何有 齒黃頭白徒髼男 松皮橡栗窠雲菴 懶翁無學曾歷參 觀惡言時須似蜜 亦是成吾之善男."

71 이러한 기록은 이능화본에만 실려 있다. 이능화『조선불교통사』, 신문관, 1918, 353~361쪽 ; 허흥식, 「지공의 원비문과 음기」,『이기영 박사 고희논총 불교와 역사』, 447쪽. 비가 파괴되었기 때문에 실물은 접할 수 없지만 음기를 포함한 비문은『퇴경당전서』(381~390쪽)에만 실려 있다. 여기에 실린 문도를 보게 되면 무학이 참여하고 있음을 알 수 있으며, 그보다 12년 후인 1384년 「안심사 지공 나옹 사리석종비」 건립에도 참여하였다.

72 그보다 1년 후인 1375년 가을부터 1376년 3월까지 환암도 송광사에 머물면서 주지를 하였다(「보각국사비명」). 무학은 이전에(1373년 봄부터 1375년 가을까지) 주지를 하였던 것 같다.

73 鏡巖 慣拭, 「조계산 송광사 사적」,『조계산 송광사 사고』.

74 무학이 의발을 받았다는 것은『신증 동국여지승람』에도 전하고 있다.『신증 동국여지승람』 권40, 순천도호부 불우. 그보다 후대의 자료이지만 1885년(고종 22)에 쓰여진「송광사 사적」에 좀 더 자세하다.

무학은 1376년 여름에 회암사 중창 불사(낙성식)에 참여하였다. 여기서 무학은 나옹이 회암사에서 추방될 무렵까지 머물렀던 것 같다.[75] 1376년 회암사 낙성식 때 나옹이 무학을 불러 수좌를 삼으려 하였다.[76] 나옹은 1374년 봄에 송광사를 떠나 회암사로 와서 절을 중창하였고 낙성식 때 그를 부른 것이다.

나옹은 지공과 더불어 생불 또는 석가의 화신으로 추앙될 정도로 사람들의 숭앙을 받았다.[77] 지공의 영골을 모신 회암사를 중심으로 불법을 펴려고 낙성식을 개최했을 때[78] 절정에 다다랐다. 고려 정계에서는 나옹을 추방하고 결국 주살하였다.[79] 무학은 나옹 입적을 계기로 하여 은둔에 들어가게 되었다.[80]

(6) 나옹 입적 후 조선 건국 전까지(1376~1392)

나옹 입적 후 조선 건국까지 16년간 무학의 행적은, 「묘엄존자탑명」에 의하면, 나옹이 입적하자 여러 명산을 편력하였고 수차례의 왕사 책봉

---

75 나옹이 1376년 4월 15일 낙성식을 개최하고 회암사에서 추방되어 한강에 5월 2일 도착하였으니 나옹이 추방된 때는 5월 1일 즈음이 아닐까 한다. 무학이 회암사에서 머물렀던 기간은 반달 이상이었다고 추정된다.

76 변계량, 「묘엄존자탑명」, 『동문선』 권121, 비명.

77 무명씨, 「벽불소」, 『동문선』 권56 ; 『세종실록』 권85, 21년 4월 을미 ; 김숙자, 『강호선생실기』 권1 ; 정극인, 『불우헌집』 ; 서종범, 「나옹 선풍과 조선불교」, 『가산 이지관 스님 회갑기념논총 한국불교문화사상사』 상, 가산불교문화원, 1992, 1147쪽.

78 각굉, 「나옹화상 행장」, 『나옹화상어록』 ; 『한국불교전서』 6.

79 나옹이 복잡한 정치 상황으로 인하여 주살되었다는 사실은 다음과 같은 기록에서 찾아진다. 『세종실록』 권85, 21년 4월(을미) ; 『성종실록』 권290, 25년 5월 5일 (임인).

80 무학은 후에(아마도 나옹의 입적 직후) 신륵사에서 한때 수좌를 하였던 것 같다(이색, 「신륵사 보제 선사 사리석종기」, 『한국금석전문』 중세 하, 음기 1211쪽.

에도 나아가지 않았다는 것뿐이다.[81] 문집류나 단편적인 기록을 종합해 보게 되면 무학의 행적은 더 찾아진다. 나옹 입적 후 무학은 나옹 및 지공의 추념 불사에 참여하였고, 석왕사 토굴에서 이성계와 조우하여 왕이 될 것이라고 예견하였다. 그 후 과천 청계사 주지에 재임하였다.[82]

1376년 나옹이 입적하자 무학은 나옹과 지공의 추념 불사에 참여한 후 명산대찰을 유력하였다. 무학은 석왕사 토굴에서 은둔 수행하다가 이성계를 조우하였다.[83] 조선 후기 청허 휴정이 1598년(선조 31)에 지은 「설봉산 석왕사기」에 전하고 있다.[84] 이 기문에 의하면 무학은 1375년(우왕 1) 무렵부터 설봉산의 토굴에 숨어 이름을 감추고 솔을 먹으며, 칡베 옷을 입고 수행을 하고 있었다.[85]

---

81 변계량, 「묘엄존자탑명」, 『동문선』 권121, 비명.
82 그밖에 무학이 『장승법수』를 간행했다는 사실을 더 추가할 수 있다.
83 그의 비문에 의하면, 무학과 태조가 만난 시기가 태조 원년이라 하고 있으나, 이는 무학의 왕사 책봉을 지칭하는 것이라 하겠다. 무학과 이성계와의 만남은 그보다 먼저 이루어졌을 가능성도 있다. 나옹이 원에서 귀국한 지 2년 후인 1360년의 일이며, 무학이 나옹과 함께 이자춘의 묏자리를 잡아 준 것이 사실이었는지는 의심스럽기도 하다. 나옹이 귀국 후 평양이나 오대산을 유람할 때인데, 1362년 무렵 나옹이 신광사에서 머물 때(1361.10~1365.3) 무학이 찾아가 만난 사실로 볼 때 그럴 가능성이 없지 않겠다. 이자춘이 1360년 4월 30일에 죽었으므로, 무학과 나옹은 1360년 4월 30일에서 8월 사이에 이자춘의 묘 터를 잡아 주었던 것이며, 그 때 무학이 이성계를 처음 만난 것이 아닐까 한다.
84 『한글대장경』 151(청허당집 삼가귀감); 『조선사찰사료』 하, 함경도). 이러한 내용은 숙종 때 洪萬宗이 지은 『旬五志』와 조선 후기에 쓰여진 南九萬의 『藥泉集』이나 이긍익의 『연려실기술』, 李粹光의 『芝峰類說』 등에도 전하고 있다. 설화로 지금까지 전국 곳곳에 전해지고 있다. 한국학중앙연구원, 『한국구비문학 대계』: 한국학자료통합플랫폼(https://kdp.aks.ac.kr/gubi).
85 무학이 안변 설봉산 토굴에 머문 것이 이성계를 만나기 아홉 해 전부터라고 밝히고 있다. 그가 이성계의 꿈을 해몽한 때가 우왕 10년(1384년)이다. 그로부터 아홉 해 전이라고 한다면 우왕 1년(1375) 즈음이 되고 있다. 그는 이때 송광사와 회암사에 있을 무렵이었으므로 나옹의 입적 후인 1376년 이후인 듯 싶다.

무학이 나옹 입적 전부터 설봉산 토굴에서 10여 년간 머물렀다고 생각되지는 않는다. 아홉 해라는 것은 많다는 뜻으로 보아야 할 것 같다. 무학은 나옹의 입적을 전후로 해서 석왕사를 비롯해 명산대찰을 유력했는데[86] 1384년(우왕 10) 무렵에 이성계를 만났고[87] 왕조 창업을 결의하지 않았는가 한다.[88] 「석왕사기」의 글은 『정조실록』[89]에도 찾아지고 있어서 역사적 사실일 가능성이 많다. 왕실에서 "석왕사는 왕업(王業)이 일

---

86 사료적 가치가 떨어지기는 하지만 사찰의 기문에 무학이(또는 이성계와 함께) 이성계의 조선 창업을 위하여 기도한 사실이 찾아지고 있다. 예컨대 그들 사찰을 열거하건대 순창 萬日寺(전라북도『사찰지』, 1990), 임실 上耳庵(이고운·박설산, 『명산고찰 따라』 속 (2)편, 1994), 무주 北固寺(전라북도『전북불교 총람』, 1990), 의정부시 回龍寺(『봉은본말사지』, 「제5편 도봉산의 사찰」) 등을 들 수 있겠다. 이렇듯 무학은 이성계의 고향인 함흥 일대에서 새시대를 이끌 주역인 이성계를 만난 후 이성계의 고향뿐만 아니라 이성계의 선대의 고향인 전북과 근기 지방의 사찰 등에서 왕조 창업을 위해 기도하였던 것이 아닐까 한다.

87 「설봉산 석왕사기」에 의하면, 1384년(우왕 10)에 이성계가 꿈을 해석하고자 무학에게 찾아갔고 무학은 이성계가 왕이 될 것이라고 꿈을 풀었으며 이성계의 얼굴에 임금의 기상이 가득하다고 하였다. 훌륭한 무학이 1년 안에 그 자리에 석왕사라는 절을 세우고 3년을 기한으로 五百聖齋를 베풀고 은근히 기도하면 반드시 왕업을 도울 것이라 하였다. 무학은 이러한 가르침을 믿지 않는다면 일을 이루지 못할 것이라 하였으며, 이성계는 무학의 가르침을 받겠다고 하면서 자비로써 왕업을 도와 달라고 하였다는 내용이 전하고 있다. 청허당 휴정, 「설봉산석왕사기」, 『한글대장경』 151(청허당집 삼가귀감) ; 『조선사찰사료』 하, 함경도.

88 조선 창업의 주역을 담당했던 정도전이 1383년 동북면도지휘사 이성계가 머물고 있던 함주 막사에 찾아가 혁명을 종용하였고 이듬해인 1384년에 다시 함주에 다녀갔다. 이에 대하여 한영우는 정도전이 이성계를 찾아갈 당시(1383년) 이성계 자신은 아직 혁명을 생각지 않았던 같다. 정도전은 이성계를 혁명의 대열에 이끌어 들인 최초의 모의자라고 할 수 있다고 하였다. 한영우『정도전의 사상의 연구』(개정판), 서울대출판부, 25~26쪽. 이러한 것이 사실이라면 무학이 이성계가 왕이 될 꿈을 해석할 무렵이었다. 그들은 이미 함주에서 이성계를 매개로 하여 만났을 가능성도 없지 않다.

89 『정조실록』 권32, 15년 4월 17일에 "태조가 왕업을 일으킬 조짐이 있는 꿈을 꾸고 토굴 속에 있는 神僧 無學에게 가서 그 뜻을 풀어 보게 하였다. 즉위한 뒤에 토굴이 있던 곳에 절을 세우고 이름을 釋王이라 했다"라는 기록을 지칭한다.

어난 곳"[90]이라고 하였다.[91]

무학은 1384년 즈음 석왕사 토굴에서 이성계를 만나 새로운 왕조의 창업을 위한 준비를 하였으며, 한편으로는 스승 지공과 나옹의 추념 불사에 참여하였다. 나옹의 추념 사업은 전국에 걸쳐 이루어지고 있었는데 그 가운데 무학이 참여한 것으로 확인되는 것만도 세 건이 넘고 있다. 즉 1379년 「신륵사 보제선사비」[92]와 「서천 제납박타존자비명」,[93] 1383년 「신륵사 대장각기」,[94] 1384년 「안심사 지공나옹비」[95] 건립에도 참여하였다. 무학은 「안심사 지공나옹비」 건립에 참여하였던 무렵에 이성계와 조우하였던 것이다. 무학은 언제부터인지 모르지만 1384년 이전에 청계사 주지를 하였다. 청계사 주지에 재임하였다는 것은 1383년(우왕 9)에 세워진 여주 신륵사 「대장각기」 음기와 1384년(우왕 10)에 세워진 묘향산 안심사 「지공나옹사리석종기」 음기에 "대선사□□청계사 자초"[96] "전 청계사주지 보각원명무위진정광제대선사 무학자초(前 淸溪寺住持 普覺圓明 無爲眞靜廣濟大禪師 無學自超)"[97]라는 기록으로 확인된다.[98]

90　『정조실록』 권32, 15년 5월 6일.

91　석왕사의 창건시기를 태조가 즉위한 후라 하였지만 우왕 때가 맞는 것으로 생각된다. 한국불교종단협의회, 「3.북한의 주요사찰」, 『북한사찰연구』, 1993, 262쪽.

92　이색, 「신륵사 보제선사사리석종비」, 『조선금석총람』 하, 514~519쪽 ; 『한국금석전문』 중세 하, 1208~1214쪽.

93　이색, 「서천 제납박타존자비명」(1378년), 권상로, 『퇴경당전서』 권6, 음기, 1990, 381~390쪽.

94　이숭인, 「신륵사 대장각기」(1383년), 『한국금석전문』 중세 하, 음기, 1217쪽.

95　이색, 「안심사 지공나옹사리석종비」, 『조선금석총람』 하, 519~524쪽 ; 『한국금석전문』 중세 하, 1223~1228쪽.

96　이숭인, 「신륵사 대장각기」(1383년), 『한국금석전문』 중세 하, 음기, 1217쪽.

97　이색, 「안심사 지공나옹사리석종비」(1384년), 『한국금석전문』 중세 하, 음기, 1226쪽.

98　청계사는 경기도 시흥 청계산에 있는 사찰이며 대표적인 권문세족인 조인규 가문의 원당이었다.

그 후(1384년 이후 1392년까지) 무학은 조선이 건국되어 왕사가 될 때까지 8년 동안 뚜렷한 행적을 찾을 수 없다. 다만 『오산설림』이나 「설봉산 석왕사기」에 의하면, 무학이 왕사 책봉 직전까지 황해도 곡산이나 설봉산 토굴에 머물러 있었다고 하였으나[99] 조선 건국 직전에 무학이 개경에 머물러 있었던 사실이 확인되므로[100] 이미 조선 창업 직전에 개경에 있었다고 하겠다.

(7) 조선 건국 후 왕사 활동기

① 태조 재위 시 왕사로서의 활동기(1392~1398)

조선 건국 후 무학의 행적은 태조 재위 시 왕사로서의 활동기(1392~1398)와 태조 이후 시기인 정종 대와 무학의 입적 시기인 태종 5년까지인 태종 대(1398~1405)로 크게 나누어 볼 수 있다.

무학은 태조가 즉위한 지 3개월 후에 태조의 부름을 받고 개성에 와서 1392년 10월 9일에 왕사로 책봉되었다. 숭유억불의 분위기가 팽배했던 조선 초기에 불교사회의 상징적 존재였던 왕사 국사제도[101]가 그대로 시행되었던 것이다. 나옹의 문도들이 절대 우세한 분위기 속에서 나옹의 수제자이며 이성계와의 친밀도가 가장 앞선 무학이 왕사로 책봉되

---

99 무학은 1388년 이성계가 실권을 장악한 이후에 설봉산 토굴에서 그대로 머물러 있었지 않았는가 한다. 창왕이 즉위하자 환암과 찬영은 국사와 왕사로 각기 재책봉되고 있으며, 무학은 전조의 말기에 명리로써 왕사에 번번이 나아가지 않았다.

100 『고려사』에 무학에 관련된 유일한 기록이다. 즉 『고려사』 권46, 공양왕세가, 4년 5월 임인, "왕과 順妃가 승려 自超를 解慍亭에서 引見하였다."

101 허흥식, 「국사 왕사제도와 그 기능」, 『고려불교사 연구』, 일조각 참조. 性聰이 세조 때 왕사로 봉해진 기록이 「妙覺和尙碑」(『조선사찰사료』 상, 344~346쪽)에 보이고 있으나, 태조 때 왕사 국사제도가 폐지된 것이다.

었다.[102]

무학은 조선 건국 직후에 왕사로 책봉되어 태종 조에 입적하기까지 13년간 왕사로 재임하였다.[103] 무학은 왕사로서 책봉된 후 회암사를 하산소로 삼아 그 이후 입적할 때까지 가장 오랫동안 머물렀다.[104]

이렇듯 무학이 왕사로 책봉된 직후 회암사를 택하여 머물렀던 것은 회암사가 무학의 스승인 지공과 나옹의 도량이었기 때문이라고 생각되며 무학은 회암사를 중심으로 활동하였다.[105]

실록에 의하면, 태조 재위 시 무학은 왕사 책봉 후 두 차례 초빙되어 계룡산과 한양 천도에 한 달 남짓 활동하였고 두 차례 초빙되어 개경에 와서 1년 2개월 정도 불사를 하였을 뿐이며, 그외 대부분 산림인 회암사에서 머물러 있었다. 정종 대 이후 무학의 입적 시까지는 세간에 나와 활동한 바 없고 회암사와 용문사, 금강산 등 산림에 머물렀던 것이다.[106]

---

102 그것은 바로 무학이 스승 나옹과 이성계의 부친 묘터를 잡아 주었다거나 안변 석왕사에서 이성계가 왕이 될 꿈을 해몽하였다는 것, 여러 사찰에서 자초가 이성계와 함께 조선 창업을 위해 기도하였다는 것 등이다. 무학은 조선 창업을 위해 이성계와 함께 노력하였다는 점에서 왕사로 책봉되었을 것이다. 결국 태조는 후세에 청허 휴정이 "고려 태조가 도선국사의 도움으로 나라를 개국한 것같이 조선 태조도 무학의 도움을 받아 창업하였다."라고 평한 글은 여러 가지 측면에서 시사하는 바가 적지 않다.
103 무학은 태조·정종·태종조 3대에 걸쳐 왕사로 있었지만 상왕(또는 태상왕)이었던 태조 이성계의 왕사였다.
104 무학은 조선 건국 후 회암사에 5년여 기간 머물러 있었다.
105 무학이 회암사에 머물렀던 것 자체가 지공과 나옹 등 스승의 법통을 잇는 것이라 하겠다. 회암사는 일찍이 무학의 스승인 지공이 고려에 와서 인도의 날란다사와 같다고 말한 바 있다. 나옹이 귀국 시 지공이 준 수기를 가지고 와서 회암사를 중건하고 지공의 부도를 모셨다. 나옹은 동방 제일도량이었던 송광사에서 나와 회암사를 중건하여 불교계의 중심지로 만들려 했다. 회암사는 무학이 왕사가 되어 하산소로 머물게 되면서 지공과 나옹, 무학의 삼화상의 요람이 되었다.
106 무학은 그 기간에 이성계의 뜻으로 9개월 회암사에 더 머물렀다.

결국 무학은 태조의 청으로 한양 천도와 같은 정치적인 문제에 한 달 남짓 참여한 것[107] 외에는 수행 및 교화에 전념하여 왕사 본연의 자세에 충실했다.[108] 무학이 왕사로 책봉된 후의 활동을 좀 더 구체적으로 살펴보면 더욱 명확해진다. 1392년 10월 9일 왕사로 책봉되고[109] 난 직후 회암사로 가서 머물렀다.[110] 무학은 태조의 청으로 1393년 1월 21일 신도 후보지인 계룡산으로 가서[111] 다음 달인 2월 24일[112] 이전에 돌아온 듯하다.[113] 무학은 한 달 가량 회암사에서 머물러 있었는데 1393년(태조 2) 3월 22일 태조가 초빙하여[114] 3월 28일 연복사 5층탑의 낙성식을 주관하였고[115] 4월 2일 연복사(演福寺) 문수법회를 주관하였던 것 같

---

107 무학은 태조와 동행하며 건원릉 터도 점지하였다.

108 그 외에 무학이 정치적인 문제에 관련된 것을 든다면(1392년 10월 9일) 왕사 책봉 시나 개경 연복사 법회 시 죄수를 방면토록 청한 것(1394년 2월 17일), 세간에 '함흥차사 이야기'로 잘 알려진 것으로, 태종 때 무학이 한 차례 이성계를 함흥에서 개경으로 오도록 한 것뿐이다(1402년 11월). 따라서 무학은 승려 본연의 자세에 충실했다고 하겠다.

109 무학은 1393년 10월 9일에 왕사로 책봉되었다. 책봉식은 이성계의 탄신일인 10월 11일에 거행하였다. 『태조실록』 권2, 2년 10월 9일(정사), '封僧自超爲王師.'; 변계량, 「묘엄존자탑명」, 『동문선』 권121, 비명, "我太祖之元年冬十月 師以召至松京 太祖以是月十一日誕晨 具法服若器 封爲王師 大曹溪宗師 禪敎都摠攝 傳佛心印辯智 扶無礙宗 樹敎弘利普濟都大禪師妙嚴尊者."

110 실록에 의하면, 1392년 10월 11일 선을 설법하고 난 후의 무학의 행적은 1393년 1월 21일에 태조가 회암사에 머물던 무학과 동행하여 계룡산으로 향하였다고 하였다. 그러므로 무학은 대략 4개월 10일 동안 회암사에 머물렀던 것 같다.

111 『태조실록』 권3, 태조 1월 21일.

112 『태조실록』 권3, 2년 2월 24일.

113 그 때 무학이 개경으로 돌아왔는지 확실치 않지만 그 해 3월 28일 연복사탑이 조성되었을 때 무학이 문수법회를 베풀고 다음 달 4월 6일 대궐에서 접대받는 것으로 보아 무학도 태조를 따라서 개경으로 돌아온 듯하다. 무학은 계룡산 신도 후보지를 살피는 데 30여 일을 소요했던 셈이다.

114 『태조실록』 권4, 2년 3월 22일.

115 『태조실록』 권4, 2년 3월 28일.

다.[116] 그 해 4월 6일에는 태조가 무학을 대궐 안에서 접대하고 채색 비단을 내려 주었다.[117] 무학은 연복사 법회에 왔다가 법회가 파하고 난 뒤 곡주의 불국장(佛國莊)에서 4개월 정도 머물렀다가[118] 7월 2일 개경으로 돌아와[119] 다음 해인 1394년 8월 11일 태조[120]와 함께 신도 무악[121]과 한양[122]의 지세를 살피러 떠날 때까지 1년여 동안 광명사에서 머물러 있었던 것 같다.

그 기간 동안 설행된 불사는 대부분 무학이 주관하거나 관여하였던 것이다. 실록에는 무학이 주관하였던 불사는 6건에 불과하다.[123] 그 기간 동안 무학은 개경에 머물면서 불사를 주관하였던 것 같다.[124] 무학이 광명사에 머물면서 스승 지공과 나옹의 추념 사업을 벌이고 조파를 확정하였다는 사실이다. 무학은 태조에게 스승인 지공·나옹의 괘진·탑명·조파를 주청하여 허락받고[125] 1393년 9월 9일 광명사에서 나옹의 괘

---

116 『태조실록』 권3, 2년 4월 2일.
117 『태조실록』 권3, 2년 4월 6일.
118 『태조실록』 권4, 2년 7월 19일.
119 『태조실록』 권4, 2년 7월 2일.
120 『태조실록』 권6, 3년 8월 11일.
121 『태조실록』 권6, 3년 8월 12일.
122 『태조실록』 권6, 3년 8월 13일.
123 무학이 주관하였던 불사 기록은 실록에 다음의 6건이 찾아진다. 태조 2년 8월 11일, 10월 17일, 10월 27일, 태조 3년 2월 11일, 2월 14일, 2월 17일, 태조 3년 3월 14일, 4월 20일, 5월 9일에 설행하였다. 무학은 그 기간 동안 개경에 머물면서 대부분의 불사를 주관하였던 것 같다. 예컨대 무학이 개경 광명사에서 1년여 머물렀던 기간 동안 불사의 수효는 실록에 나타난 것만도 17건에 달하고 있다.
124 무학은 1395년 10월 『人天眼目』이나 1397년 『註心賦』를 간행하기도 하였다. 그리고 梵書를 구하기도 하였으며 『大藏經』을 봉안하였다.
125 『태종실록』 권10, 5년 9월 20일 ; 채영, 『해동 불조원류』 발문, 『한국불교전서』 10.

진 불사를 하였고[126] 회암사로 돌아와[127] 1394년 3월 3일 지공과 나옹의 부도에 탑명을 새겼다.[128] 뿐만 아니라 그 해 6월 25일 조파를 확정하고 『불조종파지도』를 간행하였다.[129] 그럼으로써 지공·나옹·무학으로 이어지는 삼화상의 계보가 확정되었다.

그 후 무학은 무악과 한양 신도 후보지를 살피러 태조와 동행하였다. 무악이 신도 후보지로 물망에 오른 것은 1393년(태조 2) 2월 18일[130] 등 몇 차례 있었지만 실행에 옮긴 것은 8월 11일이었다. 그 때 무학도 동행하여 무악[131]과 한양의 지세를 살피고[132] 한양을 국도로 정하였다. 태조는 무악의 지세를 살피고 8월 18일 개경으로 돌아왔는데,[133] 돌아가기에 앞서 8월 15일 회암사에 들러 반승(飯僧)하였다.[134] 이로 보아 무학은 8월 15일 회암사에 돌아왔던 것 같다. 무학은 5일간 신도 후보지인 무악과 한양의 지세를 살피는 데 태조와 동행했던 셈이다(무악과 한양의 지세를 살핀 기간은 3일에 불과하다.).

무학은 한양 천도 결정 이후 태조가 정종에게 양위할 때까지 회암사에서 5년여 동안 머물렀다. 무학은 회암사에서 능엄회(楞嚴會)나[135] 소재

---

126 변계량, 「묘엄존자탑명」, 『동문선』 권121, 비명 ; 채영, 『해동 불조원류』 발문 : 『한국불교전서』 10.
127 같은 해 3월 14일과 4월 20일 무학의 고향인 삼기현이 승격되고 있고 5월 9일 무학을 청하여 비가 오게 빌었다든지 6월 25일 조파를 확정하였다는 점에서 무학이 계속 개경에 머물러 있었지 않았는가 한다. 『태조실록』 해당 일.
128 월저 도안, 『불조종파지도』 : 『한국불교전서』 7.
129 위와 같음.
130 『태조실록』 권5, 3년 2월 18일.
131 『태조실록』 권6, 8년 2월 12일.
132 『태조실록』 권6, 3년 8월 12일.
133 『태조실록』 권6, 3년 8월 18일.
134 『태조실록』 권6, 3년 8월 15일.
135 『태조실록』 권7, 4년 4월 17일.

법석을 베풀기도 하였으며,[136] 태조는 회암사에 사신을 보내 문안을 하거나[137] 무학이 병이 났을 때 전의를 보내 치료하게 하고 시주하였다.[138] 그 밖에 현비의 병환으로 사신을 회암사에서 보내 쾌유를 빌거나[139] 회암사에 시조(施助)한 것[140]도 다 무학이 회암사에 머물렀기 때문이었다고 추정된다. 1398년 7월 22일에는 태조의 명으로 무학의 부도가 회암사 북쪽에 만들어지기도 하였다.[141]

② 태조 양위 이후 무학의 입적까지(1398~1405)

무학은 1393년(태조 2) 왕사로 책봉된 후 양주 회암사를 하산소로 하여 머물면서 절을 주관하였다.[142] 1398년(태조 7) 3월 29일 회암사를 사직하고자 하였으나 왕(태조)은 허락하지 않았다.[143] 그로부터 5개월 뒤인 8월 25일 제1차 왕자의 난이 일어나고 9월 5일에 태조가 정종에게 왕위를 물려주는 등 정치적 혼란이 계속되자 그 해 가을에 회암사를 사직하고 양평 용문사에 머물렀다.[144] 그는 용문사에서 회암사로 초빙될 때까지 4년여 동안 머물렀던 것 같다(1398. 가을~1402. 5).[145]

---

136 『태조실록』 권8, 4년 8월 28일.
137 『태조실록』 권8, 4년 7월 16일.
138 『태조실록』 권8, 4년 7월 16일.
139 『태조실록』 권10, 5년 7월 7일.
140 『태조실록』 권8, 4년 10월 11일.
141 『태조실록』 권12, 6년 7월 22일.
142 실록에 의하면, 무학은 철원 深源寺 주지도 겸무하였다. 『태조실록』 권3, 2년 3월 28일(계유). 철원 보개산 심원사 남암(南庵) 오른쪽 기슭에 무학의 비가 일제 강점기까지 있었다. 金坦月, 『榆岾寺 本末寺誌』, 아세아문화사, 1942, 602쪽.
143 『태조실록』 권13, 7년 3월 29일(병자).
144 변계량, 「묘엄존자탑명」, 『동문선』 권121, 비명.
145 무학이 그 기간 동안 용문사에서 무엇을 하였는지 알려진 바 없다. 「묘엄존자탑명」에 의하면 『대장경』을 봉안하였다. 그의 도반이었던 지천에게 정지 국사라는 시호

무학은 1402년 5월 태종의 명으로 회암사로 돌아왔고,[146] 그 해 7월 13일 회암사 감주(監主)로 임명되어 다음 해 1월 사임하기까지 9개월 간 회암사에서 머물렀다. 그가 회암사에서 머문 것이나 감주로 임명된 것은 태상왕 이성계의 뜻에 따른 것이었다.[147]

그 무렵 무학과 태조는 가까이했던 것 같다. 1400년 1월 제2차 왕자의 난이 일어나자 이성계는 개경을 떠나 동북면 소요산과 회암사 등에 머물렀다. 1402년 6월부터 11월 1일까지 회암사에 머물면서 무학에게 귀의하여 신독한 불교 신앙생활을 하였다.[148]

실록에 의하면 태상왕인 이성계는 계를 받고 고기와 술을 끊는 등 무학의 불교적인 가르침대로 깊은 신앙생활을 하였다.[149] 태종이 아버지 태상왕의 건강을 염려하여 무학을 질책하자 무학은 한때 회암사를 떠나 작은 암자에 머물기도 하였다.[150] 그의 가르침을 받은 태상왕의 영향으로 불교에 대한 본격적인 탄압이 지연되기도 하였다. 태상왕은 1402년 11월 1일에 다시 함흥으로 가서 12월 8일까지 한 달 정도 머물렀는데, 무학이 태상왕을 궁궐로 모셔왔다.[151]

1403년(태종 3) 1월에 회암사 감주를 사임하고 입적할 때까지 금강산

를 내리게 하고 그의 문인 각안 등이 부도를 세우고 비를 세웠기 때문에 이러한 불사에 참여하려 했을 것이다.

146 변계량, 「묘엄존자탑명」, 『동문선』 권121, 비명.

147 『태종실록』 권4, 2년 7월 13일(갑오).

148 이성계의 행적을 보게 되면, 이성계는 1400년(태종 2) 1월에 제2차 왕자의 난이 일어나자 형제간의 골육상쟁에 상심하여 그 해 3월에 개경을 떠났다. 그 해 3월 11일에 신도 漢陽에 들러 금강산을 거쳐 고향인 함흥 등 동북면에 머물렀고 한때 逍遙山을 거쳐 1402년(태종 2) 6월 9일 회암사로 와서 머물렀다(1402.6.9∼1402.11.1).

149 『태종실록』 권4, 2년 8월 2일(계축).

150 위와 같음.

151 이것이 바로 야사에서 전하고 있는 咸興差使에 관한 이야기이다.

에 머물렀다. 처음에 금강산 진불암에 머물렀는데, 1405년(태종 5) 봄에 병이 났고 여름 4월에 다시 금강산 금장암으로 옮긴 지 한 달 뒤인 9월 11일에 입적하였다.[152]

3) 나가는 말

이상으로 무학의 생애에 대하여 살펴보았다. 그의 생애는 정사류에 에서는 찾기 힘들고 야사나 설화에 많이 보이고 있기 때문에 굴절되거나 알려지지 않은 사실이 많다.

본고는 무학의 생애에 대하여 이론(異論)이 있는 것이나 새로이 행적에 추가한 사실을 중심으로 무학의 생애를 간략히 정리하고자 한다.

무학의 가계와 혈통은 알려진 바 없으나 기문이나 야사에서 전해지는 것과는 달리 천민은 아니었던 것 같고, 그다지 높지 않은 서인 집안에서 태어났다고 하겠다.

무학의 출생과 성장기에 대해서 전하는 기록은 거의 없기 때문에 자세한 것은 알 수 없다. 다만 설화류에서 전하는 바와 같이 무학(舞鶴) 등의 이름은 믿을 바 못 된다. 출생지가 충남 서산군일 가능성이 있으며 고향은 비문에 나와 있는 대로 경남 합천군이다.

18세에 수선사(송광사)에 출가하였으며, 그 후 용문사와 부도암에서 혜명 법장 국사의 교시를 받았으며, 『능엄경』을 통해 득도하였다. 그 후

---

152 변계량, 「묘엄존자탑명」, 『동문선』 권121, 비명. 무학의 어머니 부도가 무학이 말년에 머물렀던 금강산 금장암에 있다. 한국학문헌연구소, 「장안사지」, 『유점사 본말사지』, 아세아문화사, 1977, 322~323쪽 ;『북강원도사』 1, 9장 유적·유물, 3절 불교 유적, 5) 부도와 부도비 737~738쪽.

진천 길상사와 묘향산 금강굴을 거쳐 원에 편력하였다. 이러한 점에서 무학은 유행했던 수선사의 간화선풍을 지녔다 하겠다.

26세인 1353년(공민왕 2) 가을에 원에 들어가 다음해 1월 법원사에서 나옹을 만날 때까지 겨울 동안 법원사에서 보내며 지공의 영향을 받았다. 그는 지눌의 선풍을 띤 송광사에 출가하였으므로 수선사풍 위에 원에 가서 지공의 선풍에 크게 영향 받았다.

원에서 머문 3년여 기간 중 법원사와 1354년 이후 서산 영암사에서 2년 이상 나옹과 함께 머물렀다. 때문에 무학은 지공보다 나옹에게서 더 큰 영향을 받았다.

1356년 여름 귀국한 뒤 3년 후인 1359년 여름 경남 천성산 원효암에 머물고 있던 나옹을 찾았다. 1359년 여름부터 1360년 가을 이전까지 1년 남짓 원효암에 머물렀을 것이다. 무학이 나옹을 찾은 것은 지공으로부터 받은 수기 때문이었다고 추정되며, 나옹으로부터 받은 수기에 대해 설명 들었을 것이다. 또한 그러한 의미에서 나옹이 무학에게 불자를 주었을 것이다.

그 후 무학은 귀국 후 두 번째 해주 신광사에 머물고 있던 나옹을 찾아가 1361년 10월부터 1363년 7월 사이에 머물면서 나옹에게 사사받았다. 그러나 나옹의 문도 가운데 무학을 꺼리는 자가 있어서 스스로 떠나게 되었다. 그 시기는 나옹이 주지를 사퇴하고자 구월산 금강암에 4개월 머물고 있었는데(1367.7~1363.10) 금강암으로 가기 직전이었다.

『독곡집』에 의하면 무학과 나옹은 1366년 3월 이후 1367년 가을 이전에 금강산에 함께 있었다. 그 후 1371년까지 5년여 간 행적에 대해서는 알려진 바 없으나 1372년 무렵 나옹의 주도하에 지공의 추념 사업에 참여하였다.

무학은 나옹이 왕사로 책봉되어 송광사에 머물렀던 때부터 환암이 1375년 가을 송광사 주지로 임명될 때까지 송광사에서 머물러 있었다. 그 무렵 1373년 봄부터 1375년 가을까지 나옹에 이어 송광사 주지를 하지 않았나 한다. 무학은 회암사로 갈 즈음인 1374년(공민왕 23년)에 나옹으로부터 의발을 전해 받았다.

무학은 1376년 여름 회암사 중창 불사(낙성식)에 참여하였고 수좌직을 제의받았으나 거절하였다. 나옹이 갑작스럽게 입적하자 나옹과 지공의 추념 불사에 참여한 후 명산대찰을 유력하였다. 특히 1384년(우왕 10) 무렵에 석왕사 토굴에서 은둔 수행하다가 이성계와 조우하여 왕조 창업을 종용하였다. 『정조실록』에서도 이러한 내용이 찾아지고 있어서 역사적 사실로 간주된다. 그 무렵인 1384년 이전에 그는 조인규 가문의 원당이었던 과천의 청계사 주지에 재임하였다.

그 후(1384년 이후 1392년까지) 조선이 건국되어 왕사가 될 때까지 8년 동안 뚜렷한 행적을 찾을 수 없다. 조선 건국 직전에 무학이 개경에 머물러 있었던 사실이 확인되므로 조선 창업 직전에 개경에 있었을 것이다.

무학은 태조가 즉위한 지 3개월 후에 태조의 부름을 받고 개경에 와서 1392년 10월 9일 왕사로 책봉되어 태종 조에 입적하기까지 13년간 왕사로 재임하였다. 왕사로 책봉된 후 회암사를 하산소로 삼아 그 이후 입적 때까지 가장 오랫동안 머물렀다.

이렇듯 무학이 왕사로 책봉된 직후 회암사를 택하여 머물렀던 것은 회암사가 무학의 스승인 지공과 나옹의 도량이었기 때문이라고 생각되며, 그 후 무학은 회암사를 중심으로 활동하였다.

무학은 태조 재위 시 왕사 책봉 후 두 차례 초빙되어 개경에 와서 1년 2개월 정도 활동하였고 대부분 산림인 회암사에서 머물러 있었다.

그 외에 두 차례 초빙되어 계룡산과 한양 천도를 위해 한 달 남짓 활동하였다. 태조가 왕위에서 물러난 정종 대 이후에도 세간에 나와 활동한 바 없고 회암사에서 나와 양평 용문사와 금강산에 머물렀다.

무학이 개경에 두 차례 머물게 되었던 것도 연복사 탑의 낙성식에 참여(주관)하거나 궁궐에서 재를 베풀도록 한 태조의 명에 따라 초빙되었던 것이다. 이렇듯 무학은 개경에 1년 남짓 머물면서 연복사와 광명사 법회 등 불사에 전념하였다.

무학은 태조의 청으로 한양 천도와 같은 정치적인 문제에 한달 남짓 참여한 것 외에는 수행 및 교화에 전념하여 왕사 본연의 자세에 충실했다고 볼 수 있다. 무학은 고려 말 지공과 나옹의 사상을 계승한 고승으로서 불교계를 주도하여 새롭게 재편하고자 노력하였다.

2. 무학의 홍법과 회암사

1) 들어가는 말

회암사[153]가 불교계에 부각된 것은 지공 선현과 나옹 혜근. 무학 자초

---

153 회암사의 중창에 대해서는 다음과 같은 논고들이 참조된다. 최성봉, 「회암사의 연혁과 그 사지 조사」, 『불교학보』 9, 1972. 허흥식, 「제3장 회암사」, 『고려로 옮긴 인도의 등불—지공선현』, 일조각, 1997 ; 김철웅, 「고려 말 회암사의 중건과 그 배경」, 『사학지』 30, 1997 ; 김윤곤, 「회암사의 중창과 반불론의 제압 기도」, 『명성 스님 고희기념 불교학 논문집』 운문승가대학 2000. 최근에 경기도 박물관과 경기문화재단 및 기전문화재연구원을 중심으로 회암사지의 발굴성과와 관련된 보고서가 간행되어 고

의 세 고승인 삼화상에 의해서였다. 지공은 인도승으로 고려에 2년 6개월 동안 유력하면서 석가의 후신 또는 생불로 불렸다. 나옹은 지공의 대표적인 계승자로서 공민왕 대 태고 보우와 백운 경한과 더불어 여말삼사(麗末三師)라 불리고 있다. 무학은 지공과 나옹에게서 도를 인가받았으며, 나옹의 대표적인 계승자로서 회암사 중창에 뜻을 같이 하였다. 나옹이 입적하자 명산 대찰을 유력하다가 이성계의 왕조 창업에 참여하여 조선 건국 직후 왕사로 책봉되어 불교계를 주도하였다. 이들 세 고승은 여말선초 삼화상이자 한국 최고의 삼화상으로 고려 말 연경(북경) 법원사에서 삼화상의 인연을 맺고 회암사를 흥법의 도량으로 삼아 불교계를 주체적으로 재편해 나갔다. 그들의 탑과 부도, 진영이 회암사에 모셔짐으로써 조선 전기 회암사가 한국 최고의 삼화상 도량이었다는 사실을 살펴보고자 한다.

2) 고려 말 지공과 나옹의 회암사 중창

회암사는 고려 중엽 이후 기록에서 찾아지며 정확히 언제 창건되었는지 알 수 없는 실정이다. 회암사가 부각되는 것은 원경 국사(元敬國師)가 머물면서부터이다. 그는 인종의 아들로 화엄종승인 원경 국사 충희(沖曦, 또는 玄曦)인 듯하다.[154] 1174년(명종 4) 무렵 흥왕사 고승 원경 국사 충희와 승통 종려(宗呂)가 회암사에 머물러 있다가 왕의 생일을 축하하러

고학적 성과가 축적되었다. 『회암사 Ⅰ』, 2001 ; 『檜巖寺 Ⅱ: 7·8단지 발굴조사 보고서』, 2003 ; 『회암사 Ⅲ: 5·6단지 발굴조사보고서』, 2009 ; 『회암사—묻혀 있던 조선 최대의 왕실사찰』, 2003.

154 『고려사』 권91, 열전 종실.

온 금의 사신[155]을 맞이하였던 사실로 보아 화엄종계 왕실사찰이었을 것이다.

그 후 회암사는 고려 후기 동아시아 불교계의 최고 고승들이 방문하였던 국내 최대의 명찰이었다. 즉, 14세기 초반 중국 강남 고승 몽산 덕이의 제자인 철산 소경(鐵山 紹瓊)과 인도승 지공의 고려 방문은 불교계에 큰 반향을 일으켰다.

철산 소경이 회암사에 머물렀던 사실은 그가 남긴 편액이 회암사에 있었다는 기록으로 알 수 있다.[156] 철산은 1305년(충렬왕 32) 선원사의 고승 원명 국사(圓明國師) 설봉 충감(雪峰冲鑑)(1275~1339)의 초빙으로 온 강남의 임제종 양기파 고승이다. 1304년 무렵 철산의 법제자 무문 사총(無聞 思聰)과 도반인 허곡 희능(虛谷 希陵)도 함께 방문했다가 귀국했다.[157] 허곡은 고봉 원묘(高峰 原妙), 철우 지정(鐵牛 持定), 목잠 원지(牧潛 圓至), 급암 종신(及菴 宗信) 등과 함께 설암 조흠(雪巖 祖欽)의 사법문도였다.[158]

---

155 『고려사절요』 권12, 명종 4년(1174) 12월, "금나라에서 사신을 보내 와 왕의 생신을 축하하였다."

156 崔滋, 『保閑集』 권하, "檜巖寺에는 王子僧 圓鏡國師가 직접 쓴(手蹟) 것이 南樓의 東西壁과 객실의 서쪽에 가까이 있는 작은 누각 사이에 있었다." ; 『신증 동국여지승람』 권11, 경기 양주목 불우 회암사 ; 金守溫, 「天寶山檜巖寺重創記」, 『拭疣集』 卷2.

157 「高麗國大藏移安記」, "宣授江西道遠州路宣春縣大仰山當代住持傳法虛谷大禪師希陵." ; 허흥식, 「몽산 덕이의 행적과 연보(자료 해제)」, 『한국학보』 77, 1994, 225쪽 ; 허흥식, 「몽산 덕이와 조계종의 법통과의 관계」, 『국어사와 차자 표기』, 1995, 579~580쪽 : 허흥식, 『고려에 남긴 휴휴암의 불빛(몽산덕이)』, 창비, 2008.

158 『雪巖和尚語錄』 卷1, 雪巖和尚住潭州龍興禪寺語錄, 「嗣法門人 昭如 希陵 等編」; 『雪巖和尚語錄』 卷50, 南嶽下第二十一世 仰山欽禪師法嗣, 「杭州徑山西白虛谷希陵禪師」; 황인규, 「고려 후기 사굴산문 수선사 고승과 중국불교계-제 기록 검토와 그 실상을 중심으로」, 『불교학보』 47. 2007 : 황인규, 『고려시대 불교계와 불교문화』, 국학자료원, 2011.

철산은 설암의 적통 제자로서 석가 여래의 큰아들이라는 평을 받았
으며,[159] 신도들에게도 큰 영향을 끼쳤다. 예컨대 보감 국사(寶鑑國師) 혼
구(混丘)의 제자인 여찬(如璨)의 아버지 김변과 어머니는 1304년 소경에
게 가서 계를 받았으며, 여찬은 절강성 항주 천목산에 가서 중봉 명본
(中峰 明本)을 참예하였던 듯하다.[160]

여찬이 활동할 무렵 같은 가지산문 태고 보우(太古 普愚)가 1313년(충
숙왕 즉위) 회암사의 광지(廣智) 선사에게 출가하였으며,[161] 그 후 사굴산
문계 나옹 혜근이 1344년(충혜왕 복위 5)에 회암사의 요연(了然) 선사에게
출가하였다.[162] 이와 같이 회암사는 고려 말 불교계를 주도하게 되는 주
요 고승의 인연 사찰이었다.

나옹의 제자 심 선사(心禪師)는 회암사에 머물러 있었는데 공민왕으
로부터 '직지당 월담(直指堂 月潭)'이라는 글자를 하사 받았다. 나옹의 권
유로 중국 절강성 항주에 가서 중봉 명본의 제자 천암 무명(千巖 無明,
元長) 장로에게 인가를 받고 귀국하였다.[163]

그 후 회암사가 불교계에 크게 부각된 것은 인도승 지공이 고려를 유
력 시 회암사 터를 보고 머물면서부터이다. 조선 초기 문인 김수온이
지은 「회암사 중창기」에서는 다음과 같은 기록이 찾아지고 있다.

---

159 허흥식, 「1306년 고려국 대장이안기」, 『고려불교사 연구』, 일조각, 1986.

160 김훤, 「김변묘지명」 ; 김개물, 「김변의 처 허씨묘지명」 ; 김용선 편, 『고려묘지명집성
(제3판)』, 한림대 아시아문화연구소, 2001.

161 維昌, 「태고화상 행장」, 『태고화상 어록』 ; 『한국불교전서』 6.

162 각굉, 「나옹화상 행장」, 『나옹화상어록』 ; 『한국불교전서』 6.

163 이제현, 「書檜巖心禪師道號堂名後」, 『益齋亂稿』 卷5, 序 ; 『동문선』 권102, 跋 : 이
제현, 「月潭長老二畫」, 『益齋亂稿』 卷4, 詩 ; 李齊賢, 「檜巖 心禪師의 道號인 堂名
뒤에 쓰다」, 『익재난고』 권5 ; 나옹, 「참방하러 떠나는 心禪者를 보내면서」, 「心禪者
가 게송을 청하다」, 『나옹화상어록』 ; 보우, 「月潭」, 『태고화상 어록』 하 ; 이제현,
「月潭長老의 두 그림」, 『익재난고』 권4, 시.

예전의 천력 연간에 서천 박가납존자가 이 절터를 보고 서천 아란타사 터와 똑같다고 하고, 가섭불 때 큰 도량이 되었다고 하여 이에 먹줄을 잡아 측량하여 그 자리에 정할 때에 오래된 주추와 섬돌을 발견하였다. 그리하여 당시에는 임시로 짚을 덮어서 그 대개를 표시했을 뿐이었다. 얼마 뒤에 현릉[공민왕] 왕사 보제 존자가 지공에게 삼산양수라는 기를 받고 드디어 여기에 와서 살았다.[164]

지공은 1326년 3월부터 1328년 9월 무렵까지 고려를 유력할 때 회암 사가 인도의 날란다[那蘭陀]사 터와 같다고 하여 먹줄을 잡아 측량하여 그 자리에 정할 때에 오래된 주추와 섬돌을 발견하였다. 당시에는 임시 로 짚을 덮어서 그 대개를 표시했을 뿐이었다는 것이다. 따라서 지공이 회암사에 왔을 때에는 폐사지경(廢寺之境)에 이르렀던 것 같으며, 지공 이 중창하고자 하는 뜻이 있었으나, 실행에 옮기지 못하고 순제(順帝)의 명을 받고 원으로 돌아갔던 것이다.[165] 한편 나옹의 비문에서는 "(사는) 돌아가신 스승 지공이 일찍이 이 절을 중수하셨는데, 전란에 탔다."[166] 는 기록이 찾아진다. 지공이 회암사를 실제 중수하였는데 전란에 소실 되었다는 것이다.

지공이 고려에 유력하게 된 것은 금강산 법기보살을 참배하고자 하 였기 때문이다.[167] 지공은 금강산을 찾아본 후 고려의 여러 지방을 유력

---

164 金守溫, 「檜庵寺 重創記」, 『拭疣集』 卷2, 기 : 『신증 동국여지승람』 권11, 경기 양주 목 불우 회암사, "昔天曆間 西天薄伽納提尊者 見此寺之基 以爲酷似西天阿蘭陁寺 且曰 迦葉佛時 已爲大道場 於是 執繩量地 以定其位 時得劫前礎砌 當時暫庇屋宇 以識其叢而已 有玄陵王師普濟尊者 受 指空三山兩水之記 遂來居此."

165 李穡, 「西天提納薄陁尊者浮圖銘并序」, 『목은문고』 권14, 비명 : 『동문선』 권119, 비 명 : 『조선금석총람』 상.

166 李穡, 「檜巖寺 先覺王師碑」, 『조선금석총람』 상.

167 李穡, 「西天提納薄陁尊者浮圖銘并序」, 『목은문고』 권14, 비명.

하게 되는데, 마침 회암사를 지나다가 자신이 출가한 날란다사와 똑같은 회암사를 발견하였다. 날란다사는 인도의 동부에 있었으며, 5세기 초에 건립되어 8세기까지 융성하였다. 힌두교에 의하여 불교가 위축될 때에도 불교의 터전을 이어갔으며, 지공이 8세기 무렵 강사 율현(律賢)에게 출가해 수학했던 절이기도 하다.[168] 지공은 고려를 동방의 흥법(興法)의 나라로 간주하고 그 가운데 회암사를 흥법의 총본산으로 삼고자 하였던 것이다. 이러한 지공의 뜻은 훗날 그의 대표적인 계승자가 되는 나옹에 의해서 시도되기에 이른다. 지공이 나옹을 회암 판수(檜巖 板首)라고 불렀던 것으로 보아 회암사가 중요하게 간주되었던 듯하다. 나옹은 원에 들어가 10년간 임제종의 평산 처림에게 법을 사사받았으나 지공의 대표적인 계승자가 되었다.

그 무렵 나옹뿐만 아니라 여말삼사라고 일컬어지는 태고 보우와 백운 경한이 중국의 대표적인 선승인 석옥 청공(石屋 淸珙)과 평산 처림(平山 處林)에게서 법을 사사받고 돌아왔다. 보우와 경한은 가지산문계 고승으로 석옥에게 법을 사사 받았지만, 나옹은 사굴산문계 고승으로 평산에게 법을 사사받았으면서도 경한과 더불어 지공의 선풍을 수용하였다. 특히 나옹은 지공의 대표적인 계승자로서 문도인 무학 자초·축원 지천(竺元 智泉)·본적 달공(本寂 達空) 등과 원에 가서 지공의 선풍을 계승했다. 그 가운데 무학은 지공에게 법을 사사받고 중국 서산 영암사에서 2년여 동안 나옹과 함께 머물면서 나옹의 대표적인 계승자가 되었다. 나옹과 무학이 지공의 법의 가르침을 받은 사찰은 연경(북경) 법원사였다. 지공·나옹·무학으로 이어지는 삼화상의 인연이 지공이 머물렀

---

168 허흥식, 『고려로 옮긴 인도의 등불—지공선현』, 일조각, 1997, 17쪽.

던 연경(북경) 법원사에서 맺어졌던 것이다.[169]

무학은 공민왕 5년(1356) 나옹에게 수서(手書)를 받고 귀국하였고[170] 나옹은 그보다 2년 후인 공민왕 7년(1358) 귀국 시 지공에게 "제자는 어디에서 머물러 살아야 합니까?" 물으니 지공은 나옹에게 "삼산양수(三山兩水)의 땅에서 살면 불법(佛法)이 저절로 일어날 것이다."라고 하였다.[171] 지공이 나옹에게 수기(授記)를 전해 준 것이다.

나옹이 지공에게서 받은 삼산양수기를 갖고 돌아와 천성산 원효암에서 무학에게 불자(拂子)를 주었다.

사(師)가 이미 돌아오니 나옹도 또한 지공의 삼산양수기를 갖고 돌아와 천성산 원효암에 머물고 있었다. 기해년(1359년) 여름에 사가 (나옹을) 뵈오니 불자를 (그에게) 주었다.[172]

나옹이 무학에게 불자를 주었다는 것은 제자임을 증명하는 것이며, 삼산양수기를 함께 실행에 옮기자는 것이다. 삼산양수기는 회암사를 중창하여 불법의 터전으로 삼아 흥법하라는 지공의 뜻이 담겨 있는 일종의 비기류(秘記類)라 할 수 있다. 삼산양수의 터는 「대곡사 사적기」에 의하면,[173] "본국의 가운데에 삼산이수(三山二水) 사이는 회암사를 가리

---

169 황인규, 「나옹 혜근과 그 대표적인 계승자 무학 자초」, 『역사와교육』 5, 1997 ; 황인규, 『고려 후기 조선 초 불교사 연구』, 혜안, 2003.
170 변계량, 「묘엄존자탑명」, 『동문선』 권121, 비명, "師旣還 懶翁亦以指空三山兩水授記 還國."
171 각굉, 「나옹화상 행장」, 『나옹화상어록』, "空云汝還本國 擇三山兩水間居之 則佛法自然興矣."
172 변계량, 「묘엄존자탑명」, 『동문선』 권121, 비명, "師旣還 懶翁亦以指空三山兩水授記 還國住天聖山元曉菴 己亥夏 師往見翁 以拂子與之."
173 최성봉, 「회암사의 연혁과 그 사지 조사」, 『불교학보』 9, 1972, 4쪽.

키는 것이다. 삼산(三山)은 삼각산(三角山)으로 그 남쪽이요, 이수(二水)는 양화(楊花) 모진(毛津)의 양수(兩水)이니 그 북쪽에 있다."[174]라고 하였다. 즉, 삼산은 회암사가 있는 천보산(天寶山)을, 양수는 이 절터의 좌우 양 끝을 가리킨다는 것이다.[175]

이와 같이 지공이 나옹에게 내린 삼산양수기의 수기는 회암사를 불교 중흥의 총본산으로 삼아 중흥시키라는 것이다. 하지만 이러한 수기(授記)의 가르침을 곧바로 실행에 옮기지 못하고 그로부터 20년이 지난 후에야 실행되게 된다.

이는 보우에 이어 신돈이 공민왕 대의 불교계를 주도하고 있었던 상황 때문이었다. 나옹과 무학은 천성산 원효암에서 조우하고 해주 신광사와 금강산 등지를 동행하기도 하였다.[176] 그 후 무학은 곡산 고달사 등을 유력하였고, 나옹은 청평사의 주지로 재임하고 있었다. 그 무렵 1367년 나옹은 지공의 입적 소식과 치명(治命)을 접하게 된다. 지공은 공민왕 12년(1363) 11월 20일 원나라에서 입적하였지만, 그 소식은 그로부터 4년 후에 전해졌다. 1367년 보암(寶菴) 장로가 지공이 마지막 부탁한 가사 한 벌과 친히 쓴 글 한 장을 들고 그의 입적 소식과 치명을 전하였으며, 나옹은 이를 널리 알렸다.[177] 그리고 3년 후인 1370년 1월 지

---

174 「大谷寺 事蹟記」 : 김형수, 「고운사·대곡사·흑석사 관련자료 소개」, 『영남학』 4, 경북대 영남문화연구원, 2003, 269~275쪽 ; 東溪 敬一(1636~1695), 「大谷寺創建前後事蹟記」, 『東溪集』 卷2, 記 : 『한국불교전서』 12, "承指空之玄旨 東還之日求 其演化之地 則指點三山二水之間 盖今之楊州檜岩寺是也 三山以三角之山 在其南二水卽 楊花毛津兩水 在其北也 懶翁後得其地 欲建大伽藍."
175 石顚 沙門(朴漢永)은 三山을 더 구체적으로 三角山의 白雲峰·仁壽峰·露積峰이라고 하였다. 石顚沙門, 「楊州天寶山遊記」, 『朝鮮佛敎叢報』 13, 1918, 132쪽.
176 성석린, 「戲題僧詩 卷二首」, 『獨谷集』 권하, 시.
177 각굉, 「나옹화상 행장」, 『나옹화상어록』 : 『한국불교전서』 6.

공의 유골이 개경 왕륜사(王輪寺)에 도착하자 공민왕은 지공의 유골을
궁궐로 봉안하였다.[178]

　지공은 1326년 3월부터 1328년 9월 무렵까지 3년간 고려 유력 시 매
우 큰 영향을 끼친 바 있었는데,[179] 때마침 지공의 입적 소식에 뒤이어
유골이 고려에 도착하자, 나옹이 지공의 추념 불사를 주관하게 되면서
불교계에서 나옹의 위상이 더욱 부각되었다. 때마침 신돈이 1371년 7월
실각하자 보우와 나옹이 국사와 왕사로 각기 책봉되었다. 하지만 보우
는 병을 핑계 삼아 사양하였으므로 나옹이 왕사로서 불교계를 주도하
기에 이른다.

　나옹은 송광사에 주석하게 되었지만,[180] 그 이듬해인 1372년 가을 지
공이 준 삼산양수기를 생각하며 회암사에 이주하고자 하였다.[181] 즉, 나
옹은 지공의 문인인 전(前) 임관사(林觀寺) 주지 달온(達溫)과 사도(司徒)
인 달예(達叡) 등과 함께 1370년 9월 16일 지공의 장례를 치뤘고, 정업원
(淨業院)의 주지인 제자 묘장(妙藏)과 함께 연석(燕石)을 구해서 회암사에
부도를 세우고 지공의 유골을 안치하였다.[182]

　나옹은 회암사에서 불사를 마치고 다음 해인 1373년 1월 서운산, 길
상산 등에 머물다가 8월에 송광사로 돌아왔고, 같은 해 9월 왕의 명으
로 회암사에서 소재도량(消災道場)을 베푼 것 외에는 1374년 봄까지 송

---

178 『고려사』 권42, 공민왕세가, 19년 1월 갑인.
179 「通度寺事蹟略錄」, 『통도사지』, 42쪽 ; 이제현, 「送大禪師瑚公之定慧社詩序」, 『益齋
　　亂稿』 卷5, 序 : 『동문선』 권85, 서.
180 변계량, 「묘엄존자탑명」, 『동문선』 권121, 비명 : 『신증 동국여지승람』 권40, 순천도호
　　부 불우 ; 鏡巖 慣拭, 「曹溪山松廣寺 事蹟」, 임석진 편, 『曹溪山松廣寺 史庫』, 1932.
181 각굉, 「나옹화상 행장」, 『나옹화상어록』, 『한국불교전서』 6 ; 權近, 「靑龍寺普覺國
　　師碑」, 『조선금석총람』 하.
182 각굉, 「나옹화상 행장」, 『나옹화상어록』 ; 『한국불교전서』 6.

광사에서 머물렀다.[183] 그 때 무학도 송광사에 머물렀으며 나옹이 회암
사로 갈 즈음인 1374년 봄에 무학에게 의발을 전해 주었다. 이러한 지
공의 추념 불사에는 무학도 당연히 참여하였다고 생각된다. 나옹의 입
적 2주기인 1378년 5월에 건립된 비(碑)의 음기에 무학의 이름이 기록되
어 있기 때문이다.[184]

나옹은 지공의 부도를 세운 지 4년 후 회암사를 중창하고자 하였다.

> 이에 스님은 "이 땅은 내가 처음으로 불도에 들어간 곳이요, 또 우리 스
> 승의 靈骨을 모신 땅입니다. 더구나 우리 스승께서 내게 수기하셨으니,
> 어찌 무심할 수 있겠는가." 하고 곧 대중을 시켜 전각을 다시 세우기로
> 하였다.[185]

나옹은 회암사에 지공의 유골을 안치하고 지공이 내린 삼산양수기
를 생각하고 절을 중창하였다. 이때의 중창과정이나 참여한 인물들에
대해서 자세한 것은 알 수 없으나, 김수온의 「회암사 중창기」에서 그 모
습을 엿볼 수 있다.

나옹은 회암사를 중창하기 위하여 책임을 분담하고 불연(佛緣)을 모
집하였다.[186] 이는 나옹의 시자였던 각지(覺持)가 방장실의 역사에 참
여하였다는 기록으로 확인된다.[187] 그리고 이색이 「회암사수조기」를 쓴

---

183 위와 같음.
184 이능화, 『조선불교통사』, 신문관, 1918, 353~361쪽 ; 허흥식, 「지공의 원비문과 음기」,
  『이기영 박사 고희논총 불교와 역사』, 447쪽.
185 각굉, 「나옹화상 행장」, 『나옹화상어록』, 『한국불교전서』 6, "師曰 此地是吾初入道
  處 亦先師安骨之地 況又先師 曾授記於我 烏得無心哉 即令衆 重搆殿閣."
186 김수온, 「회암사 중창기」, 『拭疣集』 권2, 記類.
187 이색, 「안심사 지공나옹사리석종비」, 『한국금석전문』 중세 하.

1379년(우왕 5) 무렵 주지 절간 익륜(絕磵 益倫)과 각전(覺田)이 후속 불사를 담당하였는데,[188] 그에 앞서 나옹이 주도한 중창불사 때에도 참여했을 것이다. 그 무렵 송풍헌(松風軒) 절간 익륜과 고암 일승(杲庵 日昇)은 1376년부터 1383년경까지 회암사의 주지를 맡았는데, 그들은 나옹의 문도로서 환암과 친한 인물이었다.

개경의 중요 사찰은 보우의 문도들이 주지를 하였다. 즉, 보우의 문도인 선진(旋軫)이 연복사 주지를 하였으며,[189] 환암 혼수도 내불당과 광암사 주지를 맡기도 하였고[190] 목암 찬영은 광명사에 주석하였다.[191] 그들은 우왕 10년(1383) 이후 조선 창업 직전까지 국사와 왕사로 책봉되어 고려 말 불교계를 주도하였다. 무학은 나옹의 입적을 계기로 하여 남은 회암사 중창을 절간과 고암에게 맡기고 지공과 나옹의 추념 불사에 전념하였던 것이다.

나옹은 1374년부터 2년간 대규모의 중흥 불사를 벌여 우왕 2년(1376) 봄에 이르러 공사를 마치고 4월 15일에 낙성식을 겸해서 문수법회를 크게 열었다. 그 때 나옹은 무학을 급히 불러서 수좌를 맡기려 하였으나, 무학은 이에 극력 사양하였다고 한다.[192] 무학의 비문에 의하면, 나옹은 "많이 주관하는 것이 많이 사퇴하는 것만 같지 못한 것이며, 임제(臨濟)와 덕산(德山)은 수좌를 삼지 않았다."[193]라고 하면서 무학을 편실

---

188 이색, 「天寶山 檜巖寺 修造記」, 『목은문고』 권73, 기 :『동문선』 권73, 기.
189 李穡, 「鄭氏家傳」, 『牧隱文藁』 卷20, 傳 :『동문선』 권100, 전.
190 權近, 「靑龍寺 普覺國師碑」, 『조선금석총람』 하.
191 朴宜中, 「忠州 億政寺 大智國師塔碑」, 『조선금석총람』 하.
192 변계량, 「묘엄존자탑명」, 『동문선』 권121, 비명.
193 변계량, 「묘엄존자탑명」, 『동문선』 권121, 비명. "丙辰夏 翁移錫檜巖 大設落成會 馳書召師 以充首坐 師力辭 翁曰多管不如多退 臨濟德山不做首坐 來俾居便室."

(便室)에 있게 하였다는 것이다.

나옹이 무학을 급히 불러서 수좌를 삼으려 하였던 것은 절반 정도밖에 완성하지 못한 중창불사의 주지를 맡겨서 이를 완성케 하려 한 것이다. 중창된 회암사의 웅장한 모습은 『목은집』의 「천보산 회암사수조기」에 자세하게 언급되어 있다. 즉, 집은 모두 262칸으로 높이가 15척이나 되는 불상이 7구이고, 10척의 관음상이 있었으며, 3,000여 명의 승려가 머물렀다고 한다. 이때 개최된 회암사 낙성기념 문수회는 성황리에 이루어졌다.

회암사는 고려 말 사찰의 총본산으로 조선 초기에 이르기까지 지방의 송광사와 더불어 가장 중요한 절인 동방 제일도량이 되었다.[194] 중창 낙성식에 우왕이 행향사(行香使)를 보내 축하하였고, 서울과 지방에서 사부대중이 부지기수로 몰려드는 성황을 누렸다.

하지만 중창 전 공정의 절반 정도만 진행되었는데, 갑자기 대간에서 사대부 대중의 생업에 폐해를 줄 것 같다며, 이를 중단시키고 나옹을 추방하였다. 나옹은 남은 중흥불사를 계속하라고 당부하였다. 대간은 신진사류들로, 회암사의 대대적인 중창불사에 제동을 걸었던 것이다.

그때 개경의 대표적인 선찰인 연복사가 공민왕 대부터의 중창[195]과 문수법회 개설, 공민왕과 비 노국대장공주의 능침사찰인 광암사 중창 등이 국가 재정의 고갈을 초래하고 있었다.[196] 특히 연복사 5층탑의 중

---

194 이색, 「천보산 회암사 수조기」, 『牧隱文藁』 卷2, 記 : 『동문선』 권73, 기.
195 황인규, 「여말선초 연복사 탑의 중영과 낙성」, 『백련불교논집』 9, 1999. : 황인규, 『고려 후기 조선 초 불교사 연구』, 혜안, 2003.
196 李穡, 「廣通普濟禪寺碑銘 幷序」, 『목은문고』 권14, 비명 : 『동문선』 권119, 비명 : 『한국금석전문』 중세 하.

창을 계기로 억불운동이 본격화되게 된다.[197] 그러한 상황에서 전개된 회암사 중창은 신진사류들에게 배척의 대상이 되었고, 회암사를 중창하고자 하였던 나옹은 축출되어 입적[誅殺]하였다.[198]

그리하여 지공의 뜻을 받든 지 15년 만에 나옹이 삼산양수의 땅인 회암사를 불법의 터전으로 흥법하려던 시도는 실패로 끝나게 되었던 것이다. 나옹이 입적한 후 3년 사이에 나옹과 지공의 부도 및 비가 회암사와 입적처인 신륵사에 세워졌다.

나옹의 유골은 회암사에 도착하여 침당(寢堂)에 모셨다가 8월 15일 경내 북쪽 언덕에 부도를 세우고 비를 세웠다.[199] 그리고 나옹의 입적지인 신륵사에 나옹의 문도인 각신(覺信)이 진영당을 짓고, 영정을 봉안하였으며, 석종탑을 만들어 사리를 봉안하였다.

이색은 나옹의 비문을 지으면서 "회암사는 기원정사와 같고 신륵사는 사라쌍수와 같다."고 하였다.[200] 이러한 나옹의 추념 불사는 회암사와 신륵사뿐만 아니라 전국적으로 널리 이루어졌다. 전국 사찰에 불상과 영정, 법복, 법기(法器), 불자(拂子), 주장(柱杖), 좌구(坐具) 등이 봉안되고,[201] 나옹의 사리는 온 나라 안에 퍼졌으며, 화상(畵像)을 그려 공양하는 자는 헤아릴 수가 없었다고 한다.[202] 나옹과 더불어 지공의 추념 불사는 1383년 묘향산 안심사에서 절정을 이룬 것 같다.

---

197 『태종실록』 권10, 5년 11월 21일(계축).
198 『세종실록』 권85, 21년 4월 18일(을미) ; 『성종실록』 권 290, 25년 5월 5일(임인), ; 서종범, 「懶翁禪風과 朝鮮佛敎」, 『가산 이지관 스님 화갑기념논총』, 1992, 1147쪽.
199 이색, 「회암사 선각왕사비」, 『조선금석총람』 하.
200 각굉, 「나옹화상 행장」, 『나옹화상어록』, 『한국불교전서』 6 ; 이색, 「신륵사 사리석종비」, 『한국금석전문』 중세 하.
201 위와 같음.
202 위와 같음 ; 李穡, 「金剛山 潤筆庵記」, 『목은문고』 권2, 기 ; 『동문선』 권73, 기.

나옹이 입적한 지 4개월 후인 8월 15일 나옹의 부도가 건립되고, 그 이듬해인 1377년 8월 15일 나옹의 비(碑)가, 그리고 1378년 지공의 비가 건립되었다. 나옹의 입적지인 신륵사에도 1379년 나옹의 사리석종(舍利石鐘)이 세워졌으며, 1383년에는 신륵사 대장각이 세워졌다. 신륵사의 대장각을 건립할 때 이색이 여력이 없자, 무급(無及)과 수봉(琇峯) 등 나옹의 문도들의 도움을 받아 건립하였다.[203]

고려 말 보우와 나옹 두 고승을 비교해 보면 나옹의 영향력이 더 컸다. 이는 나옹의 입적 후 문도들의 추념 불사에서도 단적으로 드러나고 있다.[204] 사람들이 나옹을 생불로 부르는 등 불교계의 거목이었다.[205] 고려 말 대표적인 고승으로 보우와 나옹이 일컬어지지만, 나옹의 화상과 사리가 일본이나 중국에서 반가워할 정도로 보우보다는 위상이 높았다. 그리고 나옹의 스승 지공은 그의 생존 시 석가의 후신이라고 불렸으며,[206] 조선 건국 이후에도 그의 위상은 여전하였다.[207] 이는 조선 초 문집류에서도 확인할 수 있다. 예컨대『동문선』에 보우의 비문은 실리지 않은 반면 지공과 나옹, 무학의 비문이 실려 있으며,『조원통록촬요』에는 나옹을 부처의 화신으로 추앙하고 있다.[208]

나옹과 그의 스승 지공에 대한 추념 불사를 무학이 주도하고 있었

---

203 이숭인,「신륵사 대장각기」,『한국금석전문』중세 하. ; 황인규,「무학 자초의 흥법활동과 회암사」,『삼대화상 연구논문집』2, 1999 : 황인규,『고려 후기 조선 초 불교사 연구』, 혜안, 2003.
204 허흥식,「2. 법통에 관한 여러 견해」,『한국 중세 불교사 연구』, 일조각, 1994, 367쪽.
205 무명씨,「闢佛疏」,『동문선』권56, 주의(奏議).
206「通度寺事蹟 略錄」,『通度寺誌』, 42쪽 ; 李齊賢,「送大禪師瑚公之定慧社詩序」,『益齋亂稿』卷5, 序 :『동문선』권85, 서.
207『태종실록』권22, 11년 7월 15일(갑술) :『태종실록』권27, 14년 6월 20일(신유).
208 고익진,「조원통록촬요의 출현과 사료 가치」,『불교학보』21, 1984 ; 허흥식,『한국 중세 불교사 연구』, 일조각, 1994. 369쪽.

다. 특히 무학은 묘향산 안심사에서 지공과 나옹의 추념 불사를 크게 일으키고, 이성계에게 최초로 혁명을 종용하고 왕조의 창업에 동참하였다.[209]

3) 조선 초 무학의 삼화상 도량 완성

무학은 조선 건국 직후인 1392년 10월에 왕사로 책봉된 후 한 달 남짓한 기간 동안 국도를 선정하면서 1년 2개월 정도 개경에 머물렀던 것 외의 대부분을 태조 재위 시기에는 회암사에 머물렀다. 무학은 개경에 머물면서 태조에게 스승인 지공과 나옹의 괘진·탑명·조파를 주청하여 이를 허락받고,[210] 1393년 9월 9일 광명사에서 나옹의 괘진 불사를 하였다.

무학은 태조 양위 후 이성계의 청으로 회암사에 다시 9개월 정도 머물렀다. 그 기간 동안 이성계가 회암사를 중창하였는데,[211] 무학의 뜻에 따른 것이다. 그것은 회암사가 무학의 스승인 지공과 나옹의 도량이었기 때문이다.

최근에 발굴된 성과에 의하면 청동 금탁(金鐸)에 다음과 같은 명문이 발견되었다.

    – 상단 –
왕사(王師) 묘엄존자(妙嚴尊者)
조선국왕(朝鮮國王) 왕현비(王顯妃) 세자(世子)

---

209 황인규, 『무학 대사 연구―여말선초 불교계의 혁신과 대응』, 혜안, 1999.
210 采永, 『海東佛祖原流』, 『한국불교전서』 10.
211 『태종실록』 권3, 2년 6월 9일(신유).

– 하단 –

천보산에 있는 회암사 보광명전 네 모퉁이는, 금벽으로 화려하게 꾸미어 천궁(天宮)보다 훌륭하다네. 금탁을 달아 놓고 모든 부처님께 공양하기를 기원하며, 또한 작은 티끌 같은 중생들이 그 소리를 듣고 부처님의 본심을 깨닫게 하소서. 우리가 이 신묘하고 아름다운 연기(緣起)를 받아들여, 조선의 국호가 만세에 전해지도록 하소서. 전쟁[干戈]이 영원히 그쳐서 나라와 백성이 편안하고, 마침내 같은 인연의 깨달음으로 돌아가게 하소서.[212]

이 금탁의 상단부에는 왕사 묘엄존자(王師妙嚴尊者, 無學), 조선국왕(朝鮮國王, 李成桂), 왕현비(王顯妃, 神德王后 姜氏), 세자(世子, 李芳碩) 순으로 명문이 음각되어 있었다. 회암사는 무학과 태조 이성계가 총애하는 신덕왕후, 그리고 세자 방석을 위한 왕실 원찰이었다. 용과 봉황처럼 왕이나 왕실을 상징하는 문양이 새겨진 기왓장들이 왕실 원찰이었음을 뒷받침해 준다.

---

212 6단지에 대한 발굴조사에서 보광전 건물지 주변에서 명문이 있는 청동금탁이 출토되었다. "天寶山中檜岩寺普光明殿四校角金粧碧彩勝天宮願懸琴鐸供諸佛亦使微塵諸衆生聞聲皆悟本心佛願我承此妙良緣朝鮮之傳萬歲干戈永息國民安畢竟同緣歸覺際 洪武 二十七年 甲戌六 功德主 嘉靖大夫判內侍府事 李得芬 施主 貞信宅主 許妙淨 咸陽郡夫人 朴妙湛 寧順宅主 朴氏 (?)城翁主 尹氏 檢校門下侍中 李崇.", '天寶山中檜岩寺…'로 시작되는 명문은 결국 功德主 李得芬의 발원문으로 밝혀졌다. 지금까지 출토된 유물 가운데 '檜岩寺'라는 명문이 처음 나온 유물이다. "天寶山中檜岩寺, 普光明殿四校角, 金粧碧彩勝天宮, 願縣琴鐸供諸佛…." 또한 하단부에는 檢校侍中 李崇을 포함하여 모두 5人의 시주자의 명단이 있는 금탁편도 출토되었다. 특히 금탁의 상단부에는 王師妙嚴尊者 無學, 朝鮮國王 李成桂, 王顯妃 神德王后 姜氏, 世子 李芳碩 순으로 명문이 음각되어 있다.(洪武二十七年甲戌六」功德主嘉靖大夫判內侍府事李得芬」施主貞信宅主許妙淨」咸陽郡夫人朴妙湛」寧順宅主朴氏」(?)城翁主尹氏」檢校門下侍中李崇」王師妙嚴尊者」朝鮮國王」王顯妃」世子.) 경기도박물관, 『묻혀 있던 조선 최대의 왕실사찰, 회암사』 경기도박물관, 2003.

1394년 3월 3일 무학은 회암사에서 지공과 나옹의 부도에 탑명을 새겼다. 조선 초 문인 성임(成任, 1421~1484)도 삼사탑(三師塔)에 대하여 언급하고 있다.[213] 이미 지공과 나옹의 부도는 고려 말에 세워졌는데, 그때 무학이 왕에게 주청하여 탑명을 새겼던 것이다. 무학의 부도가 지공과 나옹의 부도와 나란히 회암사 북봉(北峰)에 세워졌다. 이러한 삼화상의 위상이 확립된 것은 원에서 삼화상의 인연이 시작된 지 50년 만에 그들을 계보로 한 불교계 세력의 재편이 이루어진 것이다. 이로써 회암사는 지공·나옹·무학의 삼화상의 요람이 되었다.

무학은 1394년 6월 25일 조파를 확정하고 『불조종파지도』를 중간하여 지공과 나옹을 잇는 한국불교의 법맥을 세웠다.[214] 이렇듯 무학은 지공·나옹·무학으로 이어지는 여말선초 삼화상의 계보를 확정하였을 뿐만 아니라, 지공과 나옹의 법통을 잇는 계보를 공식화하는 등 불교계를 재편하고자 하였다.

무학의 스승인 지공과 나옹은 부처의 화신 또는 생불로서 추앙받았으며,[215] 무학은 선각(禪覺, 나옹)의 적통이며, 태조(太祖)의 왕사였다.[216] 이와 같이 무학이 왕사로서 불교계를 대표하는 위치에 있어 삼화상의 위상이 확립되고, 조선시대 회암사는 "도(道)가 있는 승려가 모이는 곳"[217]이라 인식되어 특대를 받았던 것이다.

무학은 양주 회암사를 중심으로 한성의 사찰을 배열하였다. 한양 천도는 한양을 중심으로 하는 불교계의 세력을 재편하기 위한 것이었다.

---

213 『신증 동국여지승람』 권11, 양주목 불우 회암사.
214 채영, 『해동 불조원류』, 『한국불교전서』 10.
215 無名氏, 「闢佛疏」, 『동문선』 권56 , 주의(奏議).
216 위와 같음.
217 『태종실록』 권15, 8년 1월 4일(계축).

한양은 본래 양주(楊州)의 남쪽 부분으로 우왕 대 삼소(三蘇) 중에 좌소(左蘇)가 회암이라는 설이 제기될 정도로 중요한 곳이었다.[218] 무학은 국도를 정할 때 또는 궁궐을 축성할 때 관악산의 지세를 누르기 위하여 삼막사(三藐寺)와 사자암(獅子庵), 호압사(虎壓寺) 등을 창건(또는 중창)하였다.[219]

관악산뿐만 아니라 한양을 지키는 4대 사찰을 지정하였다. 『봉은본말사지』에 의하면, 무학이 불교의 호국적 특색이나 밀교적(密敎的) 만다라(曼茶羅)에서 한양의 동쪽에 청련사(靑蓮寺),[220] 서쪽에 백련사(白蓮寺),[221] 남쪽에 삼막사(三藐寺)·북쪽에 승가사(僧伽寺)를 비보사찰로 지정하였다.[222] 그리고 한양을 지키는 내사산(內四山)인 북악산(北岳山), 인왕산(仁王山), 남산(南山), 낙타산(駱駝山)이 다시 그 둘레에서 지키는 형세를 하고 있다.[223]

그리고 한양의 도성 안에 태조가 세운 비보사찰은 왕사인 무학의 지점(地點)에 의한 것이었다. 『봉은 본말사지』에 의하면 신라불교를 이차돈(異次頓)이, 고려불교를 도선(道詵)이 개창한 것과 마찬가지로 조선시대의 불교는 무학이 지점하였다고 한다.[224] 무학은 도선이 비보사찰을 지정한 것과 마찬가지로 한양의 터를 잡는 데 결정적인 영향을 주었을

---

218 『고려사』 권134, 신우열전 5년 11월.
219 雪庵 門人, 「三聖山三藐寺 事蹟」, 1771년(영조 47), 『봉은 본말사지』 관악산의 사찰 삼막사.
220 金仁根, 「洛陽終南山 靑蓮寺重創上樑文」, 『봉은 본말사지』, 1849.
221 竹下, 「白蓮寺事蹟」, 『奉恩 本末寺誌』, 1909.
222 『봉은 본말사지』 경산의 사찰 서문. 漢陽을 지키는 4대 寺刹 가운데 청련사 대신에 양주 佛巖寺를 드는 경우가 있다. 『봉은 본말사지』 경산의 사찰 靑蓮寺誌 : 佛巖寺, 「樓閣重建記」.
223 황인규, 『무학대사 연구』, 혜안, 1999.
224 『봉은 본말사지』 경산의 사찰편.

뿐 아니라 한양을 지키는 절을 지정하여 왕조의 기틀을 세운 것이다.[225]

따라서 무학은 양주의 회암사를 삼화상의 도량으로 삼아서 한양 천도를 하였고, 한양의 도성을 비보하는 사찰을 지정하였던 것이다. "고려시대 왕성 안팎의 500 선찰(禪刹)이 도선의 지점이라고 한다면,[226] 조선시대 한양 도성과 인근의 사찰은 무학이 지점한 것"이라는 후대의 평이 그것을 말해 주고 있다.[227]

앞서 서술했듯이 회암사를 중창하여 불교의 총본산으로 삼고자 한 고승은 여말선초 삼화상 지공과 나옹, 무학이다. 고려 말 선풍을 드높이며 불교계를 중흥시키고자 했던 보우와 나옹, 경한 등 세 스님을 묶어서 여말삼사라고 한다. 여말삼사가 공민왕 대를 중심으로 활동한 데 반하여 지공과 나옹, 무학 등 삼화상이 공민왕 대 이후 조선시대 초기까지 불교계를 주도하였다. 조선 후기 불교의식집인 『선문조사예참문(禪門祖師禮懺文)』과 『범음집(梵音集)』 등에서도 삼화상으로 추앙받으며, 『조상경(造像經)』에도 증명법사로서 숭앙되었다. 또한 정조 때는 삼화상에게 교서가 내려져 국가적인 추념이 이루어졌다. 이와 같이 여말선초 삼화상의 영험은 가장 신통한 증명 법사(證明法師)로 지금까지 한국 불교계의 삼화상으로 존숭되고 있다.[228]

회암사는 삼화상 도량으로 조선 초 한양을 비보하는 4대 사찰을 지정하기 위한 중심 사찰이었다. 무학의 스승인 지공과 나옹은 부처의 화신 또는 생불로서 추앙받았으며, 무학이 왕사로 책봉됨으로써, 그들의

---

225 『영조실록』 권35, 9년 8월 26일(갑술).
226 李奎報, 「龍潭寺 叢林牓」, 『동국이상국집』 권25.
227 『봉은 본말사지』, 개운사.
228 황인규, 『고려말 조선 전기 불교계와 고승 연구』, 혜안, 2005.

부도가 회암사에 세워진 것은 회암사가 삼화상의 도량인 것을 표증한다. 무학의 입적 후 유골이 안치됨으로써 삼화상의 요람이 완성되었던 것이다.

무학과 그의 스승인 지공과 나옹, 즉 삼화상이 머물렀던 사찰 가운데 가장 비중이 있는 사찰이 되었다. 삼화상이 머물렀던 사찰은 회암사 외에도 전국에 걸쳐 있다. 즉, 함남 신흥 개심사(開心寺), 경기도 여주 신륵사(神勒寺), 경남 진양 응석사(應石寺), 서울시 도봉구 천축사(天竺寺), 경기도 장단 화장사(華藏寺), 전남 승주 선암사, 경남 양산 통도사(通度寺), 전남 전주 위봉사(威鳳寺), 경기도 안양 삼막사(三藐寺) 등이다. 그리고 삼화상의 진영이 봉안되어 있었던 사찰은 회암사 외에도 경기도 장단 화장사, 금강산 백화암, 함남 안변 석왕사 등이며, 현재 회암사를 비롯하여 경기도 여주 신륵사, 경기도 남양주 불암사, 경남 양산 통도사, 전남 승주 선암사 등이다.[229] 결국 회암사는 삼화상의 인연이 가장 많은 사찰이며 삼화상의 진영뿐만 아니라 탑과 부도, 비가 있는 곳으로, 숭유억불기 흥법의 메카였다. 회암사는 보제사(연복사)와 광암사(광통보제선사), 광명사[230]와 더불어 여말선초 대도량으로서 조선 한성 수도시대의 가장 큰 도량이었다. 특히 태종 대 관음굴 오대산 상원사와 견암사 등과 더불어 수륙재 도량으로서[231] 이름난 도량[232] 가운데 하나였다.

회암사의 사세는 무학의 문도에 의해 계승되어 갔다. 고려 말 이래 회암사의 역대 주지는 다음과 같다. 나옹(우왕 3년경), 절간(우왕 5년), 환

---

229 황인규, 『마지막 왕사 무학 대사』, 밀알출판사, 2000.
230 이규보, 「서보통사(西普通寺)에서 행하는 담선방」, 『동국이상국집』 권25, 방문(牓文).
231 『태종실록』 권27, 14년 2월 6일(경술).
232 『세종실록』 권6 , 1년 11월 28일(무진).

암, 고암, 무학, 효운(曉雲), 조선(祖禪, 태종 2년경), 천봉 만우(千峰卍雨, 세종 5년 4월 이전), 진산(珍山, 세종 25년 4월 경), 행호(行乎, 세종 년간),[233] 처안(處安, 성종 2~성종 15년), 책변(策卞, 성종 15년 12월경), 보우(普雨, 명종 6년 이후), 신묵(信黙, 명종 20년 5월경), 무변(茂卞, 선조 1년 이후), 천령(天齡, 선조 6년 이후), 계은(戒誾, 선조 8년 이후), 삼요(參寥, 선조 7년 이후) 등이다. 사실 고려 말 이래 조선 전기 회암사 주지는 송광사의 경우와 마찬가지로 나옹의 문도와 보우의 문도들이 계승했다. 즉, 절간 익륜, 철호 조선(鐵虎 祖禪), 진산은 무학의 문도들이고 고암, 효운, 만우는 환암의 문도들이다. 무학의 문도로 무학이 말년에 회암사에 머물면서 비보사찰을 지정하는 데 참여한 조선(祖禪)과 조생(祖生)[234] 등의 인물들이 있었다. 특히 제자 조선은 1402년(태종 2) 회암사 감주(監主)로 임명될 때 더불어 회암사 주지로 임명된 바 있다.[235]

무학의 문도 가운데 회암사와 관련하여 주목되는 승려는 진산과 기화이다. 허융 진산(虛融珍山, ?~1427)은 무학의 가장 대표적인 계승자였다. 나옹에게 직접 인가받고 이어 무학에게 사사를 받아 산문의 주인이 되었고, 모든 납자들의 우두머리였다고 한다. 따라서 여말선초의 삼화

---

233 김일손의 釣賢堂의 기문에 의하면, 蘿月軒 玉明은 시를 읊조릴 줄 알고 나팔 불기를 좋아하여 김종직이 螺和尚이라 일컬었다고 한다. 조정에서 나화상의 명성을 듣고 억지로 檜巖寺 주지를 맡겼으나, 1년 있다가 문득 사퇴하였다고 한다. 金馹孫, 「釣賢堂記」, 『濯纓集』 卷3, 記 ; 『신증 동국여지승람』 권30, 慶尙道 陝川郡 內院寺 ; 俞好仁, 「伽倻山內院庵訪螺師玉明不遇」, 『속동문선』 권5, 七言古詩.

234 조생은 仁王寺 내원당 당주였으며, 定宗 代 興天社의 主法이 된 승려였다. 『태조실록』 권4, 2년 11월 19일(경신) ; 『정종실록』 권2, 1년 8월 12일(기유).

235 『태종실록』 권4, 2년 7월 13일(갑오) ; 『태종실록』 권4, 2년 8월 2일(계축) ; 權近, 「津寬寺水陸造成記」, 『陽村集』 卷12, 기류 ; 이색, 「영변 安心寺指空懶翁舍利石鐘碑」, 『한국금석전문』 중세 하 음기 : 황인규, 「조인규 가문과 수원 만의사」, 『수원문화사연구』 2, 1998 : 황인규, 『고려 후기 조선 초 불교사 연구』, 혜안, 2004.

상인 지공과 나옹 그리고 무학의 법을 가장 잘 계승한 대표적인 인물이다. 그는 세종 대 회암사 주지였던 천봉 만우가 흥천사 주지로 나가자 회암사 주지에 재임하였다.

함허 기화(涵虛 己和)는 진산 다음의 무학의 대표적 문도로 알려져 있으며, 22세인 1398년(태조 7) 봄 왕자의 난 즈음 불교계의 일선에서 퇴진하여 회암사에 머물고 있는 왕사 무학을 찾아뵙고 가르침을 받았다. 그 후 여러 산사에 다니면서 수행하다가 다시 회암사로 와서 3년여 동안 정진하여 선풍을 크게 일으켰으며, 1420년(세종 2) 가을 오대산 영감암으로 들어가 나옹의 진영을 참배하였다. 회암사 주지 효운 이후[236] 진산은 무학 자초의 대표적 계승자로서[237] 세종 연간 행호(行乎)가 천태종판사(天台宗判事)로서 회암사 주지였다.[238]

무학의 문도 진산과 기화 이후 회암사는 설잠 김시습(金時習, 1435~1493)에 의하여 다시 상기되었다. 김시습은 회암사에 머물면서[239] 『원각경』을 읽다가 깨우침을 얻었고 회암사에서 스승 해사(海師 혹은 智海)에게 불경의 강해(講解)를 받았다.[240] 설잠은 회암사의 동별실에 머물렀으

---

236 『禪宗永嘉集』 諺解 刊記.
237 황인규, 「무학자초의 문도와 그 대표적 계승자」, 『삼대화상 연구논문집』 3, 2001 : 황인규, 『고려 후기 조선 초 불교사 연구』, 혜안, 2004.
238 『묘법연화경』 권4 末 : 문화재관리국, 『동산문화재지정 보고서』(88지정편) 1989, 141쪽.
239 서거정, 「送淸閑遊檜巖寺仍向松都諸山寺」, 『사가정집』 시집 권13 : 서거정, 「送澹師從岑上人遊檜巖寺仍向松都諸山寺」, 『사가정집』 시집 권13.
240 김시습, 「謝海師講經 以水晶數珠爲答」, 『매월당집』 권10, 詩 遊關東錄. 海師는 설준과 해초와 더불어 불경간행사업에 동참하였던 전 逍遙寺 주지 智海였다고 생각된다. 설잠 김시습은 1459년(세조 5) 5월 효령대군의 회암사 불사를 계기로 1461년 6월 간경도감이 설치되어 1471년(성종 2) 12월 폐치될 때까지 많은 불서 간행에 참여했다. 황인규, 「청한설잠의 승려로서의 불교계 활동과 교유인물」, 『한국불교학』 40, 2005 : 황인규, 『고려 말 조선 전기 불교계와 고승 연구』, 혜안, 2005.

며, "불전에는 아직도 삼세의 불(佛)이 남아 있다. 법문(法門)에는 오종의 선이 끊어졌다."라고 하고 "회암사가 날란다사와 같다."고 하면서도 "법등(法燈) 전할 사람이 없는 것이 한"이라고 안타까워하였다.[241] 설잠은 거기에 안장된 지공과 나옹의 의발을 보면서[242] 홍법의 의지를 재삼 다짐했을 것이다. 설잠은 1458년 겨울 개성으로 돌아와 지공의 상에 참배하였다.

처안(處安)은 정양사 주지였다가 회암사 주지로 있었으며, 1480년(성종 11) 용문사를 중수하였으며, 용문사 주지였던 책변과 더불어 금강산의 도봉(道峯)의 제자였다.[243] 처안(處安)은 1462년(세조 8) 설경(雪敬) 등과 함께 광화문(光化門)의 종을 쳐서 불교계의 개혁을 위해 상언하였다.[244] 세종 대에 회암사와 진관사의 승려들이 탄압을 받았으나, 성종 대에 정희왕후와 사위 정현조의 후원으로 회암사 주지 처안이 중창하였다. 그리하여 회암사는 "우리나라 산수 경치가 천하에 이름이 났으며, 불사로서 그 사이에 있는 것이 또 몇 십 개인지 모르지만, 인사(仁祠) 제도의 극진한 것과 법왕(法王)·행화(行化)의 체제를 갖춘 것은 회암(檜巖) 같은 것이 없다."[245]라고 하였다.

책변(策卞)은 부용 영관(芙蓉 靈觀)의 제자 일암 학전(一庵 學專)의 문도였으며, 처안과 더불어 금강산의 도봉(道峯)의 제자였다. 성종 16년 무렵

---

241 김시습, 「회암사」, 『매월당집』 권10.
242 김시습, 「회암사」·「題東別室」·「지공의발」·「나옹의발」, 『매월당집』 권10.
243 金守溫(1409~1481), 「檜巖寺 重創記」, 『拭疣集』 권2, 기 ; 南孝溫(1454~1492), 「遊金剛山記」, 『秋江集』 권2, 기 ;『속동문선』 권21, 錄.
244 『세조실록』 권28, 8년(1462) 7월 7일(경자).
245 金守溫(1409~1481), 「檜巖寺 重創記」, 『拭疣集』 권2, 기 ;『신증 동국여지승람』 권11, 경기 양주목 불우 회암사.

처안(處安)은 회암사 주지, 책변은 용문사 주지로 있었다.[246]

그 후 중종의 비 문정왕후의 후원을 받은 허응 보우에 의해 회암사는 불교계에 크게 부각되었다. 보우의 행적에 의하면, 보우가 머물렀던 곳은 나옹 혜근과 무학의 그것과 일치한다. 보우는 무학이 지공과 나옹의 추념 불사 이후 머물면서 이성계에게 최초의 왕조 창업을 제의하였던 석왕사(釋王寺) 일대에서 3년여 세월을 지낸 후 마침 문정왕후의 수렴정치가 시작되자 불교계의 중흥불사가 시작되었다. 보우는 무학과 스승 나옹이 홍법의 메카로 삼으려 했던 양주 회암사에 머물다가 불교계의 중심사찰로 부상하고 있던 봉은사(奉恩寺)의 주지를 하면서 선교양종의 복립에 참여하였다. 보우는 나옹 혜근과 제자 무학의 문도로 조선의 도반 조우(祖遇 혹은 祖雨)의 제자였다. 보우는 내수사도 총섭하였고,[247] 1552년(명종 7) 8월 봉은사와 회암사 주지를 겸하였으며, 그 후 선교 양종을 보우가 통할하게 되었다. 마침내 교단은 봉은사와 봉선사를 중심으로 6년간 교단을 주도하였다. 그 후 보우는 나옹 혜근이 주석하였던 청평산 일대에서 주석하면서 불교계 중흥의 끈을 놓지 않았다. 보우는 청평사에서 머물면서 한국불교계의 고승으로 서천의 지공, 전 왕조인 고려의 보우와 나옹, 조선의 무학과 그의 제자 기화, 김시습을 꼽았다. 이들 가운데 태고 보우 외에는 지공·나옹·무학 삼화상과 문도가 포함되었던 것이다.

보우는 병중에도 불구하고 회암사로 향하여 회암사의 차안당에 누

---

246 金守溫, 「檜巖寺 重創記」, 『拭疣集』 권2, 기 ; 金守溫(1409~1481), 「寄題檜庵西方與策卞大禪共笑」, 『拭疣集』 권4, 詩類 ; 徐居正(1420~1488), 「送卞上人詩序」, 『四佳集』 권6, 서 ; 南孝溫(1454~1492), 「遊金剛山記」, 『秋江集』 권2, 기 :『속동문선』 권21, 錄.
247 『명종실록』 권12, 6년 8월 23일(무인).

위 몇 달을 지냈다.[248] 봉은사를 불교 교단의 중심지로 확고히 하기 위해 중종의 능을 봉은사 곁으로 옮기는 데 참여하고, 회암사 주지로 있으면서 수륙재를 크게 베풀었다. 회암사는 기내(畿內)의 큰 사찰이었는데 문정왕후가 수륙재를 개최할 때 반승에 거의 쌀 1천 섬이나 소요되었다고 한다.[249] 나옹이 동방 제일도량인 송광사의 사세를 몰아 회암사를 불교 교단의 메카로 삼으려 했던 것과 맥락을 같이 한다. 즉, 허응 보우는 회암사의 사세를 몰아 봉은사를 불교계의 메카로 삼으려 했지만, 때마침 그의 막강한 지원 세력이 되었던 문정왕후가 승하하면서 그 또한 죽음을 맞이하게 되었다.[250] 유생들이 난입하여 소란을 피우자 명종은 "회암사는 태종대왕의 능침사인데, 봉은사와 봉선사(奉先寺) 두 사찰의 예와 같이 방(榜)을 걸어 금하게 하였다."라고 한다.[251] 마을 사람들 사이에 회암사를 태우려고 한다는 소문이 자자하다고 하였다.[252]

이렇듯 무학 이후 문도 진산과 기화, 그리고 설잠 김시습과 허응 보우에 의하여 회암사를 불교의 메카로 하는 불교 중흥은 퇴조했지만, 보우가 발탁한 고승들에 의해 조선 후기 불교의 명맥이 계승된다. 즉, 봉은사에는 허응 보우의 상수 문도인 신묵(信黙)이 보우의 뒤를 이어 회암사와 휴정의 뒤를 이어 봉은사 주지를 하였으며, 후에 신묵의 제자 사명 유정(四溟 惟政)을 출가시키기도 하였다. 청허 휴정도 보우의 뒤를 이

---

248 허응 보우, 「병든 가슴 회포를 보임」, 『허응당집』 권하.

249 李裕元(1814~1888), 「檜巖寺가 없어진 일」, 『임하필기』 권26, 春明逸史.

250 황인규, 「나암보우의 불교계 활동과 문도」, 『동국사학』 40, 2004 ; 황인규, 「나암보우와 조선 불교계의 고승」, 『보조사상』 24, 2005 : 황인규, 『조선시대 불교계 고승과 비구니』, 혜안, 2011.

251 『명종실록』 권9, 4년(1549) 9월 8일(갑술).

252 『명종실록』 권32, 21년(1566) 4월 20일(신사).

어 선종판사를 하면서 봉은사 주지를 하였다. 신묵은 1565년(명종 20) 5
월 보우의 뒤를 이어 재임하다가 1568년(선조 1) 무변(茂卞)이 재임하였으
며,[253] 보우의 제자 삼요(參寥)도 선과에 으뜸으로 합격하고 회암사 주지
에 재임하였다. 『나암잡저』를 간행한 천령(天齡)도 회암사 주지였으며,
직지사 주지 중덕(中德) 유정(惟政)이 교정을 보았다.[254] 『금강반야바라밀
경』을 간행한 계은(戒闇)도 선조 8년(1575) 회암사 주지로 있었다.[255] 또한
선과에 으뜸으로 합격하였던 삼요(參寥)도 선조대 초반에 회암사 주지로
있었다.[256]

회암사는 선조 대까지만 해도 '선왕(先王)의 어실(御室)'을 조성하기도
하였으나[257] 임란 후 폐사된 듯하다. 기록에 의하면 보우는 수륙재가 끝
나고 얼마 안 가 국휼(國恤)이 있었으며, 그 뒤에 전갈이 많다는 이유로
폐사(廢寺)되었다고 한다.[258] 또한 군기시(軍器寺)가 화포의 주조에 대한
대책을 건의하는 가운데 "회암사 옛터에 큰 종이 있는데 불에 탔으나
전체는 건재하며 그 무게는 이 종보다 갑절이 된다고 합니다."[259]라고 하
였다. 인조 때 항산군(恒山君) 이정(李楨)이 회암사에서 불사(佛事)를 크

---

253 「慶聖堂休翁行錄」, 『조선불교통사』 상.

254 『나암잡저』 刊記. 그에 대한 문집에 다음과 같은 기록이 찾아진다. 崔慶昌(1539~1583),
「贈天齡上人」, 『孤竹遺稿』 五言絶句.

255 「31 금강반야바라밀경」, 동국대 불교문화연구소, 『이조 전기 국역불서 전관목록』 동
연구소, 1964, 62쪽.

256 金安老(1481~1537), 「旣題志雄軸詩 僧希則以詩求詩 又用前韻」, 『希樂堂稿』 권1, 시;
周世鵬(1495~1554), 「途中口占」, 『武陵雜稿』 권2, 別集.; 金麟厚(1510~1560), 「和祥之韻
贈參寥」, 『河書全集』 권7, 七言絶句; 허응 보우, 「묘향산으로 돌아가는 寥스님을 송
별하면서」, 『허응당집』 권하.

257 『선조실록』 권188, 38년(1605) 6월 5일(무신).

258 李裕元(1814~1888), 「檜巖寺가 없어진 일」, 『임하필기』 권26, 春明逸史.

259 『선조실록』 권64, 28년(1595) 6월 4일(을사) ; 『선조실록』 권71, 29년(1596) 1월 28일(을미).

게 벌이기도 하였으나[260] 백암 성총(栢庵 性聰, 1631~1700)의 『백암집(栢庵集)』에는 회암사가 폐사되었음을 적고 있다.[261] 영조 대에 편찬된 『여지도서』에도 "회암사 옛터 회암면에 있다. 옛날 무학, 나옹, 지공 등 세 스님이 99방 규모의 사찰을 창건했다고 전한다. 지금은 단지 이끼낀 옛 비석과 풀에 파묻힌 섬돌만 보일 뿐이다."[262]

임란 후 국가 재조운동이 전개되면서 태조의 왕사였던 무학을 비롯하여 삼화상의 위상이 부각되었고 정조는 삼화상 교서를 하사하기도 하였다. 하지만 회암사의 사세는 더 이상 크게 진작되지 않았다. 예컨대 1821년(순조 21) 광주 유학 이응준(李膺峻)이 부도와 비석을 파괴하고 사리를 훔친 후 그곳을 자신의 아버지 묘소로 만드는 등 회암사의 사세는 퇴락하였던 것이다.[263] 19세기 문인 이유원(李裕元, 1814~1888)의 문집에 의하면, 회암사는 "3백여 년이 지난 지금까지도 계단의 주춧돌 밑에 아직 전갈들이 떼로 모여 사는데 그 색이 모두 하얗다."라고 하였듯이 회암사의 사세는 퇴락해 갔다.[264]

---

260 『인조실록』 권13, 4년(1626) 윤6월 20일(경신) ; 『승정원일기』 인조 4년 (1626) 윤6월 20일(경신).

261 栢庵 性聰(1631~1700), 「檜岩廢寺」, 『栢庵集』 권상, 시 : 『한국불교전서』 8, 99쪽, "光陰百劫一須臾 淨地金沙已草蕪 苔雜畫廊門不掩 葉塡香井水還枯 懶翁功業眞開土 牧老文章非俗儒 獨立斜陽無限思 冷烟喬木有啼鳥."

262 『여지도서』 경기도 양주목 古跡, "檜巖寺舊址 在檜巖面古時無學 懶翁 志恭三和尙創建九十九房云而卽今惟見古碑苔蝕石枘草沒而已."

263 『순조실록』 권24, 21년(1821) 7월 23일(신미). 龍雲 處益(1813~1888)는 1885년 판서에 올라 회암사의 山訟문제를 담당하였다. 범해 각안, 「龍雲禪伯」, 『동사열전』 권4 : 『한국불교전서』 10, 175쪽.

264 李裕元(1814~1888), 「檜巖寺가 없어진 일」, 『임하필기』 권26, 春明逸史.

4) 나가는 말

이상에 살펴본 바와 같이 연경(북경) 법원사에서 지공·나옹·무학이 삼화상의 연을 맺은 뒤 귀국 후 나옹과 무학은 동행하면서 지공의 삼산양수기(三山兩水記)를 실천에 옮기고자 하였다. 나옹이 삼산양수의 땅인 회암사를 중창하고자 하였으나 주살되었다. 무학은 이를 계기로 회암사와 신륵사 등 지공과 나옹의 추념 불사에만 참여하다가 1383년 안심사에서 지공과 나옹의 추념 불사를 하고 석왕사에서 이성계에게 왕조 창업을 주창하고, 이에 참여해 왕조의 기틀을 세우고자 하였다.

무학은 창업 후 왕사로 책봉되고 지공과 나옹의 도량인 회암사에 머물면서 삼화상의 도량을 완성하였다. 즉, 무학은 태조에게 주청하여 지공과 나옹의 탑명을 새겼고 무학의 부도가 세워짐으로써 삼화상의 도량이 완성되었다. 이는 원에서 삼화상의 연이 시작된 지 50년 만이었다.

한편 무학은 개경에 1년 남짓 머물며 불교계를 대표하면서 3대 선우(禪宇)였던 연복사(演福寺)와 광명사(廣明寺)에서 불사를 주관하였다. 그러면서 회암사를 중심으로 도성을 비보하는 4대 사찰을 지정하고 관악산 등지에 한양을 비보하는 사찰을 지정하며 불교계의 재편을 꾀하였다.

무학은 왕조의 창업자인 태조와 뜻을 같이 하였고 태조를 신앙적으로 귀의케 하여 태종 대 불교계가 대대적인 탄압을 받게 될 때에도 비보사찰을 지정하게 하여 사찰을 보호하였다. 그리하여 무학과 두 스승 지공과 나옹은 여말선초 삼화상으로 그들의 문도들이 조선 전기 불교계를 주도하였을 뿐만 아니라 조선시대 이후 지금까지 사찰이나 불교의식에서 최고의 증명법사로서 존숭받았다.

회암사는 삼화상이 머물렀던 사찰 가운데 가장 비중이 있는 곳이었다. 조선 전기 나옹계 무학의 문도(문손)인 허응 보우와 그의 문도들에 의해 삼화상의 선풍이 계승되었으나 임란 후 회암사는 사세가 침체하여 폐사된 듯하다. 다행히도 현대에 이르러 회암사지의 대대적인 발굴로 회암사가 조선시대 최대의 왕실원찰이었음이 부각되고 있다. 하지만 무엇보다도 회암사는 불교계 최고 삼화상인 지공과 나옹, 무학의 홍법 도량이라는 사실을 주지하여야 할 것이다.

2장

무학의 건국 참여와 왕사 책봉

1. 무학의 건국 참여와 불교계

1) 들어가는 말

무학 자초는 불교 고승의 면모보다는 한양을 천도하는 데 일조를 한 것으로 널리 알려져 있다. 즉, 풍수도참가인 술승이나 이성계와 친밀한 권승의 모습만이 부각된 바 더 크다.[1] 하지만 무학은 고려 말 고승 나옹의 고제(高弟)로서 인도의 고승 지공 선현과 더불어 불교계의 최고의 삼화상[2]으로서 여말선초 유불 교체의 분위기 속에서 불교계의 수호와 발

---

[1] 그간의 무학에 관련한 대표적인 논저류를 소개하면 다음과 같다. 河村道器, 「王師無學의 釋王寺 創建에 對하여」, 『日光』 2, 불전교우회, 1929 ; 高橋亨, 「太祖의 名僧－王師無學」, 『李朝佛教』, 東京 寶文館, 1929 ; 村山智順, 「제3장 서울의 風水－奠都의 論議, 遷都의 動機」, 『朝鮮의 風水』, 朝鮮總督府, 1931 ; 忽滑谷快天, 「無學의 行實, 太祖의 讓位와 無學의 關係」 『朝鮮禪教史』, 1930:1978.

[2] 金春澤(1670~1717), 「懶翁殿 題三大師畵像」, 『北軒居士集』 卷6, 蘆山錄 詩 ; 金春澤, 「三大師畵像合贊」, 『北軒居士集』 卷20, 蘆山錄 文 贊, "有僧以神勒寺指空懶翁無學三大師影本改粧 勸善文來示余 余受而讀之 實同作文者嗟嘆也 然余貧無以助僧 則

전을 위해 애쓴 고승이다. 한국 불교사에 있어서 공식적인 마지막 왕사로서 고려 말 대문인 이색이 지은 무학의 비문에서 밝힌 바와 같이 "나옹의 적통이요, 이성계의 왕사."[3]였다.

한국 불교의 정체성을 회복하기 위해서는 불교가 역사상 최대의 탄압을 받아 축소되기 시작하는 여말선초의 시기에서부터 시작하여야 한다고 믿고 있다. 여말선초의 불교계를 대표하고 주도하였던 고승이 바로 무학과 그의 스승 나옹과 지공이었다.[4] 본고는 필자가 그간의 무학과 관련한 연구성과를 종합 재정리하고, 일부 관련 기록을 추가하여 무학의 조선 건국 참여와 불교계 수호라는 주제로 논지를 전개하였다.[5]

    姑據其文 作三大師像贊一篇以附於後 抑不可謂非助者矣."

3 변계량, 「묘엄존자탑명」, 『동문선』 권121, 비명.

4 필자는 그동안 무학 관련 박사학위를 취득한 바 있으며, 이를 심화 또는 대중화하기 위하여 무학 관련 학술서를 각기 단행본으로 출간한 바 있다. 황인규, 「무학자초 연구」, 동국대 대학원 박사학위논문, 1997 ; 황인규, 『무학대사 연구—여말선초 불교계의 혁신과 대응』, 혜안, 1999 ; 황인규, 『마지막 왕사 무학 대사』, 밀알, 2000. 그 후 무학을 중심으로 고려 후기, 조선 전기로 그 시기와 범위를 확대하여 한국 중세 불교사의 주요 고승과 사찰을 중심으로 중세 불교의 역사와 문화를 다룬 학술서를 출간한 바 있다. 황인규, 『고려 후기 조선 초 불교사 연구』, 혜안, 2003 ; 황인규, 『고려 말 조선 전기 불교계와 고승 연구』, 혜안, 2005 ; 황인규, 『고려시대 불교계와 불교문화』, 국학자료원, 2011 ; 황인규, 『조선시대 불교계 고승과 비구니』, 혜안, 2011.

5 무학의 저술로서 현재 남아 있는 것은 『佛祖宗派之圖』이지만 원본은 전하지 않고 조선 후기 고승 月渚 道安(1638~1715)이 재편집한 것이 남아 있으나 승려들의 系譜만 알 수 있을 뿐이다. 그 밖에 풍수도참서로서 『무학비결』이 있으나 무학의 저술류인지 확신하기 어려우며, 근대의 송광사 고승 錦溟 寶鼎이 저술한 『著譯叢譜』에 의하면 『傳鉢源流圖』와 무학의 高弟 涵虛 己和가 지었다는 『無學錄傳』이 있었다고 한다.

2) 고려 말 불교계 혁신과 조선 건국

(1) 불교 중흥과 추념 사업

무학의 고려 말 불교계 활동 가운데 가장 중요한 사실은 흥법을 위한 회암사 중창과 지공과 나옹의 추념 불사였다. 회암사의 중창은 무학의 스승인 인도승 지공의 회암사 지정에서 시작되었다. 지공(dhyāna~bhadra, 제납박타)은 석가모니의 둘째 삼촌 곡반의 108대 후손으로 고려에 2년 6개월을 유력하면서 회암사가 날란다(Nalanda)사와 같은 곳이라고 지정하였다. 무학과 그의 스승 나옹은 사굴산문 수선사계 선승으로 수선사계의 선풍을 지니고 '무자 화두(無字 話頭)'와 '오후 인가(悟後 印可)'의 몽산 선풍의 영향을 받아 원의 선종계를 유력하였다. 무학과 나옹은 가지산문계가 석옥 청공을 사사한 것과는 달리 원의 임제종 고승 평산 처림에게 사사했을 뿐만 아니라 지공의 선풍도 수용하였다. 무학은 원의 연도 법원사에서 지공과 나옹에게 도를 인가 받고 지공, 나옹, 무학으로 이어지는 삼화상의 연을 맺은 바 있다. 특히 서산 영암사에서 2년여 간 나옹과 함께 머물면서 나옹의 대표적인 계승자가 되었고 1356년 귀국 시 나옹에게서 수서를 받았으며, 3년 후에 귀국하여 천성산 원효암에 머물고 있던 나옹에게서 불자를 받음으로써[6] 나옹의 대표적인 수제자가 되었다.[7] 무학은 지공의 유지인 삼산양수기를 받들어 스승 나옹과 함께 이미 지공이 날란다사와 같다고 지정한 양주

---

6   변계량, 「묘엄존자탑명」, 『동문선』 권121, 비명.
7   황인규, 「나옹과 그 대표적인 계승자 무학자초」, 『역사와 교육』 5, 1997.

회암사[8]를 불법의 터전으로 삼아 고려 말 불교계를 중흥하고자 하였다.

회암사가 불교계에 부각되는 것은 원경 국사(元敬國師) 충희(沖曦, 玄曦)가 절에 머물면서 사세를 확장하면서부터인데,[9] 14세기 이르러서는 국제적인 사찰로 명성이 높았다. 예컨대 사굴산문 수선사계 선원사 고승인 원명 국사 충감(1211~1306)이 1305년(충렬왕 32) 강남의 임제종 양기파 고승 몽산 덕이의 고제 철산 소경[10]을 회암사에 초빙하였다.[11] 그 후 선종계를 주도하였던 가지산문 보우와 사굴산문 나옹이 출가하였으며,[12] 천암 원장(천암 무명)을 참방하였던 나옹과 월담 심 선사 등이 주석하였던 대찰이었지만,[13] 그 후 퇴락해 갔다.

무학과 나옹은 신광사와 금강산 등지를 같이 동행하기도 하였으며,[14] 그 후 무학은 곡산 고달사 등지를 유력하였고 나옹은 청평사의 주지로 재임하였다. 불교계는 보우와 이에 이은 신돈에 의한 공민왕대의 불교계의 주도로 인하여 개경에서 멀리 떨어진 지방에서 활동할 수밖에 없었다.

---

8 이러한 사실은 조선 초 문인 金守溫이 지은 「회암사중창기」에는 다음과 같이 찾아지고 있다. 金守溫 「檜巖寺 重創記」, 『拭疣集』 卷2, 記, "昔天曆間 西天薄伽提納尊者 見此寺址 以爲酷寺西天阿蘭陀寺 且曰迦葉佛時爲大道場 於是 執繩量之 以定其位 時得劫前礎砌 當時暫庇屋宇 以識其最而已 有玄陵王師普濟尊者 授指空三山兩水之記 遂來居此."

9 崔滋, 「檜巖寺 有王子 僧圓鏡國師 手蹟」, 『보한집』 권하.

10 허흥식, 「고려에 남긴 鐵山瓊의 행적」, 『한국학보』 39, 일지사, 1985, :『고려불교사연구』, 일조각, 1986.

11 危素, 「林川 普光寺 重創記」, 『한국금석전문』 중세 상, 1190쪽. 소경이 남긴 편액이 회암사에 남아 있었다고 한다. 金守溫, 「天寶山 檜巖寺 重創記」, 『拭疣集』 卷2, 記.

12 維昌, 「태고 행장」, 『태고화상어록』 :『한국불교전서』 6 ; 각굉, 「나옹화상 행장」, 『나옹화상어록』 :『한국불교전서』 6.

13 李齊賢, 「檜巖 心禪師의 道號인 堂名 뒤에 쓰다」, 『益齋亂藁』 卷5, 서 ; 이제현, 「月潭長老의 두 그림」, 『익재난고』 권4, 詩 ; 覺宏, 「參方을 떠나는 心禪者를 보내면서」, 『나옹화상어록』 :『한국불교전서』 6.

14 成石璘, 「戲題僧詩 卷二首」, 『獨谷集』 卷下, 시.

1367년 겨울에 보암 장로가 지공의 입적 소식과 치명(治命)을 전하였으며,[15] 3년 후인 1370년 1월 지공의 유골이 도착하자 공민왕은 왕륜사에 가서 몸소 지공의 유골을 궁궐로 봉안하였다.[16] 지공의 유골이 나옹에게 전해지고 추념 불사를 주관하게 되면서 나옹의 불교계 위상이 더욱 부각되고, 그 후의 불교계는 나옹이 주도하였으며, 무학은 나옹을 추종하였다. 나옹이 왕사로 책봉되어 동방 제일도량인 송광사에 머물면서[17] 지공의 유지를 받들어 회암사를 중창하기에 앞서 1373년 9월에 회암사로 가서 소재 도량을 베풀었다.

한편 무학은 같은 해 9월 16일에 나옹과 함께 회암사에 지공의 부도를 세우고 유골을 안치하였다.[18] 무학은 나옹이 1374년 봄까지 송광사에서 머물렀을 때[19] 나옹에게서 의발을 받았으며,[20] 나옹이 1374년부터 2년간 대규모의 회암사를 중흥할 때 수좌를 맡았다.[21] 무학은 나옹을 도와서 회암사 중창에 착수하여[22] 1376년(우왕 2) 4월 15일에 낙성식과 이를 기념하는 문수회가 성황리에 열렸다.[23] 이는 무학과 나옹이 지공

---

15 각굉, 「나옹화상 행장」, 『나옹화상어록』: 『한국불교전서』 6.

16 『고려사』 권42, 공민왕세가 19년 1월 갑인, "行王輪寺 觀佛齒 及胡僧指空頭骨 親自 頂骨戴 遂迎入禁中."

17 변계량, 「묘엄존자탑명」, 『동문선』 권121, 비명.

18 李穡, 「西天 提納薄陀尊者碑銘」, 『목은문고』 권14, 비명 : 『조선금석총람』 상.

19 각굉, 「나옹화상 행장」, 『나옹화상어록』: 『한국불교전서』 6.

20 『신증 동국여지승람』 권40, 순천도호부 불우; 鏡巖 慣拭, 「曹溪山 松廣寺 事蹟」, 林釋珍 編, 『曹溪山 松廣寺 史庫』, 1932 : 李能和, 『조선불교통사』, 신문관, 1918, 353~361쪽.

21 변계량, 「묘엄존자탑명」, 『동문선』 권121, 비명.

22 『輿地圖書』 京畿道 楊州牧 古跡, "無學懶翁志恭三和尙創建九十九房." ; 金守溫, 「檜巖寺重創記」, 『式疣集』 卷2, "乃欲大創 分授棟樑 奔走募緣 功未及半 而王師亦 逝矣 其徒節磵等 念王師未究之志 踵其遺矩 以畢其績."

23 각굉, 「나옹화상 행장」, 『나옹화상어록』: 『한국불교전서』 6.

의 뜻을 받든 지 15년 만의 일이었으며, 지공의 부도를 세운 지 4년 만이었다. 하지만 나옹은 신진사류의 세력에 의하여 추방되어 신륵사 인근에서 순교하였다.[24] 회암사 중창 도중에 나옹이 축출됨으로써 삼산양수의 땅인 회암사를 불법의 터전으로 삼아 흥법하고자 한 시도는 실패로 끝났다.[25] 그래서 후세 조선의 문신이자 양녕대군의 외후손인 포암 윤봉조(1680~1761) 같은 이는 신륵사는 "무학(無學)과 나옹(懶翁) 두 분 모두 잿더미(劫灰)가 되었다(無學懶翁俱)"라고 한 곳이라 하였다.[26]

그 후 무학은 절간 익륜과 고암 일승에게 남은 회암사 중창을 마무리하게 하고 지공과 나옹의 추념 사업에 전념하였다. 3년간 나옹과 지공의 부도 및 비가 회암사와 입적지인 신륵사에서 이루어졌다. 즉, 나옹이 입적한 지 4개월 후인 8월 15일에 나옹의 부도가 건립되었고 그 이듬해인 1377년에 8월 15일에 나옹의 비가, 그리고 1378년 지공의 비가 건립되었으며, 나옹의 입적지인 신륵사에도 1379년에 나옹의 사리석종이 세워졌다.[27] 이러한 추념 사업이 이루어진 회암사는 기원정사와 같고

---

24 『세종실록』 권85, 21년 4월 일(을미) ; 『성종실록』 권290, 25년 5월 5일(임인) ; 서종범, 「나옹선풍과 조선불교」, 『가산 이지관 화갑기념 한국불교문화사상사』 상, 1992, 1147쪽.

25 각굉, 「나옹화상 행장」, 『나옹화상어록』 : 『한국불교전서』 6, "大設落成會 上 遣具官之璘 爲行香使 京外四衆 雲臻輻湊 莫知其數 會 臺評 以謂檜巖 密邇京邑 四衆往還 晝夜絡繹 或至廢業 於是 有 旨移往瑩原寺 逼迫上道 師適疾作 輿出三門 至南池邊 自導輿者 還從涅槃門出 大衆咸疑 失聲號哭 師顧謂衆曰 努力努力 毋以子故中輟也 吾行 當止驪興耳." 회암사 중창에 대한 보다 자세한 것은 다음 논고를 참조하기 바람. 황인규, 「무학자초의 흥법활동과 회암사」, 『삼대화상 연구논문집』 2, 1999.

26 尹鳳朝(1680~1761), 「神勒寺」, 『圃巖集』 卷1, 詩, "神勒寺前江水來 寺門江上向江開 牧老翠軒已黃土 無學懶翁俱刧灰 七分漠漠金生塔 千古悠悠石截臺 檀越有碑那敢讀 當時點檢在塵埃."

27 李穡, 「檜巖寺 禪覺王師碑」, 『조선금석총람』 하, "旣火之 洗骨 無雲而雨者 方數百步 得舍利一百五十粒 禱之 分爲五百五十八 四衆得之灰中 以自秘者 莫知其數 神光照耀 三日乃巳 釋達如夢見龍盤燒下 其狀如馬 及以喪舟還檜巖 無雨漲 皆驪龍之助云 …八月十五日 樹浮圖於寺之北崖 頂骨舍利 厝于神勒寺 示其所終也 覆以石鐘 戒其

신륵사는 사라쌍수와 같다고 하였다.[28]

나옹의 추념 사업은 신륵사뿐만 아니라 전국적으로 널리 이루어졌다. 전국의 명산 사찰에 불상과 영정이 봉안되었으며,[29] 나옹의 사리는 온 나라 안에 퍼졌으며, 화상을 그려서 공양한 곳은 헤아릴 수가 없었다고 한다.[30] 나옹의 사리는 사방으로 흩어져 민간에 널리 유포되었으며 사람들이 사리함에 봉안하기도 하고 목에 걸거나 머리에 이고 다니기도 하고 잠잘 때에도 항상 곁에 모시고 자기도 하는 등 추념 열기가 대단했다.[31] 그 후 지공과 나옹의 추념 불사는 1383년 묘향산 안심사에서 절정을 이루어 안심사가 마치 "숭산 소림굴의 달마 고사"에 비유되면서 나옹에 대한 흥법의 뜻을 계승 전개하려고 하였다.[32]

(2) 불교계의 혁신과 조선 건국 사업

무학은 나옹의 입적 후 나옹과 지공의 추념 불사에 전념하면서 은둔

無敢訛也."

28　이색, 「신륵사 사리석종비」, 『한국금석전문』 중세 하, "吾師 於五濁惡世現 相應機 譬則佛出也 是以 檜巖也猶祇樹焉 神勒也猶雙林焉."

29　李穡, 「神勒寺 舍利 石鐘碑」, 『한국금석전문』 중세 하 ; 李穡, 「金剛山潤筆庵記」, 『牧隱文藁』 卷2, 기 ; 李穡, 「香山潤筆菴記」, 『牧隱文藁』 卷2, 기 ; 이색, 「潤筆菴記」 『牧隱文藁』 卷3, 기.

30　李穡, 「潤筆庵記」, 『牧隱文藁』 卷3, 기.

31　이색, 「驪江縣 神勒寺 普濟舍利石鐘記」, 『목은문고』 권2, 기 : 『동문선』 권73, 기 : 『한국금석전문』 중세 하, "今夫普濟舍利散 而之四方 或在崔嵬雲霧之中 或在閭閻烟塵之內 或頂而馳 或臂而宿其所以奉持之者比之 普濟生存之日 不啻百倍加矣."

32　李穡, 「安心寺 指空懶翁舍利石鐘記」, 『한국금석전문』 중세 하 ; 이지관, 『교감 역주 역대고승비문』 고려편4, 가산문고, 1997. 묘향산 보현사에 나옹의 비가 건립되었다. 兌律, 「香山誌」, 『月波集』, 문 : 『한국불교전서』 9, "其南西山懶翁二碑立焉." 지공과 나옹의 추념 불사에 관한 것을 다음 논문을 참조하기 바람. 황인규, 앞의 논문, 1999.

수행하였다. 비문에 "나옹이 입적하자 무학은 전국의 여러 산천을 유력하면서 뜻을 남에게 알리지 않았다."[33]는 것이 그것이다. 즉, 무학은 구월산 향산사, 금강산 방장사, 천보산 회암사, 대덕산 적석사, 설봉산 석왕사, 황매산 영암사 등의 명산 대찰을 두루 유력하였다. 필자가 실제 조사한 결과, 무학이 전국의 명산대찰에 머물거나 주석 또는 창건 중건한 사찰은 60여 소에 이르고 있다. 그 가운데 강원 이천 보살사를 창건하기도 하고[34] 1384년에 경북 상주 동해사를 창건하였다. 경남 함양 은신암과 용추사,[35] 진양 응석사에는 지공과 나옹에 이어 잠시 머물렀으며, 특히 진주 금대암에서는 조선 건국을 위해 기도를 올렸다고 한다.[36] 전남에서도 무학은 추월산 보리암을 창건하고 역시 기도를 하였다.[37]

특히 무학은 이성계를 조우한 후 이성계의 고향뿐만 아니라 이성계의 선대의 고향인 전북과 근기 지방의 사찰에서 기도하였다. 즉, 전북 무주 향로산 북고사에서는 무학이 원에서 귀국 후 이성계의 명을 받고 복지인 적상산성을 축성하였으며,[38] 순창 만일사에서는 무학이 이성계

---

33 변계량, 「묘엄존자탑명」, 『동문선』 권121, 비명, "師遊諸山 志在晦藏 不欲人知 前朝之季 召以名刹 至欲封爲師 師皆不至."

34 『일성록』 1799년 8월 22일, "伊川菩薩寺僧信還原情以爲菩薩寺卽神僧利雄無學大師之所創建也奉母隱居于此寺而三佛奉焉無學懶翁智空三大師遺像奉焉而無學所藏金冊銀冊無碍鐵塔等古蹟所留處也."

35 應允(1743~1804), 「德裕山 尋眞洞記」, 『鏡巖集』 권하, 기, "洞以尋眞名 境之眞乎 人之眞乎 國初無學祖師 隱居于此 而今絶頂有隱身庵 自隱身東望 不數里 有太祖庵古墟.";『輿地圖書』補遺篇 (慶尙道) 安義縣邑誌 佛宇, "隱身菴 在長水寺上妙巖禪師無學隱身於此故因名焉."

36 『輿地圖書』慶尙道, 晉州 山川, "金臺菴世傳 太祖潛龍時與無學百日致齊於此石壇."

37 無竟 子秀(1665~1737), 「秋月山 菩提庵記」, 『無竟集』 2, 文, "秋月山之菩提庵 眞所謂證菩提處 而國師無學 所胥宇草創者也.";許穆(1595~1682), 「泛海錄」, 『記言別集』卷15, 記行, "菩提下石峯間 稱山氣積處 世傳太祖微時 從無學祭山靈云."

38 전라북도, 『전북불교총람』, 1990.

의 등극을 위해 1만일 동안 기도하였다.[39] 임실 성수산 상이암에서 무학은 이 절 경내에서, 이성계는 그 위의 토굴에서 기도를 하였다.[40] 근기지방에서는 1388년에 파주 고령산 보광사를 중창하였다. 그리고 의정부 회룡사에서 이성계와 함께 국가 창업을 위해 기도하였다고 한다.[41]

무학은 그러한 가운데 떠오르고 있던 신흥 무장 세력의 대표적 주자인 이성계와 조우하였다. 조선 후기의 야사류『오산설림 초고』에 의하면, 무학은 1360년 4월에서 8월 사이에 이성계의 부친인 환조 이자춘의 묘 터를 왕후(王侯)의 조짐이 있는 곳으로 지정하였다고 전한다.[42] 또한 1377년(우왕 3)에 건립된「석왕사 장경비」에 의하면, 1377년(우왕 3) 이성계가 지금의 북청인 청주를 지나다가 지금의 길주인 해양에 위치하고 있는 광적사의『대장경』일부와 불상, 법기 등을 석왕사에 봉안하였으며,[43] 이성계도 석왕사를 창건할 때 16나한을 봉안하여 나한사를 창건하였다.[44]

특히 주목되는 것은, 무학이 1380년대 초반 안변 석왕사 토굴에서 조우하였던 사실이다. 즉, 무학은 1375년(우왕 1) 무렵부터 설봉산의 토굴에서 이름을 감추고 숨어서 솔잎을 먹으며, 칡 베옷을 입고 수행하고 있었는데 1384년(우왕 10) 무렵 이성계를 만나 왕의 조짐이 있는 꿈을 풀

---

39 子秀,「回門山 萬日寺 事蹟詞引」,『無境集』권3, 문, "麗季懶翁 竝出助緣 漢初無學 蓋二聖 胥宇歷銓而共唔."
40 이고운·박설산,『명산고찰 따라』속(2)편, 1994.
41 『봉은 본말사지』,「제5편 도봉산의 寺刹」; 龍岳 慧堅(1830~1908),『龍岳堂私藁集』, "回龍寺無學國師所創." 이러한 사실은 승려 友松이 지은「회룡사중창기」에 적혀 있다. 보다 자세한 사실은 다음 논저를 참조하기 바람. 황인규,「제2장 제2절 불교계와 신왕조 창업편」, 앞의 책, 1997, 302~305쪽.
42 『五山說林 草藁』,『大東野乘』卷5; 李肯翊,「太祖朝 故事本末」『燃藜室記述』卷1.
43 「釋王寺 藏經碑」,『한국금석전문』중세 하, 1194~1195쪽.
44 『北靑郡誌』, 북청군지 편찬위원회, 1970.

이해 주었다.[45] 이러한 내용은 조선 후기 문집 『지봉유설』과 『약천집』, 『순오지』, 『연려실기술』 등에도 전하고 있다. 그 가운데 『약천집』에 실린 내용을 소개하면 다음과 같다.

우리 태조 대왕이 잠용 시절에 무너진 집에 들어가서 서까래 세 개를 지고 나오는 꿈을 꾸고는 산 아래 토굴에 있는 승려에게 찾아가 물으니, 승려가 대답하기를 "몸에 서까래 세 개를 졌으니 바로 '왕'자입니다." 하였다. 태조대왕이 이에 감동하여 토굴이 있던 터에 절을 세우고 석왕사라고 불렀는데, 그 승려가 바로 무학이라 한다.[46]

조선 중기 명재상이자 개혁가인 잠곡 김육(1580~1658)도 "석왕사 절에는 기이한 자취가 많아 서까래 세 개 유사 역사책에 실렸으니 성조께서 이곳에서 신승을 만났다네."[47]라고 하였으며, 그 후 유림인 박태보(1654~1689),[48] 최창대(1669~1720),[49] 정원용(1783~1873)[50] 등의 문집에도 전

---

45 淸虛 休靜, 「雪峰山 釋王寺記」, 『淸虛堂集』, "負三椽者 乃王字也 花鏡亦促王業之夢也…公有滿面 君主態也."

46 南九萬(1629~1711), 「釋王寺」, 『藥泉集』 卷28, 記, 北關十景圖記 幷序, "太祖潛龍時 夢入破屋中 負三椽而出 往問於山下土窟中僧 僧答曰身負三椽 乃王字也 太祖感此 建寺于土窟之基 號釋王 其僧卽無學云."

47 金堉(1580~1658), 「鶴城行 送金道源之任」, 『潛谷遺稿』 卷1, 詩 七言古詩 "釋王金刹 多奇蹟 三椽遺事載往牒 聖祖於此逢神釋."

48 朴泰輔(1654~1689), 「釋王寺 用壁上韻」, 『定齋集』 卷1, 七言律詩 96首, "太祖移居鶴城 遇無學 占夢建寺 遂名釋王."

49 崔昌大(1669~1720), 「釋王寺 寺有無學像」, 『昆侖集』 卷3, 詩, "人傳無學住中峰 太祖從之問吉凶 實有聖謨基寶曆 何曾異釋翼興龍 珍函錯落雲章見 古殿陰森畵像逢 不見本宮千載地。風雲長護手栽松 向釋王寺 寺卽太祖所建云 蓋神僧無學 釋太祖夢中王字也."

50 鄭元容(1783~1873), 「家人每要示北方山川風俗衣服飮食之制 長夜無眠 漫成百五十五韻寄之」, 『經山集』 卷2, 東萊鄭元容善之 詩, "國島詑觀瓔 王寺證夢現 國島在安邊 釋王寺亦在安邊 太祖嘗問夢於無學 後建刹其地."

하고 있다. 특히 충남 서산 최고의 문헌인 『호산록』(1619년 작)에 의하면, "조선 왕조는 창업하는 데 무학이 큰 도움을 주었다."[51]라고 한다. 정조는 개국 성조 이성계와 무학을 국가적으로 추념했다. 즉, "안변의 설봉산에 석왕사가 있는데, 국초에 창건한 것으로서 우리 태조가 왕이 되실 꿈을 꾸고 신승인 무학을 토굴 속에서 만나 그 꿈풀이를 했었기 때문에 그 후 등극하였다."[52]라고 하였다. 그 후에도 역대 왕실에서는 "석왕사는 왕업이 일어난 곳"[53]이라고 하였다.[54]

또한 불교계도 역시 이러한 사실을 기록을 남기고 있다. 즉, 조선 명종 대 조선 불교를 중흥시킨 나암 보우[55]나 부휴 선수의 문도인 벽암 각성과 그의 제자인 취미 수초(1590~1668),[56] 청허 휴정의 6세 법손인 함월 해원과 그의 문손들 즉 완월 궤홍(1714~1770), 뇌묵 등린(1744~1825), 인봉 덕준, 영허 선영(1792~1880),[57] 화악 지탁(1750~1839)[58] 등의 고승들도

---

51 서산문화원, 『호산록』, 1992.

52 正祖, 「安邊 雪峯山 釋王寺碑 并偈」, 『弘齋全書』 卷15, 碑, "嗚呼 我聖所訓至誠如神 職是之謂乎 安邊雪峯山之有釋王寺 創自國初 蓋我太祖夢興王之徵 而就神僧無學於 土窟中 占釋其義 故於龍飛之際."

53 『정조실록』 권32, 15년 5월 6일(경신).

54 『정조실록』 권31, 15년 4월 24일(임신).

55 虛應普雨(1507 또는 1509?~1565), 「題釋王寺 祖殿韻 二首」, 『虛應堂集』; 普雨, 「遊淸平 寺詩 二十二韻并序」, 『虛應堂集』.

56 翠微 守初(1590~1668), 「安邊 雪峰山 釋王寺重修序」, 『翠微大師詩集』 雜著, "釋王寺 者 太祖願堂 無學禪社."

57 映虛 善影(1792~1880), 「雪峰山 釋王寺四時景序」, 『櫟山集』 下, 序, "山中有寺 茲有釋 王之寶刹 所謂雪峯之靈堀 此寺也 乃太祖康獻大王 解夢龍飛之舊澤 是無學玅嚴尊者 明心虎伏之神基 故名釋王 特 賜祠院 此所謂山擇地寺."; 善影, 「題釋王祠」; 「釋王寺」; 「題釋王寺」; 「題釋王內院庵 懸板 讚栗庵師」, 『櫟山集』 卷下, 『한국불교전서』 10, ;善影, 「釋王寺 逢苡石沈御史膺泰唱和」; 「釋王寺逢舊交大宗伯金公輔根奉和」; 「釋王寺 逢御 史沈公累日唱和」; 「釋王寺與曹參判徽林酬唱」, 『櫟山集』 卷下, 『한국불교전서』 10.

58 華嶽 知濯(1750~1839), 「不遇人說」, 『三峯集』 文(2), "釋王寺當無學祠院春享時願爲初 獻官也."

석왕사에 머무르면서 그러한 사실을 강조하였다. 그 가운데 함월 해원이 남긴 관련 기록을 소개하면 다음과 같다.

> 만엽의 큰 기초는 세 서까래의 길몽에 근본하였고 천추의 보배의 역사는 오백 성인의 자애로운 도움을 받은 것이므로 오백 성인이 여기에 자취가 어찌 우연이랄 수 있겠는가. 성조(태조)께서 용잠으로 계실 때 초막의 진인으로서 토굴의 신승을 만나 부처의 세계에 정성을 다하고 복덕의 땅에 마음을 기울여 해양 광적사의 500나한을 배에 싣고 이 산에 봉안하시고 재를 베풀고 기도하였다. 등극하신 뒤에는 이내 임금의 범찰을 창건하셨다.[59]

그래서 "강헌 성조(태조)는 용이 일어날 터에 잠저하였고 무학 국사는 호랑이가 엎드린 땅에 안선하였다."[60]라고 하였던 것이다.[61] 이성계가 왕이 될 기상을 지니고 있었다는 점은 무학뿐 아니라 그의 문도 혜징도 알고 있었다고 하니,[62] 사제가 이성계의 조선 건국을 종용 주창한 것이며, 후대 불교계 고승들도 무학의 이러한 불교계의 혁신의 뜻을 기렸던

---

59 涵月 海源(1691~1770), 「釋王寺 五百羅漢 錦袈裟 改造記」, 『天鏡集』 卷中 ; 『한국불교전서』 9 , "蓋萬葉洪基 乃本乎三椽吉夢 千秋寶歷 亦籍於五百聖慈 則五百聖 來此之迹 豈徒然乎 聖祖 龍潛時 以草屋眞人 逢土窟神僧 竭誠佛天 傾心福地 海陽 廣積寺 五百羅漢 舟載而來 安于茲山 設齋祈▣ 而登極之後 仍創琳宮梵刹."

60 涵月 海源(1691~1770), 「釋王寺 大雄殿上樑文」, 『天鏡集』 권하, 문, "康獻聖祖 潛邸龍興之基 無學國師 安禪虎伏之地."; 涵月 海源(1691~1770), 「釋王寺事蹟後跋」, 『天鏡集』 卷中 ; 『한국불교전서』 9, "康獻聖祖 龍潛之時 神僧無學 旣釋吉夢."

61 涵月 海源(1691~1770), 「釋王寺 五百羅漢 錦袈裟 改造記」, 『天鏡集』 卷中 ; 『한국불교전서』 9, "蓋萬葉洪基 乃本乎三椽吉夢 千秋寶歷 亦籍於五百聖慈 則五百聖 來此之迹 豈徒然乎 聖祖 龍潛時 以草屋眞人 逢土窟神僧 竭誠佛天 傾心福地 海陽 廣積寺 五百羅漢 舟載而來 安于茲山 設齋祈▣ 而登極之後 仍創琳宮梵刹."

62 『용비어천가』 제29장. 『한국전통문화 연구』 9, 효성여대 전통문화연구소, 1994, 67~68 ; 李廷馨, 『東閣雜記』 上, 本朝 璿源寶錄 ; 『大東野乘』 53(국역본 13), 330쪽.

것이다.

조선 건국에 대한 결의는 불교계가 아닌 삼봉 정도전만이 하였다고 알려져 있다. 그 근거는 정도전이 1383년 동북면 도지휘사 이성계가 머물고 있던 함주 막사에 찾아가 다음과 같이 이성계에게 말한 것에 두고 있을 뿐이다.

> 태조의 호령이 엄숙하고 대오가 정제된 것을 보고 가만히 아뢰기를, "참으로 훌륭합니다. 이런 군대를 가지고 무슨 일을 못하겠습니까?"[63]

위의 기사를 해석하여 정도전이 이성계를 혁명의 대열에 이끌어 들인 최초의 모의자라고 간주하여 통설이 되다시피 하고 있지만, 앞서 살펴본 바와 같이 이보다 앞서 무학이 먼저 혁명을 종용하였으며 향후 건국 사업에 함께하였던 것이다.

나옹의 공부선 주관 이후 신륵사 대장각의 낙성식을 계기로 전 불교계의 회합에 대표로 참여하였던 것[64]이 그 단적인 사실이다. 이때의 공부선은 고려 건국 이후 처음으로 5교양종의 모든 종파를 망라하여 유가종을 제외한 4대 종파가 참여하여 이루어진 것이다.

---

63 정도전, 「事實」, 『삼봉집』 권8, 附錄, "계해년(1383, 우왕9) 가을에 공이 我太祖를 따라 咸州幕에 갔으니 그때에 태조는 東北面都指揮使로 있었다. 태조의 호령이 엄숙하고 隊伍가 정제된 것을 보고 가만히 아뢰기를, "참으로 훌륭합니다. 이런 군대를 가지고 무슨 일을 못하겠습니까?" 하니, 태조는, "그게 무슨 말입니까?" 하였다. 공은 핑계대기를, "동남쪽에 나가 왜적을 격퇴한다는 말입니다."(癸亥秋 公從我太祖 赴咸州幕 時太祖爲東北面都指揮使 見太祖號令嚴肅 卒伍整齊 密告曰 美哉此軍 何事不可濟 太祖曰 何謂也 謬言曰 謂擊倭于東南耳) 한영우는 정도전을 혁명의 최초의 모의자라고 해석한 것이다. 한영우, 『정도전의 사상의 연구』(개정판), 서울대. 25~26쪽.

64 李崇仁, 「驪州 神勒寺 大藏閣記」, 『도은집』 권4, 문 : 『동문선』 권76, 기 : 『조선금석총람』 상.

무학의 조선 건국 혁명의 종용이 있은 지 불과 4년 만에 조선 건국의 결정적인 계기가 된 위화도 회군이 단행되었는데 신조를 비롯한 천태종뿐만 아니라 무학을 비롯한 조계종이 참여하였다. 고승 경남도 이성계의 잠저 시 해인사에서 개최한 조선 건국을 위한 축원을 할 때 화엄종계를 대표하여 불사를 도맡는 등[65] 이성계의 조선 건국에 일조하였다.

그 후 무학은 수차례에 걸친 왕사 책봉 제의도 거절하면서[66] 불교계의 혁신을 위한 제 준비를 하였다. 무학과 더불어 이성계와 긴밀한 관계를 유지하였던 신조는 1391년 1월에 수원 만의사에서 천태종 소속의 승려들이 대부분 동참하는 가운데 71일간 법회를 열었으며,[67] 승려로서는 유일하게 창업 공신으로 책봉되었다.[68]

천태종의 고승 신조가 만의사에 주석하면서 조선 건국을 기원하면서 대법회를 개최하였다.[69] 무학은 그 무렵 조인규 가문의 원당인 과천의 청계사의 주지직에 그의 제자 조선과 더불어 재임하기도 하였다.[70] 이와 같이 무학을 비롯한 불교계 고승들은 남양주 회암사, 근기 지방 수원 만의사, 과천 청계사를 중심으로 한양을 중심으로 하는 조선 건국을 준비하였다. 건국 직후 고려 후기 이래 불교계를 주도하였던 조계종

---

65 楓溪 明察, 「伽倻山 海印寺 大藏經印出文」, 『海印寺誌』, 1992, 293쪽, "入我朝太祖 大王卽位二年 與世子及七大君 同發大願重修金塔印大藏經用安于法殿 命特持僧敬 南 大作佛事", ; 「啓下完文節目」『海印寺誌』 75쪽, "曁我太祖大王 龍潛時親設百日 禱佛 卽登寶位 宜此爲宗願刹 潛心大乘 印經十件 劃標內耕 結阜爲香供之資."

66 변계량, 「묘엄존자탑명」, 『동문선』 권121, 비명.

67 權近, 「水原 萬義寺 祝 上華嚴法華法會 衆目記」, 『陽村集』 卷12 ; 『동문선』 卷78, 記.

68 鄭津 原從功臣 錄券 功臣名單 ; 박천식, 「조선 건국의 정치세력연구(하)」, 『전북사학』 9. 75쪽.

69 권근, 「水原 萬義寺 祝上 華嚴法華會 衆目記」, 『陽村集』 卷12, 記類 ; 황인규, 「조인규 가문과 수원 만의사」, 『수원문화사 연구』 2, 1998.

70 이숭인, 「神勒寺 大藏閣 記碑」, 『陶隱集』 권4, 記 ; 황인규, 앞의 책, 혜안, 1999.

과 천태종에서 무학이 왕사, 조구가 국사로 각기 책봉되기에 이르게 되는 것이다.[71]

3) 조선 건국 초 한양 천도와 불교계

(1) 한양 천도 참여

무학은 왕사로 책봉되어 신진사류와 더불어 불교계를 대표하여 국도 선정에 참여하여 불교계를 혁신하고자 하였다. 한양의 도성 밖은 주로 양주에 속하였는데, 무학이 양주의 회암사가 삼화상의 도량으로 삼고 한양 천도를 기획하였다. 무학은 한달 남짓한 기간 동안의 국도 선정과 1년 2개월 정도 개경에 머물렀던 것 외의 대부분 태조 재위 시기는 회암사에서 머물렀다. 한양이 국도로서 부각된 것은 고려 문종대였지만, 고려 고종 대 무렵 이후 불교도들 사이에서도 양주(한양)가 국도로서 떠오르고 있었으며[72] 공민왕 대 불교계를 대표했던 태고 보우도 한양 천도를 주창하였다.[73] 특히 우왕 대에 이르러 삼소 중에 좌소가 회암이라는 설이 제기되기도 하였다.[74] 회암사 터는 선각 국사 도선

---

71 무학의 조선 건국 참여에 관한 보다 자세한 사실은 다음 논고를 참조하기 바람, 황인규, 「고려 말 이성계의 불교계 세력기반」, 『한국불교학』 28, 2001 ; 황인규, 「여말선초 화엄종승의 동향」, 『불교학연구』 1, 2000 ; 황인규, 「여말선초 천태종승의 동향」, 『천태학연구』 11, 대한불교천태종 총무원 원각불교사상연구원, 2008 ; 황인규, 「불교계 고승과 국도 천도-고려 및 조선의 국도를 중심으로」, 『대각사상』 18, 2012.
72 안계현, 『한국불교사상사 연구』, 동국대 출판부, 1990, 58쪽.
73 『고려사』 권106, 尹諧列傳 附 澤 ; 維昌, 「태고 행장」:『태고화상 어록』:『한국불교전서』 6.
74 『고려사』 권134, 신우열전 5년 11월.

이 정한 좌소였으며,[75] 우왕 대 도읍 후보지로 선정되기도 하였고[76] 공양왕이 회암사에 들려 불사를 크게 여는 등 주목을 받았다.[77] 한양 천도는 무학이 건원릉 등 왕실 능침의 지정과 함흥차사로 알려진 왕실 보호와 함께 불교계의 재편과 수호를 위한 것이기도 했다. 그래서 무학이 한양 천도에 참여한 사실은 불교계에서도 특기하고 있다. 조선 중기 이후 불교 고승 중관 해안(1567~?)이나 백곡 처능(?~1680) 등은 무학을 고려 왕조의 국도를 선정한 도선과 비유하였다.[78] 국도 선정에 참여하였던 하륜(1347~1416)은 무학이 한양의 궁궐의 정전인 경복궁 건립에도 관여하였다고 강조하였다.[79] 조선 후기 유림 송능상(1710~1758)과 채제공(1720~1799), 송환기(1728~1807), 황윤석(1729~1791), 이덕무(1741~1793), 박지원(1737~1805), 이규경(1788~1856) 등 유자들도 역시 마찬가지였다.[80]

---

75 『고려사』 권134, 신우열전 5년 10월 무자.

76 『고려사』 권134, 신우열전.

77 『고려사』 권46, 공양왕 3년 ; 『고려사』 권32, 정도전 열전.

78 海眼(1567~?), 「畲都體府捴戎使書」, 『中觀大師遺稿』, "吾東方 自古興有神僧 亡有妖僧 不是道詵 無學 誠不可以自進築城禦賊, "; 處能(?~1680), 「諫廢釋敎疏」, 『大覺登階白谷集』 卷2, "訪得無學 定都漢陽…以我東言之 新羅之於墨胡 高麗之於順道 百濟之於難陀 松嶽之於道詵 漢陽之於無學 是也."

79 河崙, 「摭錄」, 『浩亭集』 卷4, 附錄, "我太祖大王欲遷都雞龍山 公以漕運路遠 力諫止之 遂冶漢城 時 公爲監役 使太祖信無學以爲國師 旣立景福大闕."; 『승정원 일기』 영조 46년 5월 16일(임진), "國初則鄭道傳及無學, 相基云矣."; 『승정원 일기』 영조 48년 5월 19일(계축), "上曰 定都之時 鄭道傳則曰 人君正南面 欲南向 無學則欲東向矣 尙喆曰 其時以南向爲定後 無學之言曰 自此僧當拜儒矣."; 『승정원 일기』 영조 51년 3월 23일, "開國時僧無學 斷爲東向 而鄭道傳 取王者南面之義 以爲南向也."; 『승정원 일기』 순조 9년 3월 28일, "野史云鄭道傳與僧無學相宅 而今枉尋里梁鐵坪 卽其誤占處云矣." 漢陽奠都에 관한 자세한 것은 다음 논고를 참조하기 바람. 황인규, 「무학자초와 漢陽奠都」, 『역사와 교육』 4, 1996.

80 宋能相(1710~1758), 「寄煥經, 煥箕(別紙)」, 『雲坪先生文集』 卷7, 書, "無學二高僧 只從雉拔聚氣處論風水."; 宋煥箕(1728~1807), 「從叔父雲坪先生行狀」, 『性潭先生集』 卷29, 行狀, "道詵無學二高僧 只從雉拔聚氣處論風水."; 蔡濟恭(1720~1799), 「藥峯楓

무학은 궁궐 터를 지정하는 데 중요한 역할을 하였을 뿐만 아니라 궁궐 축성에도 관여했다. 이러한 사실은 사료적 한계가 다소 있지만 야사류나 설화류[81]에 더 구체적이고 자세하다.『오산설림 초고』에도 무학이 삼각산에서 지세를 살피다가 백악산 밑에 도착하여 세 곳 맥이 합쳐져서 한 틀이 된 것을 보고 궁성 터를 정하였다고 한다.[82] 한성의 궁궐이 도성보다 1년 먼저 건립되어 사실과 다르다고 할 수도 있지만, 실록에 의하면 무학의 문도 "조생이 신도의 건설에 승도들 동원을 건의하였더니, 이에 각 종파에서 호응하였다."고 한다.[83] 무학을 비롯한 불교계가 한양 천도 이후 궁궐과 도성을 건설에 참여했던 단적인 사례이다. 조생은 정종대 흥천사의 주법이 된 승려로 조선과 조림과 더불어 무학의 문도였으므

壇記」,『樊巖先生集』卷34, 記, "漢陽之始定鼎也 神僧無學相其址以授成氏云"; 蔡濟恭,「文若坐睡 吾亦坐睡 戲爲坐睡歌」,『樊巖先生集』卷17, 詩, 臨湍錄, "君能見道詵無學兩神僧."; 黃胤錫(1729~1791),「書白雲秘笈」,『頤齋遺藁』卷23, 雜著, "在東國爲道詵所用 重爲國初無學所用."; 李德懋(1741~1793),「族姪復初(光錫)」,『雅亭遺稿』7, 書 1, "西岩有峯 亘星荒碑獨竪 道詵鐫符讖曰 妖僧無學 誤尋龍到此"; 朴趾源(1737~1805),「銅蘭涉筆」,『燕巖集』卷15, 別集 潘南朴趾源美齋著 熱河日記, "我東避兵福地 共有十處 而皆世傳東方名僧無學及方士南師古所占云."; 李圭景(1788~1856),「祕緯圖讖辨證說」,『五洲衍文長箋散稿』人事篇 技藝類 卜筮, "妙嚴尊者無學 三岐郡人 俗姓朴 名自超 入元得道 東還爲懶翁高足 定國都于漢陽 著祕記 示寂 立浮圖檜巖寺."

81 설화류에 의하면, 무학이 漢陽을 정하고 宮闕을 축성했다는 내용이 다음과 같이 전하고 있다. 즉,『한국구비문학 대계』에 '往十里이야기', '꺼망소보다 미련한 無學大師', '無學의 漢陽터 전설', '景福宮 터를 잡은 無學 大師', '山神靈과 無學', '無學大師 전설' 등이 있으며, 무학의 생애를 다룬 설화류에서도 찾아진다. : 한국학중앙연구원, 한국학자료통합플랫폼(https://kdp.aks.ac.kr/gubi).

82 무라야마 지준(村山智順), 최길성 역,『朝鮮의 風水』, 朝鮮總督府, 1931, 민음사, 1990, 574쪽.

83 『태조실록』권4, 2년 11월 19일(경신), "內願堂監主祖生進見 先是上欲營新都 慮用民力 曰僧徒遊手者衆 宜集而役之 各宗僧聞之 有欲勸募僧徒赴役者數十背 祖生引進 上悅 飯祖生賜各宗僧絹及綿布."

로,[84] 선교 도총섭으로 왕사였던 무학의 지시를 받아 수행한 것이다.

실록에 의하면, 태조는 정도전에게 성터를 정하게 하고 도성의 성터를 몇 차례 돌아보기도 하였고 정도전에게 성터를 정하라고 했지만 왕사 무학에게 자문을 구하였을 것이다. 설화에 의하면 다음과 같다,

태조는 도성을 축조하려고 하면서도 원근 주위의 성터를 정하지 못하여 고심하였다. 그런데 하루는 밤에 눈이 온 다음, 낮에 둘러보니 지금 서울 성곽 밖에는 눈이 쌓여 있고 그 안으로는 눈이 다 없어졌다. 이것을 본 태조는 이상하게 여겨 눈이 남아 있는 주위를 따라 성터를 정하였다 하여 서울이라는 말이 생겼다.[85]

이와 같은 내용이 『택리지』에도 전해지고 있어서 사실로 간주될 개연성도 높다.[86]

이와 같이 무학은 한양 천도와 궁궐과 도성의 터를 지점하고 축성에 참여하였던 것이다. 무학이 조선 건국에 참여하고 건원릉을 비롯한 왕실의 능침을 지점하였으며, 함흥차사로 알려진 왕의 사신 역할을 하는

---

84 鐵虎 祖禪은 무학이 1402년 회암사 監主로 임명될 때 주지로 임명되었으며, 무학과 더불어 趙仁規 가문의 원당인 과천 淸溪寺의 주지였다. 祖禪에 대해서는 다음 기록에서 찾아진다. 『태종실록』 권4, 2년 7월 13일(갑오) ; 『태종실록』 권4, 2년 8월 2일(계축) ; 權近, 「津寬寺 水陸造成記」, 『陽村集』 卷12. 祖琳은 무학의 행장을 쓴 고승이다. 『태종실록』 권4, 2년 7월 13일(갑오) ; 『태종실록』 권4, 2년 8월 2일(계축); 李穡, 「安心寺 指空懶翁舍利 鐘碑」, 『한국금석전문』 중세 하, 1226쪽 ; 변계량, 「묘엄존자 탑명」, 『동문선』 권121, 비명.

85 한정섭, 『불교설화 대사전』, 이화문화사 1991.

86 이중환, 『택리지』 팔도총론-경기, "外城을 쌓으려고 하였으나 둘레의 원근을 결정짓지 못하던 중인데, 하룻밤에는 큰 눈이 내렸다. 바깥쪽은 눈이 쌓이면서 안쪽은 곧 사라지는 것이었다. 태조가 이상하게 여겨서 눈을 따라 성터를 정하도록 명하였는데, 곧 지금의 성 모양이다."

등 가속화되고 있는 숭유 억불의 분위기 속에도 불교계를 보호하고자
하였던 것이다.

(2) 한성 수호 사찰 지정

무학은 연복사뿐만 아니라 개성의 광명사에서도 불사를 주관하였
다. 무학이 주관한 이 법회에는 신도들이 날마다 백 명씩 모여들 정도
로 대성황이었다.[87] 앞서 언급한 바와 같이 무학은 태조의 부름을 받고
개경에 머물면서 태조에게 지공과 나옹의 괘진·탑명·조파를 주청하여
이를 허락받고[88] 1393년 9월 9일 광명사에서 나옹의 괘진 불사를 하여
지공과 나옹의 대표적인 계승자임을 천명하였으며,[89] 지공과 나옹과 더
불어 삼화상의 계보를 확정하였다. 얼마 후에 무학의 부도가 지공과 나
옹의 부도와 함께 회암사 북봉에 세워지게 되었으며 무학의 비도 회암
사에 세워졌다. 그리하여 회암사는 지공과 나옹, 무학의 삼화상의 요람
이 되었다. 원에서 삼화상의 연이 시작된 지 50년 만에 삼화상을 중심
으로 하는 불교계 세력의 재편이 이루어진 것이다. 그 사상적 배경은
고려시대 이래 불교와 사찰 운용의 기본 원리가 되었던 국가 비보사상
이다. 이러한 사상은 무학의 제자인 함허 기화(1376~1433)와 철호 조선
과 조생에게 전하여졌다. 『유석질의론』에 의하면, 태조 왕건이 삼한을
통합할 때 성모와 도선의 부탁을 받고 여철의 가르침을 받아 불법으로
전국에 비보사찰을 설치한 곳이 3천에 이르렀으며, 선원을 만든 것이 5

87　『태조실록』 권4, 2년 7월 19일(임술).
88　獅巖 采永, 『海東 佛祖原流』, 『한국불교전서』 10.
89　변계량, 「묘엄존자탑명」, 『동문선』 권121, 비명.

백에 달하였다고 한다.[90] 이처럼 불교계에서는 『현정론』이나 『유석질의
론』으로 대응하고자 하고 불교의 국가역할론을 강조하였다. 철호 조선
등은 선각 국사 도선이 정한 좌소[91]인 회암사에 머물면서 비보사찰을
지정하는 데 참여하였다. 심지어 태고 보우의 문도이자 태조 대 흥천사
감주였던 상총도 "선도는 국운을 연장시키고, 『지론』은 이웃나라의 병
란을 진압한다."[92]라는 수선사 제2세 사주 진각 국사 혜심의 말을 인용
하여 불교계의 국가 비보설을 강조하였던 것이다.[93]

이에 반하여 유림과 태종은 불교계 교단을 대대적으로 탄압 정리하
면서 그동안 지켜왔던 국가 비보사상의 원리를 무너뜨리기 시작하였다.
바로 그러한 때 무학은 양주 회암사를 중심으로 도성의 사찰들을 재
배치하여 한성을 중심으로 하는 불교계 세력을 재편하고자 하였다.[94]
하지만 궁궐의 중심인 주산은 무학이 주장한 인왕산이 아니라 정도전
의 주장대로 백악산으로 선정되었다. 이는 후대에 잘못된 것으로 간
주되었다. 즉, 무학의 국가 비보사상을 계승한 조선 중기 고승 성지(性

---

90 『儒釋質疑論』 卷下, "粤有前朝王氏之統合也 幸承聖母道詵之遺囑 甘受洞中如哲之
    指揮 假以佛法爲艾 而醫之於山川痛痒之地 缺者補之 過者抑之走者止之 背者招之
    賊者防之 爭者禁之 善者樹之 吉者揚之 裨補之設至於三千 禪院之作 盈於五百 而山
    川病咎 無不潛伏 裨補者 療病之謂也."

91 『고려사』 권134, 신우열전 5년 10월 무자.

92 『태조실록』 권14, 7년, 5월 13일(기미) ; 權近, 「興天社 造成記」, 『陽村集』 卷12 ; 『동
    문선』 권78.; 황인규, 「조선 전기 천태고승 행호와 불교계」, 『한국불교학』 35, 2003 :
    황인규, 앞의 책, 2005.

93 慧諶, 「常住寶記」, 『無衣子詩集』 권하, 『한국불교전서』 6.

94 황인규, 「고려 비보사사의 설정과 寺莊 운영」, 『역사와 교육』 6, 1998 ; 「도선국사와
    비보사찰」, 『도선국사자료집』, 도갑사, 2007 ; 「선각국사 도선과 비보사찰」, 『선각국
    사 도선』, 영암군 월출산 도갑사 도선국사연구소, 2007 ; 황인규, 「선각국사 도선의
    종풍 계승 및 전개」, 『한국선학』 20, 2008 ; 황인규, 「여말선초 천태종승의 동향」, 『천
    태학연구』 11, 대한불교천태종 총무원 원각불교사상연구원, 2008 ; 황인규, 「인왕
    산사와 무학 대사」, 『한국선학』 22, 한국선학회, 2009.

智)[95]나 조선 전기 유자 서거정(1420~1488)이나 조선 후기의 문신 이유원 (1814~1888) 등에 의해서 확증되게 이른다.[96]

무학은 조선 건국 사업 참여와 그에 이은 한양 천도에 참여하면서 한 편으로는 회암사를 중심으로 국도 한성(한양)을 지키는 4대 사찰을 지 정하여 불교계를 재편하고자 하였다. 비록 근 현대의 인식이 담긴 사실 이기는 하지만 다음 기록에서 중요한 시사점을 읽을 수 있다.

> 무학이 한양에 불교의 호국적 성격으로, 또는 밀교적 만다라로 사찰을 건립하였는데 그것이 바로 동쪽의 청련사(靑蓮寺), 서쪽의 백련사(白蓮寺), 남쪽의 삼막사(三幕寺), 북쪽의 승가사(僧伽寺)가 바로 그것이다. 이것이 모두 창사보국(創寺補國)·진사압기(鎭邪壓氣) 등 밀교적 전형인 것으로, 도 선의 비보설(裨補說)도 이와 마찬가지이다. 고려 초 도선 국사의 비보설이 나온 이후 고려 왕조 500년 동안 불교는 진호기우적(鎭護祈祐的)이었으며, 조선 초에 이르러서도 조금도 변하지 않았다.[97]

이와 같이 무학은 선각 국사 도선의 국가 비보사상을 계승하여 조선 의 터전을 보전하기 위하여 불교의 밀교의 택지법(만다라)에 의해 사찰 을 재배치하고 한성을 수호하는 4대 사찰을 지정하였다. 동쪽에 청련 사, 서쪽에 백련사, 남쪽에 삼막사, 북쪽에 승가사가 바로 그것이다. 상 량문에 의하면 "1395년에 조선의 서울을 정한 후 무학 왕사가 지정한 소위 호국 만다라 중에 동청련·서백련·남불암·북승가의 하나로 창건

---

95 『광해군일기』 권101, 8년(1616) 3월 24일(갑오); 황인규, 「광해군과 봉인사」, 『역사와 실 학』 38, 2009.

96 徐居正(1420~1488), 『筆苑雜記』 권2 ; 李裕元(1814~1888), 「仁王洞의 丹書」, 『林下筆 記』 권13.

97 『봉은 본말사지』 경산의 사찰 서문.

하였다."라고 한다.[98] 청련사는 1395년(태조 4)에 한양을 국도로 정한 후 도성 서쪽(낙산)의 허결함을 비보하기 위하여 안정사로 창건되었다. 백련사는 무학의 지휘를 받아 무학의 문인 함허 득통(1376~1433)이 1399년(정종 1)에 중창하였다 한다. 승가사는 한양 천도 시 비봉에 갔으므로 중요사찰로 인식하였던 듯하며, 불암사는 무학이 도읍을 정할 때 머무르고 중창하였다. 이들 4대 사찰은 한양을 지키는 내사산인 북악산, 인왕산, 남산, 낙타산을 지키는 역할을 하고 있으며, 이외에도 국도가 정해진 후 한양의 3개 사찰에 불상을 봉안하였다고 한다.[99]

그런데 한양을 지키는 4대 사찰 가운데 남양주 불암사 대신에 삼성산 삼막사를 들기도 한다. 무학은 다음의 인용한 사료에서 보듯이 1394년(태조 3) 한양을 국도로 정할 때 관악산 삼막사에서 국운을 위해 기도하였다. 즉, 무학은 태조를 도와 국도 선정에 참여하였으며 지세가 드센 관악산에 호압사와 사자암을 창건하였으며, 그 곁에 석견(石犬)을 묻어 이를 진압하게 하였다.

> 그때에 무학이라는 이가 있었으니, 그는 나옹의 제자로서 지리의 학문에 정통하였는데, 우리 태조께서 그의 소문을 듣고 불러 들여 국도를 정하게 하니, 외백호(外白虎)가 세력이 급하고 형상이 위대하여 날뛰는 기운이 있다고 하여 그 위에 절을 세워 호압(虎壓)이라 이름하여 억누르고, 그 앞에 암자를 세워 사자(獅子)라 이름하여 위협하고, 그 곁에 개를 묻어 4견우(四犬隅)라 이름하여 지키게 하였다.
> 또 사방에 절을 지어 서울을 진압하니, 동쪽에 있는 것을 청련이라 하

---

98 『봉은 본말사지』 경산의 사찰 청련사.
99 『봉은 본말사지』 경산의 사찰 서문. 그 외에 무학이 창건(또는 중창)하였다는 인왕사와 개운사도 자운사, 일선사의 사찰도 이러한 맥락에서 이해된다.

고, 서쪽에 있는 것을 백련이라 하고, 남쪽에 있는 것을 삼막이라 하고 북쪽에 있는 것을 승가라 하였으니, 이 같은 내용이 여지(興地)에 실려 있다. 이곳에 말한 백호가 바로 이 산이요, 삼막이 이 절이다. 따라서 옛 사람들은 절을 세워 산천의 기맥을 진압하여 나라의 번영을 기원했음을 더욱 분명히 알 수 있다. … 대체로 이 절은 신라 때 창건되고, 고려 때 중수되고, 조선 초에 융성하였으니, 원효, 의상, 윤필, 도선, 지공, 나옹, 무학 등이 머물렀다. … 도선이 기맥을 진압하고 무학이 형세를 제어하 여 우리 나라의 영원한 터전을 보전하였다.[100]

이와 같이 무학은 국도를 정하게 하는 데 결정적인 역할을 하였을 뿐 만 아니라 국가 비보사상에 의해 지세가 드센 관악산 삼성산(호암산) 일 대에 호압사와 사자암을 창건하여 지세를 아울렀으며, 그 곁에 돌개[石 犬]를 묻고 한양을 지키는 절을 한성의 동서남북 사방에 사찰을 지정하 여 지세를 진압하게 하였다.

호암산은 관악산에서 발원하여 삼성산으로 이어지고 다시 검지산으 로 이어지는 곳에 자리하고 있다.[101] 호랑이의 생김새와 같은 바위가 있

---

100 雪庵 門人, 「三聖山 三幕寺事蹟」, 『조선사찰사료』 상 : 『奉恩本末寺誌』 冠岳山의 寺 刹 三藐寺, "時有無學者 懶翁之弟子 尤先地理之學 我太祖聞而致之 以定國都 以外 白虎勢急形威 多有犇動之氣 乃立寺其上 曰虎壓以鎭之 創庵其前 曰獅子以威之 埋 犬其傍 曰四犬以留之 又創寺四隅 以鎭京都 在東者靑蓮 在西者白蓮 在南者曰三藐 在北者曰僧伽 載之興地云 所謂外白虎則此山也 所謂三藐卽此寺也 然則古人之所謂 建刹以鎭山川氣脈 而使之祝釐邦家者 尤曉然明白矣 …盖是寺 創於新羅 修於高麗 盛於朝我之初 而元曉義湘潤筆道詵指空懶翁無學之徒居焉 … 況道詵之鎭脉 無學 制勢 有以保我國家無彊之基."; 『新增東國輿地勝覽』 卷10, 衿川縣 山川 虎巖山條. "尹滋說衿之東有山峙焉 勢北馳 如行虎有石巉 巖世號爲虎巖 術家相之 立寺於巖之 北隅曰虎岬 去其北七里 有橋曰弓橋 又其北十里有巖曰獅子 皆所以壓 其行虎之勢 也."
101 풍수가가 한양 도성에 호랑이의 피해를 막고자 삼성산의 다른 이름인 호암산을 호 압산이라 하였다 한다. 하지만 1841년에 쓰여진 듯한 『京畿左道 始興 三聖山 虎壓

으므로 호암산이라는 이름이 붙여졌으며, 호랑이의 기세를 누르기 위해 호랑이산(호암산)의 꼬리에 호압사를 세웠다.[102] 설화류에 따르면, 호압사의 창건을 궁궐 축성과 연관시켜 전하고 있다.[103] 호압사를 창건한 것 역시 국가 비보사상에서 기인하는 것이며, 사자암을 창건한 것도 사자로써 호랑이를 대적하게 한 것이다. 이와 같이 무학은 이러한 관악산의 지세를 누르기 위하여 관악산에 삼막사, 사자암, 호압사 등을 창건 또는 중창하였던 것이다.[104]

4) 나가는 말

이상으로 무학의 조선 건국 참여와 불교 수호라는 주제로 필자의 그간 연구 성과를 종합 정리하였다.

무학은 한양 천도에 있어서 뚜렷한 역할을 하였는데, 이는 불교계의 재편이나 혁신 차원에서 이루어진 것임을 강조하였다. 그동안 알려진 것과는 달리 무학은 삼봉 정도전보다 먼저 이성계에게 조선 건국의 혁명을 종용하였다. 즉, 무학은 지공의 유지를 받들어 스승 나옹과 더불

寺法堂重建記』나 일제 저항기에 쓰여진 『봉은 본말사지』나 이들을 인용한 『한국사찰전서』의 무비판적인 답습 때문이 아닌가 한다.

102 참고로 다음과 같은 다른 설화류도 전하고 있다. 즉, "또한 정도 후 성안에 虎患이 자주 발생하매 왕사가 말하였다. '이는 국도의 외백호인 만리재가 백호의 형상으로, 그 세력이 급하고 위태하여 분망히 움직이는 기운이 많기 때문'이라고 하며 만리재의 맞은편 관악산 虎峰 아래에 절을 지어 虎壓이라 이름하여 진압하고, 노들나루 동쪽 기슭에 사자암을 지어 위압한다." 『봉은 본말사지』 경산의 사찰 서문.

103 최정희, 『한국불교 전설 99』, 우리출판사, 1986, 43~46쪽.

104 국가 비보사찰에 관한 보다 자세한 것은 다음 논저를 참조하기 바람. 황인규, 앞의 책, 혜안, 1999 ; 황인규, 앞의 논문, 『역사와 교육』 6, 1998.

어 회암사를 불교계의 중흥을 꾀하다가 실패로 끝나고 나옹은 순교하였다. 무학은 그 후 조선 건국 사업에 적극 동참하였는데 조계종의 무학뿐만 아니라 천태종과 화엄종의 대표적인 고승도 동참하였다.

무학은 조선 건국 직후 왕사로 책봉되어 불교계의 혁신과 재편을 위한 한양 천도에 적극 참여하였다. 한양은 스승 지공과 나옹과 함께 이루고자 하였던 삼산양수의 땅 회암사와 관련이 있는 삼소로서 태고 보우도 천도해야 한다고 역설하는 등 불교계의 바램이기도 하였다. 이러한 한성을 중심으로 사찰을 재정비 재편하고자 하였던 것은 선각 국사 도선의 사상을 잇는 국가 비보사상에 근거하고 있다. 따라서 한양과 도성을 지키는 4대 비보사찰과 한양의 외사산이자 백악산의 조산인 관악산 일대 사찰을 지정 정비하였다. 관악산의 지류이자 불교계의 삼성이 주석하였던 삼성산의 호압사와 사자암의 지정도 그러한 맥락에서 이해된다.

이렇듯 무학은 조선 건국에 있어서 최초의 혁명 모의자이며, 조선 건국 직후 조선의 최초이자 마지막 왕사로 책봉되어 한양 천도 등 국가 왕실의 기틀을 세우게 한 분이다. 그러면서 불교계의 중흥을 위해 도선의 국가 비보사상을 계승하여 한성을 중심으로 하는 불교 사찰을 지정하였다. 이러한 무학의 불교계 재편을 통한 불교계 수호는 그의 입적과 더불어 불교 역사상 대탄압을 당하게 되지만 무학의 불교계 재편은 조선 불교의 기본적인 큰 틀이 되었다. 이는 숭유 억불 운동이 가속화되는 가운데 유불 일치를 주장하고 영아행으로 국가와 민중을 다스리는 가르침의 발현이었던 것이다.

2. 무학의 왕사 책봉

1) 들어가는 말

국사 제도는 신라시대 이래 불교의 신앙이 보편화된 사회에서 민중을 정치에 직접 참가시키지 않는 대신, 그들을 도덕으로 교화할 수 있는 정신적인 지도자인 고승을 책봉하였으며, 왕사 제도는 고려시대 이래 국사 제도와 더불어 운용된 대표적인 제도이다.[105]

국사·왕사 제도는 대개 고려시대 4대 종파 중에서 불교계를 주도했던 종파에서 선정되었으며, 생존시뿐만 아니라 추증되는 경우도 적지 않았다.

고려 말 숭유억불 운동이 전개되고 성리학을 국시로 건국한 조선 왕조에서는 왕사와 국사의 위상이나 역할이 축소될 수밖에 없었다. 국사와 왕사가 불교계 최고의 정신적 수장이었기 때문에 숭유억불 운동을 전개했던 신진사류들에게 오히려 지탄의 대상이 되었기 때문이었다. 이 때문에 구곡 각운은 1383년 국사 책봉을 거절하고 무학도 고려 말에 여러 차례 왕사 제안을 거절했던 것이 아닌가 한다. 마침내 찬영은 왕사 책봉을 받으러 개경 숭인문 앞에서 발걸음을 되돌려야만 하였다.

이처럼 고려 말 성리학이 수용되면서 불교를 배격하는 운동이 전개될 무렵 국사·왕사 제도도 폐지되었지만, 조선 건국 초에도 왕사와 국사로 책봉 또는 추증되었다. 즉 조선왕조를 건국한 이성계는 신진사류

---

105 허흥식, 「국사왕사제도와 그 기능」, 『고려불교사 연구』, 일조각, 1985. 399쪽.

의 뜻과는 달리 조계종 고승 무학을 왕사로, 천태종 고승 조구를 국사
로 책봉하였다. 무학과 조구는 조선시대 최초이자 마지막 왕사·국사였
다.[106] 뿐만 아니라 찬영, 혼수, 지천을 국사로 추증하거나 추념하였다.
본고는 숭유억불 운동이 전개되었던 여말선초 국사와 왕사로 책봉된
각 종파 및 산문 고승을 중심으로 조선의 마지막 왕사와 국사 책봉과
그 의의에 대하여 살펴보고자 한다.[107]

2) 고려 말 국사와 왕사 책봉과 불교계

공민왕 대 이후 다시 부상하는 4대 종파 가운데 유가종만이 1324년
미수가 국존으로 책봉된 이후 왕사와 국사를 배출하지 못하였던 사실
도 특이하다. 유가종의 사세와 관련이 있는 듯하다. 공민왕 대 이후 조
선 건국 전까지 왕사와 국사의 책봉과 추증에 관련된 주요 사실을 열거
하면 다음과 같다.

◇. 고려 말 왕사·국사의 책봉과 추증.
1350년(충정왕 2) 수선사 복구, 왕사 책봉.

---

106 필자는 10여 년 전부터 무학 대사를 중심으로 여말선초 유불 교체기, 나아가 고려
후기·조선 전기 불교 고승을 중심으로 불교사 연구를 진행해 왔다. 황인규, 『무학
대사 연구–여말선초 불교계의 혁신과 대응』, 혜안, 1999 : 황인규, 『고려 후기·조선
초 불교사 연구』, 혜안, 2003 황인규, 『고려 말·조선 전기 불교계와 고승 연구』, 혜
안, 2005 : 조계종, 『조계종사–고중세편』, 조계종출판사, 2004.
107 그동안 왕사 국사에 대한 연구는 허흥식의 연구 이래 한기문과 박윤진 등의 연구가
있으나(허흥식, 앞의 논문 : 한기문, 「고려 역대 국사 왕사의 하산소의 존재양상과 그 기능」,
『역사교육논집』 16, 1991 : 박윤진, 『고려시대 왕사 국사 연구』, 경인문화사, 2006) 대체적이
고 개괄적으로 이루어졌을 뿐 여말선초기의 심도 있는 천착은 이루어지지 않았다.

1351년(공민왕 즉위) 복구, 왕사 책봉.

1355년(공민왕 4) 12월 국사 추증.

1356년(공민왕 5) 가지산문 보우, 왕사 책봉.

1366년(공민왕 15) 10월 보우, 왕사사의.

1367년(공민왕 16) 화엄종 천희, 국사책봉 / 선현, 왕사 책봉.

1371년(공민왕 20) 사굴산문 나옹, 왕사 책봉 .

1371년(공민왕 21) 7월 보우, 국사 재책봉 사의.

1381년(우왕 7) 겨울 보우, 국사 재책봉.

1382년(우왕 8) 12월 23일 보우 입적.

1383년(우왕 9) 2월 사굴산문 혼수, 국사 책봉 / 가지산문 찬영, 왕사 책봉.

1389년(공양왕 1) 2월 혼수, 국사 재책봉 / 찬영, 왕사 재책봉.

1390년(공양왕 2) 찬영, 국사 책봉 무산.

1392년(공양왕 4) 찬영, 국사 추증 혼수, 국사 사의 표명.

1393년(태조 2) 찬영, 국사 추증.

위의 표에서 보듯이, 공민왕 대 이후 조선 건국 전까지 6명의 고승 가운데 수선사계(복구), 조계종 가지산문(보우), 화엄종(천희), 조계종 사굴산문(나옹), 조계종(혼수와 찬영)에서 마지막 국사와 왕사로 각기 책봉되었다. 이러한 여말선초 숭유억불운동기 국사와 왕사 책봉 및 운용이 갖는 의의를 불교계의 동향과 관련하여 좀 더 구체적으로 살펴보기로 한다.

(1) 수선사 마지막 왕사 각진 국사 복구

수선사 16국사 가운데 생존 시 왕사로 책봉된 고승은 수선사 제4 세 혼원(1190~1271)과 수선사 제13세 복구(1270~1355) 2인뿐이다. 혼원은

1259년 왕사로 책봉되고 1271년 진명 국사로 추증되었다.[108] 수선사에서 왕사로 책봉된 지 80년 만에 복구가 왕사로 책봉되었으며, 1355년 입적 후 각진 국사로 추증되었다. 복구는 나이 13세 때 외삼촌 품일(品日, 범일)의 운손(雲孫, 후손) 종헌(宗軒)에게 출가하여 굴산(崛山) 승도들의 우두머리가 되었으며, 보조로부터 13대의 전통을 이어 받은 고승이었다. 더욱이 복구는 전왕 대인 충정왕 대 왕사로 있었고 각엄 존자로 칭송을 받다가 왕사로 선정되어 책봉되었다. 비문에 의하면, 공민왕은 즉위하자 복구를 왕사로 모셔 정치를 보필하고 조상의 교훈에 빛나게 하고자 하였다고 한다. 즉 태조 왕건의 훈요십조에 의하여 왕사 및 국사 제도를 운용하겠다는 것이다.[109]

공민왕은 잠저 시인 1347년 8월 원의 대도에서 황실을 위해 개최된 보우의 법문을 듣고 "소자가 만일 새 고려의 왕이 되면 스님을 나의 왕사로 모시겠다."[110]라고 하였다. 공민왕은 즉위 후 거의 모든 일은 옛 법을 좇으며, 재상들에게 자문하고 여러 종문을 방문하여 복구를 추천받았다.[111] 즉 공민왕의 뜻이 아닌 여러 재상과 종문 승려의 뜻이 반영되었다.

복구는 수선사 제13세로서 송광사에서 20여 년 주석하다가 1350년 10월 그믐에 왕사로 책봉되었다. 재상 홍수와 함께 발원하여 대장경을 구해 와 경찬 낙성회를 베풀기도 하였다. 1348년 봄 문인 지목(之牧) 등을 시켜 제 산문의 고승이 모인 가운데 전경법회를 개최하였다. 1350년

---

108 金坵, 「臥龍山慈雲寺王師贈諡眞明國師碑銘」, 『止浦集』 卷3, 碑銘 ; 『동문선』 권117, 비명 ; 황인규, 「목우자 지눌과 고려 후기 조선 초 불교계 고승」, 『보조사상』 19, 2003 : 황인규, 앞의 책, 2003.
109 이달충, 「각진국사비」, 『霽亭集』 卷3, 墓誌銘 : 『동문선』 권118, 비명.
110 유창, 「보우 행장」, 『태고화상어록』, 『한국불교전서』 6.
111 이달충, 「贈諡覺眞國師碑銘 幷序」, 『霽亭集』 卷3, 墓誌銘 : 『동문선』 권118, 비명.

백암산 정토사에 머물다가 1352년 공민왕의 왕사로 책봉되어 제 산문의 장로 천여 명이 모인 가운데 제3회 전장법회를 개최하기도 하였으며, 1353년 3월 11일 10일 결사를 전개하였다. 즉 "10일을 기한으로 불사를 장황하게 하였는데 낮에는 대장경을 돌리고 밤에는 조사의 가르침을 담론하고 선정에 들기도 하고 강의하였다."[112]라는 것이다. 복구가 공덕주 왕사 각엄 존자(覺儼尊者)와 "조계 14대 화상 복암 정혜(復庵 淨慧)"가 주법을 담당했다.

복구는 1355년 7월 입적하였고 같은 해 12월 각진 국사(覺眞國師)로 추증받았다. 복구의 비는 제자 원규(元珪)가 청하여 입적 5년 후인 1360년에 세워졌으나[113] 현재 남아 있지 않다.

그런데 1324년(충혜왕 11) 유가종 미수가 국존으로 책봉된 이후 1367년(공민왕 16) 천희가 처음으로 국사로 책봉되었다. 미수를 국존으로 책봉하기 10년 전인 1313년(충선왕 5) 양가도승통 우세군으로 책봉하고, 이듬해 연경궁에서 108만 승재(僧齋)를 베풀게 하였을 뿐만 아니라, 1315년(충숙왕 2) 참회부를 설치하고 승정을 담당하여 5교양종의 사원을 관리하는 등 불교계를 통제하고자 불교계 개혁을 추진하였다.[114] 그 후 반원 개혁정책 등 사정으로 인하여 43년간 국사를 공석으로 놔둔 듯하다. 물론 국사가 승정에 개입하는 것은 왕사와 국사의 운용의 본래의 뜻과

---

112 백암산 정토사 「轉藏經第三會榜」, 『조선사찰사료』 상, '癸巳三月十一日爲始 約十日 張皇佛事 晝則轉三藏 夜則談祖敎 或禪或講.'

113 이달충, 「각진국사비」, 『霽亭集』 卷3, 墓誌銘 : 『동문선』 권118, 비명, "維至元十四年 乙未 王師覺儼尊者示滅 間五年 其徒元珪尊問于上曰 吾師之行 實不可使煙晦 願碑 而識之 於是上命臣爲文 臣旣受命."이라 하여 복구의 입적을 '至元十四年乙未'이라 하였다. 그러나 지정 15년 을미년인 1355년이 맞으며, 그 후 비를 세운 시기는 그 후 5년 후인 1360년이다.

114 이숙기, 「보은 법주사 자정국존비」, 『조선금석총람』 상.

는 달리하는 것이지만, 불교계의 개혁을 위한 불가피한 선택이었을 것이다. 그 후 보우가 왕사에 책봉되면서 불교계 개혁이 다시 시도된다.

(2) 가지산문 삼화상 왕사 보우

앞서 언급했듯이, 보우는 원의 대도에서도 명성이 알려져 공민왕이 잠저 시 왕사로 책봉하겠다고 했지만, 1356년(공민왕 5) 비로소 왕사로 책봉되었다.[115] 보우는 귀국 후에도 명성이 컸던 듯하다. 즉 공민왕이 보우를 수차례 개경에 초빙하여 설법을 하게 하였다. 특히 1356년(공민왕 5) 3월 전국의 선종과 교종의 승려가 모인 가운데 개경 봉은사에서 법회를 주관하였다. 이때 "법회의 성대함은 미증유의 법연(法筵)이었다."[116]고 한다. 보우가 산중으로 돌아가려고 하자 공민왕은 "스승이 여기에 있지 않으면 나의 도는 어긋나게(멀어지게) 될 것이오."[117]라고 하였다. 행장에는 "나는 일찍부터 화상의 도풍을 사모하였소. 스승은 내 뜻을 저버리지 마시오. 스승이 머물지 않으면 나는 도를 스승에게 도로 돌리겠소."[118] 하면서 같은 해 4월 24일 왕사로 책봉하였는데 오랜 가뭄 끝에 비가 내리니, 왕사의 비[王師雨]라고 하였다.

가지산문계 고승 혼구(混丘)가 1313년(충숙왕 즉위) 왕사로 책봉된 이후[119] 가지산문계에서 43년 만에 처음으로 왕사가 된 것이다. 가지산문계는 일연이 불교계 전면에 등장하면서 부상하였고, 문도인 혼구가 다

---

115 『고려사』 권39, 공민왕세가 5년 4월 계유.
116 이색, 「태고사 원증국사비」, 『조선금석총람』 상, '法筵之盛 古所未有.'
117 이색, 「태고사 원증국사비」, 『조선금석총람』 상, "師不留我倍道矣."
118 유창, 「보우 행장」, 『태고화상어록』.
119 『고려사』 권34, 충숙왕세가 즉위년 11월 무자.

시 왕사로 책봉되면서 충탄과 여찬, 계조 연진, 종정 등이 그 사세를 이어갔다.[120] 보우는 몽산 덕이의 제자 철산 소경의 문도 무극 도(無極 導)의 영향으로 중국에 가서 임제종 고승인 석옥 청공의 법을 사사받고 돌아왔다.[121] 이러한 명성으로 보우는 공민왕이 왕사로 책봉하고자 하였으나, 수선사 복구 다음에 왕사로 책봉되었던 것이다.

보우는 1396년(공민왕 5) 왕사로 책봉되어 나라의 다스림을 묻자 "거룩하고 인자한 마음이 모든 교화의 근본이요, 다스림의 근원이다."[122]라고 하였다. 또한 재상 이제현이 발문을 보우에게 제시하자 "국왕께서는 바른 법을 보호해서 나라와 백성을 보호하라."라고 하였다.[123]

그러면서 한양 천도를 주장하였는데, 불교계 개혁과 관련이 있는 듯하며, 후에 무학의 한양 천도로 귀결된다고 할 수 있다. 보우는 미수의 참회부를 본뜬 듯 한 원융부을 중심으로 9산문을 통합하고 백장청규를 통해 불교계를 정화하고자 하였다.[124] 이때 후에 왕사로 책봉되게 되는 보우의 문도인 찬영이 녹사로 참여하였다.[125]

하지만 보우는 왕사로 책봉된 이듬해(1357)에 사의하였다가 1366년(공민왕 17) 10월 사임하였는데 신돈의 집정 때문이었다.[126] 즉, 보우는 왕사 사임 전 신돈을 논박하는 상소문에서 "국가를 잘 다스리려면 진승이

---

120 황인규, 「고려 후기 조선 초 가지산문계 고승의 동향」, 『구산논집』 8, 2003 : 황인규, 앞의 책, 2005.
121 황인규, 「고려 후기 수선사와 사굴산문―고승의 존재양상과 그 동향을 중심으로」, 『보조사상』 28, 2007.
122 이색, 「태고사 원증국사비」, 『조선금석총람』 상.
123 위와 같음.
124 위와 같음.
125 박의중, 「억정사 대지 국사비」, 『조선금석총람』 하.
126 보우, 「왕사를 그만두면서」, 『태고화상 어록』.

그 뜻을 펴야 한다.”라고 하였다.[127]

보우는 1357년 4월부터 1366년 10월까지 왕사로 있으면서 9산문을 통합하는 등 불교 중흥을 꾀하였다. 조계도대선사(曹溪都大禪師) 서공(諝公)이 인각사의 무무당의 낙성식을 겸해 1362년 9산의 영수가 되어 총림법회를 개최하였는데,[128] 공민왕 대 9산문을 통합하고자 했던 보우의 뜻을 계승한 것이라 생각된다. 현재 남아 있는 기록에 의하는 한, 무신집권기 가지산문의 담선법회를 개최하고[129] 일연이 9산문도회를 개최한[130] 이래 처음 있는 일이었다.

그렇지만 매골승 출신이었던 화엄종승 신돈(?~1371)이 1365년부터 1371년까지 집권하여 국정은 물론 불교계를 장악하고 화엄종승 천희(1307~1382)와 선현이 국사와 왕사로 각기 책봉되면서[131] 보우의 불교계 통합 내지 쇄신 노력은 소기의 목적을 달성할 수 없었을 뿐만 아니라 그는 1368년(공민왕 17) 속리산에 금고까지 되었다.

(3) 화엄종 마지막 국사 천희와 왕사 선현

보우가 1366년 10월 왕사를 사의하자 이듬해인 1367년 화엄종승 천희와 선현이 각기 국사와 왕사로 책봉되었다.[132] 왕사 선현(禪顯)은 수선

---

127 이색, 「태고사 원증국사비」, 『조선금석총람』 상.

128 이색, 「麟角寺 無無堂記」, 『목은문고』 권1, 기 ; 『동문선』 권72, 기.

129 이규보, 「가지산 담선법회」, 『동국이상국집』 속집.

130 민지, 「군위 인각사 보각국존정조탑비」, 『조선금석총람』 상, 469~473쪽.

131 황인규, 「편조 신돈의 불교계의 행적과 활동」, 『만해학보』 5, 2003.

132 『고려사』 권132, 신돈열전. “王親訪于佛腹藏 尋封國師 又邀禪顯于康安殿 封王師 王九拜 禪顯立受 百官朝服就班 旽獨戎服 立殿上 每王一拜.”；『東國通鑑』 권48, 공민왕 16년 8월, “僧千熙爲國師 禪顯爲王師 二僧皆辛旽所善者也.” 신돈은 왕의 사

사 15세(1363~1371)로 비정되고 있는 제15세 홍진 국사(弘眞國師)였을 가
능성이 있으며,[133] 신돈이 축출되어 죽는 1371년 7월 무렵까지 왕사로
있었다고 추정된다.

천희는 오왕(吳王)의 멸망 직전인 1366년에 귀국하여 공민왕의 환영
을 받았으나 지방을 유력하다가[134] 1367년(공민왕 16) 5월 국사로 책봉되
었다(大華嚴宗師 禪敎都摠攝 傳佛心印 大智無碍 性相圓通 福▨▨▨▨▨▨▨▨
▨▨圓應尊者). 천희의 국사 책봉은 1185년(명종 15) 종린의 현오 국사 추
증 이후 화엄종계에서 처음이자 마지막이다. 천희가 국사로 책봉된 것
은 화엄종의 교세의 진작과 관련이 있는 듯하다. 즉 화엄종승 반룡사
(盤龍寺) 주법(主法)이었던 체원(體元)은 충숙왕과 충혜왕 대(1313~1344)
무렵 해인사 일대를 중심으로 활동하였으며,[135] 천희(千熙)와 제생군(濟
生君) 우운(友雲)이 새로운 종풍을 수용하기 위해 중국에 유력하는 등
화엄종의 사세가 진작되고 있었다.[136] 마침내 공민왕 대에 개경의 중앙
무대에 진출하기에 이른다. 그 대표적인 인물이 신돈과 그 추종자들이
었다. 신돈은 1365년부터 1371년까지 국정을 장악하고,[137] 공민왕의 사

부라고 했으므로 왕사의 위치에 있었다고 할 것이다.
133 이재열, 「오교양종과 조계종통에 관한 고찰」, 『불교사상』 1·2·3·4·5·6호,
    1973·1974;『한국 조계종의 성립사 연구』, 민족사, 1986, 266쪽 ; 『고려사』 권41, 공
    민왕세가, 공민왕 16년 8월.
134 李穡, 「彰聖社 眞覺國師 大覺圓照塔碑銘」, 『한국금석전문』 중세 하; 이지관 역주,
    『교감 역주 역대고승 비문』 고려 4, 가산불교문화연구원, 1997.
135 崔瀣, 「送盤龍如大師序」, 『동문선』 권84, 序 ; 『고려사』 권109, 李瑱列傳 ; 채상식,
    「體元의 저술과 화엄사상」, 『한국화엄사상 연구』, 동국대 불교문화연구소, 1982 :
    『고려 후기 불교사 연구』, 일조각, 1991 ; 황인규, 「여말선초 화엄종승의 동향」, 『불교
    학연구』 1, 2000 : 황인규, 앞의 책, 2003.
136 황인규, 「여말선초 화엄종승의 동향」, 『불교학연구』 1, 2000 : 황인규, 앞의 책, 2003.
137 『고려사』 권39, 공민왕세가 5년 4월 및 공민왕 15년 5월 을유.

부의 지위에 있었으며, 부(府)를 설치 운용하였는데 유가종의 자정국존의 미수의 참회부와 조계종 보우의 원융부를 본뜬 것이라고 생각된다. 그와 가까운 천희와 선현을 국사와 왕사로 책봉하였다.[138] 천희는 중국에서 외교활동을 하였을 뿐만 아니라 몽산선풍을 수용하여 불교계를 중흥시키고자 국사로 책봉된 듯하다.[139] 1370년(공민왕 19) 국사로 있으면서 나옹이 주맹한 공부선의 증명법사로 참여하기도 하였다. 천희는 여기서 설산 국사라고 불렸는데 보우의 신돈에 대한 견제나 나옹의 공부선 주관 등으로 인하여 천희의 '부(府)'의 활동은 잘 안 된 듯하다.[140]

천희는 신돈이 1371년 실각한 후 국사를 사의하고 1372년(공민왕 21) 부석사로 가서 전당(殿堂)을 크게 중창하는 등 화엄종풍을 진작시켰다. 1376·7년(우왕 2) 전각을 보수하는 등 부석사를 중창하였다.[141] 의상이 부석사에서 화엄종의 교세를 진작시킨 것을 계승하여 화엄종 총본산으로 삼았으며,[142] '화엄 부석 국사'라고 불렸다. 천희는 그 후 근기지방인 수원 창성사(彰聖社)에 옮기어 불법을 펴다가 입적하여 비가 그 곳에 세워졌다. 무학과 신조가 양주 회암사와 수원 만의사 등 근기지방에서 흥법의 본산으로 삼으려 했던 것과 유사하다.[143]

---

138 이에 관해서는 다음의 논문을 참조하기 바람. 황인규, 「편조 신돈의 불교계 행적과 활동」, 『만해학보』 6, 2003 : 황인규, 앞의 책, 2005.

139 황인규, 「수원의 고승 진각 국사 천희와 고려 말 불교계」, 『수원학연구』 3, 2006.

140 각굉, 「나옹 행장」, 『나옹화상어록』. 1376·7년(우왕 2) 부석사 전각 보수시 '부석사 주지 國師圓應尊者雪山和尙'이라 불렸다.

141 이색, 「彰聖社 眞覺國師圓照塔 碑銘」, 『조선금석총람』 상.

142 의상은 부석사를 창건한 후 40일 동안 법회를 열고 화엄을 설법하여 浮石尊者라고 불리고, 화엄종을 浮石宗이라고 부르게 되었다. 김상현, 「신라 중대 전제왕권과 화엄종」, 『동방학지』 44, 연세대 국학연구원, 1984.

143 황인규, 「무학 자초의 흥법활동과 회암사」, 『삼대화상 연구논문집』 2, 1999 : 황인규, 앞의 책, 2003.

(4) 가지산문 국사 보우와 사굴산문 왕사 나옹

보우는 1371년(공민왕 21) 7월 국사 재책봉 제의를 사의하였는데, 국사 천희가 재임하고 있었기 때문인 듯하다. 천희가 부석사로 내려가 화엄 종 본산으로 만드는 등 지방 불사에 전념하자, 공민왕의 뜻에 따른 우 왕이 보우를 1381년(우왕 7) 겨울 국사로 재책봉했다(國師 大曹溪 嗣祖傳佛 心印行解 妙嚴悲智圓融 贊理王化 扶宗樹敎大願 普濟一國大宗師 摩訶悉多羅 利 雄尊者). 보우는 1382년(우왕 8) 12월 23일 입적하였다. 보우의 사리를 모 신 탑비는 가은 양산사, 양근현 사나사(1386), 명주군 청송사, 미원현 소 설암, 삼각산 태고사(1385) 등에 세워졌다.

보우는 신돈이 죽은 1371년(공민왕 21) 7월 국사 책봉 제의를 거절하 고, 1381년(우왕 7) 겨울 국사로 재책봉되어 1382년(우왕 8) 12월 23일 입 적할 무렵까지 국사로 재직하였다. 이 기간 동안 보우가 한 일은 특별 히 찾아지지 않는다.[144]

보우가 1371년 7월 국사 책봉 제의를 사의한 다음 달 8월 26일 나옹 은 왕사로 책봉되었다(王師 大曹溪宗師 禪敎都總攝 勤脩本智 重興祖風 福國 祐世 普濟尊者).[145] 충선왕 시 충경 왕사(冲鏡王師)[146] 책봉 이후 처음 있는 일이다.

---

144 「태고사 원증국사비」에 의하면, 보우는 "왕의 명령으로 멀리서 7년간 일을 맡아 보 았다."라고 한다.

145 나옹, 「왕사로 봉숭하는 날에 普說하다.—신해 8월 26일」, 『나옹화상어록』 ; 『고려사』 권43, 공민왕세가 20년 8월 7일(정해), "以僧惠勤爲王師."

146 釋宓菴, 「薦冲鏡王師疏」, 『동문선』 권112, 疏, "曾作三韓之標準 望傾朝野 卒爲二代 之師賓." ; 釋宓菴, 「冲鏡王師小祥齋疏」, 『동문선』 권112, 疏 ; 釋宓菴, 「冲鏡王師 祭文」, 『동문선』 권109, 祭文.

나옹은 수선사 제14세(?) 왕사 선현에 이어 왕사로 책봉되어 송광사를 하산소로 삼아 주석하였다. 나옹은 보우보다 2년 후인 1348년 중국에 가서 10년간 머물면서 8세 때 보살계를 주었던 지공 선현과 임제종 고승 평산 처림에게 법을 사사받았다. 특히 대도(북경) 법원사에서 스승 지공과 제자 무학을 조우하면서 삼화상의 연이 맺어지게 되었으며, 삼산양수기를 받아 가지고 귀국하였다.[147] 수기는 지공이 인도에서 수학한 바 있었던 날란다(阿蘭陀)사를 상기하면서 회암사를 중창하여 불교를 흥성시키라는 것이었다. 하지만 신돈의 집정으로 지방에서 유력하다가[148] 1367년 지공의 입적 소식과 더불어 지공의 가사와 글을 전해 받아 널리 알렸다.[149] 3년 후 1370년 1월 지공의 유골이 고려에 도착하자 추념 열기는 대단하였으며, 이를 나옹이 주관하게 되면서 지공의 대표적 계승자로서 그 위상이 부각되었다.

나옹은 회암사에 머물다가 같은 해 9월 개경 광명사에서 공부선을 주관 하였다.[150] 공부선의 실시는 가지산문의 백운 경한과 천태종의 신조, 화엄종의 천희가 참여하는 불교계의 거국적인 모임이었다.[151] 이러한 상황의 전개 속에 1371년 8월 26일 왕사로 책봉되어[152] 송광사에 머물렀다. 하지만 지공이 내린 삼산양수기를 생각하고 회암사로 가서 절

---

147 각굉, 「나옹화상 행장」, 『나옹화상어록』:『한국불교전서』 6.
148 황인규, 「편조 신돈의 불교계 행적과 활동」, 『만해학보』 6, 2003 : 황인규, 앞의 책, 2003.
149 각굉, 「나옹화상 행장」, 『나옹화상어록』:『한국불교전서』 6.
150 각굉, 위의 책 ; 이색, 「彰聖社 眞覺國師 大覺圓照塔碑銘」, 『한국금석전문』 중세 하.
151 『고려사』 권43, 공민왕세가 공민왕 19년 9월 16일(신축), "辛丑 幸廣明寺, 大會僧徒, 命僧惠勤, 試功夫選." ; 황인규, 「무학 자초의 흥법활동과 회암사」, 『삼대화상연구 논문집』 2, 불경서당 훈문회, 1999 : 황인규, 앞의 책, 혜안, 2003.
152 나옹이 왕사로 책봉되는 설법을 한 내용이 어록에 전하고 있다(나옹, 「왕사로 封崇되는 날 설법하다.─신해년 8월 26일」, 『나옹화상어록』:『한국불교전서』 6).

을 중창하였다. 나옹은 1374년부터 2년간 대규모의 중흥 불사를 벌여 1376년(우왕 2) 봄 공사를 마치고 4월 15일 나옹은 회암사 낙성식 때 무학을 급히 불러서 수좌를 맡겼다. 회암사의 중창이 마무리되어 낙성식이 성황리에 거행되었는데[153] 추방되어 주살되었다.[154] 결국 나옹과 제자 무학이 지공의 추념 불사에 이어 지공의 유훈을 받들어 회암사를 중창하여 흥법을 하고자 하였지만, 그 뜻을 이루지 못하고 순교당하였다.[155]

나옹과 스승 지공의 추념 불사는 나옹이 입적한 후에도 한동안 계속되었다. 특히 나옹의 부도 및 비가 회암사와 신륵사에서 세워졌다.[156] 즉, 나옹이 불교의 메카로 삼으려 했던 회암사에서도 부도와 비가 세워졌고,[157] 입적처인 신륵사에 석종탑이 세워져 사리가 안치되었으며, 진영당이 지어져 영정이 봉안되었다.[158] 문인 이색은 "회암사는 기원정사와 같고 신륵사는 사라쌍수와 같다."라고 하였다.[159] 뿐만 아니라 나옹의 문도들이 전국의 사찰에 나옹의 비와 부도를 세우고 유품을 봉안했

---

153 각굉, 「나옹화상 행장」, 『나옹화상어록』:『한국불교전서』 6.
154 『세종실록』 권85, 21년 4월 18일(을미) ; 『성종실록』 권 290, 25년(1494) 5월 5일(임진) ; 黃景源, 「朝山大夫 司諫院正言 致仕 丁先生 墓碣銘 幷序」, 『不愚軒集』 卷首 ; 황인규, 「조선 전기 불교계의 고승탄압과 순교승」, 『불교사 연구』 4·5, 중앙승가대 불교사학연구소, 2004 : 황인규, 앞의 책, 2003 ; 황인규, 「조선 전기 천태고승 행호와 불교계」, 『한국불교학』 35, 2003 : 황인규, 앞의 책, 2005.
155 회암사 중창에 대해서는 다음의 논고를 참조 바람. 황인규, 「무학 자초의 흥법활동과 회암사」, 『삼대화상 연구논문집』 2, 1999 ; 황인규, 『무학 대사 연구-여말선초 불교계의 혁신과 대응』, 혜안, 1999 ; 황인규, 앞의 책, 혜안, 2003.
156 李穡, 「회암사 선각왕사비」, 『조선금석총람』 하.
157 각굉, 「나옹화상 행장」, 『나옹화상어록』:『한국불교전서』 6.
158 각굉, 위의 책 ; 정약용, 「登神勒寺東臺」, 『다산시문집』 권3 詩 ; 이색, 「驪江縣 神勒寺 普濟舍利石鐘記」, 『목은문고』 권2, 기 :『동문선』 권73, 기 :『한국금석전문』 중세 하.
159 李穡, 위의 책, "吾師 於五濁惡世現 相應機 譬則佛出也 是以 檜巖也猶祇樹焉 神勒也猶雙林焉."

다.[160] 즉, 나옹의 문도들은 금강산과 치악산, 소백산, 사불산, 용문산, 구룡산, 묘향산, 천보산, 신륵사 등 나옹의 유력지와 교화처에서 나옹의 사리를 봉안하여 추념하였다.[161]

이러한 나옹과 더불어 스승 지공에 대한 추념 불사는 1383년 묘향산 안심사에서 절정을 이룬 것 같다. 기문에 의하면, 석종을 만들어 지공의 사리 아홉 개와 나옹의 두골 한 조각과 사리 다섯 개를 안심사에 모셔두었다고 한다. 안심사가 마치 '숭산 소림굴의 달마 고사'에 비유되면서 나옹과 스승 지공에 대한 홍법의 뜻을 되새겼다.[162]

(5) 사굴산문 마지막 국사 보각 국사 혼수와 가지산문 마지막 왕사 찬영

천희는 1382년 6월, 보우는 같은 해 12월 입적하였으며,[163] 사굴산문 환암 혼수(1320~1392)[164]와 가지산문 목암 찬영(1328~1390)이 국사와 왕

---

160 이색, 「驪江縣 神勒寺 普濟舍利石鐘記」, 『목은문고』 권2, 기 : 『동문선』 권73, 기 : 『한국금석전문』 중세 하.

161 위와 같음 : 李穡, 「金剛山潤筆庵記」, 『牧隱文藁』 卷2, 기. 그들뿐만 아니라 神勒寺 大藏閣을 건립할 때 이색이 여력이 없자 나옹의 문도들의 도움을 받아 건립하였다.

162 이색, 「香山 安心寺 舍利石鍾記」, 『牧隱文藁』 卷3 記 : 『동문선』 권74 記. 비문에 의하면, 묘향산 普賢寺에는 舍利가 헤아릴 수 없이 많았는데, 각 名山에 分置하고, 4부대중이 항상 모시고 공양하는 자도 많았다고 한다. 이색, 「驪江縣 神勒寺 普濟舍利石鍾記」, 『목은문고』 권2, 기 : 『동문선』 권73, 기 : 『한국금석전문』 중세 하. 묘향산 보현사에 나옹의 비가 건립되었던 사실을 다음의 기록으로 알 수 있다. 兌律, 「香山誌」, 『月波集』 文 : 『한국불교전서』 9, "其南西山懶翁二碑立焉."

163 태고 보우의 상수제자로 1382년(우왕 8)에 다시 내원당 감주로 다시 임명되었던 구곡 각운도 보우의 입적 다음 해인 1383년(우왕 9)에 국사의 책봉을 거절하고 다시 백련사로 하산하였다고 한다. 이재열, 「오교양종과 조계종통에 관한 고찰」, 『불교사상』 1·2·3·4·5·6호, 1973·1974 ; 『한국조계종의 성립사 연구』, 민족사, 1986, 263~269쪽.

164 혼수는 가지산문으로 보는 경우도 있으나 본고에서는 사굴산문으로 보고자 한다.

사로 각기 책봉되었다.[165] 혼수는 나옹이 주관한 공부선에 유일하게 답을 함으로써 주목을 받아 내불당(내원당)과 송광사, 광암사 등 대사찰의 주지에 있었다. 즉, 혼수는 1379년 무렵 3년간 공민왕 비의 능침사찰 광암사 주지에 취임하였다. 그 후 연회암에 있다가 1383년(우왕 9) 보우가 입적하자 국사로 책봉받고 개천사에서 머물렀다. 그해 가을 광암사 주지로 다시 취임하여 1385년 50일간 능엄법회를, 1386년 대비 안씨의 청으로 불정회(佛頂會)를, 1387년 수창궁에서 소재법회를 베풀기도 하였다. 1383년부터 입적 시까지 10여 년간 개경 광암사와 개천사 주지를 겸하였으며, 1388년 국사로 재책봉되었다.

찬영은 1356년(공민왕 5) 보우가 왕사로 책봉되어 9산선문을 통합하고자 원융부를 설치 운용했을 때 원융부 시랑으로서 동참하였다.[166] 1359년 승록사의 양가도승록으로 수년간 재임하였으며, 1372년 봄 국사와 왕사의 다음 서열에 있었던 내원당 감주로 재임하였다.[167]

찬영은 스승 보우가 입적하자 1383년 창왕 즉위년 왕사로 책봉되었다.[168] 1350년 승과에서 우수한 성적으로 합격하여 두각을 나타냈으며,

---

황인규, 「충주의 고승 환암 혼수와 목암 찬영」, 『충주의 인물(V) 충주의 큰스님—법경 대사 홍법 국사 대지 국사』, 예성문화연구회, 충주시, 2006.

165 『고려사』에는 1383년(우왕 9)과 1389년(창왕 즉위)에 왕사와 국사로 책봉되었다고 한다. 『고려사』 권135, 신우열전 우왕 9년 2월, "以僧混修爲國師 粲英爲王師."; 『고려사』 권137, 신우열전 창왕 즉위년 6월, "以僧混修爲國師 贊英爲王師."

166 박의중, 「억정사 대지 국사비」, 『조선금석총람』 하 ; 『拙翁集』 卷10, 碑銘·碣銘 「通訓大夫 行宗廟署令任公神道碣銘并序」; 이색, 「內願堂監主判曹溪宗事英公 號古檜 所居曰松月軒 於子同庚故人也 請題故賦此」, 『牧隱詩稿』 권6, 詩, "種在乾坤第一春 蟠桃海上接芳隣 可憐能白能紅者 幾向東風洒錦茵 萬樹長松翠影重 月華初上更無風 禪窓寂寂涼如水 掛在秋光一片中 領袖曹溪大福田 錦袍錯落照人天 從容折却華嚴講 半夜君王席更前."

167 박의중, 「억정사 대지 국사비」, 『조선금석총람』 하.

168 『고려사절요』 권3, 우왕 9년(1383) 2월.

국일 지엄 존자(國一智嚴尊者)가 찬영이 왕사가 될 것이라고 했던 바 있
다.[169] 그 후 왕사로 책봉된 지 2년 후인 1385년(우왕 11)에 3대 선우였던
광명사에 3년간 있다가 충주 억정사에 머물렀다.

그런데 연복사 탑의 중창과 광암사 중창 등 국가의 재정을 고갈시키
는 대불사를 개최하거나 문수법회도 설행되어 신진사류들로부터 불교
계가 대대적인 공격을 받았다.[170] 특히 1379년(우왕 5) 무렵 승려의 봉군
제를 혁거하여 국사와 왕사 제도가 없어지게 되었다.[171] 하지만 우왕은
찬영을 왕사로 책봉하고자 하였으나, 신진사류들의 반대로 무산되었다.

> 왕이 조계종의 승려 찬영을 맞이하여 스승을 삼고자 하니, 대사헌 성석
> 린과 좌상시 윤소종 등이 대궐 문에 엎드려 이를 간하고, 연장(聯章)하여
> 소를 올렸다. "… 전하께서는 임금과 아버지를 무시하는 자를 스승으로
> 삼지 말고, 요순과 공맹의 도를 높여 삼한의 태평한 업을 여십시오." 왕
> 이 마지못하여 그 말을 따랐다. 찬영은 숭인문까지 왔다가 들어가지 못
> 하고 돌아갔다.[172]

공양왕이 찬영을 국사로 책봉하려고 하자 정몽주·윤소종 등 신진

---

169 박의중, 「억정사 대지 국사비」, 『조선금석총람』 하.
170 황인규, 「여말선초 연복사 탑의 중영과 낙성」, 『역사와교육』 7·8, 1999 ; 황인규, 앞
　　의 책, 1999.
171 『고려사』 권75, 志29 選擧3 銓注, 우왕 5년(1379) 1월, "辛禑五年正月 門下郞舍言 僧
　　人封君 及依例外翁主宅主封爵 並皆除之." ; 『고려사』 권75 志29 選擧3 銓注 우왕 9
　　년(1383) 2월, "九年二月 左司議 權近言 女封宅主 僧封諸君 及府外封君 皆繫官爵輕
　　賤 並許禁斷." ; 『고려사』 권75, 志29 選擧3 銓注 공양왕 1년(1389) 12월, "恭讓王元
　　年十二月 諫官請 罷無功封君者."
172 『고려사절요』 권34, 공양왕 2년 2월, "王欲迎曹溪僧粲英爲師 大司憲 成石璘 左常侍
　　尹紹宗等伏閤諫之 又聯章上疏曰…願殿下勿以無君父者爲師 尊堯 舜 孔孟之道 以
　　開三韓大平之業 王勉從之 英至崇仁門 不得入而還."

사류의 반대에 부딪쳐[173] 숭인문 근처에 왔다가 돌아갈 수밖에 없었다.[174] 환암 혼수의 경우 책봉식을 거행하지 않았는데 개경에서 책봉하고자 했던 것은 주목된다. 왕사·국사의 책봉이 유생들의 상소로 성사되지 못하고 유교의 가르침대로 시행하라는 주장은 우리 역사상 처음 있는 일이었다.

3) 조선 초 무학의 왕사 책봉과 불교계

조선 건국 직후 조계종 고승 무학이 왕사로 책봉되었으며, 1394년(태조 3) 천태종 고승 조구가 국사로 책봉되었다. 그리고 찬영, 혼수, 지천 등의 고승이 국사로 추증되었으며, 세조 대 수미와 원진이 국사로 추증되었다고 한다. 앞서 언급했듯이 고려 말 승려의 봉군제가 혁거되고 찬영의 왕사 책봉이 무산되었다. 하지만 조선왕조를 창업했던 이성계는 불교계 세력을 무시할 수 없었다. 유가종을 제외한 4대 종파의 고승들에게 조선 건국의 도움을 받았다. 진각 국사 천희의 도반인 경남도 왕조 창업의 뜻에 동참하였으며, 특히 조계종의 무학과 천태종의 신조는 왕조 창업에 매우 큰 역할을 하였던 것이다. 즉, 무학은 정도전에 앞서 혁명을 종용했으며, 신조는 왕조 창업의 결정적인 계기가 된 위화도 회군에 참여했다.[175] 때문에 조선 건국 초 국사와 왕사가 책봉되거나, 추증되는 등 조선 초에 왕사·국사가 존재하였던 것이다. 그러나 아래의 기

---

173 『고려사』 권117, 정몽주 열전. 및 윤소종열전.
174 박의중, 「억정사 대지 국사비」, 『조선금석총람』 하.
175 황인규, 「고려 말 이성계의 불교계 세력기반」, 『한국불교학』 28, 2001 : 황인규, 앞의 책, 2003.

록에서 보는 바와 같이 1398년(태조 7) 왕사 제도는 완전히 혁거되었다.

> 간관이 상언하였다. "… 1. 스승[師]이라는 것은 그 도를 모범하는 것입니다. 고려 왕조에서는 불교를 숭상하고 믿게 되어 중으로써 스승으로 삼아, 전연 옛날의 제도를 잃었던 것입니다. 원하옵건대, 지금부터는 대신 중에서 나이 많고 덕이 높은 사람을 뽑아 스승으로 삼아 예전대로 행하는 폐단을 개혁해야 할 것입니다. …" 이에 임금이 말하였다. "4품 이상의 관원은 잠정적으로 전례로써 이를 시행하라."[176]

언론을 담당한 간관이 1398년 무학의 입적 시인 1405년까지 왕사로 재임하면서 불교계를 보호하였고, 무학이 입적한 지 불과 3개월이 지난 1406년 우리 역사상 불교계에 대한 대탄압 시책이 단행되었고, 20년 후인 1424년(세종 6) 선교 양종으로 통폐합되었다. 하지만 세종도 만년에 호불로 돌아섰으며, 그의 아들 세조는 세염(원진)을 국사로 추증하였을 뿐 아니라 태고 보우와 제자 구곡 각운을 잇는 가지산문 수미를 왕사로 책봉하고, 나옹과 제자 무학을 잇는 사굴산문계 신미와 두 제자 학열과 학조를 삼화상이라 부르면서 불교를 보호하였다. 조선 전기 왕사와 국사 책봉 및 추증과 관련된 주요 사실을 열거하면 다음과 같다.

◇. 조선시대 왕사·국사 책봉과 추증
1392년(태조 1) 사굴산문 무학, 왕사 책봉
1394년(태조 3) 10월 가지산문 찬영, 대지 국사 추증.

---

176 『태조실록』 권15, 7년(1398) 9월 18일(경인), "諫官上言…一 師者 師其道也 前朝崇信 浮屠 以僧爲師 殊失古制 願自今 擇大臣年高德邵者爲師 以革因襲之弊 上曰 四品以上 姑以前例行之."

1394년(태조 3) 천태종 조구, 국사 책봉.

1394년(태조 3) 3월 사굴산문 보각 국사 혼수비 세워짐.

1395년(태조 4) 7월 사굴산문 지천, 정지 국사 추증.

세조 대 가지산문 수미, 왕사 추증.

세조 대 세염(원진), 국사 추증.

(1) 조계종 마지막 왕사 무학

무학은 도반으로 원나라에 함께 동행했던 지천의 비문에 "나옹과 무학은 서로 명성을 드날리며 왕사가 되어 크게 종풍을 떨쳤다."[177]라고 하였으나 왕사 책봉사의 사실이 그렇게 기록된 듯하다.

> 옹(나옹)이 세상을 떠나니, 사가 여러 산을 노닐면서 뜻을 감추고 남에게 알리고자 하지 않았다. 전조의 말기에 명리로써 사를 불러 왕사를 삼고자 하였으나, 사가 번번이 가지 않더니 마침내 임신년(1392년)에 (태조의) 지우가 있었으니, 사의 거취가 어찌 우연한 일라고 하겠는가.[178]

무학이 수차례 왕사 책봉의 제의를 사양하였던 듯하다. 왕사 책봉 제의 시 세 번 사양하는 예인 삼반지례(三反之禮)를 의미하는 것이 아니다. 고려 말에 실제 왕사에 책봉된 적이 없기 때문이다.

무학은 나옹의 순교 후 스승 지공과 나옹의 추념 불사에 참여한 것 외에는 은둔하여 수도하였는데, 1383년 안심사의 지공·나옹비를 건립

---

177 권근, 「용문사 정지 국사비」, 『조선금석총람』 하.
178 변계량, 「묘엄존자탑명」, 『동문선』 권121, 비명, "翁逝矣 師遊諸山 志在晦藏 不欲人知 前朝之季 召以名利 至欲封爲師 師皆不至 卒有壬申之遇 師之去就 豈偶然哉."

에 참여하였던 무렵 이성계와 조우하여 혁명을 종용하였다.[179] 그 후 몇
차례의 왕사 책봉 제의가 있었을 듯하나 그 때마다 거절하였다고 생각
된다.

무학은 태조의 탄신일인 10월 11일 왕사로 책봉되었다(王師 大曹溪宗師
禪教都總攝 傳佛心印辨智扶無礙宗 樹教弘利普濟 都禪大師 妙嚴尊者).[180] 그만
큼 태조와 특별한 관계에서 나온 것이다. 고려 태조가 도선의 도움으로
나라를 개국한 것같이 조선 태조도 무학의 도움을 받아 창업하였던 것
과 견주된다.[181] 그리고 태조 왕건이 해동무외사(海東無畏師)를 두고 도
선의 문도 여철의 국가 비보사상이나 천태종 능긍의 회삼귀일 정신으
로 나라를 다스리고자 한 사실과 비견된다.[182]

무학은 불교계의 오교 양종의 모든 승려들이 모인 가운데 왕사 취임
시 불교계 전체의 화합을 강조하면서 태고 보우가 왕사로 취임하여 그
랬던 것처럼, 불교의 자비가 유교의 인과 같다고 유불 일치를 강조하였
다. 그러면서 백성을 갓난아기처럼 보호하듯(嬰兒行) 정치를 베풀라고
하였다.[183] 이에 문인 목은 이색은 "착하신 임금은 용이 하늘에 날고 왕
사께서는 부처가 나오셨네."[184]라고 찬사를 아끼지 않았다.

---

179 황인규, 「고려 말 이성계의 불교계 세력기반」, 『한국불교학』 28, 2001 ; 황인규, 앞의
    책, 2003.
180 변계량, 「묘엄존자탑명」, 『동문선』 권121, 비명.
181 청허 휴정, 「설봉산 석왕사기」, 『한글대장경』 151(청허당집 삼가귀감);『조선사찰사료』
    하, 함경도.
182 황인규, 「선각 국사 도선의 종풍 계승 및 전개」, 『한국선학』 20, 2008 ; 황인규, 「여말
    선초 천태종승의 동향」, 『천태학연구』 11, 대한불교천태종 총무원 원각불교사상연
    구원, 2008.
183 무학이 불교의 嬰兒行을 말하면서 『서경』의 백성을 갓난아이(赤子)처럼 보호하라는
    것도 유불일치의 표현이었다.
184 변계량, 「묘엄존자탑명」, 『동문선』 권121, 비명, "聖主龍飛天 王師佛出世之句."

조구(祖丘)가 천태종계를 대표해서 1394년 9월 국사로 책봉되어 이듬해인 1395년 11월에 입적하였으나, 무학은 태조의 양위 후에도 상왕·태상왕 태조의 왕사로 재임해 있었다. 이러한 사실은 실록에 왕사와 국사로 기록되는 등 국가 차원에서 공인한 것이라고 할 수 있다. 따라서 무학과 조구가 생존 시 책봉된 마지막 왕사·국사였다.

무학은 왕사로 재임하면서 고려 말에 이어 지공과 나옹의 추념 불사를 하면서 불교계를 재편하고자 하였다. 즉, 무학은 1393년 태조에게 조파를 주청하여[185] 지공으로부터 나옹을 거쳐 자신에 이르는 계보를 수록하여 『불조종파지도』를 간행하였다. 그 후 광명사에서 나옹의 괘진 불사를 하고 회암사로 돌아와 1394년 3월 3일 지공과 나옹의 부도에 탑명을 새겼다. 또한 1397년 회암사 북쪽에 자신의 부도가 세워지게 하고[186] 입적하자 유골이 부도에 안치됨으로써[187] 지공·나옹·무학의 삼화상의 부도가 회암사에 세워짐으로써 삼화상의 인연이 50년 만에 결실을 맺게 된다.[188] 무학은 "나라에서 존숭함이 상대가 없었을 정도로 위상이 높아서 선각(禪覺, 나옹)의 적통이요, 태조의 스승"이었다.[189]

---

185 허흥식, 「7-4. 법통의 변천과 새로운 시론」, 『한국 중세 불교사상사 연구』, 1994, 397~398쪽 ; 황인규, 『무학대사 연구』, 혜안, 1999.
186 『태조실록』 권12, 6년 7월 22일(신미).
187 『태종실록』 권10, 5년 9월 20일(임자).
188 황인규, 「무학 자초의 흥법 활동과 회암사」, 『삼대화상 연구논문집』 2, 1999 : 황인규, 앞의 책, 1999 : 황인규, 앞의 책, 2003.
189 변계량, 「묘엄존자탑명」, 『동문선』 권121, 비명, "師道之卓 匪夷所思 禪覺之嫡 祖聖之師."

(2) 천태종 마지막 국사 공암 조구

국사 혼수에 대한 추증이 이루어지지 않아 무학이 왕사로 책봉된 지
2년 후 1394년(태조 3) 9월 8일 공암 조구(空菴 祖丘, ?~1395)가 국사로 책
봉되었다. 신왕조 창업에 동참한 조계종과 천태종에 대한 불교계 세력
의 안배였다. 즉, 신조(神照, 생몰년 미상)는 천태종을 대표하면서 왕실의
측근 세력을 이루고 있었으나 이성계와 제휴했던 것 같으며, 전쟁터에
서 이성계의 참모 역할을 할 만큼 친밀했다.[190] 특히 1388년(우왕 14) 이
성계를 따라 요동정벌에 참여하여 위화도에서 회군대책을 논의하기도
하였으며, 그러한 공으로 '대선사중대광봉복군(大禪師重大匡奉福君)'이라
는 공신호를 받고[191] 수원 만의사에 머물렀다. 그는 1391년 1월 만의사
에서 7일간 소재도량을 베풀었고 이듬해인 1392년 2월 21일간 법회를
열었다.[192]

그와 같이 신조가 승려로서는 유일하게 공신이 되었지만, 왕사나 국
사로 책봉되진 않았다. 그 대신에 조구가 1403년(太祖 3) 국사로 책봉되
었다.[193] 조구가 집해(集解)한 『상교정본 자비도량참법(祥校正本 慈悲道場
懺法)』에 의하면, 조구는 '선교통섭전영원사겸불은사경봉유교 수학현의
국일도대선사(禪敎統攝前塋原寺兼佛恩寺敬奉遺敎 修學玄義 國一都大禪師)'인

---

190 이는 鄭津 原從功臣 錄券 공신명단에 보이고 있다. 박천식, 「조선 건국의 정치세력
　　연구」 하, 『전북사학』 9, 75쪽.
191 『고려사』 권45, 공양왕세가, 공양왕 2년 임인.
192 權近, 「水原萬義寺 祝上華嚴法華法會衆目記」, 『陽村集』 卷12 ; 『동문선』 권78 기.
193 『태조실록』 권6, 3년(1394) 9월 8일(을사), "以天台宗僧祖丘爲國師." ; 『태조실록』 권7,
　　4년(1395) 1월 27일(임술), "壬戌/陞潭陽縣爲郡, 國師祖丘鄕也." ; 『세종실록』 권151,
　　지리지 담양도호부. ; 『태조실록』 권8, 4년(1395) 11월 14일(갑술), "國師祖丘病死 爲之
　　停朝."

데서, 영원사와 불은사의 주지를 겸하였음을 알 수 있다.[194] 국일도대선
사급 천태종 고승으로 현견(玄見)이나 조구 등이 있었는데, 조구가 국사
로 책봉되었다. 즉, 이성계의 군사핵심 참모였던 신조가 백련결사에서
채택되었던 계환 해의『법화경』을 강교하고 법화삼매 참회도량을 베풀
어 참회·정토왕생의 공덕을 기렸는데, 그러한 성향은『자비도량참법』을
집해한 조구에게서도 찾아볼 수 있으며, 이 책을 교정한 자정국존 미
수의 참회부를 본뜬 것이 아닌가 한다. 하지만 국사 책봉 이듬해 조국
가 입적함으로써 세조 대 세염(원진)이 국사로 불렸다고 하지만, 실질적
인 마지막 국사는 천태종 고승 조구였다.

(3) 마지막 국사 추증과 추념

조선 초 무학은 왕사로, 조구는 국사로 생존 시에 책봉되었지만, 찬
영· 혼수·지천은 사후에 국사로 추증하거나 추념 기념사업이 이루어
졌다. 목암 찬영(1328~1390)은 무학이 왕사로 임명되기 2년 전인 1390년
(공양왕 2)에 입적하였다. 공양왕 때 감지 국사(鑑智國師)로 추증되었다
가 1393년 10월 대지 국사(大智國師)로 추존되었으며, 충주 억정사에 부
도탑과 비가 세워졌다(大智國師智鑑圓明塔碑).[195] 앞서 언급한 바와 같이,

---

194 남권희, 「興德寺字로 찍은 慈悲道場懺法 집해」, 『문헌정보학』4, 전남대학교 사회과
　　학대 문헌정보학과, 1990 ; 『고인쇄문화』2, 청주 고인쇄박물관, 1995 ; 남권희, 「興
　　德寺字로 찍은 慈悲道場懺法 集解의 찬자와 간행에 관한 고찰」, 『서지학연구』7, 1991
　　 ; 남권희, 「고려 말 慈悲道場懺法 卷第一」, 『서지학보』11, 1993 ; 황인규, 「여말선초
　　천태종승의 동향」, 『천태학연구』11, 대한불교천태종, 2008.
195 박의중, 「충주 억정사 대지 국사탑비」, 『조선금석총람』하. 715~719쪽.

1390년 찬영의 왕사 책봉이 무산되었지만, 호불신앙자였던 태조가 왕사 무학의 자문을 받아 국사로 다시 추증하였다고 생각된다.

찬영이 입적한 지 2년 후 환암 혼수(幻庵 混修, 1320~1392)가 1392년 9월 18일에 입적하였다. 1391년 이성계와 함께 서운사에서 대장경을 봉안하고 경찬회를 베풀었다. 1392년 9월 18일 혼수가 입적하자 1394년 2월 태조가 보각이라는 시호를 하사하였으며, 충주 청룡사에 부도탑과 비가 세워졌다(普覺國師碑銘).[196] 혼수의 입적 후 1394년 2월 국사 추증이 이루진 후에 조구가 국사로 책봉되게 된다.

축원 지천(竺源 智泉, 1324~1395)은 무학의 도반으로, 함께 원나라에 가서 지공과 나옹에게 인가를 받고 귀국하였으며, 나옹과 무학이 명성을 날리며 왕사가 되어 종풍을 떨쳤으나 홀로 조용히 은둔하며 수행하였다. 산중의 모든 승려들이 다투어 모여들어 지천에게 존경의 예를 표하고 사모하였다고 한다. 1395년 7월 7일 천마산 적멸암에서 입적하였고, 이에 태조가 왕사 무학의 뜻을 받아 정지 국사(正智國師)로 추증하였던 듯하며, 1398년(태조 7) 그가 머물렀던 양평 용문사에 비가 세워졌다(彌智山龍門寺謚正智國師碑銘).[197] 이와 같이 태조는 왕사와 국사를 책봉하였을 뿐만 아니라 찬영, 혼수, 지천 등 고승의 국사 추증 및 추념 사업을 하였다. 송헌 거사 태조의 호불신앙 때문이기도 하지만, 왕사 무학의 불교 보호의 뜻이 반영된 것이었다고 생각된다.

---

196 권근, 「有明朝鮮國普覺國師碑銘 并序」, 『양촌집』 권37, 비명류 : 『조선금석총람』 하, 719쪽.
197 권근, 「追贈正智國師碑銘 竝序」, 『양촌집』 권38, 비명류 : 『조선금석총람』 하, 727쪽.

4) 나가는 말

우리나라의 전근대사회의 사람들은 붓다의 가르침으로 살았으며, 그 정신적인 지도자가 국사와 왕사였다. 국사는 신라시대에는 국통이라고도 불렸으며, 고려시대에도 국통이나 국존으로 불리었다. 선종승 도선과 제자 여철의 국가 비보사찰설이나 천태종승 능긍의 회삼귀일정신으로 삼국을 통합하였다. 그리고 불교이념으로 나라를 다스리고 해동사무외를 곁에 두어 4명의 고승을 존경하며 가르침을 받았다.

왕사는 고려 개국과 동시에 선종승 법경 경묵(871~921)이 왕사로 책봉된 이래 광종이 즉위하자 선종 봉림산문 고승 원종찬유(869~958)를 국사로 책봉, 불교계뿐만 아니라 민중의 정신적 스승이었다. 고려 후기 숭유억불운동이 전개되면서 국사와 왕사의 책봉 제도는 소멸되어 갔다.

고려시대 4대 종파 가운데 유가종은 1324년(충숙왕 11) 미수가 자정국존으로 책봉된 이래 왕사·국사를 배출하지 못하였다. 아마도 유가종의 사세와 관련이 있는 듯하다. 화엄종은 1114년(예종 9) 낙진(1045~1119)이 원경 왕사로 책봉되고, 종린(1127~1179)이 현오 국사로 추증된 이래 왕사 국사를 배출하지 못하다가 화엄종 출신 신돈이 공민왕의 사부로 있으면서 천희(1307~1382)가 1376년(공민왕 16) 국사로 책봉된 것이 마지막이었다. 천태종은 1313년(충선왕 즉위) 정오가 왕사로 책봉되었으며, 혼구가 왕사로 책봉될 때 국존으로 책봉된 이후 처음이다.

그리고 조계종계는 충정왕 대 수선사 제13세 복구가 왕사로 책봉되었다가 공민왕대 재책봉되었다. 수선사 16국사는 천태종 8국사와 마찬가지로 대부분 추증된 경우다. 그 후 선종 가지산문 고승 보우가 보감 국사 혼구 이래 처음으로 왕사와 국사로 책봉되었다. 태고 보우는 유가종의 자정국존 미수가 참회부를 두어 선교양종을 아울렀던 것처럼, 원융부를 두어 선종 9산문을 통합하고 불교개혁을 시도했었다. 그 후 선종 사굴산문 나옹이 왕사로 책봉되었지만 순교를 당하였다.

고려 말 마지막 국사와 왕사로 책봉된 고승은 선종계의 사굴산문 고승 혼수와 가지산문 고승 찬영이었다. 그들은 고려 말 수차례 재책봉되면서 불교계를 주도하였으나, 숭유억불 시책으로 승려의 봉군제가 없어지고, 특히 찬영이 왕사로 책봉되기로 했다가 무산되기도 하였다. 숭유억불 시책의 단적인 표징이 되는 사건이었다.

조선 건국 직후인 1392년 10월 태조 이성계의 생일날 무학이 왕사로 책봉되고 1394년(태조 3) 천태종 공암 조구가 국사로 책봉되었다. 그들이 실록에 각기 왕사와 국사로 기록되는 등 우리 역사상 마지막 왕사와 국사이다. 조구는 1년 후 입적하였고 무학은 입적 시인 1405년(태종 5) 까지 왕사로 재임하였다. 그리고 혼수와 찬영, 지천의 비가 세워지거나 국사로 추증되었다. 그 후 세조는 수미를 묘각 왕사로 불렀고 세염을 원진 국사로 추증하기도 하였다. 국가적인 제도 차원이 아닌, 세조의 호불 신앙의 차원에서 이루어진 것이지만, 세간의 마지막 왕사와 국사로 불렸을 것이다. 조선 중기이후 불교계에서 고봉 법장이 수선사 제16세, 나옹과 무학이 송광사 18국사로 각기 추증되었다. 조선 후기 산중불교 시대 불교의 정체성 확립을 위한 노력이었지만, 척불시대 불교계의 국사였다.

3. 무학과 한양불교

1) 들어가는 말

조선 왕조의 건국은 정치적·경제적·군사적인 측면뿐만 아니라 이성계의 선대부터 이어진 불교적 기반도 중요하게 작용하였다.[198] 이에 고려시대 국가 운용의 기본이 된 국가 비보사상을 제시하였던 불교적 기반을 무시할 수 없었다.

고려 말 불교계 주요 종파의 한양 근기 지방에서의 홍법 운동, 특히 조계종의 무학의 왕조 창업 종용과 천태종계의 위화도 회군 참여를 비롯해 불교계가 조선 건국에 참여하여 새로운 국도 한양의 불교 기틀을 정립하는 데 기여하였던 것이다.[199]

고대 이래의 삼각산 일대의 불교를 기반으로 흥덕사와 흥천사 체제가 정립되기 시작하였다. 결국 태종과 세종 대에 걸쳐 조계종을 중심으로 하는 선종과 화엄종을 중심으로 하는 교종의 선교 양종 도회소체제로 정립되었으며, 이어 선교 양종 18사체제의 조선 불교로 전환되는 것

---

198 황인규, 「고려 말 이성계의 불교계 세력기반」, 『한국불교학』 28, 한국불교학회, 2001, 331~354쪽.

199 황인규, 「무학 자초와 한양전도」, 『역사와교육학』 4, 역사와 교육학회, 1996 ; 황인규, 「무학 대사의 조선 건국 참여와 불교계 수호-제 연구성과의 종합 검토와 재론 및 강조를 중심으로」, 『역사와 교육』 25, 역사와교육학회, 2017 ; 황인규, 「무학 대사와 한양 천도」, 제2회 호암산 호압사 학술대회 자료집) 한양 천도와 도시철학-불교 사상을 중심으로(대한불교조계종 호암산 호압사, 2020). 본고는 호압사가 주최하고 와 서울시가 후원한 제3회 호암산 호압사 학술대회 '한양과 조선불교(1)(2021.10.29. 조계사 한국불교역사문화기념관 국제회의장'에 발표한 원고 가운데 일부를 보강 정제한 것이다.

이다.[200]

본고에서는 그동안 조선 건국 초 불교사 관련 제 논고를 재검토하면서 무학이 왕사로 재임 시 조선 건국 초 신 국도 한양의 사찰과 고승을 중심으로 신 국도 한양의 불교[201]의 정초에 대해서 천착하고자 한다.[202]

---

200 황인규, 「조선 전기 선교양종의 本山과 判事」, 『한국선학』 12, 한국선학회, 2005, 130~134쪽. 본고에서는 조선 초 태종과 그의 아들 세종 대에 이르는 20년간 불교 시책의 전개에 대해서는 본격적으로 다루지 않는다. 이에 대해서는 다카하시 도오루[高橋亨](『이조불교』, 보문관, 1929)와 한우근, 「여말선초의 불교정책」, 『서울대논문집-인문사회과학』 6, 1957 ; 『유교정치와 불교』(일조각, 1993)를 비롯하여, 최근에 김용태와 손성필 등의 제 연구가 있으나 취하지 않는다. 건국 초 불교계의 주체라고 할 고승들을 중심으로 한 논의가 아니기 때문이며, 태종과 세종 대 불교 탄압시책 이전의 시기를 주로 다루었기 때문이다. 필자는 일제 강점기 실증주의 학자 이상백이 제시한 바와 같이, 고려 말의 억불시책도 그 내용에 있어서 불교 사상 자체에 대한 배척보다는 경제적인 이해관계 때문에 빚어진 정치운동에 불과하였다는 탁견에 주목하여야 한다고 보고 있다. 李相佰, 「儒佛交代의 機緣에 관한 一硏究」, 『동양사상연구』 2·3, 1938·1939 ; 『한국문화사연구논고』, 을유문화사, 1941. 조선 초 불교시책에 관련 제 성과논의는 다음의 논고를 참조하기 바란다. 김용태, 「조선 전기 억불정책의 전개와 사원경제의 변화상」, 『조선시대사학보』 58, 2011, 7~16쪽 : 손성필, 「사찰의 혁거, 철훼, 망폐-조선 태종·세종 대 승정체제 개혁에 대한 오해-」, 『진단학보』 132, 2019, 57~94쪽 : 손성필, 「조선 태종·세종대 '혁거' 사찰의 존립과 망폐-1406년과 1424년 승정체제 개혁의 이해 방향과 관련하여-」, 『한국사연구』 186, 2019, 237~297쪽.

201 한양 불교의 개념은 편의상 붙인 것에 불과하다. 본고에서 지칭한 것은 한양지역의 불교 정도로 이해하고 논지를 전개하였다. 이에 관한 연구는 다음의 논저들이 참조되지만 본격적인 조선 건국 초 고승을 중심으로 한 불교사의 흐름을 담고 있지 않으며, 대개 정책적인 측면에서 사찰의 배치를 다루고 있을 뿐이다. 허흥식, 『고려 불교사 연구』, 일조각, 1986 : 김윤주, 「조선 초기 수도 한양의 불교 사찰 건립과 불사 개설-태조 이성계의 사찰 건립을 중심으로」, 『서울학연구』 66, 서울학연구소, 2017, 48~64쪽.

202 본고는 성리학 유학자들에 의한 숭유 억불 시책으로 인한 관련 사료의 영세함으로 인하여 조선 후기의 기록이나 야사류의 기록들도 포함하여 논지를 전개하였다. 사료의 엄정한 비판이 있어야 할 것이지만, 조선 건국 초의 불교사에 대한 새로운 시론적 천착임을 밝혀 둔다.

2) 무학과 조선 건국 초 불교 고승

조선 건국 직후인 1393년 10월 목암 찬영이 대지 국사로 추증되었으며, 충주 억정사에 부도탑과 비가 세워졌다.[203] 2년 후 환암 혼수도 조선 건국 직후 1392년 9월 18일에 입적하자 1394년 2월에 보각 국사로 추증되었으며, 충주 청룡사에 부도탑과 비가 세워졌다.[204] 환암이 1394년 2월 국사 추증 후에 천태종 고승 공암 조구가 조선의 최초이자 마지막 국사로 책봉되었다.[205]

무학의 도반으로 지공과 나옹을 추종하였던 축원 지천(1324~1395)이 1395년 7월에 경기도 천마산 적멸암에서 입적하자 정지 국사로 추증되었으며, 1398년(태조 7) 그가 주석하였던 양평 용문사에 비가 세워졌다.[206]

이와 같이 태조는 왕사와 국사를 책봉하였을 뿐만 아니라 찬영과 환암, 지천 등 조계종 고승의 국사 추증 및 추념 사업을 하였다. 송헌거사 태조의 호불 신앙 때문이기도 하지만 왕사 무학의 뜻이 반영되었다고 생각된다.[207]

조선 건국 직후 조계종의 무학은 태조 이성계의 탄신일에 왕사로 책봉되었으며,[208] 2년 후 천태종의 공암 조구가 국사로 책봉되기에 이른다.

---

203 朴宜中,「충주 億政寺 大智國師碑」,『조선금석총람』하, 715~719.

204 權近,「有明朝鮮國普覺國師碑銘 幷序」,『양촌집』권37, 비명류 :『조선금석총람』하, 719.

205 『태조실록』권6, 3년 9월 8일(을사), "以天台宗僧祖丘爲國師."

206 權近,「追贈正智國師碑銘 竝序」,『양촌집』권38, 비명류 :『조선금석총람』하, 727.

207 황인규,「한국의 마지막 왕사·국사 책봉과 의의」,『상월 원각 대조사 탄신 100주년 기념 불학논총』1(사상과 역사), 대한불교천태종 총무원 원각불교사상연구원, 2011, 637~642쪽.

208 변계량,「묘엄존자탑명」,『동문선』권121. 비명, "太祖以是月十一日誕晨 具法服若器 封爲王師.";『태조실록』권2, 1년 10월 11일(기미), "上誕日 受群臣朝賀…是日還時坐宮 飯僧二百於宮中 請王師自超說禪."

본래 조계종의 환암 혼수가 국사로 책봉되기로 예정되었던 듯하였지만 천태종의 고승 조구가 책봉되었다. 고려 후기 양대 결사를 전개하며 불교계를 주도하였던 조계종과 천태종의 교세를 반영한 조처였다고 생각된다. 조구는 국사에 책봉된 지 1년 후 입적하였으므로,[209] 조선 초 태조 대의 불교계는 조계종의 왕사 무학에 의하여 주도되었다고 할 수 있다.

이미 필자가 논저에서 언급한 바와 같이, 무학은 왕사로 재임하면서 1년 2개월 정도 개경에 머물면서 1393년에 태조에게 불교계 고승의 조파를 지공과 나옹에서 자신에 이르는 법계를 담은『불조종파지도』를 간행하였다.[210] 그 후 개성 광명사에서 나옹의 괘진불사를 하고 양주 회암사에서 1394년 3월 3일에 지공과 나옹의 부도에 탑명을 새기는 등 불교계의 재편을 꾀하였다.[211]

그러면서 1393년 7월에 고려 말에 억불 운동의 효시가 되었던 연복사에서 전장불사를 하고 5층탑의 낙성식을 주관하면서 문수법회를 베풀고 선법을 펴는 등 태조 대의 불교계를 주도하였다.[212]

무학은 그 이듬 해인 1394년 한 달 남짓한 기간 동안 한양 천도에 참여하였다. 무학은 한양 도성 밖의 양주의 회암사를 지공과 나옹, 무학의 삼화상의 도량으로 삼은 후 한양 전도 사업을 주도하였던 것이다.

---

209 『태조실록』 권8, 4년 11월 14일(갑술), "國師祖丘病死 爲之停朝."

210 獅巖 采英, 「佛祖源流後跋」, 『해동 불조원류』, 『한국불교전서』 권10, "肆昔懶翁法嗣 無學祖師 深用悶然 刊出傳鉢之源流次第付諸簇子 以傳之 而事在國初 故肇於佛祖 止於指空懶翁 其後我月渚大師 重刊簇圖."

211 변계량, 「묘엄존자탑명」, 『동문선』 권121. 비명, "其年九月 師以先師指空懶翁二塔名 及掛懶翁眞事 奉旨刻塔名於檜巖大設掛眞佛事于廣明寺."

212 변계량, 「묘엄존자탑명」, 『동문선』 권121. 비명, "十月國設轉藏佛事於演福寺… 十月 國設轉藏佛事於演福寺命師主席." 이러한 무학의 조선 건국 초의 연복사의 불사에 대해서 실록 등의 기록에서는 신진사류들의 그에 관련한 비판의 기사가 찾아지지 않는다. 이는 지공과 나옹, 보우가 비판받았던 것과 비교가 된다.

후대의 실록이긴 하지만, 무학은 한양 천도 사업에 참여한 후 건원릉과 후릉 등을 비롯한 왕실의 능침을 지정하였다[213]는 기록도 사실 여부를 떠나 이러한 정황을 지칭한 것으로 보인다.[214]

『여지도서』에 의하면 한양 천도 사업이 펼쳐지던 해인 1394년(태조 3년)에 무학이 왕조 창업을 종용했던 안변 석왕사가 중창되는데, 조계종과 더불어 천태종의 고승인 신조, 화엄종의 고승 설오에 의해 이루어졌다고 기록되어 주목된다. 공민왕 대 공부선 이후 3개 종파 영수가 다시 화합한 것이기 때문이다.

> 홍무 27년 갑술년(1394, 태조 3)은 우리 태조가 임금에 오른 뒤 세 해째 되는 해이다. 비로소 커다란 사찰을 세웠다. 봉리군 신조대 사가 왕의 뜻을 공손히 받들어 비로소 보광전을 세웠다. 승통 설오가 심일당을 세웠으며 개국법주 계근이 민적당을 세웠다. 달공 화상이 범종루를 세웠으며 (석왕사의) 주지 성호가 대장전을 세웠다.[215]

---

213 『선조실록』 권131, 33년 11월 9일(기유), "領議政李恒福 左議政李憲國 右議政金命元 回自健元陵啓曰… 俗傳太祖三年 率神僧無學 親審陵寢得一山 可用累世云云 此說 出於太宗朝宰相金敬叔 周官六翼之書云 而臣等 未及考見 雖未敢 定以爲信說 而參以所見 似非浪傳.";『현종(개수)실록』 권1, 즉위년 6월 19일(무신), "時烈曰 國初無學以 健元陵十二崗 爲皆可用 李恒福曾以此獻議 不可不更審也.";『숙종실록』 권14 상, 9년 3월 25일(정묘), "奉朝賀宋時烈 致仕肅拜 上命 … 先是時烈上箚子釐改… 太祖大王 與神僧無學 親占壽藏 卽健元陵是也 太祖以爲子孫從葬處 至於二十崗之多 子從此忘憂里 然則其爲吉地 可之.";『영조실록』 권1, 즉위년 9월 16일(병진), "都監堂上李明彦奏 昔我太宗率僧無學 先定漢都 次定五陵 還至陵後日小嶺 是有忘憂之號.";『철종실록』 권7, 6년 2월 4일(정유), "所見奉審大臣敎曰 聞厚陵兩岡 國初無學所占云 而挽近豈有此地術乎領府事鄭元容曰 近來地師 豈可此論乎聞 陵誌所載 而領相見之云矣 領議政金佐近日 臣果見之 而是名師所占之地矣."

214 황인규, 『무학 대사 연구—여말선초 불교계의 혁신과 대응』, 혜안, 1999, 263~267쪽.

215 『輿地圖書』 下, 咸鏡道(關北邑誌) 咸鏡南道安邊都護府 寺刹, 釋王寺, "洪武二十七年 甲戌(1394)卽我太祖登極後三年始創大刹奉利君神照大師敬奉 聖旨始成普光殿 僧統 雪悟建尋釰堂 開國法主戒根建泯迹堂 達空和尙建泛鐘樓 住持性浩建大藏殿."

앞에서 인용한 기록에 의하면, 개국 법주 계근과 석왕사의 주지 성호에 대해서는 알려진 사실이 없으나, 아마도 무학과 뜻을 함께한 조계종의 고승이라고 추정된다. 천태종의 고승 봉리군 신조가 임금의 뜻을 받들어 공손히 받들어 비로소 보광전을 세웠으며, 화엄종 승통 설오가 심일당을 세웠다는 것이다. 신조는 위화도 회군에 참여하고 수원 만의사에서 천태종 승려들과 회합하여 조선 건국을 기원한 바 있었는데[216] 조선 건국 초 석왕사 중창에 참여한 것이다. 다만 같은 해 조구가 입적한 후 태조 대 천태종의 동향은 뚜렷하게 찾아지지 않으며 태종 대와 세종 대에 부상하였다. 천태종뿐만 아니라 유가종도 태조 대에서는 그리 두각을 나타냈다고 보기 힘들다.

조계종 가지산문계 고승 태고 보우의 문도인 혜암 상총은 고려 말 장성 백양사 전장 법회에 동참하였으며,[217] 남원 실상사에 머물렀다가 1380년(우왕 6)에 신덕 왕후의 원찰인 진양 도호부 청곡사의 대웅전을 중수하였으며 1397년(태조 6)에 신덕 왕후를 추념하기 위하여 향완을 주조하였다.[218] 특히 상총은 고려 말 순천 송광사 주지를 역임한 바 있었는데, 신덕 왕후가 승하한 뒤 1398년(태조 7) 정릉의 원찰인 흥천사의 불사 조성 시 감독하였으며, 초대 사주가 되어 송광사의 제도를 본받을 것을 주장하였다.[219] 보우의 문도인 상부는 조계종 양가 도승통으로

---

216 權近, 「水原 萬義寺 祝上華嚴法會衆目記」, 『陽村集』 卷12, 記類, "壬申二月 又張法會 衣服座具帶襪咸備 嘉羞異膳供具豊潔 啓聞于上 受押佛疏 邀請大天台宗師國一 都大禪師玄見等韻釋三百三十指 皆一時天台碩德也 外護前洪濟寺住持大禪師明一 等一百九十指 諸執事監院禪師覺恒等一百九十指."

217 「白巖寺 轉藏法會 堂司榜」, 조선총독부, 『조선사찰사료』 상, 1911, 175쪽.

218 靑銅銀象嵌 香爐, "大明洪武三十年丁丑朝鮮國開國 祖聖朝 中宮神德王后本鄕晉陽 大都護府裨補禪利靑谷社普光殿香垸敬造."

219 『태조실록』 권14, 7년 5월 13일(기미), "雖然旣稱本社, 則其中外名利, 宜倣松廣之制,

서 1397년(태조 6) 4월 불교계 승려의 비행을 막을 것을 상소하기도 하였다.[220]

유가종계의 고승 종림(宗林)은 양가 도승통의 승직에 올라 유가종단을 주도하였다.[221] 실록에 의하면, 유가종이 조선 건국 사업에 참여하였던 사실이 찾아진다. 예컨대, 종림은 1396년 전 판사 윤안정과 함께 판교원을,[222] 1398년 무렵 조운흘과 더불어 판교원과 사평원을 중창하였다.[223] 정이오(1347~1434)의 기문에 의하면, 종림은 1406년(태종 6)에 자은종 도승통에 올라 용산 강가에 관곽소(棺槨所)를 설치하는 일을 주관하는 등[224] 조선 초 대민 사업을 펼쳤다.

화엄종계의 설오(雪悟)는 1398년 무렵에 개경 법왕사 도승통이었는데, 의침도 1403년 무렵에 법왕사에서 주석하였다. 앞서 언급한 바와 같이 설오는 1394년 무학이 왕조 창업을 종용했던 석왕사의 중창에 참여하였다. 실록에 의하면, 화엄종 도승통으로[225] 고려 태조가 창건한 10대 사찰 가운데 하나인 법왕사에 기거하면서 금강산과 석왕사에서 보살재를 올렸다.[226] 이성계를 환궁하는 데 참여했으며, 1399년 석왕사의

皆爲本社之屬, 互相糾察, 則其於作法祝釐."

220 『태조실록』 권13, 7년 4월 11일(정해), "兩街都僧統尙孚上請禁僧飮酒 上令憲司痛禁 犯者 長髮充軍."

221 이색, 「昨蒙慈恩都僧統祐世君 來賀種德新拜密直…」, 『목은시고』 권28, 시.

222 『태조실록』 권9, 5년 3월 4일(신유), "慈恩都僧統宗林與前判事尹安鼎 嘗作板橋院 及築城人往還有疾病者 請醫胗脈 劑藥救療 且供飮食 疾愈者 給糧遣之."

223 『태종실록』 권8, 4년 12월 5일(임신), "辛酉 退居廣州 古垣江村 與慈恩僧宗林爲方外 交 重創板橋 沙平兩院 自稱院主 敝衣草屨 與役徒同其勞 過者不知其爲達官也.";『신증 동국여지승람』 권28, 상주목 우거 고려 趙云仡, "與慈恩寺僧宗林爲方外交."

224 『신증 동국여지승람』 卷2, 京都 下 歸厚署, "鄭以吾記 永樂四年秋七月… 使設棺槨 所于龍山之滸, 以慈恩宗都僧統臣宗林主其事."

225 『태조실록』 권13, 7년 1월 22일(경오).

226 『정종실록』 권6, 2년 10월 26일(정사), "遣法王都僧統雪悟於新都."

주지에 재임하였다. 설오는 개성과 한양 사이에 위한 파주에 광탄원을
건립하여 나그네의 유숙을 편의케 하였다.[227] 1407년(태종 7)에는 태조가
지은 건덕전을 흥덕사로 창건하자 주지로 재임하였다.[228] 이와 같이 조
계종 외의 타 종파가 건국 직후 불교계를 주도하지는 않아 보인다. 이
렇듯 무학은 불교계를 주도하면서 한양 천도에 기여하였을 뿐만 아니
라 국도 건설에도 도움을 주었다.

> 내원당 감주 조생이 왕에게 아뢰었다. 그보다 먼저 왕이 새 국도를 건설
> 하고자 하였는데 백성의 힘을 빌어 쓰는 것이 우려가 되었다. (왕이) 말하
> 였다. "승도들 가운데 유수자가 많으니 마땅히 징집하여 부역하도록 하
> 겠다." (불교계의) 각 종파의 승도들이 이 말을 듣자 승도들이 권장하여 모
> 여들어 부역하고자 하는 자들이 수십 명이나 되었다. 조생이 인솔하여
> 오니 왕이 기뻐하여 조생에게 반승하였으며, 각 종파의 승도들에게는 명
> 주와 면포를 하사하였다.[229]

　위에 인용한 글에서 보듯이 신도의 건설에 불교계의 각 종파의 승도
들이 모여들었으며, 이를 승려 조생이 인솔하였다. 조생(祖生)은 정종
대 한양의 흥천사의 주법(主法)이 된 승려이며[230] 조선과 조림 등과 도

---

227 權近, 「廣灘院記」, 『陽村集』 卷13, "廣灘院在兩京間　道里適均　行旅多憩宿　頹垣破
　　礎　無所於寓　判華嚴悟公惻然欲新之　爲捨囊鉢之儲　重新營構　仍起樓于前　下臨長
　　途　俯瞰平郊　登臨眺望　洒然可滌塵勞之熱."
228 『태종실록』 권13, 7년 1월 14일(기묘). 찬영의 문도인 興福寺의 승려 斯近이 술을 마
　　신 일이 발각되어 사헌부에 의하여 비판을 받은 일이 있었다. 『태조실록』 권14, 7년
　　6월 3일(정미).
229 『태조실록』 권4, 2년 11월 19일(경신), "內願堂監主祖生進見　先是上欲營新都　慮用民
　　力　日僧徒遊手者衆　宜集而役之　各宗僧聞之　有欲勸募僧徒赴役者數十背　祖生引進
　　上悅　飯祖生賜各宗僧絹及綿布."
230 『태종실록』 권4, 2년 7월 13일(갑오) ; 『태종실록』 권4, 2년 8월 2일(계축).

반이었을 것이다. 조선은 호가 철호이며 고려 말에 무학을 이어 조인규 가문의 원당인 과천 청계사의 주지에 재임하였다.[231] 조선 초인 1402년 (태종 2)에 무학이 양주 회암사 감주로 있을 때 주지였다.[232] 조림(祖琳)은 무학의 행장을 지은 승려이다.[233] 함허 기화(1376~1433)는 이미 널리 알려져 있듯이 정도전의 『불씨잡변』류의 억불서에 대응하여 『현정론』을 저술하였다. 이러한 사실을 통해서 무학의 문도들이 불교계를 주도하면서 한양 건설을 주도하였던 듯하다.

주목되는 사실은 무학은 태종 대 초에 함흥에 머물고 있던 이성계를 환궁하는 데 주역이었다.

> 태상왕이 역마를 타고 함주로 향하였다. 왕이 왕사 무학을 태상왕이 머무는 행재소에 보내었으니, 무학은 태상왕께서 공경하고 믿는 자이기 때문이다. 그러므로 그 뜻을 아뢰니, 빨리 환가할 것을 청하였다.[234]

위에 인용한 기록은 정사류인 『태종실록』에 실린 무학의 함흥차사 이야기 부분이다. 무학은 1402년(태종 2) 12월 8일 함흥에 머물고 있던 이성계를 환궁(還宮)케 하여[235] 이성계와 태종 간의 왕실 화합에 기여하였다. 당시 함흥차사로 신료 박석명과 성석린, 환관 김완과 안평부원군 이서(1332~1410) 등과 화엄종 고승 설오와 조계종 고승 익륜 등을 보내

---

231 이색, 「驪江縣 神勒寺 普濟舍利石鐘記」, 『목은문고』 권2, 기 : 『동문선』 권73, 기 : 『한국금석전문』 중세 하.
232 『태종실록』 권4, 2년 7월 13일(갑오) ; 『태종실록』 권4, 2년 8월 2일(계축).
233 변계량, 「묘엄존자탑명」, 『동문선』 권121, 비명.
234 『태종실록』 권4, 2년 11월 9일(무자), "太上王 御驛騎向咸州 上遣王師無學於太上王 行在所 以無學太上王所敬信者 故欲其道達上意 而請速還駕也."
235 『태종실록』 권4, 2년 12월 8일(정사), "太上王還京."

기도 하였으나 실패하고,[236] 마침내 무학이 이성계를 환궁케 하였던 것이다.[237] 이와 같이 신료 유자(儒者)와 승려 설오와 익륜(益倫) 등이 이루지 못한 것을 무학이 이루어낸 것은 이성계와의 인연이 깊기 때문이기도 하지만, 태조 대 이후에도 불교계를 주도하였기 때문에 가능하였다고 볼 수 있을 것이다.

3) 무학과 조선 건국 초 한양 사찰

그렇다면 신 국도인 한양의 불교는 어떻게 정초되었을까? 고려시대의 불교계는 국도 개경을 중심으로 재편·정립되었으며 삼경도 중시되었을 것이다. 고려 문종(1046~1083) 대 이후 남경이 설치 운용되어 남경이 중요하게 간주되었지만, 불교계는 고려 태조 대 이후 남경을 중시하여 선종계가 삼각산 승가사 일대를 중심으로 불법을 폈으며,[238] 숙종 대에 이르러 대각 국사 의천은 승가사 등의 사찰을 중심으로 불법을 전개하면서 남경 천도를 주장하였다.[239]

고려 후기 고종(1213~1259)대에 아사달 신앙이 널리 퍼지며[240] 남경이 부각되다가 유가종 미수와 조계종 가지산문 보우가 삼각산 장의사와

---

236 『태종실록』 권4, 2년 11월 15일(갑오), "上遣安平府院君 李舒于太上王行在所 命釋益倫 雪悟 從之 舒與二釋皆太上王素所敬信者 故欲其見而悅之也."
237 황인규, 앞의 책, 1999, 267~274쪽.
238 황인규, 「선각 국사 도선의 종풍 계승 및 전개」, 『한국선학』 20, 선학회, 2008, 90쪽 : 황인규, 「불교계 고승과 국도 천도」, 『대각사상』 18, 2012, 263~265쪽.
239 『고려사』 권10, 선종세가 7년(1090) 10월.
240 『고려사』 권23, 고종세가, 21년 7월 27일(갑자), "有僧據讖云 自扶踈山 分爲左蘇 曰 阿思達 是古楊州之地 若於此地 營宮闕而御之 則國祚可延八百年."

중흥사를 중심으로 불법을 폈다.[241] 특히 보우는 한양 천도를 주장하기에 이른다.

한양 불교에 관한 조선 초 실록에는 삼각산 일대의 사찰로 무착사와 나암사 등이 찾아지지만,[242] 한양 불교의 중요한 도량은 진관사, 장의사, 중흥사, 문수사, 향림사, 청량사 등등일 것이다.

조선 중기에 지어진 『신증 동국여지승람』 불우조에 기록된 한성부의 사찰은 아래와 같이 크게 세 지역으로 나누어 이해할 수 있다.[243]

    (1) 삼각산 : 장의사, 석적사, 승가사, 삼천사, 문수사, 진관사, 도성암, 신
        혈사
    (2) 성내 : 흥천사, 흥덕사, 원각사, 연굴
    (3) 인왕산 : 내불당, 금강굴, 복세암

근대에 이르러 편찬된 『봉은 본말사지』의 「제2편 경산 각 사지」의 「제3장 경성과 사원」에서 한양인 경성의 사원에 대하여 "신라의 삼각산 승가사, 장의사 등은 거의 삼각산 중심이 되었다."[244]라고 본 것은 타당한

---

241 李叔琪, 「法住寺 慈淨國尊碑」, 허흥식, 『한국금석전문』 중세 하, 아세아문화사, 1984 ; 『봉은 본말사지』(이철규 편, 「서울 및 近郊 寺刹誌＝奉恩本末寺誌」, 1, 『다보』 1994.6; 『봉은 본말사지』 말사편), "前朝忠肅王 十二年乙丑 此三角山東麓下 始建伽藍 主創者誰也 慈淨禪師."; 趙素昻(1887~1958?), 「靑岩寺誌」, 『素昻先生文集』 上, 387, "慈淨禪師名子安 戒德節倫 慧解超群 創建精舍 寺額靑岩者 後有三角山靑峰也 僧與財具足."

242 『정종실록』 권4, 2년 6월 19일(임자), "大雨震電 震男山石 三角山大石崩 壓無著寺."; 『세종실록』 권61, 15년(1433) 7월 9일(경신), "則自三角西南 回作大一枝 環至羅巖寺之南極."

243 이러한 것은 조선 후기 다음의 지리지에서도 그 원형이 유지되었다. 『東國輿地備攷』 卷1, 京都 寺刹(三角山), "藏義寺 香林寺 重興寺 僧伽寺 津寬寺 積石寺 三川寺 文殊寺 道成菴 淸凉寺."; 『東國輿地備攷』 卷1, 京都 古蹟, "神穴寺 興天寺 興德寺 圓覺寺."

244 『봉은 본말사지』(이철규 편, 「서울 및 近郊 寺刹誌＝奉恩本末寺誌」, 1, 『다보』 1994.6).

견해라고 할 만하다. 그러면서 "한양조에는 도시 불교를 산중에 이식하게 되었으므로 나려(羅麗)시대와는 정반대이었다. 그러나 신라 불교를 이차돈이, 고려 불교를 도선이 개창하던 것과 마찬가지로 한양 불교는 무학 대사가 지정하였다."[245]라고 했던 것도 역시 수긍이 가는 바 적지 않다.

조선 초 한양 일대의 삼각산 사찰은 신라 이래 고려의 사찰들로서 이미 한양 불교의 중요한 도량으로 존재해 왔다. 그에 반하여 도성과 인왕산 지역의 사찰은 조선 건국 직후 조성된 사찰이다. 앞서 언급한 바와 같이 불교계가 주목하여 흥법을 펼쳤던 사찰들이 한양의 중요 도량이었다. 무학 등을 비롯한 불교계는 한양 천도 후 고려 국도 개성에서 한양을 중심으로 사찰의 재편성이 불가피한 상황이었다. 이에 무학은 한양 천도 시 국도의 중심인 궁궐 터를 삼각산이 아닌 인왕산으로 설정하였던 듯하다. 불교계가 고려 초 이래 삼각산을 중시하였지만, 국도가 한양으로 정해지면서 인왕산을 중심으로 한 궁궐 조성과 함께 불교의 중심 도량도 인왕산으로 할 것을 주장하였다.[246]

앞서 언급한 바와 같이, 무학은 양주 회암사를 중심으로 국도의 사찰들을 재편하여 신국도 한양을 중심으로 불교계의 재편을 시도하였던 듯하다. 하지만 국도 한양의 주산은 무학이 주장한 인왕산이 아니라 정도전의 주장대로 백악산(북악산)으로 되었으나,[247] 후대에 잘못된 것으로 간주되기도 하였다. 즉, 무학의 국가 비보사상을 계승했다고 보

<hr>

245 위와 같음.
246 황인규, 「인왕산사와 무학 대사」, 『한국선학』 22, 한국선학회, 2009, 243~246쪽.
247 車天輅, 『五山說林』 : 『大東野乘』 卷5, "太祖大喜 待以師禮 仍問定都之地 無學仍卜也 仁王山作鎭 白岳南山爲左右龍虎 鄭道傳難之曰 自古帝王皆南面而治 未聞東向也 無學曰 不從吾言 垂二百年當思吾言."

여지는 조선 중기의 고승 성지 등에 의해 다시 주창되기에 이른다. 성지
는 "인왕산은 왕이 그곳에 산다면 국가의 운수를 늘릴 수 있고 태평시
대를 이룰 수 있다."[248]라고 하여 인왕산 아래에 새 궁궐 터를 삼을 것
을 주장하였다.[249]

조선 초기 문신 서거정(1420~1488)은 도선비결을 인용하여 인왕동이
국도의 터[250]라고 하였으며, 조선 후기의 문신 귤산 이유원(1814~1888)도
무학의 궁궐 터의 선정이 옳았다고 하였다.[251] 이렇듯 유림들도 인왕산
은 왕의 기운이 서려 있는 곳이라고 하였던 것은 이러한 사실을 방증하
는 것이 아닐까 한다.[252]

한양 불교에 있어서 간과할 수 없는 도량이 한양 4대 사찰과 한양의
외곽에서 한양을 비보하는 사찰이다. 그것이 바로 후대의 기록이나 야
사류에서 무학이 한양을 수호하는 4대 사찰과 관악산 사찰을 지정 또
는 중수하였다고 전해지고 있다. 이러한 사실을 근대 사지인 『봉은 본

---

248 『광해군일기[중초본]』 권101, 8년 3월 24일(갑오), "倡言 仁王山石山突起甚奇 又仁王
　　二字 乃是吉讖 若王者居之 曆數可延而太平可興." 性智는 당대에 術僧 내지 狂僧이
　　라 기록되는 등 유자들에게 왜곡되어 인식되기도 하였지만 후대인 조선 후기에는
　　道詵과 無學과 같은 위상을 지닌 승려로 인지되기도 하였다. 『영조실록』 권3, 1년 1
　　월 11일(경술), "南小門 無學所創 金安老廢之 而有壬辰丁酉之亂 光海朝妖僧性智 創
　　新門于西北位 而有甲子丁卯丙子之亂."

249 『광해군일기[중초본]』, 권101, 8년 3월 24일(갑오), "王命性智 施文用等 相擇新宮基于
　　仁王山下 王納李懿信之言 將營交河新都 而衆論俱起 故未果 性智 施文用等知王有
　　窮極 土木之意 密白仁王山下可營宮闕 王大悅 卽命相基."

250 徐居正(1420~1488), 『筆苑雜記』 卷2, "我云 道詵祕記曰 西有孔巖 又有丹書石壁 孔
　　巖則於二地皆在西 須覓丹書可決 及得丹書於仁王洞石上 字畫磨滅 漫不可識 然得
　　此定議建都 但不知面岳指何山 非華山 必負兒岳也."

251 李裕元(1814~1888), 「仁王洞丹書」, 『林下筆記』 卷13, 文獻指掌編, "道詵祕記 西有孔
　　巖 又有丹書 名石壁孔巖 則二地."

252 『광해군일기[중초본]』 권126, 10년 4월 13일(임인), "(性智 妖僧也 首以仁王山下有王氣之
　　說惑王 乃建仁慶宮)."

말사지』에서는 "불교의 호국적 특색이나 밀교적 만다라에서 한양 동쪽의 청련사, 또는 불암사, 서쪽의 백련사, 남쪽의 삼막사, 북쪽의 승가사 또는 진관사를 비보사찰로 지점하였다."[253]라고 하였다. 한양을 지키는 내사산인 북악산, 인왕산, 목멱산[南山], 낙타산이 그 둘레에서 지키는 형세를 취하고 있다고 하였다. 비록 후대의 전승 기록으로 사료적 입증이 필요한 것이지만 타당한 지적이 아닐까 한다.

이러한 상황이 전개되자 무학 왕사는 한양 도성불교가 지닌 풍수 지리적인 미흡함을 보강하기 위하여 다음과 같이 조처를 하였다고 전하고 있다. 즉, "무학은 1394년(태조 3)에 관악산 삼막사에서 조선의 국운을 위해 기도하였으며, 지세가 드세다는 관악산에 호압사와 사자암을 창건하였으며, 관악산에 석견을 묻어 지세의 드셈을 진압하고자 하였고, 한양을 지키는 사찰을 한성의 동서남북 사방에 지어 진압하였다."[254]라고 하였다. 이러한 전승 기록도 무학의 불교계의 흥법 사실로 미루어 보았을 때 충분히 개연성이 있는 사실로 볼 수 있지 않을까 한다. 조선 중종 대에 편찬된『신증 동국여지승람』에 이와 관련된 사실이 다음과 같이 실려 있기 때문이다.

금천의 동쪽 산의 우뚝한 형세가 호랑이가 걸어가는 것 같고, 그런 가운데에 위험한 바위가 있으므로 호랑이 바위라 부른다. 술사가 이를 보고 바위 북쪽에다 절을 세워 호압이라 하였다. 거기에서 다시 북쪽으로 7리쯤 되는 곳에 궁교가 있으며, 북쪽으로 10리쯤에는 사자암이 자리하고

253 『봉은 본말사지』(이철규 편, 「서울 및 近郊 寺刹誌＝奉恩本末寺誌」, 1, 『다보』1994.6)
254 황인규, 「무학 자초와 한양 천도」, 『역사와 교육』4, 역사와교육학회, 1996 ; 황인규, 「무학 대사의 조선 건국 참여와 불교계 수호」, 『역사와 교육』25, 역사와교육학회, 2017 ; 황인규, 「무학 대사와 한양 천도」, 호압사 제2회 학술대회, 호압사, 2020.

있다. 모두 호랑이가 달려가는 듯한 지세를 누르고자 한 것이다.[255]

위의 『신증 동국여지승람』의 기록에 따르면, 호압사(虎岬寺, 虎壓寺)와 사자암의 창건은 풍수지리적인 견지에서 이루어졌다는 것이다.

이와 관련하여 『봉은 본말사지』 말사편 경산편 주요 사찰의 기록을 보기로 한다.

도성 안에 태조가 창건한 흥천사와 흥덕사, 흥복사, 지천사, 인왕사 등과 세조가 창건한 복세암과 원각사 등이 그 대표적인 비보사찰이었다.[256]

후대의 기록이지만 사시하는 바 적지 않다고 생각된다. 이에 의하면 태조가 세운 흥천사와 흥덕사, 흥복사, 지천사, 인왕사 등이 한성의 중심 사찰이 되었다고 보았는데 수용할 만한 견해가 아닌가 한다. 조선 초 문인 춘정 변계량(1396~1430)이나 용재 성현(1439~1504)이 기록한 것처럼 흥천사는 1천 명의 승려를 모아 법회를 개최하는 사찰이며,[257] 붓다[佛陀, Buddha]가 주석한 기원정사와 같은 국가 사찰이었다.[258]

실록에 의하면 조선 건국초 한양 천도시 비보사찰설에 따라 창건 또는 지정되었다는 사찰들이 다음과 같이 찾아진다.

---

255 『신증 동국여지승람』 卷10, 衿川縣 山川 虎巖山. "尹滋說衿之東有山峙焉 勢北馳 如行虎有石巉 巖世號爲虎巖 術家相之 立寺於巖之北隅曰虎岬 去其北七里 有橋曰弓橋 又其北十里有巖曰獅子 皆所以壓 其行虎之勢也."
256 『봉은 본말사지』(이철규 편, 「서울 및 近郊 寺刹誌＝봉은본말사지, 1, 『다보』 1994.6).
257 卞季良, 「興天寺祈雨疏」, 『동문선』 卷113, 疏, "今集蠹衲之千指 仰投玉毫以一心."
258 成俔, 「送義根 禪宗還山」, 『속동문선』 卷5, 七言古詩, "興天大刹如祇園 設利傑閣粧瑛璠."

건국 초에 국도를 세울 때에 산수의 향배를 살펴서 사사를 건립하여 지세의 미흡함을 도와서 재난이나 변이를 물리쳤다. 그 후 복세암, 안암사, 정일암, 향실암, 수정암, 망성암, 은암, 일출암, 대고산사, 소고산사, 입암사, 도장동사, 정업원 등의 사찰이 세워졌다.[259]

즉, 한양 도성에 국가 비보사상에 의하여 복세암과 안암사, 정업원 등의 사찰이 세워졌다는 것이다. 하지만 무학의 불교계의 흥법의 의도와는 달리 한양의 중심인 궁궐은 삼각산을 중심으로 정립되기 시작하였다.

태조 대의 불교계는 무학이 주도하였으나 1398년(태조 7) 8월 25일 왕자의 난을 전후로 하여 불교계의 일선에서 후퇴하지 않을 수 없었다. 왕사 제도마저 폐치되었다.[260] 이를 계기로 정도전을 비롯한 급진적인 개혁세력이 축출되었으며 무학을 비롯한 불교계의 세력도 축출되었다. 무학과 정도전 등은 왕조 창업을 종용하였으며, 건국 초에 한양 전도에 참여하였다. 방원의 세력이 부상하면서 정도전과 무학이 왕실에서 축출되었다고 볼 수 있다. 정도전은 왕권보다 신권을 강조하다가 축출되었으며, 무학은 건국 초의 불교계를 대표하여 불교계를 수호하다가 억불 강화시책이 전개되면서 한양에서 밀려났다고 볼 수 있다.[261]

---

259 『성종실록』 권7, 1년 9월 26일(신축), "國初建都時 審山水向背 建寺社, 以爲裨補 鎭禳災變 邇來 寺刹 如福世庵 安巖寺 淨逸庵 香室庵 首頂庵 望城庵 隱庵 日出庵 大小高山寺 立巖寺 道藏洞寺 淨業院."

260 『태조실록』 권15, 7년 9월 18일(경인), "諫官上言…一 師者 師其道也 前朝崇信浮屠 以僧爲師 殊失古制 願自今 擇大臣年高德邵者爲師 以革因襲之弊 …上曰 四品以上 姑以前例行之."

261 황인규, 앞의 책, 1999, 268쪽.

주목되는 점은 1399년(정종 1) 3월 개경으로 재천도하여 1405년 10월 한양으로 환도할 때 개경을 국도로 삼았다는 것이다. 이 기간에 무학의 행적에 대하여 비문에는 다음과 같이 기록되어 있다.

> 사(師)가 무인년(태조 7년, 1398년)에 사퇴한 뒤로부터는 여러 사람을 대하는 데 게을러져서 비록 임금의 명령일지라도 사양하고 다시 회암사로 갔다가, 곧 다시 금강산에 들어가서 진불암에 머물렀다.[262]

무학은 1398년 개성 연복사에서 물러나와 회암사에 머물렀다는 것이다. 이때 무학은 "여러 사람을 대하는 데 게을러져서 비록 임금의 명령일지라도 사양하고 다시 회암사로 갔다."고 한다. 실록에 의하면, 무학의 부도가 회암사에 조성되었고[263] 회암사에 주석하였다[264]는 기록으로 알 수 있다. 무학은 1398년 3월에 회암사에서 물러나와 용문사로 가서[265] 1402년 5월에 다시 회암사에 초빙될 때까지 4년 동안 양평 용문사에 머물렀다(1398~1402.5)[266] 실록에는 이성계가 윤허하지 않으나 용문사에 머물렀는데, 이 기간 동안 용문사에서 무엇을 하였는지 알려진 바없다. 다만 그의 도반이었던 지천이 1395년 7월 7일 천마산 적멸암에서 입적한 후 1398년 여름 그의 문인 각안(覺眼) 등이 용문사에 부도를 세

---

262 변계량, 「묘엄존자탑명」, 『동문선』 권121, 비명, "師自戊寅辭退之後 倦於待衆 雖以
　　上命復住檜巖."
263 『태조실록』 권12, 6년 7월 22일(신미), "徵畿民 預造王師自超浮屠於檜巖之北."
264 『태조실록』 권13, 7년 2월 30일(정미), "幸檜巖寺 見王師自超."
265 『태조실록』 권13, 7년 3월 29일(병자), "王師自超請辭檜巖寺 欲往龍門 不允."
266 權近, 「追贈 正智國師碑銘幷序」, 『陽村集』 卷38, 비명류 ; 『조선금석총람』下), 무학
　　이 이에 참여하려 했던 것이 아닐까 한다.

우고 비를 세웠으므로,[267] 이에 동참하면서 『대장경』을 인간하여 용문사에 봉안하는 불사를 하였다고 생각된다.[268] 무학은 다음의 실록의 기록에서 보는 바와 같이 다시 회암사로 돌아왔다.

> 왕사 자초를 회암사의 감주로 삼고, 조선을 주지로 삼았으니, 태상왕의 뜻을 따른 것이었다.[269]

위에 인용한 글에서 보듯이 무학과 그의 문도인 조선(祖禪)은 회암사 감주와 주지에 각기 재임하면서 국가 비보사상[270]으로 불교계를 보호하고자 하였다. 무학의 문도가 지은 『현정론』이나, 『유석질의론』으로 대응하고자 불교의 국가 역할론을 강조하였다고 생각되는 것이다. 『유석질의론』에 의하면, 태조 왕건이 삼한을 통합할 때 성모와 도선의 부촉을 받고 여철(如哲)의 가르침으로 전국에 비보사찰을 지정한 것이 3천에 이르렀으며 선원을 세운 것이 5백에 달하였다고 한다.[271] 태조 대 흥천사 감주였던 보우의 문도 상총은 "선도는 나라의 운명을 연장시키고, 지론은 이웃 나라의 병란을 진압한다."[272]라는 수선사 고승 진각 국사

---

267 권근, 「追贈 正智國師碑銘竝序」, 『양촌집』 권38, 비명류, "洪武二十八年乙亥秋七月初七日 高僧泉公示寂于天磨山之寂滅庵…追諡正智國師 門人覺眼等就彌智山龍門寺 置浮圖安骨 又欲立碑紀德."

268 卞季良, 「묘엄존자탑명」, 『동문선』 권121, 비명, "印成大藏 安于龍門."

269 『태종실록』 권4, 2년 7월 13일(갑오), "以王師自超爲檜巖監主以祖禪爲住持 從太上王之志也."

270 비보사찰에 관련 주요 논저는 다음과 같다. 서윤길, 「도선의 비보사상의 연원」, 『불교학보』 13, 1976 : 양은용, 「도선국사 비보사탑설의 연구」, 『선각도선국사의 신연구』, 영암군, 1988 : 황인규 「비보사사의 설정과 寺莊 운영」 『역사와교육』 6, 1998.

271 『儒釋質疑論』 卷下 "粤有前朝王氏之統合也 幸承聖母道詵之遺囑 甘受洞中如哲之指揮 假以佛法爲艾…裨補之設至於三千 禪院之作 盈於五百."

272 『태조실록』 권14, 7년 5월 13일(기미), "祖師眞覺有言曰 禪道延國祚 智論鎭隣兵."

혜심의 말을 인용하여 불교계의 국가 비보설을 강조하였다.[273] 국가 비보사상은 사찰의 관리 및 운용의 준거가 되고 있다.[274] 국가 비보사상은 "태조의 신서를 지켜서 사람들이 함부로 사사(寺社)를 짓지 못하도록 하라."[275]라고 한 것이나 "태조가 창건한 것은 밀기 밖에는 나가지 않았다."[276]라는 등등의 기록에서 단적으로 알 수 있다. 한국 역사상 불교를 가장 탄압하던 시기인 조선 태종 때에도 그러한 내용을 다음과 같이 찾을 수 있다.

전 왕조의 왕 태조가 삼한을 통합하던 초기에 혹자는 진언하였다. "산수가 배역한 땅에 불상을 봉안하여 도량을 두면 국가를 안위케 하는데 일조가 될 것이다." 해당 관청에 명하여 그러한 땅에 사찰을 짓고 전노를 지급하고 청정 과욕한 승려로서 주지를 삼아 부처와 승려들을 이바지하게 한 것은 사직을 평안케 하기 위함이었습니다.[277]

이렇듯 태종 대에도 국가 비보사상이 국가 운영의 기본적인 틀이 되고 있었다. 태종은 1402년(태종 2) 4월부터 불교를 배척하기 위해 올린 상소를 계기로 본격적인 불교 탄압시책을 펴고자 하였다.[278] 불교계의 반발도 없지 않았지만[279] 무학은 불교계를 수호하기 위한 노력을 전개

---

273 「禪門拈頌集 序」, 『禪門拈頌拈頌 說話會本』, "以禪道延國祚 智論鎭隣兵."
274 『고려사』 권2, 태조세가 26년 4월.
275 『고려사』 권38, 공민왕세가 1년 2월 2일(병자), "又遵太祖信書."
276 『태종실록』 권10, 5년 11월 21일(계축), "太祖所創 不出密記之外."
277 『태종실록』 卷3, 2年 4月 22日(甲戌), "前朝王太祖統三之初 或者 進言曰 背山逆水之地 置寺安佛 設某道場 則安國家之一助也 乃命有司隨地置寺 給田與奴 以淸淨寡欲者 爲住持 俾供佛僧 但爲安社稷耳."
278 『태종실록』 권3, 2년 4월 22일(갑술).
279 『태종실록』 권4, 2년 11월 7일(병술) ; 『태종실록』 권4, 2년 11월 8일(정해).

하였다. 무학은 앞서 언급한 바와 같이 태조 양위 후 회암사에서 물러나와 양평 용문사에서 4년여 동안 체류하였다가 다시 회암사에 9개월(1402.5~1403.1) 동안 머물렀다.[280] 이성계는 무학이 머물고 있던 회암사에 토지를 지급하였을 뿐만 아니라[281] 1402년(태종 2) 6월 9일부터 그 해 11월 1일까지 회암사에 머물면서 전각을 중수하고, 경내에 궁실을 지어 기거하고자 하였다.[282] 뿐만 아니라 이성계는 무학과 함께 5개월 동안 회암사에서 머물면서 그의 가르침을 받아 계(戒)를 받고 주육(酒肉)을 들지 않아 몸이 수척해질 정도로 신독한 신행 생활을 하였다.[283]

태상왕이 말하였다. "내가 사 좇은 지가 이미 7년이 되었는데, 어째서 한마디 말로 나를 가르침이 없는가?" 사가 말하였다. "왕께서 지금부터 술과 고기를 끊으소서." "내가 이를 행하고자 하나, 술은 병이 있으니 끊을 수 없고, 다만 고기만 먹지 않는 것이다. 네가 만일 불법을 숭신한다면, 비록 밀기에 붙이지 않은 사사라 할지라도 그 토전을 모두 되돌려 주고 또 승니의 도첩을 추문하지 말고, 부녀자들이 절에 올라오는 것을 금하지 말라. 또한 부처를 만들고 탑을 세워 내 뜻을 잇는다면, 내가 비록 파계하고 청을 좇는다 하더라도 거의 사의 가르침에 부끄러움이 없을 것이다. 대개 불법은 전 왕조가 흥성할 때에도 오히려 폐하지 않고 오늘에 이르렀다. 마땅히 해당 관청으로 하여금 사찰을 헐지 말게 하라."[284]

---

280 변계량, 「묘엄존자탑명」, 『동문선』 권121, 비명.
281 『태종실록』 권4, 2년 8월 8일(기미), "給檜巖寺田一百二十結 從太上王之志也." ; 『태종실록』 권6, 3년 10월 11일(을묘), "又命還給檜巖寺 般若殿及神巖寺田 從太上王之旨也."
282 『태종실록』 권3, 2년 6월 9일(신유).
283 『태종실록』 권4, 2년 8월 2일(계축), "上朝太上王檜巖寺 初太上王 受王師 自超戒 不於肉膳 子將歸咎於王師矣 超憂懼辭檜巖 出居小巖…太上王從容語上曰 王師曰飮酒食肉 則後生必爲無 首蟲 故子不食肉也."
284 『태종실록』 권4, 2년 8월 4일(을묘), "太上王曰 子告王師曰 我之從師已七年矣 何無一言誨 我師曰 王自今斷酒肉焉 子欲行之酒 則病矣不可止 但不食肉 爾若崇信佛法 雖

앞에 인용한 글에서 보는 바와 같이 이성계는 무학에게 계를 받는 등 무학의 가르침을 받아 태종의 간곡한 청에 못 이겨 육선(肉膳)은 들었지만 금주는 지켰을 뿐만 아니라 밀기(密記)에 붙이지 않은 사찰이라고 할지라도 토지를 모두 되돌려 주라고 하였다.[285] 무학의 국가 비보사상에 의해 태종의 불교계 탄압을 저지케 한 것이라고 하겠다.[286]

하지만 무학이 입적한 지 두 달 이후인 1405년(태종 5) 10월 11일에 태종은 한양 천도를 단행한 후[287] 11월부터 사찰에 대한 불교탄압 시책을 단행하게 된다.[288] 태종과 유자들은 억불 시책으로 불교계를 본격적으로 탄압하여 불교계의 국가 비보사상 및 원리를 부정하거나 축소시키기 시작하였다.

의정부에서 명찰로써 여러 고을의 자복사에 대신하기를 청하니, 그대로 따랐다. 계문(啓聞)은 이러하였다. "지난 해에 사사를 혁파하여 없앨 때에 삼한 이래의 대가람이 도리어 태거하는 예에 들고, 망하여 폐지된 사사 주지를 임명하는 일이 간혹 있었으니, 승도가 어찌 원망하는 마음이 없겠습니까? 만일 산수가 좋은 곳의 대가람을 택하여 망하여 폐지된 사원에 대신한다면, 거의 승도들로 하여금 거주할 곳을 얻게 할 것입니다." 이리하여 여러 고을의 자복사를 모두 명찰로 대신하였다.[289]

密記不付寺社 其土田皆還給之 又勿推僧尼度牒 不禁婦女上寺 又造佛造塔 以繼我志 則予雖破戒而從請庶無愧於師教也 盖佛法 前朝盛時 尚且不廢 以至今日 宜令所司毋毁."

285 회암사는 "道에 듯이 있어 승도들이 모이는 곳"이라고 규정하여 태종대 혁거의 대상에 제외되었다. 『태종실록』 권11, 6년 3월 27일(정사), "且曰 檜巖寺 有志其道僧徒之所聚 可於例外加給田地一百結 奴婢五十口."
286 황인규, 앞의 책, 1999, 223~226쪽.
287 『태종실록』 권10, 5년 10월 11일(계유), "駕至漢京 謁宗廟."
288 『태종실록』 권10, 5년 11월 21일(계축) ; 『태종실록』 권11, 6년 3월 27일(정사).
289 『태종실록』 권14, 7년(1407) 12월 2일(신사), "議政府請以名刹 代諸州資福 從之 啓曰

숭유억불 시책으로 향후 비보사찰설에 의한 불교 사찰 적용은 더 이상 허용치 못하게 되었다. 즉, 의정부에서 지난해 사사를 혁거할 때 삼한 시대 이래 대가람이 혁거된 사례가 있으니 삼한 시대 이래의 명산 대찰이나 산수 승처의 대가람을 택하여 교체하여 자복사로 삼으라는 것이다.[290] 비보사찰이 기준이 아닌 명산 대찰이나 명산 승처의 사찰이 국가 공적인 사찰로 등장한 것이다.

이때 새로 편입된 자복사 88사는 실록에 전하고 있는데 이들 사찰은 비보사찰이 아니다. 1424년(세종 6) 4월 선교 양종 36사 체제로 정리된다. 이 체제는 한양을 중심으로 하면서도 전국적으로 골고루 분포되었으며, 종전에 사찰이 군현과 긴밀한 관련을 갖고 선정되었다.[291] 고려시대에는 군현의 치소와 가까운 경우가 많았지만, 산수 승처에 세워진 사찰로 교체되었다. 따라서 비보사찰은 고려시대 이후 운용되다가 조선 태종 때에 이르러 무너지기 시작하였으며 세종 대 36사 체제의 실시로 완전히 붕괴되기에 이른다.[292] 그 이후 불교계는 산중의 명산 대찰이나 명산 승처에 사찰이 건립되는 등 국가 비보사상이 부정되면서, 조선 후

去年寺社革去之時 自三韓以來大伽藍 反在汰去之例 亡廢寺社 差下住持者 容或有之 僧徒豈無怨咨之心 若擇山水勝處大伽藍 以代亡廢寺院 則庶使僧徒得居止之處 於是 諸州資福寺 皆代以名刹."

290 『세종실록』 권23, 6년 4월 5일(경술), "乞以曹溪 天台摠南三宗 合爲禪宗 華嚴 慈恩中 神始興四宗 合爲敎宗 擇中外堪寓僧徒之處 量宜置三十六寺 分隷兩宗 優給田地 酌定居僧之額 群居作法 俾之精修其道 仍革僧錄司 以京中興天寺爲禪宗都會所 興德寺爲敎宗都會所 揀取年行俱高者 以爲兩宗行首掌務 令察僧中之事."

291 『세종실록』 권7, 2년 1월 26일(을축), "柳廷顯日 革各道州郡資福寺社 擇山水勝處寺社."

292 태종 대까지는 국가 비보가 고려되었으나 세종 대에 흥천사와 흥덕사 도회소 36사 체제에서는 국가 비보가 기준이 되지 않았고 조선왕실과 연결되는가의 여부가 가장 중요시되었다고 하였다. 이병희, 앞의 논문, 1988, 37쪽.

기의 산중 불교 시대를 맞게 되기에 이르게 된다.[293] 다만 세종 대 36사 체제에서는 조선 건국 초에 한양에 새로 세워진 흥천사와 흥덕사, 개경 사 그리고 태조와 태종과 관련이 깊은 석왕사와 각림사, 고려시대 이래 중요 사찰인 개성의 숭효사와 연복사, 관음굴, 광명사, 신암사, 감로사, 영통사는 혁거되지 않았다. 결국 36사 외에도 조선조에 와서 세워진 흥 천사와 흥덕사, 한양 인근의 개경사 등의 한양 불교 도량이 중심이 되 고 있었다.[294]

4) 나가는 말

이상으로 조선 왕조의 최초의 왕사이자 한국 역사상 마지막 왕사인 무학의 신국도 한양의 불교 정립에 어떠한 역할을 하였는가를 살펴보 고자 하였다. 조선 건국 직후 한양이 국도로 선정되어 한양 건설이 이 루어질 때 한양의 불교는 왕사인 무학을 중심으로 이루어졌다.

무학은 한양을 중심으로 불교계의 새로운 판을 설계하고자 왕조 창 업에 뜻을 같이하면서 조선 건국 사업에 동참하였으며, 이어 조선의 국 도 한양의 전도 사업에도 역시 참여하였다. 무학은 왕사로 재임하면서 한양 천도에 참여하였으며, 국도 건설 및 함흥차사로 상징되는 왕실 화 합을 이끌면서 불교계를 주도하였다. 그 중심을 이루는 사상은 고려시

---

293 황인규, 「고려 비보사사의 설정과 사장 운영」, 『역사와 교육』 6, 역사와교육학회, 1998, 56~58쪽.
294 다만 태조와 태종과 관련이 깊은 안변 석왕사와 원주 각림사, 개성의 崇孝寺, 연복 사, 觀音窟, 광명사, 新巖寺, 甘露寺, 영통사 등이 혁거 대상에서 제외되었을 뿐이 다. 황인규, 「조선 전기 선교양종의 本山과 判事」, 『한국선학』 12, 2005, 132쪽.

대 불교계뿐만 아니라 국가 운용의 기본적인 국가 비보사상이었다. 이러한 사상은 불교계뿐만 아니라 조선 왕조의 창업에 참여하였던 신진사류 가운데 일부는 긍정하였으나, 태종과 그의 아들 세종 대에 이르러 불교를 배척하고 성리학적 사상으로만 무장된 신진사류들은 이러한 국가 비보사상을 부정하기 시작하고 불교계를 그들 방식으로 재편하기 시작하였다. 무학을 비롯한 불교계는 한양을 국도로 선정하는 것에는 긍정하였으나, 한양의 궁궐터는 삼각산이 아니라 인왕산으로 비정하여 불교계를 재편하고자 하였던 것이다.

정도전을 비롯한 성리학계의 관학파들은 삼각산을 중심하는 한양 건설을 개시하였다. 1차 왕자의 난을 계기로 정도전과 무학이 일선에서 축출되었다. 국도를 개경으로 재천도하게 되면서 무학은 회암사에서 용문사로 이주하였다. 1402년 무학이 회암사로 복귀하여 이성계에게 계를 수여하는 등 불교의 국가 비보사상에 의해 태종의 불교 탄압시책을 저지하게 하였다. 하지만 태종은 1405년 10월 한양으로 환도하여 불교 탄압 시책을 단행하는데 무학의 입적 후 3개월 만의 일이었다.

결국 태종의 국가 비보사상의 부정과 그에 따라 태종의 아들 세종 대에 이르러 선교 양종 36사 체제로 한양 불교도 재편되어 가기에 이른다. 조선 건국 초에 한양 불교는 고대 이래의 삼각산의 불교에서 흥천사와 흥덕사의 선교 양종 체제로 전환되었던 것이다.

이러한 논지는 사료적 보강 및 비판 과정을 거쳐 좀 더 확실한 논지가 전개되어야 할 것이지만, 왕사 무학의 흥법의 일환으로 펼친 한양 불교의 정초 노력은 향후 조선시대뿐만 아니라 현재의 틀이 되었다고 볼 수 있다는 점에 그 의의가 있다고 하겠다.

3장
무학과 한양 천도

1. 무학의 홍법과 전도

1) 들어가는 말

무학 자초는 이성계의 조선 건국 초 국도를 선정하는 데 참여하였다고 널리 알려져 있다. 정도전을 비롯한 신진사류들이 조선 왕조 창업을 주도하면서 숭유억불 운동을 전개하고 있을 때였다. 그 때문인지 무학의 한양 천도 과정에서의 역할은 거의 부정되거나 매우 소극적으로 이해되고 있는 실정이다.[1]

이미 밝혀졌듯이 고려 왕조에서 조선 왕조로 교체되었다고 해서 단번에 불교와 유교가 교체된 것은 아니다. 조선 중기까지 고려 불교의

---

1 이병도 이래 이태진의 논고와 그 영향을 받은 한양 천도들이 그러하다. 이병도, 「이조 초기의 建都 문제」, 『진단학보』 9, 1938 ; 『고려시대의 연구』 아세아문화사, 1980 ; 이태진, 「한양 천도와 풍수설의 패퇴」, 『한국사 시민강좌』 14, 1994. 국가 비보사상 등 불교사에 대한 몰이해가 아닌가 한다.

잔영이 적지 않게 남아 있었다. 영조가 "신라에는 도선이 있었고 우리 나라에는 무학이 있어, 나라의 운수가 길다느니 짧다느니 하는 말이 있었다. 대개 신라와 고려는 불교를 숭상했기 때문에 우리 나라의 초엽에도 오히려 여풍이 있었고, 중엽 이후에서야 비로소 물리쳐 금지하게 되었다."[2]라고 한 것이 그것이다. 조선 왕조는 성리학을 국시로 건국하였음에도 승려인 무학(1326~1405)이 왕사로 책봉되었으며 한양 천도 등 국도 건설에 참여하게 된 것이다. 무학이 국도 건설에 참여한 것은 무학이 풍수 및 도참에 정통하였기 때문이라기보다는 불교계의 국가 비보 사상의 발현이라는 시각을 견지할 필요가 있다.

그동안 한양 천도는 건국의 기틀을 정하는 대업 중의 하나였기 때문에 일찍부터 관심을 가져왔으나,[3] 무학의 한양 천도 참여 문제는 자료상의 미흡 때문인지 관련 연구는 몇 편에 지나지 않는다. 그것도 풍수 도참 사상 측면에서 다루어지거나[4] 정치사 측면에서 다루어진 것이 대

---

2 『영조실록』 권35, 9년 8월 26일(갑술), "上曰 勝國有道詵 我國有無學 而有國祚長短之說 蓋高麗崇佛 故我國之初 猶有餘風 中葉以後 始擯而禁之耳."
3 한양 천도에 관한 주요 논문으로는 다음과 같다. 김용국, 「서울 전도의 동기와 전말」, 『향토서울』 1, 1957 ; 이원명, 「한양 천도의 배경에 관한 연구」, 『향토서울』 42, 1984 ; 임덕순, 「한양이 조선 수도로 선정된 이유」, 『충북대논문집』 27, 1984 ; 이상태, 「조선 초기 풍수지리」, 『사학연구』 39, 1987 ; 이병도, 「이조 초기의 建都 문제」, 『진단학보』 9, 1938 ; 『고려시대의 연구』 아세아문화사, 1980 ; 촌산지순, 「제3장 서울의 풍수-전도의 논의, 천도의 동기」, 『조선의 풍수』 조선총독부, 1931 ; 최창조, 「제4장 국도 풍수해석」, 『한국의 풍수사상』, 민음사, 1984 ; 최창조, 「1-2 우리 풍수사상의 역사적 전개」, 『땅의 논리 인간의 논리』, 민음사, 1992 ; 이태진, 「한양 천도와 풍수설의 패퇴」, 『한국사 시민강좌』 14, 1994 ; 나각순, 「고려 말 남경복치와 한양천도」, 『강원사학』 16·17, 춘천: 강원대 사학회, 2002 ; 장지연, 「여말선초 천도 논의에 대하여」, 『한국사론』 43, 서울: 서울대학교 인문대학 국사학과, 2000.
4 이병도, 앞의 논문 ; 최창조, 앞의 논문 ; 촌산지순, 앞의 논문.

부분이며,[5] 학술사적 천착은 졸고 외에는 찾아보기 어렵다.[6]

무학은 이성계에게 왕조 창업을 종용한 후 조선 왕조 건국 직후 불교계의 왕사로 책봉되면서 국도 건설에 참여하였다. 이성계와의 친밀한 인연 때문이라기보다 고려 말 스승 나옹 혜근의 흥법 정신을 계승하기 위한 것이었으며, 한양을 중심으로 한 불교계의 재편을 위한 것이었다.[7] 이에 본고는 필자의 여러 관련 논저를 중심으로 하여 조선 건국초 왕사 무학의 국도 건설 사업에 참여한 사실에 대하여 재검토하고자 한다.[8]

2) 고려 말 불교 흥법과 한양

태조 왕건 이래 선각 국사 도선과 능긍, 여철 등 불교계 고승들은 불

---

5 이원명, 앞의 논문.

6 1996년 당시 무학에 관한 학술 저술류는 한 편도 없는 실정이다. 학술논문류로서는 허흥식 교수가 나옹과 그의 계승자를 다루면서 부분적으로 무학에 대하여 언급한 것이 처음이다. 뿐만 아니라 무학에 관한 글도 십여 편 이상 되지만 모두 교양지에 실린 글이다.

7 『무학대사 연구』(1999) 이후 무학 관련 논고를 소개하면 다음과 같다. 「무학자초의 문도와 그 대표적 계승자」, 『삼대화상 연구논문집』 3, 2001 ; 황인규, 「한국 최고의 삼화상 도량 회암사」, 『회암사지박물관』 회암사지 박물관, 2012 ; 「송광사 16국사 고봉법장과 18주지 무학자초」, 『보조사상』 43, 2015; 「무학 대사의 조선 건국 참여와 불교계 수호」, 『역사와교육』 25, 2017 ; 「조선시대 삼화상(지공·나옹·무학)의 선사상」, 『정토학연구』 27, 2017. 본고는 세 편(「무학자초와 漢陽 奠都」, 『역사와교육』 4, 1996 ; 「제1장 불교계의 국도 선정 : 2) 궁궐과 도성의 지정」, 『무학대사 연구』, 혜안, 1997 ; 「불교계 고승과 국도 천도-고려 및 조선의 국도를 중심으로」, 『대각사상』 18, 2012 ; 「무학 대사의 조선 건국 참여와 불교계 수호」, 『역사와교육』 25, 2017 ; 「태고보우와 한양천도」, 『서울과 역사』 106, 2020 ; 『고려 후기 조선 초 불교사 연구』, 혜안, 2003와 『고려 말 조선 전기 불교계와 고승 연구』, 혜안, 2005. 등의 연구 성과를 망라하여 관련 원전 사료를 전면적 재검토하고 하였다.

8 본고는 조계종 호압사에서 개최한 발제지(무학 대사와 한양전도-불교계의 혁신과 재편을 중심으로」, 제2회 호압사 학술제, 대한불교조계종 호압사, 2020.11.7.)를 정제한 원고이다.

교계의 국가 비보사상에 의해 개경과 더불어 남경을 중시하였다. 특히 여철은 남경의 진산인 삼각산을 중시하였으며, 그 후 불교계도 그 정신을 계승하였다. 대각 국사 의천은 왕실 관료들과 함께 한양 천도를 위하여 삼각산을 방문하여 지세를 살피면서 삼각산 일대의 사찰에서 불사를 하였다. 무신 집권기 강화로 천도하였지만 고종 대 불교계의 일각에서는 아사달 신앙이 부상하면서 양주가 부각되기 시작하였다.[9]

공민왕 대 왕사 태고 보우는 한양의 근기 지방인 양평 용문산 일대에서 그 지역의 불교를 기반으로 하여 중앙 불교계의 개혁과 그 일환으로 한양 천도를 주장하였다. 즉, 보우는 고려 중엽부터 부각된 삼소(三蘇) 가운데 하나인 남경 백악산을 중심으로 한 한양 천도를 주장하였던 것이다.[10]

이러한 가운데 보우와 더불어 불교계를 주도하였던 사굴산문계 나옹은 스승 지공 선현의 유훈을 받들어 양주 회암사를 흥법의 중심지로 삼아 불교 중흥을 꾀하고자 하였다. 나옹은 지공에게 수기를 받은 지 4년 후인 1374년(공민왕 23)부터 2년간 양주 회암사를 중창하고 1376년 4월 낙성식을 겸하여 문수회를 베풀었다가 추방되어 신륵사에서 죽음을 맞이하게 된다.[11] 그런데 양주 회암사 터는 인도의 날란다사[Nālandā사] 터와 같은 삼산양수(三山兩水)의 땅이라는 것이다.[12] 양수란 양주 천보

9 　황인규, 「태고보우와 한양천도」, 『서울과 역사』 106, 2020 참조.

10 　황인규, 「태고보우와 용문산 불교」, 『한국불교학』 69, 2019, 249~250쪽.

11 　李穡, 「天寶山 檜巖寺 修造記」, 『동문선』 卷73, 기 ; 『고려사』 권133, 신우열전 우왕 2년 4월, "懶翁設文殊會于楊州檜巖寺 中外士女 無貴賤 齋布帛果餌施與 恐不及 寺門嗔咽 憲府遣吏 禁斥婦女 都堂又令閉關 尙不能禁 放于慶尙道密城郡 行至驪興."

12 　李穡, 「普濟尊者 諡禪覺塔銘 幷序」, 『牧隱文藁』 卷14, 碑銘, "壬子秋 偶念指空三山 兩水之記 欲移錫檜巖 會以召赴是寺法會 得請居焉 師曰 先師指空蓋嘗指畫重營 而燬于兵 敢不繼其志 迺謀於衆 增廣殿宇 工旣告畢." ; 변계량, 「묘엄존자탑명」, 『동문

산과 양수리 일대를 말하며 삼산은 삼각산을 지칭한다. 나옹의 행장에 의하면, 양주 회암사 가까이에 삼각산이 있으며, 그 남쪽에 한강, 북쪽에 장단(長湍) 백악산(白岳山)이 있다[13]고 하였다. 조선 후기 고승 동계 경일(東溪 敬一, 1636~1695)도 삼산은 삼각산, 이수는 양화와 모진 두 줄기라고 하였으며,[14] 근현대 불교학자들도 마찬가지다. 즉, 퇴경 권상로가 지적한 대로 삼산은 삼각산, 양수는 양수리로 보아야 할 것이며,[15] 석전 박한영은 삼산을 더 구체적으로 삼각산의 백운봉·인수봉·노적봉이라고 지칭하였다.[16] 양주 회암사를 중시한 것은 한양의 진산인 삼각산을 중요시한 것이라고 하겠다.

나옹이 입적한 이듬해인 1377년(우왕 3) 철원과 연주(연천)가 국도 후보지로 제기되는가 하면 삼소인 좌소(左蘇)가 회암사가 아닌 장단 백악산이 부각되었다. 즉, 『고려사』에 의하면, 1378년(우왕 4) 국사에 "삼소에 궁궐을 창건해야 한다."라는 글귀가 있었으므로 백악산(장단 백학산)을 좌소로, 백마산(개풍군 대성군)을 우소, 기달산(황해 신계군)을 북소로 삼았다. 각기 삼소에 궁궐을 창건하기 위해 좌소에 조성도감을 설치하는 등[17] 좌소인

선』권121, 비명, 「懶翁亦以指空三山兩水授記 還國.」; 李穡, 「天寶山 檜巖寺 修造記」, 『동문선』卷73, 記, "指空量地於後 其山水之形 宛同西竺蘭陁之寺 又指空之所自言也 其爲福地 盖甚明矣."; 황인규, 「한국 최고의 삼화상 도량 회암사」, 『회암사지박물관』 회암사지 박물관, 2012 참조.

13　각굉, 「나옹화상 행장」, 『나옹화상어록』, "玆寺近對三角山 南有漢江北有長湍 三山兩水之記昭然可見."

14　東溪 敬一, 「大谷寺 創建 前後 事蹟記」, 『東溪集』卷3, "時我國懶翁和尙 入元求道 承指空之玄旨 東還之日 求其演化之地 則指點三山二水之間 盖今之楊州檜岩寺是也 三山以三角之山 在其南二水 卽楊花毛津兩水 在其北也 懶翁後得其地 欲建大伽藍."

15　최성봉, 「회암사의 연혁과 그 사지 조사」, 『불교학보』 9, 1972, 4쪽.

16　石顚沙門, 「楊州 天寶山 遊記」, 『朝鮮佛敎總報』 13, 1918, 132쪽.

17　『고려사』권133, 신우 열전, 4년 12월, "置左蘇造成都監 時議欲遷都 國史有 左蘇白岳山 右蘇白馬山 北蘇箕達山等三所 創建宮闕 之文故 有是役."; 『고려사』卷77, 百

장단 백악산으로 천도하였다. 하지만 그 이듬해인 1379년(우왕 5) 2월 흉
년으로 연등회를 정지하고 좌소 백악산으로 국도를 옮기는 일을 중지하
였다.[18] 그해 10월에 서운관의 주장대로 우왕은 삼사 좌사 권중화와 문
하 평리 조민수로 하여금 회암사에 가서 궁궐터를 살피게 하였다.[19] 나
옹과 더불어 사상계를 대표하였던 신진사류 목은 이색도 이러한 사실
을 다음과 같이 시로 남겼다.

천보산 앞의 땅을 오지라 부르거니와 / 天寶山前號奧區

사람들은 이 땅이 다 옥토라고 하는데 / 人言此地儘膏腴

두 강물은 합류하여 풍기가 저장되고 / 兩江襟抱儲風氣

뭇 산들은 빙 둘러서 국도를 호위하네 / 列嶽盤旋護國都

예부터 비서가 있어 6록이라 하는데 / 自古有書名六錄

지금 그 어드메가 분명히 3소일는지 / 在今何處的三蘇

본디 세대 교체는 하늘이 내리는 법이니 / 由來運世皆神授

단청 가져다 억지로 그림 그리지 마세나 / 莫把丹靑强作圖[20]

이색은 양주 회암사가 위치한 천보산의 앞 땅은 두 강[二水]이 합류하

官志 諸寺都監各色 三蘇造成都監 沿革. "辛禑四年 議欲遷都 以國史有三蘇創建宮
闕之文 置三蘇造成都監.";『고려사절요』권30, 우왕 4년(1378) 12월, "置左蘇造成都
監 時議欲遷都 國史有左蘇白岳山 右蘇白馬山 北蘇箕達山等 三所創建宮闕之文 故
有是役." 이는 명종 대 이 삼소에 延基宮闕造成官을 둔 바 있다.『고려사절요』권12,
명종 4년(1174) 5월, "制 左蘇白岳山 右蘇白馬山 北蘇箕達山 置延基宮闕造成官 三司
左使權仲和 門下評理曹敏修相宅于檜巖 以書雲觀言 道詵所謂左蘇卽此地故也."
18 『고려사』권134, 신우 열전 5년 2월, "以年荒 停燃燈 罷移都左蘇."
19 『고려사』권134, 신우 열전 5년 10월, "三司左使權仲和, 門下評理曹敏修相宅于檜
巖, 以書雲觀言, 道詵所謂左蘇卽此地故也."
20 李穡,「東門合坐 餞曹五宰 權左使 相視檜岩山水」,『牧隱詩藁』卷20, 詩, "天寶山前
號奧區 人言此地儘膏腴 兩江襟抱儲風氣 列嶽盤旋護國都 自古有書名六錄 在今何
處的三蘇 由來運世皆神授 莫把丹靑强作圖."

여 풍수적으로 좋고, 주위의 산들이 국도를 호위하고 있다 하며, 이러한 사실은 비서(祕書)에 회암사가 삼소라고 한 듯하다.[21] 그러면서 권중화와 조민수의 회암사 상지(相地)에 공감하면서 환영하였다.[22]

2년 후 1381년(우왕 7) 8월 서운관의 제기로 한양 천도 논의가 있었으며,[23] 같은 달에 간관이 한양 천도의 중지를 청했으나 듣지 않고 우왕은 1382년(우왕 8) 9월부터 1383년 2월까지 한양으로 천도[巡駐]하였던 것이다.[24]

이러한 움직임이 가시화되자 불교계는 『대장경』 간행과 대장각 건립을 계기로 1383년 나옹의 입적처인 신륵사에서 회합하였다. 비 기문에 의하면, 남산종 총공[25]이 가정 이곡(1298~1351)에게 선대 조상과 공민왕

---

21 1520년(중종 15)에 杏村 李嵒의 후손 李陌이 지은 『太白逸史』에 의하면 李穡의 스승인 이암이 1335년(충숙왕 복위 3) 天寶山 泰素庵에서 후에 『震域留記』를 지은 淸平 李茗과 『北夫餘記』를 지은 休崖 范樟(梵世東) 등과 함께 素佺 居士에게 桓檀으로부터 전해오는 이야기를 듣고 강화도 해운당 혹은 선운사에서 1363년에 『檀君世紀』를 지었다고 한다. 한영우, 「행촌 이암과 단군세기」, 『행촌 이암의 생애와 사상』, 일지사, 2020. 후손 李裕立(1907~1986)이 공개한 『桓檀古記』에 기록되어 있다. 『환단고기』 8, 高麗國本紀. 이러한 사실은 학계에서 거의 부정되고 있지만 천보산에서 회암사를 중시한 정황을 이해할 수 있는 단초가 되지 않을까 한다. 고종 대 무렵 이후 불교계의 아사달 신앙의 부상 이후 일연 스님, 이승휴, 담암 백문보 등 단군을 부각한 사실과 맥을 함께한 듯 여겨지기 때문이다.

22 이색, 「昨承差 爲權左使洗塵 適司平巡衛府邀曺五宰及權公 大作樂設宴 馳使者邀僕 入夜甚懽 恐酒多逃出 逮曉猶醉 吟成一首」, 『목은시고』 권20, 시.

23 『고려사』 권134, 신우 열전 7년 8월, "書雲觀請移都 於是 議徒漢陽."

24 『고려사』 권134, 신우 열전 8년 8월 "議定遷都漢陽 諫官上疏止之 不聽."

25 그 후 이색 부자에게 대장경 인성을 권한 聰公은 보우의 문도 혜암 상총이 아니라 南山宗 聰公이다. 총공은 남산종 一上人이라고 추정된다. 이색은 남산종 일상인은 공민왕의 추념을 위해 『대장경』을 사경하였다고 하였기 때문이다. 이색, 「一上人爲僕淨書 亂道間被選書大藏 追福玄陵也 僕欲請於提調諸公 得一上人 以畢吾稿 而旣自念日 追福玄陵 稿日夜望之者也 不能助之 而反援之 非稿之志也 書員出於各宗 一上人不出 則南山無人矣 書僕稿 雖勞而無所報 書大藏則國家必錄其功 此雖上人之所不以爲意 然在僕則亦不可徑情而直行也 於是 不敢發一言於提調所 但勖上人加

을 추념하기 위하여 『대장경』의 간행을 권유하였으나 뜻을 이루지 못하였는데, 1379년(우왕 5)에 남산종 총공이 이곡과 이색 부자(父子)에게 다시 『대장경』의 간행을 권유했다. 이 불사는 나옹 문도의 협조를 받아 『대장경』이 간행되고, 대장각을 건립 봉안하였다. 1379년 세워진 「신륵사 보제존자 사리석종비」와 1383년에 세워진 「영변 안심사 지공 나옹비」의 건립은 나옹의 문도가 주도하였던 바 있다. 그런데 1385년에 세워진 「북한산 태고사 원증국사비」의 건립을 보우의 문도가 주도하였던 것과는 달리 1383년 신륵사의 『대장경』 간행과 대장각 건립에는 아래의 비 음기에서 보듯이 불교계의 각 종파가 참여하였다.

> 비구; 국사, 왕사, 내원당 각운, 판천태□… □승, 도승통 혜징, 도승통 종림, 봉국군 신조, 대선사 소원, 대선사 상총, 대선사□□, 청계사 자초·청계사 □□, 선사 굉여, 부석사 경남, 원흥사 희장 선사, 계능 달성, 선□□□□□□□□, 각연, 징원, 명해, 일행, 각뢰, 대행, 혜징, 덕소, 해봉.[26]

국사와 왕사의 경우 비 음기에 대개 참여 명단에 오르지만, 이름이 적시되어 있지 않은 것으로 볼 때, 국사와 왕사는 참여하지 않은 듯하다. 당시 국사와 왕사는 환암과 찬영이었다. 환암은 1384년 4월 1일에

工書大藏 以副國家追福玄陵之意 吟成一首以誌」, 『牧隱詩稿』 卷22, 詩, "南山戒壇 具威儀 筆蹟傑出當今稀 上人不出繼者無 所以勗公無退歸."

26 李崇仁, 「神勒寺 大藏閣記」, 『한국금석전문』 중세 하, 1217쪽 ; 『도은집』 권4, 문, "比丘 國師 王師 內願堂 覺雲 判天台□… □僧 都僧統 惠澄 都僧統 宗林 奉國君 神照 大禪師 紹元 大禪師 尙聰 大禪師□□淸溪寺 自超 淸溪寺□□禪師 宏如 浮石寺 敬南 圓興寺 禧臟禪師 戒能 達成善□□□□□□□□□ 覺然 澄原 明海 一行 覺雷 大行 惠澄 德昭 海峯."

국사로 책봉되었으며, 찬영은 그 이전 달인 3월 22일에 왕사로 책봉되었으나, 환암은 충주 개천사에, 찬영은 충주 억정사에 머물렀다.[27]

그 비 음기에 의하면, 나옹의 문도인 대선사□□, 청계사 자초, 혜징, 청계사□□선사 굉여, 각뇌, 계능, 각연, 징원 등과 가지산문계 조계종 승 내원당 각운과 대선사 상총 등 천태종의 봉국군 신조와 희암으로 추정되는 판천태□,[28] 화엄종의 부석사 경남과 해봉,[29] 유가종의 도승통 종림 등 고려 불교계를 주도하였던 4대 종파의 영수급 고승이 참여하였다.[30]

나옹의 입적 후 신륵사에 나옹의 사리석종이 세워진 지 4년 후에 불교계를 주도하였던 4대 종파가 거국적으로 참여한 것이다. 신륵사『대장경』간행 불사는 나옹의 공부선 주관 이후 불교계의 최대 행사였으며,[31] 후술하는 바와 같이 1383년 신 왕조의 창업 종용과 관련하여 모종의 대응을 하기 위한 회합이었다고 생각한다. 이 화합에서 가장 중요한 승려는 무학이다. 비 음기에 의하면 무학은 서열이 앞서는 것은 아니었다. 하지만 나옹의 가장 대표적인 제자로서 중요한 인물이다. 무학은 스승 지공의 유지를 받들어 회암사를 중창하였을 뿐만 아니라 지공과 나옹의 추념 사업을 이끌었으며, 조선 왕조를 창업하는 이성계와 뜻을 함께하며 조선 건국 초 한양 천도에 참여한 공적이 컸다.

27　권근, 「有明 朝鮮國 普覺國師碑銘幷序」, 『조선금석총람』 하 ; 박의중, 「忠州 億政寺 大智國師智鑑圓明塔碑」, 『조선금석총람』 하.

28　이숭인, 「熙菴公之判天台宗也…」, 『도은집』 권2, 시.

29　閔思平, 「陪益齋過興王 海峯都僧統方丈 敬賡高韻」, 『及菴詩集』 권2, 율시.

30　황인규, 「여말선초 화엄종승의 동향」, 『불교학연구』 1, 2000 참조.

31　李崇仁, 「驪州 神勒寺 大藏閣記碑」, 『조선금석총람』 상.

3) 고려 말 왕조 창업과 천도

무학은 앞서 언급한 바와 같이 나옹의 문도와 함께 신륵사 『대장경』 간행과 대장각 건립을 주도한 후 이성계의 지역적 기반이었던 안변 석왕사에서 혁명을 종용하였다. 이러한 사실은 조선 중기 불교를 중흥했던 청허 휴정이 남긴 「설봉산 석왕사기」에 전하고 있다. 그 구체적인 내용을 보면, 1384년(우왕 10) 무렵 무학이 이성계에게 말하길, "얼굴에 임금의 기상이 가득합니다. 1년 안에 그 자리에 석왕사라는 절을 세우고 3년 안에 5백 성재를 베풀고 기도하면 반드시 왕업을 도울 것입니다."라고 하였다. 이러한 사실은 조선 후기 『정조실록』에도 다음과 같이 기록되어 있다.

> 태조가 왕업을 일으킬 조짐이 있는 꿈을 꾸고 토굴 속에 있는 신승 무학에게 가서 그 뜻을 풀어 보게 하였다. 즉위한 뒤에 토굴이 있던 곳에 절을 세우고 이름을 석왕(釋王)이라고 했다.[32]

그 이전인 1708년(숙종 34) 숙종도 "이는 성조께서 여덟 살 때 지으신 것인데, 기상이 어찌 장하시지 아니한가? 「어제 석왕사 비문 추기」를 도신으로 하여금 돌에 새겨서 (능의) 왼쪽에 세우게 하라."[33]라고 하였다.

---

[32] 『정조실록』 권32, 15년 4월 17일(신유), "寺在安邊雪峰山 太祖夢興王之徵 就神僧無學於土窟中釋其義 及卽位 建寺土窟之址 名曰釋王."

[33] 『영조실록』 권91, 34년(1758) 4월 17일(임신), "上誦太祖大王御製 早晚當爲沛澤龍 之句 曰 此聖祖八歲時所作也 氣像豈不壯哉 御製釋王寺碑文追記 令道臣刻石竪左 仍製陵殿誌序";『정조실록』 권31, 14년(1790) 8월 21일(기사), "命建碑釋王寺 敎曰 釋王寺古蹟 載於國乘 而國初御筆鏤板奉安 肅廟朝 先朝 皆有御製御筆碑文 仁穆大妃戊申 仁元大妃戊申 王大妃戊申 重修本寺 向於齋宿日 聞於曾經道伯人 果然 以予追述

이러한 사실로 미루어 "석왕사는 왕업이 일어난 곳."[34]이라고 인식되었으며, 조선 후기의 유자와 승려의 문집에 적잖이 이러한 내용이 찾아진다. 그 내용을 살펴보면 다음과 같다.

조선 중기 재상 잠곡 김육(1580~1658)은 "석왕사 절에는 기이한 자취 많아 서까래 세 개 유사 역사책에 실렸으니 성조께서 이곳에서 신승을 만났다네."[35]라고 하였으며, 충남 서산 최고의 문헌인『호산록』(1619년 작)에 의하면, "조선 왕조는 무학이 창업하는 데 큰 도움을 주었다."[36]라고 되어 있다.

또한 불교계도 이러한 사실을 특기하였다. 즉, 조선 명종 대 불교를 중흥시킨 허응 보우(1509~1565)[37]와 청허 휴정의 법손인 함월 해원(1691~1770)과 영허 선영(1792~1880)[38] 등의 고승들도 그러한 사실을 강조하였다. 그 가운데 함월의 「석왕사 관음전 중창기」에 "이 절은 홍무 17

古事之意 欲撰記竪碑 碑文當親撰 建閣立碑 依先朝近例 令該道措備 而待文字下送 卽爲始役 凡係貽民弊之端 各別嚴飭 力役皆以公穀會減."

34 『정조실록』권32, 15년(1791) 5월 6일(경진), "又敎曰 釋王寺 興王之地 所重自別 曾聞 國初 有賜與田民 而厥數皆過五百 寺以富盛 自鐵券漫漶之後 尙稽一結一口之推給 寺樣不如昔云 今若田限幾結 奴婢限幾口移劃 則可以便當耶 卿其商確事情於地方 守令 指一啓聞."

35 金堉(1580~1658), 「鶴城行 送金道源之任」,『潛谷先生遺稿』卷1, 詩 七言古詩 "釋王 金刹多奇蹟 三椽遺事載往牒 聖祖於此逢神釋."

36 서산군,『호산록』, 1992.

37 虛應 普雨(1507 또는 1509?~1565), 「題釋王寺祖殿韻 二首」,『虛應堂集』; 普雨, 「遊淸 平寺詩 二十二韻幷序」,『虛應堂集』.

38 映虛 善影(1792~1880), 「雪峰山 釋王寺四時景序」,『櫟山集』권하, 서, "山中有寺 玆 有釋王之寶刹 所謂雪峯之靈堀 此寺也 乃太祖康獻大王 解夢龍飛之舊澤 是無學玅 嚴尊者明心虎伏之神基 故名釋王 特 賜祠院 此所謂山擇地寺."; 善影, 「題釋王祠」· 「釋王寺」· 「題釋王寺」; 「題釋王 內院庵 懸板 讚栗庵師」,『櫟山集』卷下,『한국불교전 서』10 ; 善影, 「釋王寺 逢苽石沈御史膺泰 唱和」; 「釋王寺逢舊交大宗伯金公輔根奉 和」; 「釋王寺逢御史沈公累日唱和」; 「釋王寺與曺參判徽林酬唱」,『櫟山集』卷下,『한 국불교전서』10.

년(1384, 우왕 10) 태조대왕이 용잠으로 계실 때 창건하였다."[39]라고 기록
으로 남겼듯이 대체로 석왕사 창건 시기는 1384년으로 알려져 있다.

하지만 1377년(우왕 3)에 건립된 「석왕사 장경비」에 의하면 1377년(우왕
3) 이전에 석왕사가 창건되었다고 한다. 따라서 석왕사의 창건은 그 이
전의 시기로 소급되어야 할 것이다. 즉, "이성계가 청주(북청)를 지나다
가 해양(길주) 광적사의『대장경』일부와 불상, 법기 등을 석왕사에 봉안
하였으며,[40] 석왕사를 창건할 때 나한을 봉안하여 나한사를 창건하였
다."라고 한다. 이능화가 풀이했듯이 "석왕이라는 이름은 부처님의 성
에 의해 붙여진 것이며, 이성계가 왕이 될 꿈이라는 풀이로 붙여진 이
름이 아니다."[41]라고 보는 편이 더 타당할 듯하다. 하지만 무학이 이성
계의 꿈을 해몽했을 때는 1384년(우왕 10) 무렵으로 보아야 할 것이며,
그로부터 아홉 해 전인 1375년(우왕 1) 즈음에 무학은 왕조 창업을 위한
준비를 하지 않았을까 추정된다. 사찰 기문류에 의하면 그 무렵 이성
계 선대의 고향인 전북과 근기 지방 등 전국의 사찰에서 기도하였는데,
그 대표적인 곳이 안변 석왕사 토굴이라고 보는 것도 전혀 무리는 아니
다.[42] 이는 삼봉 정도전보다 앞서 이성계에게 혁명을 종용한 것과 비견

---

39 涵月 海原, 「釋王寺 觀音殿 重創記」, 『天鏡集』 卷中, 文1, "則此寺洪武十七 太祖大
    王龍潛時創建也."
40 「釋王寺 藏經碑」, 『한국금석전문』 중세 하, 1194~1195쪽, "東北面都元帥完山府院君
    李成桂上元帥判密直司事姜筮副元帥唐城君洪徵助戰元帥前簽書密直司事商議柳
    源前知密直司事商議鄭夢周前密直副使李和等等 於洪武十年夏受命 而來次于淸州
    聞大藏一部及佛像法器在海陽廣積寺兵火之餘僧亡寺毀大寶幾於盡失心實惻然 遺
    中郎將金南連舟載以來補其所 失若干函軸以成全部置干安邊府雪峯山釋王寺 永爲
    壽君福國之資云."
41 이능화, 『조선불교통사』 상.
42 황인규, 『무학대사 연구』, 혜안, 1997 참조.

된다고 할 수 있다.[43]

무학은 1383년 무렵까지 과천 청계사 주지로 재임하였으며, 앞서 언급했듯이 1384년 신륵사 대장각 건립에 참여하였다.[44] 이러한 사실로 미루어 무학은 이성계에게 혁명을 종용하고 한양의 근기 지방에 머물렀다. 이처럼 무학뿐만 아니라 고려 후기 불교계를 주도하였던 불교계의 4대 종파 고승들 가운데 한양의 근기 지방에서 불법을 편 것도 한양을 중요하게 간주하였기 때문이 아닐까 한다.

필자가 이미 언급했듯이 이러한 사실을 약술하면 다음과 같다. 즉, 화엄종계 마지막 국사인 설산 진각 국사 천희(1307~1382)는 부석사를 중창하여 화엄종의 총본산으로 삼았다가 수원 창성사에 와서 주석하였다.[45] 유가종 승려를 대표한 종림과 그의 제자 혜겸은 구 무장 세력의 대표인 최영의 후원을 받으며 안양사에서 활동하였다. 천태종의 부암 운묵도 시흥에서 20여 년간 주석하며 결사 정신을 폈으며,[46] 후술하는 신조도 수원 만의사에 머물면서 왕조 창업을 기원하였다.

43　황인규, 「고려 말 이성계의 불교계 세력기반」, 『한국불교학』 28, 2001 : 황인규, 「무학 대사의 조선 건국 참여와 불교계 수호-제 연구성과의 종합 검토와 재론 및 강조를 중심으로-」, 『역사와교육』 25, 2017, 218~219쪽.

44　李崇仁, 「神勒寺 大藏閣記碑」, 『조선금석총람』 상, 음기, "淸溪寺 自超 淸溪寺 祖禪" : 李穡, 「安心寺 指空懶翁 碑」, 『조선금석총람』 상, 음기, "前淸溪寺住持 普覺圓明無爲眞靜 廣濟大禪師 無學自超 前淸溪寺住持 鐵虎祖禪."

45　이색, 「彰聖寺 眞覺國師 大覺圓照 塔碑」, 『조선금석총람』 상 : 황인규, 「수원의 고승 진각 국사 천희와 고려 말 불교계」, 『수원학 연구』 3, 2006 : 황인규, 『고려시대 불교계와 불교문화』, 국학자료원, 2011 : 황인규, 「고려 후기 조선 초 화엄종계와 고승」, 『한국불교학』 77, 한국불교학회, 2016 참조.

46　浮庵 雲黙, 「豈跋」, 『석가여래 행적송』, "竟到始興山 卓一庵而捿 遲以誦蓮經 念彌陀晝佛書經 爲日用者 垂二十年矣."; 황인규, 「고려 후기 백련사 결사 정신의 계승과 변질」, 『백련불교논집』 10, 2000 : 황인규, 「여말선초 천태종승의 동향」, 『천태학연구』 11, 대한불교천태종 총무원 원각불교사상연구원, 2008 참조.

불교계의 이러한 일련의 한양 중시는 한양 천도에 영향을 끼쳤을 것이다.[47] 역대 왕은 성조 태조의 훈요에 제시된 선각 국사 도선의 국가 비보사상에 의해 국가 시책을 펴왔다. 정신적으로도 국사와 왕사의 가르침과 자문을 받았을 뿐만 아니라 각 종파 고승들의 가르침에 귀를 기울였다. 실제 우왕은 1387년 11월에 한양에 축성한 산성의 지세를 살피게 하였으며,[48] 1388년 2월에 최영의 요동 공격 계획을 의논하고 한양의 중성을 수리하게 하였다.[49] 그리고 한 달 후인 3월에 우왕의 세자 창 및 정비와 근비 이하 여러 왕비들을 한양 산성으로 피신시켰다가 같은 해 5월에 개성으로 복귀시키는 등[50] 일련의 조처도 한양 천도를 위한 것이었다고 생각된다. 마침내 우왕은 1382년(우왕 8) 9월부터 1383년 2월까지 5개월 간 한양으로 천도하게 된다.

무학은 이성계의 지역 기반인 동북면 안변 석왕사에서 왕조 창업을 종용한 후 근기 지방에 머물면서 이성계와 뜻을 함께한 불자 세족들과 연계하였던 듯하다. 무학은 양주 회암사뿐만 아니라 조인규(1227~1308) 가문의 원당인 청계사 주지에 재임하였는데,[51] 조준(?~1405)과 조박은 조인규 가문 출신의 천태종계 삼장법사 의선의 후손이자 조선 왕조 건

---

47 우왕 대를 비롯한 고려 말기 한양 천도에 대해서는 이형우, 「고려 공양왕 대의 천도론」, 『역사와 담론』 57, 2010 참조.

48 『고려사』 권136, 신우 열전 13년(1387) 11월, "耆老會議築漢陽山城, 修戰艦, 遣門下評理商議禹仁烈, 判密直洪徵于漢陽府, 審視重興山城形勢."

49 『고려사』 권137, 우왕 14년 2월, "禑與崔瑩, 密議攻遼, 發京城坊里軍, 修漢陽重興城."

50 『고려사』 권137, 신우열전 14년 3월, "禑徙世子昌及定妃·謹妃以下諸妃于漢陽山城." ; 『고려사』 권137, 신우열전 우왕 14년 5월, "以倭寇寢盛 遣元帥金立堅于漢陽 以衛世子及諸妃." 『고려사』 권137, 신우열전 우왕 14년 5월 "令諸妃在漢陽者 皆還開城."

51 황인규 「조인규 가문과 수원 만의사」 『수원문화사 연구』 2, 1998 ; 황인규, 앞의 책, 2003, 481쪽.

국의 핵심 인물이었다.[52] 조준의 바로 위 가형이 수원 만의사 승려 묘혜
였으며, 조박은 어머니가 비구니로, 무학의 부도와 비 건립을 제안하였
던 사실로 미루어 보아 무학과 관계가 있을 것이다.[53]

조계종의 무학과 더불어 이성계와 행보를 함께한 천태종의 고승 봉
국군 신조도 조인규 가문과 일정한 관계가 있었을 것이며, 아래에 인용
한 사료에서 보듯이 이성계의 해주 전장과 특히 1388년(우왕 14) 위화도
회군의 군사 핵심 참모로 참여하였다.

> 홍무 무진년(1388년)에 병화가 일어나서 국가의 안위가 급박하여졌다. 그
> 때 신조는 완산 이시중의 막하에 있으면서 능히 장상들과 더불어 국가
> 대책을 정하여 의병을 일으키고 회군하여 종묘와 사직을 편안하게 하여
> 오늘의 국가 중흥의 왕업을 일으키게 하였다.[54]

신조는 천태종 세력을 대표하면서 공민왕 대 왕실의 측근 세력이었다
가 공민왕 대 이후 이성계의 세력과 뜻을 함께하였다.[55] 고려 후기 결사
운동을 전개하면서 불교계를 주도하였던 천태종계 고승 신조와 조구
등은 천태종 세력과 무학을 중심으로 한 조계종과 제휴하였으며,[56] 조

---

52 趙仁規 가문과 불교 세력과의 관계에 대해서는 다음과 같은 논고가 참고된다. 고익
   진, 「백련사의 사상전통과 天頙의 저술문제」, 『불교학보』 16, 1979 : 한기두, 앞의 논
   문 : 황인규 「조인규 가문과 수원 만의사」, 『수원문화사 연구』 2 1998 참조.
53 『태종실록』 권10, 5년 9월 20일(임자), "平原君 趙璞 請爲自超贈法號建碑 蓋因其母
   尼之請也."
54 權近, 「水原萬義寺 祝上華嚴法華法會衆目記」, 『陽村集』 卷12, 기 ; 『동문선』 卷78
   記, "洪武戊辰 師旅方興 國家安危 變在呼吸 時照公在完山李侍中麾下 能與將相共
   定大策 舉義回軍 以安宗社 以開今日中興之業."
55 황인규, 「고려 말 이성계의 불교계 세력기반」, 『한국불교학』 28, 2001 참조.
56 허흥식, 「천태종의 형성과정과 소속사원」, 『고려불교사 연구』, 일조각, 1986, 282쪽.

선 건국 직후 조계종의 무학과 조구가 각기 왕사와 국사에 책봉되기에 이르는 것이다.

이러한 상황의 전개 속에 1388년 6월 위화도 회군 이후 이성계 세력은 한양 천도 등을 주장[57]하였던 최영을 제거하였다.[58]

> 신창이 왕으로 되자 다시 최영을 잡아다가 순군에 가두고 왕안덕, 정지, 유만수, 정몽주, 성석린, 조준에게 명령해 최영 및 내원당 승려 현린 등을 신문케 하였다. 현린은 시초에 최영과 공모해 승병을 징발하였고 회군하자 최영과 함께 항거해 싸운 자이다. 마침내 최영을 충주로 귀양보냈다.[59]

구 무장 세력인 최영과 연계된 불교계의 군사 참모 내원당 승려 현린 등은 신흥 무장 세력인 이성계가 무학이나 신조와 함께하였던 사실과 비견된다. 왕조 창업의 분위기가 성립되어 가던 시기에 그러한 세력을 제거하여 이성계의 세력을 확장해 갔던 것이다.

공양왕 대에도 우왕 대에 이어 한양 천도 논의가 계속되었다. 1390년(공양왕 2) 7월 서운관에서 올린 상소에서도 "『도선밀기』에 지리쇠왕설이 있으니 국도를 한양으로 옮겨 송도(松都)의 지덕을 쉬게 하십시오."[60]

---

57 『고려사』 권113, 최영 열전, "時議遷都漢陽 瑩曰讖書所載 往事皆驗 不可不信 當速移都 人皆重遷 議遂寢 城門都監發五部丁夫 修都城 未幾頹壞 瑩怒曰 都監員多 不能監檢 若此耶 遂劾尹順等 罷遣丁夫."

58 『고려사』 권137, 신우열전 14년 6월 1일(계묘), "諸軍來屯近郊 爲書授金完 以啓曰 我玄陵 至誠事大 天子未嘗有加兵於我之志 今瑩爲冢宰 不念祖宗以來事大之意 先擧大兵 將犯上國 盛夏動衆 三韓失農 倭奴乘虛 深入爲寇 殺我人民 燔我府庫 加以遷都漢陽 中外騷然 今不去瑩 必覆宗社."

59 『고려사』 권113, 최영 열전, "辛昌立 復執瑩囚巡軍 令王安德鄭地柳曼殊鄭夢周成石璘趙浚 鞫瑩及內願堂僧玄麟等 玄麟始與瑩謀發僧兵 及回軍 又與瑩拒戰者 遂流瑩于忠州."

60 『고려사절요』 권34, 공양왕 2년(1390) 7월 ; 『고려사』 권112, "書雲觀上疏曰 道詵密記

라고 하였다. 이에 대하여 이실과 박의중, 김사형 등은 천도에 대한 부정적인 의견을 제시하였지만, 공양왕은 듣지 않았으며,[61] 같은 달에 평리 배극렴을 양광도 찰리사로 삼아 한양 궁궐을 수리하게 하였다.[62] 두 달 뒤인 9월 17일에 한양으로 천도하고 개경에 분사를 설치하였다.[63] 며칠 뒤인 9월 21일[64]부터 1391년 2월 4일[65]까지 5개월간 한양으로 천도하였다. 이에 한양 천도에 반대하여 1390년(공양왕 2) 12월 17일 개경 환도를 주장하는 견해가 제기되었으며,[66] 결국 이듬해인 1391년 2월 10일 개

有地理衰旺之說 宜幸漢陽 以休松都地德."

61 『고려사』 권45, 공양왕세가 2년 7월 23일(계축), "左獻納李室上疏曰 殿下信讖緯之說 欲遷漢陽 旣爲不可 況今秋成未穫 而人馬蹂踐 必召民怨 王詰之曰 秘錄云 苟不遷 廢君臣 爾何獨執不可耶."; 『고려사』 권120, 박의중열전, "書雲觀上疏曰 道詵密記 有地理衰旺之說 宜幸漢陽 以休松都地德 王謂宜中曰 卿以遷都爲何如 對曰 古昔人君 以讖緯術數 保其國家 臣未之聞 況今下民多疑 有書來自上國 則曰必有事 西北界有報牒急騎 則曰天兵將至 禁宮門闌入 則曰 是必有以也 民心旣如是 又動衆以遷 則下民尤惑矣 供億之費 搔擾之弊 不可勝言 書曰 匹夫匹婦 不獲自盡 人主罔與成厥功 願殿下察焉 王曰 吾非不知其弊 陰陽之說 豈盡誣也 不聽."; 『고려사』 권104, 김방경열전 부 김사형, "後知門下府事兼司憲府大司憲 王將遷都漢陽 與同僚上疏曰 …乃因書雲觀奏 欲遷漢陽 臣等伏見 楊廣諸州之民 困於土木 秋耕失時 漢陽人家 皆被奪占 老幼飢寒 寄寓山野 流離顚死 侍衛諸司及諸道軍官各領衛卒 旅寓辛艱 朝不及夕 將有凍餒之患 殿下深信讖緯 不恤民斃 於皇天譴告何 古昔聖王 以誠小民 爲祈天永命之本 願停之以固邦本 王不納."

62 『고려사』 권45, 공양왕세가 2년 7월 15일(을사), "以評理裴克廉爲楊廣道察理使, 監修漢陽宮闕."

63 『고려사』 권45, 공양왕세가 2년(1390) 9월 17일(병오), "遷都于漢陽 命判三司事安宗源 門下評理尹虎 留守松京 且令百官分司."

64 『고려사』 권45, 공양왕세가 2년 9월 21일(경술), "駕至漢陽, 楊廣道都觀察使柳珣結彩棚, 陳百戲以迎. 王先遣人罷之, 乃入."

65 『고려사』 권46, 공양왕세가 3년 2월 2일(기미), "王發南京."

66 『고려사』 권45, 공양왕세가 2년(1390) 12월 17일(을해), "刑曹判書安瑗等上書曰 …頃者 遷幸之初 術士論曰 天灾屢見於上 地怪每興於下 此皆地德之衰 巡幸南京 則禍可弛也 今駐驆未久 獸多損傷人物 人或潛謀不軌 變怪亦云不息 術士之論地德之說 寧可信乎 若曰 讖有其數 須當避禳 則與其任術數 而邀退福 孰若修德政 而祇天戒乎 願殿下 上察天時 下稽人事 旋還京國 則侍從有得所之樂 民庶無失所之嘆 惟殿下裁

경으로 환도하였다.[67] 그런데 이 과정에 공양왕은 남경을 떠나 회암사를 들렀다.

> 회암사에 행차하여 불사를 크게 벌였는데, 사치가 극에 달하였다. 1,000여 명에게 반승하고, 여관에게 향악·당악을 연주하게 하였다. 왕이 손수 향로를 들고 동서의 승당을 두루 돌며 밥을 먹을 것을 권하였으며, 순비도 왕을 따랐다. 또 순비와 세자와 함께 밤새도록 예불을 드렸다.[68]

위의 인용한 사료에서 보듯이 공양왕은 남경을 방문하였다가 회암사에 들러 자신의 생일을 맞이하여 예불을 올리고 승려들에게 음식을 반승하였던 것이다. 공양왕이 회암사에 들린 것은 무학이나 문도 철호 조선이 회암사에 머물러 있었기 때문이 아닌가 한다. 이에 신진사류인 정도전은 한양 천도를 비판하였을 뿐만 아니라[69] 연복사 탑의 중영의 폐해도 지적하였다.

> 왕이 연복사 탑전을 지으려고 경기와 양광도의 민을 시켜 나무 5,000그루를 실어 오게 하니 (실어 나르는) 소가 모두 죽어 민들이 매우 원망하였다.[70]

之 王令都堂擬議."

67 『고려사』 권46, 공양왕세가 3년 2월 10일(정묘), "至自南京 都人結綵棚以迎之."
68 『고려사』 권46, 공양왕세가 3년(1391) 2월 4일(신유), "次檜巖寺 大張佛事 窮極奢侈 飯僧千餘 使伶官奏鄕唐樂. 王手執香爐 巡東西僧堂 以侑食 順妃亦隨之 又與妃及 世子 禮佛徹夜."
69 『고려사』 권119, 정도전열전, "王自南京還都 次檜巖寺 以誕辰 禮佛飯僧 道傳曰 誕辰 飯僧 雖非古典 但出於臣子 則可矣 未聞人君自祈福利 不聽 王欲營演福寺塔殿 令京 畿楊廣民 輸木五千株 牛盡斃 民甚怨之 道傳極言其害 尋以病乞退 不允."
70 『고려사』 권119, 정도전 열전, "王欲營演福寺塔殿 令京畿·楊廣民 輸木五千株 牛盡斃 民甚怨之."

연복사 탑은 본래 공민왕이 5층탑을 다시 세우려 하였으며, 이어 공양왕의 명을 받은 천규 등이 1391년(공양왕 3) 중수를 시작하였다. 공사가 거의 끝나갈 무렵 중창 경비가 매우 소요되고 민간에 폐해가 됨을 주장한 억불론자 정도전·윤회종·김자수·유정현 등 신진사류는 연복사 탑의 중영을 빌미로 불교계를 집중 공격하였다.[71]

> (윤회종은) 형조총랑으로 옮기자 다시 상소하여 말하였다. "국가의 운이 장구하게 되는 것은 임금이 인덕을 쌓아 나라의 근본을 기르는 데 달려 있을 뿐이니, 어찌 도성에 있는 지세의 왕성한 기운을 믿겠습니까? … 가짜 임금인 신우가 사악한 신하의 말에 혹하여 한양으로 거처를 옮겼지만, 탐학한 무리들이 마음대로 가렴주구하여 온 양광도가 시끄럽게 되었습니다. ….
> 또한 승려 법예의 말에 현혹되어 연복사를 중수하며 부근 인가를 모두 헐어버리셨는데 저는 전하를 위해 좋지 않다고 생각합니다. 바라옵건대 도읍의 이전을 중지하시고 법예를 쫓아내어 (사람들의) 여망에 부응하소서."[72]

즉, 윤택의 손자이자 윤소종의 아우인 윤회종은 "법예의 설에 혹하여 연복사[보제사]를 수리하면서 사방에 있는 민가를 모두 헐어 집을 잃은 자가 많으므로 천도하는 일을 중지하고 이와 관련이 깊은 법예를 내

---

71 송창한, 「金子粹의 척불론에 대하여」, 『역사교육논집』 13·14, 1990, 472쪽 ; 송창한, 「朴礎의 척불론에 대하여」, 『대구사학』 29, 1986, 56쪽.

72 『고려사』 권120, 윤소종 열전 부 윤희종, "轉刑曹摠郎 又上疏曰 國家運祚之長 在乎人君 積德累仁 培養邦本而已 夫豈恃都城地勢之旺氣哉… 僞禑惑邪臣之言 徙居漢陽 貪殘之徒 恣意誅求 楊廣一道 爲之騷然 …又惑浮屠法猊之說 重修演福寺 盡壞旁近人戶 臣爲殿下不取 願罷移都 黜法猊 以副興望."

쫓으라.”라고 하여[73] 국가 비보상을 부정하며 한양 천도를 적극 반대하였다. 법예는 나옹의 문도 굉연과 무학 등과 더불어 국가 비보사상을 강조한 인물이다.[74]

강희백도 연복사 중수에 대해 비판하면서 “어찌 지기의 성쇠가 있다고 국조의 성쇠가 있다고 할 수 있습니까? 개국 이래 400여 년에 어떻게 일찍이 3경에 차례로 거주하면서 36개 나라로부터 조공을 받을 수 있었겠습니까? 신우가 도참을 믿고 남경으로 수도를 옮겼지만, 어떤 나라가 한강에 와서 조공한 일이 있었는지 아는 바 없지 않습니까?”라고 한양 천도를 비판하였다.[75]

정도전, 김사형 등 유자들은 한양 천도를 비판하지만 조선 건국 주역으로 조선 초 한양 천도에 참여하게 된다. 그러나 고려의 왕실 및 최영 등에 의한 불교계의 국가 비보사상에 의한 천도는 반대했던 것이다. 그리하여 한양 천도는 유보되었다가 후술하는 바와 같이 조선 건국 초에 단행되기에 이른다.

4) 조선 초 불교계와 한양 천도

불교계의 국가 비보사상에 의한 연복사 탑의 중수는 계속되었다. 조선 건국 직전인 1392년(공양왕 4) 3월에 연복사 탑 중수가 완료되었으며,

---

73 『고려사절요』 권34, 공양왕 2년(1390) 8월 ; 『고려사』 권120, 尹紹宗列傳 附 尹會宗, 又惑浮屠法猊之說 重修演福寺 盡壞旁近人戶 臣爲殿下不取 願罷移都 黜法猊 以副 輿望.”
74 『고려사』 권33, 김자수열전 ; 황인규, 「여말선초 演福寺 塔의 重營과 落成」, 『역사와 교육』 7·8, 1999 : 황인규, 앞의 책, 2003, 520∼521쪽.
75 『고려사』 권117, 강희백열전.

낙성식은 조선 건국 초 불교계를 대표하는 왕사로 책봉된 무학에 의하여 한양 천도와 더불어 이루어진다. 즉, 1391년(공양왕 3) 4월에 신진사류의 반대로 인하여 연복사 탑의 중수는 정지되었다가[76] 다시 중수하여 1392년(공양왕 4) 3월 13일에 탑이 완성되었지만[77] 낙성식은 조선 건국 직후 한양 천도 사업이 전개되면서 1393년(태조 2) 3월 28일에 가서야 왕사 무학의 주도로 개최되었다.

이러한 연복사 탑의 중수를 둘러싼 여말선초 신진사류의 끈질긴 반대에도 불구하고 탑의 낙성과 낙성식이 이루어진 것은 무학 등 불교계 국가 비보사상 때문에 가능했다고 할 수 있다. 예컨대 조선 건국 후 왕명에 따라 천도 논의에 연복사 탑의 중수를 주관하였던 법예와 민지의 증손인 예문관 검열 민안인이 참여하였다.[78]

무학은 비문에서처럼 왕사로 책봉될 당시 개경에 주석한 것[79]이 아니라 앞서 언급한 바와 같이 석왕사 왕조 창업의 종용, 신륵사 『대장경』 간행 및 건립을 계기로 한 불교계의 회합 무렵에 과천 등 한양의 근기 지방에 머물렀다. 특히 위화도 회군 이후 이성계가 정치 실세가 되어가던 공양왕 대에 개경에서 활동하였다. 조선 건국 두 달 전 "왕과 순비가 승려 자초를 해온정에 불러 접견하였다."라는 기록[80]에서 볼 수 있듯이 무학은 한양 천도에 관해 자문받았을 가능성이 높다.

---

76 『고려사』 권45, 공양왕세가, 공양왕 3년 4월.
77 『고려사』 권45, 공양왕세가, 공양왕 4년 3월 13일(계사), "演福寺塔成."
78 李穡, 「觀書席上」, 『牧隱詩藁』 卷10, 詩, "六錄篇中氣勢鋪 自有老龍知幾變 欲招祥鳳在三蘇 無端感激前朝事…更命省臣來押座 俔師閔子政云云."
79 비문이나 여타의 기록에서 이성계가 왕위에 올라 무학을 초빙하여 처음으로 조우한 듯한 기록은 재고되어야 한다.
80 『고려사』 권46, 공양왕세가 4년 5월 22일(임인), "王與順妃 引見僧自超于解慍亭."

비문에 의하면, 무학은 이성계의 탄신일에 왕사로 책봉된 직후 회암사에 머물고 있었다. 무학은 앞서 강조했듯이 한양 정도(定都)에 참여하면서 고려 말 신진사류에 의해 비판을 받았던 연복사 탑을 중수하여 낙성을 주관하였다. 연복사 탑은 1393년(태조 2) 3월 28일에 완성되자 무학은 연복사에 가서 5층탑이 건축을 기념하는 문수 법회를 베풀고 선법을 강연하였다.[81] 그보다 7개월 뒤인 10월 17일 탑의 낙성식이 개최되었다. 이렇듯 왕사 무학은 문수 법회 등 기념불사를 주관하는 등 조선 건국 초 태조 대 불교계를 주도하였다.

무학은 태조의 부름을 받고 개경에 머물면서 태조에게 스승인 지공과 나옹의 괘진(掛眞)과 탑명, 조파(祖派)를 주청하여, 이를 허락받고[82] 1393년 9월 9일 개경 광명사에서 나옹의 괘진 불사를 하였다.[83] 이렇듯 무학은 지공과 나옹, 자신으로 이어지는 여말선초 삼화상의 계보를 공식화한 것이다.

무학은 회암사로 돌아와 1394년 3월 3일 지공과 나옹의 부도에 탑명을 새겼다. 뿐만 아니라 그해 6월 25일 조파를 확정하고 『불조종파지도』를 편찬하였다.[84] 국도인 한양을 중심으로 회암사를 흥법 터 삼은 후 지공과 나옹 그리고 자신으로 이어지는 삼화상의 도량으로 만들어 불교계를 재편하였던 것이다. 무학은 나아가 국도 한양을 중심으로 하는 비보사찰의 지정 및 재편을 꾀하였다.

즉, 무학은 1394년(태조 3) 한양을 국도로 정할 때 관악산 삼막사에서

81　『태조실록』 권3, 2년 3월 28일(계유).

82　采永, 『海東 佛祖原流』, 『한국불교전서』 10.

83　변계량(卞季良), 「묘엄존자탑명(妙嚴尊者塔銘)」, 『동문선』 권121, 비명(碑銘).

84　채영, 『해동 불조원류』, 『한국불교전서』 10.

국운을 위해 기도하였고, 『신증동국여지승람』에 의하면, 관악산에 호압사와 사자암을 창건하였다.[85] 후대의 기문에 의하면, 그 곁에 석견(石犬)을 묻어 지세를 다스렸고 한양의 동서남북 사방에 절을 지어 비보로 삼았는데, 그것이 바로 삼막사·청련사·백련사·승가사 등이라고 한다.[86] 무학은 한양 도성을 지키는 4대 비보사찰을 지정하였을 뿐만 아니라 자운암·개운사·인왕사·일선사 등도 비보사찰로 지정하였다.

이러한 사실은 『성종실록』의 "조선 건국 초 도읍을 정할 때 산수 향배를 살펴 복세암과 안암사, 정일암, 향실암, 수정암, 망성암, 은암, 일출암, 대소고산사, 입암사, 도장동사, 정업원 등의 사찰을 건립하여 국가를 비보하고 재변을 예방하였다."[87]라는 기록으로 알 수 있다. 고려

---

85 『신증 동국여지승람』 권10, 금천현 산천 호암산, "尹滋說衿之東有山峙焉 勢北馳 如行虎有石巉 巖世號爲虎巖 術家相之 立寺於巖之北隅曰虎岬 去其北七里 有橋曰弓橋 又其北十里有巖曰獅子 皆所以壓 其行虎之勢也."

86 雪庵 門人, 「三聖山 三藐寺 事蹟」, 『봉은 본말사지』 관악산의 사찰 삼막사 편, "時有無學者 懶翁之弟子 尤先地理之學 我太祖聞而致之 以定國都 以外白虎勢急形威 多有犇動之氣 乃立寺其上 曰虎壓以鎭之 創庵其前 曰獅子以威之 埋犬其傍 曰四犬以留之 又創寺四隅 以鎭京都 在東者青蓮 在西者白蓮 在南者曰三藐 在北者曰僧伽 載之輿地云 所謂外白虎則此山也 所謂三藐卽此寺也 然則古人之所謂建刹以鎭山川氣脈 而使之祝釐邦家者 尤曉然明白矣 …盖是寺 創於新羅 修於高麗 盛於朝我之初 而元曉義湘潤筆道詵指空懶翁無學之徒居焉…況道詵之鎭脉 無學制勢 有以保我國家無彊之基."

87 『성종실록』 권7, 1년 9월 26일(신축), "禮曹巡審都城內外禁耕植木等項 便宜以啓 …一國初建都時 審山水向背建寺社 以爲裨補鎭禳災變 邇來寺刹 如福世巖安巖寺淨逸庵香室庵首頂庵望城庵隱庵日出庵大小高山寺立巖寺道藏洞洞寺淨業院社堂如昭格置洞內瞻寺洞長生殿洞廣興倉洞鑄字洞長興庫洞溫寧君家洞梨峴 皆有之 因此主山來脉 龍虎案山地脉 虧損甚未便 請令撤去 其有不得已當存者 卜地移造何如 傳曰 可 但官創社 移造他處." 여기서 보이는 사찰은 모두 한양에 창건된 것이다. 1470년(성종 1)에 거의 폐사되었고 대부분 그 실체조차 알 수 없다. 다만 『신증 동국여지승람』에 福世庵과 淨業院이 찾아지며, 그밖의 사찰은 『한국사찰전서』에 그 소재지와 폐사 시기 관련 내용만 간략히 기록되어 있을 뿐이다.

말 태고 보우가 근기 지방 양평에 머물면서 용문산 불교를 중흥시켜 한양 천도를 제기하고, 나옹과 무학이 양주 회암사를 중심으로 흥법을 시도하여 한양 천도를 중요하게 간주한 정신을 계승한 것이 아닐까 한다. 이는 고려 초 이래 선각 국사 도선에 의한 국가 비보사상의 계승이며, 한양 천도를 통해 한양을 중심으로 하는 불교계 세력의 재편 차원에서 추진된 것이다.

앞서 누누이 언급했듯이 한양은 본래 양주의 남쪽 부분으로서 우왕 대 삼소 중에 좌소가 회암이라는 설이 제기되었다.[88] 무학은 한양의 근기 지방인 양주의 회암사를 삼화상의 도량으로 삼아서 한양 천도를 하였고, 한양의 도성을 비보하는 사찰을 지정하였던 것이다. 그래서 무학이 도선 국사를 본받아 불교를 호국적으로, 사찰을 비보적으로 지정하였다.[89]는 후대의 평은 적절한 것이라고 생각한다. 무학은 도선이 비보 사찰을 지정한 것과 마찬가지로 한양의 터를 잡는 데 결정적인 영향을 주었을 뿐 아니라 한양을 지키는 절을 지정하여 왕조의 기틀을 세우고자 한 것이다.

> 계유년(1393년, 태조 2) 태조가 지리를 살펴 수도를 세우고자 하여 사에게 수가를 명하였다. 사가 사양하니 태조가 사에게 말하였다. "지금이나 예전이나 서로 만난다는 것은 반드시 인연이 있는 것이다. 세상 사람의 터 잡는 것이 어찌 도사의 눈만 하겠는가." 계룡산과 지금의 신도를 순행할 때, 사(師)가 항상 호종하였다.[90]

---

88 『고려사』 권134 신우열전 5년 11월.
89 『봉은 본말사지』 경산의 사찰 서문.
90 변계량(卞季良), 「묘엄존자탑명(妙嚴尊者塔銘)」, 『동문선』 권121, 비명(碑銘), "歲癸酉 太祖欲相土建都 命師隨駕 師辭 太祖謂師曰 古今相遇 必有認緣 世人所卜 豈若道

위의 비문에 의하면, 한양 천도의 참여에 사의했다고 하지만, 앞서 서술했듯이 무학과 불교계는 고려 말 이래 이에 대비했으며, 계룡산 국도 후보지를 비롯한 한양 천도에 참여하게 된다.

실록에 의하면, 태조는 1393년 1월 19일 여러 신료들과 함께 개경을 출발하여 계룡산으로 향하면서[91] 회암사에 머물고 있는 무학에게 들러 동행하였다.[92] 무학은 태조 및 여러 신료들과 함께 1393년(태조 2) 2월 8일 계룡산 아래에 도착하였으며,[93] 다음날 계룡산에 올라서 그 일대의 도읍의 터를 살폈다.[94] 무학은 같은 해 2월 11일에도 계룡산 신도 중앙의 언덕에 다시 올라갔다.

> 어가가 새 도읍의 중심인 높은 언덕에 올라가서 지세를 두루 관람하고 왕사 무학에게 물으니, 무학은 대답하였다. "능히 알 수 없습니다."[95]

이처럼 무학은 한 달 남짓 태조와 신료들과 동행하면서 계룡산 등을 비롯한 국도 후보지에 대하여 자문을 하였다. 무학이 계룡산의 지세에 대하여 알 수 없다고 한 것은 계룡산이 국도로서 부적당함을 간접적으로 표출한 것이다. 고려시대 불교계의 남경 중시와 특히 고려 말의 태고 보우와 나옹의 한양 중시는 불교계의 국가 비보사상에서 강조되었던 것이기 때문이다. 여기서 한 가지 짚고 넘어갈 것은 무학은 국도 터

眼 巡幸鷄龍山及新都 師皆扈從."

91 『태조실록』 권2, 2년 1월 19일(을축) ; 『태조실록』 권3, 2년 1월 21일(정묘).

92 『태조실록』 권3, 2년 1월 21일(정묘).

93 『태조실록』 권3, 2년 2월 8일(계미).

94 『태조실록』 권3, 2년 2월 9일(병신).

95 『태조실록』 권3, 2년 2월 11일(병술), "駕登新都中心高阜 周覽形勢問 王師自超以不能知對."

를 정하는 것뿐만 아니라 국도 건설에도 참여하였다는 점이다.

> 내원당 감주 조생이 임금을 進見하였다. 이보다 먼저 임금이 새 도읍을 건설하고자 하였으나, 민력을 쓰게 됨을 염려하여 말하기를, "승려들 중에 노는 사람이 많으니 마땅히 모아서 역사시켜야 되겠다." 하니, 각 종파의 승려가 이 말을 듣고는 중들을 권유 모집하여 역사에 나가고자 하는 사람이 수십 명이 되었다. 조생이 인솔하여 나아오니 임금이 기뻐하여 조생에게 음식물을 주고, 각 종파의 승려에게는 명주와 면포를 내려주었다.[96]

위의 사료를 보게 되면 내원당 감주 조생의 주도로 승려들이 국도 건설에 참여하였던 사실을 알 수 있다. 조생은 무학의 문도로 내원당 감주로 있었는데 스승인 왕사 무학의 지휘를 받았을 것이며, 이와 같이 국도 건설에 불교계가 참여하였던 것이다.

실록에 의하면, 계룡산 신도안(新都안)이 국도로 선정되어 그해 3월 1일부터 12월 11일까지 공사가 진행되었으나 경기도 관찰사 하륜(1347~1416)이 계룡산 일대가 도읍 터로서 적당치 않다고 주장하자 계룡산의 궁궐 공사는 그쳤다.[97] 계룡산은 중앙에서 벗어나 남방에 치우쳤다는 것과 풍수지리상의 결함 때문에 국도로서 부적격으로 판명 났고,[98] 고려 후기 도선이 제시한 회암사가 좌소라는 불교계의 국가 비보 사상에 제시된 것과도 맞지 않았기 때문일 것이다.

---

96 『태조실록』 권4, 2년 11월 19일(경신), "內願堂監主祖生進見 先是 上欲營新都 慮用民力日 僧徒游手者衆 宜集而役之 各宗僧聞之 有欲勸募僧徒赴役者數十輩 祖生引進 上悅 飯祖生 賜各宗僧絹及綿布."
97 『태조실록』 권3, 2년 12월 11일(임오).
98 『태조실록』 권4, 2년 12월 11일(임오) ; 이병도, 앞의 책, 37쪽.

다음 해인 1394년(태조 3) 2월 18일 하륜과 좌시중 조준과 영삼사사 권중화·서운관 관원 등이 무악(毋岳) 땅을 살폈으나[99] 땅이 좁아서 도읍 터로 적당하지 않다고 하였으나, 하륜만이 좋다고 하였다.[100] 그 후 불일사 터와 선고개(선점)[101] 등 10여 곳이 수도 후보지로 물망에 오르게 되는 등 의견이 분분하였다. 태조는 음양 산정도감을 설치하고,[102] 그해 8월 8일 무악 일대를 직접 답사하여,[103] 3일 후인 8월 11일 무악에 이르러 도읍 터를 살폈다. 서운 관원은 도읍 터로서 부적당하다고 하면서 "우리나라에서는 부소(개경)의 명당이 첫째요, 남경이 그다음이다."[104]라고 하였다. 불교계의 남경 부각과도 합치되는 견해이기도 하다. 무학은 무악의 지세를 살피는 데도 동행하였다.

> 임금이 왕사 무학을 장막 안으로 불러들여 밥을 먹이었다. 처음에 임금이 여기에 와서 터를 잡으려 할 때 먼저 사람을 보내어 맞아 온 것이다.[105]

위의 사실 바로 전날인 2월 17일에 "임금이 연복사에 거동하여 문수 법회를 구경하였다. 왕사 무학이 죄수를 상면하기를 청하니, 그대로 따랐다."[106]라는 기록이 찾아진다. 무악의 지세를 살피기 위해 관원들

---

99 『태조실록』 권5, 3년 2월 23일(계사).
100 『태조실록』 권5, 3년 2월 23일(계사).
101 『태조실록』 권6, 3년 7월 2일(기해).
102 『태조실록』 권6, 3년 7월 12일(기유).
103 『태조실록』 권6, 3년 8월 8일(을해).
104 『태조실록』 권6, 3년 8월 11일(무인), "國之內扶蘇明堂爲上 南京次之."
105 『태조실록』 권6, 3년 8월 12일(기묘), "上飯王師自超於帳殿 初上欲相宅 先遣人邀之."
106 『태조실록』 권5, 3년 2월 17일(정해).

을 보냈던 바로 전날 무학은 이성계의 부름을 받아 국도 후보지에 대해 자문하였을 것이다. 그때 무학이 무악의 터에 대하여 유자들의 의견에 따르도록 종용하였을 것이다. 다음날 남경 옛 궁궐터를 제시한 사실을 미루어 유추된다.

무학은 태조와 함께 다음날 서운 관원의 의견대로 남경 궁궐터(경복궁 뒤 신무문 밖)의 지세를 살피러 갔다. 태조는 서운 관원에게 남경의 지세를 물었으며,[107] 이어 무학에게 다음과 같이 남경의 지세를 물었다.

> 임금이 또 왕사 자초에게 물었다. "어떠냐?" 자초가 대답하였다. "여기는 사면이 높고 수려하여 중앙이 평평하니, 성을 쌓아 도읍을 정할 만합니다. 그러나 여러 사람의 의견을 따라 결정하십시오."[108]

무학은 계룡산과 무악에서와는 달리 한양이 도읍이 될 만하다고 하면서도 여러 사람의 의견을 따르라고 하였다. 무학은 한양의 국도 지정은 이미 국가 비보사상에 합당한 것이라고 생각하였지만, 중론을 묻게 하여 공인을 유도하였던 것이다. 실제 태조는 여러 재상들에게 논의하게 하였는데 하륜을 제외하고 모두 도읍 터로서 좋다고 하였다. 개경으로 돌아가면서도 무악의 지세를 다시 살폈으며 국도 후보지인 계족산[109]과 임진현, 고려 때 신경 터,[110] 그리고 도라산(都羅山) 등을 둘러보면서

---

107 『태조실록』 권6, 3년 8월 13일(경진), "我國境內 松京爲上 此地爲次所可恨者 乾方低下 水泉枯涸而已."
108 『태조실록』 권6, 3년 8월 13일(경신), "上問王師自超 此地如何 超對曰 此地四面高秀 中央平衍 宜爲城邑 然從衆議乃定."
109 『태조실록』 권6, 3년 8월 16일(계미).
110 『태조실록』 권6, 3년 8월 17일(갑신).

[111] 한양 천도 우위를 확신하였다. 그리하여 같은 해 8월 24일 도평의사사가 한양이 도읍 터로서 적절함을 건의하는 형식을 취하면서 국도 선정 2년 만인 1394년 8월 24일에 마침내 한양으로 결정되었다.[112] 1394년(태조 5) 9월 1일에 신도 궁궐 조성 도감을 설치하고[113] 2달 뒤인 10월 25일 한양을 새로운 도읍 터로 최종 선정하였다.[114]

이상에서 살펴본 바와 같이 국도 선정을 하기 위해 무학뿐만 아니라 태조와 신료들도 동행하였다. 실록에 의하면, 무학은 계룡산과 무악에서와는 달리 한양이 도읍이 될 만하다고 하면서도 여러 사람의 의견을 따라 결정하도록 하였다고 한다.[115] 이능화가 이미 지적했듯이 한양에 도읍을 정하고 궁궐을 신축하였는데, 왕사 무학이 이를 도왔던 것이다.[116] 후대의 실록에서 "우리 태조대왕이 승려 무학을 거느리고 먼저 한양에 도읍을 정하고 다음에 5릉을 정하였다."[117]라고 하여 한양 천도뿐만 아니라 왕실의 능침 지정 등 국도건설에도 참여하였던 것이다.

5) 나가는 말

무학은 태조 왕건에게 왕조 창업을 제시했던 선각 국사 도선과 비견되며, 조선 건국 초에 왕사로 책봉되었다. 고려 말 공민왕 대에 보우가

---

111 『태조실록』 권6, 3년 8월 18일(을유).
112 『태조실록』 권6, 3년 8월 24일(신묘).
113 『태조실록』 권6, 3년 9월 1일(무술).
114 『태조실록』 권6, 3년 10월 25일(신묘).
115 『태조실록』 권6, 3년 8월 13일(경신), "上問王師自超 此地如何 超對曰 此地四面高秀 中央平衍 宜爲城邑 然從衆議乃定."
116 이능화, 『조선불교통사』 상, "(甲戌 3年) 定都于漢陽 建宮闕 王師無學相之也."
117 『영조실록』 권1, 즉위년 9월 16일(병진).

근기 지방인 양평 용문사를 중심으로 하여 불교계 개혁을 하면서 한양 천도 주장을 한 바 있었다. 얼마 후 무학은 스승 나옹과 함께 근기 지방인 양주 회암사를 중심으로 흥법 운동을 전개하면서 한양을 중시하였으나 나옹의 죽음으로 중단되었다. 한양은 스승 지공, 나옹과 함께 이루고자 하였던 삼산양수의 땅 회암사와 관련이 있는 삼소로서 태고 보우도 천도해야 한다고 주장하였으나 실현되지 못하였던 곳이다.

무학은 그 후 지공과 나옹의 추념 불사를 전개하면서 안변 석왕사에서 이성계에게 왕조 창업을 종용하였다. 삼봉 정도전이 이성계에게 조선 건국의 혁명을 종용하였던 사실과 비견된다. 1382년 9월부터 이듬해 2월까지 한양으로 천도하자 신륵사의 대장각 건립을 계기로 불교계를 주도하였던 4대 종파의 영수급 고승들이 회합하여 모종의 대응을 하였다. 그 후 조계종의 무학을 비롯한 고려 후기 불교계를 주도하였던 불교계의 4대 종파의 고승들은 한양의 근기 지방에서 불법을 각기 전개하였다.

조선 왕조가 건국되자 무학은 왕사로 책봉되어 국도 선정에 참여하였을 뿐만 아니라 왕실 능침 지정과 왕실 화합(함흥차사) 등 국가사업에 참여하였다. 무학은 한양을 중심으로 불교계의 재편을 꾀하였다. 무학의 전도에 관련된 기록은 정사류보다 야사나 설화류에서 더 구체적으로 기록되어 전하고 있다. 정사류인 『조선왕조실록』에 무학의 전도 관련 기록은 소수에 지나지 않으며, 그것도 무학에 대하여 비판적인 시각에서 서술되어 정확한 전모를 알기 어렵다.

실록에 의하면, 야사나 설화에서 볼 수 있는 것처럼 무학은 한양 천도에 자발적이며 주도적인 역할을 하지는 않았다고 하였으나 태조에게 자문을 하는 등 왕에게 영향력을 끼침으로써 한양 천도에 큰 도움을 주었다.

무학은 계룡산과 무악과 한양 천도에 참여하는 2년여 동안 개경에 머물면서 연복사와 광명사 및 궁궐에서 법회 및 불사를 하였을 뿐만 아니라 전도 후에 삼화상의 땅이라고 할 회암사에 머물면서 스승인 지공과 나옹의 부도와 탑명, 조파 등을 확정하였다. 뿐만 아니라 한양을 중심으로 사찰을 재정비 재편하고자 하였는데 선각 국사 도선의 사상을 잇는 국가 비보사상의 발현이다. 후대의 기록이기는 하지만, 한양과 도성을 지키는 4대 비보사찰과 한양의 외사산이자 백악산(북악산)의 조산인 관악산 일대 사찰을 지정 정비하였다. 관악산의 지류이자 불교계의 삼성이 주석하였던 삼성산의 호압사와 사자암의 지정도 그러한 사례이다.

무학은 여말선초기의 불교계 재편을 통해 불교를 수호하였는데 태종대에 이르러 무학의 입적과 더불어 불교 역사상 최대의 탄압을 당하게 된다. 하지만 무학의 한양 천도와 더불어 추진된 불교계 재편의 틀은 향후 조선 불교뿐만 아니라 국도 서울의 기본적인 틀이 되었다.

2. 인왕산사와 무학

1) 들어가는 말

인왕산(仁王山)은 서울을 둘러싸고 있는 내사산(內四山)이지만 그 산에 얽힌 내력에 대해서 아는 이는 별로 없는 듯하다. '인왕산' 하면 호랑이를 떠올린다. 곰과 더불어 호랑이는 우리나라 사람들에게 친숙한 동물이며, 그래서 산중 왕, 산신으로 추앙되기도 한다. 특히 인왕산에 호랑이가 많아서 "인왕산 모르는 호랑이 없다."라는 말까지 있었다.[118] 이처럼 인왕산 호랑이는 국도인 한양에 출몰한 것이 실록에 기록될 정도로 유명했다.[119] 인왕(仁王)은 금강역사(金剛力士)를 가리키므로 인왕산에는 사찰도 꽤 많았을 거라고 생각된다. 그러나 실록에 기재되어 있는 몇 개 소의 사찰 외에는 알 수 없다. 그 사찰들도 궁궐을 내려다보는 위치에 있다고 하여 철거되었고[120] 그 후 인왕산 사찰들이 역사 무대에 다시 부상하기 시작한 것은 20세기 초반에서의 일이다.[121]

본고에서는 인왕사를 비롯한 인왕산의 불교를 조망해 보려고 하나 이에 대한 기록이나 연구는 전무하다시피 하다.[122] 실록을 비롯한 정사류

---

118 김기빈, 「인왕산(仁旺山)-서울의 서쪽을 지켜 주는 우백호」, 『600년 서울 땅이름 이야기』 살림터, 1993, 27~28쪽. 후술하는 바와 같이 仁旺山은 仁王山으로 정확히 표기하여야 할 것이다.

119 『세조실록』 권22, 6년(1460) 12월 5일(정축) ; 『세조실록』 권22, 6년(1460) 12월 6일(무인). ; 『세조실록』 권31, 9년(1463) 12월 9일(계사) ; 『세조실록』 권34, 10년(1464) 12월 6일(을유). ; 『성종실록』 권293, 25년(1494) 8월 3일(기미).

120 『연산군일기』 권51, 9년(1503) 11월 9일(임신). 인왕사에 관련한 학술지는 다음의 교양지에 실린 정보가 유일하다. 이철교, 「서울의 전통사찰, 寺址-인왕사-」, 『다보』 봄호, 1994.9, 58~59쪽.

121 20세기 인왕사에 관련한 정보는 다음과 같다. 즉 1912년 朴銑默 거사가 禪巖精舍라는 이름의 암자를 세웠다. 이후로 1914년 炭翁이 大願庵을, 1922년 西翁이 극락전을, 1924년 慈仁이 安逸庵을, 1927년 春潭이 다시 극락전을, 1930년 妙法이 致誠堂을 각각 세우면서 여러 개의 암자가 한 터에 군집되었다. 1942년 이들을 통합하여 인왕사라는 이름으로 등록했는데, 이렇게 여러 개로 독립된 암자를 하나의 절 이름과 또 전체를 대표하는 주지도 한 사람으로 등록하기는 했으나 실제로는 각 암자마다 따로 주지가 있고 운영도 별도로 이루어지기 때문에 통일된 체계를 지니지 못하고 있다. 현재 전통사찰 인왕사로 등록된 사찰은 본원정사·관음전·보광사·대웅전·극락정사 등 5개이다. 이철교, 「서울의 전통사찰, 寺址-인왕사-」, 『다보』 봄호, 1994.9, 58~59쪽. ; 사찰문화연구원, 『전통사찰총서4-서울』, 사찰문화연구원, 1994.

122 다만 문명대 교수가 인왕사의 역사와 사상에 대해서 정리한 글이 참조된다. 문명대, 「인왕산 인왕사(仁王寺)의 역사와 사상」, 제105회 (사)한국미술사연구소 학술발

는 물론이고 문집류, 야사류, 설화류 등 제 자료를 종합·분석하여 가능한 한 인왕산과 인왕사 등의 산내의 여러 사찰에 대해서 살펴보고자 한다.[123]

2) 인왕산과 한양 천도

(1) 무학과 한양 정도

모두가 다 아는 바와 같이 조선시대 이래 현재까지 국도는 한양[124]이었다. 한양이라는 말은 한강의 이북이라는 뜻으로 오늘날 강북이다. 한양을 지키는 주산은 지금의 청와대 뒷산인 백악산이고 한양을 진호하는 진산(鎭山) 혹은 후산은 북한산이다. 대개 후산과 주산은 같지만, 한양의 경우에는 이처럼 다르다.

한양을 둘러싸고 있는 외사산은 북한산(836m)·덕양산(125m)·관악산(829m)·용마산(348m)이고, 내사산은 백악산(342.4m)·인왕산(338m)·남산(265m)·낙타산(駱駝山, 125m)이다. 이러한 산이 형성된 것은 기원전 6000년이지만, 역사 무대에 본격적으로 부각된 것은 조선 왕조가 창업되고 한양이 국도로 정해진 뒤부터이다.

표회, 한국미술사연구소, 한국불교미술사학회 주최 호국 인왕산 인왕사, W 컨벤션 센터 회의실, 2008.9.

123 본고는 제105회 (사)한국미술사연구소 학술발표회, 한국미술사연구소, 한국불교미술사학회 주최 호국 인왕산 인왕사, 「인왕사와 무학 대사」라는 논제로 발표한 논고이다.(W.컨벤션센터 회의실, 2008.9)

124 漢城과 奠都가 맞으나 관습상 漢陽과 定都 또는 遷都로 사용된다. 본고에서는 이를 혼용했음을 밝혀둔다.

처음 국도 후보지는 계룡산 일대가 아닌 한양이었다. 이미 고려 초 도선의 제자 여철(如哲)이 북한산 승가사를 중심으로 남경 일대에서 활동하였다. 선종 대에도 개경의 구산사 승려 영현이 신혈사에서 활동하기도 하였다.[125] 그러나 한양이 역사에 본격적으로 등장한 것은 숙종 대 남경 경영 이후부터다. 대각 국사 의천도 승가굴을 방문하는 등 남경에 대한 관심이 높았다.[126] 고려 후기에도 남경인 양주 땅은 불교도 사이에 주목되었음을 다음의 글에서 알 수 있다.

가을 7월 갑자일에 내시 이백전을 시켜 어의를 남경 임시 대궐에 가져다 두게 하였다. 이때 어떤 승려가 도참에 근거하여 말하기를, "부소산에서 갈려 나온 것이 좌소(左蘇)로서 아사달(阿思達)이라고 하는 바 이는 옛날 양주 땅입니다. 만일 거기에 궁궐을 짓고 왕이 계신다면 나라의 운명이 8백 년 더 연장될 수 있습니다."라고 하였기 때문에 이런 명령이 있었던 것이다.[127]

이와 같이 고종 때 불교도 간에는 양주 땅인 아사달에 새로운 궁을 짓게 되면 나라의 운명을 800년 더 연장시킬 수 있으리라는 아사달(阿斯達, 阿思達) 신앙이 감돌고 있었다는 것이다.[128]

고려 말에 이르러서도 불교계의 중흥조인 태고 보우에 의해 한양 천

---

125 李頲, 「三角山 重修僧伽窟記」, 『동문선』 권64, 記. ; 황인규, 「고려 전기 사굴산문계 고승과 선종계」, 『한국선학』 17호, 2007.
126 『고려사』 권11, 숙종세가 4년(1099) 9월 정묘.
127 『고려사』 권23, 고종세가 21년(1234) 7월 27일(갑자), "遣內侍李白全 奉安御衣于南京 假闕 有僧據讖云 自扶踈山 分爲左蘇 曰阿思達 是古楊州之地 若於此地 營宮闕而 御之 則國祚可延八百年 故有是命." ; 『고려사절요』 권16, 고종 21년(1234) 7월.
128 안계현, 「제3절 한국의 신화와 불교」, 『한국불교사 연구』, 동화출판사, 1982, 58쪽.

도가 제기되는 등 한양이 부각되었다. 즉 『고려사』에 의하면 승려 보우가 풍수설로 왕을 달래기를 "한양으로 수도를 옮기면 36국이 조공하러 올 것입니다."라고 하였더니 "왕이 그 말에 유혹되어 한양에다 크게 궁궐을 지었다."라고 하였다.[129]

이렇듯 보우가 제기한 한양 천도는 그의 문도 세대인 무학에 의해 결실을 보게 된다. 국도의 후보지는 10여 곳으로 떠올랐지만, 그 가운데 가장 유력했던 곳은 계룡산·무악·한성(한양)이었다. 왕사 무학은 이성계와 회암사에서 만나 계룡산으로 가서 도읍 터를 둘러보고 궁궐 공사를 진행케 하였지만 경기도 관찰사 하륜 등의 반대로 무산되었다.

한양이 국도의 후보지로 다시 부상하면서 무악과 백악산 일대가 도읍 터 후보지로 거론되었다. 하지만 도읍 터로서 형국이 너무 협소하다고 하여 부적격 판정이 났다. 그리하여 한양의 내사산인 백악산 일대와 인왕산 일대가 궁궐터로 부상하게 되었다.

인왕산은 유자들 사이에서도 왕기(王氣)의 땅이라고 알려져 있었다.

내가 말하기를, "도선의 비결에 서쪽에 공암(孔巖)이 있고, 또 붉은 색깔로 글씨 쓴 석벽(石壁)이 있다 했는데, 공암은 두 곳에서 볼 때 모두 서쪽에 있으니 모름지기 붉은 글씨를 찾아야 결정할 수 있을 것이다." 하였다. 그리하여 마침내 붉은 글씨를 인왕동(仁王洞) 돌 위에서 찾았는데 자획이 마멸되어 쉽사리 식별할 수는 없었으나, 이를 얻어 국도 건립의 논의를 정했던 것이다. 다만 전면의 산악이란 어떤 산을 가리키는 것인지

---

129 『고려사』 권106, 윤해열전 부 윤택, "澤聞之上疏曰… 僧普愚 以讖說王曰 都漢陽 則 三十六國朝 王惑其說 大築漢陽宮闕." 한양 천도에 대해서는 태고 보우의 행장에도 언급되어 있다. 維昌, 「태고 행장」, 『태고화상 어록』.

알 수 없으나, 화산(華山) 아니면 반드시 부아악(負兒岳)일 것이다." 하였다.[130]

위의 글에서 보듯이 조선 초기 문신 서거정은 도선비결을 인용해 인왕동이 도읍 터라는 사실을 지적하였다. 조선 후기 문신 이유원(1814~1888)의 문집에서도 그러한 사실을 기록하고 있다.[131]

야사에 의하면, 무학은 궁궐터를 정할 때 북한산으로 향하였고 비봉(碑峰)에 올랐는데 길을 잘못 들었다는 비문의 글을 보고 다시 길을 돌렸다고 한다.[132] 이처럼 도읍 터는 한양으로 정해졌지만, 도읍의 중심지, 즉 궁궐과 도성의 터를 어디로 할 것인가가 문제가 되었다. 무학은 왕기를 품은 땅인 인왕산을 주산으로 정하고자 했다. 물론 인왕산이 왕기를 품은 땅이라는 것은 선각 국사 도선의 종풍을 이은 고승들에게 계승되었다고 생각된다. 예컨대 그러한 고승은 고려 중기 묘청을 거쳐 고

---

130 徐居正(1420~1488), 『筆苑雜記』 권2, "我云 華岳之南 實是大地 亦不害漢水八明堂之說 衆議不決 我云 道詵祕記曰 西有孔巖 又有丹書石壁 孔巖則於二地皆在西 須覓丹書可決 及得丹書於仁王洞石上 字畫磨滅 漫不可識 然得此定議建都 但不知面岳指何山 非華山 必負兒岳也."

131 李裕元(1814~1888), 「仁王洞의 丹書」, 『林下筆記』 권13, 文獻指掌編. 道詵祕記에, "서쪽에 孔巖이 있는데 또 丹書가 있다." 하였다. 따라서 石壁과 공암은 두 곳으로서 모두 서쪽에 있으니 단서를 찾아야만 도읍의 건설에 대한 결정을 내릴 수 있는 일이었다. 드디어 인왕동의 돌 위에서 이 단서를 찾아내어 마침내 뜻을 결정하고 여기에 수도를 건설하였다."

132 북한산 碑峰에 있었던 碑는 종래 道詵國師碑 또는 無學大師關係碑라 알려져 있었으나 秋史 金正喜(1786~1856)가 발견하여 고증한 바와 같이 "妖僧 無學이 枉尋에서 여기에 왔을 때의 碑(혹은 「道詵國師碑」)"가 아니라 신라 「眞興王巡狩碑」인 것이다. 김정희, 「眞興二碑攷」, 『완당 선생 전집』 권1, 攷, 17쪽 ; 『완당 선생 전집』 권상, 신성문화사, 1972 ; 최남선, 「신라 진흥왕의 재래 三碑와 신출현의 마운령비」, 『청구학총』 2, 1930 ; 『육당 최남선 전집』 권2, 현암사, 1973, 534쪽 ; 황인규, 『무학대사 연구』, 혜안, 1999.

려 말 나옹의 문도 굉연(宏演)[133]과 무학, 무학의 문도 혜징(惠澄) 등이다.[134]

광해군 대 국가 재조 운동 시 성조 이성계와 더불어 무학이 부각되었고, 그를 계승한 성지(性智)가 등장하여 인왕산이 다시 부각되었다.[135] 성지는 "인왕산은 돌산으로 몹시 기이하게 솟아 있으며, 인왕이라는 두 글자가 바로 길한 참언이다. 그러므로 만약 왕자(王者)가 그곳에 살 경우 국가의 운수를 늘릴 수 있고 태평시대를 이룰 수 있다."라고 주장했다.[136] 여하튼 무학은 한양 천도 시 인왕산을 주산으로 삼을 것을 제안했다.

태조는 크게 기뻐하여 스승의 예로써 대접하고, 이내 정도(定都)할 곳을 물으니, 무학이 바로 한양을 점쳐 말하기를, "인왕산을 진산으로 삼고, 백악과 남산을 청룡과 백호로 삼으시오." 하였다.
정도전이 난색을 보이며 말하기를, "예로부터 "제왕은 모두 남면하고 다스렸다."라는 말은 들었어도 동향하였다는 말은 듣지 못하였습니다." 하니, 무학이 말하기를, "내 말을 듣지 아니하면, 2백 년이 지나서 내 말을 생각할 것입니다." 하였다.[137]

---

133 『신증 동국여지승람』 권17, 충청도 임천군 불우 普光寺 ; 『용재총화』 권8 ; 『연려실기술』 별집 권14, 文藝典故 文集 ; 「高麗國師道詵傳」, 『조선사찰사료』 권하, 377~379쪽.
134 『용비어천가』 제29장. 『한국전통문화 연구』 9, 효성여대 전통문화연구소, 1994, 67~68쪽 ; 황인규, 「선각 국사 도선의 종풍 계승 및 전개」, 『한국선학』 20, 한국선학회, 2008.
135 『영조실록』 권3, 1년(1725), 1월 11일 경술.
136 『광해군일기』 권101, 8년(1616) 3월 24일(갑오). 그는 술승 내지 광승이라 기록되는 등 유자들에 의해 왜곡되었지만, 조선 영조 대 무학과 같은 존재로 인식되기도 하였다. 性智에 대해서는 다음의 글을 참조하기 바람. 황인규, 「광해군 대 불교와 성릉의 원찰 봉인사」, 대한불교조계종 봉인사·한국선문화학회, '개혁군주 광해군의 원찰 봉인사와 한국불교' 발표자료집, 봉인사, 2008.8.2 ; 「광해군과 봉인사」, 『역사와 실학』 38, 역사실학회, 2009.
137 車天輅, 『五山說林草稿』 ; 『大東野乘』 卷5. "太祖大喜 待以師禮 仍問定都之地 無學

무학은 인왕산을 진산으로 하고 남산과 북악산을 백호와 청룡으로 하여 도읍을 동향으로 해야 한다고 주장하였다. 이에 반하여 정도전은 군주는 남쪽을 바라보며 정사를 펼쳐야 하는 만큼 주산은 오늘날 청와대 뒷산인 백악산으로 하되 궁궐을 남향으로 해야 한다고 주장하였다.[138] 결국 정도전의 주장대로 되었지만, 무학의 말을 듣지 않으면 훗날 화가 닥칠 것임을 경고하였다.[139]

이러한 사실은 실록 등 정사류에서는 찾아지지 않고 야사류에서만 보이는 기록이다. 때문에 신빙성에 다소 문제가 있을 수 있지만 대체적인 정황은 수용할 수 있다고 본다. 현대지리학에서 풍수지리학을 과학적으로 연구하는 입장에 의하면, 만약 무학의 주장대로 인왕산을 주산으로 삼았다면 지금처럼 강남이 발달하지 않고 강북의 신설동과 청량리 일대를 중심으로 하는, 보다 균형적인 발전을 하였을 것이기 때문이다.[140]

仍卜也 仁王山作鎭 白岳南山爲左右龍虎 鄭道傳難之日 自古帝王皆南面而治 未聞東向也 無學日 不從吾言 垂二百年當思吾言."

138 촌산 지순, 『조선의 풍수』, 최길성 역, 민음사, 1990, 573쪽. 이러한 내용은 鄭道傳의 문집인 『三峰集』 권8 부록 事實편에도 그대로 실려 있다. 그것은 1791년(정조 15) 왕명으로 『삼봉집』을 다시 간행하였는데, 이때 鄭道傳의 事實에 대한 기록을 보완해서 실었기 때문이다.(한영우, 『삼봉집』 해제.) 즉 여기에서는 차천로의 문집인 『五山說林草稿』와 象村 金欽의 문집인 『象村彙言』을 통해 엮었다고 밝히고 있다. 바로 이러한 것은 국가에서 하나의 사실로서 인정된 것이라고 생각된다. 즉 鄭道傳이 국도 전도뿐만 아니라 무학의 국도 전도를 하나의 사실로서 다룬 것이라 볼 때 엄연한 역사적 사실로서 볼 수 있을 것 같다.

139 즉 무학은 신라의 고승 義相 大師가 지었다는 秘記를 인용하여 그의 주장대로 하지 않고 鄭氏 성을 가진 자의 주장대로 하면 5代를 가지 못해 자리다툼이 있게 되고 2백 년이 못 가서 나라가 어지러워 흔들리는 亂이 일어날 것이라고 하였다. 車天輅, 『五山說林草稿』;『大東野乘』 권5.

140 최창조, 『한국의 풍수사상』, 민음사, 1984, 226쪽.

(2) 한양의 내사산 인왕산

인왕산은 한동안 역사에서 부각되지 못하고 서쪽에 있는 산 정도로
알려져 있다. 즉 '인왕산'이라는 산 이름은 조선 초기에는 서봉(西峰)이
나 서산(西山)이라고 불렀다.

> 임금이 서봉 밑에 거둥하여 사직단 쌓는 것을 보았다.[141]
> 서산에 거둥하여 성 쌓을 터를 살폈다.[142]
> 큰비가 내리어 신도 서산의 큰 돌이 무너졌다.[143]

위에 인용한 실록에 등장하는 '서산'의 용례는 더 찾아지지만[144] 인왕
산을 지칭하는 고유의 이름은 찾아지지 않고 방향을 나타내는 '서봉',
'서산'이라고 했다. 또한 그런 의미에서 인왕산은 필운산이라고도 했다.

실록에 의하면, 조선 중종 32년(1537) 명나라 사신이 왔을 때, 중종이
사신 일행을 경회루에 초대하여 연회를 베풀면서 사신 공용경(龔用卿)
에게 주산인 백악과 서쪽 인왕산의 이름을 붙여줄 걸 요청하였다. 이에
공용경은 북쪽의 백악을 '공극(拱極)', 서쪽의 인왕을 '필운(弼雲)'이라 하
였는데, 이는 '우필운룡(右弼雲龍)'에서 따온 것이다. 운룡(雲龍)이란 임
금을 상징하므로 임금을 보필할 때 오른쪽에서 한다는 뜻인데, 경복궁
의 정전인 근정전에서 남쪽을 향해 보면 인왕산이 오른쪽에 위치하기

---

141 『태조실록』 권7, 4년(1395) 2월 27일(신묘), "上幸西峰下 觀築社稷壇."
142 『태조실록』 권8, 4년(1395) 윤9월 25일(병술), "幸西山 相城基."
143 『정종실록』 권1, 1년(1399) 4월 4일(갑진) , "大雨 新都西山大石崩."
144 실록에서 세종대왕이 사냥을 하거나 구경한 西山은 인왕산이라고 생각된다.

때문이었다.[145] 필운산이라는 산 이름은 정착되지 않았지만 '필운동'과 '필운대'라는 지명은 지금도 전하고 있다.[146]

그 후 조선 초기의 지리지인 『세종실록지리지』에도 인왕산에 대한 내용은 찾아지지 않는다. 다만 조선 후기 지리지에 의하면 "인왕산 고려 기봉(歧峯)이라 칭했다."[147]라고 하여 인왕산은 고려시대 '기봉'이라 불렸음을 알 수 있다. 조선 후기 실학자 유득공이 그의 기문 「춘성유기」에서 "마치 사람이 팔짱을 끼었던 양팔을 풀어놓은 것 같기도 하고, 양어깨에 날개가 돋친 듯하다."라고 묘사한 바 있다.[148] 또한 『한경지략』에도 "인왕산은 도성이 산마루를 타고 쌓아져 있는데 험준한 곳을 곡성(曲城)이라고 한다."[149]고 했다. 곡성은 그 생김새 때문에 붙은 이름이다.

조선 초 문인 최숙정(崔淑精, 1433~1480)은 인왕산에 대하여 다음과 같이 읊은 바 있다.

한 굽이 숲과 샘이 좋은데, 천 그루 나무들 맑네.
끊어진 암벽에 이끼 끼어 푸르고, 그윽한 시내엔 절로 난 꽃 환하여라.
겹겹의 봉우리에 구름 엉겨 그림자 지고, 절반쯤 저 고개 위에 소나무 서서 소리가 나네.
세상 공명 꿈인 양 생각 없는데, 게으른 습성 이래서 이루어졌네.[150]

---

145 『중종실록』 권84, 32년(1537, 3월 14일(계사).
146 서울특별시 시사편찬위원회, 『서울의 산』, 1997, 148~150쪽. 인왕산에 대한 대체적인 설명은 다음의 글도 참조가 된다. 김영상, 「6.인왕산 기슭」, 『서울 육백 년－북악·인왕·무악 기슭』, 대학당, 1996, 253~260쪽.
147 "仁王山 高麗稱歧峯 皆石峯層崖 有白雲洞 玉流洞 茂溪洞 弼雲臺 洗心臺 舊有仁王寺 金剛窟 福世庵 慈壽仁壽 兩尼院"(읍지. : http：//e-kyujanggak.snu.ac.kr/GDS.)
148 유득공, 「春城遊記」, 『泠齋集』 권15, 雜著.
149 『漢京識略』 권2, 山川.
150 『신증 동국여지승람』 권3, 漢城府. 산천. "崔淑精詩 江水深成窟 漁歌雜濯纓 日停鱗

조선 초 문인 용재 성현(1439~1504)은 인왕산을 한양의 명승지로 꼽았다. "한성 도중(都中)에 좋은 경치가 적기는 하나 그중에서 놀 만한 곳은 삼청동이 가장 좋고, 인왕동이 다음이며, 쌍계동·백운동·청학동이 또 그다음이다."[151]

이상에서 보듯이 기록에 의존하는 한 인왕산은 조선시대 한양이 국도로 정해지면서 부각되었고, 인왕동은 인왕사가 있는 골짜기에서 나온 말이라고 한다. 그러면 언제부터 인왕산이라고 불렸을까?

실록에 의하면, 1433년(세종 15) 왕이 영의정 황희 등에게 명하여 지금의 남산인 목멱산에 올라 산수를 살피게 하는 가운데 인왕산의 이름이 처음으로 찾아진다. 즉 "백악이고, 백악에서 반 마장쯤 내려와서 한 산줄기를 이루었으니, 이것이 인왕산이고, 인왕산에서 2마장쯤 내려오다가 남쪽으로 회돌아서 주산에 절을 하고 섰다."라고 하였다.[152]

우리나라 지명이나 산 이름이 대개 절의 이름에서 유래하듯이 인왕산도 마찬가지다. 광해군 대 고승 성지는 이러한 사실을 다음과 같이 지적한 바 있다. 즉 "인왕산은 석가의 미칭(美稱)으로 예전에 인왕사가 있었으므로 그렇게 이름한 것이었다."[153] 숭유억불기에 산 이름을 금강역사의 뜻을 지닌 인왕산이라고 한 것은 주목되는 사실이다. 실록에 의하면, "인왕사에 거둥하여 내원당 조생을 보았다."[154]라는 기록이 1397

甲錯 風過穀紋生 槎斷藍光遠 潮回鑑面平 晚來乘舴艋 擬結白鷗盟.

151 『용재총화』 권1.
152 『세종실록』 권61, 15년(1433) 7월 9일(경신).
153 『광해군일기』 권101, 8년(1616) 3월 24일(갑오), " 仁王釋迦之美稱也 山舊有仁王寺故名," 仁王은 석가라는 뜻이 아니다. 즉 인왕은 금강신, 금강역사, 二王이라 불린다. 실록의 번역서나 인왕산에 관련된 기록에서 仁旺이라 표기한 것은 오류이며, 반드시 仁王으로 사용해야 한다.
154 『태조실록』 권11, 6년(1397) 6월 23일(계묘), "幸仁王寺 見內願堂祖生."

년(태조 6)에 찾아진다.

그렇다면 인왕사는 언제 창건되었을까? 이에 대하여 확실하게 고증해 줄 만한 기록은 찾아지지 않는다. 다만 현대에 제작된『봉은본말사지』에 의하면 "한양 정도 후 인왕산 호국도량으로 창건하여 내원당 조생을 주지로 삼았다."라고 한다.[155] 인왕사는 고려시대에 평양에도 있었으나 개경에도 있었는지는 알 수 없다.[156] 혹 인왕사가 왕실의 도량인 내원당과 정업원처럼 고려시대에 존재했을 가능성도 있으나 그 사실 여부는 확인할 수 없다.

현재로서는『봉은본말사지』의 기록처럼 인왕사는 한양 정도 직후인 태조 5년 무렵 창건되었다고 하겠다. 그리하여 인왕산은 후대의 지리지에 "인왕산, 백악 서쪽에 있다."[157]라고 실리게 된 듯하다. 여하튼 불교를 탄압한 왕조의 궁궐 가까이에 위치한 내사산 가운데 한 산[右白虎]이 불교식 이름인 인왕산이라 불린 사실만으로도 주목받을 만하다.

3) 무학과 인왕산의 불교

(1) 무학의 비보사찰의 지정과 인왕사(仁王寺)

앞서 언급했듯이 무학은 한양 정도에 적극 참여했지만 자기의 주장대로 인왕산을 주산으로 정하는 것은 실패하였다. 하지만 대신 국도 한

---

155 권상로,『한국사찰전서』, 인왕사.
156 『고려사』권19, 의종세가 23년(1169) 임오 ;『고려사』권54, 오행지 금조 ;『증보문헌비고』
　　권10, 상위고 10 물이 2석이 고려.
157 『신증동국여지승람』권3, 漢城府 산천.

양을 지키는 4대 비보사찰을 지정하였다.[158] 무학이 지정한 4대 사찰이
란 내사산인 북악산·인왕산·남산·낙타산의 둘레에서 지키는 사찰을
이름한다. 즉 한양의 동쪽에 청련사, 서쪽에 백련사, 남쪽에 삼막사(혹
은 불암사), 북쪽에 승가사 등의 사찰이다. 이에 대해서는『봉은 본말사
지』에 다음과 같이 설명하고 있다.

> 무학이 한양에 불교의 호국적 특색으로, 또는 밀교적 만다라 사상에 입
> 각해서 사찰을 건립하였다고 이해될 수 있는 것이다. 동청련·서백련·남
> 삼막·북승가가 바로 그것이다. 이것이 모두 창사보국(創寺補國)·진사압
> 기(鎭邪壓氣) 등 밀교적 전형인 것이니, 도선의 비보설도 이와 마찬가지이
> 다. 산천과 국토를 하나의 영적 활동체로 보아 인신의 맥세를 따라서 침
> 구(針灸) 등을 응용하는 활수단(活手段)을 쓴다는 것이 고려 이후의 창사
> 비보(創寺裨補)의 비결이었던 것이다. 고려 초 도선 국사의 비보설이 한
> 번 나오매 고려 500년의 불교는 순전히 진호기우적(鎭護祈祐的)이었으며,
> 조선 초에도 그것은 조금도 변화하지 아니하였다.[159]

이렇듯 무학이 도선의 비보사찰설을 계승하여 한성을 비보케 하는
사찰을 지정했다는 것인데, 불교의 호국적 특색이나 밀교적 만다라 사
상을 실현시키려 했던 것이다. 이러한 내용은 현대의 기록이기 때문에
믿기 어려울지 모른다. 그러나 필자는 무학이 양주 회암사를 중심으로
도성의 사찰들을 재배치하였는데, 이는 한양을 중심으로 하는 불교계
세력의 재편이었다고 생각한다.

---

158 『봉은 본말사지』京山의 사찰 서문.
159 위와 같음. 『봉은 본말사지』에 의하면, 무학은 조선 건국 초 한양 천도 무렵 약사
　　상·미타상·관음상을 조성하여 藥師寺·僧伽寺·少林窟에 각기 모셨다고 한다. 황
　　인규, 앞의 책, 1999.

한양은 양주의 남쪽 부분으로서, 앞서 언급한 바와 같이 고종 대 아사달신앙이 유행한 바 있고 우왕 대에도 삼소(三蘇) 중에 좌소(左蘇)가 회암이라는 설이 제기될 정도로 중요한 땅이었다.[160] 그러한 사상을 배경으로 하여 무학은 양주의 회암사를 불교 흥법의 메카로 삼으려 했던 지공과 나옹 그리고 무학 자신의 삼화상의 도량으로 삼았고 이를 발판으로 하여 한양의 도성을 비보하는 사찰을 지정하였다.[161] 예컨대 한양을 진호하는 4대 비보사찰뿐만 아니라 관악산 일대나 도성 주변의 사찰인 자운암, 개운사, 일선사 등도 비보사찰로 지정했다. 이러한 사실은 다음의 기록에서 잘 설명하고 있다.

> 도성 안에 태조가 세운 흥천사·흥덕사·흥복사·지천사·인왕사 등과 세조가 세운 복세암·원각사 등이 모두 대표적인 비보사찰이었으며, 그 밖에 안일원·자수원·인수원의 내원당이며, 또 성안의 니사(尼寺) 10여 개소 중 정업원도 그 대표적인 것이다. 태조는 진호비보사상으로 신불(信佛)을 다하였다.[162]

즉 한양의 도성 안에 인왕사와 더불어 태조가 세운 흥천사·흥덕사·흥복사·지천사 등의 사찰과 세조가 세운 복세암과 원각사 등의 사찰, 안일원·자수원·인수원·정업원 등 왕실 비구니 도량을 창건 또는 지정하였다는 것이다.

무학은 한양을 진호하는 비보사찰의 지정뿐만 아니라 도성 터를 지정하고 한양 건설에도 참여했다. 이러한 사실도 역시 실록 등 정사류

---

160 『고려사』 권134, 신우열전 5년 11월.
161 황인규, 「무학자초의 흥법활동과 회암사」, 『삼대화상 연구논문집』 2, 1999.
162 『봉은 본말사지』 경산의 사찰.

에서는 찾아지지 않으나 야사나 설화류에서만 찾아지고 있어서 아쉽기 그지없다.

그러나 필자가 이미 천착한 바와 같이 무학은 국도를 정할 때 서강 광흥창 뒤에 위치한 와우산에 큰 창고 터를 잡았다거나[163] 남소문을 창건하였다는 기록은 믿을 만한 것이 아닌가 하며, 무학이 한양 건설에 직접 참여한 단적인 사례로 보아도 좋을 것이다.[164] 아마도 이 한양 건설에 무학이 승도들을 지휘하였다고 생각되는데, 바로 그의 문도인 조생에게서 그러한 사실을 확인할 수 있다.

> 내원당 감주 조생이 임금을 진현하였다. 이보다 먼저 임금이 새 도읍을 건설하고자 하였으나, 민력을 쓰게 됨을 염려하여 말하였다. "승려들 중에 노는 사람이 많으니 마땅히 모아서 역사시켜야 되겠다."
> 각 종파의 승려가 이 말을 듣고는 승려들을 권유 모집하여 역사에 나가고자 하는 사람이 수십 명이 되었다. 조생이 인솔하여 나아오니 임금이 기뻐하여 조생에게 음식물을 주고, 각 종파의 승려에게는 명주와 면포를 내려 주었다.[165]

---

163 『영조실록』 권33, 9년 3월 14일(을미). "在魯日 臥牛山諺傳 聖祖定鼎時無學尋龍到此日 此天作富局遂定倉基."

164 『영조실록』 권3, 1년(1725) 1월 11일(갑술). 남소문은 1456년(세조 2) 건립되었다는 주장도 있다. 李丙燾, 「南小門과 開閉問題」, 『鄕土서울』, 창간호, 1957. 그러나 필자는 『영조실록』의 기록에서 보듯이 태조 때 무학이 건립한 것으로 보고자 한다. 南小門은 태조 때 8개 성문 가운데 水口門이 남소문이 아니었을까 한다. 남소문은 장충단에서 한강으로 넘어가는 곳에 있었으나 일제가 1913년 도시계획이라는 미명하에 없애버렸다. 서울시, 『서울 육백년사』, 1977 ; 황인규, 앞의 책, 1999. 남소문과 인왕산을 복원 또는 원위치에 복원하는 것도 신중히 생각해 보아야 할 일이다.

165 『태조실록』 권4, 2년(1393) 11월 19일(경신). "內願堂監主祖生進見 先是上欲營新都 慮用民力 日僧徒遊手者衆 宜集而役之 各宗僧聞之 有欲勸募僧徒赴役者數十輩 祖生引進 上悅 飯祖生賜各宗僧絹及綿布."

조생이 신도 건설에 승도들이 참여하고자 불교계에 건의하였는데, 각 종파에서 호응하였다는 것이다. 조선 건국 초 유가종 고승 종림이 판교원을 건립했던 사실과 비견되는 일이다.[166] 이러한 궁궐 공사와 도성 축조에는 전국의 장정은 물론이고 승려들도 동원되었는데,[167] 이는 고중세 이래 수원승도적 전통의 계승이었다.

그뿐만 아니라 무학은 도성의 터를 정하는 데도 참여하였다고 생각된다. 한양의 도읍 터를 정할 때처럼 도성의 터를 살피러 갈 때 태조와 동행하였을 것이기 때문이다.[168] 이에 대해서는 다음의 설화류가 그것을 말해 주고 있다.

> 태조가 한양도성을 쌓을 때 이 선바위를 성안으로 넣느냐 또는 성 밖으로 내놓느냐 하는 문제를 두고 왕사인 무학과 유신인 정도전 사이에 날카로운 의견 대립이 있어 쉽게 결말이 나지 않았다. 그 까닭은 선바위를 성안에 두면 불교가 흥성하지만 그렇지 않으면 반대로 유교가 불교를 누르게 되기 때문이라는 것이다. 많은 논의 끝에 태조는 결국 정도전의 의견을 따라 선바위를 성 밖에 내고 성을 쌓기로 결정하였는데, 이때 무학대사가 "이제 중이 선비의 책 보따리나 짊어지고 다니게 되었구나." 하고 크게 탄식했다고 한다.[169]

---

166 이에 대한 자세한 사실은 다음의 논고를 참조 바람. 황인규, 「여말선초 유가종승과 불교계의 동향」, 『동국사학』 39, 2003 ; 황인규, 『고려 후기·조선 초 불교사 연구』, 혜안, 2003.

167 『태조실록』 권6, 3년(1394) 12월 4일(기사) ; 『태조실록』 권7, 4년 2월 19일(계미) ; 서울시, 『서울성곽』, 1976, 10쪽 ; 이에 대해서는 황인규, 「한양 천도와 무학자초」, 『역사와교육』 4, 1996 ; 황인규, 『무학대사 연구―여말선초 불교계의 혁신과 대응』, 혜안, 1999 ; 황인규, 『마지막 왕사 무학 대사』, 밀알출판사, 2000.

168 김용국, 「서울 전도의 동기와 전말」, 『향토서울』 1, 1957, 98쪽.

169 한정섭, 『불교설화 대사전』, 이화문화사, 1991, 426쪽.

한양 도성 축성 시 인왕산 부근의 성 터를 놓고 무학과 정도전이 서로 의견이 팽팽하게 대립하였다고 한다. 무학은 서울을 정하고서 인왕산을 주산으로 삼을 것을 주장했다. 즉, 노승이 나한에게 예배하는 형세를 가졌기 때문에 중바위인 인수봉 밖으로 성을 쌓아야 나라가 평안하고 흥할 것이라고 주장하였다. 이에 반하여 정도전은 인수봉 안으로 쌓아야 유교가 흥한다고 주장하였고 그의 의견대로 인수봉 안으로 성을 쌓게 되었다고 한다. 그때 이후 승려들은 유교 선비의 책 보따리나 짊어지게 되는 신세로 전락되었다는 것이다.[170]

현재로서는 이러한 사실을 입증해 줄 만한 기록은 찾아지지 않으나 인왕산의 한 바위가 그러한 정황을 말해 주고 있는 것이 아닌가 한다. 그것이 바로 인왕산 선바위(禪庵 또는 立庵)다. 인왕산 서쪽 기슭 인왕사 부근에 있는 두 개의 큰 돌인데, 바위의 모습이 마치 스님이 장삼을 입고 서 있는 것 같다 해서 '선(禪)' 자를 따서 그렇게 부른다고 한다. 조선 태조와 왕비의 상이라는 설도 있고, 태조와 무학 대사의 상이라는 설도 있어서 주목된다. 이 바위 아래에서 태조와 무학 대사가 왕조 창업을 위해 기도하였다고 한다.[171] 여기에 20세기 초반 무학과 스승 나옹, 태조 등의 인물을 모시는 국사당이 옮겨져 옴으로써 그러한 분위기를

---

170 『동국여지비고』 권2, 한성부 산천 禪巖. ; 이러한 것은 설화류에서도 전하고 있다. 한정섭, 『불교설화 대사전』, 이화문화사, 1991. ; 최정희, 『한국불교전설』, 우리출판사, 1986, 16쪽. 이상의 내용은 다음의 논저를 정리 요약 서술했음을 밝혀둔다. 황인규, 「제1장 불교계의 국도 선정 2) 궁궐과 도성의 지정」, 『무학대사 연구—여말선초 불교계의 혁신과 대응』, 혜안, 1999.

171 여말선초 태조와 무학, 혹은 무학이 왕조 창업을 위해 기도한 사찰은 전국적으로 분포하고 있다. 이에 대한 자세한 사실은 다음의 저서를 참조하기 바람. 황인규, 앞의 책, 1999.

더해 가고 있다.[172]

남산의 정상에 국사당이 건립된 것은 다음과 같은 이유이다. 즉 남경의 중심 터는 목멱양(木覓壤), 즉 남산과 용산 일대를 지칭한다. 때문에 한양 전도(奠都) 후 내사산인 목멱산(남산)도 매우 중요시되었다.

실록에 의하면, 남산을 목멱대왕으로 봉하고 호국의 신으로 삼아 개인적인 제사는 금하고 국가의 공식 행사로 기우제와 기청제를 지냈다.[173] 조선 건국과 한양 정도에 대한 사실을 백악과 목멱산의 신령에게 고유하고[174] 1395년(태조 4) 이조에 명하여 백악을 진국백(鎭國伯)으로, 남산을 목멱대왕으로 삼아, 경대부와 사서인은 제사를 올릴 수 없게 하였다.[175]

실록에 의하면, 조선 초 종묘와 백악 그리고 목멱신에게 제사를 지낸 사례가 적지 않게 찾아진다.[176] 예컨대 1402년(태종 12) 백악과 목멱의 신주를 고쳐서 만들었고 1404년(태종 14) 산천의 사전(祀典) 제도를 확정하였다.[177] 여기에는 목멱신사를 설치해 국가적 의례 행사를 하였다. 이와 관련하여 『한경지략』에는 다음과 같은 기록이 찾아진다.

---

172 仁王山은 王氣가 서려 있는 땅으로 불교계가 중요시한 산이며, 특히 무학 대사가 기도하고 서울의 랜드마크가 되고 있는 국사당이 세워져 있을 뿐만 아니라 그의 像이라고 전하고 있는 선바위(禪庵, 立庵, 祈子岩)가 있는 곳이다. 더욱이 그의 문도인 祖生이 주지로 있었고 無學의 종풍을 계승했을 광해군 대 고승 性智가 중요시한 곳이다. 숭유억불기에도 궁궐이 내려다보인다고 하여 인왕산의 사찰들이 철거되었지만, 앞서 언급한 바와 같이 역사성이나, 특히 불교 인연처로 크게 주목할 필요가 있다고 하겠다.
173 『태조실록』 권8, 4년(1395) 12월 29일(무오).;『태종실록』 권23, 12년(1412) 2월 6일(신유).
174 『태조실록』 권6, 3년(1394) 12월 3일 (무진).
175 『태조실록』 권8, 4년(1395, 12월 29일(무오).
176 『태종실록』 권15, 8년(1408) 5월 22일(경오).;『태종실록』 권18, 9년(1409) 7월 5일(을해);『태종실록』 권21, 11년(1411) 5월 21일(신사);『태종실록』 권21, 11년(1411) 5월 23일(계미).
177 『태종실록』 권28, 14년(1414) 8월 21일(신유).

목멱산 꼭대기에 있다. 매년 봄과 가을에 초제(醮祭)를 행한다. 남산 꼭대기에 국사당(國祀堂)이 있다. 이것이 목멱신사(木覓神祠)이다. 사당 가운데 화상이 있는데 이것이 유명한 승려 무학의 화상이라 전한다. 매년 봄과 가을 목멱신사의 제사 때에는 사당 가운데 화상을 지각(池閣)에 옮긴다.[178]

이와 같이 남산 꼭대기에 목멱신사라는 사당이 있었고, 매년 봄·가을에 초제를 지냈다고 한다.[179] 국사당이란 서울을 수호하는 신당으로 남산 꼭대기에 있었으며, 조선 태조 때부터 국가에서 기우제나 기청제 등 제사를 지낸 곳이다. 즉 풍수지리적으로 남산은 서울을 지키는 4대 산 가운데 주작 혹은 안산으로 여겨질 만큼 중요한 산이었다. 이러한 산에 국사당을 지어 놓고 그의 진영을 봉안하였다는 것은, 무학의 위상을 가늠케 한다. 석왕사에서 봄·가을로 제사를 지내는 것도 그러한 맥락에서 이해된다.[180] 이 국사당은 일제 강점기인 1925년 무학이 기도하였던 곳인 인왕산으로 이전하게 되었다.[181] 일제가 남산 기슭에 신도의 신사인 조선신궁을 지으면서 이보다 더 높은 곳에 국사당이 있는 것을 못마땅하게 여겼기 때문이다.

인왕산에는 무학의 문도인 조생이 인왕사 주지로 활동하였다. 조생을 무학의 문도라고 추정하는 것은 다음과 같은 사실 때문이다. 즉 조생은 1393년(태조 2) 11월에 태조를 알현하고 개성의 도읍 건설에서 승려

---

178 『漢京識略』卷1, 祠廟, 木覓神祠, "南山頂有國祀堂 則木覓神祀 祀中 有畵像 俗稱 僧無學像 每於春秋木覓神祠時 祠中畵像 則移于池閣."
179 『신증 동국여지승람』 권3, 한성부 산천.
180 『정조실록』 권32, 15년(1791) 5월 6일(경진).
181 서울특별시 역사편찬위원회, 「國祀堂」, 『서울 명소 고적』, 단기 4291, 동위원회, 153쪽.

를 징집할 것을 청하였다.[182] 그는 인왕사 내원당 당주였으며[183] 정종 대 흥천사의 주지가 되었다.[184] 특히 인왕사는 무학이 비보사찰로 지정한 바 있기 때문에 인왕사 주지였던 조생은 무학의 문도였을 것이며, 조선이나 조림 등과 도반이었을 것으로 미루어 짐작할 수 있다.[185]

조생은 인왕산의 사찰인 인왕사 당주와 내원당 감주로서 활동했다.[186] 고려 말의 내원당 감주는 홍혜 국사 중궁과 구곡 각운에 이어 찬영, 천호(天浩), 조이(祖異), 원규(元珪) 등이 재임하였는데, 대개 가지산문계 태고 보우나 경한의 문도였다.[187] 그러나 조선 왕조의 창업에 참여한 무학이 태조의 왕사로 책봉되면서 왕사의 다음 승직인 내원당 감주는 무학의 문도인 조생이 맡게 된 듯하다.

조생은 스승 무학을 따라 한양 정도의 참여에 이어 한양 건설에도 참여하여 흥천사 사주가 되었다고 생각된다. 흥천사는 태조의 계비인 신덕왕후의 능침사찰로 창건되었고, 세종 때는 선종의 본산이 되는 중요 사찰이다. 이 사찰의 초대 주지는 상총(尙聰)이었고,[188] 그 후 1409년

---

182 『태조실록』 권4, 2년(1393) 11월 19일(경신).

183 『태조실록』 권11, 6년(1397) 6월 23일(계묘).;『태조실록』 권13, 7년(1398) 1월 21일(기사).

184 『정종실록』 권2, 1년(1399) 8월 12일(기유).

185 『태조실록』 권4, 2년(1393) 11월 19일(경신).祖禪은 호가 鐵虎인데 무학이 태종 2년에 회암사 감주로 임명될 때 더불어 주지로 임명된 바 있고 고려 말에 역시 무학과 더불어 조인규 가문의 원당인 과천 청계사의 주지였다. 조선에 대해서는 실록에 2건, 『양촌집』에 1건의 기사가 보이고 있다. 『태종실록』 권4, 2년(1402) 7월 13일(갑오) ; 『태종실록』 권4, 2년(1402) 8월 2일(계축);권근, 「津寬寺 水陸造成記」, 『양촌집』 권12; 이색, 「驪江縣 神勒寺 普濟舍利石鐘記」, 『목은문고』 권2, 기 :『동문선』 권73, 기 : 『한국금석전문』 중세 하;황인규, 「무학자초의 문도와 그 대표적 계승자」, 『삼대화상 연구논문집』 3, 2001;황인규, 『고려 후기·조선 초 불교사 연구』, 혜안, 2003.

186 『태조실록』 권11, 6년(1397) 6월 23일(계묘).;『태조실록』 권13, 7년(1398) 1월 21일(기사) .

187 황인규, 「백운경한과 고려 말 선종계」, 『한국선학』 9, 한국선학회, 2004;황인규, 『고려 말·조선 전기 불교계와 고승 연구』, 혜안, 2005.

188 『태조실록』 권14, 7년(1398) 5월 13일(기미).;權近, 「興天寺造成記」, 『陽村集』 권12

(태종 9)에서 세종 대 초반에 활동한 천태종 고승 행호(行乎)가 취임하기 전의 시기에는 무학의 문도들인 조생이나 운오(云悟) 또는 종안(宗眼) 등이 주지를 맡았다.[189] 당시 왕실의 가장 중요 사찰인 흥천사와 더불어 조생이 주지를 한 인왕사는 복세암 아래, 금강굴의 동쪽에 위치해 있었다.[190] 인왕사는 내원당과 더불어 중요 사찰이었던 것 같으나 자세한 사실은 알 수 없다. 훼불주 연산군에 의해 철거되었고 그 후 치폐를 거듭하다가 오늘에 이르고 있다.

<hr>

: 동문선』 권78 ; 황인규, 「조선 전기 천태 고승 행호와 불교계」, 『한국불교학』 35, 2003 ; 황인규, 『고려 말·조선 전기 불교계와 고승 연구』, 혜안, 2005.

189 『태종실록』 권17, 9년(1409) 1월 24일(정묘) ;『세종실록』 권23, 6년(1424) 2월 14일(경신) ; 황인규, 「여말선초 선승들과 불교계의 동향」, 『백련불교논집』 9, 1999 ; 황인규, 「조선 전기 천태 고승 행호와 불교계」, 『한국불교학』 35, 2003.

190 『신증동국여지승람』 권3, 한성부 불우 금강굴. 인왕산 쪽으로 조금 올라가는 길에 '치마바위'라는 곳이 있다고 한다. 여기에 큰 주춧돌이 여러 개 남아 있고 기와도 수습되고 있는 것으로 보아 이곳이 바로 예전의 인왕사가 아닌가 하는 추측을 할 수 있는데, 확실치 않다. 선학의 연구에 의하면, 인왕사의 위치와 형세에 대하여 다음과 같이 서술하였던 바 있다. "인왕사 정상은 군부대이며, 이 정상에서 서남쪽으로 골짜기를 타고 내리면 바로 유명한 인왕사 샘(泉)과 인왕사 터가 연이어지고, 서쪽 능선으로 내려오면 유명한 불상바위가 있는데, 이 불상바위는 인왕불 바위이다. 이 인왕불은 인왕산과 인왕사를 상징하는 자연불상으로 중요하며 이 바위 밑에 넓은 굴이 있는데 이것이 바로 금강굴로 알려져 있다. 바로 인왕사 터에서 서쪽이 된다. 이처럼 인왕사는 인왕산에서 가장 중요하고 가장 유수하고 가장 수행하기 좋은 곳에 위치하고 있어서 인왕산의 상징 사찰로 크게 주목받고 있는 것이다."
이에 덧붙여 인왕사의 문화재와 관련하여서도 다음과 같이 잘 정리한 바 있다. 즉 현재 절터 일부와 옛 우물 등이 창건 당시 조성된 것으로 인정되고 있다. 인왕산과 인왕사의 근거가 되는 佛巖과 불암 밑에 있던 금강굴, 정상의 복세암 터 등이 확인되었으며, 이 외 후불탱화, 괘불탱화, 영정, 불상 등이 다수 남아 있다. 문명대, 「인왕산 仁王寺의 역사와 사상」, 제105회 (사)한국미술사연구소 학술발표회, 한국미술사연구소, 한국불교미술사학회 주최 호국 인왕산 인왕사, W. 컨벤션센터 회의실, 2008.9.

(2) 인왕산과 사찰 – 내원당·복세암·금강굴·니사(尼社)

실록에 의하면, 인왕산에는 내원당, 인왕사, 금강굴, 복세암, 니사, 나한당 등의 사찰들이 있었다고 한다.[191] 이 사찰들에 대하여 좀 더 구체적으로 검토하기로 한다. 먼저 내원당에 대하여 살펴보기로 한다.

> 세종이 내불당을 창건하니(『여지승람』에 "내불당은 인왕산에 있다."고 하였다.) 공경대부와 대간·유생들이 모두 글을 올려 극력 간하였으며, 판원사 이순몽 역시 승정원에 나가서 논란하여 아뢰었다. 전교하기를, "문사가 불교를 물리치는 것은 마땅하지만, 宰臣들이 어찌 불교의 시비를 알고서 반박하는 것이냐?" 하니, 순몽이 아뢰기를, "사람들이 모두 그르다고 하기 때문에 신도 그르다고 하는 것이고, 사람들이 모두 논란하여 간하기 때문에 신도 논란하여 간하는 것입니다. 온 나라가 그르다고 하는 것을 전하께서 어찌 홀로 하실 수 있겠습니까?" 하였다.(『용재총화』)[192]

내원당은 세종이 조종(祖宗)을 위하여 인왕산에 창건한 것이라고 한다. 연구에 의하면, 태조 대 초반에 내원당은 개성에 있었으므로 인왕산에 있는 인왕사가 내원당의 역할을 하다가 그 후 1409년(태종 9) 창덕궁 문소전(文昭殿) 중장(重墻, 이중 담장) 밖에 창건되었다고 한다.[193] 하지만 1433년(세종 15) 철거되었다가 1448년(세종 30) 다시 창건되어 1470년(성

---

191 위와 같음.
192 『연려실기술』 별집, 권13, 政敎典故 僧敎, "世宗創內佛堂(輿地勝覽日內佛堂在仁王山) 公卿大夫臺諫儒生 皆上書極諫 判院事李順蒙 亦詣政院論啓 傳日 文士闢佛宜矣 宰臣何知佛之是非而駁之 順蒙對日 人皆以爲非 故臣亦非之 人皆論諫 故臣亦論諫 擧國所非之事 殿下何獨爲之 (慵齋叢話)."
193 『세종실록』 권121, 30년 7월 17일(신축), "初 文昭殿在昌德宮重墻之外."

종 1) 이전까지 존속하였다고 한다.[194] 특히 인왕산 내원당은 세종 대에 창건된 사실이 실록에 여러 번 기록되어 있지만,[195] 이는 1448년 7월 내원불당을 궁궐과 문소전 뒤에 창건된 사실을 말하는 것이다.[196] 이처럼 도성 궁궐의 내원당은 세종이나 세조 등 왕과 정희왕후 등 왕비들의 비호를 받았음을 알 수 있다.[197]

그리고 복세암은 다음의 기록에서 보듯이 안암사, 정업원 등의 비구니 도량과 더불어 국초에 비보사찰로 창건되었다.

> 예조에서 도성의 안팎을 순행하여 살피고, 경작을 금지하고 나무를 심는 등의 편의한 조목을 만들어 아뢰었다. …. 一. 국초에 도읍을 세울 때 산과 물의 향배(向背)를 살펴서 사사(寺社)를 건립하여 산수의 부족함을 도와서 재변을 진압하고 물리쳤는데, 그 후 사찰로서 복세암, 안암사, 정일암, 향실암, 수정암, 망성암, 은암, 일출암, 대고산사, 소고산사, 입암사, 도장동사, 정업원과 같은 것이 세워졌다.[198]

『신증동국여지승람』이나 『동국여지비고』에 의하면 복세암은 세조 조에 창건되었음을 알 수 있다.[199] 왕실의 중요사찰인 원각사와 내원당과

---

194 내원당의 치폐에 대해서는 다음의 논고를 참조하기 바람. 이기운, 「조선시대 내원당의 설치와 치폐」, 『한국불교학』 29, 2001. 내원당과 인왕사, 비구니 도량과의 관계에 대해서는 좀 더 깊은 천착이 필요하다.
195 『단종실록』 권10, 2년(1454) 1월 4일(병진) ; 『성종실록』 권3, 1년(1470) 2월 11일(경신).
196 『세종실록』 권121, 30년(1448) 7월 21일(을사) ; 『문종실록』 권7, 1년(1451) 4월 14일(임오).
197 『성종실록』 권10, 2년(1471) 5월 14일(병술).
198 『성종실록』 권7, 1년(1470) 9월 26일(신축), "禮曹巡審都城內外 禁耕 植木等項 便宜以啓 … 一 國初建都時 審山水向背 建寺社 以爲裨補 鎭禳災變 邇來 寺刹 如福世庵 安巖寺 淨逸庵 香室庵 首頂庵 望城庵 隱庵 日出庵 大 小高山寺 立巖寺 道藏洞寺 淨業院."
199 『동국여지비고』 제2편, 漢城府. ; 『세조실록』 권11, 4년(1458) 2월 13일(임인). ; 『용재총

더불어 왕실의 보호를 받았고,[200] 특히 왕실녀의 비호를 받았다.

> (왕이) 하교하였다. "지금 이후로는 봉선사, 회암사, 용문사, 정인사, 수
> 종사, 개경사, 상원사, 낙산사, 그리고 정업원, 복세암, 연굴암 등의 절은
> 내수사로 하여금 맡아서 검찰하게 하라."[201]

이와 같이 복세암은 봉선사·회암사·용문사·정인사 등의 사찰들과
더불어 예조가 아닌 내수사에서 감찰하도록 하는 등 왕실녀들의 보호
를 받았다. 이러한 것은 오래가지 못하였다. 즉 복세암은 도성의 서악
꼭대기에 있었고,[202] 그 밑에 위치한 인왕사,[203] 금강굴 등의 사찰들과 함께
궁궐을 내려다보는 위치에 있다는 이유로 철거되었다.[204]

또한 인왕동에는 나한당이 있었다고 한다. 즉 실록에 의하면, "경성
안의 인왕동 나한당은 귀천을 가릴 것 없이 잇달아 왕래하여, 오히려 뒤
떨어질세라 다투어서 나아가되, 금하고 막는 자가 없다."[205]는 기록이 찾
아진다. 이에 의하면, 인왕산 나한당에서는 사람들의 불교신행활동이
매우 융성하였던 것 같으나 1436년(세종 18) 그마저 철거되고 말았다.[206]

화』권1.

200 『세조실록』권45, 14년(1468) 3월 18일(무인) ; 『예종실록』권3, 1년(1469) 1월 6일(신유) ;
『성종실록』권35, 4년(1473) 10월 2일(경신) ; 『성종실록』권55, 6년(1475) 5월 10일(무오). ;
『성종실록』권91, 9년(1478) 4월 5일(병신).

201 『성종실록』권173, 15년(1484) 12월 17일(경오), "仍敎曰 今後奉先 檜巖 龍門 正因 水
鍾 開慶 上院 洛山及淨業院 福世菴 演窟等寺 令內需司 主掌檢察."

202 『연려실기술』별집 권16, 地理典故, 산천의 形勝.

203 『성종실록』권204, 18년(1487) 6월 2일(경오).

204 『연산군일기』권51, 9년(1503) 11월 9일(임신).

205 『세종실록』권72, 18년(1436) 6월 10일(을사).

206 위와 같음.

뿐만 아니라 인왕동에는 니사(尼社, 尼舍)들도 있었다고 한다. 이 니사들은 세조가 창건하도록 한 것인데[207] 유생들의 철거 요구에도 불구하고 "반석방의 두 곳 여승의 집산을 의지해 깊숙하고 궁벽하여 민가에 멀리 있어서 여러 여승이 거처할 만하고, 인왕동의 한 곳 여승의 집은 세조 때에 창건한 이유" 때문에 철거를 면할 수 있었으나[208] 언제까지 존재했는지 알 수 없다. 그 후 중종 때 승려가 인왕산에 초막을 지었다는 기록을 찾을 수 있는데,[209] 인왕산은 사찰에 대한 철폐령에도 불구하고 산사의 치폐가 거듭되었던 것 같으나 제 실상은 알 수 없다. 무엇보다도 인왕산의 산 이름을 낳은 인왕사가 산내 대표적인 도량일 것이다.

4) 나가는 말

인왕산은 한양을 진호하는 내사산 가운데 하나로 역사상 무대에서 주목받기 시작한 것은 조선 왕조가 개창된 후 한양이 국도로 선정되면서부터이다. 그 이전에는 서산(우백호) 또는 기봉으로 불리었는데, 한양 천도 직후에 인왕사가 창건되면서 인왕산이라고 불렸다. 인왕이라는 말은 불교의 금강역사라는 뜻이다. 한양이 국도로 선정된 후 왕사 무학이 주산으로 정할 것을 제안하였으나 백악산이 주산이 되므로 한양의

---

207 『성종실록』 권55, 6년(1475) 5월 27일(을해).
208 『성종실록』 권56, 6년(1475) 6월 12일(기축), "漢城府承敎 遍審都城內外尼舍以啓 命皆撤去 凡二十三所 唯盤石坊二尼舍 以依山幽僻 遠於閭閻 可處群尼 仁王洞一尼舍 以世祖朝所創 特命勿撤.";『성종실록』 권57, 6년(1475) 7월 19일(병인).
209 『중종실록』 권83, 32년(1537) 2월 20일(기사), "答弘文館曰…有乞糧僧三人 於仁王山外造成草幕."

주산은 되지 못하고 우백호에 머물고 말았다. 그 후 무학 자초를 계승하였다고 생각되는 광해군 대의 고승 성지도 왕기가 있는 땅이라 하여 중요시하였다.

하지만 무학은 양주 회암사를 축으로 하여 한양을 비보하는 4대 사찰을 지정 운영하였는데, 이는 한양을 중심으로 하는 불교계의 재편이었다고 생각된다. 아울러 인왕사를 비롯한 개운사·일선사 등 도성 안팎의 사찰을 비보사찰로 지정하였다. 그리하여 무학은 한양의 안산이자 랜드마크인 목멱산 신사인 국사당에 모셔져 백성들의 추앙을 받았다. 일제 강점기에 목멱신사는 무학 자신이 중요시하였던 인왕산으로 옮겨졌다.

인왕산에는 여러 사찰들이 창건되었을 것이나 숭유억불 시책의 강화로 현재 확인되는 사찰은 몇몇 사찰에 지나지 않는다. 산 정상의 복세암과 그 밑의 인왕사와 금강굴, 니사(尼舍), 나한당, 내원당 등의 사찰이 있었음이 확인되지만, 사림정치 시행기인 성종 대를 거쳐 연산군 대에 이르러 대부분 철거되었다.

인왕산의 사찰 가운데 특히 주목되는 사찰은 인왕사와 내원당이다. 왕사 무학의 문도인 조생이 내원당 감주와 인왕사 주지를 겸직하면서 스승 무학에 이어 한양 건설에 참여하였고 당대 왕실 원찰인 흥천사(興天寺) 주지를 역임하였다. 그리고 인왕산에는 내원당이 창건되어 한때 도성 궁궐의 왕실불교의 보루가 되었고 니사(尼舍)가 건립되어 궁궐 내 정업원 등 왕실 비구니 승방과 더불어 왕실 여성불교의 중심도량이 되었던 것이다.

4장

무학의 불교계 문도

1. 무학의 문도와 계승자

1) 들어가는 말

무학 자초(1327~1405)는 조선 왕조의 창업을 종용하고 조선 건국 직후 왕사로 책봉되어 숭유억불 운동이 전개되어 가던 시기에 불교계를 이끌었던 여말선초 삼화상 중의 한 인물이었다. 때문에 그를 추종하였던 사람들이나 문도들이 적지 않았을 것이나 알려진 인물은 거의 없다. 이는 불교계를 주도했던 세력이나 신진 성리학자들이 억불 운동을 전개해 가는 과정을 이해하는 데 매우 중요한 문제이다.

이러한 측면에서 필자는 무학을 중심으로 여말선초 불교계의 동향에 대하여 검토한 바 있으나,[1] 무학의 문도에 대해서는 깊이 천착하지 못하

1　황인규, 「여말선초 선승과 불교계의 동향」, 『백련불교논집』 9, 1999 ; 황인규, 『무학대사 연구—여말선초 불교계의 혁신과 대응』, 혜안, 2000 ; 황인규, 「고려 후기 백련사 결사정신의 변질과 계승」, 『백련불교논집』 10, 2000 ; 황인규, 「여말선초 화엄종승의

였다.[2] 지금까지 무학의 문도들에 대한 연구는 유불사상의 교체기에 있어서 호불론서를 저술했던 함허 기화(1376~1433)에 국한되어 있을 뿐이며,[3] 그 외 무학의 문도들에 대해서는 본격적으로 다루어지지 않았다.

이에 본고는 『해동불조원류』와 실록이나 제 문집류에 보이는 무학의 문도들에 대해서 살펴보고 그의 대표적인 문도가 누구였는가를 밝히고

동향」, 『불교학연구』 창간호, 2000 ; 황인규, 『마지막 왕사 무학 대사』, 밀알, 2001.
2 무학의 문도들 가운데 과단히 추정하여 잘못 이해한 인물도 없지 않았을 것인데, 이러한 점은 본고에서 바로 잡도록 노력할 것이나 매우 영세한 자료적 한계로 말미암아 그 어려움은 여전하다는 점을 밝힌다.
3 기화에 대한 연구는 아래와 같이 대부분 철학이나 불교학 또는 문학에서 많이 다루어졌지만 정작 그의 행적을 포함한 생애나 불교사적 위상이라는 측면에서 다루어진 논고는 별로 없는 것 같다. 김창규, 「함허당고-그의 별곡체가의 소개」, 『동양문화』 6·7집, 영남대 동양문화연구소, 1968 ; 고익진, 「함허의 금강경 오가해설의에 대하여」, 『불교학보』 11, 1974 ; 송천은, 「기화의 사상」, 『숭산 박길진 박사 화갑기념 한국불교사상사』, 원광대, 1976 ; 한종만, 「함허의 삼교회통론」, 『불교와 유교의 현실관』, 원광대, 1981 ; 김용조, 「기화와 현정론」, 『경상대논문집』 21, 1982 ; 박호남, 「함허당 득통의 현정사상」, 『기전문화연구』 15, 인천교육대 기전문화연구소, 1986 ; 김영태, 「조선 초 기화의 염불 정토관」, 『한국불교학』 15, 1990 ; 한경희, 「금강반야바라밀 오가해의 함허선사의 서문 설의를 통한 고찰」, 『현대와 종교』 14, 현대종교문화연구소, 1991 ; 김영두, 「함허의 금강경 설의 연구」, 『한종만 박사 화갑기념 한국사상사』, 원광대, 1991 ; 장성재, 「함허의 본체론연구」, 『동양철학』 5, 1994 ; 양헌규, 『기화의 사상에 관한 연구』, 전북대 철학과 박사논문, 1995 ; 박해당, 「기화의 심성론」, 『태동고전연구』 13, 1996 ; 박해당, 『기화의 불교사상』, 서울대 박사논문, 1996 ; 신규탁, 「함허득통에 나타난 불교윤리와 유교윤리의 충돌」, 『동방학지』 95, 1997 ; 허정희, 『기화득통의 윤리사상연구』, 동국대 박사논문, 1998 ; 박해당, 「기화의 호불론」, 『삼대화상연구논문집』 2, 불경서당훈문회, 1999 ; Müller, Albert C., 『Hamhŏ Kiha : A Study Of His Major Works』, Ph.D. Dissertation, State University of New York at Stony Brook, 1993. 밖에 아래와 같이 조선 초 유불대립 및 조화라는 측면에서 다루어진 논고가 많다. 박태원, 「여말선초의 배불과 호불논리-삼봉과 기화를 중심으로」, 『한종만 박사 화갑기념 한국사상사』, 원광대, 1991 ; 이진오, 「여말선초 척불론과 함허당의 문학적 대응」, 『불교어문논집』 1, 1996 ; 송재운, 「삼봉 정도전과 함허당의 유불대론」, 녹원 스님 고희기념논총 한국불교의 좌표』, 1997 ; 오경후, 「여말선초 기화의 선사상과 유불조화론」, 『경주사학』 18, 2000 ; 김기녕, 『조선시대 호불론 연구-함허와 백곡을 중심으로』, 동국대 박사학위논문, 2000.

자 하였다. 무학의 문도들이 조선 전기의 불교계를 주도하였다고 할 수 있는데, 그의 상수제자로 널리 알려진 기화가 과연 무학을 계승한 대표적인 문도로 볼 수 있는가 하는 의문이 일고 있다. 이는 현 학계에서 법통상 태고 보우에서 환암 혼수와 구곡 각운으로 이어지는 문도들이 조선 전기 불교계의 명맥을 계승한 것으로 보고 있는 사실과 대치되는 문제이기도 하다.[4]

따라서 무학의 문도들의 실체를 밝힘으로써 무학의 행적과 사상을 추가하거나 확인할 수 있을 것이며, 더 나아가 조선 전기 불교사뿐만 아니라 억불숭유의 분위기가 확산되던 당시 사상계 내지 사회를 이해하는 데 적지 않은 일조를 할 것이다. 그러나 기화 외에 그들에 대한 저술이나 기록은 남아 있지 않으며 몇몇 단편적인 기록으로 설명할 수밖에 없는 실정이다. 그래서 그들의 전체적인 모습은 그릴 수 없고, 그들의 존재만을 부각시킬 수밖에 없는 어려움과 한계가 있다는 것을 미리 밝혀 둔다.

2) 무학의 여러 문도들

무학은 나옹의 대표적인 계승자이고[5] 조선 초 불교계를 이끌었던 왕사였으므로 그의 문도들이 적지 않았을 것이다. 그의 문도에 대해서 가장 잘 기록되어 있을 그의 행장이나 비문 음기, 기문 등은 현재 어느 하나도 온전히 남아 있는 것이 없다. 그의 행장은 문도인 조림(祖琳)이

---

4   환암에 대해서는 다음 논고를 참고하기 바람. 황인규, 「환암 혼수의 생애와 불교사적 위치」, 『경주사학』 18, 1999.

5   황인규, 「나옹 혜근과 그 대표적인 계승자」, 앞의 논문 ; 앞의 논저 참조 바람.

지었다고 하나 남아 있지 않다.[6] 아쉬운 것은 "문인 홍예(洪預) 10여 명무학 문인의 행장이 있다."[7]라고 밝히고 있어서 범해 각안(1820~1896)의생존 시까지 무학의 문인의 행장이 있었던 것으로 보이나 그 현존 여부를 알 수 없다.

그의 비는, 1405년(태종 5)에 평원군 조박이 무학의 법호를 내리고 비를 세울 것을 왕에게 청하였고[8] 그로부터 3년 후인 1408년(태종 8)에 상왕 정종의 청으로 시호가 내려지고 탑 이름과 비가 세워졌다. 이 비 음기에는 그의 문도가 실려 있었을 것이지만, 이 비는 조선 말에 파손되는 수난을 당하였다. 즉 1821년(순조 21)에 한 유생이 자기 조상의 묘를쓰기 위하여 지공과 무학의 부도와 비가 있는 곳을 명당이라 하여[9] 파손하였다.[10] 그 후 1828년(순조 28)에 이를 본래대로 돌려 놓기 위해 부도를 바로 세우고 비석을 다시 세웠으나 문도에 관한 내용은 비문에 싣지않았다.

또한 그의 비가 일제 강점기까지 철원 보개산 남암에 있었다[11]고 하나유실되었다.[12] 만약 그의 비가 발견된다면 무학의 문도들이 실려 있을 것이므로 그의 문도들에 대한 보다 정확한 이해를 할 수 있을 것이다.

---

6 변계량, 「묘엄존자탑명」, 『동문선』 권121, 비명, "臣季良謹按 其弟子祖琳 所撰行狀."
7 梵海 覺岸, 「涵虛禪師傳」, 『동사열전』 권2 ; 『한국불교전서』 10, "初在尙州四佛山 著金剛經說誼書二本 臨終 命弟子洪預等 一本燒之 一本埋之 未久 其埋處 忽生瑞氣洪預以聞光廟 即世祖朝也 …門人洪預等十餘人 無學門人 有狀."
8 『태종실록』 권10, 5년 9월 20일(임자).
9 풍수지리가에 의하면, 무학의 묘탑과 비가 있는 곳이 백호의 콧날같이 생긴 명당이라 한다. 최창조, 「서울 천도 논의의 주역들과 무학 대사」, 『다보』, 1994 여름.
10 『순조실록』 권24, 21년 7월 23일(신미).
11 김탄월, 『유점사 본말사지』, 아세아문화사, 1942, 602쪽.
12 무학의 출생지로 알려진 충남 서산군 인지면 쑥샘마을 언덕에는 「無學大師紀念碑」가 건립되어 있으나 현대에 들어와 건립된 것으로 사료적 가치는 매우 떨어진다.

그리고 무학의 행적을 기록하고 있는 기문으로, 조선 후기 1762년(영조 38) 춘산인 제수가 지은 「은신암사적」과[13] 이와 비슷한 시기에 경암관식이 지은 「논무학사적설」[14]에서도 그의 문도들에 대한 기록을 찾을 수 없다. 무엇보다도 무학이 지었다는 『인공음』이나 그와 관련된 가장 풍부한 기록이었을 『무학국사어록』 등의 저작물이 남아 있지 않아서 안타까움을 금할 수 없다.

지금으로서는 문집류에서 나타나고 있는 무학의 문도들에 관련된 단편적인 기록들을 전반적으로 검토하여 그들의 흔적을 추적해 볼 수밖에 없다. 먼저 현재 무학의 문도들에 대해 가장 포괄적으로 전하고 있는 기록은 『해동불조원류』의 다음 내용이다.

> (나옹 혜근의 法嗣)⋯ 무학 자초 법사(法嗣), 함허 기화는 이름은 기화, 옛 이름은 수이(守伊), 호는 득통이다. 또한 중원인인데 지금의 충주이다. 아버지의 이름은 청(聽)이고 벼슬은 전객시사(典客寺事)이며 어머니는 방씨이다. 아들이 없어서 자비대성(慈悲大聖)에게 기도하였다. 어느 날 꿈에 대성(大聖)이 어린아이를 데리고 와서 그 품에 안겨 아이를 배었다. 홍무 9년 병진 11월 17일에 태어났다. 나이 21세에 출가하여 관악산에서 삭발하였다. 이듬해 정축년에 회암사에서 왕사 무학을 참방하였다. 선덕 8년 계축 4월 1일에 입적하였다. 나이는 58세, 법랍은 38세였다. 문인으로 퇴은 장휴, 월강 보경, 급암 도사, 조월 해징, 옥봉 혜진, 해수, 행희, 윤오, 달명, 홍준, 야천, 도연, 각미, 홍예, 문수, 윤징, 지생이 있었다.[15]

---

13 春山人 提殊, 「隱身菴事蹟」, 『조선사찰사료』 상, 330~531쪽.

14 鏡巖 慣拭, 「論無學事蹟說」, 『鏡巖集』 雜著編, 『한국불교전서』 10 ; 忽滑谷快天, 『조선선교사』, 동경 춘추사, 1930, 307쪽.

15 獅巖 采永, 「海東佛祖源流」, 『한국불교전서』 10, "無學自超嗣, 涵虛己和師諱己和 舊名守伊 號得通 又號無準 所居室日涵虛 俗姓劉氏中原人 即今忠州 考諱聽 官至

위의 글에서 나옹의 상수 제자로 무학을 언급한 뒤 무학의 문도 가운데 기화를 제일 먼저 기록하고 그의 주요 행적을 특기하였던 데에서 기화가 무학의 상수제자로 인식되고 있음을 알 수 있다.[16] 이는 여러 가지 면에서 이해될 수 있지만, 필자가 보기에는 억불숭유 시책이 전개되어 가고 있었고, 특히 정도전이 『불씨잡변』을 저술하는 등 억불숭유 시책에 대항하여 기화가 『현정론』 등 호불론서를 비롯한 여러 저작물들을 남겼기 때문이 아닌가 한다. 여기서 무학의 문도로 나타나고 있는 인물은 기화 외에 퇴은 장휴, 월강 보경, 급암 도사, 조월 해징, 옥봉 혜진, 해수, 행희, 윤오, 달명, 홍준, 야천,[17] 도연, 학미, 홍예, 문수, 윤징, 지생 등 17명이다.[18]

그들 가운데 대체적인 생애를 알 수 있는 인물은 기화뿐이고, 그밖의 인물에 관해서는 미미한 일부 행적이 찾아지거나 아예 별다른 기록조차 전해지지 않고 있다. 예컨대 퇴은 장휴, 해수, 행희, 윤오, 달명,

---

典客寺事 母方氏 因無子 禱慈悲大聖 夜夢見大聖 手提孩童因以有娠 以洪武九年丙辰十一月十七日生 二十一出家 到冠岳山薙髮 明年丁丑 於檜巖寺祭王師無學 宣德八年癸丑四月一日入寂 壽五十八 臘三十八 退隱莊休月江寶鏡 及庵道師 照月海澄 玉峯惠眞 海修 行熙 允悟 達明 洪俊 埜天 道然 覺眉 弘預 文秀 允澄 智生." 覺眉는 『함허당어록』에 보이듯이 己和의 문도이자 侍子 學眉의 오자인 듯하다. 「神勒寺大藏閣記」에 諸化士로 나온다. 『한국금석전문』 중세 하, 1221쪽. 실록에 1405년에 입적한 것으로 나오는 覺眉는 기화의 문도가 아니다. 『태종실록』 권9, 5년 3월 17일(임자). 그리고 埜天은 후술하는 바와 같이 埜夫이다.

16 고려 말기 조선 초기의 불교계에서 주도적인 위치는 나옹·무학 자초·기화 득통의 계통이 차지하고 있다. 최병헌, 「조선시대 불교법통설의 문제」, 『한국사론』 19, 서울대, 1988. 나옹법통설을 주창하는 경우 나옹·무학·기화로 이어진다고 보고 있으므로(서종범, 「조선시대 선문법통설에 대한 고찰」, 『논문집』 1, 중앙승가대학, 1992) 기화를 무학의 상수제자로 보고 있는 셈이다. 본고에서 후술하는 바와 같이 재고의 여지가 많다.

17 埜天은 野夫로 보는 것이 일반적이다. 야부, 「함허당 득통화상 어록」, 『함허당 화상 어록』, 『한국불교전서』 7.

18 사암 채영, 「해동 불조원류」, 『한국불교전서』 10.

도연, 문수, 윤징, 지생 등의 인물은 한 건의 기록조차 찾을 수 없다.[19] 따라서 본고는 『해동불조원류』에서 무학의 문도라고 한 인물 가운데 기화의 문도를 제외한 나머지 인물들은, 무학의 문도가 아니라는 확증적인 전거가 없는 한 무학의 문도로 보고자 한다.[20] 먼저 무학의 문도들 가운데 기화의 문도들 즉 무학의 법손이 있다는 사실을 짚고 넘어가기로 한다.

> 그의 문인 야부(野夫)는 스승의 평소의 생활과 남에게 보인 글을 기록하고 그의 시자 학미(學眉)는 그것을 세상에 널리 펴려고 출판하였다.[21]

> 정통 5년 경신 칠월일 문인 문수(文秀)가 썼다. 희양산 봉암사에 판(板)이 있다. 모연 문인은 학미, 달명, 지생, 해수, 도연, 윤오, 원징이다.[22]

위의 글에서 보듯이 야부, 학미, 문수, 달명, 지생, 해수, 도연, 윤오, 원징 9명의 인물은 기화의 문도가 확실한데, 그들 모두 『해동불조원류』에서 무학의 문도로 기록하고 있다. 그들은 무학의 문도라기보다 기화의 문도 즉 무학의 법손이다. 즉 야부는 기화의 행장을 썼으며, 학미는

19　海修의 경우는 정지 국사 쯔元 智泉의 비 음기에 이름만 찾아지고 있을 뿐이다. 「용문사 정지 국사비」, 『조선금석총람』 하. 필자가 추정컨대 해수는 무학과 지천은 나옹의 제자로 도반이었으므로 비문에 지천의 문도로 실렸을 것이다.

20　이를 인정한다고 하더라도 『해동 불조원류』에서는 그들을 무학의 문도로 기재하였을까 하는 의문은 여전히 남는다. 『해동 불조원류』에서는 무학의 문손을 포함한 문도들을 기재하였던 것이 아닐까 한다.

21　己和, 「함허당득통화상 어록서」, 『함허당득통화상어록』, 『한국불교전서』 7, "門人野夫 記平日施爲示人句偈 侍者學眉 欲廣布於世 俾鋟于梓."

22　野夫, 「함허당득통화상 행장」, 『함허당득통화상어록』, 『한국불교전서』 7, "正統五年庚申 七月日 門人 文秀書留板曦陽山鳳岩寺 募緣門人 學眉 達明 智生 海修 道然 允悟 元澄."

그것을 출판하였던 기화의 문도였다. 문수는 『함허득통화상어록』의 판본을 썼으며, 달명, 지생, 해수, 도연, 윤오, 원징은 학미와 더불어 모연 문도이다.[23]

　그리고 홍준도 기화의 문도인 듯하지만 무학의 문도이다. 홍준이 불법승의 보배로운 까닭을 묻자 기화가 다음과 같이 말하였다.

> 세상이 보배롭게 여기는 것은 금과 옥이다. 대개 금옥은 세상이 소중히 여기는 것이며, 사람들이 사모하는 것이다. 승려는 오덕과 육화를 갖추어 해행(解行)이 세상에 뛰어나고 용의(容儀)가 특히 빼어나며 사람들이 알지 못하는 것을 알고 사람들이 행하지 못하는 것을 행하여 사람들의 표준이 되고 모든 법을 펴는 것으로 임무를 삼는다. 그러므로 불법과 함께 보배라고 일컫는 것이다.[24]

　위의 글을 미루어 보건대, 홍준은 승려가 갖추어야 할 오덕과 중생과 함께 화경(和敬)하는 육화를 갖춘 인물로 파악된다. 그래서 기화가 소사(小師)라고 존경해 마지 않았다. 기화는 1426년(세종 8)에 건물을 중영하였고[25] 경관이 뛰어난 곳에 위치한 바닷가의 청정 도량인 강화도 마니산 정수암에서 머물러 중국 여산의 백련사 고승인 여산 혜원(334~416)을 이을 만한 고승이 되라고 권하는 것[26]을 볼 수 있다. 이와 같이 홍준은 기

23　허흥식, 「제7장 중세 조계종의 기원과 법통」, 『한국 중세불교사 연구』, 일조각, 1994, 390쪽.

24　己和, 「小師洪俊 問佛法僧所以爲寶 師卽應聲答曰」, 『함허당득통화상어록』 歌頌類 : 『한국불교전서』 7, "世之所寶 金與玉也 夫金玉爲世之所重 而人人之所慕者也 僧也者 具五德 脩六和 解行超群 容儀挺特 知人之所未知 能人之所未能 人中之標準 諸方眼目 道俗同歸 人天共尊 以佛爲師 弘法爲任 得與佛法 並稱爲寶."

25　안진호, 『전등사 본말사지』, 1931, 아세아문화사, 1978, 105쪽.

26　己和, 「勸俊上人住摩利山淨水菴」, 『함허당득통화상어록』, 『한국불교전서』 7, 244쪽.

화가 소사(小師)라고 불렀으므로 그의 도반 즉 무학의 문도이다.[27]

또한 무학의 문도 가운데에는 나옹을 추종하였던 인물들이 나타나고 있으므로 그들도 나옹의 문도 즉 무학의 문도일 수 있으나 다음의 글에서 보듯이 월강 보경과 급암(及菴)은 무학의 문도이다.

근세의 승려[浮屠] 중에 가장 저명한 사람은 나옹이다. 호가 강월헌인데 대개 형상이 나타나 천기에 응한다는 뜻을 취한 것이다. 이로부터 그의 도를 존숭하는 사람들이 대개 물과 달을 취하여 스스로 호하였는데, 작은 데서 취한 것으로 계(溪)·간(澗)자를, 큰 데서 취한 것으로 호(湖)·해(海) 자를 삼는다. 이는 물은 큰 것과 작은 것이 있으나 달은 다름이 없고 사람은 지혜롭기도 하고 어리석기도 하지만 본성만은 선하지 아니한 사람이 없으므로 비유를 잘했다고 할 것이다.

지금 보경이 호를 월강이라고도 하였는데, 이는 나옹의 호를 거꾸로 맞춘 것이다. 대저 강이나 달을 나옹이 어찌 사유할 수 있는 것이겠는가. 비록 그가 스스로 호를 삼은 것을 나의 호를 삼아도 되는 것이다.[28]

> 구름처럼 떠돌아다니다가 어느새 8월인가. 지금까지 지난 곳은 한갓 좋은 산천뿐이었는데, 왕방산 한 방에서 회포를 나누나니, 금향로에 향불은 사라지고 해가 산에 오르네.[29]

---

27 洪俊은 기화의 문도인 演慶寺 주지였던 洪濬과 동일 인물일 수 있으나 다음과 같은 이유로 다른 인물이다. 洪濬은 金守溫(1409~1418)의 형이자 기화의 문도인 信眉와 『영가집』의 교정을 보았던 사실에서 알 수 있듯이(『金剛經五家解說宜』卷下, 附「御製跋」, 『한국불교전서』 7) 후대의 다른 인물이다.

28 權近, 「月江記」, 『양촌집』 권14, 기 ; 『동문선』 권80, 기, "近世浮屠最顯者曰懶翁 號江月軒 盖取現像應機之義 自是師其道者 多取水與月以自號 取之於小則曰溪曰澗 取之於大則曰湖曰海 水有大小而月無不同 人有智愚而性無不善 可謂善取譬矣 今寶鏡又以月江號之 是專取懶翁之號而倒稱之 夫江也月也 懶翁豈得而私之哉."

29 己和, 「月江鏡及菴道二尊宿 皆我門兄也 相別有年矣 戊申秋八月 會王方山樂道庵

위의 글 가운데 전자는 권근이 보경에 대하여 기문을 남긴 것이다. 월강은『해동불조원류』에 '보경'이라 나오고 있으며, 위의 글에 그의 호가 '월강'이라 하였고 기화도 '월강경(月江鏡)'이라 하여 월강 보경(月江 寶鏡)임을 알 수 있다. 이에 의하면, 그는 나옹과 호를 거꾸로 쓸 정도로 나옹을 존경하였다. 따라서 권근은 "저절로 체와 용이 분간되었으므로, 강월이라 하면 본체에 소원(溯源)하는 것이고 강이라 하면 본체로 말미암아 그 작용에 달하는 것이다. 본체와 작용의 근본이 같고 위와 아래가 간격이 없는 것이므로, 사는 이를 두고 체득하고 성찰한다. 언제나 마음의 본체가 담연히 맑고 밝게 함으로써, 사물에 응하는 작용이 감촉대로 틀리지 않게 달이 강에 비치듯이 하고 강에 달이 뜨듯이 한다면 그를 강월이라 하여도 되고 월강이라 하여도 될 것이다."[30]라고 했다.

위의 글로써는 보경이 나옹을 매우 존경하였으나 그가 나옹의 문도인지 무학의 문도인지 확연하게 알 수 없다. 불교계의 거목이었던 나옹의 도를 존숭하는 사람들은 대개 물과 달을 취하여 스스로 호를 지었는데 계·간 자 혹은 호·해 자를 썼던 것 같다. 이는 단적으로 나옹의 상수제자인 무학도 계월헌(溪月軒)이라는 호[31]를 쓰고 있는 데서 알 수 있다.

그리고 후자의 글에서 볼 수 있듯이 기화는 월강 보경과 급암 두 존숙이 다 내 문형이라고 하였으며 서로 간에 교유가 이루어지고 있었는데, 1428년(세조 10) 8월에 왕방산 낙도암(樂道菴)[32]에서 만나 밤을 새우

論懷達旦 因以贈之」,『함허당득통화상어록』:『한국불교전서』 7, 시, "跋涉雲遊八
月天 所經徒是好山川 王方一室論懷處 香盡金爐日上巓."
30 權近,「月江記」,『양촌집』 권14, 기;『동문선』 권80, 기.
31 이색,「題溪月軒印空吟」,『목은문고』 권13, 발 :『동문선』 권102, 발, "溪月軒 其所居也."
32 낙도암은『한국사찰전서』에 경기도 개성군 천마산에 있다고 하였고 왕방산은 경기

면서 정담하고 시를 주었다고 하였다. 이러한 사실을 미루어 볼 때 월강 보경은 나옹의 문도인 듯하지만 급암과 더불어 기화가 문형으로 불렀으므로 기화의 도반, 즉 무학의 문도라고 볼 수 있다. 그리고 급암도 『해동불조원류』에 나오는 급암 도사로, 기화가 문형이라 불렀으므로 그도 기화의 도반이면서 무학의 문도임을 알 수 있다.

이상에서 살펴본 바와 같이 『해동불조원류』의 18명 가운데 함허 기화, 퇴은 장휴, 조월 해징, 옥봉 혜진, 행희, 홍준 등은 무학의 문도이며 그 나머지는 무학의 증법손인 것으로 보인다.[33]

그 외에 무학의 문도는 실록이나 문집류 등의 기록에서 더 추가할 수 있다. 무학의 비문에 조림(祖琳)이, 실록에 신총(信聰), 신당(信幢), 신우(信祐), 입선(入選)이, 문집류에 청풍헌(淸風軒) 적봉 신원(寂峯 信圓), 죽계헌(竹溪軒) 신회(信廻), 조월 해장(照月 海澄)과 회월헌(淮月軒) 옥봉 혜진(玉峯 惠眞), 급암(及菴)이, 사지류에 영암(玲巖)이 찾아지고 있다. 이와 같이 무학의 문도는 모두 20여 명쯤 되는 셈이다.

그들 외에 무학의 문도일 가능성이 있는 인물인 혜징(惠澄), 철호 조선(鐵虎 祖禪), 조생(祖生)에 대하여 살펴보기로 한다. 이성계가 왕이 될 것이라 예견했던 혜징(惠澄)이라는 인물이 있다.

> 또 태조가 왕이 되기 전에 상명사(相命師) 혜징(惠澄)이 은밀히 그 친한 사람에게 말하였다. "상은 거성이다. 아래도 마찬가지이다. 내가 많은 사람의 관상을 보았지만, 이 같은 사람은 보지 못했다." 그 친한 사람이 물

도 양주에 있으므로 어디를 말하는지 다소 혼란스럽다. 추정컨대 기화의 행적으로 미루어 볼 때 현등사에서 가까운 양주 왕방산을 지칭하는 것 같다.

33 『禪學大辭典』(駒澤大學 禪學硏究所 編)에서는 무학의 문도로 퇴은 장휴·월강 보경·급암·득통 기화·조월 해징·옥봉 혜진을 들고 있다. 같은 책, 부록 23쪽.

었다. "타고난 운명이 비록 좋다고 하지만 아무리 올라가도 지위가 재상 밖에 더 하겠는가?" 혜징이 말하였다. "만약 재상 정도라면 무엇 때문에 말하겠는가? 내가 상을 본 바로는 임금의 운명이다. 그는 반드시 왕 씨를 대신하여 흥할 것이다."[34]

위의 글에서 보는 바와 같이 혜징은 이성계가 왕이 될 것이라고 예견하였던 상명사(相命師)였으며, 이러한 내용은 실록과 조선 후기 야사집에도 그대로 실려져 있다.[35] 혜징이 상명사로 나오지만, 무학의 문도이다. 이와 유사한 내용이 무학이 그의 스승 나옹과 더불어 이성계의 부친 이자춘이 사망했을 때 그의 묘터를 잡아 준 사실이 야사에 실려 있기도 하며[36] 청허 휴정이 지은 「석왕사기」[37]에서도 나타나고 있다. 이러한 내용은 무학이 이성계에게 1383년 무렵 혁명을 종용하였던 사실을 나타내는 것이다.[38] 따라서 무학의 이러한 사업에 혜징도 참여하였을 것이며, 그도 무학의 문도였을 가능성이 많다.[39]

또한 무학의 문도로 그가 말년에 회암사에 머물면서 비보사찰을 지정하는 데 참여한 철호 조선과 조생 등의 인물들이 있었다. 조선은 『선학대사전』에 설 운악(雪 雲岳) 상인(上人)의 문도로 나타나지만, 다음의

---

34 『용비어천가』 제29장, 『한국전통문화연구』 9, 효성여대 전통문화연구소, 1994, 67~68쪽 ; 『연려실기술』 권1, 태조조 고사본말, "今古 未聞相命師惠澄 私謂其所親 日 吾相人之命多矣 無如李(諱)者或曰 賦命雖善位極於冢宰耳 澄曰若冢宰何足道哉 吾之所相者 君長之命也 其代王氏 而必興乎(龍飛御天歌)."
35 『태조실록』 권1, 1년, 7월 17일(병신) ; 李廷馨, 『東閣雜記』 上, 本朝璿源寶錄, 『대동야승』 53, 국역본 13, 330쪽.
36 車天輅, 『五山說林草藁』, 『대동야승』 권5.
37 淸虛 休靜, 「雪峰山 釋王寺記」, 『한글대장경』 151(청허당집 삼가귀감) ; 『조선사찰사료』 하, 함경도.
38 황인규, 앞의 논저를 참조 바람.
39 혜징이 무학의 도반일 가능성도 전혀 배제할 수 없다.

두 글에서 보는 바와 같이 무학의 문도일 가능성이 많다.

> 왕사 자초를 회암사의 감주로 삼고, 조선(祖禪)을 주지로 삼았는데, 이는 태상왕의 뜻을 따른 것이었다.[40]

> 임금이 회암사에서 태상왕에게 문안을 드렸다. 이에 앞서 태상왕이 왕사 자초의 계를 받고 고기를 드시지 않아 날로 점점 야위어 갔다. 임금이 이 말을 듣고 환관을 시켜 자초에게 말하였다. "내가 태상전에 나가서 헌수(獻壽)하고자 하는데 만일 태상왕께서 고기를 드시지 않는다면 내가 장차 왕사에게 허물을 돌리겠다."
> 무학이 근심하고 두려워하여 회암사를 물러나와 작은 암자에 나가 있었다. 임금이 온다는 말을 듣고 회암사 주지 조선과 함께 태상왕께 아뢰었다. "임금께서 고기를 드시지 않아 안색이 점점 야위셨습니다. 저희들이 오로지 전하[上位]께서 부처님을 좋아하시는 은혜를 입어 미천한 목숨이 편안히 지내고 있는데 지금 전하[上]의 안색이 야위신 것을 뵈니 저희들의 목숨이 오래가지 않을 것을 알겠습니다."
> 태상왕이 말하였다. "국왕이 만일 나처럼 부처를 숭상할 수 있다면 내가 마땅히 고기를 먹겠다." 임금이 술잔을 올리자, 태상왕이 이를 허락하면서 얼굴빛이 편안하고 온화해졌다. 임금이 기뻐서 삼현(三絃)을 들여와 연주하도록 명하고 고기 없는 음식을 올렸다. 태상왕의 마음을 거스를까 두려워서였다. 태상왕이 조용히 임금에게 말하였다. "왕사가 술을 마시고 고기를 먹으면 죽어서 반드시 머리 없는 벌레가 된다고 말했기 때문에 고기를 먹지 않는다."[41]

---

40 『태종실록』 권4, 2년 7월 13일(갑오), "以王師自超爲檜巖監主 以祖禪爲住持 從太上王之志也."

41 『태종실록』 권4, 2년 8월 2일(계축), "上朝太上王于檜巖寺 初 太上王受王師自超戒 不御肉膳 日漸消瘦 上聞之 使宦官言于自超曰 子欲詣太上殿獻壽 若太上王不御肉膳 子將歸咎於王師矣 超憂懼 辭檜巖出居小菴 聞上至 與檜巖住持祖禪告太上王曰

위의 글은 태종이 불교계에 대해서 대대적인 탄압을 가하려고 할 때 무학이 이성계와 더불어 비보사찰을 보호하고자 한 내용이다.[42] 이를 통해 보면 조선은 호가 철호이며 무학이 1402년(태종 2)에 회암사 감주로 임명될 때 더불어 주지로 임명된 인물이고, 고려 말 무학과 더불어 조인규 가문의 원당인 과천 청계사[43]의 주지였음을 볼 때[44] 무학의 문도라고 추정된다.

조생은 1403년(태조 2) 11월에 태조를 알현하고 개성의 도읍 건설에 승려를 징집할 것을 청하였다.[45] 그는 인왕사 내원당 당주였으며[46] 정종대 흥천사의 주법이 된 승려였다.[47] 인왕사는 무학이 비보사찰로 지정한 바 있기 때문에 인왕사 당주였던 조생은 무학의 문도였을 것이며 조선이나 조림 등과 도반이었을 것으로 추정된다.

마지막으로 위에서 살펴본 인물 외에 기화의 어록에 나타나고 있는 상우 상암(尚愚 上菴)과 야운 각우(野雲 覺牛)에 대하여 짚고 넘어가기로 한다. 기화가 나옹의 시자인 야운 각우에 대한 게송을 읊고 있으며, 그가 나옹의 적자라고 한 상우 상암에 대하여 특기하고 있어서 무학의 문도일 가능성을 전혀 배제할 수 없기 때문이다.

각우는 호가 야운 또는 몽암(夢巖) 노인이며 이름은 우이다. 그는 나

上不御肉膳 顔色消瘦 吾輩專蒙上位好佛之恩 以安微生 今覩上之顔色消瘦 知吾輩之生不久也 太上王曰 國王若能如子之崇佛 則子當食肉矣 上入進杯 太上王許之 顔色安和 上喜 命三絃入奏 進以素膳 恐忤太上之意也 太上王從容語上曰王師曰 飮酒食肉 則後生必爲無首蟲 故子不食肉也."

42 이에 대해서는 황인규 앞의 논저를 참조 바람.
43 황인규,「조인규 가문과 수원 만의사」,『수원문화사 연구』2, 1998 참조 바람.
44 이색,「안심사 지공나옹사리석종비」,『한국금석전문』중세 하, 1226쪽.
45 『태조실록』권4, 2년 11월 19일(경신).
46 『태조실록』권11, 6년 6월 23일(계묘);『태조실록』권13, 7년 1월 21일(기사).
47 『정종실록』권2, 1년 8월 12일(기유).

옹의 대표적인 제자 가운데 한 인물로 나옹의 시자였다. 그는 1376년(우왕 2) 나옹이 입적하자, 도반인 중영 각웅(仲英 覺雄)[48]과 함께 중국으로 들어가 법을 구하려 했다. 이에 이숭인과 권근 등 당대의 문인들이 시를 지었으며,[49] 기화도 칠언 절구의 시를 다음과 같이 지어 보냈다.

> 강월헌 앞에는 강달이 밝은데,
> 야운당 위에는 들구름이 한가하네.
> 구름빛과 달빛이 서로 빛나는 곳에,
> 한 집이 허를 머금어 몸이 절로 편하네.[50]

여기에서도 기화가 나옹을 추종했던 각우를 부러워하는 듯하다.[51] 그는 현재 우리나라 승려의 대표적인 소의경전인 『자경문』 1권을 지었으며[52] 『나옹화상어록』을 교수하고 이색에게 서문을 청하였다.[53] 따라서 각우는 나옹의 문도이며 기화가 존경했던 인물 가운데 한 사람이었다. 이러한 부류의 인물로 상우 상암이 있었음을 다음과 같은 글에서 알 수 있다.

---

48 李穡,「仲英說」,『牧隱文藁』 卷10, 說.

49 權近,「贈玗野雲上人後序」,『양촌집』 권15, 서;李崇仁,「題野雲詩卷」,『도은집』 권2, 시.

50 己和,「贈懶翁侍者覺牛號野雲」,『함허당득통화상어록』:『한국불교전서』 7, 시, "江月軒前江月白 野雲堂上野雲閑 雲光月色交輝處 一室含虛躰自安."

51 李穡,「爲玗師題璥菴卷」,『牧隱詩藁』 卷6;李崇仁,「題牛師野雲軒詩卷」,『陶隱集』 卷2, 시 ; 金九容,「野雲軒」,『惕若齋學吟集』 卷下, 시 ; 金宗直,「贈野雲吾方外友螺上人之門徒也……」,『佔畢齋集』 詩集, 卷23, 시.

52 이지관,『한국불교소의경전 연구』, 보련각, 1969;동국대 불교문화연구소,『한국불교찬술문헌 목록』, 동국대출판부, 1975;김영태,「三師 合集 初發心自警」,『한국불교고전명저의 세계』, 민족사, 1994, 270~273쪽.

53 李穡,「普濟尊者語錄序」,『나옹화상어록』:『한국불교전서』 6.

산승은 예전에 간략히 공양을 베푼 일이 있었으나, 지금 이 단 앞에 서서 다시 붉은 정성을 표하는 것입니다. 생각하면 대화상은 겁외의 바람은 가슴속에 간직하고 강월헌 앞에 홀로 뛰어나 부소산 아래 암자를 짓고 시름없이 세월을 보냈습니다.

그리하여 돌아가신 뒤에는 남은 자취 없이 누가 강월헌의 적자임을 믿겠습니까? 산승은 옛날 다행히 화장산에서 만나 한번 직접 보고는 그 가풍을 다 보았던 적 있습니다. 그 후에는 늘 공양해 받들려 하였으나 인연이 어긋나 뜻을 이루지 못했습니다.[54]

이제 막 세상을 떠나신 조계 대선사 상우 상암 각령은 자세히 듣고 살펴보십시오. … 상암 각령은 80여 년 동안 환해에서 놀다가 오늘 아침 손을 떼고 고향으로 돌아갔습니다. ….

존형은 명민하기 사람에 지났고 견식은 남보다 뛰어났으므로 조계산문에 발을 붙이니, 그 이름이 치림을 흔들었습니다. 세상의 무상함을 관찰하여 지금까지의 그름을 갑자기 알고 한 번 강월헌(江月軒)을 찾아 법요를 들은 뒤에는 특히 마음이 열리어 결정적인 뜻을 세우고는 곧 그 스승 앞에서 큰 서원을 세웠습니다. ….

그 뒤로는 선실의 한 방에서 정진하는 사람들을 따라 수마를 물리치고 21일을 지냈습니다. 마음 쓰기가 너무 지나쳐서 불행히도 병이 생겼습니다. 그로부터는 화두를 들고 참선하며 공부하였으나, 그 공은 1궤가 모자랐던 것입니다.

그리하여 삼보를 수리하거나 경영하기도 하고 불상을 만들거나 경전을 찍기도 하여, 우선 내세에 가서 도를 얻을 인연을 지으면서 출가한 본뜻을 잃지 않았던 것이며, 이렇게 세월을 보낸 것이 60여 년을 지냈는데 지

---

54 己和,「配石室塔」,『함허당득통화상어록』:『한국불교전서』7, 문, "山僧昔年 略陳供儀 今向壇前 再表丹忱 恭惟大和尙 懷藏劫外家風 獨步江月軒前 卜築扶蘇山下 倘佯消遣日月 不有身後遺蹤 誰信江月嫡子 山僧昔年 幸會華藏山上 一期擊目 見盡家風 自爾每欲供承 緣差志不得遂."

금 병이 났습니다.[55]

위의 글에서 상암은 매우 명민하였고 견식은 남보다 뛰어났으므로 조계종에 입문하여 산문에 뛰어났다고 한다. 그는 나옹을 찾아 법요를 들은 뒤에는 마음이 활짝 열리어 결정적인 뜻을 세우고 스승 앞에서 큰 서원을 세우고 선방에서 정진하였다고 한다. 특히 그는 개성의 부소산에 암자를 짓고 정진하다가 69세에 입적하였다. 그는 기화가 대화상이라 존경하고 받들고자 하였으나 존형이라 호칭하여 도반인 듯하나 강월헌의 적자라고 했듯이, 그리고 『해동불조원류』에 나와 있듯이 나옹의 문도이다. 기화가 그의 입적 후 추념 불사에 적극적으로 참여하면서 글을 많이 남길 정도로 숭앙하였던 인물이다.[56]

이렇듯 각우와 상암은 나옹을 지극히 사모하였으나 기화가 나옹의 시자나 대화상으로 불렀으므로 나옹의 문도이며 무학의 도반이었을 것이다.

이상에서 살펴보았듯이 현재 글에서 찾을 수 있는 무학의 문도는 『해동불조원류』에 나오는 함허 기화, 퇴은 장휴, 월강 보경, 급암 도사, 조월 해징, 옥봉 혜진, 홍준, 무학의 비문에 조림, 실록에 신총, 신당, 신

---

55 己和, 「爲尙愚上菴和尙下語」, 『함허당득통화상어록』 문 : 『한국불교전서』 7, "新圓寂曹溪大禪師尙愚丄菴覺靈。諦聽諦聽。諦審諦審…丄菴覺靈 八十餘載 遊於幻海 今朝直得撒手還鄕…尊兄明敏過人 見識超群 跡曹磎 名動緇林 觀世無常 忽然知非 一見江月軒 得聞法要 開特達懷 立決定志 即於師前 發大誓願云…厥后寓一禪刹 隨精進輩 打倂睡魔 經三七日 用心大過 不幸疾作 自爾叅話做功 功虧一簣 或修營三寶 或造像造經 且種來世得道因緣 不失出家本懷而已 如是消遣日月 經及六十餘載 今者疾作."

56 상암에 대한 기록은 위에 언급한 것 외에도 어록에 다음과 같은 글(「爲亡僧下語」, 「送魂下語.」, 「起龕下語」, 「下火」, 「葬畢後下語」, 「爲傑大靈駕撒下語」, 『함허당득통화상어록』 : 『한국불교전서』 7)을 남김으로써 존경해 마지 않고 있다.

우, 입선, 무학의 문도로 추정되는 혜징, 철호 조선과 조생, 문집류에 청풍헌 적봉 신원, 죽계헌 신회, 조월 해징, 급암, 사지류에 영암 등 20명으로 볼 수 있다.

3) 무학의 문도와 계승자

이상 문헌상 찾을 수 있는 무학의 문도들이 과연 누가 있었는지 비정해 보았다. 그들에 대한 기록은 너무 영세하여 대략적인 생애나 사상에 대하여 알 수 없지만, 한두 건의 기록의 편린으로 그들을 설명할 수밖에 없는 실정이다. 여기서 600년이 지난 현재에도 억불책의 분위기를 짐작케 하며, 따라서 그들에 대한 정확한 이해는 지금으로서는 불가능하지만, 한 조각의 글이라도 아껴 그들의 모습을 드러내고자 한다.

이미 앞서 살펴본 무학의 문도인 월강 보경, 급암·홍준, 그의 문도로 추정되는 혜징·조선·조생 외에 『해동불조원류』에는 무학의 문도로 실려 있지 않지만, 실록이나 기문에 나타나고 있는 무학의 문도들에 대하여 살펴보겠다.

무학의 문도로서 나옹과 무학의 행적을 추종한 청풍헌 적봉 신원과 죽계헌 신회 등의 문도들에 대해서 살펴보기로 한다.

그들에 대해서는 고려 말 당대의 문인이었던 원천석이 남긴 시문에 행적의 편린을 남기고 있는데, 먼저 신원(信圓)에 대하여 살펴보면 다음과 같다.

청풍헌 원선자는 계월헌 무학의 문도이며 이름은 적봉이고 대개 뜻을 가진 사람이다. 하루는 내 집을 지나면서 들러 말했다. "저희들이 힘쓰는 바는 오로지 강해를 건너고 산천을 밟으며 스승을 찾고 일을 본업으로 합니다. 이때문에 행각에 대한 이야기가 있는 것입니다.

우리 스승은 나옹으로부터 법을 이었으니, 저는 나옹에게로 볼 때 의리상 손자가 됩니다. … 사람은 비록 떠났지만, 행각의 자취는 완연하여 제가 남쪽으로 유람하여 한번 선사께서 유람하신 자취를 보아 평생의 뜻을 이룰까 합니다. 그래서 지금 떠납니다.”

내가 이 말을 듣고 대답하였다. “그대의 말은 옳다. 그러나 그 뜻이라면 무엇인가? 간절히 나옹을 생각하여 큰 도에 뜻을 두고 길이나 마을이 막히고 끊긴 것을 꺼리지 않고 홀로 만 리 길을 노닐면서 이름난 스승을 찾아보고 종지를 뚫어 밝히는 것이니 진실로 이로써 구한다면 스님의 뜻이 바로 나옹일 것이다. 스님은 진실로 이에 힘쓰라.

… 스님의 도와 실행은 남은 힘을 모두 갖추어서 삼관의 이치와 반야의 쓰임이 족히 밖에서 기다릴 것이 이미 없으니, 진실로 불가의 한 뛰어난 그릇이겠는가! 만약 그 가르침을 깊이 연구하고 도를 흠모하기를 심오하게 하지 않는 이라면 불가능할 것이다. …… 단지 그 뜻을 아름답게 여기고 그 행보를 장하게 여겨 시 한 수를 써서 이에 전별한다.

‘맑고 시원해라, 용의, 넓고 트였구나, 식견과 도량. 바리때 하나라서 생계는 가볍고, 만릿길 돌아가는 마음은 장하다. 아주 일찍 세속 티끌과 이별하여, 일찍이 소금과 간장이 적다 하지 않겠네. 민과 오 지방을 유랑하며 노닐더니, 초와 월 지방에서도 한가로이 방랑했네. 강가의 갈대를 타고 건너기도 하고 하면서, 항상 길 안내 맡은 지팡이도 지녔지. 종풍을 누구에게서 이었는가, 보제 대화상이지.’”[57]

---

[57] 元天錫,「送信圓禪者遊江南詩 并序」,『耘谷行錄』卷4, 시, "淸風軒圓禪者 溪月軒無學之門徒 號曰寂峯 蓋有志者也 一日過子曰 吾輩之所業專以遊江海 涉山川尋師訪道爲事 故有行脚之說焉 吾師嗣法於懶翁 吾於懶翁 義當爲孫… 人雖逝矣 行脚之遺躅完然 吾欲南遊 一觀先師遊覽之跡 以償平生之志 卽今行矣 子應之曰 圓之言也是矣 然其志則何哉 切惟懶翁 志于大道 不憚道里之險阻 單遊萬里 參訪明師 契明宗旨 苟以是求之 上人之志卽懶翁之志也 上人眞勉之哉 …且上人之道與行俱有餘力 三觀之理 般若之用 足乎已無待於外 眞釋門之一法器也 …蕭灑乎容儀 恢弘乎識量

신원은 무학의 문도로서 호는 적봉, 당호는 청풍헌이었다. 그에 대해서 자세한 사실을 알 수 없지만 당대의 문인이었던 원천석과 깊은 교유를 가졌던 것 같다. 위의 글에서 운곡 원천석이 60세 되던 해(1389년) 강남지방으로 떠나는 신원 선자를 전송할 만큼 둘 사이는 각별했던 것 같고, 그가 이에 대한 시문을 남기고 있다. 이에 의하면 그는 나옹의 종풍을 흠모하여 중국 지방을 유력하고자 하였다. 그는 중국을 떠나기 전에 무학이 집터를 잡아 주었다[58]는 원천석의 집에 들러 그의 평생 숙원인 중국 유력의 뜻이 스승인 나옹과 무학의 유람한 뜻을 새겨서 이름난 스승을 찾아보고 종지를 뚫어 밝히고자 하는 데 있다고 하였다.

그의 도는 삼관의 이치와 반야의 쓰임을 갖추었음을 말하고 있다.[59] 이는 지공의 사상 가운데 공사상을 바탕으로 전개된 무생계 사상이 무학을 통해 그의 문도에게 전해졌던 것이 확인된다. 다음은 신원보다 2년 뒤에 중국을 유력했던 죽계헌 신회(信迴)에 대하여 살펴보기로 한다.

> 삼한의 무학과 본적 두 대사는 모두 나옹의 문도 가운데 으뜸인 자이다. 나옹이 신뢰하여 기대하였고 승려들 가운데 특이하였다. 나옹이 입적한 후에 한 나라의 선객들의 존경을 받아서 존귀하고 영화로움이 대적할 이가 없었다. 상인이 두 승려의 제자가 되었으니, 나옹에게 의당 법손이다. 대개 도를 배워 닦아서 후에 모두 알았다.
>
> 이제 강절에 유력하려고 날아가 주석하려는 것은 다른 데 뜻이 있지 않

一盃生計輕 萬里歸心壯 最早離塵埃 不曾少鹽醬 閩吳爲浪遊 楚越亦閑放 欲跨渡江蘆 常携扶路杖 宗風嗣阿誰 普濟大和尚."

58 『동국여지비고』 권1, 한성부.

59 信圓은 志林·粲如·志玉·覺鋒과 더불어 慧勤의 畵像을 金剛山 潤筆菴에 봉안하고 조석으로 향화하였다는 信元과 동일인물일 가능성이 있으나(李穡, 「金剛山潤筆菴記」, 『牧隱文藁』 卷2, 記.) 확실하지 않다.

고 걸출하게 이름난 스승을 참방하고 또한 나옹의 옛 유력지를 경모하기 위한 것이다. 만약 그러고도 여력이 있으면 지행을 하며 천하의 선지식을 참방하여 반드시 얻을 것이 없고 얻을 곳이 있으며 짧은 노래를 지어 행함을 다할 것이다.

베 버선 푸른 끈 의취는 깊어서, 천하의 큰 가람을 참구하고자 했네. 두 갈래 지팡이로 뭇 봉우리 그림자 밟았고, 한 조각 구름에 만리 길 마음을 담았도다. 구멍 없는 피리와 줄 없는 거문고, 이제 가면 반드시 지음을 만나리라. 보제선사께서 노닐던 곳 보려 하면, 모름지기 평산의 옛길을 찾아야 하리.[60]

신회는 무학의 문도이며 본적 달공의 문도이기도 하였으며, 당호는 죽계헌이었다. 그에 대해서도 자세한 것은 알 수 없으나 원천석과 깊은 교유를 가졌으며, 신원과 같이 중국을 유력했던 인물이다.[61] 위의 글은 원천석이 나이 62세 되던 해인 1391년 강절(江浙) 지방으로 떠나는 신회를 전송하는 시문이다. 그도 강절에 유력하려고 날아가 주석하려는 것은 다른 데 뜻이 있지 않고 걸출하게 이름난 스승을 참방하고 나옹의 옛 유력지를 경모하기 위한 것이었다고 한다. 그의 스승이었던 무학과 달공은 나옹이 입적한 후에 나라의 선객들의 존경을 받아서 존귀하고

---

60 元天錫, 「送竹溪軒信迴禪者江遊詞 幷序」, 『耘谷行錄』 卷5, 시, "三韓無學 本寂二師皆懶翁門之秀者也 翁信而待之異於衆 及懶翁示寂之後 一國禪流敬而致禮 尊榮無對 上人投於二師爲弟子 而於懶翁 義當門孫也 蓋其學道修習 從可知矣 今欲遠遊江浙 飛錫而去 其意無他 切欲參訪明師 亦歸敬懶翁舊遊之地也 若用其有餘力之智行 歷參天下善知識 則必於無所得處有所得矣 作短歌以贐行云 鷗鵃天布襪靑縢意趣深 欲參天下大叢林 隻條杖抹千峯影 一片雲含萬里心 無孔笛沒絃琴 必應今去遇知音 要看普濟曾遊處 須向平山古道尋."
61 원천석은 그의 나이 41세 되던 해인 1370년 江浙지방으로 떠나던 覺宏을 보내면서 시를 짓고 병서를 지었다.

영화로움이 대적할 이가 없었다고 밝히고 있다. 이러한 사실은 다음의 글에서도 확인된다.

> 산문(山門) 노덕(老德)에 달공(達空)이라는 이가 있는데 호가 본적이며 처음에 지공을 섬겼고, 뒤에는 여러 곳에 참방(參榜)하였는데, 도(道)가 높고 행신이 고결하며, 지조가 더욱 굳었다. … 10여 년을 적공(積功)하자 어렴풋이 얻음이 있으므로 용문 장공(龍門 藏公)에게 찾아가 질정하였고 또 10년을 적공하고서 비로소 홍천으로 나옹을 찾아가 일전어를 하니 나옹이 좋다고 하였다. 또 10년을 적공하여 조예가 더욱 깊어졌는데 전후 문답한 무릇 몇 편의 말이 인가를 받아 법정이 되었다.
> 마침 나옹이 시적하니, 대중 가운데서 법사가 되었으며 무학 초공과 아울러 일컬어졌다. 초공(자초)은 묘리에 통달하였고 사[達空]는 독실하게 실천하는 사람이다.[62]

달공은 지공을 섬긴 후 용문 장공[63]을 찾아가 질의하였고 홍천에 머물던 나옹을 찾아가 일전어를 나누었다. 그 후 나옹의 입적 후에 무학과 더불어 나옹의 대표적인 법사가 되었다는 것이다.[64] 달공은 무학과 신조 등과 함께 이성계의 조선 건국 사업에 참여하고 다음의 사료에 보듯이 안변 석왕사 전각을 창건하였다.

---

62 권근, 「達空首座問答法語 序」, 『양촌집』 권17, 서류, "山門之老有曰達空 號本寂 初事 指空 後參諸方 道高行峻 操止益堅…積十餘載 怳若有得 就質於龍門藏公 又積十載 始謁懶翁於洪川 擧一轉話 翁乃可之 又積十載 所造益深 前後問答凡若干語 得蒙印 可 爲法正 適及翁示寂。嗣爲衆衲所歸 與無學超公並稱 盖超妙達而師篤踐者也."

63 필자는 위의 達空이 찾아갔던 龍門 藏公이 무학의 득도사인 慧明 法藏이라고 추정하고자 한다. 황인규, 「나옹 혜근과 그 대표적 계승자 무학 자초」, 『역사와교육』 5, 1997.

64 達空은 慧勤의 首座로 「安心寺 指空懶翁碑」에도 보이고 있다. 이색, 「안심사 지공나옹 사리석종비」 음기, 『한국금석전문』 중세 하, 1223~1229쪽.

홍무 27년(1394, 태조 3) 갑술년은 바로 우리 태조가 임금 자리에 오른 뒤 세 해째 되는 해이다. 비로소 커다란 절을 세웠다. 봉리군(奉利君) 신조 대사(神照大師)가 임금의 뜻을 공손히 받들어 비로소 보광전(普光殿)을 세웠다. 승통(僧統) 설오(雪悟)가 심검당(尋劍堂)을 세웠다. 개국 법주(開國法主) 계근(戒根)이 민적당(泯迹堂)을 세웠다. 달공 화상(達空和尙)이 범종루(鐘鍾樓)를 세웠다. 주지 성호(性浩)가 대장전(大藏殿)을 세웠다.[65]

『여지도서』에 의하면 달공(達空)은 1394년(태조 3)에 설오와 신조 등과 함께 안변 석왕사 범종루(鐘鍾樓)를 세웠다.

이렇듯 신회가 지공과 나옹을 추종하여 그 대표적인 제자가 되었던 무학과 달공을 스승으로 봉양하였던 사실로 미루어 신회 또한 무학의 선사상을 충실히 계승한 인물이었다고 생각된다.

다음은 무학에게 사사받거나 긴밀한 사이였던 조월 해징과 회월헌 옥봉 혜진 등에 대해서 살펴보기로 한다.

먼저 조월 해징(照月 海澄)에 대해서는 다음의 글이 주목된다.

상인(上人)은 내가 알지 못하는 처지이다. 어촌 공백공이 내게 편지를 하여 부탁하였다. "승려 해징은 일찍이 무학을 사사하였는데, 무학은 조월이라는 두 자를 써서 해징에게 주어 호를 하게 하였다. 지금 몇 해가 지났는데 아직껏 그 의를 부연한 자가 없어서 이제 나에게 기를 구하는 것이니, 그대는 사양하지 말라." … 무학이 상인을 호칭한 것은 대개 사람

---

65 『輿地圖書』下, 咸鏡道(關北邑誌) 咸鏡南道 安邊都護府 寺刹 釋王寺, '洪武二十七年甲戌卽我 太祖登極後三年始創大刹奉利君神照大師敬奉 聖旨始成普光殿僧統雪悟建尋釖堂開國法主戒根建泯迹堂達空和尙建泛鐘樓住持性浩建大藏殿二十八年乙亥命畫工大師法觀等造成地藏菩薩及十王影幀給田本寺百結羅漢殿五十結十王殿五十結合二百結奴婢二十二口華嚴經八十卷楞嚴經十卷印送.'

마다 허명 진각의 성이 있으니, 정신을 맑게 하고 고요히 하며, 지혜를 없애서 인연을 닦아 자신의 원조를 넓히면, 족히 천지를 범위하고 만유를 포괄하여, 고금도 없고 시종도 없다는 것을 이른다. 비유하자면 저 하늘의 하얀 달의 그림자가 일단 물에 젖으면 강하가 되거나 계간 천택 해곡이 되거나 그 크고 작은 것은 다를지라도 그 광영(光影)의 비추임은 조금도 다름이 없으며 달 자체도 항상 그대로 있는 것과 같다.[66]

조월 해징(照月 海澄)은 일찍이 무학에게 사사받아 조월이라는 호를 받았던 인물이다. 그에 대해서 자세한 것은 알 수 없으나 위의 글에서 보듯이 다음과 같은 사실을 알 수 있다. 그는 '조월'의 뜻을 풀지 못하고 있었는데 아마도 무학과 친한 사이였던 어촌 공백공이 정이오에게 그 기문을 부탁하였다는 것이다.

이에 의하면, 대개 사람마다 허명 진각의 성(性)이 있으므로 정신을 맑게 하고 고요히 하며, 지혜를 없애서 인연을 닦아 자신의 원조를 넓히면, 천지를 두르고 만유를 포괄하여, 고금도 없고 시종도 없다는 것에 이른다는 가르침을 무학에게서 받았던 듯하다. 이는 하늘의 하얀 달의 그림자가 일단 물에 젖으면 강하가 되거나 계간 천택 해곡이 되거나 그 크고 작은 것은 다를지라도 그 광영의 비추임은 조금도 다름이 없으며 달 자체도 항상 그대로 있는 것과 같다고 풀이하였다. 이는 마

---

66 鄭以吾, 「照月記」, 『동문선』 권81, 기, "上人 吾所不識也 魚村孔伯恭 屬筆於子曰 釋海澄嘗師事無學 無學書照月二字以與澄爲號 今幾年矣 未有衍其義者 今也因子求記於子 子毋辭焉 余聞西域之制 祝髮而服壞色之衣者 號稱比丘 謂之乞士也 謂上乞法於諸佛氏 以資慧性 下乞食於檀度 以資色身而已 機器利鈍 迷悟相殊 必恭耆碩之師 而求其警發 無學所以號上人者 盖謂人皆虛明眞覺之性 澄神靜慮 泯智修緣 廓尒圓照 則足以範圍天地 括囊萬有 曠古今而莫之終始也 譬夫皓月澄空 影涵于水爲江河爲溪澗川澤海谷者 其爲器雖殊 光影涵照 未始有異 而月之體國自若也."

치 나옹의 제자에게서 흔히 볼 수 있는 분위기이다.[67]

이로 보아 혜징은 나옹에서 무학으로 이어지는 종풍을 지녔던 인물이라 할 수 있다.

다음은 회월헌(淮月軒) 옥봉 혜진(玉峯 惠眞)에 대하여 살펴보기로 한다.

> 신미년 여름에 내가 양촌에 있는데 승려 혜진이 와서 글 배우기를 청하였다. 내가 찾아온 것을 반갑게 여기며 그 전에 종유하던 사람을 물었더니, 곧 지금의 비서 김공이었다.… 일찍이 하루는 그가 살고 있는 집의 이름을 청하기에 내가 졸재라고 명명하자, 그 말의 뜻을 묻기에 내가 말하였다. … 혜진이 듣고 나서 사례하여 말하였다. "삼가 낮이나 밤이나 공경하여 훈계하신 말씀을 잊어버리는 일이 없도록 하겠습니다."[68]

> 회월헌은 부도(승려) 진졸재(眞拙齋)의 편액인데, 무학 옹이 명명한 것이다. 양촌자가 그 말의 뜻을 물으니 졸재가 말하였다. "공(空)은 큰 각(覺)에서 생기는 것으로 바다의 한 점 물거품과 같습니다. 각의 체는 두루 미치지 않는 데가 없고 공의 성(性)은 없는 데가 없어서 온갖 만물들의 온갖 색깔이나 형상이 천만 가지로 다르나 모두 하나의 각의 속에 나타나는 것입니다. 마치 하나의 달이 하늘에 있으니, 모든 강에 나타나고, 하나의 달이 강에 있으니, 모든 배에 나뉘어 비치어 하나는 하늘에 있고 하나는 물에 있으면서 위아래가 한 가지 빛으로 혼융되어 간격이 없는 것입니다.
> 남쪽으로 가는 배도 달을 보면서 남쪽으로 가고 북쪽으로 가는 배도 달을 보면서 북쪽으로 가게 되나, 하나의 달의 본체는 남북이 없으니, 남북

---

67 권근, 「月江記」, 『양촌집』 권14 ; 『동문선』 권80, 기.
68 권근, 「拙齋記」, 『양촌집』 권11, 기류 : 『동문선』 권78, 기, "辛未夏 余在陽村 有佛者 惠眞來請業 子有跫音之喜 聞其嘗所從遊者 則今秘書金公也…嘗一日請名其所居齋 子以拙命之 問其說 余曰… 眞聞之謝曰 敢不敬共蚤夜 以無忘訓辭."

으로 나뉜 것이 달이 아니라고 하여도 안 되고 진짜 달이라고 하여도 역시 안 되는 것이니, 나뉘어 비추는 그림자에 나아가 그 나뉘지 않은 본체를 찾으면 진짜 달이 곧 나뉘어 비추는 속에 있는 것이요, 두 가지 있는 것이 아닙니다.

또한 온 천하의 물이 장강·회수·황하·한수보다 더 큰 것이 없는데, 황하는 북쪽에 있고 장강과 한수는 남쪽에 있고 회수는 중앙에 있으므로, 회수에 머물렀다가 북쪽으로 황하에 도달하고 회수를 따라 남쪽으로 장강과 한수에 도달하게 되니, 회월이라고 말한 것은 역시 하나의 달 가운데 있으면서 남북으로 나뉘어 비춤을 말한 것입니다. 이것이 나의 헌호를 명명하게 된 뜻이니 그대는 글로 써 줄 수 있겠습니까?"[69]

"세 번 부르시고 나의 사형은 도도 맞았고 마음도 같았습니다. 그러므로 오늘 특히 와서 보는 것입니다. 보기는 보지마는 어찌 옛날의 자모산 중에서는 당당한 5척의 장부의 몸이더니, 오늘 이 금강산 위에서는 다만 하나 짧은 널조각의 사람이 되었습니까? 오직 옥봉이라는 아름다운 호는 남아 예나 지금이나 다름이 없고, 호에 이미 고금이 없다면 진신에 어찌 오고 감이 없겠습니까?"[70]

---

69 권근, 「准月軒記」, 『양촌집』 권11, 기;『동문선』 권78, 기, "准月軒 浮圖眞拙齋所扁 而無學翁所命也 陽村子訊其說 拙齋曰 空生大覺 如海一漚 覺體無不周遍 而空性無乎不在 頭頭物物 色色形形 千殊萬差 皆自一覺中現者也 如一月在天 而千江普現 一月在江 而千舟分照 一在乎天 一在乎水 上下一色 混融無閒 舟南者 見月之南 舟北者 見月之北 而一月之體 無南北也 分南北者 謂之非月不可也 謂之眞月亦不可也 卽分照之影 而求其不分之體 則眞月卽在分照之中 非有二也 且夫天下之水 莫大於江淮河漢 河在北 江漢在南而准居中 泝准而北 達于河 沿准而南 達于江漢 言准月者 亦言一月在中 而分照南北也 此吾軒所以寓名之義 子能筆之否歟."

70 己和, 「(爲玉峰覺靈獻香獻茶獻飯垂語) 又下語」, 『함허당득통화상어록』, 『한국불교전서』 7, "三喚云 我與師兄 道契心同 所以今日特來相見 見則不無 乃何昔年慈母山中 堂堂五尺丈天身 此日金剛山上 只是一條短板兒 唯有玉峰嘉號 渾無古今之異 嘉號旣無古今 眞身焉有去來."; 己和, 「爲玉峰覺靈獻香茶獻飯垂語」, 『涵虛堂得通和尙語錄』, 『한국불교전서』 7.

혜진은 『해동불조원류』에 옥봉 혜진으로 나오고 있으며,[71] 당호가 회월헌 또는 진졸재였다. 혜진은 무학이 회월헌이라고 이름을 지어 준 인물이며 기화가 사형이라 부르며 도와 마음이 같았다고 할 정도로 가까운 도반이었다. 이를 통해 무학의 법이 혜진이나 기화 등 무학의 문도에게 전해진 사실을 알 수 있다.

권근(1352~1409)이 충주에 머무를 때인 1391년(공양왕 3) 여름에 혜진이 권근에게 글을 배웠는데, 어느 날 권근으로부터 진졸재라는 당호를 지어 받았다.[72] 그 글에 의하면 그는 비서 김공과도 교유하였고 권근이 붙인 이름처럼 남은 속이기 좋아하는데, 나는 부끄러워할 줄 알고 진실을 알아 이를 지키면서 살려고 노력하여 호연하게 스스로 존재하게 되고 부족할 게 없는 덕을 갖고 살았던 인물이었던 것 같다. 그가 한때 자모산에서 활동하였던 글을 찾을 수 있다.[73]

혜진은 60여 세로 금강산에서 입적하였으며 기화가 추념 불사를 하였다. 그는 아침저녁으로 대승경전을 생각하면서 발원하고 회향하였으며 염불 향사를 만들어 오로지 미타를 생각하면서 그 이름을 불렀으니, 계율에는 게을렀다 할 수 있으나 경전에는 아주 부지런한 인물이었다. 실록에는 그가 도승통이나 판교종사의 승계를 지니고 그의 제자로 상강(尙絅)과 상신 등이 탄압받는 기록이 찾아진다.[74]

다음에는 무학의 문도로 무학의 추념 불사에 참여한 신총(信聰)과 신당(信幢), 신우(信祐), 입선(入選) 등의 인물에 대하여 살펴보기로 한다.

---

71 사암 채영, 「無學」, 『해동 불조원류』 : 『한국불교전서』 10.
72 권근, 「拙齋記」, 『양촌집』 권11, 기류.
73 『세종실록』 권6, 1년 11월 28일(무진).
74 『세종실록』 권23, 6년 2월 14일(경신) ; 『세종실록』 권27, 7년 1월 25일(병신) ; 『세종실록』 권27, 7년 2월 5일(을사).

평원군 조박이 자초를 위하여 법호를 주고 비를 세울 것을 요청하였는데, 이는 그 어머니의 청에 따른 것이었다. … 사간원에서 또 아뢰었다. "승려 자초가 왕사의 칭호를 분수없이 받은 데 대해서 식견 있는 사람들이 조소하였을 뿐만 아니라 승려들도 또한 비웃었습니다. 그가 죽을 때에도 여느 사람들과 다름없이 신음하고 통곡하였으며, 다비한 뒤에도 또한 이적이 없었습니다. 그래서 본 원에서는 부도에 유골을 안치하고 시호를 내리고, 부도의 이름을 짓고, 조파를 정하며, 비명을 짓는 등의 일을 맡도록 요청하여 윤허를 받았는데, 지금 그의 문도 선사인 신총·신당·입선·신우 등이 임의로 유골을 안치하는 등 속임수를 자행하고 있습니다. 이는 밝은 세상을 어지럽히는 짓이니 마땅히 그 죄를 논하지 않을 수 없습니다. 엎드려 바라옵건대, 해당 관청에 명하여 그 직첩을 거두게 하시고, 죄상을 국문하여 법에 따라 논죄하고, 그 곳 관리에게 지시하여 그 탑묘를 헐고 유골을 없애기 바랍니다." 상소가 올라가자, 궁중에 머물러 두었다.[75]

위의 글에서 무학이 태종과 신진 성리학자들에게 비판을 받는 모습을 볼 수 있다. 여기서 나타난 무학의 문도들에 신총, 신당, 신우, 입선 등이 찾아지고 있으나,[76] 그들에 대해서 더 이상 구체적인 사실은 알 수 없다.

---

75 『태종실록』 권10, 5년 9월 20일(임자).,"平原君 趙璞 請爲自超贈法號建碑 蓋因其母尼之請也 司諫院上疏曰… 竊見自超 係出賤隸,生無可取 死無異跡 殿下乃以曾爲王師 下禮曹詳定浮屠安塔法號祖派碑銘等事 恐違殿下前日之美意 伏望追寢成命 示信於人上嘉納之 且曰 此非子意 但承上王之命耳 諫院又上言 僧自超冒得王師之號 非惟識者譏之 爲其徒者亦且非笑 及其將死 呻吟痛哭 無異平人 茶毗之後 又無異跡 本院將入塔謚號塔名祖派碑銘等事 請罷蒙允 今其門徒禪師信聰 信幢 入選 信祐等 擅安骸骨 恣行誑誕 以累明時 其罪不可不懲 伏望下令攸司 收其職牒 鞫問其狀 依律論罪 令所在官 毀其塔廟 散其骸骨 疏上留中."

76 앞과 같음.

다만 신총(信聰)은 1404년 10월 용담 대사 혜거 등과 더불어 소자본
『묘법연화경』을 판각한 신총(信摠)[77]과 동일인물로 추정된다. 1401년 5월
전 양정사 주지 근수본지우세대사(前 楊井寺住持勤修本智佑世大師)로 있
던 신총은 태상왕 이성계의 명으로 『대불정여래밀인수증요의제보살만
행수능엄경』 제1-10권을 대자로 선서케 하여 어람하고 침재(鋟梓)한 다
음 불전에 바치게 한 뒤 국조와 민생의 안녕을 기원했던 글[78]이 권근의
발에 전하고 있다.[79] 따라서 신총은 한때 양정사 주지였으며 승계가 근
수본지우세대사였던 사실을 알 수 있다.

그리고 다음의 글에서 보이는 바와 같이 무학의 행장을 썼던 조림(祖
琳)이라는 문도가 있었다.

그로부터 4년이 지난 태종 10년(1410년) 7월 상왕인 태조의 뜻으로 임금에
게 말하였다. 그리하여 임금께서 신 변계량에게 대사의 비문을 지으라고
명하시어 신 변계량이 대사의 제자인 조림이 지은 대사의 행장을 자세히

---

77 「1984~1985년 지정편」, 『동산문화재지정 보고서』, 189쪽; 천혜봉, 「조선 전기 佛書版
本」, 『서지학보』 5, 1991. 10쪽, "國王千秋 於此法華經乃至一句 受持讀誦 爲人解說
者 幷見聞道 喜尊卑 四衆及 興法界一切有精 速得圓萬果報 同生極樂耳 永樂二年
甲申十月誌 龍潭大禪師惠居 戒菴 禪悟 信惚 復元."

78 『동산문화재지정 보고서』 84~85, 서울 문화공보부문화재관리국, 1989, 100~102쪽.
보물 제759호 『大佛頂如來密因修證了義諸菩薩萬行首楞嚴經』 宋成文藏 木版本 卷
末刊記, "若善本大字楞嚴經板本 我太上王殿下命書 御覽仍命鋟梓 以廣其傳者也
盖欲追福 上及祖宗 推澤 下濟於群米 國祚以永 民生以安 幽明共賴 究竟成佛 立願
之弘 廣大無邊 命臣近跋 … 建文三年辛巳 五月日 前楊井寺住持勤修本智佑世大師
信聰書."

79 權近, 「別願法華經跋語」, 『양촌집』 권22, 跋語類;『동문선』 5, 跋. 그 판각은 당대의
일류 刻手인 明昊·善觀·中悟·惠空·智浮·金悟·盧信·任得中·金潤·崔宥 등이 동
원되었고 刊役의 감독은 內蓮古赤 通善郎 承寧府判官 尹氏가 맡았으며 그 完帙의
정각본이 오늘날 전하고 있다. 천혜봉, 「조선 전기 불서판」, 『서지학보』 5, 1991, 5쪽.

살펴보았다.[80]

현재 남아 있는 무학의 비문은 조림이 지은 행장을 바탕으로 지어진 것이며 그가 무학의 행장을 지은 것으로 보아 그는 무학 곁에서 스승을 시봉한 인물로 이해된다.

또한 충남 보령에 있는 옥계사(玉溪寺)를 창건하였다는 영암(玲巖)이 무학의 문도였다고 하나 그에 대해서도 잘 알 수 없다. 다만 영암은 무학의 문도로서 1412년에 충북 보령의 옥계사(지금의 金剛庵)를 한성부윤 권홍(1360~1446)과 옹주 이씨의 원당으로 창건하였다. 이 절에 그의 비인 「영암비구창금강암비」가 있었다고 하나 현재 파편만이 남아 아쉬움을 더해 주고 있다.[81]

다음은 무학의 대표적인 제자 가운데 한 인물로 알려진 진산(珍山, ?~1427)과 기화(己和, 1376~1433)에 대하여 살펴보기로 한다.

> 정미년 9월 어느 날 아무는 특히 대사형 진산의 혼령을 위하여 향기로운 제수로 천도함으로써 옛날에 사귄 정을 갚고 법의 기쁨의 맛을 빌려 최후의 공양에 충당합니다. 삼가 잡수시기를 바랍니다. 오거나 오지 않거나 물속의 달처럼 자취가 없고, 가거나 가지 않거나 허공 속에서 불꽃을 내는 것입니다. 그러므로 옥궁(王宮)에 강탄하였으나 도솔천을 떠나지 않으셨고, 쌍림(雙林)에서 돌아가시고도 관에서 두 발을 보이셨던 것이니 섶나무는 다했어도 불은 다하지 않는다는 비유가 그 까닭이 있는 것입니다. … 지금 진산 대사형은 꿈을 꾸고 있습니까, 꿈을 깨고 있습니까?

---

80 변계량, 「묘엄존자탑명」, 『동문선』 권121, 비명, "四年庚寅秋七月 上王以 太祖之志 言於上 上命臣季良名其塔 且爲銘 臣季良謹按其弟子祖琳所撰行狀."

81 문화재관리국, 『문화유적총람』(충청남도─사찰편), 1990.

내 스승님은 곧 사형의 스승입니다. 선사님이 진산이라 하고 사형의 이름을 지은 것은, 어찌 진산은 원래 있는 것인데 그 이름만 진산이라 부른 것이 아니겠습니까?[82]

마음은 비고 통하는 것입니다. 대선사 진산 대사형은 듣지 않음으로써 들으시고,[83]

석종은 환히 빛나고 4중은 엄숙히 벌려 섰나니, 이것은 진산 대사형의 문인들이 뼈와 종을 봉안하는 그 광경이 아닌가? 진산 대사형은 골격은 억세고 빼어났으니, 얼굴은 여위고 품위가 높았으며 가슴에는 강과 살을 간직하였고 기운은 사방을 눌렀었다. 일찍이 강월헌에 나아가 배웠고 다음에는 무학에게 배웠는데 공부는 날로 새롭고 덕은 해를 따라 높아졌으니, 소리는 산중에 떨쳤고 이름은 궁중에까지 들리었다. 처음에는 회암사에 머물렀고 다음에는 대자산에 머물렀으니, 그로 하여금 산문의 주인이 되었고 모든 납자의 우두머리가 되었다. 밖으로 보호하여 인연을 맺고 어려움에 나아가 어려움이 없게 하였으니 다니거나 머물거나 안 하는 일이 없었다.
정미년 7월 어느 날 그 문인들에게 말하기를 "목숨이란 늘릴 수 없는 것으로서 언제고 보장할 수 없는 것이오. 내 이 더러운 것으로서 언제고 보장할 수 없는 것이오. 내 이러한 몸으로 어찰을 물들일 수 없으니 다른 산으로 옮겨가야겠소." 하고 그달 하순에 하직하고 거기서 나와 이 산에 머물렀다. 한 달이 차지 못하고 과연 조그만 병으로 이내 무상을

---

82 기화, 「薦珍山和尚祭文」, 『함허당득통화상어록』 문 : 『한국불교전서』 7, "維歲次 丁未九月日 門人某 特爲大師兄珎山覺靈 假以香羞之薦 以塞交舊之情 托以法喜之味 以充寂後之饋 伏惟尙饗 來不來 水月之無蹤 去不去 空裏之發焰 所以降誕王宮 未離兜率 雙林示滅 槨示雙趺 夫薪窮而火不窮 喻有由也⋯珎山大師兄 夢耶 覺耶 我之師 即師之師也 先師以珎山 命於師者 豈非以師之固有而爲師之號也歟."
83 기화, 「爲珍山和尚獻香獻茶垂語」, 『함허당득통화상어록』 문, 『한국불교전서』 7, "當以不聞聞 聽我無說說."

보이어 세상을 떠났다. 일과 말이 맞고 앞과 뒤가 서로 맞았으니 놀랍고 이상하였다. 사형의 덕은 여기서 나타났고 문인들의 숭앙은 여기서 더욱 두터웠다.[84]

진산은 일찍이 강월헌 나옹을 찾았으며 다음에 무학에게 나아가 깨우침을 받았다. 진산이 나옹을 방문한 시기는 나옹이 원에서 귀국한 1356년부터 1376년 입적 전의 시기인 듯하며 무학도 이 시기에 찾아갔을 것이다. 특히 그는 무학에게 사사받아 그의 공부가 날로 새롭고 해를 따라 높아져서 그의 학덕과 도예는 왕궁에까지 알려지게 되었다고 한다. 물론 나옹이나 무학의 행장이나 비문에는 이러한 사실을 찾을 수 없으나 추정컨대 나옹과 무학이 그들의 스승인 지공의 유훈을 받들고 회암사를 중창하고자 하였고 무학은 조선 건국 직후 왕사로 책봉되어 회암사를 하산소로 삼았으며 삼화상의 도량으로 만들었으므로 진산도 이에 동참하였을 것으로 추정된다.

이처럼 그는 회암사에 머물렀다가 이후 대자사에 머물렀다. 그는 승가의 주인이었고 모든 스님들의 으뜸이었다고 한다. 기화가 심지 허융 대선사 진산 대사형이라 불렀다. 1427년(세종 9) 7월에 대자사에서 화산으로 옮겨가 한 달도 못 되어 세상을 떠났다. 그의 입적 시 덕이 나타났고 진산의 문인들의 숭앙은 더욱 두터웠다고 한다. 그의 문인들은 그의

---

84 기화, 「安鍾垂語」, 『함허당득통화상어록』 문 : 『한국불교전서』 7, "石鍾煥焉光曜 四衆儼然齊立 莫是珎山大師兄門人 安骨安鍾底時節麼 珎山大師兄 骨硬徑挺 貌瘦高古 智藏河岳 氣壓諸方 曾叅江月 次學無學 琢磨日新 德隨年隆 聲震林丘 名聞金闕 初住檜)岩 次住大慈 緣是爲山門之主 百衲之宗 外護緣脩 涉難無難 乃行乃止 事無不周 歲在丁未秋七月有日 忽謂門人曰 命不可延 朝夕難保 不可以我陋質 染此御刹 當移錫他山 是月下旬 辭出彼 到此山而居焉 未盈一月 果有微疾 仍示無常 即赴歸程 事與語應 前後相符 可驚可恠 師兄之德 於是乎着矣 門人之望 於是乎篤矣."

석종을 세웠다고 하나 이에 대해서 현재 전혀 알 수 없다.

다음은 기화(己和)에 대하여 살펴보기로 한다. 기화에 대해서는 행장이나 그가 남긴 저술류를 통하여 그의 행적을 비교적 자세히 알 수 있다.[85] 그런데 특이한 사실은, 앞서 언급한 것처럼 기화는 나옹이나 그의 문도인 각우 야운이나 상우 상암에 대해서 특기하고 있는 것을 볼 수 있었다. 그가 나옹을 존경하고 있는 것은 곳곳에 나타나는데, 다음 글에서도 찾아진다.

> 오대의 여러 성인들에게 공양하고 영감암에 나아가서는 나옹의 진영에 제사한 뒤에 이틀 밤을 그 암자에서 잤다.[86]

> 산들은 멀리 솟고 한 강은 깊었는데, 전각은 우거진 숲속에 우뚝 솟았네. 강월헌은 강 달 아래 밝았나니, 비로소 강월헌의 옛날 마음 알겠네.[87]

> 옛날에 강월헌이 이 산에 살았나니, 높은 자취 오늘도 아직 배회하는가. 의심 없이 공으로 받고 의심 없이 부르다가, 코끼리 수레가 다다르자마자 가서 돌아오지 않네.[88]

이처럼 기화가 나옹에 대해서 추념하는 것을 볼 수 있으며, 현재 무

---

85 기화의 행적에 대해서는 기왕의 논문에서 대체적으로 밝혀져 있다. 김영태, 「조선 초기 선사들과 그 선문종통」, 『김갑주 교수 화갑기념 사학논총』, 1994. 필자가 보기에는 기화의 행적이 좀 더 정치하게 정리되어야 할 것으로 안다.

86 野夫, 「함허당 득통 화상 행장」, 『함허당 득통화상어록』 : 『한국불교전서』 7, "供養五臺諸聖 詣靈鑑菴 薦羞懶翁眞影 信宿其菴."

87 기화, 「遊神勒 二首」, 『함허당 득통화상어록』 시 : 『한국불교전서』 7, "山下長江江上軒 軒中趣味孰能傳 徘徊不覺春陽晚 雲淨波澄月滿天."

88 기화, 「遊西原 復興寺」, 『함허당 득통화상어록』 시 : 『한국불교전서』 7, "江月當年住此山 高蹤今日尙班桓 無疑空受無疑號 象駕才臨去不還."

학의 문도는 대부분 계승 관계를 알 수 없지만, 기화의 문도는 야부와 문수, 학미, 달명, 지생, 홍준 등의 인물로 뚜렷이 계승되는 것을 볼 수 있다. 이 가운데 홍준은 연경사 주지였으며,[89] 혜각 존자 신미와 함께 『영가집』 제본의 동이를 교정하게 하고, 첨지중추원 김수온과 함께 함허 기화의 설의를 그 교정 영가집에 편입케 하였던 인물이다.[90] 그리고 홍예는 경북 상주군 사불산에 머물면서 그의 스승 기화가 임종하는 것을 지켜보았으며, 상서로움이 나타나자 임금에게 아뢰었던 인물이며, 그를 비롯한 10여 문도들이 무학의 행장에 있다 한다.[91]

또한 학미(學眉)는 기화의 시자로 『함어당어록』과 『금강경설의』를 교정 출판하였다.[92]

주강(晝講)에 나아갔다. 강하기를 마치니, 도승지 현석규(玄碩圭)가 형조의 계목(啓目)을 가지고 아뢰었다. "중[僧] 신미(信眉)의 제자 축휘(竺徽)와 학미(學眉) 등이 보은사(報恩寺)를 교종에 속하게 하고자 하여 스스로 주지를 점탈(占奪)하고 상언(上言)한 죄는, 축휘는 율이 수범(首犯)에 해당하여 장(杖)이 80대이고, 학미는 종범(從犯)으로서 장이 70대이며, 모두 환속시키는 데에 해당합니다." 임금이 말하였다. "각각 2등을 감(減)하되,

---

<ol start="89">
<li>演慶寺는『한국사찰전서』에서도 찾아지지 않으며, 경기도 풍덕에 있었던 演慶寺와는 동일 사찰인지 확실하지 않다. 참고로 演慶寺는 齊陵의 陵寢寺刹이며(『태종실록』 권9, 9년, 8월 9일(무신) ;『태종실록』 권19, 10년 4월 6일(임인) ;『태종실록』 권23, 12년 6월 1일(갑인) 조선 초에 다음과 같은 기록이 찾아지는 사찰이다. 즉 1404년(태종 14) 무렵에 衍慶寺의 주지인 恢佑가 입적하였고(『태종실록』 권27, 14년 2월 19일(계해) 성종대의 주지는 能了였던 사실(『성종실록』 권243, 21년 8월 10일(경인) 등이 찾아지므로 앞으로 조밀한 연구가 기대된다.</li>
<li>『金剛經五家解說宜』 卷下, 附, 「御製跋」:『한국불교전서』 7.</li>
<li>梵海 覺岸, 「涵虛禪師傳」, 『동사열전』 권2.</li>
<li>野夫, 「함허당 득통화상어록서」, 『함허당 득통화상어록』:『한국불교전서』 7.</li>
</ol>

환속시키지는 말라.'[93]

신미의 제자 가운데 축휘와 학미 등이 1476년(성종 7) 보은사 즉 신륵사를 교종에 소속시켜 주지를 하였다는 사실을 알 수 있다. 그 가운데 학미는 함허당 기화(1376~1433)의 제자와 동일 인물로 생각되는데 신미의 제자이기도 한 것이다. 신미는 기화보다 30여 년이나 뒤에 태어난 인물이므로 학미는 기화에게 사사받고 다시 신미에게 사사받아 제자가 된 경우라 하겠다. 따라서 신미는 기화의 제자였다고 볼 수 있다. 신미의 법형제인 세조 대의 묘각 왕사 수미(생몰년 미상)[94]와 혜각 신미(생몰년 미상)도 기화의 문도이기도 하였다.[95]

특히 세조 대의 삼화상[96]으로 불리우는 신미[97]와 그의 문도인 학열(생몰년 미상)과 등곡 학조(생몰년 미상) 등이 두각을 나타내는 등 조선 전기 불교계를 주도하였다.[98] 이렇듯 기화는 무학의 대표적인 문도로 치부되고 있는 것 같다. 기화는 그의 어록을 비롯한 저술류에서 무학에 대해서는 어떠한 흔적도 남기지 않고 있다. 다만 그의 문도가 그와 무학과 관계에 대해서 다음과 같은 한 건의 기록을 남기고 있을 뿐이다.

---

93 『성종실록』 권68, 7년 6월 5일(병자), "御畫講 講訖 都承旨玄碩圭將刑曹啓目啓曰 僧信眉弟子竺徽 學眉等 欲以報恩寺屬敎宗 自占住持上言罪 竺徽律該爲首者杖八十 學眉從者杖七十 并還俗 上曰 各減二等, 勿還俗."

94 性聰, 「王師妙覺和尙碑銘」, 『조선사찰사료』 상.

95 황인규, 「세조 대의 삼화상 신미와 묘각 왕사 수미」, 『한국불교학결집대회논집』 Vol 2 No 1, 2004.5.

96 『성종실록』 권161, 14년 12월 29일(무자).

97 信眉에 대하여는 이호영, 「승 信眉에 대하여」, 『사학지』 10, 단국대, 1976 참조.

98 황인규, 「조선 전기 불교계의 삼화상고-신미와 두 제자 학열과 학조」, 『한국불교학』 37, 2004 : 『고려 말 조선 전기 불교계와 고승 연구』, 혜안, 2005.

(기화가) 다음해 정축년 이른 봄에 회암사에 당도하여 처음에 왕사 무학 묘엄 존자를 참방하고 법요를 친히 들었다. 그리고는 무학을 하직하고 여러 산을 유력하였다. 또한 갑신 중춘에 다시 회암사에 와서 한 방에 홀로 앉아 보고 듣는 것을 끊었다.[99]

이와 같이 기화[함허 득통]는 무학에게 불법을 물은 바 있는 인물이다.[100] 즉 기화는 출가한 다음인 1397년(태조 5, 22세) 봄에 무학의 제자가 되었으며, 한동안 회암사를 떠나 있다가 1404년(태종 4, 29세) 봄에 다시 돌아와 약 3년간 머무르면서 참선 정진하였다. 무학이 입적하자 회암사를 떠나 1406년(태종 6, 31세) 여름 이후 4년 동안 공덕산 대승사에서 머물렀다.

이처럼 기화의 행적이나 어록 등 저술류에서는 그의 스승인 무학에 관련된 사실을 거의 찾을 수 없다. 더욱이 무학의 입적 시 함께하였으면서도 무학의 추념 불사나 입적에 대한 추념의 기록은 찾아지지 않는다. 이는 앞서 언급한 것처럼 기화가 무학의 스승인 나옹이나 그의 문도에 대하여 수차례 언급한 것과 대조적이다. 이러한 사실로 보아 기화를 무학의 대표적인 문도로 보기는 어렵지 않을까 한다.

무학의 문도 가운데 지공과 나옹, 무학의 삼화상의 행적이나 사상을 가장 충실하게 계승하고 있는 문도는 월강 보경, 청풍헌 신원, 죽계헌 신회, 회월헌 옥봉 혜진, 심지 허융 대선사 진산 등을 꼽을 수 있다. 그들 가운데 무학의 대표적인 계승자는 나옹에게 배우고 또한 무학에게 법을 직접 사사받았으며, 삼화상의 도량인 회암사에 머물렀던 바 있으며 조계

---

99 野夫, 「함허당 득통화상 행장」, 『함허당 득통화상어록』 : 『한국불교전서』 7, "越明年 丁丑早春 到檜岩寺 初叅王師無學妙嚴尊者 親聞法要 於是辭退本師 游曆諸山 戰戰 勤修 又甲申仲春 再到檜岩 獨居一室 杜絕視聽 動靜食息."
100 위와 같음.

산문의 주인으로 모든 승려들의 우두머리였던 진산이 아닐까 한다.

4) 나가는 말

무학 자초는 숭유억불이 전개되어 가던 조선 건국 초 왕사로서 불교를 보호하고자 노력하였던 고승이었다. 그의 그러한 노력은 무학 혼자의 힘으로 이루어졌다기보다 그와 뜻을 같이하였던 인물들과 함께하였을 것인데, 그 가운데 가장 중요한 인물은 그의 법을 사사받았던 문도일 것이다. 더욱이 그가 입적한 지 3개월 후인 1405년 11월에 본격적인 불교 탄압책이 시작되던 시기에 있어서 그를 추종했던 문도들을 이해하는 것은 무학의 행적이나 사상을 추가하거나 확인할 수 있었으며, 불교사를 이해하는 데 매우 중요한 일이다.

무학은 당대 불교계를 대표하는 왕사였으므로 그의 문도는 적지 않았을 것이지만, 기록상에 찾아지는 무학의 문도는 그리 많지 않다. 『해동불조원류』에 나오는 야부, 각미, 문수, 달명, 지생, 해수, 도연, 윤오, 원징은 모두가 무학의 문도가 아닌 기화의 문도이다.[101] 그들을 제외한 함허 기화, 퇴은 장휴, 월강 보경, 급암 도사, 조월 해징, 옥봉 혜진, 홍준, 무학의 비문에 나오는 조림, 실록에 신총, 신당, 신우, 입선, 그리고 무학의 문도로 추정되는 혜징, 철호 조선, 조생, 문집류에 나오는 청풍헌 적봉 신원, 죽계헌 신회, 조월 해징과 회월헌 옥봉 혜진, 급암, 사지류에 나오는 영암 등이 무학의 문도라고 할 수 있다.

---

101 『해동불조운류』, "虛己和師諱己和⋯退隱莊休月江寶鏡 及庵道師 照月海澄 玉峯惠眞 海修 行熙 允悟 達明 洪俊 埜天 道然 覺眉 弘預 文秀 允澄 智生." 覺眉는 『함허당어록』에 보이는 바와 같이 기화의 시자 學眉의 오자가 아닐까 한다.

그들 가운데 숭유억불운동에 맞서『현정론』등을 지은 기화[함허 득통]만이 널리 알려져 있을 뿐이며, 퇴은 장휴, 행희, 입선, 신우, 신당 등에 대해서는 전혀 알 수 없다. 다른 인물들은 단편적이기는 하지만 중요한 인물이었다는 사실의 단초를 다음과 같이 엿볼 수 있다.

무학의 문도는 앞서 언급한 기화 외에 고려 말 그와 그의 스승인 지공이나 나옹의 자취를 흠모하여 중국에 유력하였던 청풍헌 적봉 신원, 죽계헌 신회 등이 있었다. 그들은 새로운 종풍을 수용하여 불교계를 혁신하고자 하지 않았나 한다. 그리고 무학에게 사사받거나 긴밀했던 조월 해징과 회월헌 옥봉 혜진 등도 나옹의 종풍을 스승인 무학으로부터 계승한 것으로 볼 수 있다.

위의 인물들이 조선 건국을 전후한 시기에 나타나는 이들이라 한다면 무학이 불교계의 일선에서 후퇴하여 회암사에서 머물면서 태상왕 이성계와 더불어 비보사찰을 지정했던 철호 조선과 조생 등이 있었다. 또한 무학의 입적 시 그의 추념 불사에 참여하였던 신총·신당·신우·입선과 행장을 썼던 조림이 있었다. 그들은 무학과 가까이 있으면서 시봉했던 인물이며, 그 외 지방 사찰에 머물렀던 영암 등의 인물이 찾아지고 있는데 무학이 머물렀던 사찰이 전국에 60여 개 나타나므로 이러한 문도는 적지 않았을 것이다.

무학의 문도 가운데 가장 비중 있는 인물은 지공·나옹·무학의 삼화상의 행적이나 사상을 띤 인물이 될 것이다. 그러한 인물로 월강 보경, 청풍헌 신원, 죽계헌 신회, 회월헌 옥봉 혜진, 심지 허융 대선사 진산 등의 인물과 기화(1376~1433)를 들 수 있다.

기화는 무학의 만년인 1397년에 비로소 무학의 제자가 되었다가 1404년 봄부터 1405년 무학이 입적할 때까지 머물렀다. 이러한 사실로 보면 기화가 무학의 상수제자라고 볼 수도 있다. 그렇지만 기화의 어록에 무학의 스승인 나옹이나 문도에 대해서는 여러 곳에서 언급하거나 기문을 남기고 있으나 무학에 대해서는 단 한 줄의 기록도 남기지 않았다. 그럼에도 불구하고 현재 기화가 무학의 대표적인 제자로 알려진 것은 숭유억불에 대항하는 뚜렷한 저작물을 남기고 있으며 기화의 문도들에 의하여 그의 법이 계승되고 있었기 때문이 아닌가 한다.

따라서 무학의 대표적인 계승자는 기화가 대사형이라 존경했던 심지 허융 진산(?~1427)이 아닐까 한다. 그는 나옹에게 직접 인가받고 무학에게 사사받아 덕이 날로 높아져서 소리는 산중에 떨쳤고 이름은 궁중에까지 들어갔다고 하며, 산문의 주인이 되었고 모든 납자들의 우두머리였다는 기록이 있다. 여말선초의 삼화상인 지공과 나옹, 무학의 법을 가장 잘 계승한 대표적인 인물은 진산이라고 해야 할 것이다.

그리고 학미는 기화의 제자와 동일 인물로 생각되는데 신미의 제자이기도 한 것이다. 신미는 기화보다 30여 년이나 뒤에 태어난 인물이므로 학미는 기화에게 사사받고 다시 신미에게 사사받아 제자가 된 경우이다. 따라서 신미는 기화의 제자였다. 신미의 법형제인 세조 대의 묘각 왕사 수미(생몰년 미상)[102]와 혜각 신미(생몰년 미상)도 기화의 문도이기도 하였다.[103] 이에 앞서 세조 대의 삼화상[104]으로 불리우는 신미[105]와 그의 문도인 학열(생몰년 미상)과 등곡 학조(생몰년 미상) 등이 등이 조선 전기 불교계를 주도하였다.

---

102 性聰, 「王師妙覺和尙碑銘」, 『조선사찰사료』 상.
103 황인규, 「세조 대의 삼화상 신미와 묘각 왕사 수미」, 『한국불교학결집대회논집』 Vol 2 No 1, 2004.5.
104 『성종실록』 권161, 14년 12월 29일(무자).
105 信眉에 대하여는 이호영, 「승 信眉에 대하여」, 『사학지』 10, 단국대, 1976 참조.

2. 무학의 계승자 행호와 선운사

1) 들어가는 말

조선 건국 이후 태종과 그의 아들 세종에 의하여 불교계는 선교 양종 체제로 축소되었다. 조선 초 불교 탄압 시책으로 승려와 사찰, 사원전 및 사원 노비가 그 이전의 1/10로 축소되었다.

하지만 세종의 재위 말년에서 세조 대에 불교는 되살아나는 듯하여 왕비를 비롯한 왕실녀들의 신행은 매우 열성적이었다. 성종 대에 사림이 본격 등장하면서 억불 시책은 더욱 강화되었다. 즉, 1473년(성종 4) 사녀에 대한 출가 금지, 1475년(성종 6) 한양 23개 소의 비구니 도량의 철폐 등의 시책이 바로 그것이다.[106] 즉, 1476년(성종 7)에 덕종의 비인 인수대비의 수렴청정이 끝나고 성종의 친정 정치가 시작되면서 사림 정치가 본격적으로 펼쳐짐에 따라 같은 해에 비구니의 여염집 출입 금지 등등 한양 불교에 대한 본격적인 탄압 시책이 전개되었다.

조선 초 숭유 억불 시책이 전개되는 가운데 호남 지역에서 양대 결사가 이루어졌던 수선사계의 장성 백양사와 강진 백련사에서 홍법이 전개되었다.

백양사에서는 1409년에 진응 존자 희엄과 자혜 원융 대사 회극(晦極) 등이 제4차 전장 법회를 개최했다.[107] 진응 존자(眞應尊者) 희엄은 전 흥천사 주지였으며, 회극은 승록사의 최고 승직인 양가 도승록을 지낸 고승

이었다. 제4차 전장 법회는 조선 건국 후 억불숭유 시책이 단행되는 분위기에서도 백양사가 불교의 사세를 진작시켰던 단적인 사례이다.

그 무렵 천태종계 고승 중호(中皓)는 호가 회당(晦堂)[108]으로 백양사 주지에 재임하였다가 1426년(세종 8) 무렵 원주 각림사 주지[109]로 있었다. 중호는 1425년(세종 7) 무렵에는 판선종사사로서 선종계를 주관하였다.[110] 천태종 고승 행호는 세종 대 천태종사로 선종 도회소인 흥천사의 주지에 재임하면서 선종계를 주도하였다. 뿐만 아니라 태종의 둘째 아들 효령대군의 후원을 받으며 강진 백련사를 중창하였다.[111]

『성종실록』에 의하면, "전라도 내의 사사가 대읍에는 백여 소나 되었고 소읍에는 40~50소였으며, 또 새로 창건되는 사찰도 많았다."[112]라고 한다. 억불 시책이 본격화되어 가던 성종 대 전라도 지역에 이렇듯 사찰이 많았는지 의심이 가지만, 지방 사찰의 흥성함을 엿볼 수 있을 듯하다. 실제 조선 초 무렵 장성 백양사와 강진 백련사뿐만 아니라 고창 선운사도 성종 대 왕실의 대군의 후원으로 중창되었다.

본고에서는 이러한 선운사(禪雲寺)의 고승들 가운데 숭유억불기인 조선 초 고승인 행호(幸浩)와 세조의 아들 덕원군(德源郡)의 선운사 불사

---

108 「晦堂中皓禪師 題詠詩」, "武陵異境的依俙 谷密雲深石徑微 突兀山光常聳碧 澄淸
溪影畫涵暉 前賢妙跡如烟散 代謝遷移若鳥飛 繼席於焉心有感 如今萬事盡皆非 朱
墨少閒日 名山晚始遊."; 황인규, 「고려 말 조선 전기 장성 백양사의 역사와 고승」,
『한국사상사학』 65, 2020.
109 『세종실록』 권31, 8년(1426) 3월 9일(계묘).
110 조선총독부, 『조선사찰사료』 상, 179~181쪽 ; 허흥식, 「14·15세기 정토사의 고문서」,
『한국의 고문서』, 민음사, 1988.
111 황인규, 「조선 전기 천태 고승 行乎와 불교계」, 『한국불교학』 35, 한국불교학회,
2003.
112 『성종실록』 권259, 22년 11월 29일(신축), "特進官朴安性啓日 臣爲全羅道觀察使 道內
寺社 大邑則幾至百餘 小邑則四五十 又多新創."

를 통해 선운사 역사의 일면을 살펴보고자 한다. 여기서의 행호는 앞서 언급한 조선 초 천태종의 마지막 고승이라고 할 행호(行乎)와는 다른 인물이며, 선운사의 사적에 의하면, 행호는 조선 왕조의 최초이자 마지막 왕사인 무학의 문손이며, 그 행호의 제자로 종심(終諶)이 활동하였다. 덕원군은 조선 초 흥불 군주인 세조의 아들이며, 그의 어머니 근빈(謹嬪) 박씨는 만년에 비구니로 출가하였다.

그들의 선운사 불사는 조선 초 불교의 탄압이 가속화되던 시기에 흥법 사례의 표본이다.[113] 본고가 선운사의 호남지역에서 위상을 정립하기 바라마지 않으며, 나아가 불교계와 불교사의 의의를 되찾기를 기대한다.

2) 무학 왕사의 문손 행호 극유(幸浩 克乳)

(1) 무학 왕사와 문도 신산(信山)과 영암 일옥(玲巖 日玉)

선운사 기문에 의하면, 행호의 스승인 무학 자초와 신산(信山)과 일옥(日玉)이 활동하고 있었음을 알 수 있다. 무학의 문도라고 하는 신산 화상과 신승(神僧) 일옥은 선운사의 기문 외에는 여타의 기록에서 거의 찾아지지 않는다. 기록으로 처음 등장하는 것은 아래에서 인용한 두 기문에서이다.

---

113 그동안 선운사의 역사(미술 건축 분야 제외)를 조명한 연구는 다음과 같다. 김상현, 「선운사 창건설화의 고찰」, 『신라문화』 33, 2009 ; 최성렬, 「선운사의 고승대덕」, 『신라문화』 33, 2009 ; 오경후, 「조선 전기 禪雲寺의 중창과 전개」, 『신라문화』 33, 2009 ; 이기선, 「高敞 禪雲寺에서 새로 발견된 造像 資料」, 『역사와실학』 14, 1976. 그리고 선운사, 「兜率山 禪雲寺誌」, 2003 등이 있다. 호남지역 불교를 논한 논고에서조차도 어찌 된 일인지 선운사의 위상에 대하여 언급하지 않은 것은 다소 의문이 들기도 한다.

나이 17세에 아미산 문수암에서 무학 대사가 손수 깎아준 제자 명사 신산 화상과 신승 일옥을 스승으로 모시고 법을 받아 참된 선풍을 이었으니, 친히 도호를 행호라고 하였다.[114]

위의 인용문에서 보이는 바와 같이 선운사를 3창한 행호(幸浩)의 스승 신산과 일옥은 1483년의 기문에 처음 등장하고 있으며 1707년 기문에서 다시 찾아지고 있는 것이다. 그들은 고승 행호가 선운사를 중창하여 전해진 것으로 15세기 말 이후의 기록이다. 아미산 문수암에서 무학의 제자 신산과 일옥을 스승으로 모셨다고 하므로 무학도 문수암(文殊庵)에서 주석하였다고 할 수 있다. 이러한 내용은 비문을 보아도 이러한 사실이 찾아지지 않는다. 예컨대 무학의 행적을 가장 포괄적으로 담고 있는 기록인 춘정 변계량의 「묘엄존자탑명」[115]에서도 찾을 수 없다.

아미산은 본래 보현보살이 상주한다는 산이다. 여기서는 무학의 문손인 행호가 그의 출생지인 비인에서 멀지 않은 서천 대둔산 천방사 앞에 있는 만덕사(萬德寺)를 거쳐 왔다고 하였으므로 현재 충남 당진시 면천면 죽동리의 아미산을 지칭하는 듯하다. 퇴경당 권상로(1879~1965)의 『한국사찰전서』에 문수암은 충남 남포 아미산(峨眉山)에 있다는 선운사 사적을 인용하고 있다.[116] 따라서 문수암은 당진 아미산[117] 문수암이 확

---

114 「德源君 別願堂 禪雲山 禪雲寺 重創 山勢事跡 形止案」, 선운사, 『도솔산선운사지』, 성보문화재연구원, 2003, 110~111쪽, "尋師 舒川地大花山千方寺前 萬德寺住持大禪師覺空前 十三歲机髮削鬚 親奉法号克乳 受五戒十戒 誦經念佛 日夜不輟 年至拾七歲 我嵋山文殊庵 无學手削弟子 明師信山和尚 神僧日玉上師前 受法繼真禪風 親奉道号曰行浩." 行浩는 幸浩의 오기이다.

115 변계량, 「묘엄존자탑명」, 『동문선』 권121, 비명.

116 『한국사찰전서』, 文殊庵, 在忠淸南道 藍浦(今入唐津郡)峨眉山(禪雲寺事蹟)

117 『신증동국여지승람』 권20, 충청도 남포현, "아미산 현 동쪽 20리에 있다."

실한 듯하다. 무학의 문도인 영암은 충남 보령시 미산면 용수리 금강암을 창건하였는데 한성판윤 권홍(1360~1446)과 부인 옹주 이씨(태종과 의빈의 외동딸 정혜옹주)의 원당이었다.[118]

그런데 「영암 비구 창 금강암 비편(玲巖比丘創金剛庵碑片)」의 "왕사 무학 문인 영암 옥 상인(玲巖 玉 上人)"[119]이라는 글귀로 미루어 보면 영암은 일옥(日玉)일 개연성이 매우 높다. 무학의 문도인 일옥이 보령 금강암을 창건하였으며, 인근 당진 아미산 문수암에 머물고 있는 무학에게 출가한 것으로 보이는데 명사 신산도 역시 그렇다.

신산과 영암 일옥의 스승 무학의 출신지로 흔히 삼기현, 즉 현재 경상남도 합천군 삼가면을 들고 있는데[120] 설화류에 의하면, 충남 서산군 일대에서 태어났다고 전승되고 있다. 특히 서산군 인지면 애정리 쑥샘 마을(또는 인지면 모월리)[121]에서 태어났다고 하며,[122] 서산 간월도(看月島)에서 득도하였다고 한다. 간월도는 인지면 남쪽에 붙은 부석면 창리에서 남쪽으로 1시간 거리에 있는 조그마한 섬으로, 무학의 어머니가 살

---

118 금강암은 『신증동국여지승람』이나 『동국여지지』에는 玉溪寺로 불렸다. 『신증동국여지승람』 권20, 충청도 남포현 옥계사, "玉溪寺 在羊角山."; 『동국여지비고』 권3, 충청도 우도 사찰, "玉溪寺 在羊角山." 1799년(정조 23) 간행된 『梵宇攷』에는 금강암이라고 기록되어 있다.

119 玲巖比丘 創金剛庵 碑片은 보령박물관 수장고에 보관되어 있다. 손태호, 「보령 금강암 석불좌상 연구」, 『불교학연구』 53, 2017.

120 변계량, 「묘엄존자탑명」, 『동문선』 권121, 비명.

121 쑥샘마을은 애정리에서 으뜸가는 마을로 또는 쑥당, 애당이라고 부른다. 이는 마을에 쑥당(무학당)이 있으므로 쑥댕이라고 불렀다고 한다. 충청남도 교육위원회, 『우리 고장 충남』, 고적과 지명편, 1986, 705쪽.

122 애정리 쑥샘마을 솔밭 곁에는 무학의 탄생을 기념하여 서산군에 碑가 건립되어 있다. 대리석에 네모난 모양의 돌을 얹어 놓고 둘레에 원형으로 된 무늬를 하고 그 안에 학이 날개를 편 모양을 조각하였다. 그 위에 비신을 올려 놓고 한자로 "無學大師 紀念碑"라 하였다. 그리고 그 뒷면에 무학의 약력을 적어 놓았다.

았다는 곳이다.[123] 무학이 간월도에서 바다의 달을 보고 불도를 깨달았다고 해서 붙여졌다고 한다. 조선 후기의 『서산군 읍지』 인물조에 "무학 신승이 간월도에 머물렀다."라는 기록, 연경재 성해응(1760~?)이 지은 『동국명산기』에도 "무학이 간월도에서 태어났다."[124]라고 적고 있다. 간월도의 사찰인 간월암이나 백련암(白蓮庵), 그리고 서산군의 부석사(浮石寺)도 무학과 관련된 사찰로 알려져 있는 것을 보면, 무학이 서산과 서천 일대에서 태어나고 활동하였다고 할 수 있다.[125]

그러면 무학의 문도이자 영암 일옥의 도반인 명사(明師) 신산(信山)은 어떤 승려였을까? 무학의 문도는 『해동불조원류』에 야부, 각미, 문수, 달명, 지생, 해수, 도연, 윤오, 원징 등이 기재되어 있지만, 이들은 무학의 문도가 아니라 무학의 제자인 기화의 문도, 즉 무학의 문손이다. 그들 외에 함허 기화, 퇴은 장휴, 월강 보경, 급암 도사, 조월 해징, 옥봉 혜진, 홍준 등이 무학의 문도로 찾아지고 있다. 즉, 무학의 비문에서 조림, 실록에서 신총, 신당, 신우, 입선, 그리고 무학의 문도로 추정되는 혜징, 철호 조선, 조생, 문집류에서 청풍헌 적봉 신원, 죽계헌 신회, 조월 해징과 회월헌 옥봉 혜진, 급암, 사지류에서 영암 등이 찾아지고 있다. 그들 가운데 무학의 문도는 숭유억불 운동에 맞서 『현정론』 등을 지은 함허 기화만이 널리 알려져 있을 뿐이며, 퇴은 장휴, 행희, 입선, 신우, 신당 등에 대해서는 전혀 알 수 없다.[126] 실록에 의하면, 무학의

---

123 무학이 간월도에 오기까지 그의 출생을 둘러싼 일화가 간월도 일대에서 전해 오고 있다. 서산군, 『서산대관』, 서산향토문화사, 1970, 337쪽.
124 成海應(1760~?), 『東國名山記』, "看月島 在瑞山海上 神僧無學所孕也…島上有小刹日 白蓮."
125 황인규, 『무학대사 연구』, 혜안, 1999, 67~68쪽.
126 황인규, 「무학 자초의 문도와 그 대표적 계승자」, 『삼대화상 연구논문집』 3, 2001 :

부도탑을 조성하는 데 참여한 무학의 문도 등이 찾아진다.

> 본원에서 입탑 시호 탑명 조파 비명 등사를 파하자고 청하여 윤허를 받
> 았는데, 지금 그의 문도 선사 신총 신당 입선 신우 등이 임의로 유골을
> 안치하였다.[127]

신산도 신총과 신당, 신우 등과 함께 무학의 문도로 추정되고 있다. 1483년 1월 「덕원군 별원당 선운산 선운사 중창 산세 사적 형지안(德源君 別願堂 禪雲山 禪雲寺 重創山勢事跡 形止案)」에 의하면 신산과 일옥의 사리를 봉안한 부도가 있었음을 다음과 같이 기록으로 남겼다.

> 신산 화상은 충청도 공주 계룡산 갑사사(甲士寺)에서 입적하였는데 방광
> 한 사리를 안치한 부도가 지금도 남아 있으며 일옥 화상 역시 천보산 서
> 운사에서 입적하였는데 방광한 사리를 안치한 부도가 지금도 남아 있
> 다.[128]

신산과 일옥의 부도가 각기 공주 갑사사[甲士寺, 갑사]와 양주 서운사에 세워진 자세한 연유는 알 수 없으나 아마도 그들의 입적처인 듯하다.

황인규, 『고려 후기 조선 초 불교사 연구』, 혜안, 2003, 474~475쪽.

127 『태종실록』 권10, 5년 9월 20일(임자), "本院將 入塔諡號塔名祖派碑銘等事 請罷蒙允 今其門徒禪師 信聰信幢入選信祐等 擅安骸骨."

128 「德源君 別願堂 禪雲山禪雲寺 重創山勢事跡 形止案」, 선운사, 『도솔산 선운사지』, 성보문화재연구원, 2003, 110~111쪽, "信山和尚 忠淸道公州地雞龍山甲士寺入寂 舍利放光 今在浮圖 日玉和尚 天寶山西雲寺入寂舍利放光 今在浮圖."

(2) 무학 왕사의 법손 청풍당(淸風堂) 행호 극유(幸浩 克乳)

행호는 무학의 문도인 신산과 일옥의 제자였다. 그에 관한 기록을 남긴 기문들 가운데[129] 시기가 가장 빠른 것을 제시하면 다음과 같다.

> 사람들에게 3창하려는 뜻을 충천하였을 즈음에 충청도 비인현 지남촌리 참화 정을부의 셋째아들인 아명이 기금이 3창하였다. 기금은 어릴 때부터 좋아하는 것이 남다르고 세상의 뭇 아이들과 노는 것이 달랐다. 홀연히 오욕과 사치 영화를 버리고 삼계를 뛰어넘어 중생을 이롭게 하고자 하는 서원으로 자비심을 발하였다.
>
> 책을 지고 스승을 찾아 서천 대둔산 천방사 앞에 있는 만덕사 주지 각공(覺空) 대사에게 나아가 13세에 머리를 깎았으며, 선사는 친히 극유라는 법호와 함께 5계와 10계를 내렸다. 그 뒤 불경을 외우고 염불을 밤낮으로 그치지 않았으며, 나이 17세에 아미산 문수암에서 무학 대사가 손수 깎아 준 제자인 명사 신산 화상과 신승 일옥을 스승으로 모시고 법을 받아 참된 선풍을 이었으니, 친히 도호를 행호라고 하였다. … 행호 스님은 수계를 받은 후 종일토록 사위의를 지키고 안으로 본지를 부지런히 닦았으며, 단지 3의와 18종의 물건만 지녔을 뿐 다른 물건은 축적하지 않았다. 스승을 찾고 도를 구하며 여러 산을 유력하면서 풀을 엮어 암자로 삼아 홀로 한가하고 고요한 숲 골짜기에 살며 이름을 숨기고 자취를 감추었다. … 선운산 천리암에 들어가 하룻밤을 묵은 후 친히 글을

---

129 「諸庵各房 常用器皿 傳掌緣記」, 1686년 봄 2. 7 ; 凌虛 後人, 「兜率山 禪雲寺 創修勝蹟記」, 『조선사찰사료』 하, 1707.4.16 ; 禪雲寺事蹟序, 정해년(1707?) ; 樂齋 散人, 湖右松沙縣 兜率山禪雲寺勝蹟跋, 1710년 7월초 ; 「禪雲寺 寺物語錄序」; 「禪雲寺 寺物緣起記」; 「德源君 別願堂 禪雲山 禪雲寺 重創 山勢 事跡 形止案」 1483년 1월 ; 「雪坡門人 綻解, 禪雲寺 法堂」.

써서 사방에 널리 알림으로써 곡식과 베 등 많은 양의 재물을 모았다.[130]

　행호(幸浩)는 앞서 언급한 바 있지만, 조선 초 세종 대 불교계를 주도
하다가 순교한 천태종 고승 행호(行乎)와는 다른 인물이다.[131] 선운사 기
문 가운데 가장 이른 시기인 1483년에 작성된 「덕원군 별원당 선운산
선운사 중창 산세 사적 형지안」에 의하면 행호는 충청도 비인현 지남촌
에서 선운사를 화주하였던 정을부의 셋째 아들로서 아명이 기금(其金)
이었다. 행호는 "어릴 때부터 좋아하는 것이 남다르고 세상의 뭇 아이
들과 노는 것이 달랐다. 홀연히 오욕과 사치 영화를 버리고 삼계(三界)
를 뛰어넘어 중생을 이롭게 하고자 하는 서원으로 자비심을 발하였다."
라는 기록으로 보아 보통 아이들과 달리 자비심을 지니고 있다가 13세
에 만덕사 주지 각공 대사에게 출가하였다. 여기서의 만덕사는 서천 대
둔산 천방사 앞에 있는 사찰이라고 하였다.[132] 『신증동국여지승람』 서천

---

130 「德源君 別願堂 禪雲山 禪雲寺 重創 山勢 事跡 形止案」, 선운사, 『도솔산 선운사
　　지』, 성보문화재연구원, 2003, 110~113쪽, "三創 忠淸道庇仁縣地南村里 名昆化鄭
　　乙夫第三子也 兒名其金自 小來來異好與 世氣異群童遊異好人 忽棄五欲侈榮 超出
　　三界利益眾生之願 廣發慈心 負笈尋師 舒川地大花山千方寺前 萬德寺住持大禪師
　　覺空前 十三歲机髮削鬚 親奉法号克乳 受五戒十戒 誦經念佛 日夜不輟 年至拾七歲
　　我嵋山文殊庵 无學手削弟子 明師信山和尚 神僧日玉上師前 受法繼真禪風 親奉道
　　号曰行浩 … 浩公受戒後 於十二時中四威儀 內勤修本智 但將三衣十八種物 常隨其
　　身 不富餘物 求師訪道游歷諸山 結草為庵 獨居閑林靜谷 盜名晦跡黎羹 … 迷人 幸
　　入於禪雲山泉利庵 或住錫一宿而後 袖疏四告廣鳩 斗尺之財聚成金秉之穀 適當."
131 황인규, 「조선전기 천태종 고승 行乎와 불교계」, 『한국불교학』 35, 2003 : 황인규, 『고
　　려 말 조선 전기 불교계와 고승 연구』 혜안, 2005.
132 나당전쟁 시 당의 장군 소정방이 지은 천 칸의 집은 사찰이므로 천방사라고 하였으
　　며 산 이름도 천방산이 되었다고 한다. 이와는 달리 千房寺는 서천의 영산 천방산
　　에 소재하는데, 신라 장군 김유신이 창건하였다고도 전한다. 후에 禪林寺라고 개칭
　　되었다가 고려 숙종의 명으로 중수하여 다시 천방사라고 하였다고 한다. 천방사는
　　조선시대 궁가의 원당이었다. 『효종실록』 권9, 3년 12월 7일(을사). 그 외 실록에 다

군 불우조에 의하면 "천방산에 천방사(千方寺)와 대둔사, 망덕사(望德寺)의 세 절이 있다."[133]라고 하지만 만덕사는 찾아지지 않는다. 행호가 출가한 만덕사는 천방산 대둔사나 망덕사가 아닐까 추정하지만, 선운사의 기문류에 만덕사라고 나오고 있으므로 만덕사라는 사찰도 있었던 듯하다. 「덕원군 별원당 선운산 선운사 중창 산세 사적 형지안」에 의하면, 행호가 덕원군과 함께 선운사를 3창할 때 만덕사 주지였던 각공이 증명법사로 참여하고 있다.[134]

행호는 이러한 만덕사(萬德寺) 주지 각공(覺空)에게 출가한 후 극유(克乳)라는 법호를 받고 여기서 4년간 수행하다가 인근 아미산 문수암에서 수행하였다. 아미산은 홍천의 아미산(961m), 군위 아미산(736m), 보령 아미산(635m) 등이 있는데, 여기서의 아미산은 충청남도 당진시 면천면에 있는 당진의 최고봉인 아미산(350m)이다.[135] 앞서 언급한 바와 같이 문수암은 당진 아미산[136] 문수암이 확실한 듯하다.[137] 아미산 문수암에서 무학의 제자인 명사 신산 화상과 신승 일옥을 스승으로 모시고 법

수 기사가 찾아진다. 『현종실록 권9, 5년 12월 13일(경오) ; 『현종실록』 권9, 6년 1월 8일(을미). 그리고 대둔사는 현재 태고종의 陰寂寺이며 목은 이색이 대둔사에서 독서하였다는 기록이 남아 있다.

133 『신증동국여지승람』 권19, 충청도 서천군 비인현 불우, "大芚寺 望德寺 千方寺(俱在 千方山)."

134 선운사, 『도솔산 선운사지』, 성보문화재연구원, 2003, 147쪽.

135 아미산은 『신증동국여지승람』에는 홍산현과 남포현에 기록되어 있다. 하지만 같은 책의 면천군 조의 "所伊山在郡北九里." 그리고 『여지도서』 면천군 산천조의 "所伊山在郡北十里自蒙山來爲."라고 소이산으로 기재되어 있다. 『조선환여승람』(1933) 당진군 편에 "所伊山一名峨嵋山在郡北九里."라고 했듯이 소이산은 아미산이다. 김정호의 『대동지지』 면천 산수조에 "峨眉山北八里"라고 기록되어 있는데, 배미산을 한자로 '所伊山'이다. 한국학중앙연구원–향토문화전자대전

136 『신증동국여지승람』 권20, 충청도 남포현, "아미산 현 동쪽 20리에 있다."

137 『한국사찰전서』, "文殊庵 在忠淸南道 藍浦(今入唐津郡)峨眉山(禪雲寺事蹟)."

을 받아 참된 선풍을 이었으니, 친히 도호를 행호(幸浩)라고 하였다. 선운사의 기문인 「시조 중창 개산 중흥 선풍 신승 선응 청풍당 선납 행호 발원문(始造 重創開山 中興禪風 神僧禪凝 淸風堂 禪衲 幸浩 發願文)」이라는 기록으로 보아 행호는 청풍당(淸風堂)이라는 당호로 불리기도 하였던 듯하다. 행호는 무학의 문도 신산과 영암 일옥의 지도하에 정진하였으며, 명산 대찰을 유력하다가 선운산 천리암(泉利庵)에 주석하며 덕원군과 함께 선운사를 3창하였다. 「선운사 사적 서(禪雲寺事蹟序)」에 의하면 "예전에 극유 스님이 이 산에 머물면서 천리암을 지었다."[138]라고 하므로 천리암을 창건하였다는 것을 알 수 있다. 제자로는 종심(終諶) 등이 있었다. 후술하는 바와 같이 행호는 선운사를 3창하였다. 행호의 선운사 주석 이후 행적은 알려진 바 없다.[139]

3) 덕원군과 행호의 선운사 중창

(1) 덕원군과 근빈 박씨의 선운사 중창 서원

선운사 고승 행호의 중창 후원을 한 인물은 덕원군 이서(1449~1498)였다. 덕원군의 어머니는 조선시대 최대의 흥불 군주인 세조의 후궁 근빈(謹嬪) 박씨(1425~?)이다. 세조의 정부인은 증좌찬성 김종직[140]의 딸 임천군부인 경주김씨(1447~1481)이며 아들은 연성군(1464~1525)과 덕진군 등

---

138 「禪雲寺 事蹟序」, 선운사, 『도솔산 선운사지』, 성보문화재연구원, 2003, 101, 103쪽.
139 幸浩의 행적에 대해서는 선운사의 다른 기문에서도 같은 내용이 기록되어 전하고 있다. 즉, 1707년에 凌虛 後人이 지은 「兜率山 禪雲寺 創修 勝蹟記」, 『조선사찰사료』 하.
140 선산 김씨 점필재 김종직과는 동명이인이다.

을 두었다. 남동생 창원군이 있으며 전주 이씨 덕원군파의 파시조이다.

1458년(세조 4) 8월 10세에 덕원군에 봉(封)해졌다. 군호는 함경남도 문천, 원산의 옛 지명인 '덕원'에서 유래했다. 덕원군은 1455년(단종 3) 7세 때 어머니 근빈 박씨를 여의고 부왕의 총애를 받으며 자랐다.

덕원군의 어머니 근빈 박씨(1425~?)는 앞서 언급한 바와 같이 세조의 후궁이다. 세조 대 숙의(내명부 종2품)로 있었으며, 1483년(성종 14)에 세조의 비 정희왕후 윤씨가 사망하자 정1품 근빈으로 진봉되었다. 근빈은 아들 덕원군 이서와 창원군 이성[141]과 함께 1472년(성종 3) 양주 회암사에서 3,000여 명의 승도와 함께 불사에 참여한 바 있다.[142] 또한 1480년(성종 11)에 개최된 한양의 원각사 법회에도 참여하였다.[143]

근빈은 1504년(연산군 10) 나이 80세에 비구니로 출가하였다.[144] 근빈 박씨는 출가하여 조선 전기 숭유억불기에 한양 도성 불교를 수호하였다. 또한 근빈 박씨는 덕원군의 불사를 도왔다.

덕원군은 1462년(세조 8) 14세에 혼인하여 사저 60여 칸을 하사받고 출궁하였으며, 이때부터 궐 밖 건천동에서 생활하였다. 아버지 세조를 정성으로 극진히 모셨으며, 세조가 거둥할 때는 항상 함께했다. 이복동생 예종이 즉위한 뒤, 남이 장군의 옥사를 평정한 공으로 수충보사정

---

141 『세조실록』 권47, 4년(1468) 11월 28일 갑신 哀冊文과 誌文 ; 『예종실록』 권2, 즉위년(1468) 11월 28일(갑신).

142 『성종실록』 권19, 3년(1472) 6월 7일(임신) ; 『성종실록』 권19, 3년(1472) 6월 14일(기묘) ; 『성종실록』 권19, 3년(1472) 6월 15일(경진) ; 『성종실록』 권19, 3년(1472) 6월 21일(병술) ; 『성종실록』 권19, 3년(1472) 6월 22일(정해) ; 『성종실록』 권19, 3년(147) 6월 23일(무자).

143 『성종실록』 권19, 3년(1472) 6월 7일(임신) ; 『성종실록』 권117, 11년(1480) 5월 26일(을사) ; 황인규, 「조선 전기 후궁의 비구니 출가와 불교신행」, 『불교학보』 57, 2011 ; 황인규, 『조선시대 불교계 고승과 비구니』, 혜안, 2011, 332~334쪽.

144 『연산군일기』 권55, 10년(1504) 9월 4일(신묘), "世祖後宮謹嬪朴氏年八十 削髮爲尼 常在慈壽宮."

난익대공신(輸忠保社定難翊戴功臣)에 책록되었다. 조카 성종이 왕이 된 후에는 종부시도제조(宗簿寺都提調)에 임명되어 왕실 족보인 『선원보』 편찬을 주관하고 선대 왕들의 제향소를 관리하였다.

덕원군은 이렇듯 아버지 세조를 늘 추종하여 모셨는데, 세조가 온양온천에 행차 중 경기도 진위군 종덕면 막금리에 들렀을 때 그곳의 땅을 하사받았다. 덕원군은 1498년(연산군 4) 7월 22일 한양 건천동의 집에서 별세하였다. 경기도 평택시 고덕면 당현리에 덕원군의 묘가 자리하고 있으며, 덕원군의 호인 종덕암(宗德菴)도 이런 연유로 지어졌다. 지방의 선운사를 크게 중창하는 데 후원을 아끼지 않았다.[145]

행호에 의한 선운사 중창 서원은 세조의 아들 덕원군 등 왕실의 후원이 큰 역할을 하였다. 『도솔산 선운사지』에 관련 기록을 제시하면 다음과 같다.

> 마침 성화 6년경(1470년) 하 사월 초파일을 당하여 성종 강정대왕의 선왕 선후를 위해 수륙 법화회를 진설하여 선가를 편안히 받든 후에, 이 좋은 인연을 좇아 여러 단나와 승도로 하여금 한 가지 소원으로 뜻을 모아 함께 절을 중창하기로 했다. … 익년 2월에 제자 종심 등과 더불어 경성에 가서 덕원군에게 나아가 뵙고, 이 절의 기세를 아뢰고, 또 영건하려는 사유를 고하니 덕원군이 '좋다'고 하여 손수 원문을 써서 주어, 친히 원문과 선왕의 선가 혼기를 받들어 가지고 와서 해마다 수륙대회를 열어 어실의 명복을 빌었다.[146]

---

145 황인규, 「조선 전기 후궁의 비구니 출가와 불교신행」, 『불교학보』 57, 2011 : 황인규, 『조선시대 불교계와 비구니 고승』, 국학자료원, 2011, 327~333쪽.
146 「도솔산 선운사 창수 승적기」, 선운사, 『도솔산 선운사지』, 성보문화재연구원, 2003, 21·24쪽, "爲成宗康靖大王之先王先后 而建設水陸法華之會 薦仙駕之因 玆勝緣 諸檀那白 志契同願欲共寺矣…翌年二月 弟子終諗等如京城 德源君第面白 是利之基勢

덕원군은 전라북도 고창 선운사를 중창하는 데 지원하였다. 무학의 법손인 행호가 선운사 천리암(泉利庵)을 창건하여 머물면서 퇴락한 선운사를 중창하기 위하여 한양의 덕원군에게 선운사의 중창과 예종과 장순왕후 한씨 등 왕실을 위함을 고하자, 덕원군이 수용하여 발원문과 선왕의 선가 혼기를 짓고 어머니 근빈과 더불어 선운사 중창을 후원하였다. 그리하여 선운사는 어실(御室)과 2층 장륙전, 관음전, 천불대광명전(千佛大光明殿), 지장전, 동상실(東上室), 금당, 능인전 등 108칸, 요사채 9동을 짓고 매년 어실에서 수륙 법회를 개최하였다.

1686년 봄 27일에 지은 설파(雪坡) 문인(門人)인 탄해(綻解)가 지은「선운사 법당 제암 각방 상용기명 전장 연기(禪雲寺 法堂 諸庵 各房 常用器皿 傳掌 緣記)」와 1707년에 능허 후인이 지은「도솔산 선운사 창수 승적기(兜率山 禪雲寺 創修 勝蹟記)」의 기록을 먼저 소개하면 다음과 같다.

성화 연간(1465~1487)에 이르러 황폐하고 무너진 그곳에 극유라는 비구가 석장을 날려 찾아와서 사방을 둘러보고는 하룻밤을 자게 되었다. 그때 신령이 무릎을 꿇고 청하는 꿈을 꾸었고, 이에 덕원군의 도움을 얻어 가람을 중창하였으니, 곧 3중창이다. 다시 원당을 지어 축복의 장소가 되게 하고 법당의 상용기명…(이하 탈락).[147]

마침 성화 경인년(1470) 4월 초파일에 성종 강정대왕이 선왕(先王)과

且告以營建之由 君曰可矣 仍手寫願文而授之 親奉願文 及先王仙駕魂記以來 年年 水陸大會 祝釐於御室."

147 雪坡 門人 綻解,「禪雲寺 法堂諸庵各房常用器皿傳掌緣記」, 선운사,『도솔산 선운사지』, 성보문화재연구원, 2003, 55쪽, "轉展至于成化之代 周廢殘缺之餘 有一比丘 克乳者 飛錫于此寺 周覽四隅 因駐一宿 而夢被神靈之跪 請更蒙德源君之影助 重創伽藍 則乃三重創也 便作願堂 仍為祝釐之所 法堂前常用器皿眾…(이하 탈락)."

선후(先后)를 위해 수륙법화회를 진설하여 영가들을 천도한 뒤에, 이 좋은 인연을 기해 여러 시주들과 승려들의 뜻을 모아 중창하기로 다 같이 발원하였다. 2년이 지난 임진년 10월에 이 절에 와서 사방을 둘러보니 뜰 가운데 9층 석탑이 우뚝 홀로 있었다. 선궁(禪宮)의 쇠퇴함을 한탄하면서 하룻밤을 지냈는데 꿈에 신령스러운 신중들이 나타나 꿇어앉아 청하였다. "원하건대 선사께서 여기에 절을 중창하여 신명(神明)을 감동케 하고 옛 사람의 공적을 회복하소서." 이듬해 2월에 제자 종심(終諗) 등과 더불어 경서에 가서 덕원군에게 이 절의 형세와 사유를 고하자, 덕원군(德源君)이 좋다고 손수 발원문을 써주었다. 선사는 이에 이 발원문과 선왕의 선가혼기(仙駕魂記)를 모시고 해마다 수륙재를 열어 어실의 명복을 빌었다.[148]

「선운사 사적 형지안」에 의하면 사찰의 창건 이후 세 번의 경찬회를 개최하였는데, 앞서 1482년(성종 13) 겨울에 경찬회를 처음으로 개최하고 이듬해인 1483년 10월 15일에 왕실의 원당으로 삼아 춘추로 경찬회를 베풀었다. 이에는 조선 왕실의 성조(聖祖)의 추존 목조부터 성종 대에 이르기까지 위패를 봉안하고 특히 성종과 덕원군 왕실 일가를 포함하였다. 세종의 비 정희왕후와 인수대비, 덕원군을 비롯한 왕실 일가, 전

---

148 凌虛 後人, 「兜率山 禪雲寺創修勝蹟記」, 『조선사찰사료』하 : 선운사, 『도솔산 선운사지』, 성보문화재연구원, 2003, 21·24쪽, "適丁成化六年庚寅 夏純陽初八日 爲成宗康靖大王之先王先后 而建設水陸法華之會 薦仙駕之因 茲勝緣 禪諸檀那白 志契同願 欲共刱寺矣 越壬辰白梅之月 飛錫于此寺 周步四隅 見庭中 有九層石塔 卓然獨立 仍發嘅於禪宮之衰頹 因駐一宿 夢靈祇神聚跪請曰 願師刱寺于此 感動神明 欲復前人之績 翌年二月 弟子終諗等如京城 詣德源君第面白 是利之基勢 且告以營建之由 君曰可矣 仍手寫願文而授之 親奉願文 及先王仙駕魂記以來 年年水陸大會 祝釐於御室."

라도 감사를 비롯해 유향소, 향리 등이 참여하였다.[149] 이렇듯 선운사의 대중창으로 미루어 보면, 비록 숭유억불기였지만 지방 곳곳에서는 홍법이 이루어지고 있었음을 알 수 있다.

(2) 행호와 덕원군의 선운사 중창과 금산사 불사

행호는 선운사 천리암을 창건하고 선운사를 중창하였다. 행호가 선운사에 주석할 당시에 전각들이 퇴락하는 등 사세가 이미 기울었다고 한다. 이러한 것을 다음과 같이 적고 있다.

> 뜰 가운데에 9층 석탑 1좌와 장명등 4좌만 보이고 5칸의 금당, 10칸의 요사는 퇴락하여 오래된 약사여래와 석가여래, 대장경판 1천여 개와 석통(石桶)이 일시에 드러나 있었다. 또 제 불전과 아홉 금당, 여덟 종루, 3천여 명이 상주하여 오던 요사 등 1천여 위와 1만 칸이나 되던 전각은 그 터와 주춧돌과 섬돌만이 뚜렷하게 있었다. 큰 솥 2좌와 대종 1좌, 납관타하, 고금자, 단단변상, 대장축경(大藏軸經)은 비가 새어 더러워지고 바람에 깨어지거나 모였다가 흩어진 무렵에 불타 버렸으며, 전답과 노비 등은 각 관청에 나뉘어 소속되었다.[150]

행호는 이러한 선운사의 퇴락에 마음 아파했는데 마침 토지신이 나타

---

149 선운사, 『도솔산 선운사지』, 성보문화재연구원, 2003, 144~154쪽.

150 「德源君 別願堂 禪雲山禪雲寺 重創山勢事跡 形止案」, 선운사, 『도솔산선운사지』, 성보문화재연구원, 2003, 113~114쪽, "但見庭 中九層石塔一坐 長明燈四坐 金堂五間 聚寮十餘間 傾危顏落 古藥師如來 釋迦如來 大藏經板 千餘介 石桶 一時在外 諸佛殿 九金堂 八鐘樓 三千餘眾常居寮舍 一千餘位 萬方之間閣基地 熟石階砌 宛然明白 大鑊二坐 大鐘一坐 納官打下 古金字 壇壇變相 大藏軸經 雨漏朽惡風破 聚散之次燒送 上天下田 奴婢等乙 分屬各官."

나 중창을 권하였으며, 선운사의 사부대중 등이 서로 좋아하며 말하기를 "슬픈 마음을 이기지 못하고 있었는데 중창함이 마땅하다."라고 하였다고 한다. 행호가 흥법을 독려하자 3천여 명의 승도가 모여들어 수행 지도하였다. 이후 선운사의 사세를 진작시켰으며 1427년 2월에 행호의 제자 종심 등을 시켜 세조의 아들 덕원군에게 중창 후원을 청하였던 것이다.

행호의 선운사 중창에 대하여 1710년 7월 초에 낙재산인은 선운사의 기문「호우 송사현 도솔산 선운사 승적발(湖右 松沙縣 兜率山 禪雲寺 勝蹟跋)」에서 "하늘이 대둔산에 출가케 하니 호가 극유(克乳)이다. 팔방을 떠돌아다니다가 이 산에 묵으면서 9층 석탑이 홀로 산중에 우뚝 서 있는 것을 바라보고, 도량이 묻히는 것을 개탄하여 이 절을 중건하니 때는 성종조였다. 덕원군에게 청하여 손수 쓴 원문을 얻고 또 신조를 얻어 능히 옛 제도를 회복하니 189요(寮)를 이루었다."[151]라고 평을 하였다. 이보다 앞선 1483년에 지어진「덕원군 별원당 선운산 선운사 중창 산세 사적 형지안(德源君別願堂 禪雲山禪雲寺 重創山勢事跡 形止案)」에는 보다 자세하다.

> 마침 경인년(성종 1, 1470) 여름에 선왕 선후 조종의 열위(列位) 영가를 위하여 5월 초파일에 법화문당(法華文堂)에서 수륙재를 지냈다. … 지난 임진년(성종 3, 1472) 5월 어느 날 행호 스님이 선운사에 이르러 절터의 사방을 돌아보니 몹시 서글픈 마음이 일었다. 하룻밤을 임시로 머물렀는데 꿈에 토지신이 나타나서 스님 앞에 꿇어앉아 사찰의 중창을 청하였다.

---

151 「湖右 松沙縣兜率山 禪雲寺勝蹟跋」, 선운사, 『도솔산 선운사지』, 성보문화재연구원, 2003, 26·28쪽. "天遺神衲 自大屯山出家 號曰克乳 浮遊入方 雲宿是山 望見九層石塔 嵬然獨立立於山之中 仍嘅 於道場之鞠茂 重營是利 時在成廟朝 乞得德源郡 手書願文 又護神助 克復古制 仍百八九寮也."

또 사부대중 등이 서로 좋아하며 말하기를 "슬픈 마음을 이기지 못하고 있었는데 중창함이 마땅하다."라고 하였다. … 스님이 주석하면서 3천여 명을 항상 작법케 하고 날마다 유가사지론과 대지도론, 비바사론, 시사율, 80권 화엄경, 법화경, 보적경, 반야경 등 경율론 삼장 등의 법을 환히 통하게 하였으며 교에 의지하여 성불한 자가 무수히 출현하였다.

임진년(1472) 봄 2월에 제자 종심(終諗) 등이 서울에 있는 덕원군 앞에 가서 절터의 형세를 아뢰는 글을 올렸다. 덕원군이 말하기를 "의당 창건하리라." 하고 손수 원문과 조종혼기(祖宗魂記)를 써 주어 이를 받아 내려왔다. 해마다 춘추로 수륙대회를 개최하였는데 그해 4월 상순에 행하였다. 나주 보을정도(寶乙丁島)에 많은 배가 가도록 하여 주관자 50여 인이 크고 작은 재목 1천여 개를 3척의 큰 배에 실었으며, 바다를 건너 절에 이르게 하였다. 가람의 영지지신(靈祇地神)과 산주 국사(山主 國師), 바다의 용신이 꿈에 나타나 "바다가 밝고 바람이 교교하니 평안하게 건너라. 6일 후에 선운포에 도착하여 하역할 것이다."라고 하였다. 실로 그러하니 모두 가람의 산주 국사의 신통력 덕분이었다.

지난 계사년(1473) 봄 2월에 비로소 가마 수십 개를 좌우 변에 마련하고 공양주, 원두 등 30여 인이 지시하여 기와를 굽기 시작하여 6월에 마무리하였다. 갑오년(1474) 5월에 공양주 원두 등 60여 개 안에 지시하여 2층 장륙전 조성을 시작하여 나뭇잎 떨어지는 가을에 마침내 완공하였다. 을미년(1475) 봄에 조종에서 특별히 수륙대회를 개설하고 사찰을 수리하였다.

신축년(1481) 봄에는 단청 및 영산회도, 미륵회도, 서방회도, 53불회도를 화원, 공양주, 원두, 화주 등 20여 인이 참여하여 완성하였다. ○○○○전 1위와 동상실 1위 등 모두 10여 칸인데 같은 해 봄에 공양주 등 10여 인으로 하여금 관음전의 기와를 구워 갑오년(1474)에 관음전을 조성케 하였으며 신축년(1481년)에는 금당과 능인전을 조성하였다.[152]

---

152 「德源君 別願堂 禪雲山禪雲寺 重創山勢事跡 形止案」, 『도솔산선운사지』, 성보문

그해 초여름에 나주 보을정도로 가서 재목 천여 주를 베어 세 척의 큰배
에 실어오고 계사년 봄에 처음으로 기와 20여 가마를 구워 가을에 공역
을 마쳤다. 갑오년 봄에 2층 장륙전과 관음전을 짓기 시작하여 공역이
나뭇잎 떨어지는 가을에 끝났고, 을미년 봄에 다시 선왕 선가를 위해 수
륙재를 크게 벌이고 인해 수반했다. 병신년 봄에 천불 대광명전이 이룩
되고 다음 신축년 봄에 제전(諸殿)을 단청하고 또 영산회 등 53불탱(佛幀)
을, 그리고 그 해에 지장전, 동상실(東上室), 금당, 능인전을 짓고 겸하여
번와(燔瓦)했으니, 경인년으로부터 역사를 시작하여 계묘년에 이르기까
지 14년 사이에 파상(破傷)된 곳을 다시 고치고 경퇴(傾頹)된 곳을 보수하
여 증수하고 중신하여 예전 규모에 따라 고제대로 다 복구하여 108료가
울연히 다 이루어져, 장대하고 아름답게 예전보다 장려(壯麗)함이 더하니
그 은근한 공이 전보다 더했다.[153]

화재연구원, 2003, 112~115쪽, "適當庚寅 夏為先王先后祖宗列位靈駕 始從純陽初
八 水陸法華文堂 … 越壬辰白梅之月有日 下足飛錫於到禪雲寺步行 寺基因見四隅
心綻惆帳之情 唯駐一 宿之次 土地靈祇 夢現其前 跪而請之 四眾等相好放日 可宜
矣…日用 論伽師地論 智度論 婆婆論 時沙律 八十卷華嚴經 法華經 寶積經 般若經
經論律 三藏之法 了然窮通 依教而成佛者 無數之出現也 於壬辰春二月日 弟子終諗
等如京德源君前 啟白寺之基 君日可宜矣觔矣 手書願 文祖宗魂記 以受下來 年年春
秋水陸大會 當年四月上旬日 羅州地寶乙丁島 指行眾舡 主格人等五十余人 材木大中
一千余條 大舡三隻載來 發舡渡海之次寺 伽藍靈祇地神 山主國師 海中龍神夢現而
告 海明風息 平安而渡岸 過隔六日 到禪雲浦下陸 皆伽藍灵祇地主 山主國師神力也
粵癸巳春二月 始役燔瓦芽鍊 數十余左右邊 指險行眾供養主圓頭等 三十余人 六月
功 甲午白梅之月 指喻行眾供養主圓頭等 六十余人 起役二層丈陸殿造成 葉飛之秋
迄功 乙未春為祖宗 特別水陸大會兼修粧 辛丑春 丹膽 及靈山會圖 彌勒會圖 西方
會圖 五十三佛會圖 畫員供養主圓頭化主等 二十余人□□□□殿一位十餘間 東上室
一位十餘間 同年春播瓦 丙申春 千佛大光明殿造成 癸巳春 觀音殿墻瓦 指險行眾供
養主等十餘人 甲午同殿造成 辛丑金堂造成同 年能仁殿造成."
153 「도솔산 선운사 창수승적기」, 『도솔산 선운사지』, 선운사, 『도솔산선운사지』, 성보문
화재연구원, 2003, 21·24~25쪽, "當年首夏 往羅州寶乙丁島 所得材木千餘株 以三隻
大船載來 癸巳春 始播瓦二十餘案 功于秋 甲午春 始營二層丈六殿與觀音殿 役畢于
葉落之秋 乙未春 再為先王先駕大 設水陸 因以修粧焉 丙申春 千佛大光明殿成 越
辛丑春 丹獲諸殿 又畫灵山會等 五十三佛會幀 當年地藏殿 東上室 金堂 能仁殿營
造 兼為燔瓦 自庚寅始辦 至癸卯十四年之間 于以改葺於破傷 于神補於傾頹以之增

행호는 원당 대시주 덕원군과 연성군, 정부인(貞夫人) 윤씨 등이 함께 한 별원당 발원문에 "자비로운 좋은 인연으로 존비남녀 제선(諸善)의 시주자들과 승려들이 공경하고 우리 다 함께 정각의 원을 이루고, 중생을 교화하기를 이미 발원하였나이다. 또 함께 원하고 원하는 것은 화주와 대시주와 미타행도 갑계(甲契)와 시주와 조선 제자(助宣弟子) 등이 수희(隨喜)하는 것입니다."라고 하였다.

행호와 덕원군은 선운사뿐만 아니라 김제 금산사 중창불사에도 참여하였다. 1971년에 금산사의 경내 오층석탑에서 1492년에 지어진 중창 기문이 발견됨으로써 세조와 그의 서자 덕원군 이서가 금산사를 불사한 사실을 알 수 있다. 이 기문에 의하면, 세조 즉위 6~7년 무렵에 조정을 위해 옛 선찰을 중수하라고 교지를 내렸다고 한다. 세조는 혜각 존자 신미와 묘각 왕사 수미 등 불교계 고승들을 모시면서 숭불 신앙의 불사를 전개하였다.[154] 효령대군이 가지고 온 진신사리가 100매로 분신하는 등[155] 숭불 신앙이 고조되고 있었는데, 이러한 가운데 김제 금산사를 중수하라고 하였을 것이다. 이에 신청을 비롯한 학허(學虛), 축문(竺文), 계은(戒闇), 요명(了明), 각공(覺空), 각림(覺林), 각매(覺梅), 조민(祖敏) 등 금산사 승려들이 세조의 흥법을 받들어 왕실을 위한 법회를 개최하였으며 전각과 요사 등 10개 소의 전각을 단청하고, 퇴락한 오층

修 而新式導前規畫復古制 百八九寮 蔚然成 輪粵邁古 壯麗添新 其殷斯勤斯之功 過於前人矣."

154 황인규, 「조선 전기 불교계의 세조 대의 삼화상고−신미와 두 제자 학열과 학조」, 『한국불교학』 26, 2004, 247쪽 : 황인규, 『고려 말·조선 전기 불교계와 고승 연구』, 혜안, 2005, 493~502쪽.

155 『大佛頂如來 密因修證了義 諸菩薩萬行 首楞嚴經諺解』 권10, 御製跋;『세조실록』 권33, 10년(1464) 5월 10일(임술), "檜巖寺進分身舍利 赦在囚官吏.";『觀音現象記』(奎 6611) ; 金守溫, 「如來現相記」, 『拭疣集』 卷2.

석탑을 중영하였다. 이 불사에는 사장 박중연과 김치경 등의 신도들과 해산과 백충, 요명 등의 승려들이 덕원군과 함께 1천여 명의 염불향도(念佛香徒)를 맺어 추진하였다.[156]

그런데 김제 금산사 관련 기문에 의하면 1468년(세조 16) 무렵 "사헌부 지평 최경지를 전라도 금구현에 보내어, 선운사의 승려 극호와 계철, 축문 등의 공사에 관련된 사람을 복안하게 하여 대개 승려 성묵이 잡은 자를 결단하기 위한 것이었다."[157]라고 한다. 그 가운에 축문은 금산사의 승려 축문(竺文)과 같은 인물로 추정되고 있으며, 여수 흥국사 주지를 재임하였던 승려와 같은 인물로 생각된다. 1492년(성종 23) 9월 15일부터 같은 달 25일 탑을 중수하기 위해 해체하였다. 그러자 장륙 불상이 땀을 흘리며 상서로운 기운이 허공에 가득 차면서 탑 안의 석가여래 사리와 정광여래 사리가 분신하여 공경해 마지 않았다고 한다. 이 탑의 중수 후원자는 선운사 중창 불사를 후원하였던 덕원군을 비롯하여 사과 김윤강, 행금구 현령(行金溝 縣令), 사랑 김응상 그리고 전 월남사 주지 학허, 전 흥국사 주지 축문 등이었다.[158]

이미 언급한 바와 같이 성종의 숙부 덕원군 이서는 1473년(성종 4) 선사 행호가 추진하는 고창 선운사의 중창 불사를 후원하였다.[159] 이렇듯

---

156 금산사 5층탑 중수에 관련한 상세한 논고는 다음 논고를 참조하기 바란다. 이분희, 「금산사 오층석탑 사리장엄구 고찰」, 『동악미술사학』 15, 동악미술사학회, 2013.

157 『세조실록』 권45, 14년(1468) 2月 20일(신해), "遣司憲府持平崔敬止于全羅道金溝縣 覈按僧克湖戒哲竺文等辭連人 蓋斷僧性默手者也"; 『세조실록』 권46, 14년(1468) 4월 11일(경자), "承政院奉旨馳書于刑曹正郎俞鎭曰 持平崔敬止所鞠金溝縣僧性默手指斫斷事 性默與克浩竺文俱在 辭證明白 可易辨之獄 而敬止不能分別 爾其代受鞠問 仍召敬止還."

158 황인규, 「조선시대 금산사의 역사적 전개와 사격」, 『불교학보』 73, 2015, 145~147쪽.

159 「德源君 別願堂 禪雲山禪雲寺 重創 山勢事蹟 形止案」(1483年 作): 禪雲寺, 『兜率山 禪雲寺誌』, 선운사, 2003, 113~114쪽. ; 오경후, 「조선 전기 선운사의 중창과 전개」,

선운사 중창에는 덕원군이 염불 사장(念佛社長) 박중연과 김치경, 읍동 등에게 권선하여 향도 1,000여 명과 신도 1,000여 명이 금산사의 오층 석탑을 중수하기 위한 재물을 희사하였다.

덕원군은 선운사뿐만 아니라 금산사를 중심으로 호남지역으로 홍법을 전개하였다. 이에 고창 선운사의 중창 불사는 왕실의 후원이 이루어지는 가운데 전국의 사찰 승려들과 신도들의 갑계 등 계 조직을 통해 중창 불사를 전개해 나갔음을 알 수 있다.[160]

4) 나가는 말

이상으로 고창 선운사의 고승 행호 극유(幸浩 克乳)와 세조의 아들 덕원군을 주제로 조선 초 선운사의 중창 불사에 대하여 살펴보았다. 선운사 창건 이후 선운사의 기틀은 선운사의 승려 일관과 원준의 중창 불사에 힘입은 바 크다. 정유재란 시 전각이 전소된 후 17세기 무장 현감 송석조의 말대로 조정 왕실의 원당으로 수륙재가 개최되는 등 왕실의 후원에 힘입은 바 적지 않았다. 그러한 선례가 된 것은 억불 시책이 가속화되는 성종 조의 중창이었다. 선운사의 고승 청풍당 행호 극유와 그를 후원한 성종의 숙부이자 세조의 아들인 덕원군 이서의 후원으로 이루어졌다.

그동안 선운사의 고승 행호 극유는 그 존재조차 알려진 바 없는데 행호는 무학의 손제자였다. 이미 연구된 바와 같이 무학은 고려 말 여

『신라문화』 33, 2009, 160~161쪽.
160 오경후, 위의 논문, 173쪽.

말삼사인 나옹 혜근의 대표적 계승자로서 나옹의 스승인 인도승 지공 선현(dhyāna~bhadra, 제납박타)의 상수제자의 법을 가장 잘 이은 고승이다. 지공과 나옹 그리고 무학의 삼화상은 공민왕 대 이후 조선 초기까지 불교계를 주도하였을 뿐만 아니라 그의 문도들이 조선 불교계를 이끌어갔다.

무학의 이러한 흥법은 문도들인 진산과 함허 기화, 조생, 조선 등에게 계승되었으며, 무학의 활동 지역으로 알려진 충남 서산 일대에 무학의 문도 영암 등도 함께하였음을 알 수 있다. 영암은 보령 금강암을 창건하였는데 「영암 비구 창 금강암비」 편에 의하면 '왕사 무학 문인 영암 옥상인'이라고 하여 영암 일옥(玲嚴 日玉)으로 비정된다. 즉, 무학의 문도인 일옥은 보령 금강암을 창건하였으며, 인근 당진 아미산 문수암에 머물고 있는 무학에게 출가 및 주석하였다. 신산(信山)도 역시 문수암에서 무학에게 출가한 무학의 문도로 처음으로 밝혀진 것이다.

『도솔산 선운사지』의 기문류 가운데 1483년에 작성된 「덕원군 별원당 선운산 선운사 중창 산세사적 형지안」에 의하면 행호는 "나이 17세에 아미산 문수암에서 무학 대사의 제자인 명사 신산 화상과 신승 일옥을 스승으로 모시고 법을 받아 참된 선풍을 이었으니, 친히 도호를 행호(幸浩)라고 하였다."라고 한다. 여기서의 행호는 세종 때 강진 백련사와 불교계를 주도한 행호(行乎)와는 전혀 다른 인물이다. 행호의 법명은 극유(克乳)이며 「시조 중창 개산 중흥 선풍 신승 선응 청풍당 선납 행호 발원문」에 의하면 도호가 청풍당(淸風堂)이라고 하였다. 행호는 세조의 아들 덕원군의 전폭적인 후원에 힘입어 대대적인 선운사 중창 불사를 하였으며, 행호의 제자 종심(終諗)도 함께하였다. 행호와 덕원군에 의한 고창 선운사의 중창은 유교 문화가 정착되기 시작한 성종 때 지방에서 시작되었으며, 김제 금산사 불사까지 이루어졌다는 점이 주목된다.

특히 무학의 문도과 증손, 고손으로 이어지는 사실을 처음으로 알 수 있게 되었다. 즉, 지공 선현→나옹 혜근→①무학 자초→②영암 일옥(玲巖 日玉)·신산(信山)→③행호 극유(幸浩 克乳)→④ 종심(終諗)으로 계승되었다. 조선 전기 숭유억불 시기에 있어서 서산 일대와 고창 선운사 등을 중심으로 불교 흥법을 폈다. 무학의 문도와 문손으로 이어지는 흥법의 구체적인 사실이 「선운사 사적기문」을 통하여 처음으로 밝혀지게 된 것이다.

참고문헌

1. 원전

『可庵遺稿』,『葛庵集』,『江漢集』,『警修堂全藁』,『鏡巖集』,『谿谷集』,『昆侖集』,『冠巖全書』,『括虛集』,『記言』,『懶翁和尙語錄』,『茶山集』,『茶松文稿』,『淡庵逸集』,『大東野乘』,『大般涅槃經』,『陶谷集』,『陶隱集』,『獨谷集』,『東國李相國集』,『東國僧尼錄』,『東文選』,『東師列傳』,『動安居士集』,『屯菴集』,『懶翁和尙語錄』,『櫟山集』,『泠齋集』,『魯西遺稿』,『林下筆記』,『晩慕遺稿』,『梅月堂集』,『勉菴集』,『眠雲齋文集』,『牧隱藁』,『木齋集』,『無竟集』,『無用集』,『無衣子詩集』,『朴先生遺稿』,『柏谷先祖詩集』,『白谷集』,『白沙先生別集』,『白雲和尙語錄』,『樊巖集』,『梵宇攷』,『補閑集』,『奮忠紓難錄』,『四佳集』,『史記』,『三國遺事』,『三峯集』,『三淵集』,『三灘集』,『西京摠覽』,『西堂私載』,『西域中華海東佛祖源流』,『石溪集』,『石北集』,『石泉遺稿』,『禪覺語錄』(國立中央圖書館 版本),『禪門拈頌拈頌說話會本』,『性潭集』,『惺所覆瓿藁』,『省齋集』,『小華詩評』,『松巖先生別集』,『宋子大全』,『修堂集』,『拭疣集』,『新增東國輿地勝覽』『東文選』,『雅亭遺稿』,『藥泉集』,『陽村集』,『輿地圖書』,『研經齋全集』,『蓮潭大師林下錄』,『淵齋集』,『詠月堂大師文集』,『五洲衍文長箋散稿』,『龍岳堂私藁集』,『容齋集』,『慵齋叢話』,『愚潭集』,『優曇林下錄』,『愚潭集』,『愚伏集』,『雲石遺稿』,『雲養集』,『雲坪集』,『月沙集』,『月渚集』,『月波集』,『儒釋質疑論』,『頤齋遺藁』,『李忠武公全書』,『益齋亂藁』,『林下筆記』,『潛谷遺稿』,『著譯叢譜』,『楞村先生遺稿』,『定齋集』,『霽亭集』,『曹溪眞覺國師書答』,『存齋集』,『拙藁千百』,『中觀大師遺稿』,『知足堂文集』,『直指』,『滄溪集』,『滄洲遺稿』,『天鏡集』,『靑莊館全書』,『淸虛堂集』,『秋齋集』,『春亭集』,『翠微大師詩集』,『太古和尙語錄』,『楓溪集』,『筆苑雜記』,『河陰集』,『漢京識畧』,『涵虛堂語錄』,『海東佛祖原流』,『海鵬集』,『虛白堂詩集』,『虛應堂集』,『虛靜集』,『湖陰雜稿』,『混元集』,『弘齋全書』,『華西集』,『和隱集』.

경기도 문화공보담당실,『기내사원지』, 경기도, 1988.
권상로,『한국사찰전서』, 동국대학교출판부, 1979.

김무봉, 『(역주)상원사중창권선문·영험약초·오대진언』, 세종대왕기념사업회, 2010.
김용선, 『고려묘지명집성』(3판), 한림대출판부, 2021. : https://www.krpia.co.kr/
대한불교조계종총무원 총무부, 『일제시대 불교정책과 현황』 상, 대한불교총무원, 2001.
문화재청·불교문화재연구소, 『한국사찰문화재자료집』 경북 2, 2008.
선운사, 『도솔산 선운사지』, 성보문화재연구원, 2003.
설매·도성 편, 『한국불교의례자료총서』, 보경문화사, 1993.
송천 스님 외, 『한국의 불화 화기집』, 성보문화재연구소, 2011.
이능화, 『조선불교통사』, 신문관, 1918.
이지관, 『교감역주 역대고승비문』 고려편 4, 가산문고, 1997.
이지관, 『(가야산)해인사지』, 가산문고, 1992.
임석진, 『(대승선종 조계산) 송광사지』, 대한교과서주식회사, 1965.
조선총독부, 『조선금석총람』 상·하, 1919, 아세아문화사, 1976.
조선총독부, 『조선사찰사료』 상·하, 1911.
한국문헌연구소, 『봉은본말사지』, 아세아문화사, 1978.
한국문헌연구소, 『유점사본말사지』, 아세아문화사, 1977.
한국문헌연구소, 『전등사본말사지』, 아세아문화사, 1978.
한국문헌연구소, 『조계산송광사사고』, 아세아문화사, 1977.

2. 단행본

가산불교문화연구원, 『가산불교사림』 13, 2011.
개교 59주년 기념 제4회 韓國大藏會 『이조 전기 佛書展觀目錄』 동국대 불교문화
　　연구소, 동국대 도서관, 1965.
김두종, 『한국서적인쇄기술사』, 탐구당, 1973.
누카리야 가이텐(忽滑谷快天), 『朝鮮禪敎史』 일본 동경, 春秋社, 1930.
다카하시 도오루(高橋亨), 『李朝佛敎』, 일본 대판, 寶文館, 1929.
문화재관리국, 『전국사찰소장 고승초상화 보고서』, 1990
문화재관리국, 『문화유적총람』, 1977.

사찰문화연구원, 『전통사찰총서』 8, 1997.

사찰문화연구원, 『전통사찰총서』 14, 2000.

사회과학원 력사연구소, 『금강산의 력사와 문화』, 과학, 백과사전출판사, 1984.

안계현, 『한국불교사연구』, 동화출판사, 1982.

영덕군, 『영덕군지』 하, 영덕군지편찬위원회, 2002.

殷玉明, 『指空 : 最后一位来华的印度高僧』, 중국 四川 巴蜀书社, 2007.

이고운·박설산, 『명산고찰 따라(속-2)』, 운주사, 1994.

이병도, 『고려시대의 연구』 아세아문화사, 1980.

이상수·김동주 편역, 「동행산수기」, 『금강산유람기』, 전통문화연구회, 1999.

자현, 『한국 선불교의 원류 지공과 나옹 연구』, 불광출판사, 2017.

종단협의회, 『북한사찰연구』, 사찰문화연구원, 1992.

천혜봉, 『라려인쇄술의 연구』, 경인문화사, 1982.

村山智順, 최길성 역, 『朝鮮의 風水』, 조선총독부, 1931, 민음사, 1990.

최정희, 『한국불교전설』, 우리출판사, 1986

최창조, 『북한문화유적답사기』, 중앙 M&B, 1998.

최창조, 『한국의 풍수사상』, 민음사, 1984.

충청남도, 『문화유적총람-사찰편-』, 1990.

충청북도, 『사지』, 충청북도, 1982.

한국불교연구원, 『송광사』, 일지사, 1975.

한국불교연구원, 『월정사』, 일지사, 1977.

한상길, 『한국의 명찰 5-월정사』, 대한불교진흥원, 2009.

한정섭, 『불교설화 대사전』, 이화문화사, 1991.

허흥식, 『고려불교사연구』, 일조각, 1986.

허흥식, 『한국중세불교사상사연구』, 일조각, 1994.

허흥식, 『고려로 옮긴 인도의 등불 지공 선현』, 일조각, 1997.

황인규, 『무학 대사연구, 여말선초 불교계의 혁신과 대응』, 혜안, 1999.

황인규, 『마지막 왕사 무학 대사』, 밀알출판사, 2000.

황인규, 『고려 후기 조선 초 불교사연구』, 혜안, 2003.

황인규, 『고려 말 조선 전기 불교계와 고승연구』, 혜안, 2005.

황인규, 『고려시대 불교계와 불교문화』, 국학자료원, 2011.
황인규, 『조선시대 불교계 고승과 비구니』, 혜안, 2011.

3. 논문류

功德山 後學, 「懶翁王師의 菩薩戒牒을 보고」, 『佛教』 5, 불교사, 1924.
菅野銀八, 「高麗曹溪宗十六國師의 繼承에 就いて」, 『青丘學叢』 9, 청구학회, 1932.
김기빈, 「인왕산(仁旺山)~서울의 서쪽을 지켜주는 우백호」, 『600년 서울 땅이름 이야기』, 살림터, 1993.
김두진, 「신라하대 굴산문의 형성과 그 사상」, 『성곡논총』 17, 성곡언론문화재단, 1986.
김상현, 「선운사 창건설화의 고찰」, 『신라문화』 33, 동국대 신라문화연구소, 2009.
김용국, 「서울 전도의 동기와 전말」, 『향토서울』 1, 서울역사편찬원, 1957.
김용태, 「부휴계의 계파인식과 보조유풍」, 『보조사상』 25, 보조사상연구원, 2006.
김창숙, 「14세기 각진 복구와 정토사에 관한 고찰」, 『한국불교학』 29, 한국불교학회, 2001.
김창현, 「고려시대 금강산과 그 불교신앙」, 『지역과 역사』 31, 부경역사연구소, 2012.
김풍기, 「오대산 인식의 역사적 변천과 의미」, 『강원문화연구』 22, 2003.
나각순, 「고려 말 남경복치와 한양천도」, 『강원사학』 16·17, 강원대 사학회, 2002.
박상국, 「상원사 문수동자상 복장발원문과 복장전적에 대해서」, 『한국불교학』 9, 1984.
四佛山人, 「오대산에 留鎭한 어첩에 대하여」, 『불교』 59, 1929.
石顚沙門, 「楊州天寶山遊記」, 『朝鮮佛教總報』 13, 삼십본산연합사무소, 1918.
손태호, 「보령 금강암 석불좌상 연구」, 『불교학연구』 53, 불교학연구회, 2017.
송창한, 「박초의 척불론에 대하여」, 『대구사학』 29, 대구사학회, 1986.
송창한, 「김자수의 척불론에 대하여」, 『역사교육논집』 13·14, 경북대 역사교육과, 1990.
雙荷子, 「教諭書(釋王寺寄本)」, 『朝鮮佛教月報』 通卷 17號 2~6, 1913. 6. 25.

안계현, 「제3절 한국의 신화와 불교」, 『한국불교사연구』, 동화출판사, 1982.

양은용, 「임진란과 호남의 불교 의승군」, 『한국종교』 19, 원광대 종교문화연구소, 1994.

염중섭, 「무학 자초의 '불조종파지도' 작성목적과 의미 I」, 『동아시아불교문화』 35, 동아시불교문화학회, 2018.

오경후, 「조선 전기 선운사의 중창과 전개」, 『신라문화』 33, 동국대 신라문화연구소, 2009.

이병도, 「이조 초기의 건도문제」, 『진단학보』 9, 진단학회, 1938.

이병도, 「남소문과 개폐문제」, 『향토서울』, 1, 서울역사편찬원, 1957.

이병희, 「조선 초기 사사전의 정리와 운영」, 『전남사학』 7, 호남사학회, 1993.

이병희, 「조선시대 사찰의 수적 추이」, 『역사교육』 61, 역사교육연구회, 1997.

이분희, 「금산사 오층석탑 사리장엄구 고찰」, 『동악미술사학』 15, 동악미술사학회, 2013.

이원명, 「한양 천도의 배경에 관한 연구」, 『향토서울』 42, 서울역사편찬원, 1984.

이창국, 「원간섭기 민지의 현실인식~불교기록을 중심으로」, 『민족문화논총』 24, 영남대 민족문화연구소, 2001.

이철규 편, 「서울 및 近郊 寺刹誌=奉恩本末寺誌, 1~4」, 『다보』 1994.6~1995, 대한불교진흥원.

이태진, 「조선시대 야사 발달의 추이와 성격」, 『우인 김용덕 박사 정년기념사학논총』, 우인 김용덕 박사 정년기념사학논총간행위원회, 태광문화사, 1988.

이태진, 「한양 천도와 풍수설의 패퇴」, 『한국사 시민강좌』 14, 일조각, 1994.

이형우, 「고려 공양왕 대의 천도론」, 『역사와담론』 57, 호서사학회, 2010.

이호영, 「승 신미에 대하여」, 『사학지』 10, 단국대, 1976.

장지연, 「여말선초 천도 논의에 대하여」, 『한국사론』 43, 서울대학교 인문대학 국사학과, 2000.

정영호, 「장륙사 보살 좌상과 그 복장발원문」, 『고고 미술』 128, 한국 미술사 학회, 1975.

정은우, 「나말여초 건칠불상의 제작기법과 시원 연구」, 『미술사연구』 34·35, 미술사연구회, 2018.

종범, 「나옹 선풍과 조선불교」, 『한국불교문화사상사』 상, 가산불교문화원, 1992.

채상식, 「강화 선원사의 위치에 대한 재검토」, 『한국민족문화』 34, 부산대 한국민족문화연구소, 2009.

최남선, 「影印五臺山御牒帙」, 『불교』 59, 불교사, 1929.

최범훈, 「오대산 상원사 어첩중창권선문에 대하여」, 『국어국문학』 25, 국어국문학회, 1985.

최성렬, 「선운사의 고승대덕」, 『신라문화』 33, 동국대 신라문화연구소, 2009.

최성봉, 「회암사의 연혁과 그 사지 조사」, 『불교학보』 9, 동국대 불교문화연구원, 1972.

학담 스님, 정병삼, 유근자, 「북한 사찰 기초조사~」, 조계종 민족공동체추진본부 자료실 (http://www.unikorea.or.kr).

한기두, 「혜근의 선사상」, 『한국선사상사』, 일지사, 1991

한상길, 「조선 전기 수륙재 설행의 사회적 의미」, 『한국선학』 23, 한국선학회, 2009.

한성욱, 「순천 조계산 송광사 자정국사·고봉화상 사리기」, 『불교고고학』 5, 위덕대 박물관, 2005.

허흥식, 「나옹의 사상과 계승자」 상·하, 『한국학보』 58·59, 일지사, 1990.

허흥식, 「지공의 원비문과 비음기」, 『이기영 박사 고희논총-불교와 역사』, 1991: 『고려로 옮긴 인도의 등불』, 일조각, 1997.

홍윤식, 「문수동자상 및 기타 목조불상 조사 내용」, 『상원사 목조문수동자좌상 조사보고서』, 문화재관리국, 1984.

황수영, 「전 용문산 상원사 동종 존의」, 『조명기 박사 불교사학논총』, 1965.

황인규, 「무학 자초와 한양전도」, 『역사와교육』 4, 역사와 교육학회, 1986.

황인규, 「나옹 혜근과 그 대표적인 계승자 무학 자초」, 『역사와교육』 5, 역사와 교육학회, 1997

황인규, 「무학 자초의 흥법 활동과 회암사」, 『삼대화상논문집』 2, 불경서당훈문회 편. 불천, 1999.

황인규, 「무학 자초의 문도와 그 대표적 계승자」, 『삼대화상연구논문집』 3, 불경서당훈문회 편, 불천, 2001.

황인규, 「고려 후기 수선사와 사굴산문-고승의 존재 양상과 그 동향을 중심으로」, 『보조사상』 28, 보조사상연구원, 2007.

황인규, 「인왕산사와 무학 대사」, 『한국선학』 22, 한국선학회, 2009.

황인규, 「불교계의 국가비보사찰설」, 원각불교사상연구원, 『수행과 깨달음의 세계』, 대한불교천태종 출판부, 2010.

황인규, 「수선사 16국사의 위상과 추념: 송광사의 승보종찰 설정과 관련하여 試攷함」, 『보조사상』 34, 보조사상연구원, 2010.

황인규, 「불교계 고승과 국도 천도~고려 및 조선의 국도를 중심으로」, 『대각사상』 18, 대각사상연구원, 2012.

황인규, 「여말선초 나옹 문도의 오대산 중흥불사」, 『불교연구』 36, 한국불교연구원, 2012.

황인규, 「한국 불교계의 삼보사찰의 성립과 지정」, 『보조사상』 41, 보조사상연구원, 2014.

황인규, 「여말선초 삼화상(지공·나옹·무학)의 선사상」, 『정토학연구』 27, 정토학회, 2017.

황인규, 「무학 대사의 조선 건국 참여와 불교계 수호」, 『역사와교육』 25, 역사와교육학회, 2017.

황인규, 「나옹 문도의 양평 용문산 불교 중흥」, 『불교학보』 87, 서울: 동국대 불교문화연구원, 2019.

황인규, 「나옹과 오대산 북대」, 『불교학연구』 62, 불교학연구회, 2020.

황인규, 「태고 보우와 한양 천도」, 『서울과 역사』 106, 서울역사편찬원, 2020.

황인규, 「고려 말 조선 전기 장성 백양사의 역사와 고승」, 『한국사상사학』 65, 한국사상사학회, 2020.

황인규, 「고려 말 나옹 문도와 오대산 중흥불사」, 『한국불교사연구-한국불교연구 100년 논문선』 민족사, 2022.

색인

출전

제1부 나옹과 불교계 문도

1장 나옹의 탄생과 생애

1. 나옹의 탄생과 장륙사 :「나옹의 탄생과 장륙사의 역사」,『선학』61, 2022.

2. 나옹의 귀국 후 행적과 추념 :「나옹의 귀국 후 주요 행적과 다비 및 추념–
국립중앙도서관 판본에 추가된 행적을 중심으로」,『한국불교학』93, 2020.

2장 나옹의 불교계 활동과 위상

1. 나옹의 불교계 활동 :「나옹의 불교계 행적과 유물 유적」,『대각사상』11, 대
각사상연구원, 2008.

2. 여말선초 삼화상의 위상과 추념 :「조선시대 삼화상(지공·나옹·무학)의 위상
과 추념」,『정토학연구』27, 2017.

3장 나옹 문도의 불교계 활동

1. 나옹 문도의 오대산 중흥 불사 :「여말선초 나옹 문도와 오대산 중흥불사」,
『불교연구』36, 2012 :『한국불교사 연구–한국불교연구 100년 논문선』민족
사, 2022.

2. 나옹 문도의 용문산 불교 중흥 :「나옹 문도의 용문산 불교의 중흥」,『한국
불교학』90, 2019.

4장 나옹의 대표적 불교계 문도

1. 나옹의 대표적 계승자 무학 :「나옹 혜근과 그 대표적 계승자 무학 자초」,
『역사와교육』5, 1997 :『고려 후기 조선 초 불교사 연구』, 혜안, 2003.

2. 송광사 16국사 고봉과 18주지 무학 :「송광사 16국사 고봉 법장과 18주지 무
학 자초」,『보조사상』43, 2015.

제2부 마지막 왕사 무학

1장 무학의 생애와 불교 수호

1. 무학의 생애와 활동 :「무학 자초의 생애와 활동에 대한 검토」,『한국불교
학』23, 1997 :『고려 후기 조선 초 불교사 연구』혜안, 2003.

지은이 황인규

1960년 3월 충남 온양 출생. 동국대 역사교육과를 나온 후 동 대학원 사학과에서 석·박사 학위를 취득하고 2005년 동국대 교수로 부임하였다. 동대 90년지 간행위원회 간사와 동국대 100년사 간행위원회 간사 및 편찬위원회 위원으로 활약하였다. 역사교과서 연구소 개소에 일익을 담당하며 초대 소장을 지냈고, 역사와교육학회 회장을 역임하였다. 대한불교조계종 불교사연구위원, 문화관광부 전통사찰 지정자문위원, 한국불교학회 이사 및 감사, 교육부 교육과정 심의회 역사소위원회 위원, 교과용 도서 역사 검정심의위원, 서울시 전통사찰보존협회 위원, 화성시 향토문화재위원회, 대만 중앙연구원 문철연구소 방문연구원, 일본 불교대학 객원연구원 등 불교사학계와 역사교육학계를 넘나들며 활동하였다.

저서로는『무학 대사 연구─여말선초 불교계의 혁신과 대응』(혜안, 1999),『고려 후기 불교사 연구』(혜안, 2003),『고려 말 조선 전기 불교계와 고승 연구』(혜안, 2005),『고려시대 불교계와 불교문화』(국학자료원, 2011),『조선시대 불교계 고승과 비구니』(혜안, 2011),『역사와 선을 접목한 사학자 황희돈』(동국대 출판문화원, 2023),『한국의 불교와 사찰』(혜안, 2025),『한국 중세불교와 역사교육』(혜안, 2025) 등이 있다. 공저로는『조계종사─고중세편』(조계종출판사, 2004),『선각 국사 도선』(영암군, 2013),『한국 천태종사』(천태종, 2011),『보각 국사 일연』(군위군, 2012) 등이 있다.

민족사 학술총서 81

여말선초 고승 나옹과 무학

초판 1쇄 인쇄 | 2026년 4월 1일
초판 1쇄 발행 | 2026년 4월 15일

지은이 | 황인규

펴낸이 | 윤재승
펴낸곳 | 민족사

주간 | 사기순
편집 | 최윤성
기획홍보 | 윤효진
영업관리 | 김세정, 백지영

출판등록 | 1980년 5월 9일 제1-149호
주소 | 서울 종로구 삼봉로 81 두산위브파빌리온 1131호
전화 | 02)732-2403, 2404 팩스 | 02)739-7565
홈페이지 | www.minjoksa.org
페이스북 | www.facebook.com/minjoksa
이메일 | minjoksabook@naver.com

ⓒ 황인규 2026

ISBN 979-11-6869-092-9 94220
ISBN 978-89-7009-057-3 (세트)

※저작권법에 의하여 보호를 받는 저작물이므로 무단으로 복사,
　전재하거나 변형하여 사용할 수 없습니다.